中国商业地产首部最具执行力的招商、销售、运营的实战指导巨著

U0880584

中国商业地产全程营销实战指导

A Practical Guidebook on Integrated Marketing of Chinese Commercial Property

主编：广州宏一投资策划咨询有限公司

编著：黄　沃　刘益彬　郑亚路　吴冠文

广东省出版集团
广东经济出版社

中国热销商业地产全程营销实战指导

编辑委员会

主编：

广州宏一投资策划咨询有限公司

编著：

黄沃 刘益彬 郑亚路 吴冠文

编委：

李东云 李　彪 李炳强 李天明 孙安国 许　庆 刘　军
刘东辉 刘宝华 刘玉峰 闫　锋 朱昕华 宋小勇 何　坚
肖拾来 张林叶 吴雨源 吴蓬生 杨耀成 庞秀萍 郑义荣
卓翠丽 钟　群 梁　岚 梁建娜 凌　丽 黄海霞 黄一文
黎　莉 温仲恒

（排名按姓氏笔划顺序）

执行编委：

庞秀萍 肖拾来

总策划：

广州宏一投资策划咨询有限公司

总支持：

广州市招商协会

广东省产业与区域经济研究会

电脑制作：

朱夏晖

法律顾问：

杨元红

序

《中国商业地产全程营销实战指导》一书主要是为了帮助商业地产开发商在现今激烈的竞争中寻找出项目抢占市场的突破口，揭秘失败案例的致命要点，借鉴成功营销的实战模式，为商业地产开发商提供极具执行力的全程营销实战模式，以供借鉴和参考。

随着住宅开发的利润空间不断缩小，高获利的商业地产极度诱惑着全国各地的房地产开发商与投资商，但是庞大的资金压力、投资风险以及国家相关金融政策的干预，致使开发商与投资商驻足观望。

高利润就意味着高风险，此书的横空出世旨在帮助开发商与投资商可以有效地规避项目的投资、开发与营销风险，指导开发商如何融资，降低项目开发的资金压力；如何根据当地市场状况与项目特点进行定位；如何进行项目包装的营销推广；如何结合当地的商业发展进行业态、业种的招商等。针对各类不同的商业地产项目的操作运营模式案例进行深度剖析，让开发商与投资商得到深度的投资启示与帮助。

目前，全国各地的商业地产项目遍地开花，购物中心、商业步行街、特色商业区、社区商业、大型 *Shopping Mall* 等的开发处处可见，但是普遍存在严重的项目定位同质化，缺乏特色，导致失败的个案不断。在如此复杂的市场竞争中，如何才能让项目脱颖而出，引领市场，争做市场的标榜项目？

好的地段，好的产品，就需要更好的业态组合，才能让项目发挥最大的商业价值与展示项目的市场形象。随着各种新型业态的不断涌现，冲击着传统的业态。由于消费者对消费形式的要求越来越高，因此，对业态的组合也越来越高。如何才能让业态组合更适合消费者的消费习惯?这是目前乃至将来商业地产发展重中之重的核心。

项目经营成不成功看业态组合,因此,资源整合对于商业地产的发展来说是极其重要的。目前商业地产正进入品牌整合阶段,无论是业态的品牌整合,还是开发商自身的品牌形象树立,都要充分考虑市场的终端需求。要想抢占市场的第一制高点,我们必须出其不意,要有利剑在手,才能出其制胜。

作为拥有多年实战经验的商业地产策划运营专家——广州宏一投资策划咨询有限公司,服务全国各地的商业地产开发商和投资商。

宏一拥有独一无二的营销服务模式,凭着敏捷的市场嗅觉,为各类型商业地产项目寻找到抢占市场的突破点。经过多年的商业地产全程营销策划的实战经验,总结出商业地产的前期策划、招商、销售以及租赁的多种创新手法与技巧,并结合行内出色操盘手的心得;同时,通过解密数百个成功与失败案例的操作内幕,有效的指导开发商规避风险与寻找项目赢取市场的突破口,基于此因宏一特汇编一本商业地产全程营销执行力极强的实战手册,以供全国各地的商业地产开发商借鉴与参考。

2006年9月

中国商业地产全程营销实战指导

contents 目录

前瞻力·创造力·整合力

MOPARK

B&Q
百安居

PARKSON

超值特卖街
Häagen-Dazs
好又多
TRUST-MART

特点 4：地铁商业逐步形成

特点 5：区域性商业中心与传统商业中心并存的商业格局

特点 6：不同业态呈现新的发展

操作环节二：把握天津商业地产开发的核心因素

核心因素 1：市场经济推动产生的机遇

核心因素 2：居住郊区化必然导致购物的郊区化和办公的郊区化

操作环节三：透析天津商业地产市场现状

现状 1：改变传统开发理念

现状 2：还没形成属于天津自己的品牌

现状 3：业态步入整合期

现状 4：复合业态的商业地产项目逐渐成为主流

现状 5：品牌效应逐渐明显

现状 6：高端项目填补高端商业市场的缺口

操作环节四：解码天津商业地产的成功运作模式

解码 1：24 小时景观商业公园·360 度国际时尚体验

※奥城商业广场

解码 2：引入欧美“Shopping Mall”的经营理念

※金河购物广场

解码 3：“主力店＋品牌零售店＋品牌服务店＋特色店”的理念

※现代城·庄吉商业中心

解码 4：复合型一站式消费中心

※天一 Mall

GOLF

自然派
CAV
CAV

超级
DISCO

天河城
WORLD TRADE

CHINA WORLD
OZone
McDonald's

ESPRIT
OLAY

NAERS

HANGZHOU TOWER
Lane Crawford

MARKS&SPENCER
馬莎
Sasa
BROADWAY

第一部分：

中国成功商业地产项目运营战略模式

善于用战略，以谋略取胜者，必是智者所为。

市场没有一成不变的模式，适合国外的模式不一定就适合中国。从中国商业地产的发展来看，结合实际摸索出适合中国国情的短线操作模式，无疑是真正务实的做法。

受房地产业不断出台新政策、新战略的影响，商业地产在新一轮商业浪潮的助推下，正以日新月异的加速飙进。一个成功的商业地产项目运营模式就好像一匹悍马，拉着它不断向前飞奔。商业地产开发是商业和地产的双重开发，商业开发是商业市场空间的开发。

在以往的商业地产项目运营战略中，有不少成功的例子，这取决于有一些比较成功可行的运作模式，在我国的大、中、小城市都有很多成功的例子，总的归结为以下几种商业运作模式。

第一模块：解读商业地产"短、平、快"成功运作模式

短线操作主要是从资金回笼的角度而言，即是快速回笼资金。目前流行的短线操作之弊端在于，虽然资金能够快速回笼，但由于产权分散在大量投资型小业主手中，因此埋下大量的后续经营隐患。但通过策略的调整，这种短线操作的弊端是完全可以避免的。

真正的短线操作必须与长线操作相结合，既可让开发商快速回笼资金，又能有效地规避后期的经营风险。目前在中国流行的无长线规划的短线操作，根本还没有达到商业地产专业操作的层次，属于非理性的投机行为。

操作环节一：解读"短、平、快"核心问题

投资商业地产开发，要有资金不断滚动的理念。就像投资曲线一样，第一根抛物线抛出去，第二根要适时跟上，决不能等到第一根滑到底再抛第二根。因为商业地产最快的增值总是在一段时间之内，如果只是以商业地产投资获利为主，应该以在最短时间内"投得出、收得回"为原则，切不可奢望过多的利润而错过时机，导致亏本。

目前，面对着政府对房地产的干预越来越厉害，开发商的资金压力也将越来越大。如何才能快速回笼资金，进行滚动开发。这是目前很多开发商亟需解决的问题。

商业地产这种"短、平、快"的运作模式，相信将是很多开发商都很关心的问题。因为它可以帮助到开发商以最低的成本，在最短的时间内，产生最大的利润，帮助开发商快速回笼资金，从而降低项目的开发风险。

*短：追求在最短的时间内，以最有效的手法将项目完成，以达到可销售或租

赁。

＊平：即开发商以成本最低化，利用各种融资手法或者方法，在各个环节可以很好的控制成本的投入，让开发商可以实现利润的最大化。

＊快：即利用最有效的营销手法或技巧，帮助开发商在最短的时间内将项目销售或者租赁出去，快速回笼资金，最大程度的降低商业项目资金和货量的积压风险，进行下一个项目的滚动开发。

操作环节二：剖析“短、平、快”的问题

剖析 1：杀鸡取卵，舍本逐末

商业地产的“短、平、快”运作模式，其实是一种杀鸡取卵、舍本逐末的经营理念，对开发商的长远发展将会产生较大的负面影响。

开发商采取这种“短、平、快”的运作模式，主要是追求短期的利益，而没有顾及到企业的长期发展以及商业项目的长远旺盛。主要的目的是希望项目可以尽快卖完，将资金回笼，投入到下一个项目的滚动开发中去。至于后期的经营管理就漠不关心，从而致使商业地产市场出现了丰产欠收的怪现象。

随着商业地产开发规模逐年递增，空置率也节节攀高，主要的原因就在于开发商追求“短、平、快”的投资目的。从而，造成投资者不敢投资，商户不敢进场经营。虽然商业项目随处可见，但是危机重重，导致供给与需求严重脱节。

剖析 2：以销售获利为主要动机

完全以销售获利为主要动机的商业地产开发商，商业地产的运营是不可能成功的。因为他的出发点就是完全销售，完全的规避风险，完全的推卸责任。

这种开发模式是最近几年开发商和华东炒房一族主要的市场行为，即短期获利行为。其实这样的开发商就是炒房商，

其高级的行为就是炒炒土地，低级的行为就卖卖房子。

国内房地产业经过十几年的发展，一些开发模式已十分成熟。但是，这些成熟的开发模式仅是住宅的开发模式，相对于住宅开发，商业地产的开发模式则显得十分复杂。

商业地产项目不但要求能部分销售，且要售后不乱，保证项目能持续成功经营。这就对开发商提出了较高的要求，要求开发商除了具备拿地、建造、销售等经验外，还必须具备商业规划、商业招商、商业运营等专业人才。然而由于商业意识不足及真正的商业人才奇缺的原因，商业地产开发商不得不"扬长避短"——继续发扬"卖完走人"的住宅开发模式，加快资金回笼速度，避开商业人才缺乏的短处，将商铺经营踢给大型商家或投资客自理。

※案例：北京·巨库

在包装营销上非常成功，根据定位在概念设计、猫头 LOGO、产品的细分策略以及商场内的装修设计等上花费了心思。最用心的要属销售的广告和推广活动，曾经一段时间铺天盖地，在此攻势下销售得非常好，价格每平方米达到 4 万—5 万元，在北京的任何一个商场或者市场都没有见过如此阵势，即使同时期开始招商和开业的 60 万平方米的亚洲商业航母——百荣世贸商城与之相比也相形见绌。

但最终什么原因导致项目走向惨败？宏一针对项目的操作环节进行了深入的剖析，得出以下几点引发项目惨败的要点：

*** 追求短期利益**

巨库的营销模式以出售商铺产权为主，卖场的每一层都被精心地划分成了一家一家的小商铺，分开出售小产权，每家小商铺的面积都在七八平米到二三十平米之间，这样的商铺总数共有近千家之多。

以出售室内产权小商铺的营销方法，从它面市的那一天起就埋下了后患，虽然不乏成功的项目，如万通小商品批发市场，但是绝大多

数都以失败告终。

这种方法之所以失败的主要因素：

（1）产权分割出售后很难统一所有投资者的经营范围，如果要统一投资人的意愿并且能经营起来就会涉及到第二个问题，即承诺一个合适的投资回报售后返租。

（2）如果出售出去，并且已经招租成功，但要保证投资人的长期稳定投资回报，也要必须保持租户的长期运营的经营成功，但是大量的广告促销费由谁来投入并不明确。

***目标消费群定位失误**

巨库所在的位置和区域商圈范围内居民的人口结构与其定位在35岁以下的新青年刚好是相反的，同时，不论在目标客户的定位还是以此为基础的形象定位，都是要吸引35岁以下新青年，消费客群相对单一。

北京甘家口百货商场，90年代末，新装修开业的甘家口百货商场也开始走时尚、精品的百货店发展方向，但是开业很长一段时间生意冷冷清清。认真地分析后，其商圈范围内人口结构以中老年人居多，其定位不适合该区域的需求，后甘家口百货商场开始进行业种调整，大幅增加中老年人需求的商品，获得了成功。

剖析3：自有资金严重缺口

与较高的利润空间成线性正比关系，商业地产的开发具有较大的风险，特别是采取短线操作模式的项目。一个商业地产项目的投资往往要少则几亿元，多的甚至达几十亿元，而开发商往往仅能投入10%–20%的自有资金，其他资金主要来自银行贷款、商铺预售和其他融资渠道。

在国家宏观调控下，开发商向银行贷款的难度很大，其他融资渠道则几乎没法弄到钱。信托资金由于受到各种条件的限制，能融到的资金对于项目资金缺口来讲，也只是杯水车薪；国外房地产投资机构的进入难度更大，除政策因素外，国内独有的商业地产赢利模式让这些投资机构知难而退。

在各种融资渠道几乎行不通的情况下，商铺预售成了开发商唯一回笼资金的希望。销售商铺成为商业地产短线操作的标志，销售比例越大，项目投资回收期越短，风险也越大。

有关的调研机构曾对香港和国内大型房地产企业资金周转率进行分析，结果是香港房地产企业的市场资产周转率是0.03，而国内的则为0.33。资产周转率为销售收入（或营业收入）与平均资产总值之比，它是衡量企业经济效率的指标。对于商业地产开发企业来讲，资金周转率越高，说明其销售面积越多，项目越是短线操作。

剖析4：投资产品替代品

中国金融市场的个人投资品种不多且收益情况均不理想，这给商业地产商铺销售提供了良好的契机。

自2000年以来，个人投资的主力品种——股票市场一蹶不振，大多数入市者的股票市值已蒸发了五六成，收益情况惨不忍睹；期货则因90年代的骗局多多而至今只有极少数人跟进，跟进者也是多亏少盈；银行存款利率更是低得可怜，三年期2.16%，五年期2.25%，这使银行成为很多人存款安全的地方；国债和企业债的回报率略高些，2004年三年期国债利率为2.65%，7年期企业债约4%，但亦不尽如意。

据相关部门统计数据表明，2003年全国居民存款高达11.03万亿元，这个数据很惊人，其中有部分投资者一直在寻找回报率高些的个人投资品种，而商业地产5%–12%年回报率的商铺当然具有很强的吸引力。商业地产开发商对这块资金市场十分关注，如果能有10%的居民存款拿出来投资商铺，这块资金量就是1.1万亿元，相当于2004年1—5月份商业营业用房投资额458亿元的24倍。既然有这个市场，开发商肯定不会轻易放过。

※ 案例：破译常州××大街惨败密码

密码破译1：只顾获利，忽视运营

××大街商业地产的完全销售就是炒作

房产的标志性动作，开发商只注重前期销售，而轻视商业规划和后期的商业管理；只关注销售获得开发利益，而忽视后期商业运营业主的利益。

密码破译2：只顾开发，轻视商业

由于商业地产短平快的特点和高获利的特性，吸引了大批房地产开发商进入，利用在房产开发上积累的小部分资金，纷纷进驻商业地产阵地，抢摊商业，房产开发转变为商业开发。

没有前期启动推广资金，商业市场很难以吸引人流；没有统一管理，只会让进驻的业主陷入恶性竞争，商业机会大量失散，从而导致高价购买的房产也快速贬值成为了烂尾地产。

商业地产核心目标是先做商业后做房产，方向性和目标性截然相反。××开发公司是因临时需要而组建的房产开发公司，没有成功的商业开发模式与经验，因此很明显追求利益是开发公司的唯一动机。

密码破译3：追求利润，轻视定位

××大街定位非常狭隘与绝对失误，仅为了满足销售炒房需要进行高档高价定位，偏离了政府规划开发的初衷，没有充分考虑到城市运营和城市商圈的问题。

密码破译4：业态规划矛盾重重

业态规划目的就是为了整合品牌供应商资源来满足市场消费的需求，达到市场资源调配优化。

没有经过严格的市场分析，这种定位模式是先开发后定位，非先定位后开发，不符合商业开发的原则。

业态分布：

楼　　层	业　　态
一层	服装
二层	大部分空置
三层	休闲餐饮
四层	大部分空置

没有考虑到供求关系，业态组合与周边的商业定位具有严重的同质性。在品牌档次上和产品品类区隔上没有划分，严重造成了供应过剩和竞争过激的结果。

在后期品牌结构上，已经成熟的产业肯定是竞争激烈的产业，品牌竞争局面已形成，而品牌的市场格局也已形成，高端品牌的全分销模式基本取得了成功，很少有代理机会，所以邀请知名品牌的进驻受到很大约束。

密码破译5：重获利，轻招商

根据商业地产一般性原则，知名品牌和建筑面积比例应大于1/3000平米，而××大街的比例不到1/15000平米，所以在品牌构成一般性原则上，××大街相差很远。

商业项目的招商工作是核心工作。一个成功的商业项目总会集聚着很多成功的品牌，而成功的品牌又吸引着更多的消费者进一步提升项目的成功度与市场关注率。××大街高端或知名品牌寥寥无几，仅有麦当劳和乐买超市两个大品牌，低档品牌随处可见，虚假品牌充斥眼球。

在品牌结构上显示出××大街前期的招商不成功，为后期恶性竞争埋下了巨大的隐患。高端品牌和目前××大街的体量构成的比例严重失调。

（1）不懂商业品牌一般性市场扩张的游戏规则，无法把握到招商的重点，导致招商推广上的失败。

（2）街区商业规划不合理商业运营和管理思想不清晰（商业上除了穿就是吃，服装和餐饮为主要产业，而该产业市场供应上已经过剩），难以吸引知名品牌注意力，提不起进入兴趣。

（3）对招商不够重视，只是追求开发的赢利，且开发商实力不足。因此，就尽可能缩短开发、招商与销售的时间，降低成本，快速实现从市场套现的目标，规避风险，甩掉资金压力的包袱。

密码破译 6：虚做商业，实做房产

商业地产的管理是以商业管理为主，物业管理为辅。商业管理主要为了吸引更多人流，增加购买机会，通过内部良好的交易平台实现业主获利的根本，通过品牌和管理运营的创新来始终保持商业街区的活力。

商业地产的商业管理包含品牌运营系统和品牌集群管理系统，市场竞争秩序管理系统，促销及广告的计划和执行系统、市场管理系统、持续性招商系统等诸多商业运行系统。

但××大街不具备商业管理能力，仅仅有物业管理的部分职能。开发模式仍然是传统的房产开发，没有真正做到商业地产的开发。

密码破译 7：品牌定位不准

品牌运营首要问题是定位，品牌定位是项目个性的展现，是规避竞争、吸引经销代理商的必要条件。

品牌定位不清晰不仅为后期招商带来严重的业态业种选择问题，也没能很好的引导市场消费。因为品牌定位没做好，导致××大街的市场形象较差。

※ 寻找××大街解决之道

解决之道 1：定位高度清晰

作为城市名片和品牌工程，必须紧跟城市运营的步伐，能够体现城市的个性和发展潜力。

随着长三角经济发展趋向一体化，形成了南京、上海、杭州等一小时经济圈的商业中心，而××大街没有充分考虑到长三角经济圈的特性和城市定位，没能很好的把握住新的经济增长点。

××大街的定位应站在长三角的高度上，乃至全国高度上考虑定位。

解决之道 2：变竞争为竞合

差异性求生存，这是很多商家所运用的一种操作手法。××大街处于一个商业重区，几乎能想到的品牌都有，而且各种业态的同质化也相当严重，如何才能在险中求胜？这是××大街必须考虑的极其重要的问题。

××大街应该进行规避竞争性定位，变竞争为竞合。与周边新世纪、路桥、莱蒙都会、百货大楼、泰富百货毗邻，避免定位上具有严重的雷同性，而形成互补互动性。

解决之道 3：地段定品牌价值

一般市中心的商业地段，定位不宜走低端路线，要充分考虑到业主的经营成本和利润关系，品牌定位必须要考虑到级差地租的因素。

根据××大街品牌构成现状来看，整体显得较为低档化。这样不但会严重占据了宝贵的城市资源，更为业主后期经营带来了很多麻烦，同时也彻底打消了高端品牌进驻的热情。

解决之道 4：充分挖掘文化底蕴

××大街定位上没有考虑到传承性。既然是百年老街，至尊繁华，那么传统商业沉积出来的深厚文化就应该继承、延伸与提升，充分利用前期的品牌影响力，借势启动。而现在××大街已全无往日身影，形象上不伦不类。

解决之道 5：业态规划

1. 充分挖掘当地优势资源形成产业价值链，满足与产业化的需求和市场交换的需求。

2. 充分总结分析当地消费需要与市场供应的差距，创造新的市场，满足消费新需求。

3. 展望后期市场发展可能出现的新形态，创造新市场，整合更大范围的市场资源来引导市场消费。

操作环节三：掌握"短、平、快"运作技巧

技巧1：以小博大

商业地产商获取利益的秘诀就是利用资金杠杆的放大效应，以小博大。一般模式是开发商在交了部分土地转让费用之后，以土地作抵押到银行申请贷款；建筑施工企业垫资入场进行项目建设、开发；开发商再通过系列的操作手法向社会公众预售商铺，回笼资金进行滚动开发。

实际上启动一个商业地产项目所需资金与其总投资规模相比是很少的。开发商拿着国家的地，拿着银行的钱，拿着投资者的现金，去赚取高额利润。部分开发商就是充分利用了"四两拨千斤"的这点技巧，将项目开发的风险转嫁到投资者与银行的身上。

技巧2：短时间大利润

开发商在开发一个项目的初期就首先考虑到怎样才可以做到"短时间大利润"即以最低的成本，在最短的时间内，产生最大的利润，这样就可以快速回笼资金，从而降低项目的开发风险。这样需要在销售期以最有效的方式去吸引投资者与经营商家。

曾经，宏一公司服务过山东××市的一开发商，开发商手头上只有几百万资金，通过各种公关关系拿下了一块位置较好的商业用地。历经了几家策划机构提供的服务，都无法寻找到项目最好的突破点与无法满足到开发商的最终预期期望值。

此时,正一筹莫展的开发商找到了宏一,希望宏一公司能帮助其找到项目最好的突破口,因此聘请了宏一为其项目作专业的营销策划代理顾问。宏一针对项目开发的具体需要而经过详细的市场调查研究后,同时,也充分考虑了开发商的开发目的与成本控制的重要问题。于是建议开发商必须充分考虑"短、平、快"这种操作模式,不但可以在短时间内快速回笼资金,更可以进一步将项目的开发成本控制在最低水平。

其中操作的要诀就在于三点:一是不考虑建造负一层,降低成本;二是全部建成临街商铺,做到间间是街铺,将商铺的商业价值最大化,提高售价;三是全部销售,可以在短时间内回笼资金。通过以这三点为出发点进行项目开发的通盘考虑,致使项目一度热销,让开发商一夜之间由百万富翁变成了亿元大户,一度成为当地商业地产界的传奇。

当然,以上的操作手法,不利于商业项目的长期发展,但是对于部分开发商,还是具有比较大的吸引力。同时,如果定位得当,规划设计到位,也许会达到很好的效果,实现投资者、经营商家与开发商最终的"三赢"目的。

技巧3:深入市场的分销利器

分销方式就是将商业项目分别给多家中介公司进行代理分销,利用销售提成的方式回报给中介代理公司,形成项目多个销售点。

通过此种多渠道的销售方式,可以进一步扩大项目的知名度与目标客户的接触频率,有利于开发商快速回笼资金。同时,也可以降低开发商的推广成本,分散风险,降低资金积压的压力。

操作环节四:解决"短、平、快"短期效应,获取长期利益

商业地产的"短、平、快"模式,主要目的就是快速回笼资金,但这对于商业项目的长期发展是很不利的。因为部分开发商为了单纯的获

利，往往会通过此种方法，将商铺完全脱手出去不管，没有进行统一的招商与经营管理，无疑给投资者带来惨重的打击。

商铺的销售导致它将会因为商铺的权属不清，容易造成各个商铺的投资者或者经营商家各自为阵，引起商场的恶性竞争。最终带来的是经营商户无法顺利经营，投资者的商铺无法出租，使得整个商场都会变得一文不值。

如亚运村第五大道的运作模式主要采取先销售商铺，再由业主租给商户的形式进行招商。但是由于第五大道的实际情况与招商宣传出入过大，导致项目的经营无法正常运营，使商户入不敷出，无法满足经营商户的最初预期目标，导致全体商户的不满而罢租，大大影响了项目的市场形象与口碑。

商业地产项目是一种特殊产品，有其固有的发展规律。如果违背了，就很容易出问题。开发商如果为保证长远利益并不全部出售商铺，同时又要尽快回笼资金，那么在融资未果的情况下，很可能又会将物业抵押给银行以获取贷款，这就加大了银行放贷风险。

商业地产产业链非常复杂，很讲究规模效益。一般为了保证后期商业地产正常运营，便于管理，开发商都不会将商铺全部售出，而是采取只租不售的方式，吸引旗舰店进驻，做好业态规划，定位清晰后以获得项目的长期效益。

出租对于商业项目的长远发展极其重要，因为它的产权最终还是属于开发商，开发商可以通过成立专业的商业经营管理公司或者引进经验丰富的商业运营机构，对项目进行统一招商、统一经营管理。不但可以保证商铺产权的清晰，更可以进行统一经营管理，保证商场运营的秩序，为经营商户打造良好的营业环境。

操作环节五：解读短线操作的后遗症

商业地产的管理特点是分散经营、统一管理。分散经营必须在统一管理的前提下进行，否则，项目的经营极易陷入困境，而短线操作下的商业地产部分商铺产权分散，将成为统一管理的障碍，追求短线操作的商业地产项目将会出现很多后遗症。

后遗症 1：业态组合不合理

一般来说，购物中心都是含有多种不同业态的，而这些业态彼此之间又必须是相互促动的，才能让整个商场的经营互动起来，达到项目的整体经营均好。

一个商业地产项目含有许多不同的业态，而一种业态也拥有多种商业（或服务）品类，不同的品类具有不同淡、旺季及产品（或服务）的生命周期，因而各种品类在不同时期有不同的销售状况。这就要求各级经营者须按商业规律不断调整业态、品类，使整个业态组合更加适应有效商圈的实际需求和竞争变化。调整业态和品类肯定会涉及到不同营业面积的租期、租金、面积重组等方面的调整，这将可能影响到一部分投资者的权益，一旦这部分或个别投资者不同意调整，经营调整将无法进行，项目的整体持续良好经营将得不到保障，最终可能走向整体运营失败。

后遗症 2：收益不善，轻视公共空间的重要性

消费者的消费行为是不断变化的，对购物环境的要求不是一成不变，消费者总喜欢到价格合理且环境优美的场所购物消费。一个商业物业在经营一段时间之后，为吸引更多的眼球，可能需要进行翻新、改造等。

一般情况下，各租户都比较重视自家营业面积内的形象，而忽视了公共空间的重要性。投资者除了收租外，其余要承担费用的事多数采取不闻不理的手法，这就难倒了管理公司和开发商。

一个经营成功的项目，费用分担不是问题。因为不管是租户，还是投资者，其经营收益都比较高，分担一些改造费用问题不大。但对于一个刚刚起步才一二年的项目则难度较大，往往由于各方的收益情况不尽理想，改造费用被各大小商户所计较的问题。

后遗症 3：后期的整体经营推广难以开展

整体推广是成功经营的重要手段之一，特别是在项目的开业前期和各个调整期，

整体推广能够起到相当重要的作用。整体推广一般通过媒体、宣传册、VIP卡、明星助兴、公益活动等相关的促销活动宣传项目的服务、销售内容、优惠条件等，以吸引更多的消费者前来消费，这类活动需要大量的费用。

一般情况下，项目开业后的前期推广费用由开发商通过管理公司来支付，开发商也已将这部分费用计入项目开发成本当中。然而，在开业后各个时期的推广费用一般都会成为多方扯皮的问题之一。短线操作下的产权分散正是商业地产整体推广后劲不足的主要原因。

第二模块：解读商业地产"杠杆效应"成功运作模式

杠杆效应，是指利用少量资金就可启动较大规模的项目，从而获得巨大的经营利润，以有限的资金就可撬动整个产业链的一种商业运作模式。

面对商业地产越来越激烈的竞争环境，开发商们也绞尽脑汁地想怎样可以降低成本来获取高利润的收入，这是很多开发商都在考虑的重要问题。希望可以利用资金运用的"杠杆效应"，实现开发商的高回报收入。"杠杆效应"应用的吸引力在于投入少量资金即可启动较大规模的项目，这种以小博大的"杠杆效应"实现了"资金→项目→资金"的滚动循环，使开发商可以获取得到超额的利润。

在商业地产开发过程中，充分运用"杠杆效应"这个最关键的模式，以小博大，借力打力，利用少量的资源与能耗，就可以完成整个开发过程。按照波特产业结构的五力分析，商业地产开发在整个商业地产产业链中的地位如此优越，其他环节都处于弱势地位。地产价值链中，物业产品本身符合消费者需求，最终转变为收入，才是最重要的。

操作技巧一："树上开花"妙计解密

"四两拨千斤"是武侠小说中经常见到的一词，借助于巧力达成结果，通过一点的突破而取得全面的胜利。而在古代军事文献《三十六计》当中，也有所谓"树上开花"的妙计，两者的道理其实是一致的，那就是当自己的力量相对较小或声势不够大时，可以借助友军势力或借某种因素制造声势，使自己的阵营更显强大。

在商业地产项目运作中，"四两拨千斤"的道理同样适用，善于借助外力，以自己有限的力量通过有效的手段将别人的有效资源拉拢过来，以达到启动大规模项目的目的。"给我一个支点，我可以将整个地球撬起来"这是物理学家阿基米德的豪情壮语。而在商业地产的运作中，只要找准投资者——开发商——营运商——经营者——终端消费者，五方有各自不同的利益点做支"点"，那么"杠杆效应"的作用就像滚雪球一样，越滚越大，不但实现项目开发的平衡，甚于可以拥有"四两拨千斤"的惊人力量。

铜锣湾是一种轻资产经营、低成本扩张的模式，通过谈判，用最低成本租赁物业，在此基础上搭建一个平台，将手头的品牌商资源整合在同一个平台上，并进行统一经营管理，同时，铜罗湾 Mall 或百货又变成了所有利益者的资源，这几乎是 Mall 在中国实现快速扩张唯一可行的路径。铜锣湾的商业链条节节相扣起到了"杠杆效应"，所有的品牌都希望能不断进入新的市场，实现其品牌扩张战略，而铜罗湾则可以用其不断扩大的网络作为与品牌商谈判的价码。通过这种彼此共生的利益关系，不断实现彼此的扩张战略蓝图。这种投资期短、回收快、风险小的投资运作模式，一般可以让一个新的 Mall 或百货的回收投资时间大大缩短到了平均 18 个月，很大程度降低了项目的投资风险。

操作技巧二："五赢模式"解密

讲到杠杆自然而然的就会想到平衡的问题，而杠杆的平衡当然离不开各个支点的支撑，只有各个支点都平衡，杠杆才能够平衡，发挥其最大的力量作用。如果将商业地产的运作流程比喻成一条"杠杆"，那么在这一每个环节中所参与的投资者、开发商、营运商、经营者、消费者，他们就是支撑商业地产这条杠杆平衡的每一个支点，缺一不可。

商业地产整合运营操作，既要使经营者的市场前景有保障，又要使消费者获得实在实惠；既要对投资者的租金回报和资产增值负责，又要对开发商的投资收益负责，还要让营运商有利可图，让运营指导者——政府满意，达成多方参与、良性互动、互为依存、共同受益，多方共赢，最终营造社会和谐。而要达到这一目的，如不具备强大的资源整合能力、高超的专业水平及丰富的实战经验则难以做到。这样就要先运用"杠杆效应"中的"四两拨千斤"作用的发挥，才能更容易达到"五赢"，只有达到各方利益的均衡点，才能发挥出商业地产项目的最大价值。

由以上可见，在这个"杠杆效应"的"五赢模式"中，各方利益实现的次序应是自下而上的，也就是说，只有当下一层的利益及价值得以体现，上一层才能更稳定、持久地实现其本质利益及功能价值。

树上开花是奇迹，谋略家们也往往创造奇迹。用于商业地产项目运作上，树上开花是一种并战计，也是一箭双雕之计。

随着商业地产竞争的加剧，一股新兴势力崛起——修复性商业地产。这是一种以历史性建筑为平台，通过建筑、装饰、艺术以及修复性专业技术手段，对平台进行定向修复，以保持并延伸其文化、历史和风貌内涵，创造和开发其新的商业应用功能，最终成为一种具有特殊意义的商业形式。目前，修复性商业开发运用最多、最成功的是北京和上海。

长沙新南城正着手打造成热销商圈，新南城位于芙蓉路上，这里有四大商圈鼎立的优势，依次等距地排列着四大商圈，分别为伍家岭、芙蓉广场、侯家塘以及新南城商圈。它们距离等间，携手共进，势力范围互不重叠；均位于交通要道，路网发达，辐射呈现面状，商业繁荣指日可待，将成为城市经济发展的助推器。

由于天时、地利、人和的三大优势相结合，新南城商圈将形成商业与城市发展共同促进的"双杠杆效应"，其价值空间不可限量。该区域交通便捷，发展空间巨大以及在新南城高尚生活板块大势的推动下，将一并促进其高端商业的繁荣，同时带动周边商业价值的提升。

操作技巧三：异地开发受商家青睐

随着土地"招拍挂"政策的施行和银行信贷的紧缩，土里的"金"越来越少，"淘金"的难度也越来越大，地产公司获取利润的方式就转化为利用地产开发的"杠杆效应"。为了把这种杠杆效应发挥到极致，除了抢占一线城市外，一些地产公司异地开发瞄准了二线城市，甚至三线城市也纳入了一些企业的视野。目前的上市公司中，有40%的公司在两个或两个以上的区域进行开发。

操作技巧四：借力资本杠杆

在"招拍挂"全面实行的今天，在"价高者得"的游戏规则下，要实现一定的土地储备，就意味着要有资本运作的高超技巧。结交战略合作伙伴，是最为普遍的借力方式。

2004年，万达加快了寻求外来资金渠道的努力完成重组改造，譬如上市。即使不上市，商业地产公司也可以增发30%—40%的股份给战略股东。做得最为彻底的则是顺驰，从第一个开发项目开始，顺驰一直都由战略投资者为主要出资方。先后与顺驰合作的投资者不下10家，包括联想、首创、摩根士丹利等。顺驰在这些合作项目中基本都保持了控股权，而每一个合作伙伴都能为顺驰带来相应的资源，有可能是拿地更便利，有可能是融资更便利。

2004年之前，开发商是以土地运作为主，是一种完全空手套白狼的近利行为，利用关系协议拿地，从而实现从无到有。之后是资本运作，开发商获取超额利润的方式转化为利用地产开发的杠杆效应。

除了运用“杠杆效应”进行资本运作之外，还有许多方式：一要加快资本在项目之间的流动速度，如同时开发多个项目，根据项目对资金的需求时间和数量进行调动，使资金的流速加快，从而使投资回报加快；二要提高资本使用效率，如投资1亿资金盖房，用传统方式需一年完成，用工业化生产，半年就可以建成——建得快，销得快，效益明显提高，一年就可投两个项目，一亿投资就变成了两亿；三要提高产品的终端价值，产品竞争力强，做一个项目的收益就可以等于两个项目。

随着房地产业的开发不断升温，政府有进一步出台紧缩政策的可能。但是，保利集团很好地利用了杠杆效应，抓住市场整合的机会购入更多廉价高质量土地，有意进行高品质的房地产开发。保利地产计划每年新增土地储备300万平方米以上，公司打算利用首次公开发行股票以来较高的杠杆效应，将负债率由281%降至103%(仍高于平均水平)。按上述土地发展计划，公司每年将为土地储备至少花费30亿人民币。公司有计划再次融资，负债率仍将保持高位，较高的杠杆效拉动公司2005年净资产收益率达42.8%。

第三模块：解读商业地产“价值最大化”成功运作模式

一个商业地产项目成功的标准，就是在成功实现租／售之后能实现永续经营并持续地创值与增值。在这个过程中涉及到多种操作环节，一着不慎可能导致全盘皆输。尤其是前期的“市场定位”与“商业规划”，是决定商业地产项目综合价值实现的难局，也成为地产商尤其是由住宅开发商转型而来的商业地产开发商的“头号难题”。

商业地产的价值是由其行业特殊性而决定的，由于商业地产开发的服务对象是商业店铺，商业店铺经营的好坏，短、中、长期的运营状态，直接决定商业的价值。

经营好的店铺保证了物业租金的稳定收益及租金上涨的可能性，商业店铺运营状态取决于其业态的选择及定位，取决于整体规划、管理水平，取决于店铺的经营水平，但最主要取决于要有足够的消费购买力。

操作技巧一：剖析“价值最大化”模式的核心问题

核心问题1：价值最大化涵义

商业地产中的价值最大化包括租金收益的价值最大化、地块价值最大化、产品价值最大化、顾客价值最大化、宣传价值最大化、品牌提升的价值最大化、政府社会公益价值最大化、未来资产升值及运营价值最大化、交易与推广成本的降低所带来的潜在价值最大化以及关联项目带动价值最大化等。

核心问题2：价值最大化的两个过程

1. 价值的创造与提升，主要是在项目定位、规划设计、建筑施工阶段实现。

2. 价值的兑现与实现，主要在推广销售阶段依靠顾客的购买实现。

核心问题3：合适才是最好的

单方面过分提升价值而形成的极高端项目或超前产品就可能因为不具备市场竞争优势而销售不畅，从而导致提升的价值终究无法兑现。很多二、三级城市的商业地产开发商普遍存在一种误区，总是认为开发商业地产项目就一定要做成当地最高档的，但是没有充分地考虑到当地消费水平的支撑能

力。从而，开发出来的商业地产项目只是一个外立面超前，而没有实质的内涵。同时，由于定位过高，当地的购买力有限，导致无法如愿的引进相应的业态或品牌，最终导致整个项目无法正常启动。

反之，忽视价值提升而形成的产品虽然可能销售畅旺，但可能因为价格较低而损失本来能够提升并实现的价值。

核心问题4：定位纬度实现价值最大化

围绕价值最大化的成功定位应该沿循三个重要的、不同的定位纬度——项目利润最大化纬度；市场竞争力最大化纬度；限制条件最优化纬度。

* 项目利润最大化纬度：沿着这一纬度对项目进行定位，就是为了提升项目利润额，实现利润最大化。

* 市场竞争力最大化纬度：沿着这一纬度确定的项目定位，将具备较强的市场竞争力，容易实现成功销售和快速销售。

* 限制条件最优化纬度：在项目都面临的不同约束条件所决定的多种定位方向中进行选择，确定能最优化利用限制条件的定位方向。

核心问题5：充分考虑"三位一体"的多赢局面

在商业地产项目的开发过程中，开发商、投资者和经营者是一个"三合一"的有机整体和是一条不可中断的链条。开发商不能只管卖铺赚钱，而必须考虑投资者和经营者的利润空间。在开发商赚得利益的同时，也要让投资者与经营者获得长期的获利，从而更进一步提高投资者和经营者的积极性。

商业地产项目的开发应该与城市规划协调发展，依托城市经营的大环境，商业地产才能顺势起飞，从而使得地区商业价值提高，以实现商业物业的可持续性发展。

操作技巧二：解构实现商业价值最大化的关键点

关键点1：把握市场需求，准确定位

越是有需求的产品，包括项目片区消费群的需求、商家的需求以及政府规划的需求等，其价值就越高。

商业项目在开发前期，首先对项目片区做详细的市场调研，了解片区辐射的消费人口、现有商业规模、业态分布及片区未来几年的发展规划等，然后，将片区的消费需求与商业供给作对比分析，以寻找片区商业的空白点和需求点，最终确定项目的开发方向。

关键点2：招商先行，指导标准设计

商业项目的规划设计对于商业运作策划仅仅是深化与完善工作，因而商业设计

必须在对项目的商业业态规划基础上进行。目前的商业项目开发既缺乏商业项目的定位与业态规划能力，又忽视前期工作的必要性。很多的商业地产开发项目，在缺乏专业定位、业态规划和主力店招商的情况下，盲目开始建筑规划设计；有些项目甚至进行大规模的规划设计国际招投标。在开发战略不够明确，执行技巧不够准确的情况下，规划设计方面的投入有可能是南辕北辙，不但浪费了时间和资本，为后期的招商与经营工作反而带来更大的阻碍与不确定性。商业设计仅仅是对商业业态运作模式的建筑表达，脱离商业经营自身专业化的任何创意并不会为项目带来增值。

目前市场上多数的商业项目都是先规划设计，甚至建设之后再进行招商，开发商往往不考虑商家的需求去做项目规划与设计，使得项目的物业条件（如层高、楼板承

重、消防设施和电梯数量等）不能满足目标商家的使用需求，导致合适的商家进不来，进来的商家没有消费的吸纳能力，难以在项目中生存的尴尬局面，最终业态的形成也完全是招商结果所形成的一种随机状态，导致物业需重新改造或长期空置，开发收益大打折扣。

很多开发商计算商业项目的价值也是按照住宅地产的开发模式，在土地、建安等各种成本之上，加上自己的利润，参考市面房产价格所制定出来的。完全未考虑不同业态的承租能力差异，以及专业商业运营所带来的增值效应。所以，国内的商业项目卖的仍然是房产，而非商业，根本称不上是专业化的商业地产。

首先要区分不同业态的组合方式对商业项目整体增值的效应。把对周边区域影响巨大的主力店家拆分安置，以带动其余散户招租部分的增值。不但要限制主力店的出入口方式，更要在其四周沿面预留足够的零售铺位。在客流、车流、货流、内流、污流的整合设计基础上，特别在卖场的人流设计方面更强调环路与可视的原则。在纵向空间的设计方面突出室外分流与高限。所有这些设计原则的核心原理并非玩弄设计创意，而是力图使每一平米的营业面积价值最大化。

因此，早期的目标商家联络，可以在市场调研阶段便开始进行。通过了解商家对片区的想法和对物业的需求情况，然后，根据市场研究结果并结合开发项目的自身条件来进行项目定位，有了基本定位就可以开始逐步筛选能在片区有经营优势的、能出高租金的商家，确定后再进一步深入沟通获得商家确实的合作意向，再为商家度身定做合适他们需求的物业。

关键点3：专业化实现商业价值最大化

体验消费越来越成为商业项目的主要趋势。非购物方式的消费带来的营业收益所占比重越来越大。影院、网吧、茶馆、酒吧、咖啡厅、蹦极、抽奖、展览、演示、花车等非售货服务成为商业设施中最有吸引力的部分。人有观人与被观的需要，因而，创造一个允许人停留与观赏的共享空间更能引人入胜，同时结合艺人表演等休闲活动。体验消费者需求更要求商业界面的设计更加多元化、休闲化、娱乐化。新一代商业设施的界面已不再是简单的建筑立面。更多地结合了广告、表演、灯光、招牌、发布等多元化的电子、机械、光效设施。这对传统的建筑设计方式又是一个新的挑战。因此,项目自身的优势必须结合专业的运作,才能把商业的价值最大化。

关键点4:利用概念包装提升项目价值

包装有概念上的包装和形象上的包装。概念包装是与定位相结合的,根据定位打造一种新颖的、有前景的经营概念,这对项目价值提升有很大帮助。外在包装则通过靓丽的形象提升品质,通过对形象颜色和画面的把握来营造浓厚商业氛围,从而提升项目价值。准确定位对项目内在价值的影响已经不言而喻,项目包装的实施则在外部层面为收益的最大化提供有力支撑。项目到了营销阶段时,整体包装将成为提升营利空间的重要手段。

深圳“东门168”的概念推广时,针对片区内海味批发市场集中的特点,将与肉菜市场结合的一楼定位为海味干果市场。在概念上,使项目超越一般的批发市场概念,将其提升为旅游购物的“深圳特产一条街”,填补深圳商业空白。项目以此概念推出后得到旅游部门和广大媒体的关注和支持,市场知名度大大提升。

蛇口“玫瑰坊”项目招商时,片区尚未改造,商业氛围较差,人流稀少。招商前首先对商业街进行形象和商业氛围的包装,并邀请在营商家举办活动带动人流和消费,改变商户普遍认为时机未到的看法,确立足够的经营信心。

关键点5:利用品牌带动项目

商业地产在国内几个代表城市的发展已日趋成熟,投资者和商家对商铺的购买已相当谨慎。商业氛围如何、有没有客流、未来发展怎样等等问题,都是客户购买(或租赁)前会谨慎考虑的。

一些位置相对较差,商圈未成形的项目往往很难有较好销售或招商成效。在操作此类项目时常常会发现，其实这些项目的周边并非没有消费，有些甚至位处较大的居住社区内，只是由于位于新开发区域，配套不完善，商业没有形成规模和氛围。这时候，一家或数家有号召力的品牌商家进驻，就能明显改善项目的商业氛围，吸引客流，提升项目商业价值。

"流行18·28"项目销售时，虽然项目位置优势是独一无二的，但由于是销售项目，卖给小业主后出租给各种商户难以预测，使很多客户认可项目的定位，但对今后能否保持现有经营路线表示担心。为打消客户疑虑、增加投资信心，也为使项目在销售时有更多的有利卖点提升项目的商业价值，引进了麦当劳、面点王等能够带动人流消费的品牌商家。

关键点6：庞大的客群支撑

客源永远是商业地产的命脉。大型购物中心市场份额覆盖面必须要有不少于50万人的固定消费群，所以，要实现项目利润最大化，就要能够抓住一些非常稳定的客户群，利用成本最低化、客群优质化，实现利润提升与最大化。

项目规划的第一个重要步骤，就是研究人们的购物心理，消费者的行为心理将影响到购物的人流流向。另外，由于人们购买不同商品时，优先选择的商业圈范围不同，因此，商业地产项目对地段的选择较为重要。对消费者行为心理的分析，是商业建筑规划中的第一个环节也是最重要的第一步，它将影响到商业规划的业态，零售业的种类及今后商业价值的实现。例如，金源时代购物中心首先定位于京西的人群，京城的有车族，及东南亚周末度假的人群等。

另一个典型的案例就是广州的天河城广场之所以一直以来保持如此的"旺"，是因为它一直拥有庞大的消费客群作为支撑。天河区总人口约80万人，这部分人基本上都是中高收入阶层，经济条件比较好，生活消费水平相对较高。这一居民结构，使天河城广场拥有一个相当大数量的中高收入消费群体。

关键点7：合理的科学选址

商业地产项目的选址和开发要符合城市发展规

划的要求，合理的选址是发挥不同项目的最大开发价值和经营使用价值以及社会价值的根本。没有达到土地资源利用的最大化,就不能体现商业地产价值的最大化,也是间接的土地资源浪费。

零售业成功的第一条件是选址,第二条件也是选址。选址应注意的问题：

1. 要符合城市发展规划的要求,根据商业设施的定位,应有一定级别的市政设施来支撑,商业设施的开发需考虑周边顾客群体支撑体系,包括周边人口规模、收入消费水平、消费习惯、职业与知识结构。

2. 要考虑服务半径、新的交通体系、轨道交通与高速公路的衔接等,这些都是影响商业地产项目开发的重要因素。

3. 要注意商圈结构。通常情况下,繁华商业区商圈范围较广,人流量大,营业额必然较高。

4. 有较大的价格优势和发展潜力。

天河城广场坐落在天河区天河路上，其位置恰好是广州市新城区东西南北中轴线的交叉点。随着城市中心的东移,广州市商业格局也呈现新变化。天河区新商业区域的形成,代表了广州市商业中心不断东移的发展趋势,得以集中体现广州国际化大都市风采和景点的只有发展日趋成熟的天河区。目前,天河城广场确实成为了广州市观光游览的商业新景点。

第四模块：解读商业地产“资源优化”成功运作模式

操作技巧一：解读“资源优化”的核心问题

资源的优化就是在商业地产开发中，充分利用各种渠道让商业资源达到有效的利用,实现各种商业资源整合的最优化。

商业资源一般包括网点资源、品牌资源以及服务资源。在商业地产开发运营中，商业资源起到极其重要的作用，然而商业资源的整合优化更是起着举足轻重的作用。

核心问题 1：“网点资源”的有效利用

在商业地产中，网点资源主要是指商业项目中不同的分布区域，要充分利用它们的地区优势，所以要在哪里配置一些大型的购物中心，或者要做一些商业街，还是要做社区的购物中心等等。商业网点的布局对于一个城市的经济发展有着极其重要的作用，不但关系到城市居民日常生活的便利，而且也将会很大程度上影响到城市发展的整体规划。

商业网点资源的布局对于各类业态发展的影响起着极其重要的作用。由于各种品牌的拓展都有其预定的战略规划，在选择网点布置时，都会严格按照品牌推广的选址策略执行，不会随便进驻一个区域的商业中心或者某个商业地产项目。这将会影响到品牌推广的力度与市场形象。

特别是大型超市或百货的品牌拓展对于商业项目的地域要求更高，而且，网点资源对于此类依靠规模效应进行发展的业态，更要注意网点资源的布局。各种业态的选址要求我们在后面的章节中都会有详细的解说与剖析，让各个开发商可以清楚的了解到各种业态的开发要求，打造出更适合各类业态发展的商业项目，避免开发资源的浪费与降低开发的成本和风险。

核心问题 2：“品牌资源”的利用

品牌资源最核心的是商户资源。在投资一个商业项目时，无论是超大型的购物中心或者是 Shopping Mall、百货、超市等，要想提升项目的知名度与市场口碑，不光在建筑物的规划设计上下功夫，更要充分的利用各个品牌的集聚效应进一步扩大项目的知名度，吸引更多的商户进驻。作为一个项目的经营商不但要选址好，而且要清楚目标客户在哪里，他们需要什么，我们需要提供什么样的产品来满足他们。消费水平对

于品牌的选择具有比较重要的指导作用，只有针对性地去考虑，才能将品牌资源更好的利用起来。

品牌资源的整合对于一个商业地产项目来说比较重要，很多特色商场就是利用品牌的互动与共生的原理进行设计的，只有将各类品牌聚堆的效应做透，才能使得整个项目的特色显现出来，才会更有针对性的渗透到市场中去，做出真正的特色商场。因此，对于品牌资源的把握与整合在一个商业项目里面是非常重要的。

核心问题3："服务资源"的利用

服务资源是指专门为各类型项目进行宣传、推广、策划的专业服务机构。不但可以全程为商业地产开发商提供系列的开发服务工作，还可以包括多功方面的广告、营销、策划等。这些服务资源主要有：电视广告、报纸广告、杂志、广播、互联网、广告公司、中介公司、手机短信等通讯渠道。由于商业地产的这一需要，所以"服务型商业地产模式"也应运而生。

服务资源的充分利用对于商业地产的运营作用很大，因为这关系到商业项目的营销推广和前期服务，商业地产开发过程中的每一个环节都必须是紧扣着的，不能忽视某一个环节。只有每个环节都做好，才能让项目操作成功。

"服务型商业地产模式"就是专业操作团队，通过全程专业服务，进行资源的有效整合，让项目实现开发的目的，从而获得比较好的投资回报和社会效益，实现项目的可持续性经营和品牌效应，保障了投资商和商家的利益最大化。

操作技巧二：解密"资源优化整合"

资源整合指在商业地产的开发过程中如何降低成本，将有利的相关资源进行全面整合，变成为项目服务的有效资源。其中包括团队的低成本操作，通过电子商务取得运作成本的节约。

在商业地产的资源优化中，拥有一支优秀的运营管理团队是很重要的。运营管理是商业地产运营的核心，是商业地产收益和物业价值提升的源泉，是投资者的利益得到最大实现的保障。在商业地产项目前期招商完成进入具体运营阶段以后，开发商需要把松散的经营单位和多样的商业业态统一到一个经营主题和信息平台上，使得各种有效资源的优化整合，以便推动项目的发展。

良好的运营管理能促使项目迅速成熟起来，成为炙手可热的商业中心，从而保障开发商、投资者和经营者的“三赢”。

零售商沃尔玛把强大的对手黑猫打下去，靠的是信息化和电子商务。沃尔玛的人力成本是1/3，营业额超过黑猫3倍。这里看到CBD的网站通过电子商务的资源整合的平台取得市场各方面资源的廉价电子商务的资源。

操作技巧三：解密“巧经营多受益”

密码1：传统模式忽视经营各方受损

运营在商业地产中就像是一艘船里的舵，没有它就失去了方向。然而从2001年至今，商业地产传统运营模式是楼建好、铺卖完之后，再去考虑商业定位、招商运营。建设在前、招商在后的传统做法让很多开发商浪费了不少资源。

传统商业地产运营模式的根源在于开发商没有考虑到后期经营，从而直接导致不少商场（包括社区商业）运营不善。由于商业经营不好，看上去受损的只是商家、投资方、租赁方，似乎与开发商的利益没有多少关系。事实并不然，对于那些多期开发的社区商业而言，前期商业运营状况将会直接影响项目的后期销售。由于很多项目的主要利润都沉甸在最后的部分货量当中，因此，后期销售不善的项目将会让开发商的利益直接受损。

密码 2：量身订做整合运营

商业地产与住宅产品不同，住宅产品在入伙时是一个完整的产品，而商业地产在入伙时只是一个半成品，甚至只是所有问题的开始。因为商业地产需要依赖经营才能够体现其价值，因此，在规划、建设、销售之前就必须考虑到经营问题，否则将很难保证商业地产的成功运营。

从社区商业的角度来看，在清晰市场定位之后再为主力商家量身订做是对社区住户负责的一种表现。比如在建筑设计阶段就可以将噪音、商业人流等对住户的影响降到最低。

另一方面，由于规划在前，那么商业做旺之后，也可以为住户提供更好的服务。应在建设之前就已清晰社区商业配套，锁定大型主力商家，并为其量身订做。

深国投与沃尔玛、西蒙、摩根斯坦利合作，其核心合作内容之一就是为沃尔玛量身订制，达到各方共赢的局面。现在，越来越多的开发商意识到必须将市场定位、规划建设、商业运营管理统筹在一起考虑。这样既有利于开发商，也有利于商家、投资方、租赁方的利益得到保障，同时，又能更好地把各种资源更优化使用，让项目的商业价值发挥到最大。

第二部分：

中国商业地产金融创新模式

商业地产核心要素主要包括地产的行为、商业的行为和金融的行为，要做好一个成功的零售房地产项目、商业地产项目必须有这三个领域的很好结合。

金融创新改革是势在必行的，有效地组合利用金融工具，是解决商业地产资金支持的头等大事。

商业地产开发要求巨大的资金投入，投资规模大、投资回收期长是房地产开发投资的共性，但商业房地产对资金的要求更加突出。购物中心、商业步行街、特色商业区、Shopping Mall 等的开发一般都需要大量的资金，而且商业地产经营一般要经过 2-3 年的过渡期，需要有雄厚的资金准备。

第一模块：把握中国商业地产资本运作机遇

机遇一：政策限制，商业地产商资金欠缺

随着中央对房地产发展的干预越来越多，而且，各个方面的控制也越来越严格。开发商所面临的压力越来越大，如何才能使商业地产开发商寻找到更好的出路。国家宏观政策调控的目的是促进中国的商业地产规范化发展，积极与国际惯例接轨。这也是未来商业地产的发展趋势。

资本运营一直都是各个企业大腕最关心的重中之重，因为它关乎到一个项目的发展，甚至关系到一个企业生死存亡的命脉。很多成功的商业项目几乎都是以长期租赁为主的经营模式，但由于只是租赁，资金的缓慢回笼大大影响了开发商的滚动开发，加大开发商的资金流动压力，造成开发建设资金被大量沉淀。且我国商业地产开发资金主要来自银行信贷，融资渠道单一的特点不但增加了金融风险，资金压力也使一些商业地产开发商重销售、轻经营，以高价抛售物业为最终目的，给商业地产带来信任危机。

开发商自有资金是非常有限的，商业地产的开发，资金需求量非常大。比如广州、深圳、上海、北京的商业地产项目，动辄投资就是十几个亿。这么巨大的资金额度，单一的商业银行融资渠道，或者是依靠自有资金，资金链断裂的风险会很大。因此，商业地产开拓新融资渠道势在必行。

机遇二：商业地产由产品经营向资本运营的跨越

随着境外投资的不断涌入，国内商业地产的发展与国际化接轨的程度日益加深。境外资金在华不动产投资的动向为不成熟的商业地产发展提供了新的机遇。

从 2002 年中国房地产界首次提出“商业地产”这个概念以来，先后经历了 2002“强力启动”年、2003“快速发展”年、2004“问题”年以及 2005“空置”年四大阶段。

伴随着中国零售业的对外开放，特别是中外银行长期商业贷款的首次发放和海外尤其是中国香港、新加坡 Reits 的大举进入，再加上国内非银行信贷融资方式的大力推进。在 2006 年对外资银行全面开放的大背景下，中国的商业地产也将与国际接轨，商业地产的发展模式也将从短期住宅销售模式特别是售租与经营分离的状态，向持续运营的不动产模式转变，以及将完成从产品经营向资产运营和资本运营的跨越并实现与国际商业（地产）模式和资本市场的全面接轨。

机遇三：境外资金抢滩中国商业地产

随着人民币的升值影响，许多境外资金纷纷在北京、上海等地寻找商业地产投资机会。投资机构主要是看好中国商业地产巨大的前景与成长空间以及人民币再次升值的预期。嘉德、盛阳、摩根士丹利及西蒙等众多海外投资机构纷纷进军中国商业地产。一时间，境外资金蜂拥投资京城商业地产项目。

境外资金对国内的商业地产频频出手。2006 年 7 月 8 日，新加坡嘉德置地集团旗下的嘉德商用产业有限公司与深国投商用置业有限公司、深圳市深国商业投资有限公司签订协议，将投资 33.73 亿元用于其在国内商业地产的扩张；2006 年 7 月 23 日，国际著名房地产基金管理机构盛阳地产基金与美国

HOM YFUND 集团签署了 2 亿美元的基金委托管理框架协议，由 HOM YFUND 集团委托盛阳地产基金在中国进行房地产投资和管理，投资方向主要是商业地产。而继美国私募基金柯罗尼国际投资集团通过扬子基金成功登陆中国房地产市场后，另一家位于美国迈阿密的私募基金的要员也专程赴京考察，瞄准高档公寓和写字楼。

第二模块：掌握商业项目最有效的融资模式

模式 1：信托＋银行＋Reits

在国内目前的房地产金融政策大环境下，商业地产开发商期待着更多的融资渠道和新型金融工具，而 REITS(房地产投资信托基金)必然成为我国商业地产融资的一条新通道。

目前，中国商业地产金融的主流模式就是“银行＋信托＋Reits（信托的一种高级形态）＋外资金融＋上市”。

中国农业银行已经尝试推出了针对商业地产的长期贷款，利用有租约的长期稳定租金的商业进行抵押贷款。宏一公司认为，银行、信托加上房地产投资信托基金等多种形式组合，才能实现中国商业地产的更好发展。

商业地产在金融方面已经迎来了重大转机：

＊香港放开信托基金投资香港之外的限制。

* 万达融到50亿元外资，并积极筹备在境外以Reits上市。

* 香港东亚银行和农业银行已开始发放五年以上的商业中长期贷款。

模式2：引进大企业资金模式

随着房地产融资市场的热度升高，很多大公司希望向中小房地产公司注资，为企业寻找更多的赚钱之道，但是资金要严格控制在一定比例，比较理想的融资数量是2000万到1亿人民币。

银行银根的收紧，大量中小型房地产开发企业将无法从银行获得开发贷款，这也是中小房地产开发商融资的一条重要渠道。

项目融资中股本资金的注入方式比传统的公司融资更为灵活，但在设计融资结构时应最大限度地控制项目的现金流量，保证现金流量不仅可以满足项目融资结构中正常债务部分的融资要求，而且还可以满足股本资金部分融资的要求。

伴随着房地产市场的升温，上海的很多土地都已升值，远远高于当初的招标价格。在目前宏观调控的背景下，部分开发商有意出让项目，但心理价位仍然比较高，在市场价格的基础上打折后，开发商仍能够获得丰厚利润，建议大企业可以在更合适的时机选择买入。

※案例：上海·罗宾森购物广场

<table>
<tr><th colspan="4">上海·罗宾森购物广场</th></tr>
<tr><td>项目地址</td><td>位于湖滨东路和厦禾路交汇处</td><td>投资商</td><td>顶峰控股公司</td></tr>
<tr><td>总投资额</td><td>15亿元</td><td>占地面积</td><td>5.34万平方米</td></tr>
<tr><td>总建筑面积</td><td>44.9万平方米，其中商业面积达10万平方米</td><td>功能定位</td><td>集酒店、购物、住宅、餐饮、电影院等休闲娱乐消费场所为一体</td></tr>
<tr><td>主力店</td><td colspan="3">乐购超市，面积：2.1万平方米</td></tr>
<tr><td rowspan="2">业态面积</td><td>大型卖场：1.5万平方米</td><td rowspan="2">停车位</td><td rowspan="2">700个</td></tr>
<tr><td>百货公司： 2 万平方米</td></tr>
</table>

来自菲律宾的顶峰控股公司投资建设了7万平方米罗宾森购物广场，填补了大型商业地产的空白，还自主进行商业规划、招商经营，销售及租赁情况相当火爆。

模式3：港式模式

香港模式即开发商利用大量银行资金买地、建房、销售，然后再开始新一轮循环。中国传统房地产开发采用最多的典型模式，这种模式，企业是不能长期有效地运营。但是部分敏锐的开发商已意识到，新模式将是呼之欲出，都在寻求最好的融资发展模式。

传统意义的项目融资需要现金流量稳定，而商业房地产的现金流量却具有波动性。因此，如何利用项目融资的优点为商业房地产项目融资，创造为商业地产量身定做的项目融资模式是解决问题关键所在。

模式4：西方模式

核心是资本运作，基金或者投资银行是房地产市场的主导者；专业分工，开发商是吸引资金、把控中介和流通的组织者。

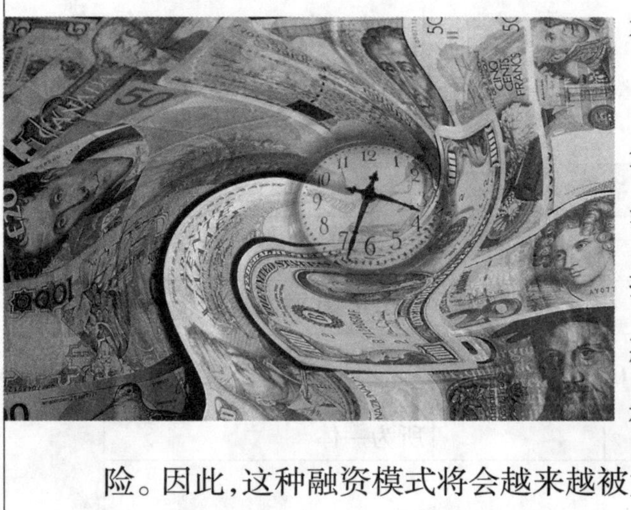

与中国传统房地产开发模式相比，西文的金融体系非常发达，房地产企业的开发资金来源通常是以房地产基金与私募基金（包括私人投资或房地产企业之间的投资）为主，银行贷款为辅。为了进一步扩大融资额度与充分利用社会闲散资金的力量，降低与银行合作的风险。因此，这种融资模式将会越来越被大型开发商所追求。如目前已经上市的富力集团、保利集团等。

模式5："三合一价值最大化"模式

做商业地产开发，一定是开发商、商家和金融资本三者结合起来，共同运作才能真正把商业价值最大化，参与各方也才能最大化地获得利润和投资回报。

第三模块：解构商业项目资本运作的成功模式

成功模式1：借鸡生蛋

巧妙地运用借壳上市技巧，可以达到事半功倍的效果。因为实力强大的大型企业拥有较高的知名度与市场口碑，良好的资金运作与雄厚的实力，可以很好的吸引投资者关注度。从而可以通过借助这类企业的实力来为公司进行募资，以达到融资的目的。

借壳上市将成为商业地产企业上市融资的主流，全国各地的商业地产开发商已经有不少已经通过借壳上市。

成功模式2：商、住组合开发模式

随着商业地产开发的不断完善，由刚开始的疯狂追捧，到开发商逐渐走向理性。因为商业地产的开发利润已不再是疯狂暴涨的时代，目标客户很清楚商业地产所产生的商业价值。

部分商业地产开发商已不再盲目追求单纯的商业地产开发，而是充分留意市场的变化，一切依所市场的需求，并开始调整产品结构。因此，由单纯开发住宅地产转向商业地产与住宅地产组合开发。

成功模式 3：强强联手

部分投资商在资金、土地以及政府的背景方面，都具有很大优势。特别在资本运作方面，有人才团队和经验方面的优势。然而，在商业地产后期的运营和管理方面缺乏经验和专业的团队。因此，需要通过与专业的商业运营商进行强强联手，才能让资金与土地充分发挥它的作用而产生丰厚的利润。

*** 深国投 + 摩根**

深国投在保证商业利润的情况下，把资本的后续运营托给了国外的基金和国外非常著名的商业运营机构。摩根和美国最大的商业资产投资运营机构西摩集团形成了战略合作关系，成立了合资公司。

深国投在拿地和政府以及市场拓展方面的优势，摩根发挥了资金、企业信用方面的优势，西摩发挥了在商业运营方面的领先思路以及长期运营的经验。

*** 国美 + 万达**

一纸合同，国美继沃尔玛与万达集团达成了强强联手的长远合作关系。从此，国美电器就成为了国内唯一一家进入万达集团所开发的购物中心的家电连锁零售企业。

国美全新的经营模式：进驻万达所开发的商业地产项目开设 1.5 万至 2 万平方米的大店。

两家的战略协议，今后万达在国内开发建设的购物中心，国美电器保证以主力店形式进入。而国美开发的商业地产项目，万达也可以经营，或者双方合作开发、经营商业地产项目。同时，国美的家电连锁对手是不允许进驻同一项目同场经营。

国美要将资本运作运用到商业地产领域，将项目资产化、资产权益化，最终通过有关机构证券化。国美置业已在境外通过房地产信托、基金方式得到了资金。国美打算将把持有的房地产业务，以房地产信托基金形式在香港或新加坡上市。

第四模块：商业地产融资渠道运作成功解码

渠道解码 1：合伙制融资

※优点：

＊法律关系较简单，便于银行就项目资产设定抵押担保权益。

＊融资结构上较易于被贷款银行接受，投资者的债务责任清楚，项目融资的债务风险和经营风险大部分限制在项目公司中，易实现有限追索和非公司负债型融资，可利用大股东的资信优势获得优惠的贷款条件。

＊项目资产的所有权集中在项目公司，便于管理，管理上较灵活。

＊项目公司可直接运作项目，也可仅在法律上拥有项目资产，而将项目运作委托给另外的管理公司。

※缺点：

缺乏灵活性，很难满足不同投资者对融资的各种要求。由于投资者难以直接控制项目现金流量和单独选择债务形式，在税务安排上和债务形式选择上缺乏灵活性。

渠道解码 2：通过项目公司融资

由投资者共同投资组建一个项目公司，以项目公司的名义建设、拥有、经营项目和安排有限追索融资。项目建设期间，投资者为贷款银行提供完工担保。

项目投资者根据股东协议组建项目公司，并注入一定的股本资金。

项目公司作为独立的生产经营者，签署一切与项目建设、生产和市场有关的合同，安排项目融资，建设经营并拥有项目。

项目融资安排在对投资者有限追索的基础上。在项目建设期间，投资者为贷款银行提供完工担保。

渠道解码 3：深度解码 Reits

Reits 是房地产投资信托投资基金的简称，是国际上重要的房地产投融资方式。主要是通过发行收益凭证汇集众多投资者的资金，购买房地产项目，并由专门投资机构经营管理，将投资综合收益按比例分配给投资者。

信托投资公司在商业地产融资上主要有三种融资模式：

* 通过贷款的方式为商业地产开发企业融资。

* 通过股权融资的方式为商业地产开发企业融通资金。

* 以交易的方式为商业地产开发商提供资金。

亚洲单体面积最大的购物中心正佳广场赴港进行房产信托上市（Reits）。同时，毕马威、新加坡发展银行（DBS）、华银控股等将联手帮助正佳广场冲击香港资本市场。按照正佳广场的预期，融资数量将不少于 55 亿元。

正佳的持有人正大天河在开曼群岛、维京、百慕大等离岸中心设立壳公司，以境内股权或资产对壳公司进行增资扩股，再以境外壳公司名义达到境外上市目的。

渠道解码 4：项目子公司融资

建立项目子公司，以该子公司的名义与其他投资者组成合资结构安排融资。由于项目子公司缺乏必要的信用记录，需要投资者提供一定的信用支持和保证。

※**优点**：

* 容易划清项目的债务责任。

* 项目融资有可能被安排成为非公司负债型的融资。

* 在税务结构安排上灵活性不强。

渠道解码 5：金融产品化

商业地产开发的"金融产品化"是商业地产发展的长远趋势，也将是中国商业地产正常、良性发展的出路。顺应商业地产的发展趋势，国家将出台适宜商业地产发展的金融政策，商业部已向国务院建议对商业地产放开 Reits，同时金融市场也会适应商业地产的发展改变现有规则和做法逐步与世界接轨，金融环境的改变必将促进商业地产的良性循环和规范发展。

怡景中心城牵手世界 500 强美国保德信金融集团，开创了深圳民营企业和世界 500 强企业之间合作的先河，为商业地产融资渠道的多样化开辟了新道路。

经典案例：解密铜锣湾 Shopping Mall 融资秘诀

铜锣湾主要有两种业态：一种是铜锣湾自营百货店，一种是合作的铜锣湾广场。自营店，铜锣湾需要向开发商租赁物业，然后装修、招商、运营。合作的铜锣湾广场则只需要输出品牌、管理，而后坐享分成。

1. 剖析铜锣湾困境

困境 1：快速成扩张而资金紧张

铜锣湾全国现有 54 家店，两种运营模式，包括 14 家自营店(其中的 4 家正在筹建)，其余则是以输出品牌、管理的方式与各地商家合作。一直依靠自有资金发展，融资方面考虑得太少，导致出现了因为快速成扩张而资金紧张。

困境 2：资金缺口过大，短期内无法正常运转

铜锣湾自营店的投资成本较大，一个 3 万平方的店，投入大约在 4500 万。铜锣湾共有 14 家自营店，投入的资金总额需要约 6.3 亿。因此，要满足铜锣湾全国 50 多家店的正常运营，也不是件容易的事。

困境 3：人才培养跟不上发展速度

人才培养跟不上发展速度。自营店需要全部派人管理，合作店则需要派出有经验的管理团队。仓促之间招募的人才，来不及系统培训、熟悉铜锣湾的管理模式，导致一些店经营效益较差，加大了资金的紧张。

2. 解密铜锣湾融资密诀

融资密诀 1：保留品牌，转让控股权

铜锣湾的品牌肯定会保留，控股权可以转让。

融资秘诀 2：“京基集团 + 铜锣湾”，打造新品牌

为了缓解铜锣湾的资金紧张，深圳华发北铜锣湾广场转让给了深圳市京基集团公司。同时，京基集团准备发展一个新的商业品牌“百纳空间”，全盘收购铜锣湾华发北店主要为了自身准备大力发展商业。

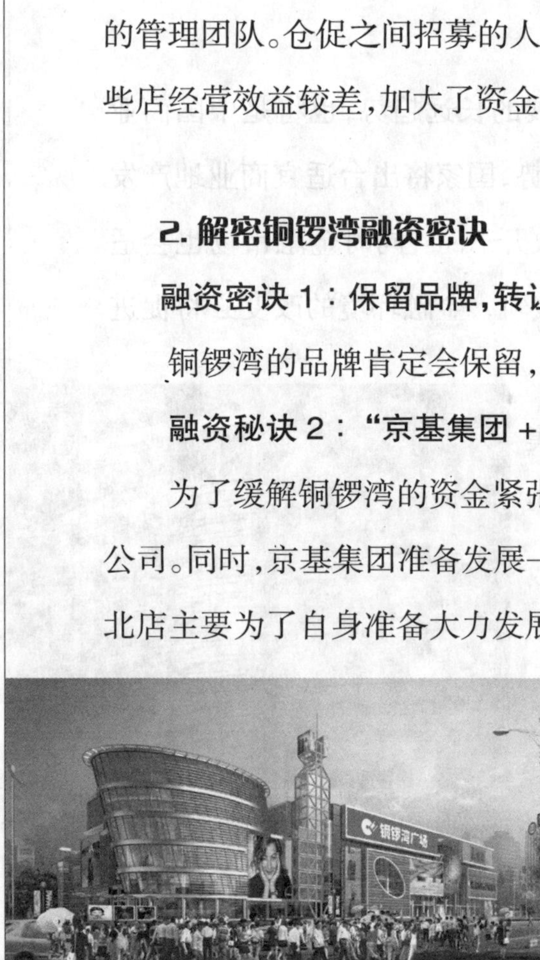

融资秘诀 3：网点资源，展现网络优势

一定数量的自营店是提升品牌、吸引合作者的前提。铜锣湾有意与印尼的力宝集团强强联手，充分发挥组合强势。

力宝集团是印尼最大的金融控股财团，旗下控有各国上市企业 20 多家，总资产 200 多亿美元，在中国的投资超过 12 亿美元，包括福建湄洲湾电厂和上海淮海路的力宝中心。

如果外资机构要在国内拥有 10 家大卖场，至少需要 5—6 年的时间，铜锣湾的网点资源为投资机构看好。

第五模块：解构商业地产资本运作的核心关键

核心关键 1：运作思路转变

国内商业地产开发商的运作思路是以“资金快速套现”为核心，这与 REITS“长期持有物业”的运作思路存在较大差距。要实现国内商业地产与海外 REITS 的直接对接，观念保持一致是首要条件。

目前，国内开发商的观念正在转变，返租销售方式的出现是观念转变的重要体现。而且，以大连万达为例的商业地产大型开发商开始实行“只租不售”的运作方式，这一种积极的变化，对商业地产的良性发展提供极具借鉴力的榜样。

核心关键 2：融资方式对接

商业地产的开发过程在前期往往会占用大量的资金，因而融资成为境内开发商关注 REITS 的直接动因。海外 REITS 与境内开发商的合作并不是没有可能，西蒙地产集团与深国投的合作就是其中一例。当然，海外 REITS对于内地情况不甚了解，借此机会进入熟悉行情可能是其中比较重要的原因。这也给境内开发商们提供了融资机会。

核心关键 3：融资渠道国际化

融资渠道国际化主要表现在进入和输出两个方面。进入即海外资本进入中国房地产尤其是商业地产的速度越来越快、规模越来越大，特别是人民币升值的预期和城市（镇）化的提速，中国商业地产正经历着产品经营向资产经营和资本运营——不动产金融形态的升级换代时期。

海外资金的直接投资尤其是 Reits 的大举进军，如新加坡凯德置地和澳大利亚麦格理在国内市场的连环收购，以及东亚银行首次对中国的品牌地产企业发放中长期租约抵押贷款等标志性的事件，都证明和昭示着中国的商业地产正成为海外资本垂涎的蛋糕。输出即越来越多的中国企业赴海外资本市场上市，包括股权私募等也呈现一种与海外资本进入同样的趋势和愿望。

诸如广州越秀和大连万达这两家企业的香港基金上市，这种双向的互动必将极大地推动和促进中国商业地产国际化的步伐。

核心关键 4：治理结构规范

主要包括两个方面的内容。首先，对于有意与海外 Reits 合作的国内开发商需要保持比较清晰的股权治理结构；其次，对于重点城市的成熟物业而言，整个物业的产权结构应该十分明了。这两个要求实际上可以降低海外 Reits 进入时的法律风险，无疑会为双方的合作提供较好的基础。

第三部分：

最具借鉴力的商业地产运作模式

目前，中国的商业地产处于模仿阶段，而且，只是停留在外在建筑形式上，而营运模式没有创新，缺乏营运能力的外在形式不仅难有盈利，反而会使投资付之东流。

讲究实力派操作的广州模式，借鉴港派的深圳模式，融汇海派的上海模式，喜欢炒作概念派的北京模式……各有长短。随着商业地产发展的不断进步与规范，与国际接轨的距离越来越短，二三级城市的商业地产也将会模仿发达城市的操作模式，迅速成长起，引爆中国商业地产第三极……

第一模块：最具借鉴力的商业地产运作模式

第一操作平台：上海商业地产项目成功运作模式

目前，中国的商业地产处于模仿阶段，而且，只是停留在外在建筑形式上，而营运模式没有创新，缺乏营运能力的外在形式不仅难有盈利，反而会使投资付之东流。

操作环节一：纵观上海商业地产市场方向

目前，上海的商业地产市场呈现出中小商铺供求两旺、大型商业地产项目向市郊挺进、创意产业园区异军突起等现象，商业地产发展进一步加速。

一、上海商业地产发展呈现“东边太阳，西边雨”的局面

目前上海商业地产总量过剩，结构并不平衡。商业地产总量已达3000万平方米，人均商业地产面积已超过国际公认的1平方米标准。尽管总量已经饱和，但每年还有200万到300万平方米的新增商业地产项目在建或等待审批。

核心商圈缺乏明确定位，同时，很多商铺也存在着业态选择、运营等各方面的问题。很多商业地产的区域分布不均匀，一些处在周边地区的商铺完全无人问津。

开发商通常会在一些规模较大社区的沿街建造配套商铺，然而很多这样的商铺经营情况并不尽如人意，其中很多是在没有预算和研究下的盲目投资。

二、中心商圈供不应求，郊区商圈供大于求

2006年上半年郊区商铺成交占总体的38%，但相对于其庞大的可售面积，仍然

呈现出严重的供大于求的状况，而中心城区的商铺在售量比较小，约 7 万平方米左右，一铺难求的局面时时存在着。另一方面，尽管目前中心城区的商铺销售、租赁情况都比较好，但上海一些中心区域，很小的地段内集中了十几家高档购物中心，同质化倾倾向严重，但在新兴的城市副中心、商务区，商业地产需求量很大。

目前卢湾、虹口、金山、南汇、崇明已成为上海 19 个区县中，新增商业物业供应积压最为严重的区域。这五区商业物业的 2005 年全年新增供应量中，均出现了超过一半的过剩。

而其中虹口、金山、南汇主要是由于商业物业新增供应量的大幅增长所致；而卢湾、崇明的空置则是因为需求的严重不足所致。显而易见的是，更多的空置集中于市郊。

从目前来看，中心商圈供不应求，郊区商圈供大于求的状况已经形成，由于市中心土地资源等限制，大量郊区商业物业在未来的集中上市或许将把这种矛盾进一步扩大。

三、地区和业态分布均显现出不合理

新建商业地产项目从中心区在向郊区扩散，这个趋势很正常。上海市中心的商业业态规划已比较完整，发展潜力比较小。然而市郊虽然机会多，但是随着未来这些地区的上市量放大，风险也逐步加大。

各种商业项目一哄而上，地区和业态分布均显现出不合理的局面。整体商业布局“粗放有余、精细不足”。

在上海的某些中心区域内集中了十几家高档购物中心，同质化倾向所产生的“贴身肉搏”已经使经营不容乐观。同样的现实也发生在一些相对较远地段的大卖场身上。比如莘庄和真北路，都已集中了七八家大卖场，竞争使得其利润已经相当低。

目前卢湾、虹口、金山、南汇、崇明已成为上海 19 个区县中，新增商业物业供应积压最

为严重的区域。这五区商业物业的去年全年新增供应量中，均出现了超过一半的过剩。

四、泛零售业异军突起撑大局

传统零售业态同质化和白热化竞争迫使人们寻求更好更丰富的满足消费者需求的方法。泛零售业态在经营特点、物业需求和赢利模式方面出现越来越多的与传统零售业态的相融互补性。

泛零售业除了包括传统的零售业态概念，还包括在人们消费支出中占有越来越重要地位的餐饮、旅游（连锁商务酒店）、品牌专卖、娱乐、休闲、健身、文化等。

政府调控、同行激烈竞争、大规模的并购导致传统零售业态（大型商业）的需求下降。就在传统零售物业供应量过剩的同时，同属于泛零售业态中的软商业异军突起，支撑起上海的零售物业租金。

五、赢利能力不足，导致上海商业地产发展遭遇瓶颈

上海传统大卖场之间的竞争越来越激烈，使得一些大型品牌连锁卖场单店销售额下降，经营非常困难，对零售物业的需求量也会有一定的负面影响。零售业大型的商家并购行为，也大大减少了商家对零售物业的需求量。这种压力直接体现在上海零售物业租金整体停止上涨态势，甚至有下跌的可能性。

国美宣布以 52.68 亿港元“股票 + 现金”的形式并购永乐，国美方面的人士表示，并购完成后，永乐随即退市。国美收购永乐后，两家门店的总数量减少，对零售物业的需求量也会随之减少。

在租金下降的趋势中，外资投资规模和兴趣也表现出下挫的局面。国际零售巨头对上海零售市场的投资热情大减，预期回报率越来越得不到满足，导致上海商业地产发展遭遇瓶颈。

六、忽略招商定位

事实上，商业地产的需求很大，但目前供给过于盲目。国外开发商会把商业地产

当作金融产品来规划，并且和后期经营相联系，很注重招商定位，而现在上海很多开发商没有能力在前期规划时，就算出将来每一平方米的营业额。

七、扩张过快，造成瓶颈效应

由于商业地产扩张过快，以及商业外资在上海的扩张规模过快造成的大卖场、购物中心等商业地产的瓶颈效应。

八、上海商业地产发展将走区域化发展道路

从上海商业地产区域发展趋势来看，未来上海郊区商业地产将优于市中心商业地产发展，2006 年下半年上海商业地产发展将走区域化发展的道路。

九、商业地产项目呈现大型化向中型、小型化回归的趋势

从国际经验看，购物中心已呈现大型化向中型、小型化回归的趋势，大型和豪华已经不再是购物中心发展的唯一目标。鉴于上海城市发展的特点，今后购物中心发展的战略重点将是两个方面：一是以大型住宅区为依托，建设 5 万至 10 万平方米的多功能的社区型购物中心；二是在郊区城镇和交通便利、辐射力强的郊区区域，建设广域型购物中心。

操作环节二：剖析上海商业地产的六大特点

目前，上海商业地产的开发规模正在迅速扩大，呈现出六大特点：

特点 1：增量大

由于前两年的开发，近年面市的商业地产面积达到了 500 万—800 万平方米。这个数据是过去 3—5 年才会出现的增量。

特点 2：以区域为主的多中心发展格局

沪上商业地产已由一个或少数几个中心向多中心扩展，曹家渡、五角场等都在改造提升，原来传统

的商业中心已不再优势独占，目前已形成了以区域为主的多中心发展格局。

特点 3：商业中心的界限逐渐模糊

区域商业中心和社区商业中心的界限逐渐模糊，较难明显区分。目前浦东的大拇指广场是一个社区商业中心，但是以体量和商业辐射能力来划分，也可看作是一个区域商业中心。

特点 4：特色商业不断涌现

特色商业，是指借用工厂厂房的物业来经营的三产业态，也就是目前商业地产和工业地产市场中较多的创业园区。其经营内容是休闲商业项目，比较突出的有八号桥等。

特点 5：商业地产发展形态多样化

轨道交通建设，带来了上海商业的热点和卖点。以轨道交通为中心辐射的商业地产，将来也许会是一个站点商业，或是一个居住区的配套商业，更有可能会成为一个区域商业。

特点 6：经营者赋予商业项目价值

根据现在的规划，改变区域性组合的配套商业格局，是必然趋势。一些项目或者商业区域中，往往既有宾馆，又有住宅，还有办公楼、零售业和休闲服务业等多种业态。要经营这些商业类物业，并不是购入之后，靠时日增长便可以增值，也不是靠租金或售价的变化，关键是要靠经营者的商业培育，才能逐渐成熟。善于因地制宜精心策划的商业经营者，会大大增强该物业的效能、表现力，使这个商业的物业体现真正的价值。

操作环节三：上海商业地产创新模式解码

创新模式1：起死回生之“以家庭为中心”模式解码

◆上海·正大广场

项目地址	上海浦东陆家嘴西路168号	开 发 商	上海帝泰发展有限公司
投 资 商	泰国正大集团	投资金额	约5亿美元
占地面积	31000平方米	建筑面积	241000平方米
车　位	地下3层，共1200个车位		
功能定位	集购物、餐饮、娱乐和休闲设施为一体的大型购物中心		

作为上海最大的商厦之一，浦东的标志建筑，已经建成营业了四年的正大广场，最初几年都是连连亏损，且出现人气冷清，大量的经营场地空置。难以令人满意的经营状况让每年数亿的财政支出成为一个巨大的负担。只要有以下几种原因：

1. 建筑规划与城市规划不协调。

2. 市场定位与招商计划严重脱节，导致招商出现严重性错误，这也是众多商业地产项目最容易出现问题。

3. 当时投资者和开发商对项目投资回报预期过于乐观，业主与租客没有充分互动。

4. 最大的失误在于它的选址。

由于这些原因，正大集团只能重新思考经营模式，经过多方分析与实践结合，正大集团调整为一个“以家庭为中心”的娱乐购物场所。

解码1：辞旧迎新

正大广场目前进行的业态调整行动无异于一次脱胎换骨。这个由海外开发商开发的大型商厦，虽然有了多年的经营过程，但整体的商业氛围始终未达到理想状态。

由于该项目是正大集团在中国的旗舰项目之一，因此，庞大的项目规模成为了一把双刃剑，在相当长一段时间内，人气不足、铺位空置等现象颇为明显。

因此，辞旧迎新是势在必行的，改造之后的正大广场将成为一个“以家庭为中心”的娱乐购物场所。改造后的正大招商工作开展顺利，达到全部满租。

解码 2：以家庭娱乐购物为主

正大广场是集购物、餐饮、娱乐和休闲设施为一体的大型购物中心，只要经营理念是“以家庭为中心”，瞄准中产阶层，选择“适合中产阶层的定级品牌”特别是国际一线大牌旗下的二线品牌，发掘中产阶层的购买消费能力。

解码 3：引进购物中心百货化经营模式

正大广场在重新定位的同时提出了“购物中心百货化经营模式，打造以家庭为核心的娱乐生活购物中心，吸取购物中心与百货经营上的优点，创造互补、互动、互存的新经营理念，侧重于比例的改变，进行合理招商。

广场内部设置高档、中档、大中型三个相对独立又相互呼应的区域。围绕全新的定位，广场开始了业态和租户的调整，在一层临江的位置，借助背面和西面两条总长一千米的步行街，引入一系列时尚餐饮。

解码 4：注重品牌引入

正大广场通过调整后，引入新的品牌和服务。将著名的品牌商家引进，品牌的进驻带来了更多的消费者，使广场的出租率再次达到98%左右。

创新模式 2：“以商养艺，以艺载商”的逸飞创意街区

随着城市经济的迅猛发展，市民对个性化商业及艺术的渴望，上海正呼唤全新创意休闲典范的诞生，就在这样的需求下逸飞创意街应运而生。逸飞创意街注重艺术与商业的结合，做到以商养艺，以艺载商。整条创意街将以文化、创意用品专卖、休闲餐饮、休闲娱乐功能为经营主题。

剖析 1：创意街核心概念

1. 是一条贯穿浦东景观河张家浜、比邻繁华陆家嘴、杨高南路的超大规模文化创意街。

2. 是一条散发着艺术气息的新型创意街区。一个组合玩转着艺术与商业、现代与传统、怀旧与时尚、东方与西方等等众多要素的街区，它将让艺术超越曲高和寡的小众范畴，突破顶礼膜拜的形式主义，让生活不断向艺术化和精致化演进。

3. 依托创意文化产业，针对城市中坚打造个性化的休闲娱乐消费环境，完全跳出了一般商业地产的竞争层面，建成后将成为上海艺术文化信息展示及发布的舞台，其核心价值将不可限量。

剖析 2：时尚原创，动感前卫

上海不乏创意，也不乏创意街区，却鲜有原创。现已成型的创意街区一般都源自改建：在灰旧面目的包裹中，或许历久弥新，却缺少了新鲜活力。而逸飞创意街正在开启新的篇章，时尚原创、动感前卫，充满着国际化的艺术情调。

创意街将以创意用品专卖、休闲餐饮、休闲娱乐功能为经营主题，规划引入时尚家居用品、艺术装饰用品店、奢侈名品专卖店、艺术摄影、人体彩绘艺术馆、艺术雕塑、画廊等。

剖析 3：不规则的建筑设计理念

创意街上的大多数建筑呈“不规则的立方体”，屋外玻璃窗的分布位置和大小也不同，错落中又有规律。依水而建的创意街，在设计时强调“水是历史、是文化、更是艺术”，将该项目设计定位为“以文化创意为特征的主体街”。

不规则的立方体将构成逸飞创意街的“大视觉”，相

对的统一协调之间，每个单体建筑又不乏独立的个性与美感。建筑间杂着大面积的玻璃运用，在通透的时尚感与凝固的稳重感之间寻得平衡，这条全长800余米的街道未来的模样将既是一步一景的风景线，又是值得隔岸远观的建筑群。

创新模式3：以空间界面引领时尚新模式

随着城市化进程的不断加快，大量的农村人口向城市转移，城市外部空间形态在宏观形态上变得复杂多样，使宏观上城市总体空间的空间界面更富于变化容易使城市建设陷于杂乱无章、毫无规律的状态。

从大多数的商业步行街建设来看，由于规划的分期性、不完整性，商业开发自身的多次性、自发性等等客观和主观的因素，使得许多商业步行街呈现一种混乱和急功近利的状态。因此，如何营造商业步行街统一、连续、和谐、丰富的空间界面，创造一个健康、愉悦的商业环境，是一个值得深入思考研究的问题。

◆商业步行街之空间界面营造——上海新天地

上海·新天地			
项目地址	位于太平桥地区西部、淮海中路南侧	开 发 商	香港瑞安集团
占地面积	30000平方米	建筑面积	60000平方米
功能定位	餐饮、购物、演艺等功能的时尚、休闲文化娱乐中心		

“保护与改造”、“新旧结合”、“中西合璧”等设计理念的指导下，因地制宜、分类保护和改造，使得上海太平桥石窟门里弄的空间和文化在上海新天地得到了重生。

剖析1：因地制宜的改造方式

第一类：基本保留，加固结构。

第二类：保留外墙和屋顶，内部结构拆除重建。

第三类：基本拆除，只保留门楼。

剖析2：空间思维诠释

1. 从空间形态上看

原有狭窄、拥挤的里弄空间得以疏通整合，并加入步行街、广场等公共空间等元素，使得整个空间格局疏密有至、收放自如、开合得当。

2. 从空间尺度上看

宜人的尺度是新天地创造舒适的外部空间的另一个重要因素。这里的尺度不同于城市中心区大型商业步行街的尺度，为接近人的、偏小的尺度。

3. 从材料选用及色彩选择看

因为新天地本身是一个融合了历史与现代，东方与西方的产物，在立面的处理上，大量地运用了拼贴和叠合的方式，运用现代材料，结合传统的石库门楼等，配合坚实厚重的石材，温暖舒适的木材等，在绿树、花丛、水池等景观元素的映衬下，造就了一个色彩柔和、统一又不乏亮点的，既对比又和谐的空间界面。

4. 从文化上看

中西合璧的文化给人精彩纷呈的印象。新天地的多元化与兼容性正是她营造和重塑文化氛围的成功之处，也同时体现了上海这座国际大都市的兼容并蓄与中西合璧的特点。

剖析3：空间界面营造要点

1. 整体性与统一性

步行街外部空间的格局、形态等必然会影响到空间界面的整体性。视觉健康的空间界面往往会有一个统率的主题，一个贯穿始终的风格形成一个整体的、统一的视觉意象,不会给人以拼贴、拼凑的凌乱感。

2. 人性化

健康的商业步行街的尺度应该是一种适宜人步行和休息的尺度,从心理上讲,应该给人以亲切感,人性化。但是,空间界面的尺度还随着商业步行街的具体性质、在城市中的具体角色以及商业步行街之中本身部位的不同而不同。

3. 丰富与多样性

健康的商业步行街中的空间界面除了具有统一性、整体性的特征外,还应同时具有丰富与多样性,避免过于单调和沉闷,这也是与它的商业性质有关。空间界面的丰富与多样性可以为人提供更多的方式和选择,促进商业行为的多样性。例如新天地中,石库门的厚重与玻璃的轻盈,东方的四合院和西方的巴洛克等等,对比与和谐,造成了其丰富有趣的空间界面。

4. 文化性与地方性

健康的商业步行街中的空间界面不仅具有物质上的意义,还具有精神上的意义,

充当着商业步行街文化、历史的载体。一个成功的,健康的商业步行街,必然会体现一个城市,一个地域特有的历史文化背景和地域特色。新天地就是上海殖民地时期东西文化结合的最好体现,天一广场则是一个城市现代化的时代产物。它们都具有很强的地域特色。

剖析 4：成功经营秘诀

1. 定位正确

Mall 是商业竞争进入经济垄断、资本高度集中的综合产物,可以说是目前世界上最先进、最高级的商业形态,在国外已进入鼎盛时期。Mall 在欧美的成功与这类项目高附加值的连带效应让投资商怦然心动,于是,Mall 渐成为一种新的投资风向,受到投资者的追捧。

2. 适当的规模

上海新天地占地面积 3 万平方米,总建筑面积 6 万平方米,正是由于并不算大的

规模使其更好的运营，正所谓“船小好调头”这句话运用在新天地身上最贴切。

3. 选择成熟商业区

上海新天地位于上海卢湾区、紧邻热闹的淮海南路，处于“市中心的中心”。淮海路是上海高档消费的成熟商业区，这样地段的商业不管怎样都站在了一个良好的高起点。

4. 导入管理者与经营者分离的经营模式

只租不卖，管理者与经营者相分离，这样的模式与国际 Mall 运营模式同步，也被国内大部分专家认可。因为 Mall 的组织和构造形式，包含着一种促销思想，即要让消费者在购物场所尽可能停留较长时间，该模式可保证和提高管理水平，更可使 Mall 以一个统一的社会形象面对消费者，同时由于 Mall 内的各零售商分别经营自己的产品，可以充分展示自己独特的品牌形象和经营风格。

5. 以房地产来带动商业

上海新天地注重市场情况，善于分析，以房地产来带动其发展，使其更好的盈利。

剖析 5：商业步行街空间界面营造注意细则

（1）空间的尺度。

（2）空间的层次。

（3）空间的形态。

（4）空间界面的轮廓。

（5）空间界面的色彩。

（6）空间界面的材质。

（7）空间界面的商业性质。

（8）空间界面的文化内涵。

操作环节四：解读上海2005年度最具创新理念的商业地产

创新理念1：上海最大购物中心——龙之梦购物中心

龙之梦购物中心			
项目地址	位于中山公园地区的长宁路与凯旋路口，轨道交通2号、3号线的交汇处	开发商	上海长峰房地产开发公司
占地面积	2.59公顷	总建筑面积	32万平方米
商业面积	22万平方米	总投资额	30亿左右

1. 上海单体面积最大的购物中心

龙之梦购物中心不仅是上海至2005年为止单体面积最大的购物中心，也是中国大陆目前唯一的一座融城市交通换乘、购物、休闲、娱乐、商务、酒店等多种功能于一体的“销品茂”，层高58（不含地下4层），裙楼11层。将人们日常生活中的购物、娱乐、休闲、办公等各类需求都集中在一个多功能建筑体内予以满足，减少各类交通出行总量。

将城市各种交通功能在同一建筑内实现零换乘，让各类消费群体实现“一站式”消费，在国内尚属首家，在国际上也不多见。“龙之梦”的开发建设，为中国发展城市枢纽型商业提供了可资借鉴的宝贵经验。

2. 打造立体公交换乘体系

规划原则：利用轻轨、地面公交、地铁的不同高度，复合轨道交通、公交车站、商业建筑、地下步行长廊、出租车站、货运系统、市政设施、地下停车库等城市运营综合功能于一个完整的立体换乘枢纽建筑内。

换乘布局：南侧是地铁站厅，西侧是轻轨站厅，沿北侧汇川路设三条公交线路终点站，在地下二层设出租车站。地铁站厅由一个连接大厅与建筑紧密相连，并与按需开放的公共空间连接出租车站和公交车站。轻轨站厅由横跨凯旋路的天桥（换乘通道）直达建筑内部环形中庭空间，并由三个椭圆形中庭内的自动扶梯与底层公交车站、地下二层出租车站和地铁站厅相连。地下三层到四层是私车停放区，车位 750 个。整个建筑与分布在各层面的公共交通开放空间组合成不可分割的整体。地下二层出租车站与地铁站厅设在同一标高，均为 10.2 米。公交车站设在底层地面，由自动扶梯与地铁站厅相连。轻轨站厅标高 6 米，与建筑二层齐平，通过自动扶梯连接底层公交车站、地下二层出租车站和地铁站厅。

3. 无与伦比的商业功能布局

楼　　层	业　　态	面　　积	备　　注
地下一、二层的西部	龙盛超市	2.5 万平方米	可接纳 1500 家商号，展列 2 万种商品
地下一层和二层东部	龙兴百货	5300 平方米	可招纳 250 个品牌商品
地面一层以上的中岛和四周的名品专卖	龙之梦百货	4.3 平方米	可招商 1200 种品牌
七层和八层	龙之梦数码城	1.3 万平方米	可吸纳 400 户商家，经营有各类手机、数码产品 300 种以上，相当于徐家汇数码城全部产品总和
八层	龙强书城	1.1 万平方米	可展销各类书籍 120 万册，规模超过上海书城
九层	龙之梦会展中心	/	由国际著名室内设计师精心构造，会展中心颇具科技与时尚元素，音响、灯光、摄像、翻译等均为电脑全程监控，亦可实现多种语言的同声传译服务，是进行经济、文化和社会文化交流的理想场所，数码用品、影院、会展。同时，还设有一个五星级影院，内含 6 个放映厅
九层和十层	龙旺美食	1.8 万平方米	可安排 200 家各式餐饮
五十八层	五星级龙之梦大酒店	/	配置了建筑面积 2.4 万平方米办公楼和建筑面积 4.4 万平方米 730 间客房的酒店

4. 社会效应前景看好

截止 2005 年 6 月底，已完成 90%左右的品牌招商工作。据测算，开业后各类商业有效营运的年销售额可达 50 亿元人民币，各类展列和销售的商品达 2 万多种。根据每25平方米商业面积可提供1个就业岗位的计算，"龙之梦" 建成开业后约可提供1万多个就业岗位，在一定程度上有效缓解地区的就业压力。

创新理念2：采取区域相对隔离新模式——大拇指广场

占地近5.2万平米，建筑面积逾11万平米，设有大型超市家乐福、主题商场、精品购物、休闲娱乐、艺术中心以及拥有362间客房的五星级大酒店——证大丽笙大酒店等多种业态设施，融购物、休闲、娱乐、美食、酒店、艺术六大功能于一体。

1. 规划设计采取区域相对隔离的新模式

在设计上采取居住区域、购物区域、聚会休闲区域相对隔离的新模式；使商场室外化，中庭广场化。现代自由主义建筑风格设计、开放简洁的建筑立面、移步换景的购物空间形成了产品独有的特性。而且整个广场以块状规划，共22个建筑体块；以购物、美食、休闲、娱乐为特色的主题业态与多个主题广场融为一体，真正满足"一站购物、一家休闲、一天逛街"的现代消费方式。

2. 定期举办艺术峰会

证大集团还在广场内投资建设了3000平方米的当代艺术馆，收藏了来自不同国家的艺术家的著名雕塑作品，将定期举办高品质、国际化的艺术展览及学术研讨。

3. 借鉴开业仪式操作流程

1）上午10：00，证大商旅在大拇指商业广场上举行了正式的揭牌仪式。

2）上午11：00，商旅公司与市民政局共同策划的"玫瑰婚典"开始。9对新人在妙曼的婚礼进行曲中、鲜花彩带的簇拥下登上证大大拇指商业广场的舞台。

a）颁证仪式。

b）送玫瑰花。

c）与新人共切象征美好圆满的婚庆蛋糕。

d）送丽笙酒店的免费住宿卡。

e）在“LOVE”雕塑的见证下喜结良缘、永结同心。

民间艺人、溜冰女郎、高跷小丑、小提琴演奏者、黑人街头鼓点表演者分布在广场四周，广场的每一个角落都是一个展示的舞台，国内外艺术在这里走近人们，为广场平添了不少情趣与时尚风韵。

3）晚上 18：00，整个庆典活动进入高潮。活动由“上海名嘴”主持。首先是各位领导、嘉宾纷纷上台，由集团总裁致欢迎词，隆重宣布了大拇指商业广场的正式开业。

4）随后，向上海市慈善基金会捐赠十万元的慈善款，上海市慈善基金会向商旅公司颁发捐赠证书。

5）19：00，“东方新人——大拇指广场庆典晚会”正式开始。随着“2004 年度内地最受欢迎男歌手”胡彦彬、FIR 乐队、郭林霞、黑棒组合等的相继上场。

6）晚上 23：00，广场上烟花齐放。

创新理念 3：中国第一个开放式社区型购物中心——百联西郊购物中心

百联西郊购物中心座落于长宁区新泾镇，占地面积 3.4 万平方米，建筑面积达到 11 万平方米，经营面积为 6. 25 万平方米，投资 5. 6 亿人民币。

1. 独创开放式的建筑格局和社区型的购物理念

最大的特色就是其开放式的建筑格局和社区型的购物理念，独特的建筑风格与新颖的购物理念，吸引了大量的民众前往消费，曾创下一日来客量 6 万人的纪录。

整个购物中心由一系列大小不同的建筑物相应组合，中心是一个大型绿化广场，环绕四周的是错落有致的露台和绿化景观。

建筑群与周边自然环境巧妙地融合在一起，消费者可以一边享受新鲜空气，沐浴和煦阳光，一边体验购物之乐。

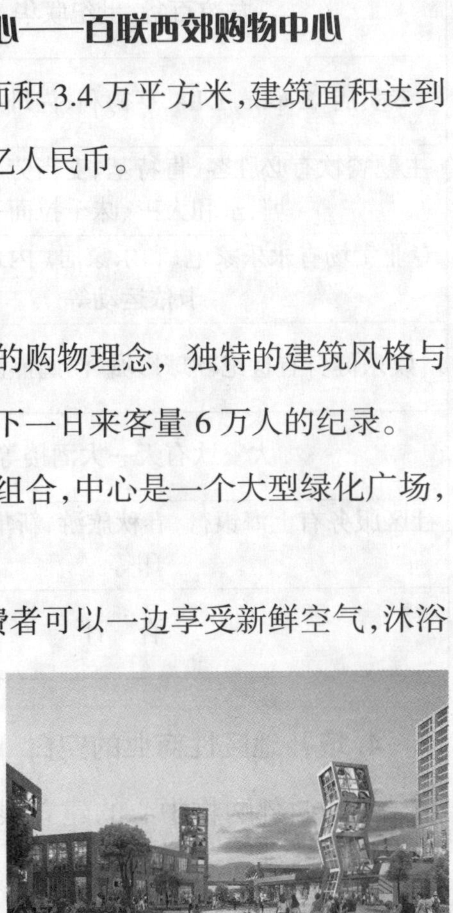

2. 多元化的业态搭配满足居民生活需求

目前，包括友谊百货、世纪联华、HOLA 特力屋、迪卡侬、永乐家电在内的共 116 家商家入驻，其中大型生活超市1家、百货公司1家、专业卖场4家、主题餐饮29家、专卖店62家、娱乐健身5家、社区服务14家。

楼　层	业　态
地下一层	家居广场
一　楼	社区精品百货、品牌专卖、特色餐厅、专业商场、社区服务
二　楼	大型生活超市、社区精品百货、品牌专卖
三　楼	大型生活超市、专业商场、品牌专卖
四　楼	娱乐大本营、中餐精华馆、异域风味馆、影城

3. 业态比例合理搭配

业　态	面积（平方米）	数　量	所占比例
友谊百货、世纪联华	25013	2家	41%
专卖店 E sprit、E lle、亨德利、佐丹奴、优依库等	9872	60家	16%
主题餐饮有必胜客、肯特基、麦当劳、棒约翰、避风塘、永和大王、味千拉面等	8320	20家	14%
专业卖场有永乐家电、和乐家居（内地第一家）、迪卡侬运动等	5848	4家	10%
娱乐健身有世纪环球影城、汤姆熊游艺、网吧等	6111	10家	10%
大餐饮有天一大酒楼等	4870	2家	8%
社区服务有上海银行、春秋旅游、新华书店、柯达彩印等	481	6家	1%
合　计	60516.28	103家	100%

4. 填补地区性商业的空白

百联西郊购物中心的建立很大程度上填补了地区性商业的空白，极大地方便了社区居民的生活起居。四周为高级别墅群及新兴高级住宅区，同时又新建了大片住宅小区，属于成长型人口导入区域。据不完全统计，周边的新泾镇、北新泾街道、仙霞新村街道、程桥街道等辐射圈范围常住与外来人口共计 30 万左右。周边地区房价高于全市均价，购物消费能力很强。

西郊购物中心的建立无疑为周边地带的居民创造了方便快捷的国际流行消费方式，而巨大的居民群所形成的市场潜力也为百联西郊购物中心的蓬勃发展奠定了基础。

创新理念 4：青浦经营业态最先进的购物场所——港隆广场

位于青浦中心北区，老城中心和新兴社区结合部，功能业态齐全，吸引力大，目前已成为区域内主要购物场所和城中北区购物的中心，也是零售商业经营业态最先进的购物场所。

购物中心规划有一期 4 万平方米二大主力店：世纪联华大卖场和好美家建材超市。二期有 8.5 万平方米综合商业建筑，其中 4 万平方米的零售面积。包括一座综合购物商城，二条休闲商业街和一个精品商场；商务设施有 4.5 万平方米的 5A 级写字楼一座和酒店、公寓式酒店各一幢。

购物方面有品牌专卖店，涵盖名牌服饰、化妆品、家居、电子、儿童服务等。

餐饮娱乐方面包括中西快餐、休闲餐饮街、大型餐饮、电影城、游戏、健身、夜总会等。

城区综合服务包括商务、银行、美容、照相、洗衣、花店等，是青浦最大、最先进的 2—3 层中档区域购物中心 Shopping Mall，集购物、餐饮、娱乐、商务于一体。

创新理念 5：24 小时一站式购物休闲的生活空间——金桥埃蒙顿国际广场

坐落于浦东金桥路和张扬路交界的钻石地带，与金桥出口加工区和碧云国际社区毗邻而居。

项目占地 55000 平方米，地上商业总建筑面积 10 万平方米，地下商业建筑面积 2.5 万平方米（大卖场），另设 1000 余个停车位。是一个具有国际水准，集餐饮、零售、文化、娱乐、健身、休闲、会馆于一体的综合性时尚休闲购物中心，将为地区消费者提供一个10多万平方米、24小时一站式购物休闲的生活空间。

项目几公里半径范围内，没有大规模上品位的国际休闲购物中心，但拥有黄山新城等多个成熟社区（包括罗山、金杨、金桥、沪东、东陆五个大型新村），约35万常住消费人口；5公里半径内，汇集了碧云国际社区、联洋新社区、汤臣高尔夫别墅区等三大国际级高尚社区群，另有世纪公园周边及陆家嘴一带众多高级住宅的相继开建，吸引无数国内外高消费力人群在此工作与生活，确保区域内品位消费的可持续增长。规划中的中环线、在建中的轨道L4、M6号线及十多条公交线路在此汇集，构成了立体交通网，地理位置得天独厚。

创新理念6：采用"一次定位，一次开发"开发理念——曹安商贸城

1. 采用"一次定位，一次开发"的开发模式

项目处于曹安商贸区核心位置，占地面积约为5万平方米，总建筑面积逾15万平方米，总投资十多亿元。在开发上采用"一次定位，一次开发"的方式。

2. 充分体现以人为本的规划设计

由两幢单体建筑横向沿曹安路联接构成，建筑产品总长度为350米，地下一层，地上三层，局部九层，其中地下一层为全地下车库，1—3层为小户型商铺，首层沿街拟规划为品牌专营店，局部四层为品牌展示中心，局部五层以上为展贸式写字楼。

项目总体规划及各功能区的规划设计将充分体现以人为本的精神，强调人与环境的和谐，5.4米层高、880米沿街商铺、20至40平方米的主力铺型、最大可达8至10米的大开间设计、1000个地下停车位、12000平米公共仓储空间、3至8米宽通道、

38部自动扶梯与观光电梯有效联动，中央空调系统、智能化服务信息平台等，为客户提供商贸与办公、休闲与娱乐多样化服务，为入驻商家创造最优良的工作和生活环境，力求做到布局合理，交通方便，功能齐全，配套完善，成为一个现代化、国际化、品牌化的专业批发中心。

3. 本地出售，异地招商

买铺的客户七八成为上海常住人口，其中自营客户比重较少。而开发商统一招商以异地客商为目标客户，包括江浙地区、福建、广东等，其中以江浙客商为多，占到五成以上。其中九成的办公区则面向国内外贸公司和外商驻沪办公机构。

4. 以“联合中国商人，运作全球市场”为经营目标

曹安商贸城是一个以特色专业市场为主体、综合发展商贸办公和休闲商业的专业市场示范园区。在经营方面将以“联合中国商人，运作全球市场”为经营目标，完整实现商贸、物流、信息、服务四大平台功能。

“三区交界”的优势使它既可接受上海中心城区的直接辐射，又可依托嘉定的物流、仓储、房地产、商贸等产业支撑。

适时灵活地调整业态组合比例，以期形成专业的皮革类相关产品、鞋业辅材轻纺产品为主，集现货批发、品牌展示、贸易办公、电子商务、会展服务、现代物流等众多现代化商贸功能于一体的专业市场。

创新理念 7：上海首座地中海主题一站式购物中心——开元地中海

项目位于新松江路与人民路交叉口，盘踞松江新城 CBD 正中央，建筑面积达 8.4 万平方米。

1. 突破传统商场的开发理念

开元地中海购物中心全力打造成为全上海首个主题性观光型一站式购物中心，突破了传统商场的开发理念，首家引入地中海主题概念，将地中海的感性之旅充分融汇在一起，让消费者就像在地中海的旅途中一样享受购物的乐趣。

2. 规划设计充分体现地中海风情

在建筑外观,色彩处理、入口设计、园林环境设计上,融汇整体风格来强调个性,使将来的商户、住家、消费者对建筑环境产生强烈的归属感。通过在小区入口处开放式弧形廊柱的设计,营造一种心理上的归属感,给出入者一种心理上的亲近松弛感,沿街的底层商铺设计尺度变化多样,统一制作的招牌、指示牌充分体现着地中海风情。

第二操作平台:北京商业地产项目成功运作模式

外资对中国商业地产的投资热情正从上海加速向北京转移。北京市投资促进局7日发布,2006年前6个月,海外基金不断巨资收购北京商用地产,投资已达到60亿元人民币。

沃尔玛中国区负责人表示:“成本不是我们进驻最重要的决定因素,更重要的决定因素是投资环境。北京在城市的开发与消费程度上体现了足够的优势,并且有海纳百川的态度,所以第一个感觉就是他们比较容易适应北京对外资的欢迎态度,这在很大程度上决定了外资为什么会选择北京的主要因素。”

一个多么吸引人的数字。庞大的资金流不断涌入北京商业地产行业。同时,国际零售巨头纷纷看好北京商业地产的未来发展前景。随着国际商业巨头的抢滩进驻,将会把北京的商业地产推向一个高潮,说明在未来的几年,北京的商业地产将会被追捧得热火朝天。北京商业地产元年拐点到了。

操作环节一:分解北京商业地产市场化进程

(一)北京商业地产供应首超普通住宅

从商业物业供应数量来看,以写字楼立项或含有部分写字楼的项目5个,商住楼项目1个,商铺及含底商项目10个。商业物业供应面积达到了344816.76平方米,占总供应面积的48.1%。

对于商业物业出现井喷的现状,原因有三点:

1.与日前出台的普通住宅面临规划调整密不可分,有数据显示,共有600余个项目面临规划调整和重新报审,这无疑会延迟项目的上市时间,造成短期内供应失衡。

2. 开发商普遍看好年内普宅市场,并不急于取得预售许可证。由于调整规划带来的滞后性,使得2007年年中前楼市遭遇新盘上市断档。

3. "住宅禁商"规定令商业物业出现回暖迹象。"民宅禁商"政策的出台,促进了商业地产的有效需求加大,一些原本在住宅办公的中小企业对于中低端写字楼的需求激增。同时,部分经营服务类的中小企业迁至社区底商,不仅消化了少量空置商铺,且为商铺未来发展预期带来了利好,促进了商铺的大量供应。

(二)市场的激烈竞争严峻考验开发商

目前北京同期进入市场招商的商铺面积已达500万平方米,达到历史最高峰值。由于商铺供应急速增长,而市场新增需求相对缓慢,导致大部分项目均面临巨大招商压力,商业地产开发风险开始凸现,运作能力欠佳的开发商将经受严峻考验。

商铺供过于求令商户资源争夺激烈,将是今后一段时间内北京商业项目开发商们最感头痛的问题,由于零售商家数量本来就有限,其开店规模及速度又都有较为固定的规划,既然备选项目众多,选择时也就更为从容,开发商因此特别被动。

（三）世界零售巨头纷纷攻略北京商业地产

由于2004年底中国零售市场对外商全面开放的积极效应，外商在北京积极扩张的势头将延至2006年，北京地区对优质商业物业的需求还将继续上升。

2006年世界零售巨头纷纷抢滩北京商业地产，如日本首屈一指的零售企业伊势丹集团即将进驻西单美晟国际广场。由于政策的限制，外资非但没有知难而退，反而在中国的大城市频频出手。

短时间内，美国美西百货、韩国新世界、法国拉法耶特、泰国中央百货等国际企业先后入驻北京的事实表明，中国已经成为世界商业发展的新机遇。而这些全球高端商业企业的进驻，将在很大程度上改善北京乃至中国的商业环境及商业档次，进一步提升消费者的生活品质。韩国百货连锁巨头乐天百货 Lotte Shop－ping Co 正在与中国银泰控股股份有限公司就开设乐天在中国的首家百货公司一事展开谈判。

西单美晟国际广场开发商率团赴日本招商，在日本期间，与日本伊势丹株式会社、高岛屋百货、松坂屋百货负责人就西单项目招商进行了洽谈，并与日本伊势丹株式会社进行了深入地洽谈与沟通。日本伊势丹株式会社对北京百货业的市场前景非常看好，对美晟国际广场项目很感兴趣，并透露出有意进驻的意向。如果顺利，双方将签署意向协议。与此同时，日本高岛屋百货、松坂屋百货、美国美西百货、韩国新世界、法国拉法耶特、泰国中央百货对西单商圈商业物业均表达了强烈的选址需求。

中国台湾地区零售业巨头新光三越百货与北京华联集团共同宣布，双方将共同投资7.5亿元，在CBD商圈成立新光三越华贸中心购物广场，总建筑面积为17.3万平方米，为目前北京最大面积的单体百货店。

（四）CBD区域的零售巨头大多选择高端定位

所有准备进驻CBD区域的零售巨头大多不约而同地选择了高端定位，将于2007年8月开业的银泰中心将1.4万平方米的商业面积全部瞄准国际一线品牌，而将近18万平方米的新光三越，也拿出其一至三层60%左右的营业面积，经营国际精品及国际设计师品牌。

（五）新型业态"泛零售业"横空出世

正宗零售业态的同质化和白热化竞争迫使人们寻求更好更丰富的满足消费者需求的方法，正宗零售以外的软商业业态，包括采用了现代经营方式的连锁餐饮、经济型酒店、娱乐文化休闲健身、社会服务和各种正在兴起的新型业态，在经营特点和赢利模式方面出现了越来越多的与正宗零售业态相融相补的特性，双方在扩张区域的选择和扩张速度方面越来越具"兄弟相"。专家将商业和软商业统称为"泛零售业"。

（六）"泛零售业"加剧商圈竞争

友谊商店所在的商圈有赛特、贵友等百货商场，新友谊商店的定位和赛特相差不大，都是以高档商品为主。由于友谊商店所处的商圈竞争激烈，它的重建将改写北京高档百货业的格局。

不仅会对其所在的商圈造成冲击，还会对像燕莎、国贸等这类高档商场造成冲击，分流其客户群。

操作环节二：北京商业地产开发模式转型

（一）摒弃住宅开发模式

1.做商业项目开发决不能全盘套用住宅开发模式。住宅项目是以解决消费者居住问题为目的，只要做好产品定位、保证工程质量就是一个好项目，是市场——产品——开发——销售——利润的流程，是先"开发后销售"的套路。

2.商业项目是解决消费者日常生活需求为目的，在产品定位上首先就要进行市场细分，能满足不同商业业态的营业要求，同时还要把各种商业业态引进来经营，这样才能真正解决消费者的生活需求，才是一个好的商业项目，是市场——招商——产品——开发——经营——销售——利润的流程，是"先招商后开发"的套路。

（二）"引凤筑巢"打破传统开发模式

"筑巢引凤"是商业地产传统的做法，但是存在的后患很多。北京的商业地产开发商已经意识到"筑巢引凤"的不足，换位思考，将原来"筑巢引凤"的开发模式转为"引凤筑巢"的开发模式。这样不但可以降低开发商的招商压力，同时也增强了投资者与经营商家的购买与入驻信心。

商业地产开发首先要解决的是如何营造商场商业氛围，保证投资者与经营商户的利益，不能一味地追求短期开发效益，追求商铺的销售价格，抱着"一卖就走"的不良心态，使商业项目步入租售两难的"死胡同"。

因此，开发商就要从商业项目的整体运营出发，进行深入、详细的市场调研，找准项目所在区域商业环境的市场突破口，有针对性地引进商户，打造特色定向消费商业，培育商气。

（三）开始注重外脑介入的专业运作

集思广益在商业地产巨大利润蛋糕的诱惑下，许多开发住宅项目的发展商都转向商业地产开发，导致市场竞争压力加大，商铺空置率提高，"商圈"概念炒作严重。

许多发展商开始寄希望于专业力量完成招商，但目前商业代理公司众多，整体能力并未达到相对良好的状态，这又为商业地产的发展造成潜在风险。因此，建议开发商在寻找专业策划机构时，必须充分评估专业公司的实战能力，是否能完成项目的全程操作。

操作环节三：挖掘北京商业地产空白

（一）人均商业面积与发达城市比例有一定距离

目前北京人均商业面积仅为0.78平方米，而上海、广州、深圳、大连等主要城市为人均1平方米或以上，香港人均1.4平方米，而欧美则人均多达1.6平方米。

从大局看，北京是个特殊的城市，既是中国的政治文化中心，又要建设21世纪的国际化都市；近年来大量人才涌入，带动住宅需求火爆，社区商业配套相应激增；同时人们收入提高、消费增长，也将利好商业发展。

（二）缺乏现代化的商业理念

现在进入商业地产开发领域的地产商必须要考虑引入现代化的商业理念，商业物业开发必须考虑提升整个商圈的档次和品位，与商圈内现有商业形成和谐与差异化发展，从而满足消费者不断变化的消费需求。商业地产开发商必须要去了解目标商家的需求，只有完全了解商业需求与消费者需求才能建造多方共赢的商业物业，并赋予物业长久的生命力。

根据宏一的数据库统计显示，现在西单商业现有的店面大型设施加起来接近40万平方米，正在营业的店铺9家，其中西单商场、西单购物中心、西单赛特商场和华威大厦，都是2000年以前建成并且营业的，最早的是西单商场，于1971年建成；而另外5家，中友百货、首都时代广场、西西友谊商城、君太百货、西单文化广场是升级版零售项目，是在2000年以后开张营业的。

西单商圈最大的局限就是没有真正的大型购物中心去作为一个龙头企业拉动整个商圈的发展。西单商圈必须要有龙头企业，单一百货店难度比较大，但是百货群是可以成为龙头的。要全面提升西单商圈的商业氛围还可以通过不同功能结合在一起的大型购物中心来扮演一个领导者的地位。

操作环节四：解读北京商业地产开发创新模式

模式1：“SOMO”的创新商业地产盈利模式

1. 破译SOMO模式

SOMO，指独立产权、共同经营，为客户提供量身定制的不动产理财方案。是由以商业地产开发为核心业务的海贸集团创新推出的一种运营模式。产品形式是一种自用与投资相结合的产品模式,包含有酒店套房、服务公寓、套房办公和独立店铺四种产品。

这四种产品,套房酒店是满足高端商务人士商旅需求;服务公寓是为商务人士提供中、长期舒适商务居所;套房办公是居住、办公全功能套房;而独立商铺则为商务人士提供 24 小时的餐饮、娱乐服务。其具体的产品形式组合会根据实际的市场需求情况进行调整，这样做不仅可以减小市场的投资风险，也能够保证项目的良性市场消化。

2. 透析 SOMO 特点

（1）选址均在城市中心或新区黄金商业地段。

（2）规模不超过 10 万平方米。

（3）兼容酒店套房、写字楼、公寓。

（4）拥有会员俱乐部等多项配套服务设施。

3. SOMO 盈利创新的四化

SOMO 模式所提出的国际化、全球化、现代化和专业化的开发理念,实际上正是当前商业地产的开发商共同努力的方向。

国际化：指 SOMO 模式会组织国际化的设计、营运、管理团队,以国际化的理念来打造产品。在项目的设计、营造及部品选择上,严格参照国际上同类物业的建设标准,顺应国际化潮流,可以满足国际消费者的需要。特别是在项目的选址上会极为注重地段的独特性,使项目的交通条件、景观条件及街区环境都具备竞争优势及增值潜力。

全球化：指 SOMO 项目的客户群都是具有国际化的背景和比较高的教育水准。SOMO 的产品将提供充分的条件满足业主商务、休闲、交际等多方面的需要。同时,SOMO 还以开放的文化观推广优雅、高尚的社交文化,提倡平等尊重的邻里关系。

现代化：指 SOMO 的产品都是以成品房、精装修为基本标准，并全面采用酒店式物业管理服务，为置业者提供生活便利和工作方便。

专业化：指 SOMO 的专业运营商会根据不同项目的特点组织业主进行不同程度的共同经营，同时，还会安排有专业不动产代理人为业主提供置业后的顾问服务，针对业主需求制定量身定做的不动产理财方案，以实现物业的保值增值。

4. SOMO 模式发展前景

SOMO 模式和售后包租是两个概念，SOMO 模式有两个关键词，一是独立产权，二是共同经营。独立产权首先不会出现售后包租产权不明晰的情况，这是 SOMO 模式一定会保证的。共同经营则是分短期和长期两种，短期投资者可以获得 3-5 年固定租金收益；长期则由业主自用或自愿参加共同经营协议；委托运营商经营，并获取持续回报。

如果 SOMO 模式能消除或减轻投资者对于产品风险的担心程度，那么这种新型商用物业盈利模型的未来将前景无限。另一方面，商业地产本身是一种既简单又复杂的地产模式。简单，是因为它的产品本身的性质很简单，就是商业性的地产；复杂，是由于每一个商业地产项目都有其独特的一面。这个特点决定了 SOMO 模式必须在实际运作中展现自己专业化的运营管理水平，以证明自己并非是经营花样、广告手段。

模式 2：第四代商业模式开启“第四生活空间”

这种商业模式的特点是以城市生活休闲中心为代表，提倡体验式消费，构建出以国际化、时尚化、艺术化生活与休闲购物为主题，以文化为主导的新一代商业中心。

与传统的购物中心截然不同，大钟寺国际广场创造出新的以休闲娱乐为主、购物餐饮互动的第四代商业模式。正是基于第四代商业模式，开启“第四生活空间”。

第四生活空间，即城市生活休闲中心——家、办公室、网络之外的生活空间，满足休闲、娱乐、购物、社交、艺术、文化生活等需要。

案例：剖析第四生活空间——大钟寺国际广场

大钟寺国际广场			
项目地址	北京北三环联想桥附近、城铁 13 号线大钟寺站旁	投资商	北京中坤投资集团
总建筑面积	43万平方米	地下总建筑面积	约 18 万平方米
地上总建筑面积	约 25 万平方米	总投资额	30亿元人民币
主题定位	街区模式		
销售 / 招商现状	已引进家乐福、迪卡侬等世界 500 强企业		

大钟寺国际广场所倡导的“新商业运动”，其本质是体验型经济。这种“体验式”倡导“以人为尊”，它不仅仅关注消费者的物质需求，更关注消费者精神、文化、社交领域的多元化需要。它改变以往商业活动单纯以购物为主的模式，而是将精神消费与物质消费并重，将物质消费视作对精神消费的补充和完善，最大化地创造快乐的元素，最大化地制造幸福的文化。

大钟寺国际广场堪称中国的首家城市生活休闲中心，涵盖商业、休闲、娱乐等诸多功能于一体。

剖析 1：开发要求升级

“城市生活时尚休闲中心”与以往的第三代 Shopping Mall 模式相比，有如下方面的升级：

1. 要求交通便利的城市中心

“城市生活时尚休闲中心”的选址，通常是在交通比较便利的城市中心，而不是价格相对较低的城市边缘区域。这样"城市生活时尚休闲中心"可以在城市中心区域，形成自然的商圈，拥有自己独特的文化底蕴和购物特性。

2. 强调建筑模式的多样性

"城市生活时尚休闲中心"强调建筑模式的多样性，而不像传统的 Shopping Mall 以单体式建筑为主。

3. 要求业态多样化

"城市生活时尚休闲中心"业态多样，而不是像传统的 Shopping Mall 以满足购物需求为主。这样，购物后的餐饮、休闲、社交等活动，就可以自然形成一个新的产业链，在满足购物者升级的多重需求的同时，创新了一种新的商业经营模式。

4. 与国际管理机构携手统一管理

在整个项目的经营模式上，为控制整个商城业态，大钟寺国际广场将与国际及美国一流的商业房地产资产管理集团合资成立高水准的商业资产管理公司，按照统一管理，分散经营的原则，对整个商业广场进行统一规划，统一推广，统一管理。

剖析 2：拥有庞大的消费群体

人流永远是商业地产的命脉。大钟寺国际广场也离不开强大的消费群体支撑，恰好是中关村商圈、亚奥商圈和金融街板块的交汇处，周边商务氛围已经十分成熟，并逐渐形成了金融资讯、科技贸易、行政办公、科技会展、商业、酒店等多元化商业格局，为大钟寺国际广场聚集了强大的消费群体，提供强大的发展潜力。

剖析 3：缔造人性化的自由空间

以"第四代商业模式"为定位的大钟寺国际广场，旨在缔造除了家、办公室、网络以外的第四生活空间，满足休闲、娱乐、购物、社交、艺术、文化生活等需要，注重精神层面追求，充分展现人性的自由化。

其突出文化立业的理念，凸现浓厚的文化特色；突出环境友好的理念，达到人与环境、建

筑、景观的和谐。

剖析 4：以街的形式连成整体

整个广场分为四大主题商业区域，由 D、B、C、E 四座相对独立的建筑以及下沉式广场——红场酒吧区构成，并以独特的现代步行街——篁街将其连为整体。

功能规划：

功能区域	功能定位	业态定位
D座	时尚区	百货、品牌专卖店、美食城、主题餐厅、电玩城等
B座	家居家电区	名品家居、体验式电器卖场、西餐厅等
C座	娱乐区	KTV、迪厅、酒吧、青春时尚天地等
E座	休闲区	国际西式品牌餐厅、商务吧、银行、邮局、美容美发、教育培训中心、世界书廊等

模式 3：复合型文化主题商场——第三极文化广场

北京的商业地产自兴起以来，几经变革与发展，正面临升级与规范。大批已经度过销售期进入经营的商业地产暴露了严重的投资、自营、整体经营等多种矛盾。商业项目投资与经营的矛盾一时间成为商业地产发展的瓶颈，和媒体关注的焦点。

第三极文化广场是以北京最大新生代书店为旗舰，形成强大动力源，引动巨大客流，倡导“知识性休闲，文化性消费”的复合型文化主题商场。集欢乐、图书、健体、旅游、教育、商务六大本营于一体。

商业地产所面临的问题，主要有以下三点：

（1）发展商只注重前期销售，根本不注重商业要素。

(2)投资者盲目追求商业效益,盲目投资,购买非商业区和没有任何商业资源及发展前景的所谓商业项目或底商,造成投资风险骤增,市场紊乱。

(3) 商业项目缺乏业态规划与招商管理,特别是后期管理。

由于商业地产存在的这些问题,就在开发商正在探寻商业地产出路何在的同时,京西文化重镇"海淀图书城商业区"改造中的旗舰项目——第三极文化中心以"统一业态,统一经营,统一管理,统一招商"四个统一的全新经营模式和四个统一带动的投资"七大优势",以商业地产的经营权与产权全面分离模式,和文化主题商场的确切业态规划,突破了商业地产投资与经营的瓶颈,为商业地产的全面升级打开了一扇通往成功之门。

剖析 1:"四个统一"经营模式

A. 统一业态,确保文化商场主题

业态的统一是指必须按照商业经营的规律,细致分析消费客流的走向、聚集,以及商业大楼内部的消费人群动线等要素得出。

一个成功的商业综合体,必须考虑主力旗舰店、楼层经营主题及楼层主力店,这样才能做到主题与组合业态的统一互补。同时还必须考虑人流的来源方向,分析消费人群的兴趣爱好和进入大楼的规律甚至在大楼内逛街的方式和习惯,这样才能真正实现业态的统一和合理规划。

B. 统一经营,保证业态规划的超强执行力

统一经营的理念,也是保证经营者、投资者双赢的唯一途径。在统一经营理念下,主题商场的经营可实现商业运营的至高境界,即全部店中店可不断的同步开展各种主题的推广活动,创造整合价值。

C. 统一管理,确保主题商场永续经营

商业项目,管理就是价值,管理就是未来,管理就是真实收益和回报。统一管理的重要意义就在于确保了统一业态的持久发展。第三极聘请国际著名物业管理公司COLLIERS,为其10万平米大型文化主题商场提供物业顾问和招商代理服务。

D. 统一招商,确保文化商业品质

统一招商不仅避免了商场内同质化品牌的经营,更保证只有符合项目业态规划的品牌才有资格进入第三极。这样的方式不仅保证了投资者的投资回报,更保证了项目的品质,为日后项目的投资升值奠定了基础。

统一招商从根本上解决了商业物业零散产权下恶性竞争的问题。它坚持招商价格的统一、坚持招商业态的互补性,更充分考虑了不同业态之间的协调利益,为未来经营奠定了坚实的基础,更充分保证了投资人的利益。因此在避免业态重复、租金水平混乱方面,统一招商的作用不容忽视。

剖析2:七大优势确保稳定高额回报

第三极不仅开创了统一业态,统一经营,统一管理,统一招商"四个统一"的全新理念,还以每年10%租金回报,10年收回购买商业地产的投资,同时拥有50年产权商业地产的高投资回报,以真实价值确实的保证了投资者的超值收益。这主要表现在以下七大优势。主要表现在以下七大优势:

* 每年10%的固定投资回报,长期稳定。
* 零物业管理费,创造投资的高附加值。
* 零招商代理费,增加投资附加值,统一招商与独立投资实现双赢。
* 经营权与产权分离实行独立经营。
* 零空置期与免租期,解决投资人后顾之忧。
* 零经营风险,减轻投资人个体压力。
* 规避共同经营风险。

操作环节五：解码北京最引人深省的惨败案例

*解码：破译世界最大单体 Mall——北京·金源时代购物中心的惨败

北京·金源时代购物中心			
项目地址	北京海滨区中关村中心区西沿线	开发商	世纪金源集团
占地面积	18.2 公顷	建筑面积	68万平方米
投资金额	38亿	车 位	6800余个
销售方式	只租不售	功能定位	集展览、超市、家居、娱乐为一体的购物中心
租赁情况	已与易初莲花、居然之家、燕莎集团、北京亚运汽车交易中心、北京红人俱乐部等签约		

作为全球的最大单体 Mall，具有众多优势的金源 Mall 如今变成了一个偏僻、空旷、昂贵、易令人疲惫的水泥广场。在开张的好长一段时间内都只是少量店铺开张营业，人气严重不足。

惨败 1：脱离市场，照搬西方模式

Shopping Mall 的开发必须充分考虑本土化，需要结合当地的实际市场情况与特色进行开发。项目的规模、主题定位以及经营模式都必须结合城市的实际情况，不断的调整、完善，才能开发出一个比较成功的商业地产项目。

不能照搬西方的商业地产项目开发模式，单纯的求大、求全并不一定适合当地的实际需要。金源 Mall 没有很好的考虑到这一点，在开发上照抄西方的求大、求全模式进行开发，导致了今日的恶果。

惨败 2：选址不实际

国外的 Shopping Mall 一般都建在郊区，紧临高速公路，占地面积非常大，集购物休闲娱乐为一体，消费者习惯开车去购物与娱乐。因为这些国家的私家车普及率较高，因此，在购物上不将距离放在最重要的环节上考虑。

由于金源 Mall 不注意选址，建在郊区而严重制约了人气，影响项目的商业氛围。好的选址并不一定就是人口最多最密集的地区，而是要进行综合分析，评估区域的发展前景。但金源 Mall 没有很好的充分考虑到这一点，而显得有些盲目。

惨败 3：人流量过少

1. 建设大型购物中心必须考虑项目周边的交通条件能够承接多少消费者。

2. 在大城市中，大型购物中心项目需要良好的地铁交通配套，郊外的购物中心需跟周边的快速路、包括高速公路形成直接连通。如果项目周边没有地铁出口，也没有跟周边高速公路或者快速路形成直接连通的交通汇合。如果交通原因人流量不大，那么经营规模就必须相应的缩小。

金源 Mall 这两个方面条件都不具备，因此，造成了开业没人去，冷冷清清，远远达不到经营商家的预期。

惨败 4：规模过大，消费导向不明显

金源 Mall 是以大而时尚、高档而出名，也正是由于"大"而制约着人气迟迟没有上升。因为当地消费者一直都是在规模适中的购物中心、百货公司或者超市里购物惯，一下子无法适应这么大规模的 Shopping Mall。

且金源 Mall 的整体规划没有很好的考虑到购物者的消费行为习惯，商场里面没有设置明确的消费指引图标或者地图。导致消费者在商场里面找不到东西。

惨败 5：停车成为顾客的心病

金源 Mall 的广场车位和地下停车场总共有上万个，但是由于车位太多加上很多员工、保安、管理员也都是上岗不久，一下子难以适应如此大规模的停车场，对环境不熟悉，面对消费者的找车、问路都不能提供多少帮助。更重要的是停车没有设有更多的指示标志，导致消费者停车都成为去金源 Mall 的一大难题。

*** 寻找金源 Mall 成功之道**

解决之道 1：主力店的进驻

选择不同业态的主力店进驻来吸引商家与消费者，尤其是品牌主力店，这对于金源 Mall 以时尚、主打高档的定位是很有必要的。主力店的进驻将会吸引更多的人流，有利于营造浓厚的商业氛围，保证整个商场的正常运营。

金源 Mall 业态规划如下表：

功能区域	功能定位	业态定位
A区 F-1– F-4	综合类	新燕莎集团、居然之家、汽车世界、易初莲花、金源方特科技展馆等
A区 F5	餐饮、娱乐、休闲	星美国际影院、纸老虎文化休闲广场、KTV、夜总会、各类食府等
A区 F6	其他	红人俱乐部以及产品展示厅
A区 F-2	——	卸货区、停车场、溜冰场
B区 F1	展示销售场	主要是高档汽车的展示与销售
B区 F2	娱乐、休闲	大型专业音响广场
B区 F3-4	综合类	综合性娱乐、休闲中心

解决之道 2：加强宣传力度，进一步扩大项目的知名度与美誉度

宣传面不应是京西而要面向全北京和全国，因为它不仅是北京的 Mall，也是全国的 Mall，北京是我国首都所在地，是我国政治、经济中心，它的一切受全国人民关注。由于整个金源的宣传力度不够，影响到了每一个商户。这么大的一个购物中心，宣传立足点不能仅仅局限在北京的西区商业中心，应该是整个北京地区，甚至全国。

解决之道 3：注重后期管理

商业地产项目成败关键在于后期管理，金源 Mall 作为一个那么大的 Mall 更要注重整体的经营管理，只要管理做好了才能更好的运营。

第三操作平台：深圳商业地产项目成功运作模式

2006年的深圳商业地产，行业裂变整合加速。在深圳商业地产中，早几年是以社区商业为主。2004 年号称是深圳的 Shopping Mall 年，但规划中的几个 Shopping Mall 也难见成功；2005 年，深圳的购物中心爆发；2006 年，深圳的专业市场将大行其道，这是商业地产突围和创新的结果。

操作环节一：透析深圳商业地产特征

1. 开创深圳的“商业地产元年”

深圳由于土地资源稀缺，住宅市场的供应逐渐减小，所以商业地产的作用日益明显。2006 年，深圳将有多个重量级商业项目启动，由此业界称 2006 年是深圳的“商业地产年”。尤其值得注意的是，由于品牌地产商的加入、商业与地产复合型人才的增多等因素，相比于早几年的深圳商业地产，2006 年将呈现几个明显的特征和发展趋势。

2. 商业地产企业重新洗牌，品牌巨头抢驻

早几年，深圳做商业地产的大多是一些不知名的小地产商，由于土地储备不足而做商业地产。而从 2005 和 2006 年开始，品牌发展商纷纷介入，如招商地产、星河地产、中航地产、京基地产、大中华地产等等。这些知名开发商开始向商业地产领域战略转型，加大商业地产的投资力度，将成为 2006 年深圳商业地产的新特点。

品牌地产商的进入，由于有强大的经济实力做后盾，将更加注意资金的长线投资，使得商业地产不

再是一种短期开发行为。这将有利于商业地产的健康发展，而且品牌地产自己的融资能力、融资渠道也往往非常强大，远非小企业所能比拟，这也将有利于解决商业地产面临的资金问题。

从总体来看，品牌地产商的进驻，将使商业地产更加健康地发展，而一些中小商业地产开发企业将面临退市压力，可能会导致商业地产企业的重新洗牌。

3. 从粗放型经营向精细化方向发展

深圳商业地产从过去的粗放型经营，向专业化、精细化方向发展，并形成以主流商家为导向、跨区域快速扩张的商业地产竞争新格局。

4. 租赁为主，产权式商铺被冷落

产权式商铺的销售模式存在巨大风险，这种商业地产营销模式造成后期运营诸多麻烦，使得商业地产的经营模式需要创新。

在租售比例的问题上，愈来愈多的发展商选择了只租不售，或者部分销售的做法。发展商在现今的金融融资环境下，会尽量选择少量销售部分商铺，资金充裕的发展商甚至会选择不销售等。

2006年深圳出现的多个大型商业项目都是以租赁为主，即使销售也是很小的比例。比如大中华国际交易广场、新安湖购物中心、鸿隆广场等都是以租赁为主。

当物业销售比例在20%以内，不会对商业中心经营造成太大的影响。商业地产流行租赁，也说明很多有实力的发展商开始注意长线投资，已经摒弃了房地产短期的暴利行为。这对商业地产的健康发展相当有利，同时也将降低开发商和经营者的风险，保证商业中心的长期发展。

5. 大型商业中心连锁化

很多大型商业项目都是采用连锁化的经营模式，如深国投商业中心、莱蒙商业中心、万象城等都是向这个方向发展。

6. 专业市场呈现勃兴之势

专业市场在深圳流行，一方面是因为深圳商业地产集中爆发，导致竞争加剧，而专业市场更加具有发展潜力；另外一方面就是专业市场更容易贴近早有根基的产业基础，市场的消费能力更有保障，而品牌的塑造也将有助于维系忠诚客户，深圳的专业市场已经呈现出了勃兴之势。

东门168推出了深圳"海味干果一条街"，钰龙园推出了"深圳家饰第一城"，再加上横岗眼镜城、平湖的华南工业原料城、龙岗的集银皮革综合市场……

7. 商业地产复合型人才紧俏

随着市场竞争压力的加大，开发商从以往简单的项目炒作促销，逐步转向倚重专业机构的支持。长期以来，商业地产专业人才的短缺是制约行业发展的瓶颈。商业地产一方面因为发展时间较短，沉淀的专业人才不多，大多数是从招商或者房地产行业转行而来，另外一方面也缺乏专门的培训机构，所以熟悉商业地产开发、融资、招商及管理全过程的复合型人才十分紧俏。

2006年，政府和行业组织将会加强行业标准化建设与人才培养，加上商业地产利润高，从业人员薪酬较高，对人才的吸引力也较大，估计将有大批高学历的专业人才涌向商业地产，这将有力地促进商业地产的迅速发展。

8. 服务分工走向专业化

商业地产服务专业分工愈来愈细，专业商业地产代理服务商不断涌现后，更出现专门服务零售类不动产的顾问代理服务商。

操作环节二：解构"大深圳"商业格局

1. 大深圳商业格局重组合商圈

"大深圳"格局的日渐形成，这也有利于商业地产的蓬勃发展。深圳总体城市规划中，各区域的功能定位明确，功能特点鲜明，功能配套也更加集中，使深圳的商圈格局更加清晰，几大因素将促进"大深圳"格局的形成。

一是"二线关"功能的淡化，关内外的商业格局将会打破，新的商业格局将会形成。

二是交通的改善，深圳公路与城际轨道系统的规划以及地铁的开通，使深圳的交通形成了一个十分明显的交通节点，这无疑是现代大商业发展的良好契机和必备条件，特别是为宝安和龙华等区域打造大规模商业项目创造了充足的条件。

三是西部通道的建设，将香港与深圳西部的主要经济区域联系起来，并更大范围辐射到珠三角等地，因此将对香港人流、物流的方向与强度产生极大的影响，也将直接影响到深圳各区域的商业格局。

2. 中心区商业构筑深圳商业主流

深圳商业热火朝天之际，中心区商业更是主流。福田中心区、南山商业文化中心、宝安中心区都有较大面积的商业项目启动。

3. 规模过大，隐患无穷

目前深圳高档物业供应量巨大，足以支撑未来5年内的市场需求。庞大的供应量，政策的不确定性，加上商业地产本身的一些先天不足，使得风光无限的商业地产也存在不少隐患。

操作环节三：深圳零售业发展现状分析

1. 零售商快速成长，连锁开发速度加快

在零售行业全面开放的2005年，深圳零售连锁企业拓展布点明显加速。政府有关部门数据显示，2005年深圳15家重点连锁企业在深新开店104家，在外地新开店超过480家。在多家外资零售企业进驻深圳及周边珠三角地区的同时，深圳本土的知名连锁企业也积极拓展外围市场，抢占市场先机，先后在内地多个城市开店布点，并取得良好成绩。

2. 深圳百货进入品牌时代

深圳零售业发展迅速，商业活动异常活跃，现在深圳零售业正处于一个中期发展阶段，还会有更多的新兴商业百货崛起，更多的连锁商业集团出现，竞争也将会更加激烈。随着竞争的加剧，深圳商业市场将会向着连锁式商业模式发展，逐渐步入品牌竞争时代，树立消费者认可的品牌，创造品牌效益是零售商家发展的唯一出路。

现在已经步入品牌时代，人们消费逐渐转变为以品牌为导向，哪个商家的信誉好、服务好就到哪个商家去消费。品牌的竞争日益成为各零售商业企业之间的主要竞争点，树立品牌已成为各零售商业企业发展的当务之急。参加“名牌商场”的评选，是顺应商业发展的趋势，品牌对提升企业形象、引导消费、稳定市场秩序、争做主流商业、促进商业繁荣有着重要意义，对于进一步繁荣深圳零售业的发展也有着深远的意义。

太阳百货位于罗湖区最繁华的东门商业步行街，欧陆风格设计的外形，充满时尚魅力和无限动感，是广大消费者休闲、购物、饮食、娱乐的最佳去处。在现代商业市场中，致力于打造“深圳商业广场第一品牌”是太阳百货的经营理念，建设深圳最好的集“吃、喝、玩、乐于一体的休闲购物天堂”是太阳百货的目标。太阳百货认为品牌就是效益，品牌的知名度和美誉度对一个企业的发展是至关重要的。太阳百货时尚特色鲜明，错位经营，走开放式的统一经营管理之路。

市场竞争需要品牌，城市商业的发展也需要品牌，参加"名牌商场"的评选是顺应商业发展时势的，对于进一步繁荣深圳零售业也有着深远的意义。作为两度蝉联名牌商场的太阳百货积极倡导"诚信经营，文明服务"的行业风尚和职业道德，郑重向广大消费者提出绝不销售假冒伪劣商品；商品价格不高于同类商场；环境整洁、舒适；投诉必有答复；服务真诚可信赖等五项承诺，追求的最终目标是将一如既往地加强自身建设，不辜负消费者的厚望。

3. 向"差异化"发展

随着深圳零售业的逐渐成熟，不可能由一个商场在整个市场上占绝对主导地位，各大商场也意识到要以差异化的定位占领属于自己的部分市场，差异化共存无疑是深圳百货业今后的发展趋势。

4. 特色化定位

深圳各大百货商场大都有明确的定位，深圳人均收入水平高，而且作为沿海时尚之都，消费具有强大的兼容性与开放性，更加追求时尚、前卫。为适应深圳的消费大环境，很多百货都根据自己的业态来定位。

如海雅就以"中高档流行时尚百货"为定位，茂业百货定位介于现代百货与购物广场之间的新型百货公司，以全面满足深圳消费者在商品品牌、人文个性和精神文化等方面日益增长的多层次需求。

5. 拉近品牌与消费者的距离

打造商业服务品牌，促进消费，拉近品牌与消费者的距离，让消费者充分认识到品牌的价值，形成品牌消费，是太阳百货一直以来坚持的信念。2000 年末，太阳百货调整了经营策略，走上了大刀阔斧的整改之路，通过对东门商圈商情以及深圳市零售行业的发展状况认真仔细地调研和分析后，商场果断做出了满足大众消费者需求的经营再定位，引进了一大批大众消费价位的知名品牌，这样从广度上吸引了更多消费者对商场的关注，极大增强了商场的可逛性，密切了与消费者的关系，太阳百货也从此开始真正地走进普通消费者的生活，得到了越来越多的消费者的青睐和信赖。现在它已发展成为功能先进、设施齐备、业种齐全的大型休闲购物中心，成为深圳现代商业成熟发展的显著代表，“太阳百货”这一商业品牌也已家喻户晓，深入人心。

6. 规模化、连锁化

如今零售商业的一个显著的特点就是连锁商业的迅速发展。零售商业企业在激烈的市场竞争中优胜劣汰，一些规模小、业态落后、经营管理不善的企业逐渐被淘汰出局，而那些具备战略发展眼光，自身优势强大的企业将步入发展的快车道。品牌优势、规模效应、连锁经营的重要性已经日益得到众多零售商家的重视。

深圳百货业逐步走向规模化、连锁化，提高了效率，降低了成本，也降低了价格，消费者有信心在某超市买到物美价廉的商品。沃尔玛、海尔都给你品质尚可，而价格较低的商品。商业企业化，是社会改变的必然，零售企业大型化、规模化、连锁化是大势所趋。

太阳百货在开业之初，就提出了建设深圳最好的集“吃、喝、玩、乐”于一体的休闲购物天堂的目标。回顾太阳百货过去，不仅实现了在商业竞争中的胜利突围，也创造了商业销售的奇迹，它已成为目前深圳市大型商业百货之一，单店年销售额6亿元。太阳百货将继续倡导“诚信经营，文明服务”的行业风尚，在驾好太阳百货经济航母的基础上，积极向外拓展，发展连锁商业广场，预计在未来的几年内将开设5至6家分店，使太阳百货规模更大，成为深圳最好的集吃、喝、玩、乐于一体的大型休闲购物天堂。

操作环节四：掌握深圳商业地产运作创新模式

创新模式一：解密深国投“借力打力”运作模式

长期股权投资是深圳国投自有资金运用的主要手段，占总资产的50%左右。而这也体现在同期的利润表中，该公司2.97亿元的营业收入中有60%来自投资收益，平均税后投资收益率达8.6%。

1. 释义“借力打力”的精髓

深国投“借力打力”的商业地产运作模式，主要是通过与国际知名专业地产商和零售商的合作来提升公司自身的商业品牌价值，并利用该品牌价值支持信托计划的发行，为将来发行Reits准备好基础资产。

此外，依托信托融资平台将商业地产开发与经营管理的产业链进行整合提升，三方合作发挥各自优势并获得长久稳定收益，将经营风险和财务风险降到最低。

2. 掌控“借力打力”运作手法

* 1995年，深国投与沃尔玛中国在深圳成立沃尔玛珠江百货公司，外方沃尔玛持股65%，深国投持股35%，2003年更名为沃尔玛深国投百货公司，并于同年成立深国投商用置业公司，深国投股权比例40%。

* 与时代华纳合作投资电影院线地产。双方将在全国各大中城市投资设立合资影院，首批合资影院开设5家。华纳持有51%股份，深国投持有49%股份。

* 深国投商用置业公司与新加坡嘉德置地集团全资子公司凯德商用中国投资公司，在新加坡签订了合作框架协议。根据约定，深国投商置将与凯德就15个深国投商业中心的项目公司进行合作，合作涉及的金额约50亿元人民币，凯德在项目公司中持有65%的股份。

* 深国投商用置业公司与摩根士丹利和美国最大的商业地产投资、开发及管理公司西蒙集团签订协议，三方共同组建合资公司，摩根士丹利与西蒙集团各持有合资企业32.5%的

股权，余下35%股权则由深国投商置持有。该合资企业将作为深国投商置在长三角地区（包括上海、南京及杭州等主要城市）的首选合作伙伴。

创新模式二："文化产业＋品质地产"的复合型开发经营模式

保利集团在剧院、博物馆、电视台、影视投资、电影院线、音像发行、经纪策划、大型商业性及高雅艺术演出等文化产业的开发与经营等方面赢得了市场先机，积累了宝贵的经验和资源优势，打造了保利集团在文化领域"人无我有，人有我新"的核心竞争力。这也为保利文化广场的成功运作，打下了坚实的基础。

保利文化广场，充分利用品牌资源，将保利的文化资源与地产优势有机结合，创造出目前国内独一无二的"文化产业＋品质地产"的复合型开发经营模式，将地产开发提升到了一个促进传统文化传承的高度，把文化产业跟地产开发有效地结合为一体，实现了保利集团"以文促商，以商养文"的文化地产开发概念，从而将地产开发模式引入一个新的高度。项目筹建至今，已吸引了众多海内外知名企业的关注和加盟。

创新模式三：订单地产重新走俏深圳市场

所谓"订单式商业地产"，就是在项目规划期引进主力商家来确定位项目的规划。这样既可以避免项目开发的盲目性，又能保证项目对主力店的适用性，同时在前期引进了主力店，对项目中小客户的招商可以起到带动作用，从而带动整体商业氛围的形成，最后招商、销售一举成功。

继大连万达订单地产的概念推行后，深圳也有很多项目选用了这一模式，相继有国投的商用置业、深圳莱蒙鹏源集团等实力强劲的公司加入。

操作环节五：深圳经典商业地产案例解码

案例 1：中信城市广场

位于深南路市政府南侧，毗邻深圳国际商场、岁宝百货、茂业百货等，背靠深圳著名的老城区巴登街及南园路的商业一条街。多路大中小巴及的士纵横穿梭于此，交通发达，人气兴旺，商业气氛浓愈，成为继东门、华强北之后的新兴商业旺地。

占地 5.1 万平方米，由建筑面积 3.99 万平方米的中信大厦、6.75 万平方米的商业购物中心，以及 3 万平方米的星光广场组成，拥有地上、地下共 719 个停车位。

作为中信深圳（集团）公司在深投资的一大力作，被深圳市政府列入 2000—2002 年的政府重点工程，其便捷的交通条件，独特的地理位置，别具一格的建筑造型，多样化的功能设计，丰富的商业文化底蕴，充分显示了它作为深圳市对外政治、经济、文化交流窗口的典雅风范，是目前深圳最大的集购物、餐饮、娱乐、休闲、观光为一体的 Shopping Mall。

随着地铁一期工程的建工，中信城市广场公司更以此为契机，与市地铁公司合作取得地铁——科学馆站地下空间开发权，通过地下商业街的形式，与地铁科学馆站和上步地下通道相连，让广大市民、游客到商场观光购物将更加便利。

在规划设计方面，以其精美的造型，简捷明朗的线条和优雅大方的风格，3 万平方米的户外星光广场，拥有极富特色的水晶宫、时钟柱及高清晰度巨型户外电子屏等，成为深圳市目前独一无二的，融现代建筑风格与艺术为一体的人文景观，夜幕下广场面星光璀璨，灯火阑珊，风景怡人，被评为 2002 年度深圳市片区灯光夜景优秀奖。

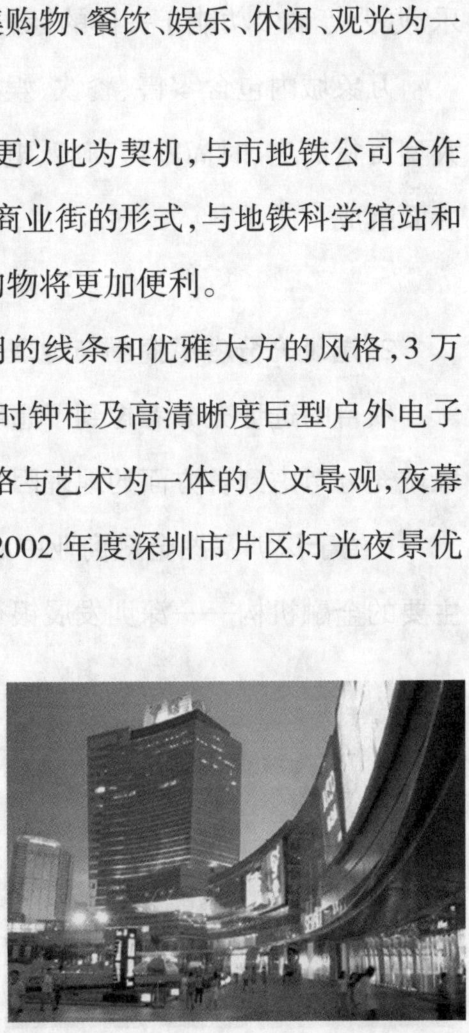

在功能设置上体现了购物、休闲与娱乐等旅游特性。有以吉之岛、西武百货为代表的 100 多家众多国际知名商家进驻。

在宣传推广上结合各品牌店的宣传，成功举办一系列如理查德·克莱特曼钢琴演奏会、新年倒数、世界名车嘉年华、著名影星影迷见面会等大型推广活动，以及各类市政论坛等群众性活动，充分发挥广场的市政功能，展示国内外文化，促进商品交流，成为深圳市政治、经济、文化交流的窗口，成为深圳的"商业航母"及华南最具代表性的商业中心。

案例 2：开创商业新天地——华润万象城

华润中心·万象城位于深圳市罗湖区，地处深圳金融商贸核心区域，由深南中路、宝安南路、滨河大道等城市主要干道及万象街、木棉花街围合而成，属于投资 40 亿港元的华润中心的一部分，建筑面积 18.8 万平方米，项目车位 1034 个。

1. 项目定位为中、高档购物中心

项目定位为中、高档购物中心，20%为高档，主要为国际一线商家、品牌；80%为中至中高档，主要包括国内一线品牌及国外二、三线商家、品牌，是集零售、餐饮、娱乐、办公等诸多功能于一体的标志性商业建筑群。

万象城内包含零售、餐饮、娱乐、休闲、文化、康体等诸多消费元素，由超级市场、大型百货商店、时尚零售商店、电影院、滑冰场及各类餐饮等大大小小近 300 家零售店面组成。

2. 选址充分考虑商圈与地理位置

项目的选址充分考虑到了超级购物中心地理位置和商圈的重要性。在选址上，万象城充分考虑到各方面的地理因素：

* 位于深圳罗湖金融商业中心区，紧邻深圳的标志性建筑——地王大厦和深圳主要的金融机构——深圳发展银行总行、深圳证券交易所以及深圳书城。

* 与深圳的东门商业区也只有几百米的距离。

* 交通非常便利，周边有 31 条公交车经过。

* 建设中的深圳地铁一号线深圳大剧院站紧靠这个项目，为了更好的吸引人流，华润集团还在政府的支持下将这个地铁站与华润中心

“万象城”打通，这样届时大量的地铁客流就可以直接通过通道进入“万象城”内。

3. 精心设计强化不同功能区域的个性

一个横贯建筑中轴的中庭将整个购物中心各层串联起来。购物中心的各个使用空间均有不同的视觉焦点，精心设计的店面、细部、租户组合强化了不同功能区域的个性。此外，铺地图案、天花设计、绿化小品、图案标识，亦给不同区域带来不同的体验。

4. 采用主力店＋半主力店＋次主力店＋专门店的租户组合方式

万象城主要由百货店、众多专卖店、超市、餐厅和电影院、娱乐设施组成，提供给顾客的是集购物、美食、娱乐、休闲、康体和服务于一体的综合空间。

招商是企业成功关键的一环，万象城在招商方面采用主力店＋半主力店＋次主力店＋专门店的租户组合方式，定位于中高档，凭借独一无二的立地、营建条件及专业的商业规划，吸引了众多国际优秀商业品牌，其中许多品牌在万象城开出了其在深圳、华南甚至中国的旗舰店，约有三分之一的品牌首次进入中国或深圳市场。经营期间，华润采取全面跟踪评价、协助、调整、替换等措施进一步优化品牌结构，调整品牌质素。

5. 独特的资源配置模式

万象城在开发前期就考虑集团资源的有效利用，华润系的各种资源如管理、施工、材料供应及与政府良好合作关系等都积极参与其中，充分体现出资源整合的优势，形成了自身独特的建设资源配置模式，将此资源配置模式进一步强化为项目的核心竞争优势。

案例 3：中国首个纯美式生态型购物中心——怡景中心城

深圳·怡景中心城			
项目地址	位于深圳中心区 CBD 中央	开发商	深圳市怡景中心城商业发展有限公司
占地面积	4.3 万平方米	建筑面积	14 万平方米
投资总额	7 亿元人民币	核心理念	“生态休闲消费”、“一站式满足”
功能定位	集购物、休闲、餐饮、娱乐、旅游等为一体纯美式生态型休闲购物中心		

1. 开创深圳国际合作平台

深圳怡景中心城与世界 500 强企业之一的美国保德信金融集团签署近 10 亿人民币的战略合作协议，开创了深圳商业领域民营企业和世界 500 强企业合作的先河。

2. 首创生态型购物中心

怡景中心城是中国首创的生态型购物中心，拥有 28000 平方米的屋顶生态公园和 15000 平方米的下沉水景广场，整个购物中心完全掩映在自然绿色的环境之中，是目前深圳购物中心中最具绿色概念的项目。

消费者在购物观念上已经发生很大改变，对于物质的需求在逐步降低，对于休闲的追求越来越高。因此中心城在建设和规划上非常注重对休闲气氛的营造，除了将屋顶公园和市民广场连成一体形成巨大的城市绿色空间外，更在店内布置了众多绿色景点。

3. 利用自然元素营造绿色商业概念

中心城主要采用阳光、水、石、木、铁等多种自然元素来营造绿色商业概念，整个商场在装饰完成之后将以后现代建筑风格呈现在深圳市民面前。

在水的元素运用上，除了东西两侧的水景广场外，中心城方面在中庭建设一个深圳零售商场唯一的一个室内喷泉，该喷泉巧妙地和时钟融为一体，未来可以根据时间段进行水景表演，如同欧洲众多广场喷泉一般，在喷泉周边还特意安排了众多的休憩座椅。

在阳光、石、木、铁的运用上，更是遍布整个中心城，铁艺雕塑和铁艺栏杆，甚至铁艺的柱子将在中心城全馆内出现。纯石材的地面或是墙面，木头工艺的招牌标识装饰，阳光透过屋顶巨大天窗照了进来，在室内又透过天窗看到屋顶公园高大的树木，众多的绿色植物装饰在店内各个角落，自然充分融入商业当中，让购物真正成为一种休闲享受。

4. 功能追求生态休闲的一站式消费

怡景中心城倾心打造集购物、休闲、餐饮、娱乐、旅游等为一体，以"生态休闲消费"、"一站式满足"为核心理念的纯美式生态型休闲购物中心，从而填补深圳乃至全国生态型休闲购物中心的空白。

5. 首创零售行业会员制营销方式

中心城开展会员营销，与深圳发展银行发行联名信用卡，将会员卡与联名信用卡合二为一，这项在全国零售行业极具首创性。中心城与深圳发展银行联手每年投入1400万元回报持卡人，并将在2年形成10万人的忠实持卡者。

案例4：深圳首家"体验式"购物中心——益田假日广场

如何吸引那些没有明确购物目的的人，是益田假日广场要考虑的元素。

位于著名的旅游景区华侨城，如今，这座投资超过13亿元、总建筑面积13万平方米的大型商业建筑，正逐渐出现在人们视野内。2008年10月，这个外形如同一艘豪华邮轮的大型购物中心将正式"起航"，成为深圳继中信城市广场、金光华、华润万象城之后，又一家大型购物中心。

1. 独特的设计和极具创新的构思响誉国际

在规划设计上，用了5年的时间研究如何开发。期间，购物中心团队走遍了发达国家不同类型的购物中心。前期的精心设计和筹备，带来硕果累累。益田假日广场项目一出世，就在业内引起强烈的反响。在法国戛纳举行的国际商业地产展览会（MPAIC）上，益田假日广场凭着其独特的设计和极具创新的构思，一举夺得“国际商业地产策划金奖”。

2. 强大的国际著名设计机构主笔

在益田假日广场规划设计上，邀请了美国著名的GENSLER公司和LLA公司。前者是全球著名的建筑设计专业机构，2000年荣获美国千禧设计大奖，代表作有纽约时代广场等。

在购物中心的环境设计上，聘请了美国易道环境规划设计有限公司。该集团曾经设计了迪拜国际金融中心、日本东京大本目、吉隆坡星光大道、北京华贸中心等响誉国际的项目。

还特意聘请了美国FD2S担纲图案设计，通过色彩、图案和标识的运用，并结合美国BLISSFASMAN公司精心设计的灯光，使得购物中心处处都是景，和消费者快乐愉悦的购物心情融成一体。

3. 强调购物中心的“体验”特色

益田假日广场的定位是中国最具体验特色的国际购物中心，强调购物中心的“体验”特色，并试图通过环境和氛围的营造，展现出独特魅力。

在业态组合上，包括了百货、影院、冰场、餐饮、精品超市以及各种类型的专卖店，其中，饮食和娱乐的比重，约占30%。

在招商的过程中，不仅仅是把商户招来，更讲究新特色和创新。益田假日广场是一家以“国际、精品、时尚、体验”为主题的购物中心，为了符合这一形象定位,在招商之初,招商部门就与商户进行概念沟通,希望商户在这里能做出与以往不同的全新店面,而不是简单地复制以往的连锁店面。购物中心的两大主力店超市和百货,都将是首次进入深圳的品牌。此外,特色店的比例也将增大。

4. 导入中国首家剧院式冰场

位于购物中心阳光中庭的全明星冰场,则是商场内最具动感的空间。这里和中影嘉禾影院相连,将建成我国首家剧院式冰场。

由中国电影集团、香港嘉禾娱乐公司联袂投资的中影嘉禾影院,作为益田假日广场的另一家主力店,已签约入驻。

5. 采用只租不卖的方式经营

益田假日广场进行的是长期运营,采用只租不卖的方式经营。购物中心必须强调以统一整体出现,不能拆零出售,经营管理风险更高。经营购物中心,需要不断地调整业态组合,如果产权不统一,就无法实现统一管理。

此外,由于购物中心是长线投资行业,资金回收期很长,这就要求发展商需要有雄厚的资金支持和漫长等待的耐心,否则就难以为继。

第四操作平台:广州商业地产成功运作模式

操作环节一:把握广州商业地产市场脉博

1. 以租赁为主,理性回归

目前,长期收益将成为开发商关注的重中之重,像广州天河城的成功,是以租金为主的租赁业务的成功,得到了业内的广泛认同。随着商业地产运营模式的理性回归逐步到位,这种以租赁为主的运营模式将越来越多,比例将越来越高,开发商将越来越意识到追求短期获利行为已不现实,而获得合理收益和长期效益将使市场发展更趋于有序。

2. 外资“点燃”广州商业地产

广州的商业地产的定位与境外甚至京沪相比还有一段距离，境外资金的进入将缩短这段距离，使整个商业地产环境更加繁荣。

广州的商场经营向来是弱项，外资的引进能带动商场经营的发展，从而提高广州商业地产市场的整体素质。

3. 社区商业逐渐成为商业地产的新亮点

广州社区商业将呈现出较大发展潜力：以社区底商和相对集中的街区商业为主导的社区商业，将在促进城市商业繁华、繁荣的同时，更加注重满足居民日常需求的商业和生活服务的设施建设。

现阶段优势并不明显的社区商业街，在未来的一段时间内，发挥出更大的能量。一直以来，社区商业街由于其目标服务对象多为社区居住人士，缺乏强劲的商圈扩展吸引力。然而，随着版图的拓展，人口越来越分散，社区商业街的作用会更加明显。

比如骏景花园、星河湾、祈福新村、丽江花园的街区商业，都成为了社区商业的成功典型，受到了业内的一致赞誉。

因此，在广州，一些适合社区商业发展的商业形态，包括社区型购物中心、邻里中心以及现代生活广场等将会得到快速发展，逐渐成为商业地产中的新亮点。

4. 市场明显转热

广州商业地产市场曾经历了长时间的低迷，自2001年起才开始慢慢复苏。目前，广州商业市场呈现强劲态势，新增供应面积、成交量和成交均价都呈阶梯性增长，商业空置率明显下降，部分商业广场出现供不应求的局面。这样在无形中带动了商业地产的热潮。

5. 单一经营转变为多样化

由以前商场的单一经营模式转化成为当今多样化的“主题市场”、“专业市场”，形成了目前新的休闲专业街。如：江南“婚纱一条龙”，海珠“精品城市” 等专业的市场造就了独特的商业圈。

6. “连体商城”将构筑广州立体化的商业体系

友谊商场与世贸广场“东连”空中走廊、“西扩”与白云宾馆群楼、丽柏广场连接，打造出一个以广州友谊环市东总店为中心、三位一体的国际精品购物圈的“商业合并模式”，取得了良好的商业效果。

有关商业部门又提出把广州新城市中轴线上两大购物中心——天河城广场和正佳广场“牵手”，形成国内最大的连体商城的战略构想。虽然还处在报批阶段，未正式实施，但从市场前景和商圈打造的角度考虑，这个构想无疑透露出一个“连体商城”将成为广州商业地产发展新趋势的信息。

操作环节二：解码广州商业地产运作成功模式

经典案例 1：首创“只租不售”模式——天河城广场

天河城广场			
项目地址	广州市天河体育中心对面	开发商	广东天贸集团
占地面积	6 万平方米	建筑面积	16 万平方米
项目主题	Shopping Mall	总投资	12 亿人民币
功能定位	集购物、美食、娱乐、休闲、服务于一体的综合型购物中心	主力店	吉之岛、天贸南大百货

剖析 1：得天独厚的地理位置

坐落于广州城市新中轴线上，优越的地理位置使天河城广场独具“地利”之优。位于天河商圈的中心位置，毗邻广州 CBD 中央商务区、天河体育中心和广州火车东站，邻近五山众多大学校区。天河城位于广州地铁 3 号线两条支线的交接点及其与地铁 1 号线、广州机场快线的转接站上，60 多条公交线路在此设站，交通极为便利。

随着城市中心的东移，广州市商业格局也呈现新变化。天河区新商业区域的形成，代表了广州市商业中心不断东移的发展趋势。得以集中体现广州国际化大都市风采和景点的只有发展日趋成熟的天河区。

现代大型购物中心的选址，必须同时具备以下三个条件。

* 地理位置代表城市商业发展的新趋势。
* 必须拥有相当数量的中高收入消费群体。
* 交通便利，停车方便。

剖析 2：有远见的开发决策

天河城的成功，不仅在于它造就出一个天河中心商圈。在 90 年代初，天河开始大规模地开发建设，建有一些小区并形成了比较集中的中央商务区，但是商业氛围还远远不够成熟。天河城的开发商在研究了相关风险因素之后，肯定了这个区域的巨大的商业价值，于是以全新理念的“Shopping Mall”购物理念导入天河城广场，以全新购物方式使其成为广州最有价值的商业区域之一。而且随着周边商业项目的陆续开发建成，这一区域现已成为广州的商业中心。

剖析 3：准确定位

“大规模、上档次、多功能、高品位”是天河城广场的市场定位。这一市场定位，迎合了现代消费理念和需求。传统概念的商业街，人气虽然鼎盛，但都因杂乱、道路狭窄、交通拥挤、停车不便等弊端，难以满足现代消费时尚。现在，消费者购物不再仅仅是满足物质需要，同时也在追求一种寓购物于休闲中的情调，追求感官的享受和精神放松，这就是现代消费理念。

剖析 4：良好的建筑格局规划

天河城场内，基本上没有商业死角，个个门面都保持比较理想的人气，商城内购物的导向体系十分健全，消费者购物非常方便，在商场内即使逛很远的路，也不会迷失方向。而这正是良好的建筑格局规划比较具体的体现。

剖析 5：良好的商业组合

在天河城广场内，吉之岛位于负一层，直通地铁，首层、二层为名店区，三、四、五层为天河城百货区及名店、通讯、家私区等，六、七层为美食及游戏区。这样的商区组合使各个商业业态的价值得到比较理想的体现，各个功能之间各得其所，互相促进而且都保持比较理想的人流。

剖析 6：注重消费群定位

宏一认为，大型购物中心市场份额覆盖面必须要有不少于 50 万人的固定消费群。在消费群定位方面天河城经过准确的市场研究，最后定位于中高收入消费群体。

现天河区总人口约 80 万人，这部分人基本上是中高收入阶层，经济条件比较好。这一居民结构，使天河城广场拥有一个相当数量的中高收入消费群体。

剖析 7：便利交通条件

天河区是广州和珠江三角洲的汇集地带，天河城广场四面环路，有 60 多条公交车在广场前设站。

广场北邻火车东站，东接广州经济开发区，西与广州旧城区相连。建设中的地铁出入口直通广场地下一层，规划中的广州至黄埔轻铁始发站设在广场南面。广场地下层设有上千个车位的停车场，这是大型购物中心必不可少的。

剖析 8：抢占“天时”之机

广州在迈向现代化国际大都市过程中对商业零售产生了更高要求。经济发展是零售业态转变的基础，也是创办购物中心这一新兴业态的经济基础。广州市 1994 年人均国内生产总值已达到 15000 元，已具备了创办购物中心的条件。天河城广场作为广州市第一家达到国际档次的购物中心占有“天时”之机。

剖析 9：“人和”之利

消费者购物不再仅仅是满足物质需要，同时也在追求一种寓购物于休闲中的情调，追求感官的享受和精神放松，这就是现代消费理念。

天河城广场浓缩了现代都市生活的各种内容，迎合了人们的现代化消费理念和需求，拥有“人和”之利。

剖析 10：“只租不售”营销手法

宏一认为要使商场有统一的规划和完善的管理，商铺只有采用只租不售的方法，这也是天河城广场最大特色。

如果把商铺分散卖给业主，业主既是所有者，又是经营者，其有权支配自己的商铺，那么管理者就无权干预其经营的品种和商品的档次，也不能控制其营业时间，这样很容易造成被动局面。

天河城广场的租户受严格的租约约束，接受物业公司的统一管理，保证了广场的功能、配套、档次和秩序。商铺只租不售，这是天河城广场经营管理有序的根本保证。

剖析 11：资源合理配置

此项目在坚持多功能的前提下，强化合理配置。在经营项目上，以百货公司为牵头，以商品销售为主，娱乐饮食为辅，配置必需的服务设施是天河广场的成功之一。

剖析 12："双龙"互肩作战

天贸南大和吉之岛天贸两家大百货公司是天河城广场招租工作顺利进行的基础。可以说目前这两家百货公司是天河城广场两根顶梁柱，共同带动、营造现代购物气氛，共同创造天河城广场的兴旺局面。

一开始广场就把招租工作的重点放在引进两家大百货公司上，特别是引进外资百货，所选的对象必须具有值得学习、借鉴的成功经验。吉之岛带来的先进经营理念和手法，它和天贸南大各具特色，形成错位经营，良性竞争。

大型购物中心一般需有 2—3 家大百货公司入内经营，但如果其经营定位相差不远，目标顾客大体一致，就很难在购物中心内形成良性的竞争局面。

剖析 13：善于"对症下药"

天河城广场对不同经营状况的租户采取不同的租赁策略。

对牵头租户，从租金、经营条件等方面给予大力帮助与支持；对功能配套所需比较看好的租户，尽量满足其要求，提供一切便利促成其在天河城广场经营；对经营不力、影响广场整体效益的承租户劝其退租，收回场地，重新招租经营。

剖析 14：过硬的物业管理队伍

天河城广场有一支专业水平过硬的物业管理队伍。优质的物业管理是广场繁荣旺盛、实现良好效益的必要手段和保证。

※宏一对天河城广场成功的启示

启示 1：产品要符合需求

建设经营大型购物中心，必须符合一个地区经济发展的需要和人民生活水平的需求。

要有统一的城市规划，在数量上、质量上、规模上不能放任自流，否则必然导致重复兴建

或者盲目扩大规模,造成资源的极大浪费。如果不考虑该地区经济发展的状况、购买力水平等要素,其结果只能以失败而告终。

启示2:充足的资金来源

建设经营大型购物中心,必须有充足的资金来源作保证。现在不少地方的商场建设,由于资金不到位,造成项目搁置,更谈不上回报。

启示3:关键是人才

建设经营大型购物中心,人才很关键。要建设、经营、管理,离不开强有力的领导班子,更离不开方方面面的人才。

天河城广场的顺利落成和开业,以及经营管理上取得的成功,人才是决定因素。

启示4:重视政策环境引导作用

建设经营大型购物中心,需要政府及有关部门的大力支持。省政府决定成立天贸集团之时,就确定天贸集团作为广东省商业流通领域改革的试点单位,把天河城广场项目作为广州市现代化城市建设的一项重点工程来对待。

在天河城广场建设期间,各级领导多次到现场检查并解决困难,使天河城广场能按计划顺利落成。

经典案例2:"体验式的世界级商业中心"——正佳广场解码

正佳广场			
项目地址	广州市体育东路与天河路的交界,体育中心对面	开发商	广州市正佳企业有限公司
总投资额	约40亿元人民币	总建筑面积	42万平方米
占地面积	5.7万平方米	商场面积	30万平方米
项目主题	购物中心	停车场	2000个
功能定位	集零售、娱乐、餐饮、会展、康体、休闲、旅游、商务等功能于一体的大型购物中心	主力店	百佳、友谊

法宝1：把握最好的时机

随着2001年12月中国正式成为世界贸易组织成员国，随着中国与国际社会的进一步接轨，对零售市场而言，这意味着将有更多的外资零售商城进入中国，进入广州。

法宝2：以规模力压群雄

正佳广场总建筑30万平方米，是全国第一大购物中心城。这种最大的室内空间及最理想的设计让正佳广场有最大发挥空间去配置最完美的功能组合，这是其他商场无可替代的。

法宝3：占踞无可再生的商业宝地

位处目前广州第一大商圈核心地，紧邻西边的天河城广场已开业七年，从开始偶尔一天人潮超10万/人次，到2005年春节连续七天每天人潮超60万/人次。8年商圈的人气积聚，为一年半后才诞生的正佳广场增添了商机无限的光环。

法宝4：雄踞华南最大交汇点

傲踞天河路与体育东路交汇处，屹立于广州城市中轴核心，与体育中心连通，坐拥日均百万超旺客流，直驳地铁一、三号线交汇站。

56条公交车线路穿梭于此，加上广州火车东站、广佛地铁、珠三角城市轻轨网络，广州新机场巴士、华南屋村巴士及港澳直通巴士上落站，成为华南最大交汇点。

法宝5：实力出精品

正佳广场的策划团队是由经验丰富、世界顶级的美国捷德建筑事务所汇同广州市设计院、华南理工大学工商管理学院、香港时尚生活中心有限公司等组成。

赋予正佳广场 Living·Mall 是一个全新的市场定位概念，即展示现代生活世界、引领现代生活潮流，体现全方位生活诉求，并用“餐饮娱乐带动零售，18 小时分层服务，展示引导消费”三大策略，充分体现互联网时代的技术创新，打造一个新时代的 Living·Mall。

正佳商业广场内三大功能块中，每层都设有餐饮、娱乐，这完全符合当今世界购物潮流的功能设置，将现今国内虽已成熟的、但仅是单一大卖场，较陈旧消费观念的购物中心远远抛离在后面。

法宝 6：购物的天堂、缤纷的乐园

正佳广场不仅是购物的天堂，更是生活享受的乐园，拥有亚洲唯一的室内岭南风情街、威尼斯水上餐厅、婚妙教堂、主题公园、13 间电影院、真冰溜冰场等……演绎多姿多彩的未来生活新模式。

解码一：以世界级商业中心为定位

以世界级商业中心为定位，在规划阶段注重了几个核心属性：

（1）注重与城区、区域的协调性，建成既特点鲜明又与周边融为一体的商业中心。

（2）可持续性，无论在建筑立面和商业布局都上以超前 30 年为标准。

（3）国际化特色，不仅在商业形态上，更在设施配置和经营管理上进行表现。

（4）考虑集约性和生态环保概念。

解码二：规划设计开创国际商业新标准

通过对拉斯维加斯、纽约第五街等世界先进商业规划的详尽考察，通过国际商业文明与中国商业文化的对接，站在历史的高度，正佳开创了一个国际商业规划的新标准。

标准 1：剧场式商业空间布局

在宏大的室内商业空间，七层商铺剧场式地围绕着中庭，阶阶相递，对应于人流逐层递减的商场惯例，铺量相对减少，保证上层商铺客流量与首层相当。

标准 2："金三角"客流引导系统

在正佳广场的首层，三条宽达 13 米的客流通道贯穿全层，通过对商场平面的平均分割，使客流更畅顺，循环消费率更高。

标准 3：生态园林空间

全城独有引入热带园林，构筑立体园林空间，让客人购物之余亲密感受自然，尽显体验式购物的乐趣。

标准 4：主题分区经营

以八个鲜明的主题分区的合理分布，形成协调互补的经营格局，指导客流消费，提升消费率。

标准 5：广州最大商业外广场

南北两面共 13000 平方米的外广场，是广州最大的商业广场，它的建成将成为广州市民又一绝佳消闲去处，巨大的客流，带来巨大的商机。

解码三：严格遵循业态搭配的黄金比例

正佳广场严格按照餐饮 18%、娱乐 30%、零售 52%的黄金比例安排商业布局，缔造了独步中国的体验式购物形态。上千家国际国内知名品牌同场经营，主力店包括百货巨头广州友谊商店、百佳亚洲旗舰超市、季后风名牌折扣店、永乐生活家电、护理专家屈臣氏、万宁旗舰店、龙粤数码、哇哇哇娱乐城、飞扬影城、开心果玩具城等。

面积近 3 万平方米的主题餐饮店是正佳广场的一道独特风景，由必胜客、肯德基、麦当劳、星巴克、哈根达斯、拉丁餐厅、首家京川沪主题餐厅——尚苑、新泰洋美食广场、拉斯维加斯式自助餐厅等 20 多家餐饮知名商家联手打造。

解码四：立体化功能规划

楼层	主题定位	业态定位
F7	世纪欢乐城	4维特色电影院，机动游戏世界，婚纱店、礼堂
F6	美居与美食	家具、家饰商品、特色主题餐厅林立；6000种世界美食应有尽有
F5	缤纷城市	家居床品，文具精品，音像图书，儿童玩具天地，真冰溜冰场，美食街，多功能服务一条街
F4	动感之都	潮流家电、IT商品，运动保健用品，主题餐厅
F3	多彩生活	妇婴用品、服饰，宠物用品专卖区，药房，汽车用品专卖，中西特色餐厅，百货公司
F2	潮流天地	男女服饰、民族服饰和家居服饰，化妆品，皮具皮鞋，各式主题店，西餐厅，百货公司
F1	时尚都会	名店城、知名品牌店，珠宝首饰，手表，眼镜专卖店，银行，多功能演示厅，精品百货，开放式 Coffee
M	前沿精华区	完全体验空间、旗舰超市、前卫精品、时尚玩意、直播室、游乐区、西式快餐、寿司店、综合超市
B1	一站超市	世界旗舰超市、特色高档超市，一站式购物，先进的多功能升降展示舞台

解码五：强强联合，以强引强

引进零售业大鳄百佳购物中心，让百佳首先登场营业后强带进友谊商场，借助百佳与友谊营业所带来的人气有效地推动商铺的顺利招租。

周大福、英皇等领衔的华南最大规模珠宝城，以及汇聚欧美港澳原创风情的时尚港，都是正佳精挑细挑的“皇牌节目”。真正融吃喝游乐购于一体的体验天堂，让愉悦贯穿购物的每一个细节，让身心进入一个舒畅的旅程，让广州的市民、珠三角的市民甚至全国的游客，尽情体验国际尖端的商业文明。

解码六：用细节打造体验式消费模式

正佳广场的国际影院观赏3D大电影，在大型室内游乐园尽情“反斗”，在真冰溜冰场感受潇洒……

正佳广场率先引进世界先进的体验经济模式，让愉悦贯穿购物的每一个细节，将购物与“体验”融合，是当今完全贯彻“体验式消费”模式的现代化购物中心。

解码七：重视宣传推广

除了在电视、报纸、杂志、户外广告牌、公共汽车、DM 直邮等方式大力宣传外，还不断邀请娱乐界、演艺界、文化界的知名人士开展时尚品味的互动节目，将正佳广场打造成名至实归的时尚之都、娱乐之都，成了成功的一环。

广场内广告促销形式多样，100 多块等离子广告，包括液晶显示屏、POP，是专门供店家做演示的，此外还有促销员现场演示。正佳广场有一个营业推广部，就是针对目标客户采用一定奖励措施，如抽奖、摇奖、买一送一等，在短期内提升销售业绩。

解码八：人性化短信问候服务

在运用现代化手段方面，正佳广场运用了一个“短信广播”，正是采用了类似做法，但它不是由商家发这个短信给消费者，而是由消费者进入一定范围，就能收到某些问候的短信。正佳广场联合中国移动，使进入正佳广场的人都可以收到促销短信，方便消费者的选购。

采用专业手段开展营业推广也很人性化，由消费者主动接收短信，而不是商家随便群发。广告宣传要想达到好的效果，就要在适当时间、适当地点，把适当的信息传递给适当的人，而群发不能满足这些要求。

经典案例 3：高档精品商城——丽柏广场

1. 雄踞广州最顶端的高档品牌购物消闲商圈

雄踞环市东黄金商圈，聚集了白云宾馆、花园酒店、世贸中心及友谊商场等商贸名厦、高尚住宅，消费人流平均每月高达 70 多万人次，现已成为华南地区备受瞩目的国际尖端品牌购物区域，不亚于香港“太古城”。广州市规划部门提出规划蓝图，将白云宾馆、花园酒店、世贸中心、友谊商场、合银大厦和好世界广场等建筑连成一体，成为全长 1.5 公里的全封闭式时尚空中走廊。

2. 独创明珠式建筑设计

总面积有1万平方米，南面商场为两层结构，东面主体则有五层商场，分别与白云宾馆大堂、友谊商场相互连通。整个建筑呈圆形、晶莹剔透，仿佛是一颗璀璨的明珠。在广场周边，配有上百种变化的喷水水景。

3. 世界顶级品牌抢驻

该广场已有不少世界各地知名品牌进驻，包括Louis Vuitton、Hermes、Prada、Dior、F endi、Celine、Burberry、Hhgo Boss、Lanvin、Polo Ralph Lauren、Givenchy、Ermenegildp Zegna、Charriol、Versace、Tommy Hilfiger等响誉世界的全球顶级品牌已进驻丽柏广场，巴黎、米兰等最新潮流服饰也首次登陆广州，这种规模在广州乃至珠江三角洲实属罕见。

第二模块：二级省会城市商业项目成功运作模式

第一操作平台：长沙商业地产成功运作模式

操作环节一：长沙商业地产市场跟踪

一、持续升温

近来由于宏观经济政策减缓了高投机性的房地产业的发展，越来越多的开发商也把发展重点转向商业地产。

湖南长沙也不例外，商业地产链伸向长沙，整体带动长沙商业地产强劲发展，引爆商业地产界的演变。

二、商业"东进北扩"浮现

随着长沙市政府相关职能部门以及大型居住小区已经迁至城东，该地段优势已经体现出来，人文环境给商业经营提供了大量的消费群体，产生"扎堆"效应，无形中形成了"东进北扩"的格局。

三、商业功能越来越齐全

在长沙商业项目定位由于外资项目和国内知名项目竞争激烈，本土化开发商产生了新概念运作来保生存空间,功能也越来越齐全

如：高标准的规划设计、建筑、服务；集住宅、酒店式服务、会所多功能于一体的商业服务；全智能化的配备，无线数字网络的办公环境、各方面都能够达到标准化商务需求。

四、业态布局不合理

长沙市民消费的多元化对商圈业态组合也提出了更高要求，商业街往往业态单一，这样商业地产没适应社会发展速度，导致商业出现弊病，在这商圈业态方面有待进一步完善。

目前，最富盛名的黄兴南路步行商业街，也因为其业态单一及停车位不足，只能局限于青少年消费，无法吸引中高端消费力。

如：长沙火车站商圈就是由于有些商家采用了不当的经营手段，不合理的业态布局，使得商家、店铺衰落的原因之一，所以为车站商圈要想再迎来一个繁荣时期，必需要打造"诚信商圈"，重要手段就是引大引强引品牌，积极引进品牌商家进驻。

五、零售巨头＋地产巨头——强强联手

商业地产对于开发企业而言，仍然极具吸引力和诱惑力。目前，长沙住宅市场平

均利润大约仅为10%，而商业物业一般估计依然存在15%—25%的利润空间，两相比较，房地产开发企业当然对商业物业开发垂涎三尺。于是，一些实力雄厚、风头正健的开发企业，纷纷开始将触角伸向商业地产，谋求宏图霸业。这也无形中促进了大鳄纷纷转战商业地产，出现零售巨头与地产巨头强强联手的新局面。

商业地产的高潮迭起是因为市场竞争而激发的，更是城市经济迅猛发展、生活水平快速提升所形成的强大消费需求合力推动的。近年来，城市的快速扩张，大盘的不断涌现，政府在城市规划中对新型商业布局留下的空缺，无形中促动了商业物业的发展。

操作环节二：剖析长沙商圈发展格局

在快速发展的城市中，商圈发展将呈现出两个重要趋势：

1. 交通枢纽型商业中心将成未来主流，重点商业带。

2. 城市中心的消费力将向周边扩散，为长沙商业中心绿叶添花。

剖析1：五朵“金花”齐绽放

1. 红星商圈

红星商圈将以湘府路与韶山南路交汇处为核心，构建以金融信息为先导、商贸流通为主导，产业为支撑的内供与外向结合，财富与人气齐聚的南长沙复合型现代商贸经济圈。

重点发展品牌餐饮、酒店业，规划发展金融、证券、保险业。努力做大做强物流和以“农博会”、“车博会”、“机电博览会”、“家具博览会”为支柱的会展业。同时，大力推进集购物、美食、娱乐、休闲于一体的圭塘河旅游风光带的建设进程。

2. 高桥商圈

高桥商圈东临万家丽南路，西至二环线，北起人民路，南到长沙大道。集中了以高桥大市场为主的十几个综合和专业性市场，并正在兴建大型多功能购物中心——上河街,在“十一五”期间,将发展成具有较大市场容量和较强辐射能力的新区商业中心的代表。

3. 星沙商圈

星沙商圈以北到潇湘路,南至凉塘路,西至天华路,东至东二线地区为核心,设置业态结构,开设不同规模的超市、适度规模的大型百货店,以及一批颇具档次的专卖店、专业店;适度发展餐饮住宿、文化娱乐等网点,完善居民日常生活服务设施,形成与长沙经济技术开发区和星沙镇综合性新城相协调、配套齐全、功能完备的现代都市商业中心。

4. 大托商圈

大托商圈依托长株潭三市经济一体化和大托机场口的区位优势，以及以中信新城购物中心为代表的商家落户于此,结合天心生态新城的建设,逐步发展形成一个新的区级商业中心。

5. 五一商圈

长沙五一广场黄金商业圈,分布着平和堂、春天百货、王府井商业广场、锦绣广场、东汉名店、万代广场、新大新广场、黄兴路商业步行街等数十家购物中心,几乎占了长沙市大型商场的半壁江山。

五一商圈的崛起利益于平和堂的到来,来自日本的著名商业零售品牌以“和平鸽”的标志形象,来到了长沙。在五一广场的世纪改造和商业转型时期，平和堂以一柱擎天的姿态,承担了一个历史节点的责任,承续了五一路商业中心的繁华历史。随后的黄兴路步行街,让五一商圈更加平民化,平民化同时意味着高人气。

五一商圈的霸主地位得以巩固,因有王府井百货广场的启动,让五一商圈更加迷人。王府井百货广场,由平和堂高层人士组成的开发企业一扫传统商业地产的开发旧尘,以产权式商铺销售的商业地产革命掀起了一场全民投资商业地产的浪潮,由此,五一商圈不再只是购物者的天堂,更是地产投资者的淘金场。

剖析 2："东西成线、点式南移"的商圈一体化

长沙市商圈的"东西成线、点式南移"，对整个长沙市的发展将会产生深远的影响，其意义的重大只要表现在以下几个方面：

1. 加速资料，拓展城市

商业流通是人口和财富聚集力最强的磁场。过去，红星广场商圈已经打下很好的基础。现在，在建的绿化广场和长沙市最大的地下超市建成后，将使红星广场商圈如虎添翼。另外，省政府搬迁后政务圈的形成，植物园文化旅游圈的打造，都给红星广场商圈聚集人口和财富起到锦上添花的作用。

2. 加速一体化进程

由于株洲与湘潭的路网和绿色空间衔接及与长沙东部开发区在功能和道路上的衔接；株洲河西将建成行政、金融、商务、文化、体育、教育、科研、信息服务等综合中心；湘潭将重点发展河东城区。红星广场商圈崛起后，由于它的集聚效应和裂变效应，特别是对长沙的政务、旅游和文化资源的有效整合，将会产生巨大的膨化效应，促进上述目标的提前实现。

3. 促进新生经济联合体的形成

红星广场商圈的崛起，客观上，它不仅是长沙市新城区的商业中心，而且是整个长沙市的商业中心，同时，也是长株潭三市的商业中心。其作用是能最有效地集聚长株潭的商业、物流、金融、信息和政治、文化、社会等资源，推进"三大经济圈"中间新生经济联合体的形成，进行长株潭三市整体核心竞争力这个新商圈的打造，会使长株潭在三大经济圈中迅速崛起。

操作环节三：掌握长沙商业发展特点

特点 1：中高档品牌供应链正在逐步完善

长沙百货零售市场的中档品牌的经营已经基本完善，部分高档品牌也进入了长

沙市场，整体市场还处在培育上升的过程中。

特点 2：服务和购物环境有待提高

长沙还没有真正高档定位的购物中心，百货业竞争程度相对没有江浙一带以及成都、重庆等地激烈，除了平和堂、王府井外，各家百货公司在布局、定位、服务等环节上还比较落后。

如广场形象、商场环境、设备维护、商品陈列、全方位服务等细节管理方面还不是很注意，总体的经营水平还比较低。

特点 3：竞争尚不充分

长沙商业还处于初级阶段，相互比拼价格战的现象比较严重，造成长沙市场还不够规范，随着新世界、喜来登的进驻，更多的外来竞争者加入市场，相信整体的市场格局将会很快被打破。

操作环节四：长沙商业地产商战招数揭秘

第一招：赠送礼品

商场一般抓住消费者“意外所得”的心理，赠送种种小礼品，促使消费者“感性消费”。

第二招：以“卡”引客

为了吸引顾客，VIP 卡、积分等招数成为各商场的不二选择。王府井百货、春天百货、平和堂柜台工作人员都分别办理了商场会员卡，消费者持会员卡可以享受打折优惠。

第三招：购物返券

比如，消费者购物后得到一张价值 100 元的购物券，一般会继续留在卖场将这张购物券用掉，依此下去，卖场便牢牢扣住了顾客的脚步，将之尽可能长时间地留在卖场。

第四招：低价打折

低价牌永远是商家打得最多的牌。

操作环节五：长沙商业地产运营模式

模式 1："订单式"模式

订单式商业地产，就是在项目规划期引进主力商家，来准确定位项目的规划，这样既可以避免项目开发的盲目性，又能保证项目对主力店的适用性，同时在前期引进了主力店，对项目中小客户的招商可以起到带动作用，从而带动整体商业氛围的形成，最后招商销售一举成功。

订单式商业地产在主力店效应之下，常常会导致忽视项目辅营区域的定位和经营，使得辅营区的经营不能与主力店互补，也不能充分利用主力店带来的人流，加上项目在引进主力店时在租金上做出了较大让步，使得订单式商业地产的价值和效益并未能最大化。如何将"订单式商业地产"完善，引领商业地产进入一个新的订单时代。下面就长沙万达广场来分析一下。

长沙·万达广场			
项目地址	长沙市黄兴南路商业步行街	开发商	大连万达集团
占地面积	1.8 万平方米	总建筑面积	4.6 万平方米
主题定位	多元化商业区	功能定位	购物、娱乐、饮食、休闲

剖析 1：战略联盟，强强联合

与世界 500 强商业连锁企业结成战略联盟，强强联合、打造长沙商业新模式，引入沃尔玛、红星美凯龙家居广场、肯德基等主力店进驻经营。

剖析2：雄踞五一商圈黄金地段

地处黄兴南路步行街和解放西路，长沙五一商圈黄金地段，这是人气集旺的地方,这为本项目创造了有利条件。

剖析3：多元化的业态组合

* 地下一层为拥有逾200个车位的大型停车场。

* 首层为大型商业步行街,国内外各大精品名店和美国百胜餐饮集团的肯德基、必胜客,美国麦当劳等国际知名品牌进驻,形成了一条集商业与餐饮为一体的多元化商业区。

* 二至三层为来自全球第一大零售商的沃尔玛主力店。

* 第四层为集世界著名品牌电脑于一身的世界连锁店百脑汇。

剖析4："一开一合"经营手法

实行经营分开,管理统一的创新手法。所有权完全控制在个人手中,使广场运作健康发展。这也成为长沙第一大产权式流行商业广场。

模式2：租售结合

*** 红星商业广场**

红星广场			
项目地址	韶山南路与湘府路交汇处	开发商	长沙红星实业有限公司
占地面积	3万平方米	总建筑面积	6万平方米
主题定位	商业广场	功能定位	购物、休闲

剖析1："风水纽带"选址

红星商业广场地处韶山南路与湘府路交汇处,西倚芙蓉南路,南接农博中心,毗邻省府新址,雄踞长株潭一体化的核心地带,地段优越,交通畅达。

剖析 2："灵活"营销设计

投资红星商业广场商铺主要有三种方式，按种类不同操作手法不一样，做到具体问题具体分析。

1. 产权商铺

投资者购买投资产权商铺，统一租赁给湖南商业巨头步步高超市统一经营 20 年，步步高每月按时将租金付给业主，红星实业公司承诺 20 年以后按原价双倍回购。

2. 自购自营

业主自购自营，业态合理组合，功能分区齐全，实行统一经营管理。在超市强大的人流带动下，自营区主要经营精品服饰、手机、鞋帽，化妆品等中高档百货，是城南最具档次的消费场所。

3. 临街独立门面，100—300 平方米，适合大型连锁品牌、餐饮、银行等机构经营

模式 3："一站式消费"模式

通程商业广场			
项目地址	长沙市主要商业中心的岳麓中心广场	开发商	程通开发有限公司
占地面积	2 万平方米	总建筑面积	6.2 万平方米
投资总额	3 亿元人民币	经营模式	一站式
功能定位	集购物、餐饮、娱乐、休闲、住宿、银行、证券、汽车旅馆及社区服务于一体		

解密 1：国际性"几何"建筑设计

在平面设计上，商业广场采取椭圆与三角形这两种简洁明快的几何图形穿插而成，是长沙第一个全新概念的现代购物中心。

项目还布置有音乐喷泉、主题雕塑，既溶入了现代建筑设计理念和现代商业理

念，又与岳麓山风景区的自然景观、人文景观浑然一体，具有独特的建筑文化特征和极强的视觉冲击力，是长沙市的地标性建筑。

解密 2：引入"一站终点式"消费理念

通程商业广场集购物、餐饮、娱乐、休闲、住宿、银行、证券、汽车旅馆及社区服务于一体，拥有长沙商业建筑最大的地下车库、最大的休闲绿化广场和最大的单层综合超市。多功能、多层次、多业态、多品牌的和谐整合，其一站终点式的消费模式和全新的现代商业理念，成为长沙消费群的焦点。

解密 3："逆向"开发模式——中南汽车世界

占地 3000 亩的中南汽车世界最大的优势就是规模开发，以累积薄利而产生整个规模利润。一期首批 791 个门面 7 天里全部售罄，创造了长沙商业地产"没到开盘就封盘"销售奇迹，从而为风起云涌的长沙商业地产带来了一场划时代的价格变革。

1. 租金抵消经营商户的疑虑

中南汽车世界的商铺均价仅 5000 元／平方米，比周边同类商铺低近 2000 元／平方米；周边同类门面月均租金为 40 元—50 元／平方米，而该市场门面月均租金仅 29 元／平方米，使得一些原本犹豫的投资者和经营户彻底放下了心。

2. 颠覆传统价值链的运作之路

传统商业地产价值链是由开发商到投资者到经营户再到消费者自上而下进行，而中南汽车世界这个商业地产项目时却反其道而行之，运作了一条由消费者到经营户到投资者再到开发商自下而上的逆向开发价值链，获得了良好效果。

中南汽车世界走的是一条颠覆传统价值链的运作之路。在对汽车市场经营户生存现状和目标消费群体进行了大量调研，了解到消费者对购买环境的需求、对零售价格的接受度后，他们根据消费者的心态，制定了“逆向开发”的思路，即从消费承受能力做起，由消费者到经营户到投资者再到开发商自下而上逆向运作。

第二操作平台：成都商业地产成功运作模式

操作环节一：剖析成都商业地产市场现状

现状 1：商业项目稀少，有待开发

2006 年上半年成都商业项目仅 7 个，除了目前还未正式销售的潜在商业项目及商业面积小于 10000 平方米的住宅底商。

新开商业项目总体供应面积为 70.3 万平方米，2006 年上半年暂无商业楼盘销售。因此，成都商业项目有待进一步开发。

现状 2：网点失衡，有待调整

* 成都不同区域商业楼盘价格落差大，区域商业楼盘总建筑面积相差较大，分布不平衡。郊区新开的小型商业楼盘涵盖类型较多。

如：有社区商业（时代空间），高校商铺（大地新光华广场），专业市场（三九九峰汽配城）和商业街（醉香街）等。

* 市中心为体量较大的综合性消费场所。

如：熊猫城·尚品馆以及一个手机专业市场——赛格广场；城东仅一个商业盘——尖东时尚生活广场。

现状 3：区域项目“三分点”

* 城西商业盘在总量上占绝对优势，但体量上次于城中，对整个成都市商业地产投资市场的影响较大。主要为综合性的大体量分期项目与高档社区较多，满足日常生活所需的购物、休闲、餐饮、娱乐。

* 城南、城北由于过去几年商业发展较快，近年对商业楼盘已足够供应用本区域需求量，因此 2006 年上半年无商业盘销售。

* 城东商业项目供应较少，城中供应体量居各区之首，所占比例达到了 72.5%。

如：“尖东·旺座” 的尖东时尚生活广场进入市场销售，对整体商业市场影响不大。

现状 4：项目供应环域剖析

*** 成都商业项目销售情况表**

年份	实际销售面积（万平米）	增长速度（%）	实际销售额（万元）	增长速度（%）
2000	2.092	—	95659	—
2001	41.25	86.74	177456	85.80
2002	48.99	18.76	219481	23.68
2003	58.89	20.21	280643	27.87
2004	89.95	52.74	567036	102.05
2005	100	11.17	—	—

1. 销售面积年增 20 万平方米

从表中数据显示：成都商业地产实际销售面积 4 年当中增长总量 80 万平方米，平均每年按 20 万平方米的速长。但是增长速度出现高落交错，这是产品的区域分布影响所在。

因此，说明成都商业地产仍然存在较大的可开发空间。

2. 实际销售额阶梯式增长

实际销售额在 2001 年达到最高峰，增长速度达到 85.8%，2004 年又在原基础上翻了一倍,达到了102.05%。2002、2003年是在商业调控项目分布不平衡,区域产品均价落差大所导致。

由以上附表说明,成都商业地产市场需求量大,区域供应量落差大使价格不平均,产品调整是必行之路。

现状5:成都商业项目供给破释

*** 成都区域商业项目供应表**

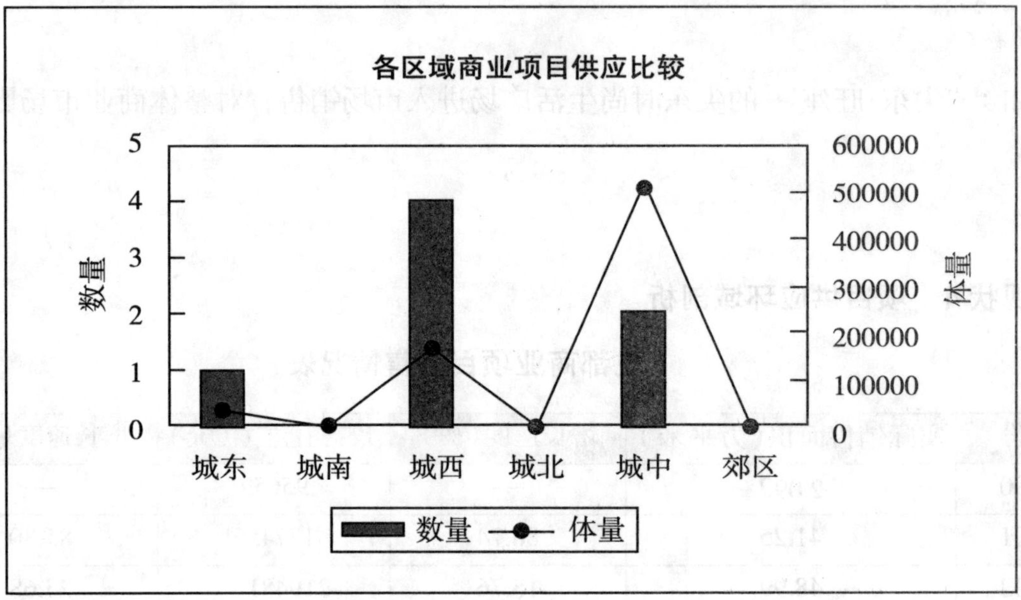

1. 大型项目有待开发

二环—三环区域各种规模的商业项目均有分布,但以10000—30000平方米之间的中等规模项目为主,其次50000平方米以上的大体量项目占一定比例。

主要分布在金沙—光华片区以及红牌楼一带,各环域30000—50000平方米之间无楼盘供应。

2. 一环中型产品需求量大

一环以内以及二、三环之间建筑面积在50000平方米以上的大盘数量较其他环域多,其余环域商业楼盘多在30000平方米以下。

操作环节二：解读成都商圈发展态势

解读1：春熙路商圈谋求霸主地位

春熙路商圈是在城市发展过程中自然形成的，具有丰富的历史积淀，是成都不可或缺的一张名片。近年来，春熙路商圈进一步将红星路步行街、东大街、大慈寺片区纳入了自己的势力范围内，谋求自己的霸主地位。

另外，紧邻春熙路的大慈寺片区也将采用具有丰富的空间形态和大量临街商业界面的改进"S"形布局与春熙路商圈相互辉映、锦上添花。改造后的春熙路和红星路片将以中高档商业零售业态为主，以及体量较大、高度较低的大型综合购物中心，以提高商业的规模效应。春熙路商圈每天能吸引购物、娱乐、休闲人流达四、五十万左右，最惬意的商业繁华盛景在这里得到了完美的演绎。

解读2：盐市口商圈核心地位无人能撼

盐市口商圈历来都是成都市中心的商业腹地，距天府广场150米左右，人民商场、成都百货大楼、仁和春天百货、摩尔百盛、大业百货等大型购物中心汇集其中，并与历史悠久的青年路、染坊街相连，人流如织，商机无限。盐市口广场、九龙广场、城市之心等商业建筑的出现，让盐市口商圈渐成气候。

尤其是随着2003年大地·城市脉搏、国泰·现代之窗等商业物业的强势入驻，人民商场欲重建巨Mall的规划出台，整个盐市口商圈商气逼人，令省内外投资者趋之若鹜。盐市口商圈商业核心地位无人能撼，大有和春熙路商圈决一雌雄之势。

解读3：骡马市商圈——都市商业巨舰

骡马市商圈随着太平洋百货、家乐福、好又多、苏宁电器的开业，新城市广场、金色夏威夷、骡马市商贸大世界、钱江·铂金时代等商业物业的开发，其聚集的商气、人气也相当可观，骡马市商圈的发展潜力逐渐显现。尤其是商业和住宅建筑规划分别达到近10万平方米的新城市广场，其庞大的商业体量在全市都堪称商业巨舰；同时该区域至今尚无一例与新城市广场雷同的Shopping Mall大型综合性商业投资物业，集购物、休闲、娱乐、餐饮等各种功能于一身的综合化经营成为该项目的最大特色，是骡马市商圈的一大砝码。

解读4：盐市口——成都商业“大脑”

*** 产品主流**

春熙路相邻的盐市口，位于成都行政区划的几何中心，其商圈以大中型百货商场、小商品批零为主要构成群体。

* 消费群体

盐市口商圈以本地中地段消费群体、外来消费群体为主，是目前成都市外来消费人口最为集中的传统商圈。

解读5：骡马市——成都商业“手臂”

骡马市区域总体租金水平相对较低，人民中路沿线是核心地段。

租金为200—400元/月/实用面积；羊市街底商的租金为250—500元/月/实用面积，均租水平为200—400元/平方米/月，部分商业铺面租金为400—500元/平方米/月。

操作环节三：成都商业地产发展“问题”研究

研究1：开发模式有待更新

宏一经过对成都市商业地产市场调查研究，认为成都目前商业地产项目瓶颈问题依旧未得到有效解决，开发模式落后。未来商业地产开发模式面临新的选择和全面升级。

研究 2：设计有待创新

近年来零售百货业纷纷在成都中心圈选新址，需求火爆，但另一边项目投放的商业地产项目却招商不到 10%的处境。城区周围有不少商业项目，由于大都因为设计或配置的局限性，不能适合用作卖场。

摩尔百盛正式入驻会展中心，易初莲花携手汇龙湾商业广场，沃尔玛在交大对面圈地，家乐福双桥店开业。百联天府等大型零售业在内的众多零售企业，使这一边是供不应求的局面。但成都有的区域却没人过问。

研究 3：市场冲击影响大

市中心周边区域受到区域商业中心的冲击，同时还受到来自于区域小区配套大型超市的影响。使项目生活配套类商业不完善就上市，在后期经营上出现弊端。

例如城西的小区商业受到西单商场以及即将开业的易初莲花大型超市的影响，空置率达到 60%以上。

研究 4：商业地产面向转型

区域商业中心为近期区域商业网点规划的政策下引发的新的商业地产开发热潮，目前城南商业中心已趋于饱和。

城西商业中心随着规划以及金沙光华片区商业的开发，现在处于转型阶段。大部分传统商业的存活空间较小，处于空置状态。

操作环节四：解决成都商业地产“问题”之技巧

技巧 1：设计创新

结合成都商业地产市场的特点，发展适应成都市场需要的商业房地产市场，突出成都自身的特色和优势。发展特色商业房地产，在成都三大核心商圈和商业步行街发展较好的基础上，认准投资的方向，在其周边开发适应商圈和步行街发展的商业房地产项目。

技巧2：善于融资

投资者要拥有实力，有效融资。要求投资者在开发项目之前，拥有资金实力，保证资金的来源管道，确保项目建设投资的周转资金。

技巧3：科学管理

要有投资、开发和经营管理能力。拥有品牌实力、资金实力和有相当专业经验是降低投资风险，增加盈利的机率重要条件。

技巧4：创意投资模式

投资模式有很多种，投资者要根据投资项目的不同，选择适合自身发展的模式。以下几种模式仅供参考：

*** 返租与自营结合模式**

这种模式是指开发商在销售的同时，与购买者签订年限不等的租约期，其间购买者可以每年从开发商手中获取固定的租金回报；租约到期后，再由投资者自行经营。

*** 先经营后出售模式**

这种模式是指开发商将开发出的商业项目，由自己或委托专业的经营管理公司进行统一的经营管理，在人气相对红火和市场发展相对稳定的时候再考虑出售。

*** 使用权、经营权、所有权分立模式**

这种模式是将商业房地产项目使用权、经营权、所有权分立，即所有权由投资者购买，开发商对投资者承诺一定的年回报率，再由开发商签订一个经营管理公司来经营该项目，所得收益按规定返还给三方。采取以销售为主，并通过与品牌经营商合作，推动同项目内其它物业销售。

技巧5：把握成都商机开发分析

分析1：熟铺开发

2006年以来，五城区商业用房供应面积为10余万平方米，供应以小区商业为主。从市场形势看，商业地产市场开始自我调整，预计市场将逐渐步入理性发展的轨道。现在全市的商业用房市场出现了逐渐回暖的迹象。投资者指向一些成熟经营的商业地产项目。

如金府路灯具城、亚太广场、蜀都商业广场等，销售现场都是较为火爆。

分析2：地铁带动开发

现在地铁作为最经济、最快捷的客运方式，其对一个城市的影响远非出行方式的改变，而会伴随着经济、城市价值、城市格局以及政府收支的变化，商业开发将带来契机。因地铁建设，会吸引更多外来开发企业投资，增大物业的投资者。

如熊猫城地下一层，是地铁一号线的一个出站口，借助地铁站的人流量，与地铁同层经营商业，都会带来巨大的商机。

操作环节五：诠释成都成功商业地产运作模式

模式1："只租不售"经营模式

成都SM城市广场

成都SM城市广场			
项目地址	成都市东二环	开发商	菲律宾 S M 集团
占地面积	67333平方米	建筑面积	250000平方米
主力店	沃尔玛	停车场	800个
项目定位	集休闲、娱乐、饮食、文化等多种功能于一体的购物中心		

1. 独特的选址方法——“案例公堂”法

作为开发商“亚洲百货之王”菲律宾SM集团投资的成都SM城市广场在选址采取独特的方法，除了一般的市场调查外，该集团启用了“案例公堂”法。

案例：以SM广场与熊猫万国商城为辨论主题，通过此办法找出项目真正的突破口和市场切入点，为项目打下了基础。主要涉及内容以下：

* 竞争对手成都的熊猫万国商城的分析。

* 人流与社区习惯。

* 配备与交通。

坐落于光华大道南侧的商业旗舰大地·新光华广场，选位准确，项目周边，博瑞·都市花园、水木光华、中华家园、香槟花园、优品道、西城花园、学府春、成都花园等高尚楼盘以及川师大分校、气象学院、舞蹈学校、电力职大等大中专院校密布四周。城西巨大的消费群体和消费实力、项目所处的特殊区位和交通辐射力为项目的繁荣发展提供了强势保证。

2. 以点到面的扩张形式

以成都为立足点向边缘辐射方针，成都是SM在中国选择的第一个人口在千万以上的城市，没有向像其他世界大型连锁一样先开业北京、上海店，再向全国扩张。

3. “长线钓鱼”经营手段

SM决定提供一站式购物休闲娱乐的同时，必将改变市民以往的购物习惯。所以，SM预计用一年多的时间来改变成都市民的消费习惯，用10年时间收回投资成本并盈利。

4. “只租不售”经营模式

SM城市广场采取了“只租不售”的招商形式，并且对商家的选择上也有严格的标准。SM在成都的开业，使城东乃至整个成都购物习惯上产生一定影响。

5. 以国际上最先进的"超级摩"来设计

成都SM城市广场卖场将参照"亚洲之摩"的模式，商场的区域划分、硬件设置、规模等将全部以国际上最先进的"超级摩"来设计。

6. 合理定位制胜

SM城市广场三大主力店已敲定合作，沃尔玛购物广场决定入驻广场负一楼，位于广场一、二楼的主力店是SM来雅百货，四楼主力店则为中国影业。

同时，许多知名品牌及国际连锁餐饮、咖啡厅、连锁家居商家也将一起入驻，做到分布清晰合理。

模式2：租售结合

达义·罗浮广场			
项目地址	城南高升桥路9号（中国移动大厦旁）	开发商	达义房产开发有限公司
占地面积	3万平米	建筑面积	5.3万平米
项目定位	购物、餐饮、娱乐、休闲为一体		

1. 识时者必是"智者"所为

* 项目地理位置十分优越，地处川藏路和高升桥南路交汇处，项目地段的口岸价值明显，具有商业开发和商务办公的地标性特征。

* 交通十分方便，是高升桥至红牌楼沿线较为重要的交通节点，既离城市中心较近，又紧临高升路、武侯祠，出入城区都十分便捷。

* 周边政府办公机构、企、事业单位众多，已基本形成了办公口岸，沿线分布较多商务公寓和写字楼，如华达商城、瑞金广场、高盛中心和四川移动总部、电信办公楼等。

* 高升桥和浆洗街、川藏路靠一环路段基本形成城西南商务办公区，已有众多中小型公司入驻各

类形式的办公楼和电梯公寓，办公市场的需求较为旺盛，尤其是浆洗街和高升桥路口的商务办公趋势尤为明显，区域具备强大的商务办公市场潜力。

2. 时代"风味"之作

* 该项目设计的现代主义创意建筑外观，适合当地风格，有力吸引人流。由美国加州 Bdesign Studto（B 建筑设计事务所）首席设计师 Gilbert Basbas 亲手打造。

* 项目前面 3500 平米大型景观广场、生态化屋顶花园、空中游泳池等配套设施，能够提供人性化和生态的办公环境，给了消费者舒服的空间，这样也是人们的好去处。

3. 软硬兼施

（1）项目是集休闲、生活性商业为一体的复合性物业，地下一层为知名大型超市强势入驻，地上五层大型餐饮、娱乐、健身、休闲、商务场所，可以提供便利的商务和生活配套。

（2）共享 30 万平米罗浮世家高尚生活配套，以及高升桥购书中心、商场、家居、餐饮等成熟商业配套，使商务和办公更加舒适和便利。

（3）大型地下停车场以及周边停车位，车位充足；区域内项目独有的中央空调配置，提高了办公舒适度。

4. "弹性"空间

（1）项目提供模块化的组合户型设计，50 平米—1800 平米灵动空间自由组合，可以较大跨度满足客户的投资和使用需求。

（2）项目大型地下停车场以及周边停车位，车位充足；区域内项目独有的中央空调配置，提高了办公舒适度。

* 亚太广场

亚太广场			
项目地址	武侯区科华北路	开发商	成都明昌建设有限公司
项目类型	社区商铺	建筑面积（商业）	15000平米
功能定位	购物、休闲、娱乐	停车场	400个

1. 消费群体定位准确

项目位于科华北路领事馆商圈内，周边居住人群消费层次高，商业氛围浓厚。针对是白领导，金领、老板等高级消费群。这样可以提升知名度，扬长避短，错位经营。

2. "持久之术"营销手法

好又多、麦当劳及ATT歌城等商家进驻此地签署了长年租约，能为投资者提供较为充足、固定的租金回报来源，同时给消费者方便与对广场的信赖。

3. 杜绝业种重复

亚太广场做到业种单一，没有重复的招商经营品种。能有效规划商场单位面积销售额，提高整体经营效益。

第三操作平台：济南商业地产成功运作模式

操作环节一：解读济南商业地产市场现状

现状1：济南商业地产发展态势

1. 竞争日益激烈，济南由住宅转向商业地产的发展期，市场创造投资商机。

2. 商业地产进步化让投资商瞄准了主题性、特色性、经营客集聚力的专业市场投资。

3. 商业地产要针对市场合理操作规划。

不能简单套用住宅的先设计后销售模式，而应该先确定经营模式、招商对象和业态需求，再进行建筑规划设计，以最大限度地减少日后改造费用的成本，从而降低商业地产的风险。

现状 2：济南市场“假象”

商业网点总量“过剩”，济南的人均商业面积远远不足，“商业地产过热”的说法是表面现象。

现状 3：更新传统商圈的业态结构、经营模式和服务内容

从济南一个城市的范畴来看，商业地产发展也展示出良好的势头。首先是对老商圈的复兴，泉城路、洪楼等济南传统商圈，都先后注入了新鲜的血液。

汇泉地王广场、海蔚广场等商业地产的出现，不但给传统商圈带来新生力量，更重要的是对商圈业态结构、经营模式和服务内容等的更新与创新，让其发展更具生命力和竞争力。而传统商圈所固有的消费氛围、消费习惯以及人流量，也为这些新建商业项目提供了绝佳的发展环境。

现状 4：进入持续化发展阶段

招商思路和经营思路的演变反映了商业地产开发商正通过转变操作思路，突破发展“瓶颈”，摆脱早期急于通过出售物业回笼资金、转嫁风险的做法，这既是专业的回归，也是市场机制直接作用的结果，这预示着济南商业地产市场将进入持续化发展阶段。

现状 5：济南商业地产“问题”分析

1. 业态类同

扎堆兴建业态相类同，将给商业地产经营和投资带来风险。

例如：在相同或相邻的区域内，已有一家

大型综合百货商场，而在所谓的“5公里死亡圈”上，又有与其经营定位相似的大卖场、中大型综合超市安营扎寨，其未来经营竞争之激烈、投资风险之大可想而知。近年来，许多经验丰富、眼光精明的专业投资者都将视线瞄准了主题性、特色性、经营客集聚力均较好的专业市场进行投资。

2. 商住混合开发模式“难题”

商业地产的融资渠道主要是银行贷款，济南商业地产对银行信贷依赖水平在70%—80%。商住混合开发模式，所带来的潜在金融风险，使政府调控成为必然，这或许也是近年来纯商业物业形式更为众多投资行家青睐的原因之一。

3. 快速“资金回笼”后遗症

由于资金的紧张使开发商放大招商，在没有做好定位的情况下进行错乱销售，这样导致了经营分区不明显，经营管理失去了指导方向。

操作环节二：剖析济南商业地产发展特点

特点1：城市改造为商业地产发展带来契机

商业中心的发展应当与城市发展的节奏合拍，济南现在大规模的城市改造，为商业地产开发创造了良好的契机，无论从商业角度还是地产角度来看，现在发展商业地产生逢其时。

特点2：走规模化、集约化经营的路线

随着经济的发展，居民收入不断提高，其消费需求随着收入水平的不断提高已出现了新的变化和调整。消费者在购物时不仅追求方便性、多样性、注重个人品位的需求，同时更注重体验整体购买经历的愉悦，这种趋势促成了对商业地产的需求不断增强。同时，随着商业地产的经营模式和管理技术逐步成熟，

开发商看到了其中巨大的商机，纷纷挥师这一领域。规模大、功能全的商业地产项目出现也是商业

地产发展到一定阶段，品牌商业的发展成为必然趋势。在市场竞争日趋激烈的今天，商业运营商除了发展自身的特色，提高服务质量外，还必须顺应以规模领先、以效益制胜的品牌商业地产大趋势。

在济南商业地产投资领域中，经营权式商铺成为其关注焦点。其经营式商铺运作模式是以后期经营为主导，通过租赁结合的方式将物业的经营面积进行有效消化，在经营模式上将分散经营户进行有效集中，走规模化经营的路线。该种方式的优点在于弱化了招商难度，同时，经营式商铺是依靠产业和物流基础作为支撑，招商过程中对大型经营商家的依赖程度不大，因为众多的小经营户照样可以实现项目的规模化经营。

特点3：新兴业态增长迅速

传统的百货商场因为管理水平低下、功能单一而日趋衰落，一些新兴的商业业态，如大型超市、综合购物中心、Shopping Mall、各类专业市场、产权式商铺如雨后春笋般兴起。这些新的商业业态再将一些新的消费理念引入济南的同时，也引发了投资者的关注。

特点4：济南的商业地产特质明显

商业地产项目大致可分为如下三类：

1. 区域复兴型商业地产项目，比如明珠国际商务港，在济南传统商务区——火车站区域崛起，发掘济南老商业区商蕴，复兴济南老商业区商业活力。

2. 在济南现在兴盛的商业圈内出现的商业地产项目，比如央区的银座·晶都国际、永安大厦，比如花园路商圈的海蔚广场，比如北园商圈的嘉汇·环球广场等。这些项目崛起于活跃的商圈内，借助商圈旺盛的商业氛围，成就自身的商业价值，也在一定程度上反过来提升了该商圈的商业档次。

3. 老市场的升级、改造型商业地产项目，比如七里堡商贸中心、海鲜大市场、新世界商城等，这些项目带有鲜明的商业特点，有着老市场成功经营的基础，积聚着雄厚的商业底蕴。所以，从一定程度上来说，这些项目得以成功的最大支承点就是老市场积聚的商业底蕴及商业影响力、辐射力。

特点5：商业地产的发展彼具势力

近几年，济南楼市的一个突出特点就是商业地产的发展彼具势力。购物中心、商铺、写字楼、社区商业、专业市场等商业地产项目层出不穷，这些项目的出现，在不断丰富和补充着济南商业业态和商业格局的同时，也逐步被广大投资者认可，成为一条重要的投资渠道。汇泉地王广场、海蔚广场、大学商业街、海鲜大市场、鲁能泰山广场等商业地产项目，在亮相伊始，就倍受投资者的关注，目前各项目均有不俗的成绩取得。

操作环节三：解构济南商业地产商圈

1. 花园路商圈——花园路板块商业业态较为丰富

随着"东部金街"的建设、各类商务大厦的建成、周边新兴居住区的形成，花园路板块正在成为东部城区的商业、商务、居住的核心地段。

目前的花园路板块商业业态已经较为丰富，大润发超市、国美电器以及周边的品牌服饰店、餐饮、娱乐等云集其中，较大程度上满足了人们的多种消费需求，这种集聚效应将使各种业态相互促进，同步发展。经一路改造工程的实施，使花园路商业圈在成为商业核心区的同时，也担负着东西主干道交通枢纽的作用，交通流量的增加必然带动商业区域的消费。

2. 泺源大街商圈

泺源大街商圈向西延伸至经七路，向北延伸至顺河高架、大明湖，属于济南的央区地带，是济南最高档和繁华的商圈，五星级酒店、高档写字楼及购物广场在这里云集，有济南的CBD之称。

交通顺畅，周边配套成熟完善，泉城广场近在咫尺，是最具人气、最繁华的商业腹地，同时集商务、商业、休闲、娱乐于一体，属于城市的绝版地带，成为财富、时尚与品位的象征。

*旺盛人气因素分析：

（1）规模——泺口商圈是济南市的大型综合性专业化商圈。

（2）产品——泺口服装市场、金牛建材市场、泺口集贸综合市场、李庄装饰材料、家具辅料市场、山东石材新市场等大型市场，多而齐全的各类市场也是聚集人气的一个基本要素。

（3）方位——深厚商业文化的泺口商圈交通便利，小清河北路、北外环路、济泺路、无影山北路、顺河高架路相互贯穿，四通八达，火车站、长途汽车站近在咫尺，早已形成了大交通的格局，济泺路的改造更是大幅提升了泺口商圈的交通和形象，可以说规模成就了泺口商圈旺盛的人气。

3. 大观园商圈

（1）大观园商圈是济南首屈一指的繁华商埠

通过大量的资料知道，当年院内说书、唱戏、杂耍等民间文化娱乐应有尽有，被誉为全国曲艺演出“三大码头”之一，院内小摊小店鳞次栉比，整日车水马龙，有黄河岸边“城隍庙”之称，具有浓厚的文化氛围。

（2）综合化——大观园是集休闲、餐饮、娱乐、购物于一体的综合性商业中心

4. 北园大街商圈

（1）北部之最

北园商圈涵盖了北园大街沿线，并延伸到以济泺路为轴线的商圈范围，辐射整个济南北部城区，是济南北部最大的商圈。

（2）产品之最

现在北园商圈已成为辐射济南北部，以经营建材、家居、服装、餐饮、娱乐为主的独一无二的商圈。

北园大街的改造总投资额约 45 亿元，改造后成为双向六车道，中间两车道为 BRT 快速公交专用车道，另外四条为社会机动车道。随着北园大街大手笔改造的进行，北园商圈综合性商圈气息越来越重，相信不久的将来，北园商圈将会从规模、档次上再提升一个台阶。

5. 英雄山商圈

英雄山片区引来了国际或国内知名零售企业的进驻。2004年，易初莲花来了，2005年，国外著名零售连锁企业——狐狸城名品折扣店来了，借助经四路人防商城的成功经验，济南第二家人防商城也即将开门纳客。英雄山商圈开始由文化区域转变为商业区域。

操作环节四：解码济南商业地产精彩案例

* 银座·晶都国际

银座·晶都国际			
项目地址	位于济南市市中区顺河街东侧	开发商	山东银座地产有限公司
占地面积	3万余平方米	建筑面积	15万平方米
配套设施	豪华大堂、电梯厅、户式中央空调、智能化系统、国际知名品牌电梯		

解密1：项目选址独特

1. 五个中心

项目位于济南“中央商务区”、“政务中心”、“金融中心”、“商业中心”和“教育中心”等五区交汇的中心位置。在这五个中心的中心，面对的是金领，白领、老板等高层人士。

2. 六个基本点

周边区域集中了九大银行总部、五大甲级写字楼、三家五星级酒店、省市区三级政府、十多处政府机关以及二大商圈，在此当中的消费群体素质也有了提高。

3. 八项路线

六处景点、三大重点中学，形成了浓郁的生活、商业、办公、政务、教育、休闲氛围。

同时借助顺河高架，连通经十路、经一路、北园路、绕城高速等干道。交通网络四通八达，使项目的辐射范围也增大了。

解密 2：产品定位

1. 借题发挥

善于利用历史与区位优势，建设古城、泉水、老字号商业等代表济南特色的中心商业核心区，形成规模庞大、网点密集、功能齐全、商品丰富、高中档结合的全市商业最繁华的地区。这是银座晶都国际的独到之处。

2. 谋智结合

银座晶都成为反映城市经济发达程度的重要窗口，银座晶都国际做出了全面的规划，引进龙头商家有银座商城、银座购物广场、贵和购物中心、三联电器、沃尔码等大型商家以及芙蓉街、古玩市场等特色商业街。

3. 巧夺天工

济南央区标志性建筑，银座晶都国际为山东银座地产扛鼎力作。

它垄断济南五区交汇核心，商业、商务、生活所需，周边尽备，使人们对商业、商务、生活有更多优游选择。银座晶都国际建筑外观还是丽质超群。石材、玻璃组合出的沉稳、大气、厚重、明快……

解密 3：巧妙配套设计

1. 结构独特

商铺采用框筒结构可灵活分割自由组合，能够针对不同的经营商户提供满意的经营面积。这也是银座晶都国际招商的独特之处。

2. 国际化配套

顶级标准配置：豪华大堂、电梯厅、户式中央空调、智能化系统等；国际街区共三层，全部为沿街商铺。

二层、三层首创济南退台式商铺，融国际性、互动性、动感性、时尚性的现代生活和动态消费模式于一体，银座晶都国际街区可最大限度汇聚济南 CBD 精英消费人群；地下地上共可提供近千个车位。

解密 4：三权"统一"营销手法

银座晶都国际采用"只租不售"的运作方式，这样使文广场能够统一控制经营，合理调整经营结构，使所有权，经营权、管理权三权的统一。

*** 明珠新世纪广场**

项目名称	明珠新世纪广场	项目地址	长清新城区与大学园区中心地段
开发商	山东省建设建工集团房地产开发有限公司	占地面积	5万平方米
建筑面积	6万平方米	主力店	明珠、新世纪商业广场
功能定位	集购物、休闲、娱乐、餐饮、旅游于一体		

解密 1："大商场、小业主"的经营方式

明珠新世纪广场采用"大商场、小业主"的经营方式，带租约销售，把一、二层分割出售，三五万元都可以在这里找到投资空间。明珠新世纪的产权式商铺是一种适合平民的大众化投资项目，它把一个庞大的商场产权，分割成若干单元的产权商铺，以出售的方式分散转移了产权，又通过统一租赁的方式集中了使用权，充分满足了现代化商业大业态的经营需要。

解密 2：业态功能齐全

广场总共分五层，地下一层为国际化大型综合超市，地上一层至三层为品牌专卖店、室内步行街、港澳商品城、异国购物廊、图书超市、以及从国外引进、重点推出的"奥特莱斯"（名品折扣城）等，地上四层为大型酒楼、停车场、空中花园。

项目业态齐全功能众多，环境优美的现代化休闲购物中心。能足够满足消费群的要

求。

主力店：明珠新世纪商业广场是集超市、商场、专业店、专卖店、步行街、休闲、餐饮、娱乐、办公于一体的大规模、高档次、现代化、一站式的综合消费中心。

解密 3：运营模式

1. 一站式消费，多元化经营

明珠新世纪广场采用“一站式消费，多元化经营”，以“一个大型零售业品牌主力店为旗舰，丰富其他业态多种品牌产生连动效应”的方式，最大程度积聚人流和财富流。

2. “三权分离”运营模式

广场实行“大商场、小业主”的宗旨，以产权式商铺为手段，推行所有权、管理权、经营权三分离的新型运营模式。

3. “带租约销售”模式

明珠新世纪广场先招商，后销售，实施“带租约销售”，扩大了投资平台、分解了投资风险、开辟了济南商界先河，是普通百姓、工薪阶层等稳定职业者的投资首选。

*** 圣凯摩登城**

圣凯摩登城			
项目地址	历下区泺源大街 29 号	开发商	圣凯置业有限公司
建筑面积	5.107 万平方米	经营主题	以女性消费为经营主题
配套设施	电梯厅、户式中央空调、智能化系统等、国际知名品牌电梯		

解密 1：以女性消费为经营主题

项目以时尚文化为旗帜，以女性消费为经营主题，集购物、休闲、娱乐、餐饮为一体。以满足不同消费者对时尚生活的追求作为经营根本，打造济南第一主题式时尚购物商城，兼具地段、品牌。仅迎合了济南零售业高速发展的需求，填补了每年 800 亿的巨额消费市场空白。以打造"品牌"为旗号，强化女性消费业为经营亮，引进有实力的女性消费经营商。

解密 2：消费对象定位明确

以女性消费群为宗旨引导项目主题三大优势，国际化设计，吸纳时尚商业精华，使圣凯摩登城成为济南女性消费群的好去处。

解密 3：运营模式

1. "粤港商业模式"

圣凯·摩登城首度在济南导入国际先进的"粤港商业模式"，以规范化、制度化、高标准服务的经营管理将商场纳入长远发展的战略轨道，为经营者打造一个永续发展的经营平台。

2. 消费体验模式

圣凯·摩登城此次与国内著名时尚购物中心巨头——广州摩登城强强联手，为济南核心商圈的零售业增添了新的生力军，带来了更强的商业原动力。圣凯·摩登城以时尚商品为主要经营业态，以女性消费为经营主题，完善商务配套为经营亮点，在满足不同层面消费者对时尚生活追求的同时，也为广大商务人士提供了一个尊贵、典雅的休闲空间，为济南带来全新的消费模式和消费体验。

* 济南世纪商贸城

位于济洛路商业黄金地带，项目总建筑面积 10 万平方米，总体规划设置有大型停车场和各类功能区，从它的建筑风格、设计理念、功能配置和深度服务上都具备了超前的整体策划构思。

总体规划业态分布为：地下一层总面积约 13000 平方米，其业态分配为皮具、皮革、箱包、皮饰等；地上一层总面积约 18000 平方米，

业态分布为皮鞋、旅游鞋、休闲鞋、时装鞋；地上二层总面积约18300平方米，其分布为皮料、皮革制品、皮具化工、设备配件；地上三、四、五层为写字楼，并配有电影院、乒乓球室、健身房、桑拿房、娱乐中心等，在其规划布局上形成了大物流业态错位互补功能、共同发展的路子、确保入驻商户的利益。

第四操作平台：西安商业地产成功运作模式

操作环节一：发现西安商业地产市场亮点

亮点1：古文化主题商业地产成主流

突出文化特色是城市区域开发的关键，也与西安建设国际性文化大都市的战略相吻合。要充分挖掘汉代文化，形成一批商业地产项目主打汉文化牌。西安是一座历史文化古城，周秦汉唐文化渊远流长，陕西西安商业地产项目的开发，在一定程度上也契合了这一文化主题。大唐西市、唐人街商业步行街、大唐芙蓉园、兵马俑国际旅游广场等商业地产楼盘，都以秦文化或唐文化为主题，开始"以文化论输赢"。

亮点2：纯现代商业走俏市场

随着商业地产不断发展，这一以先进概念和经营模式取胜的行业，其商业业态越来越朝比较现代的纯现代商业发展。

如扎根于西安老市区的骡马市商业步行街、宏府大厦、东方之星等，立足于西安二环沿线的立丰购物广场、海星城市广场，选址于开发区的紫薇Mall、中城新天地国际广场、豪盛·旺座时代广场等商业地产项目。

现代商业地产的竞争十分激烈，骡马市商业步行街立足于西安老骡马市服装街，已经捷足先登抓住了西安人的"骡马市情结"；宏府大厦要邀请全球著名的大型连锁超市家乐福，立丰购物广场请来了以电影著称的时代华纳，

东方之星占据了西安东大街黄金地段的有利地势。这将会引发西安房地产市场上商业地产招商的竞争热潮。

亮点3："她时代"引领西安消费潮流

目前，关于女性消费定位的项目成了西安地产业界关注的焦点，"她时代"已向西安商业地产走来。无论女性地位如何改变，购物似乎天生与女性有着不解之缘，作为时尚女性，她们对时尚的追求和自身的满足，都对商业地产的项目的成功与否有着密切关系。

城市商业经济的繁荣总是与女性的消费需求紧密相关，上海的南京路、北京的王府井等国内知名商业街区中女性主题消费一直成为主流。

在西安有名的康复路市场，女性产品同样是主角，尤其是在路口黄金位置的交易广场大楼，关于女性品牌的服饰产品更是这样。随着轻工市场再度火爆上市、新兴·24G盛装出击，再结合华东、人和等交易市场，整个长乐路服饰一条街的商业前景将不可限量。值得注意的是，一个新型专业业态——白马女人世界成了市场关注的焦点。

亮点4：商圈竞相升级

古都西安近年来房产楼市不是很热，而商业地产的开发却逆市飞扬、红红火火。与此同时，普通市民也纷纷将投资的目光锁定在商业地产，这更加剧了商业地产的开发热度。而各个商圈都迎来了全新升级换代时代，主要有钟楼商圈、小寨商圈、高新区商圈、曲江商圈。除了这几个商圈外，西安城东奥韵国际商业广场、立丰购物广场以及城北城市运动广场商业街、韦曲大学城等商业项目都将对西安的商业发展起到积极的促进作用。

亮点5：利用古城之名发展"城市名片"

商业街区已成为西安的城市标志，西安作为物质较为发达的城市，一个汇聚人流、财富流、消费流的能量场，使都市人不仅能够享受到现代化的商业服务；作为都市橱窗，商业典范，成为城市的标志，向外展示着一个城市的发展轨迹；是城市形象，城市竞争力的体现。

大雁塔北广场成为西安名片，大唐商业广场使这张名片锦上添花。骡马市、大唐西市、洒金桥、顺城巷、大雁塔等一大批历史故地的改造开始拉开帷幕，一个个西安城市名片被精心构建。

操作环节二：商业地产战役打响西安

1."招商战"重塑城内商圈

格局分布	代表性商业地产
东大街	骡马市商业步行街、东方之星、罗曼时尚广场、古韵沁园、东方嘉豪、东富国际、东岳庙广场
西大街	中环广场、上海城、唐人街、同方丽人街、正阳大厦、宏府大厦
莲湖路	锦园五洲风情、新城广场
解放路	中建广场、皇城国际、裕朗国际、顺城巷

西安城内商业地产项目，主要集中在东、西、北三条大街沿线以及莲湖路、解放路周边，以后还会出现不少商业地产项目推出，在此当中就不难看出招商的局势。

2."集散地"战东城

在西安商业地带的康复路和西北轻工市场现在进行重新改造，城内商圈的招商战，将沿东、西大街向两边延伸，首先"伸向"康复路——轻工市场为核心的长乐路商圈，出城墙向东沿长乐路一线。主题相似或相近的市场定位，给西安商业地产项目带来很大同质化开发的压力与竞争。

3. “盛唐文化”引爆南城

西安南城，随着房地产开发的如火如荼，大唐通易坊、大唐商业广场等盛唐风韵商业地产项目的开发建设，相继涌现出大唐不夜城，以及占地60余亩的唐风唐韵商业项目。占地近千亩的大唐芙蓉园，其规划建设，将再次引爆唐文化商业地产开发热潮，点燃西安商业地产决战的导火索。

4. CBD染红北城波及西城

在西城，CBD概念虽然稍不明显，但玉祥门外的机电市场，加之新规划开发的蔚蓝森林、蔚蓝时代以及劳动南路的大唐西市，西城CBD雏形初显，将是决定“战火”激烈程度的关键。

操作环节三：营销之战拉开帷幕

1. 广告战

广告吸引眼球，无疑是开发商追求的最佳效果，西安商业地产开发商在广告方面下了很大的功夫，希望广告能进一步促进项目的营销工作。

如：“红杉树” 的广告宣传模式与形式，在西安房地产市场上得到了极佳的演绎。风风火火的“我是谁”、“谁是我”，展开轰轰烈烈征名活动，一举赢得西安市民的关注，吸引了投资者的眼球。

2. 文化战

西安的建筑在赋予文化因素之后，地产显得弥足珍贵，商业地产建筑在这一点上表现得非常突出。现在西安商业地产已经抢滩西安市民投资的主流市场，实现了跨越式发展，且正逐渐成为房地产市场的主力物业类型之一。从目前发展形式来看，随着唐人街、裕朗国际·城市传说、大唐商业广场、大唐商业街等商业地产项目逐渐推向市场，一场商业地产的文化大战即将在西安爆发。

操作环节四：西安商业地产走向剖析

剖析1：西安商业地产未来的"六大"机遇

1. 合作开发机遇

国外大型开发企业进入西安，为西安商业地产开发提供了与专业机构合作、提升自身开发品质的机会。

由于国外房地产开发企业进入西安独立运作项目的经验和条件尚不成熟，必然需要寻求合作伙伴，这样有实力的商业地产开发商有机会与这些专业机构联手，获得更大的发展机会。

2. 资金运作机遇

运营良好的商业物业可能成为国外基金的收购对象，海外基金的运营主要是依靠物业长期持有带来的租金收益。

因此，西安2006年国内整体持有的优质商业物业将会获得更多的被收购机会，为开发商带来可观的收益。

3. 项目收购机遇

大量商业物业由于开发商资金和运营能力的不足而陷入困境，而这其中地理位置优越且开发设计优秀的商业物业。

这些物业的市场价值远高于其收购价值，是难得的市场机会；而对于这些物业的开发商而言，可以利用被收购的机会套现离开市场，从而减少投资损失。

4. 业态替代机遇

目前西安临街商铺和社区商业的服务仍然局限在购物和生活服务方面，休闲、娱乐类设施大多集中在传统商业中心。

随着消费者对休闲、娱乐等体验式消费需求的增强，满足社区和区域市场的中小型休闲商业项目将是未来开发的热点。

5. 连锁扩张机遇

大型商业连锁企业的扩张冲动将形成商业物业新的需求动力，商业企业的连锁化和大型化增加了对商业物业的需求。

与此同时，全国范围内商业网点规划的推进，对传统批发市场的改造加速，也形成了商业地产需求的一股新动力。

6. 新区发展机遇

由于交通拥堵、租价过高、竞争过度，传统商业中心区的竞争力和吸引力正在衰退，多商业中心将成为未来城市商业新格局。

城市郊区住宅的全面开发与道路的改善，为新兴社区商业中心的发展提供了新的机会。

剖析 2：西安商业地产运营模式

1. 订单开发制胜

订单地产模式是通过与商家结成战略合作伙伴关系，共同选址、共同设计，使得商业地产开发的风险降到最低，并且与原先使用的捆绑式经营相比，有市场运作更灵活等特点。开发商一般采用“先开发、后销售”转型到“先定位招商，后投资建设”等方式。

2. 情景式体验购物

所谓体验式商业是在商业原有购物功能基础上，引进餐饮、剧院、酒吧等业态，打造一种以休闲娱乐为主、购物为辅的商业模式。

中环广场将国际先进的商业模式——体验式商业带入西安，以情景式体验购物改变消费者的生活模式。它强调消费者在购物过程中感官的立体享受，成功的体验购物中心对消费者购物心情的控制设计非常巧妙和体贴，从色彩和建筑形体的设计使消费者产生愉悦心情，尽量让消费者不知不觉中把每个楼层都逛一遍，从颜色和灯光，每条走道的宽度，都有非常人性化的设计。体验式购物中心的

商户每三个月会更新一次货品，在体验式购物中心的每个街区努力营造立体感觉，让消费者在每个街区都能够获得新的发现。

体验式购物中心就是增加人们购物过程中的愉悦感，这实际上是人们生活水平提高后引起的消费模式，是消费需求变化带来的产物。人们最基本的生活需求满足了，就开始关注情感价值，需要感情上的愉悦享受，这就是体验。比如奢侈品，收入越高的人，对奢侈品需求越大，而需求过大之后就会变成一个大众品。所谓的体验说白了就是强化体验而已，就像旅游的人来古城西安，不能说那不是一种体验。

3. 多元化融资格局横空出世

由于国内融资环境的挤压，西安商业地产企业纷纷寻求新的融资模式，Reits 作为一种理想的商业地产融资形式被普遍看好。但由于海外上市的条件和门槛较高，Reits 的成功在中西安还未能实现。

剖析 3：西安商业地产盈利模式

1. 西安的历史盈利模式

（a）物业销售盈利模式

（b）租金收益盈利模式

2. 西安主要盈利模式

（a）地价获利盈利模式

利用地方政府要引进外资商业企业的迫切心情以及与外资商业企业的合资关系，变相从政府低价拿地，实现高额利润。

（b）带动盈利模式

给主力店非正常的免租期引其进驻，然后以主力店为诱饵，高价销售周边店铺，实现利润最大化。

(c)产权式返租盈利模式

操作环节五：解码西安商业地产开发创新模式

创新模式一：复合型绿色商业购物广场

* 大明宫雁塔购物广场

大明宫雁塔购物广场			
项目地址	西安市含光南路2号与电子二路交汇处	开发商	西安大明宫国际家居有限责任公司
运营商	大明宫雁塔购物广场有限公司	建筑面积	150000平方米
占地面积	118亩	总投资	3.98亿元
主题定位	综合性现代购物广场		
功能定位	集建材家居、百货超市、餐饮娱乐、办公商务于一体		

地处西安市南郊含光路与电子二路交汇处，是高新区、雁塔区、小寨、电子城的商业中心腹地。含光路、电子二路、东仪路分别贯穿该项目，周边人口密度大，消费水平高，大中专院校、研究所、住宅小区众多，人气极旺，商机无限。

1. 完善的配套设施

拥有停车位600余个，自动扶梯、观光扶梯、货梯、中央空调、自动监控系统等配套设施一应俱全，并实行商场化管理、市场化经营、整体宣传促销、统一物业管理，最大限度地为经营者营造一个良好的经营环境。

2. 引入“两权分立，三管齐下”的新型管理模式

在管理上，大明宫雁塔购物广场将继续沿袭北郊家居城的“商场化管理，市场化

经营”模式，也就是“两权分立，三管齐下”模式，即将产权与经营权分立，经营管理、营销管理、物业管理并举的模式。

企业在经营和管理上将转变观念，用创新的科学管理和创新经营理念树立良好的企业品牌形象，引领行业市场公平竞争，朝规范化、均衡化、和谐化方向发展。使经营商获得稳定回报，让消费者真正体验到购物的乐趣。

3. 首度形成复合型商业态势

项目在西北地区首度将多种商业形态真正有机结合，形成复合型商业态势，并采用组团式布局、实行订单式开发、品牌化招商。集建材家居，百货超市，餐饮娱乐、精品专卖、观光休闲、商务办公、绿色停车场、楼顶花园等八大功能为一体的超大型购物中心，和以建材家居，百货超市，餐饮娱乐三大主力业态为主的复合型绿色商业购物广场，能够满足周边购物、休闲、娱乐等多方面需求。大明宫雁塔购物广场必将成为西北地区最完美的商业模式，成为西安市南郊的新型现代化商业中心。

4. 构建复合型商业模式

* 实行大小招商相组合、多品类招商、品牌化招商及区域面积定格式招商模式。

* 百货超市将引入大型连锁商业机构加盟。

* 构建复合型商业模式，倡导多品类优势互补，全方位满足现代生活的不同需求，实现多方共赢。

* 进驻企业将锁定在各行业中最具实力的品牌和最具市场表现力的产品之上。

* 各品类招商严格按面积界定、区域划分原则进行。

* 充分吸取过去的经验与不足，针对板材、油漆涂料、五金品类实行超市化经营，避免过去松散、杂乱的现象。

由此构建的复合型商业模式，将实现多品类优势互补，形成目前西北最完美的商业态势，全方位满足人们现代化生活的不同需求。

5. 独具一格的商品品类布局

大明宫雁塔购物广场在商品品类的布局上则独具一格：

楼层区域	商品品类
北楼地下一层	陶瓷精品区
南楼地下一层	精品灯饰区
北楼一层	卫浴精品区
南楼一层	精品百货区
北楼二层	主营厨房用品、散热器、太阳能、玻璃、门窗、木地板、地毯、壁纸等
南楼二层	家庭百货和生活超市区
北楼三层	现代板式家具精品区
南楼三层	生活超市区
北楼四层	高档办公家具、仿古家具、红木家具精品区
南楼四层	欧式家具广场

同时，百米餐饮步行街上荟萃了几十家风味特色店，带给您美妙的美食享受；而配套的商务办公区配有电梯，轻松上下，实现快乐办公。

在品牌组织规划上，广场将充分考虑品牌的市场号召力，彰显品牌效应，使冷区不冷，旺区更旺。

6. 注重商铺位置的均好性

在商铺划分上，通过商铺的形状、面积、开门位置以及通道、电梯位的合理设置，形成合理的人流动线，全面、科学、有效地设计并提高商铺位置均好性。

创新模式二：中国西北首个最大的“体验式”购物中心

* 立丰国际购物广场

立丰国际购物广场			
项目地址	西安“金腰带”南二环与东二环交汇处	开发商	立丰（西安）房地产开发有限公司
占地面积	11276.5 平方米	建筑面积	12万平方米

中国西北首个也是目前最大的集购物、餐饮、文化、娱乐、休闲、旅游、健身于一体的“体验式”购物中心——Shopping Mall，为国际大都市的西安提供了现代商业的补充，其辐射能力大大超越了传统商业的辐射范围。

1. 设计原则

* 独特性：体现商业建筑的独特性、标志性。通过独到的建筑设计、配套、人性化管理等强化项目的旅游玩赏性质，使消费者从传统的功能性购物行为中解脱出来，陶醉在无须付费的空间当中，就如同旅游和度假一样轻松惬意。

* 人文性：吸取地方人文传统精髓，以建筑形式表达地域特色。引入“绿色无障碍”和“人性化”设计理念，配备残疾人专用通道、卫生间，免费儿童托管所等配套服务。

* 开放性：具有“体验经济”特色的商业建筑模式，建筑空间通透、流动，形成新型开放式商业空间。以服务为舞台，以商品为道具，以消费者为中心，创造出令人难忘的“情感共振”型的体验。

2. 建筑设计以“黄河大峡谷”为主题概念

整个建筑气势雄伟，以“黄河大峡谷”为主题概念，集购物中心和酒店一体化，各具特色又浑然一体。购物中心中庭空间形态模拟大峡谷的形式特点，围绕中庭整个内部空间通透连续，人流交通组织科学合理，充分满足了商业空间的可视性、可达性的要求，引领人流向上探寻。外部建筑形象模拟黄河地形地貌特点，以巨石聚散的形式与购物中心融为一体，形成了内外统一的独特气质。

3. 功能定位及业态分布

立丰国际购物广场是具有购物消费、休闲娱乐、品味美食、健身美容等多种综合功能为一体的大型现代消费中心。

<table>
<tr><th colspan="2">楼层介绍</th><th>介入商家</th><th>其余商铺经营类别</th></tr>
<tr><td>F9/F10</td><td>华纳影城、文化广场</td><td>时代华纳</td><td>F9：书店、微波食品 F10：CD、音像</td></tr>
<tr><td>F8</td><td>健康驿站</td><td></td><td>美容、美发、健身、高尔夫、画廊</td></tr>
<tr><td>F7</td><td>大食代广场</td><td rowspan="6">主力百货</td><td>餐饮、国际风味餐厅</td></tr>
<tr><td>F6</td><td>童话王国</td><td>玩具、童装、卡通天地、儿童教育</td></tr>
<tr><td>F5</td><td>动感地带</td><td>运动、休闲</td></tr>
<tr><td>F4</td><td>君子风度</td><td>男装、男鞋、皮具、男士用品</td></tr>
<tr><td>F3</td><td>淑女情怀</td><td>淑女装、休闲女装、内衣</td></tr>
<tr><td>F2</td><td>潮流地带</td><td>女鞋、女包、淑女装</td></tr>
<tr><td>F1</td><td>经典荟萃</td><td rowspan="3">沃尔玛</td><td>化妆品、钟表、珠宝、精品皮具</td></tr>
<tr><td>B1</td><td>超级卖场</td><td>引导、方便消费者日常必须品消费区</td></tr>
<tr><td>B2/B3</td><td>地下停车场</td><td>最方便、快捷的停车场</td></tr>
</table>

4. 与世界 500 强同场经营，收益稳定

委托经营 15 年，投资者只须投入资金，取得不动产的产权，然后交给立丰专业打理，由世界 500 强担纲的主力店和众多知名次主力店专业运营，并提供稳定、持续增长的租金收益。立丰只售 30%，其余 70%的面积自持出租，保证投资者的租金收益。

创新模式三：体验式的“一站式”消费中心

* 西安紫薇 Mall

西安紫薇 Mall			
项目名称	西安紫薇 Mall	开发商	西安高科集团
占地面积	536亩	建筑面积	40万平方米
投资金额	16亿元人民币	主题定位	以“新商业、新时尚、新生活”为主题
功能定位	集购物、休闲、住宿、旅游、娱乐、餐饮、社会交往功能于一体		

1. “体验式”经济

体验经济时代，作为一个泛商业、泛旅游、泛休闲、泛地产概念的Mall集吃喝玩乐于一身，对谁都是一种诱惑的体验性生活。体验经济被认为是继农业经济、商品经济和服务经济之后的一种新经济形式，是人类经济的第四次浪潮。在体验经济时代Mall的到来，直接受益、切身感受的还是每一个消费者，每一个普通老百姓。

西安作为中国最大的“旅游之都”之一，历来受到的全世界旅游爱好者的追捧，它俨然成了中国古代文明的“代言”。而紫薇Mall的出现，则在西安的古代文明中注入了现代文明的元素，让“古都换新颜”，让“购物在西安”成为吸引游客的重要理由，使西安成为名符其实的“体验之都”。

2. “一站式”消费

项目是由 “紫薇之家”、“紫薇广场”、“都市港湾”、“青春活力”、“温馨家庭”五大组团构成，是未来西部最大的集购物、休闲、住宿、旅游、娱乐、餐饮、社会交往功能于一体，汇聚全球各业知名品牌、真正意义上的“一站式”消费中心。

3. 注重定位

紫薇 Mall 以“新商业、新时尚、新生活”为主题，集购物、休闲、住宿、旅游、娱乐、餐饮、社会交往功能于一体，汇聚全球各业知名品牌、真正意义上的“一站式”消费中心。

“紫薇 Mall”采用国际流行的先进管理模式、建立完善的消费购物环境，搭建一流的国际商务平台，全力打造中国西部的国际商业巨无霸。

创新模式四：突出“时尚生活形态”概念

* 金鹰国际购物中心

位于高新区科技路的地标性建筑海星城市广场，总投资 7000 万元人民币，建筑面积 2.66 万平方米，裙楼 1—4 层商场的专业设计、门前 6000 平方米的大型景观广场、先进的功能设施、完美的建筑形态充分体现了国际化水准。

组合国际时尚品牌，集购物、餐饮、休闲、娱乐为一体，面向全西安的广大市民，突出“时尚生活形态”概念，为消费者提供高端时尚的商品、优雅舒适的环境、贴心便利的服务，为高新区打造全新理念的国际化一流购物休闲场所。

第五操作平台：杭州商业地产成功运作模式

操作环节一：解读杭州商业地产发展轨迹

轨迹 1：冲击波式的发展进程

第一波商业地产热潮出现在 1998 年、1999 年，以当时的涌金广场和东方商城为代表。由于当时整个商业地产刚刚起步，产品单一，市场环境不成熟，操作者也不懂如何进行运作，最后问题多多，不少投资客都被套在其中。

第二波热潮出现在2002年左右，以河坊街和信义坊两大特色街区为代表，特征是有政府的政策支持，商街自身定位比较明确。当时这两条特色街的铺位被投资者炒得火热，价格节节上升，甚至出现了名震一时的“铺王”。

从2004年开始，随着大批量住宅楼盘上市，这些楼盘附属的社区沿街商铺进入销售高潮，从而形成了杭州商业地产的第三波热潮。

随着整个商业地产市场渐趋成熟，政策环境开始规范，产品线也丰富多元化，涵盖了购物中心、街区、社区商铺、专业市场、写字楼等几乎所有商业地产内容的第四波商业地产热潮正在形成。

轨迹2：迎来“社区商业时代”

在业态结构上，杭州商业地产也出现了机构性的调整，大型商业陷入低潮，特色街逐步成熟，底商成为供应绝对主力，杭州开始进入社区商业时代。

随着大杭州的构筑和逐渐成形，住宅郊区化势头迅猛，商业也随之呈现出郊区化的发展态势，下沙、滨江、三墩等区域都先后兴起了商业地产的开发浪潮。加上杭州地铁规划已落定，这一表现得尤明显，主城区的湖滨吴山商圈重新亮相，欲与武林商圈一决高下，挑战其霸主地位。三墩区域，开进了众多连锁超市，银泰等也纷纷目光盯上，区域商业活力激荡。

轨迹3：“一站式消费”模式新体验

现在很多商业项目都采用“一站式”，即集购物、餐饮、娱乐、休闲、观光于一体的一站式消费。

一站式消费模式只是让消费者购物方便，一条龙的购物方式。就算是购物、餐饮、娱乐、休闲、观光等都可以在一个地方——购物中心里面进行，这样既方便又省时，乐于被人们接受享用的体验模式。

操作环节二：解读杭州商业地产发展现状

解读 1：杭州商业地产开发面临之困境

1. 开发的商业地产用于整体出售时，很难找到买家，开发资金无法回笼。

2. 开发商自己经营时，不得不由于投资回收期过长而承受巨大的资金压力，无法尽快回收资金投入其他项目的开发，从而影响整体运作。

解读 2：开发商解决困境之道

开发商在开发商业项目时总要面对大大小小的各种问题，为了解决自身的困境，不得不想办法在开发经营模式上有所创新。只要有如下几种形式：

1. 分割出售

"分割出售"作为商业地产开发经营的一种模式，在让开发商快速回笼资金、减轻开发公司财务压力的同时，却为日后的经营种下了"不治之症"，不仅损害了投资者的利益，带来较大的投资风险，还会损害开发商的形象，对城市社会经济的发展造成不利影响。

商业地产一旦被分割出售，就意味着一个完整的商业设施在所有权和经营权上都被彻底分割，失去了它的整体性，这就会给日后的商业经营埋下隐患。一个不具有整体性或经营格局紊乱的商场是不会有好的效益的，会酿成主力店不进，品牌店不跟，最后成为街头"大排档"的结局，实际回报与预期收益相差甚远。而且为了能够尽快将这样的地产分割出售，开发商们惯用的手法就是大肆炒作。

位于杭州吴山区域，靠近西湖，当初的设想是做一家集购物、休闲、娱乐、餐饮、观光于一体的特大型综合商业中心。总建筑面积为 10.2 万平方米，但良好的先天条件并没有给其带来理想的结局，由于开发经营模式的失误，该项目成为了杭州讨论商业地产成败的反面教材。

××广场的开发商是从房地产业转入商业的，在建造时并未对以后的经营进行规划，因此其建造完成后所面临的一个最大问题就是销售。当时××广场的销售单价约为 8000 元/平方米，总价高达 1.6 亿元左右，整体销售面临较大压力。为了解决这

个难题，开发商选择了分割式出售。分割式出售带来了业主产权的多元化，产权的多元化决定了只得采用“店中店”的模式。后来广场自开业起就十分冷清，几乎没有吸引什么人流，不久以失败告终。

2. 售后返租

售后返租有多种形式，包括返租回报、带租约销售、利润共享、保底分红等，但万变不离其宗。这种模式不但可以解决销售的难题，还可以解决商业设施的经营问题。而事实上，这种模式虽然使商业设施在经营权上得到统一，商场得以顺利开业，但仍不能解决所有权被分割的缺陷，当返租合同到期时，又将再次面临选择经营方式、经营公司的问题。

3. 地产大鳄＋商业巨头

“地产大鳄＋商业巨头”的经营模式是商业地产开发经营中一种较新的模式。房地产商在开发商业地产之前，就先与知名商业企业结成战略联盟，房地产商在受让土地后、规划前，充分考虑项目商圈的市场需求并与商业企业确定合作关系，在开发过程中，让这些零售企业参与相关的规划工作，最终使整个开发经营在投资估算、商圈分析、市场定位、业态组合、经营收益与风险控制等多方面更合理、更科学。

大连万达与沃尔玛结成战略联盟，在各地合作开发的购物中心就是这种模式最典型的案例。

以上所有这些模式，或是只解决了房地产开发商的资金回收与利润获取问题，或是只解决了日后的经营，却无法同时兼顾两者。

解读3：杭州商业地产出现“过剩”

1. 商业网点分布不平衡

杭州区域商业地产出现“热中集与冷中散”的分布状况，但这并不是市场的过剩。

2. 项目定位类同

滨江、萧山、下沙等新区的商业同质化竞争激烈，肯定会出现阶段内商业地产项目体量过大的问题，但是，从具体的商业项目来看，由于近郊板块房产的兴起，不少新的商业地产项目都是以区域性商业或社区商业为最终目标的。毕竟那些远离城市中心居住的人们，还是需要在家门口解决日常生活所需。

杭州商业地产项目开发的增量与传统商圈内的大型商业地产有所区别，并不能以量的多少就能简单判定是否“过剩”。但有一点可以肯定的是，那就是主城区新兴商圈的商业发展正在进入“社区商铺时代”。

解读 4：杭州商业地产“冷热”分布不均

在中国的景色名城杭州商业红红火火，但是在商业地产中出现尴尬的一面，一边是底商“激情燃烧”，一边却是大型商业物业“激情燃烧”。

1. “粗放开发”为尴尬买单

* 开发商对杭州商业地产认识不足，使商业地产的开发、销售时导致先天不足。

* 引爆市场是要时间的，但投资商急于求成。

* 投资者出于回收资金与获利的考虑，又不愿意降低租金，使知名企业没法带动气氛市场，导致合作失败。

* 杭州“土地掠夺式”粗放开发冲击市场。

2. “粗放开发”原因分析

* 开发商不注重后期经营，铺位分割销售严重。

* 资金实力大多数不能支撑长期作战经营。

* 缺乏有效的融资渠道。

开发商因资金的回收过于依赖通过销售手段，在短期内回收投资、获取利润，缺少商业地产运作的退出机制，从而使得投资商对国内各地市场的评估处于等待和观望的阶段，因为一旦宏观政策变动和调整，都会对商业房地产带来巨大的影响。

操作环节三：解剖杭州商业地产经典案例

案例 1：开元·加州阳光广场

开元·加州阳光广场			
项目地址	萧山区金城路与金鸡路交界处	开发商	杭州开元集团
占地面积	20 万平方米	建筑面积	29 万平方米
主题定位	时尚购物广场	功能定位	融休闲、娱乐、餐饮、购物、旅游、文化于一体
配套设施	中央空调、大型地下停车场、有线电视及境外卫星电视接受系统;360 度闭路电视监控系统;宽带接入高速电梯、商业观光电梯		

剖析 1："终点式"业态定位

加州阳光是大型商业设施，多层次的，多功能和多媒体的规划设计，商场、卖场、超市、步行街、店中店、专卖店、酒店、饭店、餐馆、酒吧、剧院、舞厅、迪厅等。项目的主题以购物为主，全方位的娱乐与休闲才是辅属的内容。

剖析 2：高档的消费群定位

加州阳光营建起大规模复合型的旗舰商业时尚商圈及一站式消费，24 小时时尚动感生活尽纳其中。

在繁华与宁静的交集点，与南北相依的 Mall 高尚住区，由 16 幢高层住宅与独特水系景观组成，旗舰商业享有完善配套，创造"新城市住宅"的全新标准和风格，提供城市新资贵族们专享生活的专属尊邸。这是本项目的成功之一。

剖析 3：配套特色制胜

* 大：占地面积大、建筑面积大、停车面积大。

* 多：行业多、店铺多、功能多。

* 高：购物环境要求高、档次高、顾客群购买力高。

剖析 4：以租带售

加州阳光采用先租后售的营销方式，以开发商作为最大的股东参与项目的运营与管理，给予投资者与经营商家的进驻信心。

案例 2：西城广场

西城广场			
项目地址	位于文新路紫荆花路口	开发商	杭州新西元置业有限公司
占地面积	32300 平方米	总建筑面积	55000 平方米

剖析 1：准确的市场潜力分析

西城广场当时的立项备受争论，而很多人应该都记得当时的城西板块比如今的九堡、下沙都还要“荒凉”得多。该项目的开发商当时正是基于对“该区域几年后消费居民人口即将剧增”的预判，才决定投资建设西城广场的。

西城广场成功的选址，造就了它今天旺盛的人气，也因为城西区块居民旺盛的消费需求才成就了西城广场今天的成功。

剖析 2：率先采用“一站式”

任何一个大型购物中心都离不开消费群，如果说西城广场目前附近超过 90%的人口入住率是该项目取得成功的前提的话，那么还有一点值得我们注意的是，如果没有它独特的运营模式，恐怕也不见得能有今天这样的成绩。它大胆尝试，在杭州率先采用“一站式”的经营模式。

剖析 3：成功因素分析

1. 业态规划统一

在保证所有业主 6 年内每年 8%回报率的前提下，西城广场内所有的商铺都由招商部门统一招商，为的是确保项目内各业态统一规划。这一返租的模式当时也受到了很多投资者的追捧，开盘后短短三天的时间内，销售价格在15000元/平方米至25000元/平方米的所有待售商铺全部被抢购一空。

功能区域	功能定位	业态定位
负一层	其 他	物美大卖场
F1–2	时尚休闲区	生活名店街、活力馆、儿童馆、家居专卖等
F3	主题餐饮街	影音书城、肯德基、必胜客、中国落户银行
F4	动感游戏广场	淘气乐园、极限天地、网络赛点、狂欢世界
F5	电影院	UME系列影城
F6	时尚动感娱乐中心	娱乐之家

2. 消费体系创新

西城广场借鉴了当时刚刚被引进到中国的Shopping Mall模式，试图在开业之后能够满足附近居民从购物到餐饮，再到娱乐的一站式消费体系。针对附近一带几个高档楼盘内大部分居民喜欢外出就餐的特点，西城广场在开业之初还特意加大了对其中餐饮部分的宣传力度，这一举措同时还带动了其他一些游乐设施的人气，使得整个项目一站式服务的特点开始深入人心。

3.“主力店”的引进

为了能借助一些国内外大品牌的品牌号召力，该项目还加大了对于“主力店”的引入强度。而其中联华超市、KFC、必胜客、UME影院、银乐迪等主力店的表现也确实为整体项目的成功起到了关键性的作用。

第六操作平台：郑州商业地产成功运作模式

操作环节一：解析郑州商业地产市场发展现状

现状1：商业地产市场供销两旺

2006年的郑州商业地产依然取得了供销两旺的局面。商业地产的投资火爆，一方面可以证明城市消费商机增多、居民的消费能力提高，对城市未来经济发展更有信心；另一方面，目前郑州受到关注较高、占有销售比例较大，有代表性的多为主题商业街或专业市场。

郑州住宅密集区自发形成的商业形态，因没有集中、统一规划，无论从经营载体——住宅底商的硬件环境，到软件服务品质，均无法满足部分对购物环境、消费品质要求较高的消费者的需求。这就推动着城市商业形态的发展、变化——从自发式零散街铺，逐渐向人为规划的社区中心商场、主题商业步行街及专业商业城过渡，并逐渐走向成熟。

现状2：商业与地产联手形成郑州商业地产开发投资的新特点

随着郑州城市框架的拉大和人均收入水平的提高，郑州商业地产的发展也一年比一年火，而众多连锁卖场入驻郑州，更是把商业地产的开发推向新的高潮。

2004年年初，宇通不动产牵手香港新鸿基，联手打造其第一个项目百年德化风情购物公园，建筑面积6万平方米；2004年7月中旬，泰国正大集团、河南广元置业有限公司联手，在107国道附近开发大型商业综合体“正大世纪城市广场”，总建筑面积10余万平方米；随后，大上海城步行街在郑州二七商业区举行了盛大的奠基仪式，该项目呈十字形，东西长400多米，南北长近300米，总建筑面积27万平方米。

现状 3：商业地产过于集中

郑州商业地产目前过于集中，在建和拟建的商业项目总面积将超过 150 万平方米，其中绝大多数集中在二七商圈，在方圆 1.5 公里的范围内，集中了大上海城步行街、百年德化风情购物公园、郑州新天地、天荣时装城、恒泰服饰广场、金成服饰广场等近十个大的商业项目。

现状 4：人均商业面积远低于发达国家或地区，市场发展空间较大

目前郑州人均商业面积为 0.7 平方米左右，而发达国家或地区人均一般为 1.2 平方米，从数字上来看，郑州人均商业面积远远低于发达国家或地区，处于较低水平状态。由此看来，郑州的商业地产存在很大市场。

现状 5：多数区域缺乏高品质主题商业物业

郑州目前多数区域都缺乏高品质主题商业物业，来提升区域的商业消费品质。而高品质商业地产分为住区中心商场、特色步行街、主题式大商场等等，各区域可结合区域商圈的差异，选择不同类型的主题商业地产开发。

现状 6：重销售而轻经营

商业地产的开发并不具有专业水准，为缓解资金紧张，而且郑州的商业项目几乎无一例外的是分割式销售，独立分割产权。为尽快实现销售，多承诺 7%至 10%不等的投资回报，将商业物业作为一种金融工具来对待，而对商业物业后期如何经营的问题，要么想得很少或者根本就没考虑过。

郑州的商业发展也只有随着市场不断成熟，大型商业地产的分散式销售才会逐渐消失。

操作环节二：剖析郑州商业格局的特点

特点 1：商业重心向东偏移

城市格局在变，郑州整个重心向东偏移，商业地产将出现新格局，Shopping Mall

将会在竞争中胜出，而一些传统的或定位不准的项目将面临尴尬，商业中心也将会逐渐东移。在郑东新区房地产火热发展的时候，郑州的商业也应该随着重心偏移而偏移。

特点2：二七商圈始终是主战场

二七商圈在新一轮的商业竞争中，作为郑州市商战的主战场还是显示出了王者的风范，新兴商业项目开发总规模第一，超过了50万平方米，二七商圈雄风再起，成为新郑州当仁不让的商"心"。

特点3：商业的专业化、特色化、规模化将是发展的趋势

商业的专业化、特色化、规模化将是发展的趋势。花园路、紫荆山路和经三路沿线，一大批体量庞大的商业地产项目日渐聚集，并且依托道路周边特殊的商业环境，逐渐形成一个个特色十足的经济带。

花园路沿线，从北到南分布着正在施工的中原国际数码港及郑州国贸中心、关虎屯生活广场及丹尼斯百货、中环百货、正道花园商厦和紫荆山百货大楼等。"方圆创世"的出现将改变紫荆山路商业和办公格局，形成新的城市商圈。

特点4：汽车时代提前到来

龙湖南区的消费者，多是高端人群，消费能力是市区人口的二至三倍；汽车时代提前到来，交通成了传统商业中心的瓶颈，满足不了一些白领、中产阶层的需要，这为新的商业项目提供了机会。

特点5："西部大开发" 强势启动商业地产新的契机

"西部大开发"的强势启动为西区商业地产的发展带来新的契机，西区的商业萌动由来已久。凭借中原路的通达降低运营成本，政府重点工程带动投资信心，大型专业市场中原路

水岸花木城、元通纺织城的先后亮相，家乐福和沃尔玛在西区先后布局，预示着西区正在酝酿着商业复兴。

同时，随着零售业竞争的不断加剧，西区的大卖场真空状态逐步被打破，碧沙岗商圈迎来了新的复兴，中原商贸城大型购物中心的成功运营，家中福超市、商业大厦、永乐、国美和新入驻的著名家电企业五星电器，再加上距离不远的丹尼斯超市和苏宁电器，一同构成了碧沙岗商圈的格局。家世界与帝湖花园强强联手，世纪联华在伏牛路开设省会商业市场的又一个分店，香港丽豪制衣有限公司协同河南佳乐房产共同打造的元通纺织品交易中心，这些都预示着西区商业发展的无限潜力。

操作环节三：把握郑州商业地产发展趋势

趋势1：迈进理性化和专业化商业运作

商业地产之间的竞争是整个商业所体现出来的整体资源及综合竞争力的较量，超越了单纯的项目优势和资金优势的竞争，是综合专业与技术资源优势的竞争。因此，商业地产的运营方式需要开发商的实力、眼光、团队协作能力与判断能力，特别是对于各方面资源的整合能力。

商业地产需要引进具有国际专业水准以及招商能力的中介力量，因为科学的商业招租是考虑商业面积利益最大化，合理配置空间的。考虑主力店位置，考虑人流线，通过主力店吸引客流进而拉动其他店铺消费，使各招租的店铺利益均等，而不是仅追求资金快速回收的短期效益。这是商业地产是否能够迈进理性化和专业化商业运作的重要里程碑。

趋势2：彻底颠覆传统商业

随着众多企业的介入，引来大型零售商的布点之战，不断出现的大型Mall项目，在彻底颠覆传统商业之后，城市形象大踏步改变。

趋势3：Shopping Mall 大行其道

目前的Shopping Mall在郑州商业地产中很是吃香，一些新建、大型的商业项目打的都是此概念。

可能是Mall形式的吸引力，打着集购物、旅游、餐饮、休闲、游乐、娱乐、商务、酒店等功能于一身的商业项目，往往能受到大牌商家的青睐。

趋势4：从单一商业开发转向住宅商业休闲综合开发

郑州商业地产的发展模式已经从单一商业开发，向住宅商业休闲综合开发转变。在商业地产发展当中，从重视开发转向重视招商和前期策划，这一转变是至关重要的。这是开发企业为规避风险，采取措施进行自我保护的一种体现，也是为更贴近市场需求，实现行业增值的必然选择。

很多商业地产的开发商都是从住宅转过来的，而住宅都是先开发后销售。专业招商机构的前期介入，不仅能避免开发商建设不必要的项目，商家还可获得最理想的物业，商业经营才有可能达到一个最佳效果。

趋势5：社区商业越来越受宠

建业新天地商铺、金色港湾的未来南街商铺、四月天推出第一街坊丰庆路、海洋路的临街商铺，出现了开盘前铺面即被抢购的热潮。帝湖花园工人路商业街正式对外销售，当天就销售62套，实现销售额3500万。

随着人居环境的改善和居住范围的扩大，大型新兴社区的建成和入住，尤其是城市环线住宅的大规模建设，几乎每个住宅小区，或多或少都会有相配套的社区商铺。而开发商似乎更热衷于建设社区大商铺——社区商业街。

郑州西南板块的帝湖花园携手天津家世界连锁商业集团，以工人路商业街，帝湖中央商业步行街和威尼斯北街三条主题商业街为纽带，形成以航海路大型集成一站式City

Mall——帝湖家世界为中心（总面积 4 万平方米）。开发商一改过去住宅以及社区商业纯粹的配套服务功能，愈加突出社区商业的重要性，成为统领项目的卖点之一。

1. 社区商业地产特点

* 投资回报比较稳定

与住宅投资和商业街商铺相比，社区商铺投资总额低、风险小，收入回报稳定，投资潜力无限。

社区商铺的特点：

* 大多用于销售生活必需的日用品，营业收入较稳定，租金收入也比较稳定，因此，投资回报也比较稳定。

* 回报率高，方式灵活。很多楼盘商铺以小面积商铺为主、大面积为辅，大大降低了商铺的总价，又丰富了社区的商业经营模式。

* 一般是以一个社区或数个社区为商圈，社区内有几千甚至上万的居住人口。

2. 社区商业以提供日常生活必须品为主

社区商铺的消费者主要来自于社区内部，其主要功能是为小区的业主提供日常生活必需品，如超市、餐饮、网吧、门诊、干洗店、礼品店、音像店、家电维修店、装饰装潢店、美容美发店等。

趋势 6：郊区商业日益看好

郑州商业地产在项目区位选择上也不再拘泥于城市中心，商业地产市场将出现区域性分化，郊区供应总量放大，市区供应总量减少。郊区商业发展是未来几年郑州商业发展的重点之一，到 2010 年，郊区商业就会成为城市商业的重要支撑和增长亮点。

正大世纪城市广场、家世界、家乐福、易初莲花、中环百货、中原商贸城等大型购物消费中心遍布郑州的东南西北，一些城乡接合部和一些较大住宅项目的低层也引得商家频频惠顾。

操作环节四：解码郑州商业地产经典运营模式

解码 1：引入“三全”概念的国际 Shopping Mall 运营模式

*** 宝龙·城市广场**

位于郑东新区龙湖南区，南侧是郑东新区的核心 CBD，西侧是郑州规划建设中的行政区，东侧是新规划的龙湖居住区。占地面积 275.67 亩，总建筑面积 255055 平方米，建筑风格为现代欧式风格。商业地上 3 层，地下 1 层，酒店式公寓 6 层，未来将引进世界 500 强零售企业、五星级影城、500 强餐饮企业、大型百货、国内知名家电连锁企业、国际国内流行品牌等，是一个集购物、旅游、餐饮、娱乐、文化、休闲、酒店式公寓于一体的大型商业地产项目。作为郑东新区商业中心，它将成为中西部地区规模最大、档次最高的消费体验中心之一。

“宝龙·城市广场”与一般的商业项目有本质的区别：

* 更加注重城市的功能配套，功能更加完善。

* 购物面积只占总建筑面积的一半左右，大量的娱乐、餐饮、文化、休闲、酒店等经营内容占有相当大的区域。

* 开发商具备在娱乐、餐饮、文化、休闲、酒店等行业的丰富经营管理经验和能力，自承经营，持续发展，具有非常好的产业基础。

* 注重景观设计，本身不但是一个多功能的建筑载体，更是城市的一道景观和旅游热点。

1. 引入“三全”概念

宝龙广场 Shopping Mall 全天候、全业态、全龄层的“三全” 概念，还会充分满足社会各个消费群体的需求，可以涵盖所有零售业和服务业的内容。它已经不是一种商业业态，而是一种商业的组织模式，甚至于已经作为城市整体规划中的一种基本构成，与机场、体育中心等城市设施类似，它将弥补城市配套的空白。

2. 采取国际 Shopping Mall 运营模式

大部分只租不卖，为保证统一的产权，25 万平方米商业建筑规模，只出售几万平方米，售出的占不到三成，而且是在不影响总体商业布局和主力店经营的前提下。

同时，管理者与经营者相分离，采用的模式与国际 Shopping Mall 运营模式同步。因为 Mall 的组织和构造形式，要让消费者在购物场所尽可能停留较长时间，该模式可保证和提高管理水平，更可使 Mall 以一个统一的社会形象面对消费者，同时由于 Shopping Mall 内的各零售商分别经营自己的产品，可以充分展示自己独特的品牌形象和经营风格。

3. 大型 Shopping Mall 开发的三要素

（1）信心

作为商业大规模的 Shopping Mall 的开发，投资者必须有信心，但不是盲目自信，信心来源于自身对投资项目主要条件的基本把握。

（2）设计功能、布局定位和规划利润来源的模式

设计功能、布局定位和规划利润来源的模式，主力店的作用是聚集人气，大量的中小租户是利润的主要来源。

（3）专业团队

一个专心研究的专业团队对 Mall 的持续发展非常重要。即使在实际经营的过程中还是要不断地动态研究 Mall 所在城市的人口状况、活动状态、功能布局、将来发展趋势和人口构成，这需要一支潜心研究运营的稳定经营的管理团队。

4. 采用现代欧式建筑风格，创造活泼热烈的商业气氛

采用现代欧式建筑风格，外立面通过古典优美欧式柱列和山墙与明亮宽敞的现

代玻璃体相互咬合，皇冠状头饰，以及纯色墙体的运用，创造活泼热烈的商业气氛，内部架构通过精品百货、五星级影城、宝龙、迪士高、酒吧街、夜总会，以及 31m × 60m 国际标准真冰场、高档洗浴中心等娱乐休闲设施的相互配合，创造出一个完美的休闲、购物、娱乐场所。

解码 2：Online 一站式、体验型消费的国际主流商业模式

*** 正大世纪城市广场引爆市场的引子**

项目实行先招商后销售的营销策略，以 500 强零售企业的强势进驻等优势，快速得到市场的认可。开盘前两天楼盘聚集了数千群众疯狂抢购，2 天突破 90%，五天销售完毕，共售出 1500 多套商铺，创造了郑州商业地产的一大奇迹，并且项目的售价之高，在郑州同等区域是前所未有的。

正大世纪城市广场规模 10 万平米，是郑州东区最大的集购物、休闲、娱乐、餐饮为一体的综合性地标级商业中心。集中东区最大的室内步行街、全市最大的商业地下停车场、东区最大的超市、第一间美式的白领百货、全省最高档的星级影院以及休闲广场、市政公园、酒吧城、美食广场、商住公寓等，易初莲花（约 3 万平方米）、美式梅森百货（中原旗舰店约 1.5 万平方米）荟萃于此，采用 Online 一站式、体验型消费的国际主流商业模式，成为市民和游客向往的去处。

引子 1：充分考虑经营需求的规划设计

在项目产品建筑体的设计上提出“量身打造”，即不像传统商业那样，先把产品主体建造出来，然后再到市场上进行招商，这样做的结果往往是：做出来的产品不能满足商家对经营面积、经营结构等的需求。

“量身打造”首先是了解进驻商家对建筑层高、承重、进深等的需求，然后为他们量身打造的这样一个商业项目。正大世纪城市广场进驻的大商家中其一为“易初莲花”，根据它的经营需求将层高从最初的 9 米调整到现在的 6 米，同时建了一个大型

地下停车场满足其需求。

引子 2：创造“逛”时代体验空间

正大世纪项目操作的成功，与业态的合理规划和分布密切相关。长期以来,郑州的商业业态升级不过是建几个宽敞、漂亮的大型超市,或是农改超(农贸市场改超市)。

正大世纪城市广场在业态确定上面,为项目挖掘更新业态所蕴藏的商机,提出“一站式购物”的理念。即在项目 10 万平米的主题商业里面,任何一个消费者进来,即使不购物也可以逛上一天。

为了使正大世纪城市广场成为一个多元化的主题商业城：

* 规划有大型商厦，如 25000 平方米的大型超市国际知名零售连锁店——易初莲花,15000 平方米的梅森百货,还有长 190 米的地下风情步行街等。

* 在主题商业的配套方面,项目规划有美食城、咖啡吧、酒吧以及 3000 平方米的观景平台。

* 作为娱乐配套和项目亮点,项目规划有层高达 12 米的五星级电影院、文化广场和空中舞台等。

这种形式为郑州的商业带来了一种崭新的模式,迎合了新时代的消费行为的需求,打造商业的终极模式,创造“逛”时代体验空间,使正大世纪城市广场在 2004 年开业后迅速蹿红。郑州在传统的百货商场、大型超市、大型仓储式商场的基础上多了一种集购物、休闲、餐饮、娱乐、观光为一体的以体验消费为主的综合型场所。

引子 3：“分销点 + 论坛”引爆市场

在推广方面一个很重要的亮点是分展场的选择。项目地块本身的位置较偏远,如果仅在项目地块位置建立售楼部进行销售，就会造成很多客户会因偏远而放弃观摩此项目，流失很多目标客户。后来经过评估与考虑，决定在郑州人流集中的金博大商场里面设置分展场，项目 90%的认筹卡都是由分展场销售出去的。

在项目推广方面，还有一个很重要的亮点，即举办中原商业论坛，当时出席论坛的多数为国内知名的专家和教授，论坛的主题是围绕"1+1 > 2，商业地产无穷大"的论题。尽管没有具体提及项目本身，但此论坛受到业界和媒体的高度认可，从而奠定了项目的高起点、高规格、高技术含量。

引子 4：引入"全民投资创富"的销售模式

化整为零，最小的认购面积只有五六平方米，大大小于普通商铺一二十平方米的规模，使总金额降到了 10 万元以下。

开发商还与投资者签订了为期 10 年的委托经营协议，力求保障投资者的投资收益。极低的门槛，使众多小投资者仿佛看到了商铺掘金的曙光，积极参与意识带动了商铺销售的火爆。原本应该只属于少数人参与的投资活动，却因商家灵活的销售策略而变成了全民投资。

引子 5：倡导的全新体验型消费观

正大世纪城市广场所倡导的全新体验型消费观，将人们逛街与逛商场的意愿有机结合，将街道、广场、公园融于建筑体内，并引进商业街上的商业形态，如酒吧、书店、百货店、影院等。这种体验型商业模式，彻底让购物得到解放，解除购物枷锁，在消费中获得物质和精神的双重满足。

*时尚购物：正大世纪城市广场是时尚策源点，易初莲花、梅森百货 100 个国际品牌，1000 个国内一流品牌，10000 个品牌同场经营。旗舰店、专卖店、直营店、特卖店多种经营形态呈现，全线打造城中的时尚策源地、潮流新地带、流行指数发布场。

* 文化基地：河南影院全数码播放，国际标准打造，让您真正体验电影艺术所带来的视听震撼效果，再加上 KTV、网吧、酒吧街、书屋等多种文化休闲方式，一种文化消费的综合体，将给您带来全新的休闲娱乐体验。

* 休闲加油站：City Mall 荟萃城市会所、开放的钟楼广场交流空间、市政休闲公

园、运动100专区……可供周末合家欢聚，或一个人静坐于露天酒吧。花街集市，欣赏街头表演、音乐路演，又或沉浸在二人世界的欢乐中。

解码3：现代复合型体验式生活中心

*** 大上海铜锣湾广场操作要点**

要点1：凭借Shopping Mall模式切入中原商业的核心地带

郑州“大上海铜锣湾广场”凭借Shopping Mall模式切入中原商业的核心地带——二七商圈。位于郑州市核心商业区内二七路、东太康路、人民路所夹成的“金三角”的核心原点和最繁华的“二七商圈”黄金腹地。

占地面积约103亩，总建筑面积约28万平方米，其东西跨度430米，南北跨度280米。分为六大区域，集购物、休闲等八大功能及丰富业态于一体，由上海商城、金街、银街、展示中心、城市主题广场、酒店公寓等系列项目组成，打造成为真正意义上的Shopping Mall典范。

要点2：采用国际潮流的第三代步行街设计理念

采用引导国际潮流的第三代步行街设计理念，由多条步行街组成，并融入了广场、空中走廊、地下停车场。整个Shopping Mall集购物、休闲、娱乐、饮食、影视、会展、康体、旅游八大功能于一身，开业后将成为郑州市民的首席休闲娱乐及时尚生活中心。

要点3：首创现代复合型体验式生活中心

功能定位首开郑州商业先河，集购物、休闲、娱乐、餐饮、旅游多功能于一体，满足全客层多种消费需求，功能布局顺应现代潮流的现代复合型体验式生活中心。

要点 4：丰富的业态形式满足各层次的消费需求

大上海铜锣湾广场将引导城市休闲生活方式，哪个阶层的消费者进入大上海铜锣湾广场,都可以满足他吃喝玩乐的需求。具有比较丰富的业态形式,融合了郑州第一条兰桂坊酒吧街、郑州第一条休闲美食街、迪士尼国内第一家室内游乐场、名店街、主题百货等所有与消费有关的元素。其中,时尚名街和主题百货内,国际国内精品旗舰店、店中店、特色高档百货、七彩摩登区等星罗棋布,将极大地满足郑州市民各层次的消费需求。

兰桂坊酒吧一条街囊括了 HI—HOP、R&B、慢摇吧、足球吧、桌球吧、音乐西餐吧、异国风情吧、爵士吧、陶艺吧、交友吧等所有的特色酒吧类型,将在郑州搭建首个24 小时不歇业的夜生活一条街。迪士尼国内第一家室内游乐场则是目前中原最大的室内游乐场。而美食风情街将成为郑州市民的美食隧道。无论是喜爱小吃的时尚女孩、崇尚洋快餐的孩子、爱泡咖啡吧和水吧的情侣、需要幽雅环境的商务人士,还是中意特色饮食的美食家,都能轻松找到属于自己的餐饮天地。

第三模块：直辖市商业项目成功运作模式

第一操作平台：天津商业地产成功运作模式

由于新老商业区和不同商业模式的交替发展开始逐步打破津城传统的商圈概念，目前本市商业地产正在进入新一轮的调整，预计未来5年内，天津市的商业投资和住宅配套趋向都会因此而发生不同程度的变化。

天津市的商业地产市场迅速升温，两年内，相继开发建设的商业地产项目达到过去十数年的数十倍之多。据不完全统计，目前商业地产的开发面积已超过700万平方米。

根据国外统计，发达国家商铺拥有量为1.2平米/人。在中国，只有上海能够接近这个数字。从这一角度来说，天津商业地产的发展空间还是很大的。

操作环节一：解构天津商业地产市场特点

特点1：社区商业项目将取代商业市场

社区商业的建设数量和规模将进一步扩大，同时社区商业的销售模式也将受到更多投资者的青睐。此前建设部出台了有关限制大型商业设施建设的规定，推动了社区商业的发展。社区商业项目将取代商业中心的铺位销售成为商业地产市场的走俏产品。

社区商业则在档次和规模方面都有提升之势。例如，梅江南地区的水岸公馆项目中有数万平方米的商业项目，并且定位于包括餐饮、娱乐、休闲等各种业态在内的顶级体验式商业街。休闲咖啡厅、酒吧及特色商店等品味消费将成为社区商业的新宠，而传统的生活配套店铺将保持一定比例，同时也被一些更加个性化、主题更鲜明的专业商铺所取代。

特点 2：全市商圈布局开始南移

从目前天津市商业布局的变化，尤其是超市这种业态的扩张来看，新一轮商业建设项目以规模大、投资额高、投资主体多元化、多业态组合等特点，正推动着商业网络与格局的变化进程，传统商圈正在受到挑战，全市商圈布局的南移已经开始。

与老商圈相比，新商圈的优势在于配套功能与业态组合挑战新，如交通、特色定位等。

特点 3：商业地产逐渐郊区化与外围化

例如 2005 年大梅江地区商业地产建设提速，梅江新海湾、水岸公馆商业板块、华厦津典商业板块、海逸心屿等商业地产项目纷纷启动，目标都瞄准大梅江地区 600 万平方米的整体开发量和 15 万的高端居住人群，奥城商业板块作为 2008 年北京奥运会天津分赛场的配套区，建成后将在城市南部板块形成一个新型高档商业区，顺驰又一城则主要依托卫国道沿线的各个新建的小区。每个项目的选址和定点都锁定了目标客户群。

特点 4：地铁商业逐步形成

天津地铁主站点做了改善，按照现有的总体规划来讲，地铁一号线将沿途建 20 个大型商业设施，总建筑面积在 100 多万平方米，目前规划的业态涉及到住宅、商务、餐饮、娱乐、购物、休闲、文化等多个方面，同时在地铁沿线项目利用地铁带来的交通便利，有地铁的辐射能力，把商业、住宅、休闲等各类场所用站点巧妙地连接起来，这将逐步形成具有天津特色的地铁“生活圈”和地铁文化，商业地产的供求结构也因此发生了变化，大量商业资源开始向地铁商圈转移。

特点5：区域性商业中心与传统商业中心并存的商业格局

随着城市规模的扩大、市政交通等基础设施的完善，城市功能开始向外延伸，伴随而来的是天津商业的发展，重心从市中心向周边地区转移，传统商业格局将被打破，形成区域性商业中心与传统商业中心并存的商业格局。

特点6：不同业态呈现新的发展

首先是百货业态的群雄逐鹿，天津整体消费水平日益提高，从2004年下半年开始，整个市场的消费水平呈日益提高的状态。目前核心商圈十几家大型百货商场高度聚集，形成强大的百货集群，竞争关系非常紧张。其次大卖场放缓扩张步伐，天津的超市已经度过扩张期，目前已经完全步入了市场整合期，2006年下半年和2007年，将由整合期过渡到洗牌期。

操作环节二：把握天津商业地产开发的核心因素

核心因素1：市场经济推动产生的机遇

随着天津零售业、服务业、餐饮业、娱乐休闲业的迅速崛起，为满足其快速扩张和发展的需要，大型的经营场所应运而生。处于刚刚起步的天津商业地产加上巨大的发展空间给已经进入和准备进入商业地产开发领域的开发企业提供了一个充分展示公司实力的机会。

天津及外地的大型购物，餐饮、娱乐等一大批以特许经营和加盟连锁形式进行拓展的商户催生了天津的商业地产，同时推动着天津商业地产的发展。

宏一认为对于天津商业地产的开发商来说，抓住这个千载难逢的机遇，实现商业地产成功地开发，就必须充分的理解市场，了解市场的需求，开发出适销对路产品。

核心因素 2：居住郊区化必然导致购物的郊区化和办公的郊区化

从天津市零售业的发展趋势来看，除去成熟商业区仍是零售物业供应的热点地区外。天津零售物业有向城市周边地区发展的趋势，这主要是因为市场对大型超市、专业店、专营店等新型业态需求正在逐渐放大。

天津中环线与外环线之间区域以及城市周边地区的零售物业需求不断上升。同时，随着天津住宅郊区化进程的加快，新的住宅区不断产生，新的需求也应运而生，社区便利店的市场空间也相应放大，为引进更丰富的商业业态提供较大的空间。

未来居住郊区化必然导致购物的郊区化和办公的郊区化，这也是由于商业地产服务于居住的特征决定的。市区大型超市、专业化卖场的过度集中，使一些商家接连受挫，加之市区商业网点资源逐渐减少，开店成本加大，向周边寻求新的空间将成为新的趋势。其中天一 Mall 和京津新城 Mall 的积极推进正是商业城区边缘化趋势的有力证明。

操作环节三：透析天津商业地产市场现状

现状 1：改变传统开发理念

以往商业地产项目开发，通常采取的是先建设，然后将商场分割出售给经营者和中小投资者的模式，而这种情况正在发生明显变化。对新建设的商业项目，开发商并没有一卖了之，相反却持有一定数量物业以获得长期稳定的投资收益。有利于改变以往项目销售后独自经营，管理混乱的局面，要做到高档，必须要统一经营。

华苑产业园区康达时尚广场、梅江新海湾、天津国际五金机电城、天一摩尔、中国北方五金城等项目开发商也都自己持有部分的物业。

现状 2：还没形成属于天津自己的品牌

对天津商业的现存业态来讲，有特色的品牌及连锁店相对缺乏，是部分商业项目失败的原因之一。

天津卖场的竞争主要是各大超市的较量，经过 2003 年以来的快速发展，家电卖场、超市等在市区内的市场布局已经接近完善，市场相对饱和。而高档百货市场相比较于北京、上海等地，无论在数量上还是质量上都存在明显的差距，更没有形成属于天津自己的品牌。

现状 3：业态步入整合期

高端百货进驻天津代表了天津商业地产档次的提升，在经历了 2003 年的崛起、2004 年的扩张、2005 年的理性之后，天津商业地产业态更新的脚步正在加快。

宏观经济形势良好是天津商业地产健康发展的大的背景，老百姓日渐鼓起来的钱袋子是原动力。天津前所未有的发展契机使得开发商对未来的商业预期很高，这些因素促使天津的商业地产呈现新的发展势头，其中的代表就是多家高端百货的相继进驻。

在经历过去两年相对平淡的商业地产市场，在大型超市、家电卖场等过度快速扩张而步入整合期时，众多高端百货的集中进入势必带来新一轮的竞争。

现状 4：复合业态的商业地产项目逐渐成为主流

复合业态的商业地产项目取代之前相对单一业态的商业项目而逐渐成为主流。以海河节点为核心的商业地产项目多数集公寓、酒店、住宅、写字楼、商业、休闲、娱乐于一体，地铁站营口道出口项目是 32 万平方米包括高档百货商场在内的大型综合商业地产项目，西南角出站口是 20 万平方米含商场、餐饮和高档公寓的金盛广场项目等。

天津商业地产的业态正逐步告别单一，适应市场需要的新的业态形式不断出现，开发运作模式也越来越符合发展的趋势。成功的商业地产项目之所以成功是因为保持了商业地产项目的持续性，做到使商家和消费者双赢，将商家和消费者长期地甚至永远地留住。

现状 5：品牌效应逐渐明显

在不同的商圈内有不同的业态，高中低等不同业态的融合使得各个商圈定位的差异化会更加明晰，每一个商圈都会有个性鲜明的竞争力和属于自己的服务特点，将来的竞争将会是几大商圈之间的竞争。因此，从长远考虑企业首先要树立区域品牌，确立区域优势。

现状 6：高端项目填补高端商业市场的缺口

由于天津的商业、商业地产都处于起步阶段。特别是天津商业的繁华程度还没有到达国内发达城市的水平，与发达城市具有较大的差距。因此，天津未来商业地产开发潜在空间大，但必须不断更新升级。

天津市场以前高端商业项目并不多，高端项目的面世填补了高端商业市场的缺口，但是，人流量、交通环境、业态组合结构、区域文化等因素对于高端商业的影响不可忽视。高端商业的竞争不仅要依靠自身的实力，还要融入区域商圈，依托所属商圈的合力进行竞争。

操作环节四：解码天津商业地产的成功运作模式

解码 1：24 小时景观商业公园·360 度国际时尚体验

*** 奥城商业广场**

位于南开区宾水道、水上西路、红旗南路与凌宾路之间。总占地面积 46 万平米，总建筑面积 100 万平米，投资总额高达 60 亿，由生态商业、智能商务、白金五星级酒店和顶级住宅多部分组合而成。14 万平米的奥城商业广场作为其商业部分，以大型零售商业、精品店和高品味休闲娱乐业为主体。

1. 体现建筑、空间与人和谐共生的规划设计

奥城商业广场通过轴线、街巷和广场三项要素，体现了建筑、空间与人的和谐共生。独具特色的全街铺设计，惬意体验递进式逛街购物乐趣，24 小时商业景观，一步一景，步步为景 / 设计通过多层立体化交通网络，阶梯式屋顶绿化，朝向天塔的水景主轴，不同颜色灯光游玩式区域，情侣广场等主题景观等独树一帜的建立起消费时间的24小时商业景观。

2. 稳定强劲的消费力支撑

奥城商业广场联动奥运经济，强大消费缺口，商机无限/周边三公里范围内，集中天津顶级高档楼盘，覆盖180个社区的40余万常住人口，积聚大量高端消费阶层，日常消费能力稳定强劲，是大型商业机构拓展的首选之地。

3. 分享型购物模式

多类别、多层次业态，完整地构成一个个全面而人性的商业系统，最大限度地满足人的多重享受。并在优化传统业态与购物乐趣的基础上，让前来购物的消费者真正实现"与家人一起，与朋友一起，与恋人一起"的分享型购物模式，创造"与乐同行"的购物体验。

4. "游 + 乐 + 购"的循环消费模式

奥城商业广场独树一帜的"多重消费，超时消费，360度全方位体验、24小时可循环"的复合型商业盈利模式，将商业地产带向了一个全新的高度，首创"游 + 乐 + 购"的循环消费系统，营造都市游乐购物的全新体验。

5. 四大时尚主题馆造就多元化的业态组合

商业业态部分分为A1、A2、A3、A4四大时尚主题馆：

* A1-1F为居家世界，包括现代生活家居、配套、餐饮。

* A2区为国际精品家具展示区。

* A3定位于"童萌汇"，主推婴幼儿服装、玩具及相关用品。

* A4区"时尚伊人"的珠宝、饰品、鞋类、美容中心、青春时尚女装、化妆品。

6. 进行国际巡回营销推广

奥城商业广场充分利用 PECA 的落实生效与 2008 年奥运会的召开为契机，分别到港、澳、台以及新加坡等进行巡回营销推广，希望吸引更国际品牌与投资者的关注。

解码 2：引入欧美“Shopping Mall”的经营理念

* 金河购物广场

金河购物广场			
项目地址	天津河西区著名的友谊路金融街	开发商	天津市金晖投资发展有限公司
占地面积	1.2 万平方米	总建筑面积	约 43000 平方米

1. 拥有无与伦比的地理位置优势

项目所在地友谊路已成为天津市最具规模的金融贸易、第一流的商厦、餐饮娱乐业的大道，地块周边的新兴高档住宅项目达 10 余个，居民 11.6 万户，人口 34.8 万人。交通条件方面可连接市区的各个主干路：上达中环线，下至南京路，左通大沽路，右连马场道。

2. 引入欧美“Shopping Mall”的经营理念

引入了欧美“Shopping Mall”的经营理念(即将多种经营业态融于一体)，是一个拥有复合型商业业态的大型综合购物广场，集超市、名品服饰专卖店、高档餐饮、休闲健身、美容娱乐于一体的大型一站式商贸载体，其首层的名品专卖店，打破了传统敞开式店铺的格局，设计成通透的玻璃专卖店，时尚且高贵，营造了优雅的购物气氛。

3. 采取只租不售的原则

即只租不售。商城招租原则是：筛选信誉好的租户，并要求租户和商城有相接近的经营理念，商城将为租户提供有创意的特色服务。

解码 3："主力店＋品牌零售店＋品牌服务店＋特色店"的理念

* 现代城·庄吉商业中心

坐落于滨江道商业步行街与南京路交口，拥有 10 万平方米的超大规模，是目前天津商圈最大单体量的商业物业。

1. 以品牌圈品牌吸引消费

Shopping Mall 在国内的运营，主要是以品牌圈品牌，吸引老百姓到这个项目里购物，便宜的贵的都有。Shopping Mall 不同于百货商店的区别就在于商品比百货店齐全，购物的感觉不同，在 Shopping Mall 是一种生活轻松的感觉、新的消费方式。

2. 以步行街的形式推行循环消费观念

现代城·庄吉商业中心整体规划理念"主力店＋品牌零售店＋品牌服务店＋特色店"的理念和模式，形成品牌荟萃，以步行街的形式推行循环消费观念，增加购物情趣。规划中涵盖了主题百货、品牌专卖等等，将会满足各类人群的购物需求。

3. "Shopping Mall"的三个条件

"Shopping Mall"至少要具备三个条件：

(1)处于城市的核心位置，有人流及消费基础。

(2)规模至少要达到 10 万平方米以上。

(3)从招商层面来讲，应该是国内、国际的综合性招商，项目的产业结构应为综合型，涵盖了品牌主力店、大卖场、酒店公寓、写字楼等多种产业形态。

按照以上标准，滨江道在建的现代城·庄吉商业中心包括在"Shopping Mall"的范畴中。由此可以看出，现代城·庄吉商业中心的建成无疑昭示着其全新商业经营理念强化天津核心商圈的商业魅力和品质。

4. 建筑设计上力求整体一致

在建筑设计上力求整体一致，充分包容了世界各国的文化。室内45米超大跨度的中庭休闲广场，36米挑高空间，占地面积达700平方米，堪称天津商业中心之最。

室内主通道宽3米，副通道2.5米，最大限度地避免视觉盲点，保证每家店铺的视线效果。商场配有63部扶梯、11部垂直梯、2部观光梯，建有300个车位的地下停车场，整个建筑的恢弘气势，将成为天津的地标性建筑。

解码4：复合型一站式消费中心

* 天一 Mall

天津·天一 Mall			
项目地址	位于东丽区，地处连接北京、天津和滨海新区的枢纽地段	开发商	天津东泰世纪投资有限公司
占地面积	1400亩	建筑面积	80余万平方米
总投资额	25亿元，一期计划投入10亿元	主题定位	首个室内主题商业公园 ShoPping Mall
功能定位	集购物、旅游、餐饮、休闲、娱乐、商务办公等功能于一体的 Mall 商业群		

1. 新型商业模式全新定义消费概念

天一 Mall 最大特点在于将主题娱乐和购物消费结合在一起，以室内主题公园为核心，带动其他商业、零售业、服务业的发展。

以滨海新区开发开放为动力、以国际顶级 Shopping Mall 为蓝本，组合欢笑天地动感世界、拉斯维加斯“不夜城”、万国美食城、香榭丽大街、阳光购物区、世界风情街、棕榈滩休闲度假区、音乐广场等特色鲜明的主题功能分区的一站式消费中心。

2. 以“大”赢取市场的青睐

天一 Mall 作为首个室内主题商业公园 Shopping Mall 这种复合型商业项目出现，将以全新经营理念、超大型建筑规模、多元化业态组合、主题化娱乐概念，为消费者带

来独一无二的多重体验和感受。

这种集购物、餐饮、住宿、休闲、娱乐和观光旅游为一体的"一站式"消费场所其主要特点：

* 占地面积大。
* 建筑规模大。
* 公用空间大。
* 停车场大。
* 功能全。

3. 占地3万平方米的室内游乐场

天一 Mall 中最吸引眼球的将是一个占地3万平方米的室内游乐场。该游乐场规划建筑高度将达到50米，包括30多个游乐项目，由加拿大一家专门为美国迪斯尼、环球影城等主题乐园做娱乐设计的公司负责整体规划，所有娱乐设备将全部进口。建成后，将成为一个不受季节气候影响的室内嘉年华。

4. 与全球最大商业投资管理强强联手

天一 Mall 已经与加拿大555集团签订合作协议，这个成功操作了加拿大、美国等著名 Shopping Mall 项目的全球最大商业投资管理公司已经全面介入该项目规划、设计、招商、运营。天一 Mall 已经开始全面建设，建成后其将成为国内商业地产运营、经营管理的一面旗帜。

解码5：情景主题综合商业

***顺驰·又一城**

整个项目占地面积7万多平米，总建筑面积8万平方米，由一座四星级酒店和商业街两部分组成，其中商业部分建筑总面积3万多平方米，容积率1.04，建筑密度40%。是集餐饮、娱乐、酒店、度假、购物于一体的商业街区，餐饮娱乐是又一城的主要业态。

1. 拥有庞大的稳定消费力

坐落于卫国道新商圈内，周边有铁路二号、七号线等交通体系，位于天津东部的交通枢纽带。该区域周边汇集了太阳城、阳光星期八等20余个现代居住区，常住人口达35万。

2. 足不出户可以享受环球美食和全球娱乐

又一城在特色上下功夫，使天津市民足不出户就可以享受到环球美食和全球娱乐。而酒店的设计，则提升了项目的整体形象，加上其高档设施配套，又能与商业人气互补，共生共赢。

3. 突破传统商业街规划和布局，避免商业"死角"

在规划设计上，完全展现国际化天津风范，代表天津商业未来发展方向的设计。商业街主体由23座2—3层的独栋建筑围合而成。如果按照传统的商业街区规划和布局，如此大体量的商业街肯定会出现"死角"。而顺驰?又一城却成功地绕开了这个"死穴"。每家店铺都临街，没有商业死角。

更为巧妙的是，顺驰·又一城用围合景观广场将街铺"激活"。商业街的中心是几千平米的景观广场，配以大面积、多植被的覆盖以及美国风情的装饰元素、小品、多条水系，通过丰富多变的动线组合加强了街铺之间的互动性。而且上层街铺更可俯瞰整个广场壮阔景观，在其他商业地产项目中不被看好的上层街铺反而成了"黄金街铺"。

4. 以水生态商业景观为主

以水生态商业景观为主要卖点，设计了1.2万平方米的水景，打破传统商业街单调的线性结构，以四个相对独立又因水相连的组团集合为建筑群落，将商业、酒店、水景结合成一个整体，为商业运营提供支撑。

5. 建立投资理性价值体系

发售的是商业街部分，以其区域前景，商业定位，赢利模式及消费保障等方面，建立完善的商铺投资的理性价值体系。

第二操作平台：重庆商业地产成功运作模式

操作环节一：重庆商业地产市场存在问题剖析

剖析 1：规划设计带来的致命打击

目前，重庆商业地产开发商大部分是做住宅开发出身，在商业地产开发方面经验不足。在开发过程中，无法充分考虑到商业地产开发的要点。

如：规划设计、主题定位、业态定位等。一个商业项目的规划设计对于其日后的发展是比较关键的，但目前重庆的商业地产开发商还没有完全意识到商业前期规划等的重要性。规划设计完全凭个人经验，在配套方面没有充分考虑到消费者与经营商家的需要。

经营定位没有经过详细的市场调查与论证过，没有考虑到经营商家的需要，就盲目建设。结果在柱网布置、人流动线组织、硬件配套、停车场数量等，没有充分考虑到商业死角的处理，导致开发出来的商业物业不适用而空置。

剖析 2：业态欠缺特色

从业态来说，重庆商业地产缺的是特色商业和专业店；但从更深层次看，重庆商业地产欠缺的方面还很多，比如缺乏政府的重视、商业网点的合理规划和开发商自己的通盘考虑。

重庆商业的百货、购物中心、超市等业态已经过剩，真正缺乏的是特色商业。中低端、同质化的项目太多、太滥，而高端的、差异化的商业地产项目却非常少，真正有特色的商业尚在形成中，且数量较少。

剖析3：分布不平衡出现过剩

重庆商业地产出现过剩的存在，其主要是分布不平衡，很大程度上是由于无效供给过剩引起，地产商开发的商业项目与实际经营者的经营要求不符，不能满足重庆商业经营者的需求。因此，导致地产项目空置；北京部分商业地产项目失败则很大程度上是由于经营管理不善、无法带来预期回报从而导致无效经营面积的增加。

商业营业用房的“闲置”或“积压”，主要是结构性失调。“摩尔”遍地开花，社区商业街比比皆是，而其他商业设施和网点，犹嫌不足，布局严重不合理。另外，一些早年开发的商业物业已经过时或由于城市的变迁已经不再适合做商业经营，这就造成有效需求不足，而无效供应过剩的局面。

剖析4：注重短期利益

房地产业中，商业地产的开发利润最高，开发商都愿意做商业，这是导致目前商业空置率持续走高重要诱因。

国内开发商实力较国外（包括港台）薄弱，也相对短视，少有考虑自己来经营，只希望项目立即销售，获得现金回报。常常是建设好了物业再来招商，而开发之前并不确定以后是否经营得好，设施是否符合经营要求，这样的开发模式注定了商业物业的高风险投资。

剖析5：忽视城市区域功能定位

从商业的区位划分来讲，商业物业分为中心商业与社区商业，中心商业又分为城市中心商业(如解放碑)与区域中心商业。重庆倡导一主四副的商业形态，但为了眼前的利益，各个区的商业开发都想一统天下，与解放碑一争高低，并且其他次级商圈还有争抢“第六商圈”之势。

每个区所处地位不一样，副区域中心的属性决定了它只能是针对本区域，而不是全市。消费能力不能支撑庞大的商业体量，势必会造成经营不善或空置。盲目的扩大，盲目争第一，势必导致同质化竞争恶化。

操作环节二：深度挖掘重庆商业地产出路

出路1：理念转换

在消费者的博弈过程中，商业地产的开发商无论在经营观念及行为上都有了较大转变。为了回笼资金使开发商把销售看得太重，导致空置和过剩的后果。

现在逐步变“瞬间销售”为“永恒的经营”这也是重庆商业地产的必然之路。

重庆开发商常采取购买即“返租”的方式，来吸引消费者前来购买。实际上是羊毛出在羊身上。而且，开发商返租的商铺并不易租出去，同时要支付高额租金给业主，比银行贷款利息压力大得多。开发商这么做，无异于自吃“苦果”。

如：沙坪坝区××商厦实行六成10年按揭付款方式，并针对客户首付的四成推出“交二缓二”的付款方式，即签合同时首付两成，剩余两成交房时付一成，交房后三个月内再付一成。客户在购买商铺时，开发商将一次性预付给客户两年10%的租金，这样，客户只需总房款的10%即可购买该项目的产权式商铺。

出路2：特色回避同质化

特色商业是目前新增商业项目回避中低端、同质化的一个有效手段。因此，异彩纷呈的特色商业成为2005商业地产的炫目的亮点。

渝中半岛最有名的特色商业是嘉陵江畔的洪崖洞，以巴渝传统建筑特色的“吊脚楼”风貌为主体，以巴渝民俗文化为基础，打造的是极富文化品位的吃喝玩乐街区。

建筑形态上的特色，或高举新街区运动大旗，或徽派建筑风格，或法国风情商业，或重庆老城建筑，或时尚风情等。

经营业态的特色化、规模化，比如奥园·畅谷的为特色运动街区、约克风情街的英式休闲会所、普罗旺斯风情街里的咖啡吧、酒吧特色等等。

出路3：以轻轨激活重庆商业地产的发展

重庆轻轨不但激活沿线住宅房地产，也激活了沿途大站点的商业，形成独特的轻轨商业。

与轻轨临江门主出入口相连，地处未来七条轻轨线进入解放碑枢纽位置的轻轨名店城充分感受到轻轨带来的巨大好处，200多国内外品牌商家争相入驻，争抢重庆轻轨商业第一桶金。

较场口、袁家岗、杨家坪、大渡口新城区的地面和地下商业都搭上了轻轨这趟车。

出路4：观念转换

重庆过去的项目总以地理位置为成功支柱，对项目的经营管理没有重视，导致重庆商业地产遭受不堪的后果。

宏一认为在重庆商业地产开发当中，在开发商在推出商业地产项目之前，应准备期要更长，对项目定位及招商要更重视，要卖地段领域的渐渐过渡到卖经营领域的观念，这样才能取得成功。

出路5：构建地下商业网络

地下商业是重庆商业地产的一大特色，主要商圈都有地下商业。

江北的世纪金源不夜城跟周边的地下商业连成一座地下城，杨家坪、沙坪坝、南坪等商圈的地下商业也是"别有洞天"。

地面寸土寸金的解放碑，商业争夺战也打到了地下。中环银座、丽岛春天，力求错位经营的黑格金界、香榭丽大道、轻轨名店城等，即将在解放碑商圈建立起一张四通八达的地下商网。

操作环节三：解码重庆商业地产开发创新模式

创新模式一：国际第三代生态 Mall

* 帝景摩尔

重庆·帝景摩尔			
项目地址	南坪转盘中心，紧接南坪商业广场与南坪商业步行街	开发商	帝景集团
占地面积	3万平方米	总建筑面积（商业）	十余万平方米
投资总额	8个亿	功能定位	集商业、娱乐、休闲等功能
主题定位	国际第三代生态、休闲摩尔	停车场	1200个

解码 1：建立多元化的 21 世纪新生活设计理念

秉承在有限的空间中与周围环境组合，集酒店式公寓与大型购物休闲中心于一体的综合性项目。创造 24 小时活力潜力，建立多元化的 21 世纪新生活的设计理念，集商业、娱乐、休闲等功能于一体的时尚化、国际化的大型购物休闲中心。

解码 2：国际化的规划设计

在前期规划当中，起点较高，布局合理，功能齐全，极具时尚主义的现代风格。

在紧凑的城市空间环境下，以商业步行街为核心，组合多种商务文化活动空间。以国际第三代生态、休闲为特色的人性化商业摩尔，将南坪商圈引领到一个新的高度。

解码 3：异域风情的建筑风格相结合

在项目设计方面，充分借鉴现代风格及吸取异域项目设计风情相结合倾力打造国际前沿的第三代摩尔。

注重建筑风格、地方特色、现代风格及异域风情的结合，倾力打造国际前沿的第三代摩尔。

解码 4：颠覆传统商业消费模式

帝景摩尔的诞生是重庆商业地产发进程的一大里程碑，代表着重庆的商业无论从规划、建筑、规模、业态模式、经营理念、消费理念、商业辐射能力等方面第一次真正与世界接轨，是一次商业革命。

在多元功能基础上，引进生态特色，将购物、娱乐、休闲及文化、园林景观汇于一体，提供更舒适、健康、新型的生活消费方式。

创新模式二："主力店＋国际风情商业步行街"结合模式

* 斌鑫世纪城

斌鑫世纪城			
项目地址	重庆市九龙坡区杨家坪步行街	开发商	重庆斌鑫集团(物业)有限公司投资开发
占地面积	2.5 万平方米	总建筑面积（商业）	18.2 万平方米
主题定位	世界风情商业步行街	功能定位	购物、休闲、餐饮、娱乐、生态

解码 1：规模生态化商业创作理念

斌鑫世纪城以 Shopping Mall 为核心商业理念，造就国际规模性商业购物中心。规模宏大，气势磅礴，"主力中心店＋世界风情商业步行街"的业态组合，"成功的开发理念＋合理的商业规划＋资深商业管理机构"三方联手的全新模式，将项目打造成为集购物、休闲、餐饮、娱乐、生态于一体的现代化一流大型购物中心。

解码 2：异域风情规划设计

斌鑫世纪城坐落在徐家坪，通过有效结合街道的风情特色进行规划设计。平街层"国际风情商业步行街"由巴黎经典风情区，意大利风情区，夏威夷风情区，和东京风情区四大异域风情组成。

数万平米的商业裙楼，由精品名店城、时尚都会、动感之都、美食通天城、世纪欢乐城等五大情景规划消费组团为主题。

解码 3：双主力创造人气与财气

项目定位于中高档百货为主，引进龙头企业新世纪百货与家乐福，两大知名百货店、大型综合超市的入驻，给斌鑫世纪城带来强劲人气、商气和财气。

其中包括主力百货、大型超市、各色品牌精品专卖店、连锁店、中西餐厅、风情酒吧、美食街、休闲文化城、商务会所等。

为商业街打造一个荟萃有明显"老、大、特、优"特征的多业态商家;塔楼则将打造为精品住宅和高档购物中心。

解码 4：人性化的建筑规划

斌鑫·世纪城购物中心部分临街面上方无任何建筑物，使整个购物中心的视觉效果极其宽敞开阔,气势非凡。

中心店与商业街之间的空间具有通透的灵性和科学合理的衔接。各种建筑元素均从人性关怀的视角出发,为消费者提供一个心情愉悦舒畅的购物环境和休闲平台,引领未来购物休闲新时尚。

解码 5：实现购物型业态与非购物型业态的完美组合

斌鑫世纪城 Shopping Mall 实现了购物型业态与非购物型业态的完美组合,由新世纪百货、家乐福超市以及经营年轻、时尚、个性、潮流的时尚购物广场品牌店组成。目前共有 160 多家品牌专卖店开业,现已进驻美克、阁兰秀、乔顿、克洛迪亚、派克皮具和精益眼镜等多个知名品牌。同时,肯德基、必胜客、巴西烤肉、上岛咖啡、台湾活力橘子、忆念美等多家旗舰店入驻。

创新模式三："一站式"休闲购物组合的超级商业中心

*** 金源时代购物广场**

由世纪金源集团投资 26 亿人民币修建,总建筑面积达 60 多万平方米,属于一种新型的复合型商业业态,集购物、休闲、娱乐、饮食等于一体;包括百货店、大卖场以及众多专业连锁店在内的超级商业中心。

解码 1："一站式"休闲购物组合

包括有 32 万平方米的 Shopping Mall、2.3 万平方米的儿童高科技游乐展馆、5.5 万平方米的五星级饭店、4 万平方米的公寓式写字楼、9.4 万平方米的高级公寓等。购物广场中央还设有 8 万多平方米的停车场,停车位有近 6000 个,成为西南之最。

32万平方米的 Shopping Mall 共 6 层，包括 5—6 家百货主力店及大型超市、400 余家专卖店、100 余家主题餐厅、10 余家娱乐休闲场所，组成一个吃、喝、玩、乐、购的“一站式”休闲购物组合。

解码 2：制造“金源商圈”

在北滨路形成一个新的“金源商圈”，以此为“同心圆”、以“冲击波”的模式影响更广泛的地区。

金源 Mall 的选址和位置使“金源商圈”的形成具备了很高的潜质，而其核心商圈层、基本商圈层、潜在商圈层和机会商圈层，又使新商圈的形成成为现实可能。

北京金融街、中房集团、金科集团、招商地产等 18 个已经建成或在建、待建的项目，且开发的大多为中高档住宅。在这个区域内蕴藏着巨大的消费潜力，这是金源 Mall 的核心商圈层。

江北和北部新城的重庆北部地区，更是集中了诸如龙湖、奥园、金科、棕榈泉等高档住宅区，重庆行政中心的北移还有几十座知名的商务写字楼，这是金源 Mall 的基本商圈层。

在基本商圈层以外是金源 Mall 的潜在商圈层，涵盖了重庆市区全境；而西部大开发和重庆直辖给重庆商业带来的极大机遇，又成为金源 Mall 的机会商圈层。

解码 3：以家庭式消费为主导方向

购物广场定位以家庭式消费为主导方向：内部将设置大面积百货和超市大卖场，以及大量不同行业的各类专卖店，另外还有家居家电类、儿童及青年游乐设施、文化广场、餐饮等，符合老中青幼四代各个层次不同类型的顾客需求。同时，还配备了 30 多部通往市区各地的班车，免费接送顾客。

第四模块：地级城市商业项目成功运作模式

第一操作平台：大连商业地产成功运作模式

大型商业地产的正常运行，不但要求事先策划设计的成功，更需要实行专业化的管理。商业地产漫长的回报期是对投资商战略智慧和资金耐力的考验。无论是开发商还是投资者，眼光应该放长远。

商业氛围大多是由习惯形成的，不是短期所能够完成的，商业地段的不可复制性，商业地段价值的不可比拟性，决不是某些开发商用所谓捆绑概念和低价格能成功的。因此，无论是先行者还是后来者都应在不断创新的同时，研究市场，做好调研，尊重规律，做到永续经营，这样才可能规避风险实现收益。精研市场需求和消费心理，挖掘区域特色优势，创新性吸收先进商业经营业态，提升城市整体综合竞争力。

操作环节一：剖析大连商业发展进程

一、局部过热

大连的商业地产成了媒体和专业人士关注的话题，从现象上看，集中和分散、饱和与过热是谈论的焦点，甚至有媒体用“过剩”来形容大连商业地产的现状。大连商业地产的现状是局部过热，在一定区域并未出现过剩现象，相反倒是一些地区的商业配套明显不足或滞后。

二、品牌单一，商品雷同

大连的商业现状之一是品牌单一，商品雷同，国际国内许多知名品牌商品尚未进入大连，这说明大连的商品代理能力较弱，也说明大连在政策和税费方面对品牌代理的扶持和支持不够。其结果必然是导致各个商家招商困难，恶性竞争，消费者选择余地狭小，逛一逛街便乏味而归。因此，提高国际品牌商品的代理能力是做强大连商业的必由之路。

三、沿袭住宅地产的简单售卖方式

目前，大连市正在进行商业地产开发的不少开发商都沿袭了住宅地产的简单售卖方式。事实上根据国际商业地产的运作规律来看，商业地产通常只租不售。

但是根据目前大连市的现状：只租不售显然行不通，因此在保持一定比例的前提下，适当售出一部分，绝大部分留作企业委托专业公司经营，并在后期经营中注意增加统一管理和规划力度，保证业态、业种、规划布局的整体性，通过聘请高水平的专业管理公司进行后期管理，避免出现若干个大交易市场，保证商业地产的完整性。

四、商业地产将向社区网点转化分流

以区域性国际航运中心、商贸中心、旅游中心、金融中心和信息中心功能定位的大连，伴随“西进北拓”步伐节奏的加快，城市功能配套的进一步扩张外延，商业地产开发也将从局部商业过热、商业物业过于集中市中心繁华区向区域次商业中心和城郊结合部的社区网点转化分流。

五、以经营城市的观点为大连商业地产谋出路

要用经营城市的观点科学统筹区域商业网点布局，有计划、有步骤地进行规划，组建以市级商业中心为重点、区级次商业中心、社区网点为辅助的三点一面立体网状商业格局，既聚合又辐射、既集中又发散的商业布局，构建以休闲娱乐为主题定位的大连商业地产模式。比如围绕目前的天津街，其紧临火车站、青泥洼商圈。

因此，在商业地产规划时应着重突出旅游、休闲特色，增加品牌店和主力店及主题风

情店，拓宽供应链渠道，在业态、业种、档次、价格、功能、消费群体等方面进行错位，形成各有优势的特色定位，靠个性化、特色、休闲、旅游产品吸引外地游客消费驻足。

操作环节二：大连商业地产成功创新模式解码

解码1：国际先进HOPSCA商业模式

大连佳福·新地天广场

大连福佳·新天地广场			
项目地址	沙河口西安路与兴工街交汇处	开发商	大连福佳企业集团有限公司
占地面积	32500平方米	总建筑面积（商业）	290440平方米
投资总额	约20亿元人民币	功能定位	集购物、餐饮、娱乐、商旅、办公、居住、休闲、文化教育、展示交流功能于一体的集合体项目

1. 引进国际最先进HOPSCA商业模式

引进了国际最先进HOPSCA商业模式，集购物、餐饮、娱乐、商旅、办公、居住、休闲、文化教育、展示交流九大功能于一体，是集商务酒店、智能环保生态写字楼、大型地下停车场、立体街景式购物中心、室内外互动式公共娱乐休闲空间、为CBD中央商务区配套的服务式住宅和复合式小户型酒店式公寓于一体的东北地区最大的商业集合体。

2. 用多家主力店捆绑运作模式

大连新天地广场业态定位于以购物休闲为主体，多样业态为辅助运用，充分满足人们的购买欲望。

项目集居住、购物、休闲、娱乐、文化、办公、酒店于一体，采用多家主力店捆绑运作，必将掀起大连商业狂潮，一举打造核心商圈。项目内还规划了部分产权专卖店，满足各类经营者的投资需求。

3. 大众化的目标消费群定位

大连新天地广场的产品定位中低层次，定位结合大连沙河消费习惯与购物意向，让目标消费群产生对项目的依赖，成为大众购物者的好去处。

外地人在大连定居越来越多，传统的大连人也随着社会的变化逐渐改变以往的生活消费习惯。

4. 导入新型的旅游经营理念

福佳·新天地广场能够充分结合当地的旅游优势，导入新型的旅游经营理念。旅游是大连的支柱产业之一。现在的游客已不单纯把时间花在购物上，开始花钱在康复理疗和商务活动等多样化的活动上。

正是基于这一点，福佳·新天地广场打造了集商务酒店、智能环保生态写字楼、大型地下停车场、立体街景式购物中心、室内外互动式公共娱乐休闲空间。

5. 以实力赢取市场的青睐

福佳·新天地广场从投资到落成，是大连市目前建设速度最快、建筑面积最大、主力店实力最强、客商数量最多的大型综合购物中心。

在品牌方面，沃尔玛、友谊商城、运动 100、好百年家居、大连市音像批发城、联通网吧、美食广场七大主力店鼎力结盟。

解码 2：世界级磁场 Shopping Mall

罗斯福·天兴国际中心			
项目地址	位于沙河口区黄河路与西安路交汇处	开发商	大连城市建设集团、罗斯福集团有限公司
占地面积	42000平方米	总建筑面积（商业）	120000平方米
投资总额	25亿元人民币	功能定位	集居住、购物、休闲、娱乐、文化、办公、酒店于一体
主题定位	百货商场 / 购物中心商铺	停车场	900多个车位

1. 采用零距离建筑规划

罗斯福·天兴国际中心采用零距离建筑规划，有效使工作、生活、休闲有机地结合在一起。Shopping Mall、写字楼、铂金品质全装修住宅、500家主力商铺28种业态、停车场及设备间900多个车位。生活、工作、休闲零距离，一种全新的国际化生活模式在一体。

2. "明星"联手服务

罗斯福·天兴国际中心是由各名大连城市建设集团、与信誉明星单位罗斯福(中国)投资基金联手打造。强强联手不但可以有效的提升项目的知名度，更可以目标客户带来信心保证。

3. 提供充足商品展示与休闲娱乐供给

罗斯福·天兴国际中心集购物、休闲、餐饮、娱乐、展示为一体，能够提供充足商品展示与休闲娱乐供给。丰富的业态组合，为大连的消费者搭建一个更好的消费平台。

* 5大主力店：百货，潮湿，电器大卖场，餐饮，文化。

* 24种业态，超大规模，各行业旗舰店风云际会，500家专业店铺色彩缤纷。

* 3000平米的豪华五星级电影城，6个影视放映厅，近1300个观看席位，体验超强震撼。

* 6000米的大型挑空中庭广场，囊括娱乐、休闲，为国际展会提供平台。

解码3：全面导入RSMO运营策划模式

※大连·城市广场

城市广场			
项目地址	青泥洼桥商业圈南端	开发商	大连振屹房地产开发有限公司
占地面积	27900平米	总建筑面积(商业)	20万平米
功能定位	娱乐、购物、休闲、运动、餐饮、商住、办公、酒店、豪宅		

1. 改变传统的商业开发模式

过去大连商业地产把商铺推销看作是项目成功的主要目的，通过全面系统的调查研究，结合城市广场项目所在地块的综合分析与评估之后，城市广场首先思考的不是想方设法把铺卖出去，而是考虑如何让城市广场项目实现持续发展与永续经营。

2. 规划充分考虑物业的商业价值

城市广场针对项目的实际状况，在项目总体规划设计和功能布局时，用下沉式商业广场将北区与中区的商业建筑连接，并通过一条五洲风情步行街，将中区与南区也串联起来，而且将中区的两幢塔楼定位为超五星级酒店和酒店式公寓，形成业态的互补与互动，引导将来所产生的消费。

同时利用路网，尽量设置临街商铺，让项目各个部分不仅具有整体协调性，还各自拥有相对独立的空间，大大提高了物业的商业价值。

3. 打造立体化的消费空间

北区的商业部分引用室内透明中庭、双首层、垂直交通引导等设计意念，配合潮流天地、品牌特区、休闲广场、艺术天地等特色商业布局，引入国内著名服装设计师走廊、动感电影院等特色业态，组成一个以百货业态为主的特色购物中心。

中区地上一层临街的商业部分利用长达约 300 米的风情街及五星级酒店的设置，通过街道的特色风情装修，并引入各种高档的经营业态(如国际品牌服饰、休闲餐饮等)营造出一条休闲风情步行街。

南区的商业部分运用独立垂直建筑体和平层廊道接引等手法，配合酒吧街、时尚家居、红粉世家、运动天地等特色商业布局，引入国内知名的餐饮、健身中心、女子 SPA 纤体美容会馆等功能特色较强的行业主力店，配合相应的零售业态，形成一个集休闲、娱乐、运动、购物于一体的“空中新天地”。

4. 运用独创的"运营营销"模式

城市广场充分运用独创的"运营营销"理论，通过深度运用"造势、借势、推势"推广体系，三位立体，联合作战，调动和借助媒体的力量，通过新闻炒作推波助澜，使项目未动先热。

第二操作平台：青岛商业地产成功运作模式

操作环节一：把握青岛商业地产发展现状

1. 开发商逐步专业化

综观全国各地商业地产项目，专业性欠缺、结构高度趋同、追求短期盈利导致项目增长过快、产权纠纷等痼疾不断困扰行业发展。

从 2003 年开始，青岛商业地产进入快速发展期，投资型项目的缺乏和投资者的不理性曾使商业地产出现异常火爆的局面，但一些当时销售情况颇好的商业地产项目如今经营惨淡，甚至沦落为"死盘"。

商业地产虽然存在诸多问题，但是，随着相关政策法规的齐备，政府对商业地产的重视程度不断提高，开发商逐步专业化，商业需求市场的不断扩大，城市化进程持续发展，商业地产的前景还是被广泛看好。

2. 进入持续化发展阶段

青岛商业地产正迎来新一轮商业地产的开发。目前青岛市场活跃的商业项目有，颐中·银街、伟东·尚城、中联·大润发、华鲁·御龙广场等。

分析以上商业地产项目，许多开发商都不约而同的开始重视前期招商及后续经营，把投资者的利益放在首位，从实际行动上加强投资者和经营者对管理商的信心。摆脱早期急于通过出售物业回笼资金、转嫁风险的做法,这既是专业的回归,也是市场机制直接作用的结果,这预示着青岛商业地产市场将进入持续化发展阶段。

3. 错位经营寻求互补

济南银座已经在青岛东部选好店址，东部商圈的商业竞争似乎很快将达到白热化,但青岛的商业竞争远没有达到白热化的地步。

大商集团麦凯乐来到青岛,不是想靠价格战以及无序的市场竞争取得地位,而是想在错位经营中补足补强东部商圈尚无法满足的业态。

4. 缺少综合性较强的中高档卖场

在目前的青岛整个商业格局里,高端商场并非一般的白领阶层可以经常光顾,而中端商场的某些业态并不完善。青岛缺少一个综合性较强的中高档卖场,麦凯乐的到来就是为更多白领提供合适的消费场所。

5. 推进多层次商业格局

青岛市将推进形成市级商业中心、区级商业中心和社区商业中心为支撑的多层次商业格局。

加快推进中山路、香港中路、台东、李村和开发区香江路五大市级商业中心改造步伐,加快现有商圈及周边环境的改造,提升商圈功能和层次。香港中路商业品牌中心区已经成为品牌零售业扎堆区,品牌化“经营”路线愈加鲜明。到2010年,按照商业零售30%—35%、餐饮20%—25%、服务业30%—40%的比例进行优化配置,完成功能完善提升和结构优化调整，将香港中路商业中心打造成为高端商业服务业集聚区。

6. 引进外资参与社区商业中心建设

要引进外资参与社区商业中心建设,引进外资对传统生活服务业实施嫁接改造,实现连锁化、规范化、现代化,带动行业服务层次和服务品质的提升。

操作环节二:解读青岛商业地产运作创新模式

创新模式解码一:新创"生活提案式营销"经营模式

麦凯乐10万多平米的建筑面积,几乎包括了目前青岛市商场的所有业态和商品品种。既有超市、化妆品、珠宝、男女儿童服装、生活用品、文体用品、家用电器等,也有电影院、健身会所、餐饮等辅助性的业态。这种规模大、综合性强的业态到目前为止是唯一性的,这为商场采用"生活提案式营销"打下了基础,所以麦凯乐的定位在于"中高档生活提案型百货店"。

在商场里购物,通过商品的陈列、店内商品之间的关联,店内服务导购,使顾客得到购物过程的满意感,以及在使用过程中的满足感。这是麦凯乐倡导的生活提案的基本内容。

创新模式解码二:休闲体验的心理驿站——时尚闽江街区

在短短的一周里,时尚闽江商业街区人气飙升,每天都能引来超过10万名消费者。

时尚闽江街区位于山东路以东,香港中路以北,燕儿岛路以西,江西路以南,占地面积为2.3平方公里。

解码1:打造成包含流行元素与创意生活的时尚品牌区

青岛时尚闽江特色商业街区内有购物店200余家,分布在十大功能区内。相对集中的区域是闽江路114号内的东部精品服装步行街,有各类服饰店117个,主要经营外贸服装、个性化较强的服饰、服装。

“时尚品牌区”位于南京路两侧(江西路至香港中路段)，邻近家乐福、阳光百货等大型购物店，具有较高的人气。随着伟东·尚城的成功规划与落成，该区域将被打造成包含流行元素与创意生活的时尚品牌区。

解码 2：打造成为消费者休闲体验的心理驿站

定位于中高档次的品牌经营，通过品牌与时尚文化的展示，打造一方消费者休闲体验的心理驿站，经营商家以国际的品牌代理商、集成商为主。目前，已入驻的商家有：亨得利名表店、欧陆珠宝、世豪广场、丽莎百货、名品广场等。

“魅力女人区”闽江路西段，全长 450 余米，各类店面 37 处。该街汇集了天真、绮丽、蒙娜丽莎、罗马假日等高档婚纱影楼 20 余处，每处经营面积在 500 多平方米，装修高档、风格各异。

解码 3：借美食之力带旺人气

时尚闽江街区还将发挥云霄路、闽江路两条亿元美食街的辐射作用，打造一个多业态聚集、服务功能最齐全的国内一流商业街区。

从 2005 年起闽江路和云霄路上餐饮商家的营业额双双跨过了亿元大关，分别为 1.13 亿元和 1.19 亿元，成了名副其实的黄金美食街。但是，时尚闽江街区不能光靠“吃”来打天下，如何借助美食带来的旺盛人气，加快促进其他产业的发展是最重要的。在未来三到五年内，时尚闽江街区将被改造成融合吃、住、娱、购、文化休闲于一体为奥运和青岛旅游配套的，功能最齐备的商业街区。

解码 4：引进文化精品店，丰富文化气息

从目前来看，定位于中高端消费的时尚闽江街区高端还不够“高”，精品店数量不足，一些商务人士和外国游客想找高档的特色消费场所，选择余地不多。同时，作为一个独立功能区的文化休闲区还比较单薄，除书城外，叫得响的文化影视品牌店几乎没有，准备引进北京荣宝斋等一批文化精品店，丰富时尚闽江的文化气息。

创新模式解码三：引进 BLOCK 复合型街区概念——颐中·银街

解码 1：解读"Block"概念

Block 即街区商业，是现代复合型地产的新代名词，是商业和居住的集中融合。B–Business（商业）、L–Liefallow（休闲）、O–Open（开放）、C–Crowd（人群）、K–Kind（亲和），这个概念来源于美国，是集等多种建筑形态于一体的综合性城市消费中心，是现代城市商业的最新业态，以便捷、休闲、开放和亲和为特征，融合在人们的居住中。它不同于区域性购物中心，更有别于郊区的大型商业集散地，以满足人们生活需求为前提，是无法与生活区别开的商业形态。

解码 2：解构城市街区的核心体系

街区是城市系统的一个重要构成部分，"城市街区"包含两个指标：

一是硬件。在项目建筑空间的营造上，有倾向性地选择了时尚元素比较高的社区配套，如主体商业街、富有情调的景观以及主题公园。

二是软件。这是"城市街区"的核心体系，即对生活在这个街区的人的生活习惯、人生价值定位等方面的引导。街区商业作为在街区住宅的基础上应运而生的商业模式更有其独特之处。

颐中·银街是青岛市罕有的大型商业项目，其超大的规模非一般商场辐射范围所能比拟，它集 BLOCK 的多种商业特性于一体，以多样化的业态满足消费的多元化，将一个清晰、规范、特色的商业综合体呈现给青岛消费者。

解码 3：剖析 BLOCK 复合型街区特点

1. 科学的产业配比，先进的商业规划

科学的产业配比、先进的商业规划是现代

商业街区最显著的特征，它是通过对人流动向以及购物心理学/场景心理学等诸多因素的分析，制定出适合于地貌的售卖场所，它所做的贡献是对于整个街区的，而不单纯作为商品交易的简单功能所存在。

2. 推出 BLOCK 复合型街区概念，引领城市商业旗帜

现在的人们对购物理念从简单的百货公司过渡到第四代体验式消费理念。新的消费需求催生出新的街区模式，颐中·银街吸取体验式复合商业之优势，推出 BLOCK 复合型街区概念，着力营造最佳街区商业环境，成为引领城市核心商业的一个旗帜。

3. 以开放性赢取最大商业魅力

颐中·银街商业最大的商业魅力就在于开放性：街中设街，四面贯通，铺铺临街，无商业死角。

通过空间的灵活过渡，改变了人流熙攘、环境喧嚣的商业第一印象，多条商业内街和次内街，多种功能分区，闹中取静，静中求动，实现动静隔离。消费环境幽雅、舒心、个性飞扬，业态之间动静有序，互不干扰，使店铺投资的性价比达到最高尺度。

4. 追求形式与功能的最佳组合

作为一个泛地产、泛旅游、泛商业的复合形态消费中心，主题商业部分带动了人流、物流、信息流、资源流的全面汇聚。为了使项目的业态分布真正作到多姿多彩、科学合理、特色化、差异化，引进了多种时尚、流行的业态和产品，体现了人有我无、人有我新的特色。

追求形式与功能的最佳组合，追求建筑与城市空间相适应。并努力在此基础上创造出一个生气勃勃、情趣盎然的城市商住建筑。作为青岛街区商业地产项目中的佼佼者，颐中·银街以独特的街区规划体系成为引领现代街区商业的领跑者。

5. 引进品牌超级市场主力店

颐中·银街一期商铺引进国内重量级超级市场作为主力店带动整体发展，同时将二期商业街铺分为潮流天地、品牌特区、美食天地、电子产品、艺术天地、文化长廊、酒吧一条街等数十个部分，还将引进国际流行的运动休闲会所、SPA等，这些新鲜的项目、科学的配比、平衡的组合、丰富的构成将成功地激增消费人群，也使经营者看到了美妙的"钱"景，使赢利成为囊中之物。

第三操作平台：苏州商业地产成功运作模式

操作环节一：解读苏州商业地产市场现状

现状1：规划过小，竞争激烈

苏州商业存在规模不足的弊病，这种情况在各个区域都有不同程度的表现，市区商业以规模较小的店铺为主。激烈单一的竞争导致苏州商业地产的平均利润率较低，商业地产稳步不前。

现状2：业态单一，有待突破

苏州近几年经济飞速发展较快，但是商业的形态依然停留局却限于传统的百货业，大型百货商场和专业连锁商店占据很大的比例，一线品牌似乎与苏州人无相关。

苏州商业格局与规模跟不上社会的发展，创新规划设计落后，这是苏州商业地产必要改革的一面。

现状3：商业地产的元年来了

苏州的住宅经过长时间的发展，平均利润率开始下降，投资者开始转向利润相对较高的商业地产。

由于近段在政府的扶持下，商业地产项目片地开花，项目自然缺乏合理性规划设计，这样在商业地产界将可能会面临很大困难。

现状4：商业网点不足

从园区到新区、从相城到吴中，可以随意发现商业网点的匮乏，给当地居民生活带来了很大的不便。

商业的发展的确是超前规模发展，但与商业网点的密集分布并没有冲突。单纯强调商业的规模效应而忽视商业网点的建设，很容易导致网点的不足，严重影响到居民的日常生活。从而，更大程度上抑制一个区域的商业发展。

操作环节二：剖析苏州商业地产的运作特点

特点1：开发量难以把握

一个区域的商业开发总量主要要和该区域人口以及城市建设规模总量相结合考察。

宏一认为人均占有商业面积1—1.5平方米是适量开发，但由于苏州流动性人口多，很难具体测算出人均占有量。

因此，可以参考当地年消费品总额来判断。从商铺投资角度来说，在苏州的平均值每平方米每年的毛利超过8000元才有利可赚。因此，在这样的商业环境，开发商在开发的规模上必须充分考虑到市场消费的承受力，不能盲目开发，避免造成资源的浪费。

特点2：商业资产重组开始

随着苏州商业龙头进入观西，将给这一地区增加重量级的商业砝码，并加速观前商圈的震荡重组。可以预测，在外来商业资本大举进入本地市场的同时，由苏州本地商业企业参与的商业资产并购、重组也将全面展开。

特点 3：商业地产推售走出去

苏州的商业地产项目开发速度比较快，仅靠当地市场之力难以消化。在上海，比较有价值的商铺已经很难买到，一些新建大型商业地产项目多在外环线一带，对于投资者来说意义不大。上海投资者在苏州投资商铺的趋势渐渐出现，一个重要原因是苏州居民的消费能力被看好，这直接关系到商铺的经营前景和投资者的租金回报。从投资的角度看，苏州商业地产的“剩余价值”可以挖掘。

唯亭广场建筑面积 31000 平米。商业定位：唯亭镇作为苏州工业园区城市副中心门户，唯亭广场作为唯亭唯一最大的大型综合性购物休闲餐饮娱乐商业要地，将成为唯亭镇经济发达的标志，服务升级的标志，时尚潮流的标志。开盘均价在 5000 元 / 平方米左右，开盘前三天就实现销售近 3000 万元。

特点 4：大型综合超市的全新模式

在各种零售业态的快速发展中，苏州市场正呈现出多种业态适度竞争、良性发展的势头。

在现代业态的高歌猛进中，百润发、华润、欧尚等连锁业态的销售已进入苏州商业企业零售排名前十位，并呈现出新型业态主动集聚的态势，以大卖场为核心的小型商圈正在形成，并走出单一业态发展的模式，通过与其他业态商家的组合，打造区域性小商圈。

目前，在苏州市区已形成了 4 个这样的集聚区，包括北京华联与国美电器的组合，家乐福与石路国际家居广场、平价大药房在体育中心的组合，百安居、金海马家具与欧尚超市的组合，百润发与德合小商品市场的组合，成为大型综合超市发展的全新模式。

特点 5：新型业态不断出现

在相同业态、不同业态间的竞争与调整中，市区百货商场纷纷求变，通过引进高层经营人才，调整经营结构，提升经营档次等措施，进一步细分市场，并向现代百货转变提升，集购物、餐饮、娱乐、休闲等功能于一体的新型业态不断出现。

操作环节三：苏州成功商业地产精典案例演绎

精典案例解码一：环境取胜的湖滨 U 型广场

湖滨 U 型广场			
项目地址	苏州工业园区金鸡湖畔	开发商	苏州工业园区城市发展有限公司
占地面积	12 万平方米	总建筑面积（商业）	7.5 万平方米
主题定位	大型城市休闲广场	功能定位	休闲，购物、娱乐为一体

解码 1：三大创新主题商业

湖滨 U 型广场灵活运用大自然来规划创作设计，提取多种消费元素，精心打造"景观商业"、"休闲商业"的三大创新主题商业，同时，U 型广场西部还设置的游艇码头，成为苏州市民向往的消费目的地。

解码 2：自然商业建筑设计

U 型广场的建筑设计理念是借助金鸡湖和滨湖绿地自然风情，将城市"天时"、"地利"、"人和"紧紧地连在一起。

U 型广场为人们提供给一个绝佳的景观视野，同时，把自身打造成为新型建筑和环境景观的营造者。

解码 3："场"中"场"运作手法

U 型广场利用特殊的地理位置和自然景观条件决定特殊的商业载体。广场建造一个巨大的斜坡广场，从而形成了形态优美、空间独特的城市客厅。提供有趣、层次丰富、自然的公共空间给人们，成为前来购物的人们享受“仙景”的空间。

解码 4：美仑美奂的业态规划

1. 儿童欢乐嘉年华

儿童天地主题集儿童餐饮、服饰、玩具、书店、摄影及主题乐园、教育培训、亲子活动、园艺作坊等为一体，成为孩子们的欢乐嘉年华。

2. 运动休闲领地

运动休闲主题将设计新概念的运动会所，同时综合各类室内外时尚健体项目、设置美容、瑜珈等养生训练课堂及 SPA 生活馆，引进名牌运动、健身产品专营店等，从而开辟苏州首屈一指的运动休闲领地。

3. 湖滨主题餐饮

湖滨餐饮主题汇聚环球美食与风情餐饮，向滨湖绿地开放的咖啡吧及甜品屋更是让休闲回归自然境界。

精典案例解码二：三权分立的联丰商业广场

联丰商业广场			
项目地址	苏州工业园区金鸡湖东	开发商	苏州工业园区联合投资有限公司开发
投资金额	4 亿元	总建筑面积（商业）	12 万平方米
主题定位	大型城市休闲广场	功能定位	购物、休闲、娱乐、餐饮及商务等于一体的综合性商业

解码 1：管理与开发分开经营理念

联丰商业广场由苏州工业园区联合投资有限公司开发，上海豫园商城经营管理公司管理。开发商没权干涉经营管理上的事情，这样使所有权与管理完全分开，专业化管理成为联丰商业广场的成功所在。

解码 2：三个“统一”营销手法

联丰广场能够全力统筹营销策划，实现三个“统一”营销运作，统一招商筹划、统一经营管理、统一市场推广，将其打造成为名副其实的“苏州徐家汇，园区新观前”。

解码 3：文化与服务相结合

联丰广场是一个集购物、休闲、娱乐、餐饮及商务等于一体的综合性商业中心，能够充满足购物者的一切购买需要，同进给他们提供中央广场、主题景观、文化景观。

联丰广场最为突出的是将中国传统文化和欧陆风情有机结合，让消费者在购物休闲时，能够感受浓郁的文化气息和服务一流的商业广场。

解码 4：“甲级”服务配套

此项目除了业态功能齐全与常规的配套外以外，还提供齐全的生活配套，配备充足的停车位以满足商家经营的需要。联丰广场还引进银行机构、邮政等商家必需的机构为商家与消费者提供便利的金融及商务服务。

精典案例解码三：体验式的现代休闲广场

现代休闲广场			
项目地址	湖东现代大道南侧华池街以西	开发商	建屋集团
占地面积	2 万平方米	总建筑面积（商业）	4 万平方米
主题定位	购物、娱乐、休闲商业	功能定位	购物、休闲、餐饮、娱乐、文化和旅游

解码 1：“借题发挥”规划运作

现代休闲广场是购物、娱乐、休闲为一体的商业项目，座落在湖东唯一的五星级酒店建屋新罗酒店旁，周围有墨西哥餐厅，蓝枪鱼西餐厅、唐风汉格休闲会所、TH-

ELOFTBAR、M.U.SPORTS 高尔夫用品店等知名餐饮，能来这里的人都为高消费水平者。

所以一个具备丰富消费内容与充满休闲气息的水岸商业区俨然规划形成。

解码 2：风情体验购物设计

现代休闲广场集购物各国风情美食、时尚前沿休闲会所为一体。主力开发购物、娱乐、休闲商业，突出风情与购物体验，提倡风景与商业的现代生活休闲主张，为市民与游客提供一个新的休闲消费场所。

围绕“金鸡湖大旅游”的园区城市旅游概念，湖滨大道沿湖景观、文化水廊景观带等相继出现，而现代休闲广场作为体验式休闲消费，将逐渐成为本地居民假日休闲、外地游客体验式旅游的集中场地，也成为苏州湖畔休闲生活的领跑者。

第四操作平台：宁波商业地产成功运作模式

操作环节一：解读宁波商业地产发展轨迹

轨迹 1：大型商业项目彻底改变宁波原有的商业模式

宁波商业街的发展与国内其他二、三级城市一样都是从旧的商业开始改造，致使新旧商业文化并存。地摊式集市商业、街铺商业、店中店形式的现代商业导致经营品种档次参差不齐，只能满足中低阶层的消费需求。

随着宁波城市化进程的不断加快和经济的高速发展，又由于天一广场的成功运作，致使一批大型商业项目接踵而至，老外滩、波特曼中心的顶级商铺、万达商业广场、世纪东方、日湖商业特色街……将彻底改变宁波原有的商业模式。

轨迹2：回顾宁波商业地产发展进程

从简单的房地产项目配套物业进化成为具有独立经济形态的物业主体，宁波商业物业的发展目前已经经历了4个进程。

阶段	时间	商业物业市场特征	租售方式
1	房地产市场起步阶段	临建商业铺或由其他建筑物改建的商铺 商住混合，楼宇的群楼或底层之商业物业 自用经营为主 专业商业物业开、投资、运作等概念尚未正式产生	※非产权物业 ※以租赁、自用等形式为主
2	20世纪90年代中期	纯商业性质的物业以商厦的形式诞生 引发出投资商业物业的营销概念 发展商尚未意识到商业经营管理的重要性 整体商业市场开始萌芽	※产权物业 ※销售模式出现
3	1998年——2002年	以主力商家进驻带动商业物业销售 商业地产开发随着房地产开发的转机而逐步展，但尚未扮演主要角色	※产权物业 ※销售为主流营销方式 ※既售又租
4	2002年开始至今	商业龙头以点带面形成商业网络 商业物业带租约发售 发展商注重商业物业的经营管理 商业地产开发逐渐成熟，并成为房地产开发的新热点	※产权物 ※销售、租赁兼备 ※既售又租

轨迹3：商业格局逐渐走向成熟

商业街和专业市场调整改造步伐加快，定位清晰准确，经营特色初步显现。天一广场及周边主要繁华商业区顺利完成了新一轮的调整改造，从而形成了宁波“主流”商业街区。重点商业企业的“错位经营”调整取得新进展，多个专业经营商业区脱颖而出，形成个性鲜明的特色商业街、酒吧街、餐饮街、电子市场、茶叶市场等。大型现代化商厦，连锁超市，便利店等星罗棋布，体现出宁波商业格局逐渐走向成熟，行业结构日见合理，让广大投资者在必要与补充之间取得平衡，而消费者更可以从中增加选择的余地。

轨迹4：目标消费群体过于单一制约传统商业发展

宁波的中部（三江口）、东部地区的商业地产一直发展速度较快，发展势头良好，而南部及西部地区商业发展还是较为落后。天一广场、老外滩为代表的新兴商业地产项目及业态的发展如火如荼。而有些存在于较早时期出现的传统型商业项目如：鼓楼步行街、望湖市场、轻纺城等正日渐没落;这样商业项目整体经营难度较大,经营状况和市场影响力也在逐年下降，目标消费群体过于单一是制约这些商业发展的重要因素之一。

轨迹 5：不同专业街市场看好

从新开店形式看,以社区为目标客户集中区域的中小型百货、购物中心等将持续发展;超市会有非常大的发展空间,而大型百货与购物中心则发展空间有限;各类专业店和专卖店在这几年会有突飞猛进的发展，各种不同类型的连锁专卖店将在宁波开业经营,从而进一步扩大商业业态的多样化发展。

从商业地产建设看,商业街的建设会更朝着各种不同专业街发展,而不是以综合商业街发展为主。

操作环节二：深度挖掘宁波不同商圈的特点

特点 1：三江口 CBD 区域——适合投资高档购物中心和综合型超市

三江口 CBD 区域具有良好的交通条件以及完善的交通系统,基础设施也比较完善,加之商业人文历史使得未来 CBD 具有得天独厚的资源,成为宁波的一只商业巨擘。因此,CBD 适合投资高档购物中心和综合型超市。

特点 2：老外滩——高档次、多元化的商业街区

老外滩定位为“一个充满着历史人文主义色彩的时尚街区”,将它发展规划成结合独特历史、地理和人文资源,透过有品质的商业控制和引入不同的商业模型,以达到树立“宁波城市次序时尚地标”和打造“宁波顶级都市社交平台”的目的。由此使得宁波人拥有自己的具有地标性质的时尚消费地，让老外滩来拉动市民生活方式、时尚观念的改变。

准确的市场定位将继续引领着这一区域的商业项目向着更专业化、时尚化、品位型的方向发展，形成一个高档次、多元化的商业街区。

特点 3：欧尚、家乐福、麦德龙、好又多商圈——以购物便捷为主

这些区域内人流旺盛，周边居民聚集。伴随着宁波经济的高速发展，将进一步提高区域内整体消费水平，且更能造就一批比较富有的消费群体，但是由于区域内居住者，日常大部分时间都花在工作上，很难抽出许多时间光顾百货公司和购物中心等，而会去购物便捷的超市和快餐店消费。因此，该地区适合投资大型连锁超市，专业店，快餐店和便利店等。

特点 4：鄞州中心区——引进"订单商业地产"的全新商业模式

随着万达商业广场、南苑明州花园酒店、宁波开元明都大酒店等大型项目的开工建设。这里将成为宁波又一个新兴的商业中心，随着"订单商业地产"的全新商业模式的引进，更多的商业业态及经营模式将在这里出现。

特点 5：东部新城区域——开启宁波商业地产项目的新篇章

2005 年宁波信富置业有限公司拿下了宁波后西河公建 1、2 号地块。2006 年 8 月中信泰富广场的购物广场建成后交给沃尔玛经营，作为宁波东部新城的商业配套项目，这里亦将开启宁波商业地产项目的新篇章。

操作环节三：宁波经典成功案例解码

*** 天一广场**

位于市中心繁华商业街中山路南侧，东起车轿街，西至开明街，北沿中山东路，南临药行街。占地面积 20 万平方米，总建筑面积 22 万平方米，主体建筑有 22 座欧陆风情浓郁的现代建筑群组成，总投资 14 亿元。

天一广场是国内一流的融休闲、商贸、旅游、餐饮、购物为一体的大型城市商业广场，被誉为宁波的商业航母，是宁波城市又一张亮丽的名片。

解码 1：国内规划最大的"一站式"休闲购物商业广场

天一广场是目前国内最大的"一站式"购物商业广场，有 10 个商业区，分别是超市区、百货区、精品区、服装区、儿童区、数码区、酒店区、娱乐区、美食区和综合区，集中了大、中、小 300 多家商店，其中精品区汇聚了一批世界著名品牌。

天一广场具备了"吃、行、娱、购、游"等基本旅游要素内容，是宁波市中心最具活力、最时尚的商业广场和最新的商业形态，是顾客购物的天堂，游客旅游休闲的好去处。

解码 2：引入城市设计理念

在规划设计方面，引入城市设计理念，注重整体效果与周边环境的协调。广场四周的主体建筑由 22 幢风格迥异，极具特色的低层建筑组成，使 3.5 万平方米的中心广场更加宽广，气势恢弘，还使广场周围的高楼凸现出来。

景致通透的广场建筑、一池碧水、一块 3.6 公顷的城市绿地，使天一广场充满了现代的商业气息，也给市民提供了一个环境优雅的休闲娱乐中心。

广场上所有的建筑沿中心广场环形布局，南北以中山路口为轴线呈对称分布。西南斜轴线从开明街路口直通三江口，形成强烈的现代气息。

解码 3：亚洲最大的音乐喷泉和超大水幕电影

进入广场后跨过二座平行的小桥，便是亚洲最大的音乐喷泉和超大水幕电影。总投资 4000 万元的水景系统呈"L"型，总长 200 米，主喷泉长达 95 米，与广场的中心舞台遥相呼应，主喷泉的核心是两座桥之间的号称"擎天柱"的喷泉，中心的一支大口径

的喷嘴射出直径达 38 毫米的水柱，喷高可达 40 米，形成一柱擎天之势；整个音乐喷泉有 2000 个喷嘴，400 多台水泵，全部由电脑控制，采用目前国际上最先进的高压气泵式激光音乐喷泉技术，喷泉在激光和音乐的配合下，能高速喷出一个个晶莹透亮的水柱、水花、能组合出令人眼花缭乱的"高岗花式"、"华尔兹花式"、"蝴蝶展翅式"等

几百种喷泉花式，形成一个美不胜收的“水世界”；同时与喷泉交相辉映的水灯也大放异彩，随着音乐的变化，一个赤橙黄绿青蓝紫的“水光舞台”，通透明亮，宛如仙境，令人目不暇接，赞叹不已。

在广场的两侧，喷射的水墙组成一个高20米，宽60米的扇形水幕，对面的建筑上射过来的一道光束和激光投射在晶莹透明的水幕上，水珠如霰如雾，色彩斑斓的光束与水幕交相辉映，形成一组组生动活泼的画面——这就是天一广场的大屏幕水幕电影。

解码4：造型别致的建筑和水晶长廊

在广场的东侧美食区和乐购超市之间，是一条长180米的水晶街，这是设计师颇具匠心的设计，造型别致的建筑和水晶长廊，在国内独一无二，还有水晶街两边连接在一起的木制天桥，平添了一份异国情调和休闲趣味。

解码5：构建宁波医学平台

在广场西北侧服装区，有一座始建于清朝康熙四十七年(1708年)的古建筑——药皇殿，殿内供奉药皇神农氏。药皇殿在宁波医药史上有着举足轻重的地位，它不但供奉着神农氏，而且成为近代宁波南北药材及名医坐堂、同业聚会议事的一个重要场所。

解码6：打造宁波最大最好的室外演艺台

能容纳几万人的中心广场是市民和游客观看演艺和休闲的场所，正面的中心大舞台分三个平台，共有1500平方米，两边有扇形台阶，与中心舞台呈“T”字型，四周均有台阶可上下。这个舞台是宁波最大最好的室外演艺台，成为市民欢乐的场所。

*** 君临·北仑国际商业中心**

总建筑面积34万平方米，其中商业面积18万平方米，总投资额约9亿元，将建成大型卖场、百货、家居城和国际级的步行街、主力店，引进世界级大超市和国际品牌连锁店进驻，商业范围将幅射北仑、舟山、镇海等长三角几百万的消费人群。

第五操作平台：东莞商业地产成功运作模式

操作环节一：解构东莞商业地产格局

东莞市商业发展中将形成东莞、南城、万江商业区共同发展的“三足鼎立”之势。东城区也将乘势而起，凭借原有资源重新定位。

1. 东城区世博广场，带动了东城商业的发展，弥补了普通商场服务单一的不足，是一种城市化生活的创新和突破。

东城大道在商业布局上不太集中，其中多以较大型的物业形式出现，而周边的社区性人群，只能满足现有的市场消费，而更庞大的市场质量需求，必须依靠人流量及外来消费和观光性质的消费。因此，提升旅游文化性的消费，是东城大道商圈的首要之考虑。

2. 万江区集购物、旅游、餐饮、娱乐、休闲为一体的东莞市首家大型体验式主题华南 Mall 广场，理想 0769 等大型的住宅商业区。

3. 南城区经过对市场的分析定位，如第一国际、富民步行街等共同组成并确立了一定的经济商圈。

操作环节二：剖解东莞商业地产市场特点

特点 1：政策定格城市商业格局

东莞市政府正式批准《东莞市 2005 年—2015 年城市商业网点规划》，该规划明确了东莞未来城市商业区划“一主八副”的定位，提出建设一个以莞城、东城、南城和万江主要商圈为核心的东莞市商业主中心，以发展松山湖、虎门、常平、厚街、塘厦、长安、樟木头、石龙八个商业副中心的城市商业格局，同时，该规划也明确表示，将对东莞大型商业项目及四星级以上的酒店建设进行控制。

在大型商业项目受到限制之后，东莞市场上现有的商铺又重新显得珍贵起来，目前，民间投资商铺的趋势正在逐渐升温。

特点 2：国际品牌暂时观望东莞

对于中国或者国际上的一线百货或者品牌商家来说，单靠东莞的经济发展和潜在的消费力还不能吸引他们前来发展。

比较知名的一线百货商家对自己的发展有着相当严谨的战略战术，目前首选省会城市等一线城市，那么品牌较弱的商场自然招来的是品牌较弱的商家，如此恶性循环，东莞商圈短时间内要想突破二线城市的局限，难度很大。

另外，目前东莞商业地产的供应量过大，加上业态同质化严重，不少商家在入驻时顾虑颇多，往往会提出许多苛刻的条件。

特点 3：多核化的经济结构决定人口布局和消费结构

东莞多核化的经济结构决定了人口布局和消费结构的多核化。事实上，在东莞经济结构未能取得实质性转型之前，镇区无论是在经济还是商业领域，都会不断向市中心区发出“究竟是谁辐射谁”的质疑。

以统计局公布的 2003 年社会消费品零售总额为例，东莞全市 328 亿元的零售总额中，28 个镇区占了 78.5%的比例。尤其是长安、虎门、常平、樟木头等发达镇区，经济规模、人口规模都已达到内地一个中等城市的水平。但这些镇区原有的零散、低档的商业形态使当地的中高端消费需求大量外流，镇区商业的整合提升迫在眉睫。

特点 4：人均商业面积严重超标

东莞地方不大，却聚集了超过 12 个大型购物中心项目，而且建设的项目都比较

大，但东莞有效消费人口却并不多，仅从面积上来看，东莞的商业物业就已经超负荷了。东莞城市的四大商圈就已云集了超过12个大型购物中心项目将近300万平方米的商业面积，此外，每个镇几乎均有大型购物中心建成和在建。

仅东莞市四大城区之一的东城区，2005年潜在的商业地产供应量就达60万平方米，以中心片区商业辐射人口为20万计算，人均商业面积达3平方米；以整个东城区人口数量来计算，人均商业面积也达2平方米，而世界发达国家人均商业面积为1.2平方米。东城区商业面积已严重超过实际需求。

另据对莞城区零售商业、娱乐业、餐饮业的初步统计，其总量约为37.76万平方米，加上在建或在售的商业面积，短短两年内商业地产项目总体供应量约为63.6万平方米，人均商业面积达3.07平方米，也大大高于发达国家的人均水平。

操作环节三：把脉东莞商业地产发展风向标

风向标1：注重有效供给

在经济高速发展的地区，大型主题式购物公园的发展问题不是供给过剩的问题，而是有效供给不足的问题。

风向标2：注重商圈辐射

经济与交通的迅速发展，使大型商业项目的商圈辐射成为现实，大型的主题式购物公园将逐步成长为独立的、高级的商业形态。

风向标3：休闲式购物模式成为主流模式

经济的发展使消费者的购物模式发生变化，目的性购物模式比重递减，休闲式购物模式比重递增直至成为主流模式，购物氛围将成为影响消费者购物行为的重要因素。

风向标 4：商业形式变得多元化

大商业发展到高级形态后，竞争变得多元化。单一零售业态的聚客、滞客及悦客能力将递减。娱乐、餐饮、文化等旅游性业态，将逐步从配套变成主题，从附属变成主流。

操作环节四：解码东莞商业地产精彩案例成功秘诀

解码一：东莞首个创意饮食娱乐购物街——苏豪娱乐购物坊

成功秘诀 1：地段优越，商业氛围浓厚

位于东莞横沥镇中心区黄金地段，距东莞火车站只需 5 分钟车程，方便的交通能吸引大量的港人和东莞周边的消费者。同时，四周汇集横历多个大规模的高尚住宅区及横历最大的购物广场——华润超级广场，地段优越，商业氛围浓厚。

成功秘诀 2：引入英国苏豪区概念

为了令整个购物坊更有特色，发展商还特邀加拿大设计师，引入英国苏豪区概念，使购物寓于娱乐的全新消闲概念得到全面发挥。

引用外国概念街区设计理念，并加入不同的电影及娱乐元素作为装饰，增强观赏性和娱乐性。购物坊中心规划为大型表演广场，打破传统的商业地产模式，打造东莞乃至珠三角首个娱乐、创意型主题的商业项目。

成功秘诀 3：首个以明星店铺为主题的商业街区

此项目为东莞首个以明星店铺为主题的商业街区，香港某明星旗下集团率先租用 38 间商铺，并投资两千万元开设 7 间具有特色的食肆，名为“美食奖门人”，同时将引进香港具有创意的零售及服务性商铺，名为“创意奖门人”，以组成东莞乃至广东别具一格的饮食娱乐街区。

解码二：超大型主题式购物公园——华南 Mall 赢取市场的核心要点

2005 年 7 月 19 日，国内商业地产首家体验营销中心——“华南 Mall 体验之城”正式亮相，这为华南 Mall 当天的开盘带来了意想不到的人气，仅买铺的业主就从二楼售楼部排到一楼门口。

占地面积 43 万平方米，建筑面积 89 万平方米，其中商业面积 40 万平方米，停车位 8000 个，预计总投资额超过 25 亿元人民币，建成后将成为亚洲乃至世界上气势最宏伟、规模最大的 Mall 商业建筑群之一。

地处东莞城市中心区的组成部分万江区，广深珠高速公路、107 国道贯穿南北，东莞市的四环路、五环路环绕全区，城市水网密布，是中心城区的西大门，具有良好的聚焦辐射条件。华南 Mall 据此定位为集购物、休闲、餐饮、娱乐、旅游、文化、运动等功能于一体的超大型主题式购物公园，消费市场面向珠江三角洲地区。

核心要点 1：目标消费范围锁定

1. 基本性商圈——半径 30 公里范围，覆盖东莞、广州黄埔、广州增城 35 个镇，人口 800–900 万，GDP 近 1600 亿人民币。

2. 经常性商圈——半径 60 公里范围，覆盖广州、深圳两个国际大都市及佛山、顺德等 8 个地县级市的 74 个镇，人口 2800 万，GDP 近 5000 亿人民币。

3. 旅游性商圈——半径 100 公里范围，覆盖珠三角几乎全部中型以上县级市的 158 个镇，人口约 4000 万，GDP 近 7000 亿人民币，消费市场极为可观。

核心要点 2：地块功能分区

华南 Mall 地块由穿越其中的两条市政路分为三个部分：

1. 第一部分为中心区西路以东、内环南路以北部分，其中包括 A、B、C、D 四个区。A、B 区是以大型百货主力店为主，辅以小店铺；C 区则是大型超市、大型家居，辅以小店铺；D 区为大型家居超市及儿童游乐城。在中心区域有一举办大型表演的观演台及水上游乐场，既是中心区南北景观中轴线的中心，又是东西次轴线的起始点。

2. 第二部分为中心区西路以西、内环南路以北部分，其中包括 E、F、G、J 四个区。E 为酒店配套娱乐；F 区以餐饮业为主，云集各地风味食品成为不同风格的几条美食街；G 区为一高档酒店；酒店入口处为华南 Mall 的次中心广场，广场上的圣马可钟楼为整个 Mall 的观景制高点;J 为办公楼。

3. 第三部分为中心区西路以东、内环南路以南部分为 H 区,以住宅为主,辅以局部底层商业。

核心要点 3：空间规划设计

1. 对万江区城市中轴线予以保留并强化,增加东西向次轴线,在中心区兼顾内部及外部空间的大块水面,并在节点处增加广场空间,形成亲切而有活力的城市景观带。

2. 室外空间采用开放式布局,各功能建筑通过室外空间相互关联。若各空间相对封闭、隔绝,将大大降低 Mall 作为一个经营整体的完整性。另外,商业街的总长度在人的舒适步行范围内是有限度的。这样一个规模巨大的全步行商业空间,需要一种适当的代步工具,加强各部分功能间的联系。

借鉴美国 Las Vegas 的 Venetian Resort Hotel Casino,以"水"主题连接各功能单元,由一条游艇水道环绕整个 Mall,同时将威尼斯的冈朵拉游船引入华南 Mall,成为旅游观光、购物代步的交通工具,开辟一个崭新的观光、休闲、游乐的内容与方式,使得购物、休闲、游乐融为一体。"乘船逛大 Mall,购物看风景"成为华南 Mall 项目设计的一个鲜明特色,使特大型 Mall 固有的步行长街充满情趣,使人忘却疲惫。

3. 一般形式的 Mall 多以停车场环绕四周,外部形式单纯而封闭,内部空间则通达且丰富多变。华南 Mall 所属之处为新区城市中心,城市空间主轴穿越项目用地,其空间及建筑形象对周围环境有着至关重要的影响。因此,华南 Mall 一改国际 Mall 中大片露天停车场的做法,将大量车位藏于多层(错层)停车库中,既节约了土地,提高了土地利用率,又响应了生态环境的环保要求,通透开敞、活泼有致的空间形象和建筑细节尺度,很好的迎合了城市环境。

4. 在华南 Mall 的内部空间设计中,借鉴多项成熟先例,使各分区空间情趣化、主题化。建筑形象、空间形式丰富多彩,但却服从于一个明确的主题,如加州海岸、旧金山、阿姆斯特丹、巴黎、威尼斯、埃及、加勒比、好莱坞、非洲丛林等,令人耳目一新。

横跨两条水道的中心区设为步行街,保障水道畅通,并与两侧的步行道一起,成为无障碍的“步行＋船行”的交通系统。步行街设有小商铺，使各个部分增加了连续性、整体感。

中央景观带的入口广场，设置观演台及市民游乐项目，西侧广场设置圣马可钟楼，为俯瞰整个 Mall 的观光制高点，在圣马可钟楼上欣赏江景，购物乐趣自在其中，其自身也成为商业中心景点。

核心要点 4：以“体验之城”打破传统推介模式开盘

没有按照商业地产传统推介模式来开盘，而是将上万平方米的销售大楼设计为一个浓缩的“体验之城”。“体验之城”里，有音乐铃声下载柱，有流行 CD、MP3 手机铃声下载试听，有中国最顶尖的 120 度视觉环幕电影、新加坡欢笑天地、摇摆船、三维立体游戏节目、三维船行游览乘船逛大 Mall、虚拟实战、卡通表演剧场，有树林儿童天地、天线宝宝等，令人很快即进入境界。同时，“体验之城”还汇聚了各种名牌，如好又多、麦德龙、OBI 超市、名店坊、精品店、手机展示、服装橱柜、化妆用品及美容、运动店、书坊、音乐吧、麦当劳、肯德基等。

核心要点 5：招商瞄准国际商业巨头

华南 Mall 阵容强大的主力商家阵营中有百安居、肯德基、必胜客、麦当劳、加拿大 IMAX 巨幕电影、台湾好又多量贩、香港阿玛百货、新加坡欢笑天地、顺电、英国 BBC 天线宝宝、美国时代华纳影院……

解码三：国际标准一站式商业中心——第一国际引爆市场的核心筹码

总占地面积 21.21 万平方米，总建筑面积逾 70 万平方米，集购物、饮食、娱乐、酒店、写字楼、公寓、停车场为一体的国际标准一站式商业中心。

核心筹码 1：占踞新城市中心之核心地带

位于东莞新城市中心之核心地带，行政办公中心，商务中心、文化中心和知名高档生活小区紧密林立，簇拥之中，汇集各方人流与财富，成为商家必争的黄金据地。

核心筹码 2：囊括 60 万人口的东莞中央生活区

周边汇集东莞至密集的超甲级写字楼，来自国内外各大企业的中高层管理 / 高级白领，为国际标准购物中心聚拢持续旺盛的强大高消费阶层；同时，第一国际周边林立中信东泰、中信凯旋城、景湖春天、新世纪豪园、光大花园、万科城市花园等数十个高尚住宅区，规划居住 60 万人口的东莞中央生活区，更是确保第一国际核心商圈永续经营的源源动力。

核心筹码 3：分块布局的业态规划

*** H-2 地块**

主题商业规划：

酒店和公寓以下预留 3 万平米作为商业面积，经营以下几个主题：

1. 高级中式酒楼、高级西餐厅。
2. 高级会议厅、宴会厅。
3. 高级顶级品牌专卖店。
4. 国际名车展览中心。

*** H-5 地块**

主力店、功能店打造的独特主题

H5 以百货、美食中心、家电卖场、通讯数码中心、中外品牌名店步行街等主力店、功能店为主，配合书店等文化方面和休闲方面的功能，让其成为一个完善的大型购物中心，让消费者流连忘返。

自由港：则专营香港货品。以商品的质量、新颖的设计和超值的价格作为核心竞争力，形成国内最大、种类最全货品最新潮的特卖区，成为东莞和穗、深两大区域潮流一族的购物热点。

*** H-6 地块**

主力店功能店：

综合超市：引进大型综合性超市。

娱乐休闲(作为H5的补充)：电影院、溜冰场、室内公园、游乐场、飘雪公园。

家具家居装饰：引进中高档次的相关品牌。

核心筹码4：广场的聚焦效应

建有东莞新城市中心规模至大1万多平方米的商业休闲广场，直接连通市政府广场,吸引众多品牌商家节假日及不定期举办活动Show、产品展示会等,广场还组织丰富多彩的文艺演出、体育比赛,新年倒数等活动,成为广大市民喜爱的文化体育娱乐活动的场所,吸聚莞城全区市民目光,成为购物中心聚集人气,经营旺场的亮点。

核心筹码5：符合国际购物中心标准的商业设施配套

外观宏伟,场内配有各种完善的商业设施,国际名牌变频中央空调和消防系统,上百台手扶和观光电梯,特大型室内停车场可提供1000多个停车位,不同的区域不同的经营业态配以不同风格的高档装修装饰,充分符合国际购物中心标准,营造一个至佳的购物和营商环境。

核心筹码6：完善的业态组合

以百货超市、美食中心、家电大卖场、室内乐园、通讯数码中心、中外品牌名店步行街等主力店、功能店为主,配合休闲和文化方面的功能业态。

*2万多平方米的超大型国际美食中心,汇集世界各地道美食,韩国菜、日本菜、泰国菜、湘菜、川菜、上海菜、客家菜,以及时下最流行的咖啡店、雪糕屋,一日叹尽世界美食。

*1万多平方米特大型娱乐休闲中心,汇集世纪至HOT、青少年最热衷的科幻、航天、体育等电子游戏,儿童乐园、梦幻乐园、探险旅程,以及各类书吧、网吧、健身、水疗中心等。

*1万多平方米室内名店步行街,街中心设有环形Show Room,展示世界最流行品牌的窗口。

第四部分：

不同商圈的商业地产项目成功运作模式

随着城市经济的快速发展，各种形态的商业地产项目相继出现，多方面满足不同消费者的需求。由于区域的不同、收入的不同、消费的水平不同，导致不同的区域将会出现不一样的商业项目。

作为区域商业一定要对市场进行细分。每一个购物中心前期的定位一定要清晰地确定这个项目今后要“伺候”谁，而不是简单地划分成所谓的中档、高档。

商业地产的运作关键是战略定位，一个新的商业圈从开发到形成大约需要3到5年的周期，开发商要做好管理与经营的营销结合，这对开发企业的产品定位、设计功能要求都非常高。要成功地开发一个商业地产项目，从最开始就应该从商业经营的角度来考虑。市场环境、竞争对手、消费需求等要素都是商业运作无时不考虑的问题，由此延伸的市场定位以及商业规划才是商业地产的本质。

第一模块：居住密集型的社区商业项目运作模式

★ 解读社区商业概念

社，社群，是为一群有着共同精神皈依的人提供的场所；区，指区域，社区就是一群有一定共同利益和精神归属的人所居住的区域；社区规模有大有小。大社区，可以当作城市或城镇来看待。社区商业有非常强的属地性，服务对象很明确。社区的规模就决定了社区商业规模的大小、商业业态的数量和配置组合。

按照标准意义来讲，应该把社区商业作为购物中心的一种形态来看待。美国购物中心协会有一个关于购物中心的分类标准，最大的叫 Power Center，一般翻译成：超大型购物中心，依次还有跨区域购物中心、地区购物中心、社区购物中心、邻里购物中心。从社区角度看商业地产，社区商业应该归类在社区购物中心或邻里购物中心。

社区商业是以服务于周边居民日常消费为主，所以基本的商业服务配套功能相对标准化。如果企业能够做出行业标准出来，对于地产开发和商业配套成熟发展来讲是一件有意义的事情。

1. 传统社区商业主要特点

（1）体量偏小，一般不会超过社区总量的 5%—10%。

（2）业态单一，以餐饮、美容美发、洗衣、娱乐、便利店等简单的社区配套为主，仅能满足社区内住户的日常需求。

（3）辐射面较小，基本是依托本社区的消费人群。

（4）相对内向性，基本不能辐射到本社区以外的地方。

（5）无组织，是以单纯的自然经济形态存在。传统社区商业形式，由于业态的相对单一,远远不能满足本地居民的消费需求。

(6)以临街底商和面积较小的商铺为主,仅仅能满足人们的日常生活需求。

2. 新型社区商业的特点

(1)具有一定规模,一般占整个社区总体量的10%—15%,有的甚至能达到社区总面积的20%以上。

(2)业态多样化,以综合型的商业业态为主,能满足所在区域客群的全方位需求。

(3)有充分的业态规划,根据社区商业的需求进行有组织的合理划分。

(4)具有区域覆盖性,它不再局限于本社区内部,相对比较外向。

新型社区商业是现在社区商业的发展重点，而投资者在选择社区商业为投资主体时,也要尽可能地选择新型社区商业为投资方向。

3. 社区商业地产项目赢利前景可观

社区商业将成为连锁商业企业重点进入的领域，以连锁经营为主的现代流通企业将进一步向乡镇市场延伸；经济发展已经进入了“体验经济时代”,人们购物、休闲讲求更多的多样性。

社区的商业用房的销售价格比纯住宅要高出2—3倍,合理的配套使社区商业具有可观的升值潜力。

深圳万科四季花城底商的销售价格在每平方米8000—9000元，而同样的底层住宅销售价格仅为每平方米2000多元，这样的价格,追捧者蜂拥而至理所当然。

利润无疑是社区商业发展最直接的助推力，一个普遍的规律是：当社区商业改变沿街零散布局,而集购物、休闲、服务等众多功能于一身时,社区商业就显露出可观的赢利前景。

城市住宅建设的快速发展所需求的配套面积增加和以城乡居民收入稳定提高为

基础的多元化消费结构逐步升级,商业的发展要跟着需求走。消费的革新需要新的商业形式来承接,而兼容了先进的商业业态、完善的商业组合、优美的购物环境和周到细致的服务的社区商业,恰好迎合了城市居民这种需要,社区商业是城区经济发展的重要组成部分。

社区商业配套一般分为两类,一类是基础性配套,也就是满足现阶段居民日常生活需求的最基本的配套;另一类属于发展型配套,指满足居民多元化多层次的物质和消费需求的配套。

伴随现代商业经济和房地产的高速发展,为之配套的社区商铺也将大量上市。社区商业既是现代城市格局的重要组成部分,又与老百姓日常生活紧密相连。对于居住区和郊县城镇,社区商业的发达程度是衡量一个城市商业综合竞争能力的重要方面。

操作平台一：挖掘社区商业创新模式

创新模式1：邻里中心突破社区商业传统形态

邻里中心突破原有初始阶段的社区服务模式,上升到了一种以房屋租售为经营基础、以市场需求为功能定位、由房东身份进行行业管理的区域性、综合型商业服务新业态。

创新模式2：以沿街式与组团式的底商为主

大型社区商业的发展要以购物中心为主打业态,而居住小区应以“沿街式”、“组团式”、“多点式”为重点建设类型。在业态上以超市为主,重点发展连锁经营业态。被誉为“第五次零售业革命”的购物中心应包容各种新型商业形态,生鲜食品为主的超市、品牌荟萃的特色专卖店、各种便利的餐饮、综合服务设施触手可及，购物、休闲、娱乐多重功能满足居民多样化的消费需求。按照社区的人口和消费水平，购物中心的规模和样式也将多种多样，但功能齐全、集约化经营将成为他们共同的优势。

一般来说，"沿街式"也应以工薪阶层为主要消费群，约设一家中型超市，一家便利店，一家修配店，以及中小餐馆等。而"组团式"和"多点式"居住小区的商业应瞄准中高档消费群，以中型商场为主体，重点发展中大型餐馆、便利店、美容美发店、洗染店、花卉店、洗衣房等便民利民的商业网点。

创新模式3：与国际接轨的业态组合

重视对承租户的科学组合与安置，核心承租户对引导人流起关键作用，占总购物中心面积的约40%，其位置最先确定。对普通承租户的位置安排，充分考虑他们之间亲和力的不同，一些经营项目需组成群体以增强吸引力，而另一些经营项目必须相互避开。

国外的社区商业中心，一般会把四种类型的经营项目分别汇集在一起。

* 男士用品店，包括男鞋、男装、运动用品等应当集中布置。

* 女士用品店和儿童用品店，应该集中在一起，便于消费者进行价格、颜色、款式的比较。

* 食品零售店，包括肉店、鱼店、面包店等。

* 个人服务，如干洗店、修理店等也要集中布置。

位于郑北高档成熟社区中心地带家和万世花园·海德街，完美融合了德国浪漫主义的商业街，所呈现出浓郁的欧式建筑风格。在前期规划时，就充分考虑社区及周边消费人群的主体需求，针对未来区域发展的前景，以及目前周边配套商业较为滞后，特别针对周边中高档社区内有一定经济实力的消费群体，集合与日常生活密切相关的，与居民生活消费关系密切的购物、餐饮、休闲、娱乐、文化等业态充分体现了中产阶级品质消费特征，形成一个以时尚休闲为特色的社区消费中心。

创新模式4：上海首个规模最大的创意街区——逸飞创意街

1. 上海规模最大创意街区

位于浦东世纪公园板块的“逸飞创意商业街”自2006年4月开始招商以来，备受市场关注。不仅因为陈逸飞先生的大名，也因为其浦东首个创意产业项目及全上海规模最大创意街区的身份。

逸飞创意街西起杨高南路，东至锦绣路，北临张家浜景观河，全长有800米，分为地上与地下两部分，总建筑面积2万平方米。

陈逸飞的名气已成为这条街区最大的噱头。这条街区被冠以“逸飞”之名，是由于开发商与陈逸飞是生前好友，陈逸飞生前曾以朋友的身份参与了该街区的初始规划设计。逸飞创意街“时尚消费比重占75%、纯艺术比例占25%”的定位，也可以看出“陈逸飞”三字固然文化味道不少，但似乎更像是吸引客户的一个大招牌，关键还是要靠经营状况说话。

2. 独特的三大盒型双层建筑

从建筑规划上看，该项目的建筑风格十分独特，街区主要由三大盒型双层建筑组成，分别取命为“飞来石”、“天堂火”、“琉璃水坊”，单体面积在200平方米左右，建成后将密布现代、时尚的创意、艺术创作工作室。

3. 以片区为主的业态分布

从业态规划上看，该项目是定位于浦东的地标性商业街。分为东、中、西三段，东段以时尚品牌为主、中段以手工制品为主、西段以餐饮为主。

4. 坚持只租不售

逸飞创意街坚持只租不售，打出的租金价格在5—6元/平方米/天。这个价格在上海的创意产业项目中算是中等偏高，目前上海创意产业项目的一般日租金价格在每平方米2—4元。至于一些浦西的老牌创意街区，如占地7000多平方米、总建筑面积12000平方米的卢湾区“8号桥”，日租金也不过每平方米6元，而逸飞创意街作为一个新项目，租金水平似乎高了一点。

从经营层面上看，只租不售的商业项目，对运营管理团队的运营力有很高的要求。为消费者创造消费价值，吸引足够数量的中高档消费者需要出色的策划方案。适当适时地调整商户，保持特色商品和服务的供应，对于吸引消费有着重要意义。

创新模式 5：首创“社区 Mall”新消费理念操作要点

社区 Mall——商业新模式，可适合于人口 20 万左右的区域，面积约在 5 万平方米以下，通常只配设一个卖场，商业区域独立分割，部份出售、部份出租，而且明确消费者的层次和需求，有充足的停车场、交通便利，按自身条件、地理位置以及市场目标，引入相应零售商组成具一定规模的综合购物中心。

1. 深入的市场调研

随着社区业主对居住区域的商业配套的依靠和要求愈来愈高，积聚了一大批稳定消费群，消费市场潜力可观，有一定的投资价值。针对的主要消费群是区域周边住宅小区的居民，并且规模较大，功能完善，也是集购物、娱乐、休闲、饮食、观光于一体的大型购物广场，时尚的消费购物中心。

但与临街商铺及小区铺不同，社区 Mall 内的商铺要受到整个商场的定位、功能分布、经营管理等方面的限制和影响。因此，建议入市的投资者首先考察清楚该区域的消费力情况，看看项目的定位是否科学合理，其次要考虑商场的功能布局、能否有持续经营管理的保证。

2. 侧重生活服务的功能定位

“社区 Mall”一般是指位于居民区，侧重于生活服务，多以日常消费品的售卖为主，价格适中的大型购物中心。商业种类搭配合理，百货、电器、家饰、餐饮等门类齐全，足以满足周边社区居民就近消费的各种生活休闲需求。以创新的规划理念，世界先进的社区“Mall”的设计概念为基础，并结合当地消费者的需求特点，赋予广场合理完善的功能分布，实现满足不同消费层次、消费特点的需求，并将为众商家打造共赢的经营平台，从而营造社区商业新模式。

广州市天河正佳广场：百佳超市将作为该商业广场的第一主力店，同时，还有麦当劳、自由鸟、李宁等近百个品牌进驻。

广州市白云区百信广场：定位中高档精品百货及家居日用超市相结合的休闲购物中心，广百广场、家乐福及肯德基相继入驻，也是一个大型的“社区 Mall”。

最大的商机在于填补了区域的商业空白，也是品牌商家争相入驻、投资者看好的最重要原因。像目前员村一带聚集大量生活小区，也带来一大批消费群体进入该区域。但周边缺少大型商业项目来满足这些庞大的消费群体，作为该区域首个大型商场，可以说填补了区域消费的空白，从而体现出巨大的商机。

3. 社区 Mall 成功招商要点

* 好的布局规划，这是成功招商的基础。

* 选择领导性品牌。找国际知名品牌，采取租赁或保底分成形式，政策灵活。

* 科学的分类和组合。档次区分的组合原则，不能把不同档次的商品放在一块；人群分，连带性的原则，如女性的用品、服装、饰物、化妆品等，是按垂直组合式，平面组合要根据自身的结构而定。

* 主力店的选择。商家对主力店通常是又爱又恨，希望其进驻又对它的低价租金举棋不定；应该从宏观的角度去评估主力店的作用，从有形和无形的综合价值去评估它的进驻价值。

* 次主力店的重要性。单独的主力店与小店不衔接，次主力店是专业店的概念，如电器、药店、数码、手机、体育用品、礼品、儿童用品等主题商场，同时能把商场部分低价值的阴暗角落消化掉。

* 招商的时机和计划的制定，招商应提前介入建筑结构，按照商家的要求，力求在经营功能上满足他们。

* 有效的定价策略和定价准则。定价一般以成本和市场来作为定价依据，在市场和成本有冲突时应以有持续性和经营生命力及所起的带动效应来评估，正确定位。价格行情比成本高出太多时要冷静，要从商家长远经营发展的角度考虑。

* 招商团队的建立和组织，一定要找能与你合作的招商团队。

操作平台二：掌握社区商业地产开发要点

要点 1：500 米限度

社区商业中心是相对集中的社区商业网点所形成的具有多业态的综合性商业市场。这个综合性商业市场不同于大型商场，它的服务对象主要是社区居民。

通过宏一对消费者的消费行为习惯的研究分析得到，由于消费者的就近消费习惯，居民的日常购物消费一般只在居住地 500 米范围内完成。

要点 2：定位充分考虑社区业主的素质和消费力

社区商铺投资是由地段、主力店、开发商、投资时机和人气消费力决定投资前景。大型成熟社区最适宜投资，一些定位较高社区其业主素质和消费力也相应较高。

思达·大河春天中原风情步行街位于东风路科技一条街与天明路交叉口北 500 米处，全开放式经营，纯底层商铺，铺面规划合理，30—70 平方米单铺设计。

思达·大河春天中原风情步行街规划建设前，仔细考察了市场，发现郑州北区商业步行街具备良好的商业素质和潜力，完全可以成为思达品牌进军商业地产市场扩张的奠基石。在未来 1—3 年内，大河春天将有约 3000 个家庭、万余名消费者陆续入住，包括周边几个大社区也将相继建成入住，届时，几万名居民将是思达大河春天中原风情步行街的忠实客户群。强大的需求势必带来通信、金融、邮电、超市、服饰、美容美发等行业在社区商业内

的兴盛与繁荣。

要点3：规划以人为本

社区商业的有关规划，应包括网点布局、与居住区的位置关系、规模结构、建筑特点与营业面积、业态配置，以及商业与交通、商业与文体场馆、商业与社区生态环境保护等内容方面，以使社区商业发展的“以人为本”有规则遵循地落到实处。

要点4：采取街区式规划设计

住宅项目的配套商业大多采取街区式规划设计，紧邻城市道路，将住宅小区和城市有机结合起来，街道上漫步的人们可以很轻松地进入这些商业街区消费。

4万平方米富力·星光大道，采取全景式规划，根据业态经营项目类别不同划分为北城街、鼓楼西街和南城街。

海河新天地配套商业街采取后现代主义设计风格，商业街中间3层、南端4层。商业街中部，巧妙设计了一个椭圆形开放广场，既是小区入口又成为商业街一个开放式交流空间。

5.6万平方米的梅江新海湾，最引人瞩目的是项目内规划了一上一下两个水广场，面积约占项目占地一半，消费者可以在此一边欣赏水景，一边轻松购物。

要点5：避免店面标准化设计

充分考虑商店的装饰效果，承租户的平面布局和店面装饰需要在统一和个性之间维持一种平衡，既要有必要的控制，保证所有商店具有整体性，又要避免标准化的设计，提供给承租户表现个性的机会。

要点6：把握影响规模规划要素

社区商业配套主要以区域内住宅项目为依托，规划数量的三大要素：

1. 周边住宅小区居住户数。

2. 周边居住人群实际购买能力，包括人均消费频次和金额。

3. 该社区商业消费人群是否有可能被其他商业区分流。

社区商铺主要考察其整个社区的体量是否达到一定规模，社区载体的消费需求与社区商铺的定位是否一致，是否具备相当明确的市场初始化条件或者到达一定程度上的成熟。

富力城定位于中高档住宅,社区商铺富力“星光大道”首期商业长廊推出4万多平米商铺,面积从32平方米到535平方米不等,沿街设置8个商业地带,功能定位以餐饮、购物、娱乐为主,平均售价在30000元—35000元/平方米之间,采取买断的销售方式。

要点7：社区商业的业态构成

社区商业主要是现代化的购物中心形式,购物中心和连锁组织相互促进、共同发展。购物中心的核心店基本上都是知名的连锁企业,例如,美国的沃尔玛、日本的大荣等都是它们国家许多社区商业中心的核心店,社区购物中心靠它们来提升对附近居民的吸引力。除核心店外，中心内还汇聚着各种不同规模、不同业种的专业店、专卖店,它们也多是连锁经营。各种连锁经营品牌是支撑社区商业中心的骨干力量,是社区商业中心形成和发展的基础。

要点8：综合性功能满足居民所需

社区商业是为了适应城市居民郊区化而建立的,具有满足社区居民购物、服务、娱乐等综合性需求的功能。

社区购物中心提供的商品包括便利品和选购品,主要有杂货、食品、衣服、鞋帽、家具、家电、建筑材料、药品、珠宝饰品、礼品、酒类等,商品的档次要根据所服务社区的经济状况而定,一般以中档品为主。而服务功能包括,银行、邮政、电信、图书馆、警察所、医疗中心等公共事业,也包括干洗、修鞋、裁剪、洗车等日常服务。社区商业中心又是人们休闲娱乐的场所，提供许多流行的娱乐设施，如雕刻、滑冰场、电影院、健身房、摄影、旅游代理等。

各种类型的餐饮服务，也是社区商业中心的功能之一，快餐、酒吧、咖啡屋等不仅解决了人们购物、娱乐过程中的饮食问题，也是朋友们约会、休闲的良好场所。

要点 9：将便民放在首位

开发商设计商铺初衷是为了方便业主，应该以便民为主要准则。因此，在业态规划方面必须要充分考虑业主的日常生活所需，应以服务类为主要经营内容。如以百货、药房、冲印、美容、服装、文化用品等服务类为经营内容，避免一味追求个性和特色。

要点 10：不要忽视后期运营与管理

社区商业以周边新楼盘居住人口为依托，居民入住速度直接影响到商业配套后续运营。然而，开发商为了快速回流资金，将大多数商铺拆散出售，缺少必要的后期运营与管理，"养铺"不足导致商户入驻率低，因配套不完善业主也不愿入驻，就进一步导致商铺难以为继形成恶性循环。

操作平台三：制定社区商业地产实战攻略

社区商业，就是为社区居民所提供的商业服务，而那些为不特定的人群提供的商业，就不是社区商业。社区商业是城市商业的基础，是满足居民综合消费的重要载体。随着城镇居民人均可支配收入日益提高，消费需求和消费结构发生显著变化，社区居民对服务餐饮、休闲娱乐等多样化、综合性的消费不断增长。城市居民不仅需要繁华的城市、地区商业中心，更需要网点齐全、业态合理、功能完备，并具备一定服务水平的社区商业。

攻略1：制定社区商业地产开发规模标准

社区商业规模规划标准			
规模类型	社区规模	人均商业面积	规模面积
小型社区商业	300-700户	控制在0.6—1.2平方米	500—2500平方米
中型社区商业	2000-4000户	控制在0.7—1.2平方米	4000—14000平方米
大型社区商业	10000-15000户	控制在0.8—1.4平方米	23000—60000平方米
超大型商业社区	1.5万户以上	控制在0.9—1.5平方米	45000—75000平方米

根据商业规模推导出商业业态和商业层次，根据这样的商业层次，再推到出相应的交通时间的标准，便利店5分钟之内就应该步行到达才能体现出便利性。中型的商业街区，10分钟内；大型商业中心，15分钟内；超大型商业，即区域商业中心，骑车在15分钟之内到达。

不同的商业层次又有不同的商业功能，但是社区商业的基本功能应该涵盖这些内容：日常性购物、日常性餐饮、日常性服务、日常性娱乐等，如餐饮、购物、维修、美容美发、图书音像、洗衣、数码彩扩、裁剪、家政服务、再生资源回收等。坚持“以人为本、服务社会”的宗旨，以“便民、利民、为民”为出发点，反映民心、体现民情、满足民需求。

攻略2：结构设计符合商业业态的需求

一般来说，社区商业有稳定的需求，不应该出现太多的空置，如果空置率高，主要是因为商业地产的建筑结构不符合商业业态的需求。一方面社区居民感觉到生活不方便，因为社区商业严重不够；另一方面社区商业设施大量闲置，商家不能进入。主要因为商业地产的建筑结构不符合商业业态的需求，比如商家不需要高层，需要横向伸展的建筑形态。

结构问题是一个比较突出问题，如果结构不合理，商家进驻后就要重新改造，就会加大成本。另外也有一些限制，比如住宅底商做餐饮，不能用明火等等，租金也是很重要的因素。

如，有一个楼盘有四层的独立商业，开发商对商业运营规律不了解导致社区商业设施和使用者不匹配。但是，有空置率并不意味着社区商业饱和。生活在社区里的人都有这种感觉，没有一个人敢说自己生活的社区很方便，购物很容易，大多数还要到传统的城市中心的购物中心或百货商场去购物。很多消费不能在社区的商业里得到满足。目前一个人的月消费在社区里消费达不到1/3。社区商业的业态如果能够满足居民的日常消费，月销售额应该有50%在社区商业里消费。

进入社区商业的大多是连锁经营店铺，如超市、便利店、标准化菜店、餐饮店、洗衣店等各类便民、利民的网点，并逐步搭载便民服务功能，满足社区居民多样化、个性化的消费需求。

攻略3：招商必须纵观全局

有的品牌是吸引客流的，租金低一点没关系，因为此类品牌承租的面积大，能聚人流，并带动其他的店铺。

反而，以小产权式全部出售，因为产权分散，很难统一经营和管理，就会导致投资者单打独斗；同时，投资者为了能取得投资回报的最大化，最后只能将租金拉升得很高。这样就会很容易破坏原来的业态规划，将整个社区商业的业态搞乱。

如果能够有一个资产管理商接过来长期持有，然后再把商业物业租给商家，长期收取稳定的租金收益。因此，聘请专业的管理公司进行组合和整体运行，这就可以让双方利益最大化。

攻略4：运营成本要求比较低

社区商业利润大多属于微利， 毛利低，流水又有限。由于很多开发商都是以小搏大，自有资金很有限，还要承担很多政府应该承担的职责。因此，很难同时满足为民便民的商业需求和商家的低租金要求。

西班牙一个著名的迪亚折扣店，选址的第一条就是租金要特别低，还要有一定的商圈覆盖。在北京已经开了很多家店，但都选择在环境很烂的地方，这是一个国际很有名的折扣店品牌。由此可以知道，社区商业的一个特点就是对运营成本要求比较低。因此，在制定租金价格时，必须同时充分考虑到社区消费需求和商家赢利需求。

社区商业地产核心还是商业，商业运营不到位，再好的位置也做不好。

第五大道的失败，首先说明商家在选址决策上出了问题，进驻的商家实际上都很不成熟。这个项目大多数卖给了投资者，投资者出租的下家都没有什么商业经验，有的租不出去之后，干脆自己投资经营，在竞争如此激烈的市场环境中，这么高的运营成本，想自己开店并做成功几乎是不可能的，更何况判断失误了，这里本来停车就不方便，消费者没有在这里购物的需求。

操作平台四：破译社区商业地产项目营销要点

营销要点1：以售为主，租、售并行

目前，政府为了抑制房地产的过度开发，银行的银根收紧，导致不少开发商资金链紧张。在社区开发过程中，为追求利益的最大化，开发商一般都将社区商业销售出去，产权转移到投资者手中。而如果出租商铺，由于可替代产品众多，像比较适宜进驻社区的银行、品牌超市等商家都会通过长期（一般为10年）租赁，将租金压到极低的水平，这样要收回投资需要相当长的时间。而要自营商铺，大多数开发企业缺乏这方面的经验与专业人才。几经权衡，大多数开发商都选择销售商铺。

在南京市场中，绝大部分社区商铺都是直接出售。地段比较好、楼盘卖得比较火的，社区商铺的开发商一般会选择出售。

随着开发商的意识越来越高，为了品牌的打造，都在寻求更好的新的营销模式。部分开发商先期一般会通过低廉租金的方式，把商家吸引过来，积聚人气，其后楼盘的价值、商铺的价值都会得到更好的体现。

金马郦城开发商有意持有约20000平方米的商业街，金陵大公馆小区有近20000平方米的社区商铺，开发商也不准备出售。只租不卖，为了是好控制。这样才能更好地体现楼盘品质，考验开发商的实力。

营销要点2：商铺价格是住宅价格的两倍

开发商对住宅底商定价的时候，主要参考住宅价格，一般来说，商铺价格是住宅价格的两倍。但在许多二、三级城市如乌鲁木齐、呼和浩特、石家庄、东营、柳州等，当地的商铺价格基本是住宅价格的5—10倍，甚至更高。以柳州为例，当地的水景住宅销售价格每平方米不到3000元，一般商品房价格每平方米2000元出头，但商铺的价格基本在每平方米3万元，有些甚至达到5万多元。

操作平台五：社区商业地产精彩案例解析

案例一：剖析沙河生活广场制胜之道

制胜之道1：五大武器保航护驾

武器1：区域经济

城东超大居住区的核心要塞位置，80万消费群体日常生活、餐饮、娱乐消费全面支撑。

武器2：社区经济

周边10余个大中型住宅小区，5万余常住居民。

武器3：休闲经济

沙河滨河休闲商业区中心，大型餐饮、水娱、休闲业态设计，全面弥补区域休闲商业空缺。

武器4：校园经济

沙河生活广场距离四川师范大学仅600

米，距离四川大学1000余米，校园经济向来都是商业投资热点，两大高校围合，处于川大、川师高校经济圈中心，其消费潜力不可限量。

武器5：旅游经济

通往休闲旅游热点区域三圣乡、幸福梅林和龙泉的必经之路，每年接收数百万的旅游消费群体，前景宏大。

制胜之道2：稀有和独一无二双重保障

沙河生活广场的开发思路、规划设计及硬件条件树立了城东商业的标杆。整个项目将社区补给和商业中心融为一体，业态上互为补充，人气交叉推动，这将创造城东商业不可比拟的财富盛宴。无论是全产权全独立街铺，还是大型商业中心、商业内街，沙河生活广场具备满足大社区和整个城东的休闲、娱乐消费需求的双重功能。在整个新城东，沙河生活广场是具备大型餐饮经营条件的大商业项目，垂直观光电梯和专用烟道的设置都在实质上提升了整个项目的档次和形象，项目的稀有和独一无二为其投资潜力增加了坚定的双重保障。

制胜之道3：小规模，大设计

产品设计方面，由两条商街和两栋三层独立商业组成，三大入口，五条主通道构筑的循环立体交通体系，充分保障人流的循环性和人气聚集性，户户临街，全通透设计。建筑规划设计上，设计有独立专用烟道、上下水系统、天然气接口预留，全部按照大型商业中心的要求设置。

制胜之道4：以满足社区消费为主的业态组合

两大组团以大型餐饮、水娱、KTV为主，日常居家需求补给为辅。

制胜之道5：多样性的投资组合满足市场需求

沙河生活广场的投资门槛很低，完全可以用买房的钱买铺，真正做到了低投资，稳定回报，高潜力。

首付100000元就可以拥有底层临街全产权商铺，且商铺面积多以20、30平米为主，可任意组合至1000平米以上，可以满足多种业态需求以及各种金额的投资组合，自营和投资都是极佳的选择。

案例二：上海2006打造浦东社区商业样本

1. 科学选择的市场定位

在销售型商铺项目上，目前浦东依然以社区商铺为主。日前，位于浦东世纪公园南部的商铺项目“上海2006”交房，作为目前浦东社区商铺的一个典型案例，它在商业氛围并不成熟的花木地区获得热销，引起市场关注。虽然该项目毗邻世纪公园周边一些品质高端的楼盘，但是还有大片的普通住宅区，而且这些社区的入住率并不高，人气本身就有所欠缺。当然，周边住宅一多，做成社区型商铺，是比较科学的选择，但整体的档次不会太高。

“上海2006”项目位于银霄路、梅花路，北靠浦东世纪公园，总建筑面积12000平方米，由并排两列商铺组成280米长的商业街，除两端转角为三层铺面外，其余都是两层设计。

上海2006全部是现房销售。2005年6月16日，该项目首期开盘，销售均价30000元/平方米左右，当时有53套中小面积的铺位在售，开盘即热销。同年8月19日，该项目二期开盘，共推出31套，迄今为止整个项目销售率已超过90%，均价则上涨至40000元/平方米左右。

2. 商业空间可自由隔断

从单体来看，该项目共有84个铺位，主要设计成95—150平方米、两层楼的中小铺面，正对梅花路的一排商铺面积为150平方米/套，靠近世纪公园的一排商铺为95平方米/套的小面积设计。每套面宽6—8米，进深8—12米，一楼高3.5米，二楼5.5米，业主可自由隔断。

目前这里的小面积商铺已经全部售出，仅剩下商业街两端转角部位的大套型，面积在300平方米/套以上的3层楼铺，一层层高5米，二、三层分别为4米。

3. 业态以美食、娱乐为主的休闲街

“上海2006”的定位是以美食、娱乐为主的休闲街。临梅花路的一排商铺被设计成国内几大菜系主题餐馆和异域美食街；靠内的一排商铺则设计成酒吧、休闲和美容一条街；两侧转角处则主要是为银行准备的。

案例三：推出“分享式消费”概念——易事达购物休闲广场

占地面积3万平方米，总建筑面积5万余平方米，拥有近800个停车位，集合了精品百货、电器、生鲜综合超市、中餐酒楼、西洋快餐、健身美容、康体娱乐、运动球馆等流通商业。整个商业广场由健身、购物、娱乐、休闲、餐饮酒店5大主题区组成，各个区域由多个公共商业空间联系组织。

刚刚开业的这座“社区Mall”推出了“分享式消费”的概念，进行分时段促销，包括按不同时段赠送不同的免费优惠券、免费礼品等，每周都有不同的主题活动，开业之初，就有“电影夜市排档”亮相。除了有得逛，有得看，广场还吸引了诸多餐饮企业加盟。此外，还引入了高品质的健身机构“25小时”，广场内甚至还设置了室内足球场和篮球场。

案例四：中原首座集成式度假休闲街区——帝湖花园·欧洲街

帝湖花园推出“欧洲街”——“中原首座集成式度假休闲街区”，以‘街区’理念为核心，由City Mall和近5万平方米体量的三条商业街为组成的集成式商业街区。全面升级项目商业区，携手天津家世界连锁商业集团，以工人路商业街、帝湖中央商业步行街和威尼斯北街三条商业街为纽带，形成以航海路大型集成一站式City Mall——帝湖家世界为中心（总面积4万平方米），开发商一改过去住宅以及社区商业纯粹的配套服务功能，愈加突出社区商业的重要性，成为统领项目的卖点之一。

案例五：百联西郊购物中心

位于上海西郊的长宁区新泾地区，是百联集团旗下一家全新的商业中心和社区

中心。定位于社区型购物中心，服务于周边居民社区，力求为数十万居民提供一个温馨和谐的休闲、消费场所。大型超市、精品百货、家居用品、餐饮娱乐、品牌专卖、社区服务等等，丰富的业态组合，给予消费者多一份的选择和多一份的满足。

购物中心占地面积 3.4 万平方米，建筑面积 11 万平方米，整个建筑物分地下二层和地上四层。购物中心采用开放式建筑风格，体现人性化设计理念，通过贯穿东西两侧出入口的步行街、室外与室内交替的环型走廊和天桥、开敞的园林景观中心广场，将三个区域的建筑有机地组合成一个整体，新颖的视觉效果，清新的绿化环境，处处彰显品味和情趣。

案例六：翡翠城的社区商业中心

翡翠城总占地面积 1420 亩，社区商业中心就占到了 50 多亩，总建筑面积达到 5 万平方米，其中，地上部分有 3.4 万平方米。

闲林大盘翡翠城的社区商业中心规划甫一出台，便吸引了众多人的眼光，在这里，有按五星级标准建造的酒店、三层楼高的超市、设有大面积观景露台的餐馆、有喷水池的广场、风情的商业街、咖啡馆、健身中心……

这个社区商业中心倡导一站式购物，即人们在一个地方就能直接完成购物、吃饭等所有事情。这个概念并不算新，远的像苏州邻里中心新城大厦，近的像城西的西城广场，这两个地方都可以一站式购物，但是都把所有功能集合在了一栋建筑里，省了地，却少了休闲和交流的空间。

设计很注重休闲氛围的营造和交流空间的设置，规划建造的都是低层建筑，每栋建筑高低错落，休闲的内街、带喷水池的大广场、钟楼，都让空间变化极为丰富，走在其中，移步换景，总让人有豁然开朗的感觉。

还有个很抢眼的设计——塔楼，开发商希望业主远远望到塔楼，就会有回到家了的感觉。

操作平台六：社区商业项目营销推广实战参考案例

※××花园社区商铺营销推广策略执行方案

一、目标与总体推广原则概述

（一）销售目标（2003 年 2 月底全面导入项目宣传）

1. 2003 年 5 月底完成商铺销售 2 万平方米，实现 45%的销售率（按 44531.22 平方米计算）。

2. 基本结束商铺的强势销售工作，剩余面积将与住宅同期稳步推售或租赁。

备注：

1. 为实现这一销售目标，旺场及树立客户购买信心的招商工作需要提前进行（2003 年 1 月就可正式开始招商 / 租的工作）。

2. 5 月底基本达到销售目标后，招商租赁工作及为此服务的组织架构还应继续运作一定的时间（建议时间为 3—5 年，因为需要执行返租计划），以保证对整体商业环境的管理与维护，保持本商业区域的兴旺与持续影响力。

（二）××花园商铺推广十大原则

项目自身只是一尊“躯壳”，营销推广才是它的“灵魂”。项目要实现上述销售目标，就必须有强势的市场推广与包装。此项目的商铺推广应遵循以下十大原则。

原则一：强势启动原则

区域市场的发展趋势，以及来自周边的竞争压力，需要我们迅速地将本项目的商业环境及商业气氛组建和聚拢起来。同时，客户对本区域市场消费前景信心不足的实际情况，更加要求我们不能按照常规的商铺销售模式来消化这些产品。

因此，××花园必须是通过推广手段的组合强势启动项目销售，而不是依靠一般的简单诉求和包装，必须是给予市场强势形象，全面、快速启动市场。配合此目的。我们为本项目制定了"六大"推广计划、"四大"阶段推广策略及价格策略（具体详情见后述）。

其基本思路是：

"四大"阶段推广策略 —刺激市场 引起关注→ "六大"推广计划 —促成购买 形成竞争优势→ 价格策略（适时调控）

相关流程或连接链：

1. 前期招商部门成立，理顺"六大"推广计划、"四大"阶段推广策略的具体内容（03.2.10—28）。

2. 招商部门确定整体 VI 系统后，对项目地段区域等实行包装（03.2.14—28）。

3. 招商部门与政府及媒介等方面进行积极接触、沟通（03.2.10—28）。

4. 招商部门同步执行"六大"推广计划及"四大"阶段推广策略中的具体工作（03.2—5）。

5. 由"四大"阶段推广策略配合各项包装，刺激市场，引起市场关注（03.2—5）。

6. 用"六大"推广计划促进购买，同时形成竞争优势（03.2—5）。

7. 顺利建立项目的高强姿态。

原则二：卖点的推出必须有层次

靠近学校，可以形成独特的"文化产业商铺经济消费圈"，这是××花园商铺拥有的核心竞争优势，也即它的核心卖点和特色。围绕这一核心卖点还可以提炼出其他众多的卖点，但是这些卖点的推出必须是有节奏和有目的的，只有这样才能辅助项目进行更好的营销推广。

1. 不能提前透支卖点，必须结合推广节奏

除可以发觉和挖掘出的项目卖点外，其实"六大"推广计划和"四大"阶段推广策略本身也自成项目卖点。由于我们的整体推广采取先“强势启动”的原则，因此项目的卖点需要根据推广节奏与步伐逐步“缓释”。

※项目卖点与推广节奏的配合

推广阶段	时间	配合卖点类别
导入期	3.3–14	区域增值前景、投资回报、消费人流量、配套
蓄客期	3.17–4.6	区域增值前景、投资回报、消费人流量、经营与管理、环境及人文资源、建筑及规划
公开发售期	4.12	区域增值前景、投资回报、消费人流量、配套、区域优势、品牌实力与承诺、建筑及规划、经营与管理、环境及人文资源
热销延续期	5月上旬	投资回报、消费人流量、配套

2. 卖点不能一次推完，必须根据客户消费特点和市场形势需求相应推出

具体卖点推出分布大致为：

（1）根据客户消费特点（关注区域增值前景、投资回报、消费人流量、配套等）

※消费人流量

* ××大学拥有4万学子，有充足的消费客源保证。

* 周边校区的全面形成，将为此项目形成巨大的消费圈。

* 充裕的消费人群，保证开业即旺无需“守场”。

※经营与管理

* 新颖的经营模式，成为城市商业市场新热点。

* 所有的商铺都临街经营，减小了经营者的担心。

* 引入全新的管理模式，专业商业管理机构提供全面的管理顾问。

※配套

* 市政配套。周边市政交通便利，配套日趋完善，包括××大学、九年制中小学、人民医院、光大银行、通讯、酒楼等。

* 周边校府林立，与高科技开发区毗邻，可汇聚大量高素质消费人流。

* 周边配套虽有待完善,短时间内却正好成就了独家经营,减少了竞争压力。

(2)根据市场形势需求(关注区域优势、品牌实力与承诺、建筑及规划等)

※区域特色、优势或概况

* 地域优势。位于××市城市规划发展方向的东部,靠近高新技术产业开发区,拥有强势的发展前景与升值潜能。

* ××市内目前尚未出现类似特色的、针对性极强的社区商业项目,条件成熟后一经推出,其市场吸引力和升值潜力将是巨大的。

* 目前周边竞争环境还未真正形成的优势,若配合强有力的策划推广、销售力量,将一切劣势、威胁化解至最低限度,强化投资者信心,促进项目成功,形成领先特色。

* 可建立本项目在××市场上独特的、易于传播和记忆的形象。

* 可创造市场空间,抢占先机赢得本区域市场的主导地位。

* 与××市场上的商铺错开层次,创造差异化市场。

* 定位针对性极强,可形成项目本身的独特竞争优势。

* ××商业文化上一面独特的旗帜。

* 打破传统社区临街商铺常规的经营模式。

* 政府全面扶持,项目所在地将是该地区商业发展的又一核心区域。

※品牌实力与承诺

* 开发商实力雄厚,拥有较高的市场信誉度与口碑,有利于吸引大型主力店进驻经营,有助于加快项目的成熟周期和促进项目的市场推广。

* 开发商实力雄厚,承诺开业时间,降低投资风险。

* 开发商实力雄厚,推出“六大”推广计划、“四大”阶段推广策略。

※环境及人文资源

* 环境资源。拥有黎明湖旖旎风景，市中心与市郊结合过渡地带，空气自然清新，远离工业污染。

* 黎明湖地脉环境优势，为项目带来更多商机。

* 优越的地域环境，属××市城市规划方向，物业坐享无限升值潜力。

* 人力资源素质。拥有高校、市政、医院、开发软件园区、开发办公区及产业区等高质素消费群。

※客户、推广

* 可以容纳 276 户商家同时经营，能够形成规模经营的最优效益。

* 全面统一的招商、招租，免除了投资者的后顾之忧。

* 强大的对外宣传推广，为旺场提供必要的保障。

* 租售同步，开业无须等待，投资拥有快速回报。

※建筑及规划

* 建筑设计高质。全框架结构，面积分割灵活，采光充分，视野开阔，能够满足各类型商家经营的要求。

* 商铺外立面全部采用纯天然高档石材，减少住户装修，避免了经营的杂乱，保证了社区商铺的档次与整体效果。

* 商铺规划设计质量较高，能够获得客户青睐。

* 地上一、二层（局部三层）为连体商铺，内设楼梯，每户四—六户商服设一部楼梯，采用外廊相连通，增加过渡缓冲空间，可避免夏季阴雨合冬季风雪对顾客的影响，可烘托店铺的商业气氛。

* 可提供多种商铺间隔面积(97.2/194/291 等，最小 97.2 平方米，最大 1206.87 平方米)。

* 规划间隔比例基本合理（以开间 5.4 米，进深 17.6 米的规划间隔为主）。

* 商铺规划遵循哈佛大学 Peter Rowo 教授提出的最佳定位理论。

* 住宅的智能化体系的益处可辐射到商铺的建设与经营。

原则三：对于区位进行强势包装，全面提升区位带来的商业价值

××花园商铺所面临的不是产品问题，而是首先如何解决投资者、购买消费群的投资信心问题和对本区域市场未来升值前景及升值潜力的信心问题。因此，对本区域区位进行强势包装，全面提升区位商业价值是项目招商前，即销售准备阶段（导入期）的先行工作。

1. 对地段区位的硬包装（常规广告）

××花园目前的区域还未真正成熟，大学、中、小学还没有建好。区域的利好环境还需要一段时间完善，因此，买家虽然对地段看好，但没有足够的信心支持，而且从各个方面得到的信息并不是很强势，对于地段的前景信心还没有完全建立，仅仅是处于一个持币观望的心态。

对地段区位的硬包装，主要是通过“户外广告牌、道旗、三角灯箱”等一系列的户外载体进行直接的信息诉求。

（1）××花园商铺各路段户外广告安排

地段		户外广告牌	道　旗	三角灯箱
		间距或数量安排	间距或数量安排	间距或数量安排
横向	东风路	经一街交界处1块龙永街交界处1块		
	纬二路			每150米1电杆1个
	建设路			每100米1电杆1个
	科技路			每80米1电杆1个
	发展路		每50米2面	每50米1电杆1个
纵向	经三街		每200米2面	
	经九街		每150米2面	
	火炬新街		每100米2面	
	湖滨大街	发展路交界处1块	每50米2面	每50米1电杆1个

（2）××花园商铺户外广告设计及安装时间

地段		户外广告牌		道　旗		三角灯箱箱	
		设计完成	安装完成	设计完成	安装完成	设计完成	安装完成
横向	东风路	03.2.14	03.2.25				
	纬二路					03.2.14	03.2.26~28
	建设路					03.2.14	03.2.26~28
	科技路					03.2.14	03.2.26~28
纵向	发展路			03.2.14	03.2.28	03.2.14	03.2.26~28
	经三街			03.2.14	03.2.28		
	经九街			03.2.14	03.2.28		
	火炬新街			03.2.14	03.2.28		
	湖滨大街	03.2.14	03.2.25	03.2.14	03.2.28	03.2.14	03.2.26~28

2. 对投资及回报信心的软包装（公关活动）

正是由于××花园商铺周边区域并不成熟，商家不仅仅是对区域的发展前景表示担心，同时更是直接影响到买家对投资回报的信心。投资者对商铺以后经营的利益回报没有一个完全参考依据，更希望能够得到政府或权威方面的态度，树立足够的信心。

对投资回报信心的软包装，我们采取的执行措施主要包括："六大"推广计划和"四大"阶段推广策略、价格调整策略、常规销售与泛销售相结合策略等（具体系列措施见后）。

原则四：造势、做市、做事原则

××花园商铺要在激烈的市场竞争中赢得"先手"，并保证项目在全面进入市场后短期内迅速取得成功，我们认为"造势、做市、做事"三位一体的全方位整体组合推广策略势在必行。

1. 造势：

（1）利用政府及媒介的权威性开展区域炒作

积极利用项目位于××市市政区域的优势，以及政府城市规划发展方向的有利条件，借助政府搭出“新文化中心”的台、媒介唱出“关注一颗耀眼的星星”的戏。

（2）形成“××文化中心”的舆论地位

“政府搭台、媒介唱戏”开始后，项目所在区域必将成为市民关注的亮点。通过政府这种具有权威性的造势和媒介轰炸性的煽动，将××花园商铺渲染成一个依托学府条件而形成的“××文化中心”就极为可能，并顺利成章。让这种舆论在××市民口中传播开来，有利项目的推广和招租。

（3）采用“事件行销”活动，制造轰动效应

为达到造势的目的与效果，在商铺租售的导入期（蓄客期），我们建议采用“媒介发布‘新文化中心’连载文章”和“文化产业与商铺投资财富论坛会”这两大行销事件来制造轰动效应。

2. 做市

（1）通过整合各种营销途径，将市场启动出来

为迅速占领市场，缩短销售周期，我们为项目度身定制了诸如“六大”推广计划和“四大”阶段推广策略等众多的营销手法与途径，其目的是要将项目快速而有力地全面启动起来形成“市场”。

（2）充分认知和锁定目标消费者，提供与其理想和要求相契合的置业方式

经过以上一系列的行动之后，例如主流媒介《××晚报》等全面炒作，一种以文化产业所带来的投资商机已被我们导入，但这种商机与契机并非人人熟知与即刻可以预见或了解。因此，如何让项目与潜在消费者之间产生充分认知，锁定目标消费者，提供与其理想和要求相契合的置业方式，是我们做市工作中的一个重要组成部分。

（3）开展点对点、面对面的推广

开展点对点、面对面的推广，其实还是为了达到锁定消费群的目的，即：我们将采取持久而长期的“销售人员地毯式访问，全方位收集意向租赁商业信息”的活动，全面启动项目，建立项目强势形象，进行蓄客，为开盘热销奠定基础。

3. 做事

（1）注重产品细节及包装细节

“造势、做市”之后，项目的市场口碑与形象基本形成或建立，此时，“真诚而细致”地“做事”是对这些工作维系的良好保证。即要求在项目推广的每一个环节中都要细心而大胆，要十分注重产品执行的细节以及包装过程中的细节，例如商铺间隔规划的科学性与合理性、VI视别系统的统一性、店招管理的规范化、销售人员的热情周到等。

（2）将市场推广工作细致化

市场推广工作的细致化，主要指每一环节和每一步骤的周到、细致与有效、有机结合。例如销售时间、目标的安排，泛销人员的着装、报纸广告的投放时间与投放量的安排……

（3）举行公关活动，增强人气，与消费者拉近距离

公关活动的主要目的是为了增强项目的人气，与消费者拉近距离。因此，公关活动举行的唯一宗旨即：可观性、亲和性或可参与性，可提升项目档次与形象力。

原则五：对投资者进行诱导

项目确保销售上的成功关键之一，即需要在正式全面推售前建立区位投资信心，这种投资信心目前在当地市场缺乏并不明显。因此，××花园商铺的执行推广前阶段，需要大力对投资方向及环境进行诱导：以文化产业调动投资者的热情，以商铺投资回报启发消费者的想象力。通过这种诱导提前灌输各种美妙的细节，让投资者心醉。

原则六：与主流媒体进行深度合作

政府及媒体的言论对区位投资的影响力是深远而巨大的。因此，在推广中，必须紧紧联合政府、联合主流媒体对项目进行深度的包装宣传。与主流媒体的深度合作主要指与《××晚报》等的合作，通过双边和多边联手合作对区位大力炒作，增强项目

区域的商业价值与投资者的投资信心。

原则七：成为市场的焦点与热点

商业物业若要拥有一个成功的租售期，衡量的最重要指标是人气指数，尤其是租售现场人气的聚集，旺盛且持续的人气，对项目租售的推动作用是巨大的。

事件行销能够有效地制造社会焦点与租售热点，且针对性强，效果直接。本项目商铺的传播推广，必须持续地创造并保持旺盛的现场人气，产生对租售的推动力。

原则八：创新性地拓展销售渠道

对于商铺本身，若要快速地租售，必须建立一个强大的租售团队（招商租赁部及项目销售部），这对项目租售的成功实现起着关键的作用。

对营销组织架构进行创新性的发展，改变固有的销售推广方式，为了扩大项目影响力和与客户接触的层面，必须充分利用方方面面的租售及推广资源。

原则九：合理积极地制订价格策略

对于本项目而言，其租售策略还是要侧重于价格的制订与调整。价格是一把双刃剑，租售价高虽然可以让开发商获取较大的利润，但会影响商铺的租售速度。××花园的销售价格需要与销售手法进行全盘考虑，而不仅仅是价格调整的问题。如何适应市场，达到直接促进成交，这是制定价格时必须考虑的重点。

原则十："短、平、快"原则

由于市场竞争压力的迫近，本商铺的推售时间与周期不可过长。因此，我们建议本商铺宜采用"短、平、快"的价格策略，力求在较短的时间内快速出货，并形成浓重的商业氛围。具体拆解为：

短：销售时间上的尽量短，销售周期上的尽量压缩。目的在于配合××花园整体项目的销售进度，同时抢占市场先机。因此，本项目虽然要遵循销售周期的规律，但不再像住宅一样进行清晰的阶段区分，要求所有销售工作务必在2003年1—5月此五个月内完成。

平：项目推售过程中的“平”包括价格上的平稳、合理、科学（甚至低廉——不适合××花园商铺）；推售策略上的稳步推进和缜密衔接。目前本项目商铺的均价为6245元/平方米，在××同类产品中价格偏中高。这种价格若要市场顺利接受，则相应的配套促进及服务手段必不可缺（“六大”推广计划、“四大”阶段推广策略及价格策略即是为此目的而开展的）。

快：即指快速出货、快速招租、快速达标等。市场的不可预见性、市场的多变性、项目整体工程进度与推广策略均要求商铺的各项工作快而有序。

二、六大推广执行计划

投资前景与潜力是项目目前的优势，也是劣势。为化解这些不足，形成强势推广，快速启动市场，针对性地制定了商铺推广的六大执行计划。

（一）高姿态招商计划

项目招租工作先行，及早形成商业氛围，造成还在持币观望或仍没有投资信心客户的心理压力，加速落定和购买，让投资者感觉到即买即收租的有利局面。开发商以高姿态招租，其主要目的是为了以后推出销售举措做好铺垫。

1. 组建销售租赁部

（1）××花园租售管理架构

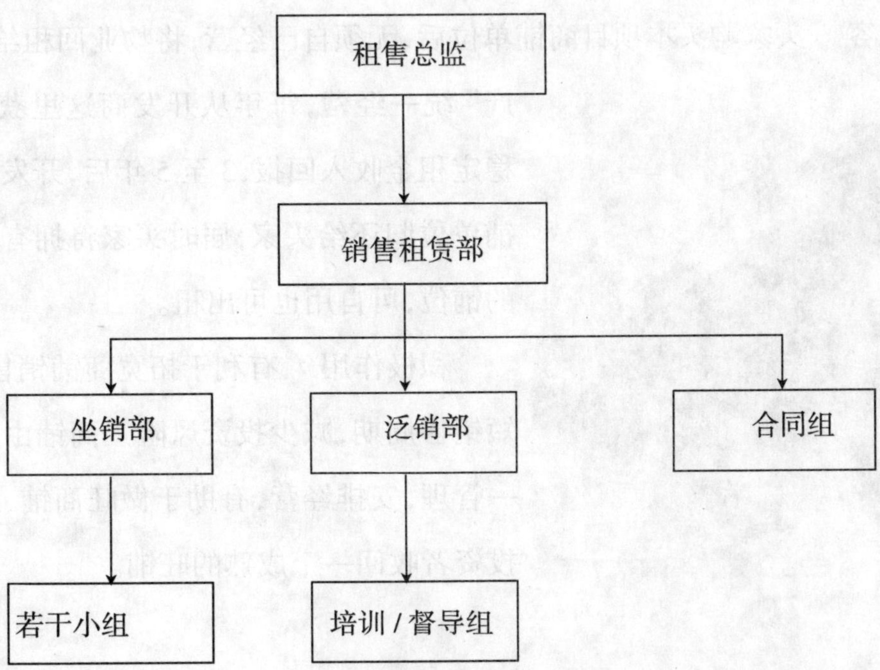

（2）总租赁销售部组建

* 组建时间：2003 年 2 月中旬。

* 组建职责：统一、全面地对本项目的租售进行协调经营与管理。

* 组建意义：加快形成商业氛围，加强投资者投资信心，缩短租售周期，全面树立项目形象。

2. 政府搭台，媒介唱戏招商造势计划

租售部门成立之后，将全权担负起对项目推广及租售的全部工作。成立初期积极与政府及 ×× 主流媒介的合作，是本部门的主要工作方向，也是项目取得销售成功的必要铺垫。

* 政府搭台（具体策略见后述）。

* 文化产业与商铺投资财富论坛会。

* 媒介唱戏（具体策略见后述）。

* 媒介发布“新文化中心”连载文章。

* 报纸的全包式专题。

（二）返租回报计划

具体内容：买家购买本项目商铺单位后，无须自己经营，将物业回租给“××地产”统一经营，每年从开发商这里获得 9% 的稳定租金收入回报，3 至 5 年后，开发商将该商铺单位归还给买家，届时买家将拥有一个成熟的铺位，可自用也可出租。

积极作用：有利于拓宽商铺销售层面，缩短销售周期，减少投资风险。商铺由开发商统一管理，安排经营，有助于做旺商铺，返租期满投资者收回一个成熟的旺铺。

步骤流程：

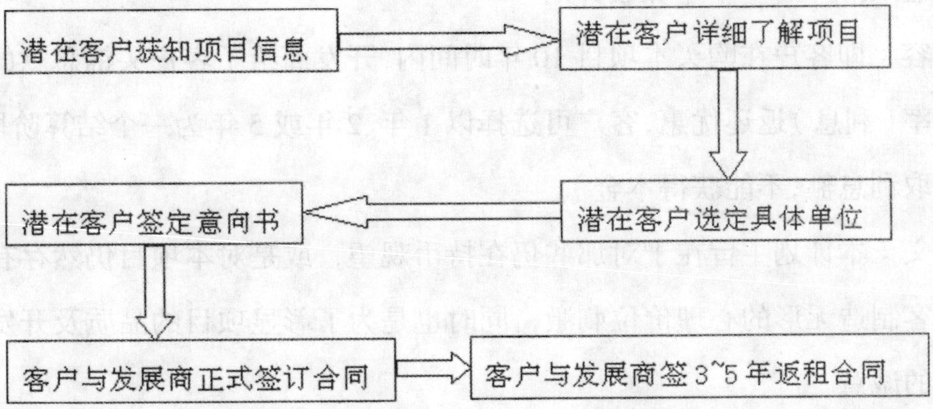

（三）“1+1”双赢（及房屋银行）计划

具体内容：“1+1 双赢计划” 即指将××花园的住宅与商铺联合起来进行捆绑式销售。买家购买××花园商铺的同时，可享受一定额度购买住宅的优惠待遇。

积极意义：通过捆绑式的销售，实现住宅、商铺双赢的局面。可缩短商铺销售周期，加快住宅的推售进度。同时，买家选择了“1+1 双赢计划”，开发商不仅可以向客户提供商铺的利润分成计划，同时，也可以提供住宅投资的利润分成计划，相当于为投资者提供一个详细的个人理财计划。

适用范围：本措施只针对 70—80 平方米的住宅。

适用时间：即时起直至适合条件范围内所有商铺或住宅销售完毕。

捆绑住宅优惠额度（或原则）：

与住宅一起捆绑推售的住宅单位，其优惠额度及范围主要来源于开发商从商铺上获取的金额数。

例如：客户购买一套 100.33 平方米的商铺

（1）原单价：6860 元 / 平方米（将单价暗中上调 100 元 / 平方米）。

（2）调整后单价：6960 元 / 平方米。

（3）100 元 / 平方米的差价转移到住宅上作为优惠额度。

（四）“金饭碗”——十年保收计划

具体内容：即客户在购买本项目10年时间内,开发商给予客户买铺总款的银行同等存款利率（利息）返还优惠,客户可选择以1年、2年或5年为一个结算阶段（客户之只能收取利息额,不能获得本金）。

积极意义：本计划主旨在于对那些仍在持币观望，或是对本项目仍然存有极大顾虑的投资客制造无形的心理价位刺激，同时也是为了彰显项目的品质及开发商全心服务客户的诚意。

具体执行流程：

（1）客户选择具体商铺单位。

（2）客户与开发商签订商铺购买合同。

（3）客户与开发商签订“金饭碗——十年保收计划”协议书,具体包括：确定具体返息时间、确定付息方式、确定双方所持权利与义务、客户基本信息资料、客户所购商铺的具体资料、开发商的最终解释权。（如：在银行利率降低情况下可不事先通知）

（4）客户按协议书上自愿时间收取返还利息。

（五）“创业板”——主力样板示范店计划

具体内容与积极意义：本项目商铺经营是否成功，很大程度上取决于商户的构成,商品与服务的合理搭配也可以有效地营造“商业氛围”。因此,开发商在前期开展的招商工作中，应以相当优惠的条件引入品牌店或主力专卖店，如联想电脑等，在××花园商铺建立主力样板示范店招,为租客户提供创业的机会,对于其他买家起到一个直接的推动作用。

操作示范或流程：

1. 招租部门与主力店建立联系

（1）招租部门积极主动地与一些品牌店或主力专卖店等取得联系

联系方式包括：

＊人员上门拜访。

＊电话意向询问。

(2) 从销售人员的客户源中获得,重点加以追踪

＊信息获取途径：客户上门后留下的联系电话或方式。

＊客户通过电话咨询后留下的联系电话或方式。

＊由他人介绍。

(3) 在泛销中获得客户源中获得,重点加以追踪

＊信息获取途径：派单过程登记下来的联系电话或方式。

＊电话追踪后留下的联系电话或方式。

＊由广告或其他途径吸引来的联系电话或方式。

2. 与主力店联系时间及入驻时间的划分

(1)招租部门自成立之日起随时与主力店进行积极联系。

(2)2003 年 2 月中下旬(即至 2 月底左右),必须洽谈有 1—5 家同意意向入驻的主力店。

(3)2003 年 5 月底,至少完成 1—2 家主力店入主的目标。

3. 引入主力店的流程、方式及优惠条件（本工作由项目招租部门统一负责完成）

(1)与有意向进驻的主力店建立联系。

(2)与有意向进驻的主力店进行切实洽谈。

(3)就主力店意向选择商铺单位进行商谈。

具体包括：商铺位置、面积、所需数量、需要开发商提供的硬件支持、需要开发商完善的地方等。

(4)意向进驻主力店选中具体商铺。

(5)与有意向进驻的主力店就价格进行商定。

(6) 与有意向进驻主力店就开发商的义务进行确定。

例如：由开发商提供统一的门面装饰、店招设计等。

（7）与有意向进驻的主力店就主力店的义务进行确定。

例如：允许开发商在该店未正式进入之前，可对外宣传该主力店即将在此开业、该主力店需加入由开发商统一制定的优惠业主或消费顾客（如赠给学生 100 元消费购物优惠卡）的置业会计划或其他优惠促销计划等。

（8）与有意向进驻的主力店签订意向协议书。

（9）签订意向协议书的主力店，向开发商提供开业前相关软硬宣传方面的物料或资料支持等。

例如：该主力店及相关产品或服务介绍的资料、相应宣传图片或资料。

（10）开发商开始统一布置该主力店店面、店招等（也可由主力店自己完成）。

（11）开发商对外正式宣传该主力店的即将开业。

（12）意向主力店提出要正式进入。

（13）就双方义务和权利进行再次商定。

（14）签署购铺合同。

（15）主力店装修、入驻、开业。

4. 对主力店的限制和要求

（1）主力店选择面要广泛，包含多种类型。

（2）对于始终只是意向入驻主力店，其位置进行叉开间隔安排，甚至安排在极差的位置。

（3）有意向的主力店其商铺意向空置时间不可超过 3—5 个月。

（4）有意向的主力店的价格优惠实行最低限制。

（5）有意向的主力店必须无条件参加开发商的优惠促销计划。

（6）接受开发商统一的商铺管理。

（7）其它。

5. 对仅仅只能是意向主力店空置商铺的处理

（1）空置时间可能超过 3—5 个月的，提前暗中出售，对外适当保留宣传，直至最终停止宣传，并作未开业之解释（假说）。

（2）空置时间已经超过3—5个月的，出售，停止宣传，并作未开业之解释（假说）。

（六）带租约发售计划

内容与积极意义：开发商与有意向在××花园经营商铺的意向客户进行洽谈，签订合作意向协定。当有其他买家购买到本商铺时，开发商将前期签订的意向客户介绍给该商铺的买家（或开发商直接与该意向买家——返租）进行租赁本商铺的细节洽谈，保证商铺的投资回报，让买家购买到商铺时既已拥有了稳定租约（回报）。

具体执行流程：

（1）项目招商租赁部门积极开展引入意向经营商家的工作。

引入意向经营商家的途径：传统坐销+泛销。

（2）意向经营商家选中具体商铺。

（3）意向经营商家提供资料或提出自己要求。

例如：联系方式、经营类别、租赁时间要求、租金要求等。

（4）意向商家与开发商签订意向进驻协议书。

（5）开发商对该商铺及意向商家的资料进行整理归档，并做适度保密与适度宣传。

（6）买家购买到本意向商铺，并正式签订合同。

（7）买家与开发商确定返租回报率。

（8）买家委托开发商进行该商铺的返租。

（9）开发商及时知会意向经营商家进行洽谈。

（10）洽谈成功，与经营商家签订3—5年（或更长时间）的租赁合同。

（11）商家经营，买家收取回报租金。

三、××花园商铺现状分析

(一)SWOT分析

对项目商铺的剖析,就是希望从市场的角度、从投资者的角度,去发掘项目自身的优势与不足,为销售力提纯项目核心竞争优势、提供基础数据。

1. 优势(S)与劣势(W)分析

(1)优势(S):

★地域优势:

位于××市城市规划发展方向的东部,靠近高新技术产业开发区,拥有强势的发展前景与升值潜能。

★环境资源:

拥有黎明湖旖旎风景。市中心与市郊结合过渡地带,空气自然清新,远离工业污染。

★市政配套:

周边市政交通便利,配套日趋完善,包括××大学、九年制中小学、人民医院、光大银行、通讯、酒楼等。

★人力资源素质:

拥有数万名高校学子,市政、医院、开发软件园区、开发办公区及产业区等高质素居民。

(2)劣势(W):

* 市郊结合部,市政配套还在完善过程中,发展潜力虽大,但目前表象上不明显。

* 主要消费群体,××大学二期还未正式完成,消费能量暂时不能充分体现。

* 商铺整体规划间隔面积过大,总价相对偏高,与市场实际需求有差距,推售上具有一定困难。

* 目前功能划分不清晰,缺乏主题特色,造成散铺散卖及销售上的被动。

* 前期市场推广不到位,缺乏市场吸引力。

2. 机会（O）与威胁（T）分析

（1）机会（O）：

* ××市内目前尚未出现类似特色的、针对性极强的社区商业项目，条件成熟后一经推出，其市场吸引力和升值潜力将是巨大的。

* 可充分利用目前周边竞争环境还未真正形成的优势，配合强有力的策划推广、销售力量，将一切劣势、威胁化解至最低限度，强化投资者信心，促成项目成功，形成领先特色。

* 周边校区的全面形成，将形成巨大的消费圈。

（2）威胁（T）

* 如此极具针对性的社区商业街在××尚属首次出现，其商铺价格、经营模式均不具可比性，投资者及经营商家存在很大的信心问题，易产生持观望心理。

* 商铺面积过大，总价相应偏高，造成置业门槛，限定了投资范围，会造成商铺销售通路的不流畅，甚至会成为推售工作上的阻力。

四、××花园商铺的市场定位

对于××花园商铺的定位，不应该仅是从产品本身，而应是结合商铺所面临的"两个信心"问题来考虑，将地段的价值进行全面的提升，让买家建立对本地段、本区域的强势信心。同时，地段的价值也将反过来直接促进和增加买家对商铺投资回报的信心，并给予买家一个大大的利益承诺。

（一）区位优势的价值提升

1. 区位定位

从××市目前的城市规划来看：××花园所在区域，大学、中、小学陆续地建成，同时，具有大型休闲功能的黎明湖、具有娱乐功能的（××花园市政）广场及其它的周边配套，注定本区位地段必将成为××一个新兴的人气及人流汇聚的中心。

历史革沿和客观原因，到目前为止，××市还没有一个严格意义上的城市中心。而××市对于教育、文化区域的规划，使得××花园所在的区域位置成为了××市的稀缺。不仅如此，××花园周边教育、文化区域的陆续落成，势必更将形成一个产业结构链，同时会形成和带动一个具有高增长、高发展、高回报的经济形态。

因此，对于××花园商铺而言，区域优势不仅仅是一个简单的地段优势，而是需要上升到更高的层次来体现，所以，配合这一发展趋势，需要给予××花园一个特定的冠名称谓（即××花园区域定位）：**××文化中心**。

定位阐释：

××市是一个典型的分散型城市，没有严格意义上的中心区域。随着××大学、重点中、小学、××图书馆陆续在××花园所在区域内建成，此区域将会日益成为××市的一个"新文化中心"，就如同临近清华、北大的中关村一样。

区域内校园及学府众多，表明这里将会成为"文化产业"蓬勃发展的重点区域，而且所涉及的范围不仅仅是文化用品，而是由"文化"氛围形成一个互动的经济产业链，直接带动此区域经济和各种商业形态的发展。可以说，"新文化中心"的称谓，不仅仅是对此区域未来发展一种具有高瞻远瞩性的预见，更是自我对区位优势的肯定和宣扬。

2. 区位优势形成的文化经济链

××花园区位优势不仅仅是停留在地段优势所享受的便利与浓厚的人文气息，更重要的是朝阳产业——文化产业所带来的无限商机。独特、稀有的文化产业资源形成了文化经济链，为商铺的投资回报提供了坚实的基础。

文化经济链图示为：

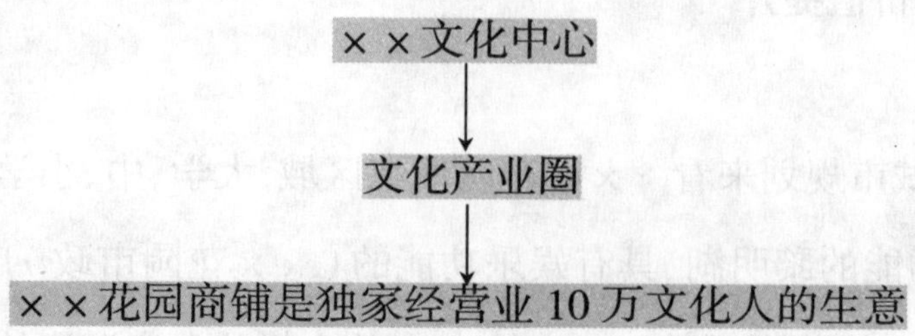

阐释：

××花园东面有××大学，南面有九年制中小学，北面有省重点中学，这为项目带来了非常浓重的校园气息与教育气息，更是带来了与之相关的、巨大的学生消费潮。周边的大、中、小学以及相关的文化、娱乐、休闲产业形成规模后，预计将在项目周围形成一个拥有10万人的消费商机。而××花园的商铺正处于此10万消费力的核心位置，其发展潜力和潜能是不可估量的。10万人的消费市场，将××花园可以非常顺利地形成规模化经营，这不仅仅为众商家提供了巨大的机会，更是提供了一种规范化的保障，同时也在××市形成了不种不可模仿的核心竞争优势，形成自己的经营特色。

(二)商铺定位

有灵魂的东西才有生命力，因此，本项目的商铺定位必须根据项目的特点，有针对性地设计出有特色的开发概念，为本项目的营销推广制造有“灵魂”的生命力。

“××花园商铺” 不应该再是狭隘的，传统意义上的社区商铺概念，而应是除为常规社区服务外，更是针对高等学府、高新技术开发区消费群的商业代名词和独具特色的商业文化（氛围）品牌。××花园商业文化氛围包括：洋溢着浓郁现代社区气息的社区商业氛围、知识含量极高的开发区商业氛围、充满青春活力的校园商业氛围。本商业区的整体商业氛围要以创新为总目标，并服务于知识经济时代的人居环境需求。因此，本项目商铺的定位为：

××文化中心，高成长、高收益、高稳定型商铺。

定位阐释：

(1)成为××“文化产业链”的一面旗帜

在学府周边经营的商铺在国内已是屡见不鲜，然而将学府附近的商铺与社区消费需求有机结合，进行有序管理，统一规范经营，并形成一种巨大消费潜能的却不多。

而本项目拥有这一天时、地利、人和的优势，它的出现填补了××在学府商业经济文化上的空白，成为城市商业新文化的发源地，由此不难发现，这将成为本项目的重要资源，若通过与政府部门的沟通与协调，将更具有社会性的意义，而本项目商铺也将成为××市具有“高增长、高效益、高稳定回报”型的商铺旗帜，从而实现社会效益、企业品牌与经济效益的“三赢”局面。

（2）打破传统街铺，缔造全新“文化产业铺”

学府商业消费模式的出现也应成为××商业发展到一定阶段的亮点。本项目所倡导的学府商业消费模式有别于其他的商业形态，是营造和引导一种新的消费方式，试探另一种商业消费文化理念和生活消费理念。其消费模式符合当前的消费时尚，符合消费群体的倾向和心理需求，将对城市经济，尤其是校园周边商业经济带来巨大的影响，其本身同时也将成为城市里的一道亮丽景观。

五、××花园推广主题

××花园商铺的推广主题语主要用来体现商铺的“高增长、高收益”给予市场买家的承诺。随着新文化中心的地位日益巩固，在这里经营的买家不仅仅是现在，而且是将来，是一生一世，乃至几代都可得到丰厚的回报。因此，建议××花园的推广主题为：

1.××花园形象推广主题：回报你一生

××花园所在的区位是××市独一无二的文化中心，不仅仅具有广阔的发展空间，周边良好的人文环境更是为后代成长提供了有利条件。而××花园产品的高素质，为××人提供了更好的居住环境，让××人享受一种彻底的新生活变革。不仅仅是如此，××花园的商铺同样提供了一种高增长、高效益、高稳定回报的投资模式，保证了业主持续的收益。

××花园为买家提供的，不仅仅是拥有10万文化人的商机，而且是极具发展的广阔空间。作为“文化产业链”上一股与文化产业同步发展的商业经济形式，随着社会的不断进步，文化产业将成为朝阳产业并具有蓬勃的发展潜质。而××花园商铺就是文化产业发展的必然产物，也将伴随文化产业的发展而日益壮大。直接给予市场、买家实质承诺：可以让买家生活得更好、下一代更好地成长、拥有稳健的高投资回报，借此真正打动买家，促使买家产生联想，形成良好的传播口碑。

2. ××花园商铺推广主题语

××花园商铺的推广主题语，不应该是单一的主题推广语言，而是多个角度进行综合性的诉求。

推广阶段	时间	推广主题语
导入期	3.3–14	富而不骄，富而思进／过去靠石油，现在靠买铺从未有过的投资良机／要致富，买旺铺／旺铺旺地，机不可失
蓄客期	3.17–4.6	××市聚财旺铺，××市创富中心／买好铺，赚大钱买对一次，赚足三世／存钱不如赚钱，租铺不如买铺
公开发售期	4.12	一次选择，三代受益／一铺旺三代／抢购旺铺，握手财富拥有××商铺，一生不用愁
热销延续期	热销延续期	富贵地，黄金铺／黄金旺铺，投资首选／旺地旺铺，日进斗金

六、××花园命名以及功能划分考虑

（一）项目命名

根据项目定位及项目特点，建议本项目商铺的推广上可采用一个统一的名称，名称建议如下：

▲创富快线

商铺投资的根本目的在于创造和赢得利润。"创富"除积极而正面地反映出了投资或经营者的心理外，同时还从一个侧面表明，投资经营这里的商铺，将不再仅仅是传统意义上得商业行为，而是成为了一种潜力无限的"靠自己智慧与辛勤创造财富"的过程。"快线"则表明了投资或经营者高瞻远瞩的胆识与眼光，以及他们与时俱进，积极把握机遇的能力。"快线"的另一层意义还代表了本项目与时代发展步伐同步，含有"创新、主流引领"的内在含义。

（二）功能划分

遵循"合理分布、互补经营、配套完善、各具特色"的原则，将项目的商业功能划分为四个主要区域即 A、B、C、D 区，具体区域功能规划内容如下：

* A 区（08）

——酒吧风情街，同时服务周边居民及学生。

主营项目：酒吧、咖啡茶座、中西餐饮品牌连锁店。

* B 区（01、07）

——综合功能区，主要服务周边居民，兼顾学校师生。

主营项目：家政服务、银行、邮局等。

* C 区（02、03）

——生活服务区，主要服务周边居民，兼顾学校师生。

主营项目：美容美发店、普通餐饮店（小吃、大排档）、服装店、面包店、鲜花店、洗衣店、摄影冲晒店、药店、五金店、家电及其它特营商场等。

* D 区（09、21、22、23）

——校园服务区（学生街），主要针对学生。

主要经营：IT 业 / 网吧、影视厅、卡拉 OK 厅、健身中心、舞厅、游戏娱乐厅、文具店、书店（书吧）、音像制品店、体育用品店、精品（饰品）店、眼镜店、冰吧等。

七、× × 花园核心传播策略

1. 政府搭台，媒介唱戏

× × 花园的造势必须是通过先对区位进行全方位的造势，因此需要得到政府的支持与认可，借助政府提出“新文化中心”的总体战略。同时，通过媒介对地域进行深入的报道分析，使 × × 花园在短时间内成为“新文化中心”一颗耀眼的新星，与此同时，媒介对 × × 花园区位优势形成的文化产业链进行详尽的分析，促进 × × 花园的商铺成为全城关注的焦点。

2. 文化搭台，商家唱戏

× × 花园商铺是“文化产业链”中一个商业经济形态，它的核心支持为文化产业化。因此，在推广中必须是通过文化来搭建一个宣传的舞台，详尽分析文化产业背后的商机,引导商家的投资注意力,让商家真正感受到商机无限。

3. 全方位造势

对于××花园的造势,不仅仅是局限于产品本身,而是从文化产业链的源起,文化产业的发展,文化产业的商业等全方位的造势。能够真正让市场与买家深刻了解××花园的优势与投资潜力,打消他们心中的疑虑。同时,全方位的造势,充分调动市场的注意力,形成市场的焦点与热点。

4. 多角度新闻炒作

在推广中与××的新闻媒体进行深度的合作,不仅仅是单纯的硬性广告告知信息,而且需要通过权威的新闻报道,建立商铺的炒作、造势的权威性。通过与媒介的深度联合,建立了一个新闻式炒作的平台,全面树立项目形象。

八、阶段划分及策略概述

(一)阶段划分

编　号	阶段事项	时间安排
1	销售人员招聘、培训	2月中旬
2	导入期	3月3日—3月14日
3	蓄客期	3月17日—4月6日
4	公开发售(热销售期)	4月12日
5	热销延续期	5月上旬

(二)各阶段策略概述

1. 导入期、蓄客期

※推广策略

* 主流媒介全面炒作区位,导入文化产业所带来的投资商机。

* 销售人员进行地毯式访问，收集有意向租赁的商业信息。

※推广目标

* 全面启动项目，建立项目强势形象。
* 进行蓄客，为开盘热销售奠定基础。

※行销事件

* 媒介发布“新文化中心”连载文章。
* 文化产业与商铺投资财富论坛会。
* 报纸的全包式专题。

××花园启动了××的“全包式”报纸宣传形式，在《××晚报》中采用十几个版面是关于××花园商铺的话题，并且通过新闻、评论、通讯、软性文章、硬性广告等多种形式和体裁与当天的报纸融为一体，做到了××满城争说××花园的景象。

2. 热销期

※推广策略

* 大规模的广告造势，引起市场的高度注意力。
* 实质性的销售手段配合，促成大批量、快速成交。

※推广目的

* 全面消化前期蓄积的客户资源，形成羊群效应。
* 形成市场热点话题。

※行销事件

*《××晚报》报纸头版广告。
*《××晚报》的投资宝典发行。
* ××花园商铺“投资秒秒金”计划。

开盘当天，购买商铺的买家，越早下定就可以获得越多的优惠，最高达到 9 折优惠；同时，凡是来到销售现场参观者，皆有机会参加现场抽奖，获得高额价值的奖品与不同折扣的购商铺优惠券，越早到机会优惠越多。

（1）所有参观者只需填妥客户资料卡参加抽奖，即有机会获得××花园的商铺优惠券。

（2）设置不同奖品设置如下：

包括冰箱、洗衣机、电视机、电烫斗、小纪念品等，设置不同的奖项。“百万富翁”最高奖项为××花园一套商铺。

九、价格调整策略

（一）降低首付款，降低投资门槛

1. 首付10%（20%），40%（30%）利润分成计划（返租三年或五年）。

商铺的首期款为50%，开发商为了坚定买家的信心，特别提供“利润分成计划”，即首期款中50%中的40%（30%）的款项开发商作为利润一次性返还给买家，坚定市场买家的信心，但开发商拥有商铺的5年使用权。

对于作为利润返还给买家的40%（30%）的款项，开发商可以在商铺中提升一部分价格，同时开发商减低一部分价格来操作。

2. 价格核算：

优点：直接降低了投资门槛，市场吸引大。

缺点：开发商回笼的资金少，而且受到商铺价格上调的空间的限制。但后期可以依靠商铺的租金来弥补回笼的资金。同时，还必须考虑到银行贷款按揭手续问题。

（二）稳定的高回报，吸引投资

1. 一次扣减楼价

买家购买商铺，前三年的使用权交给开发商所有，开发商一次性从楼价格中扣减30%，直接减轻了买家的资金压力。

开发商前期回笼的资金比较少，后期主要是通过商铺位的租金来弥补支付的返租回报。

2. 每年分付10%，买家购买商铺，开发商每年向买家每年支付10%的回报。开发商主要是通过商铺收取的租金来弥补付给买家的利润回报，此项措施对于开发商的资金压力会相对比较轻松。

十、现场包装

1. VI系统设计

本项目商铺独特的VI视觉识别系统，主要是对项目的主题概念进行挖掘、演绎。建立全方位统一的VI体系，包括标志、标准字、标准色以及现场广告牌、公交车身、手提袋等各种场合的应用物品设计。一经推出，需有一种投资增值，聚财旺财气息扑面而来的气势。

2. "望眼皆是××花园商铺"——户外广告先行

户外广告（广告牌、道旗及灯箱广告）在正式租售之前形成"路人皆知"的局面，大量地运用户外广告是势在必行的。

在××市一些主要街道、商业区、通往项目的主干道、高速公路路口等投放户外广告牌及灯箱广告，造成遍地皆可见到"××花园"，形成全城为之瞩目的状态，以此，迅速地树立××花园商铺的形象，以轰动性的效应创造项目之高关注率与高知名度。

3. 流动的传播媒体——车身广告

车身广告是流动性的传播媒体，在其所经过的地区皆可吸引广大公众的注目，在这一过程中也较好地解决了知名度推广的问题。建议在××地区的公交车，尤其是来往各城区的线路上，投放车身广告，达到"花小钱，办大事"的媒体原则。

4. 商铺统一的招牌设计、布置

商铺所有的店铺全部使用统一专门设计的招牌，提高商铺整体的形象感和档次感。同时，在销售阶段通过安插道旗，来转移或减少消费者对商铺门面前面地块杂乱，道路不平整现象的注意力。

十一、大型行销事件安排

1. 文化产业与商铺投资财富论坛

××地产公司联合政府相关职能部门、新闻媒介共同举办，论坛会从区位优势到文化产业圈的形成进行专家评述。同时，众专家从“文化产业链”中强烈阐述文化产业带来的无限商机，而××花园商铺正占有“天时、地利、人和”之优势，专家将××花园商铺提升到文化产业中的必不可少的形式，积极地给予市场坚定的信心，引起市场的关注，制造新闻话题，提升商铺的价值。

对论坛会主要准客户和准租户，为加强他们的信心，在论坛上同时举行商铺投资的咨询会，详细解答准客户和准租户的问题。

第二模块：商业步行街项目的运作模式

“上海的南京路、北京的王府井、广州的北京路、上下九路；深圳的老东门步行街；成都的春熙路；沈阳的中街……”这都是在中国商业地产里面赫有名的商业重地。它蕴含着多少历史文化，仿佛仍在昭示着昨天的车水马龙的繁荣景象。

但是商业地产市场发展到今天，多少城市的商业步行街建起了多少大型的购物中心，然而，庞大的人流量却无法很好的利用。偌大的商场冷冷清清，无法实现投资者与经营商家预期的期望值，开发商也在寻思，为何地段如此优越却无法将商业项目做成功？这是很多开发商始终无法明白的心结。

商业地产项目的成功并不单纯依靠地段，曾经有人说过，“商业地产项目开发成功的决定因素，除了地段，地段，还是地段。”但宏一经过多年对数十个商业地产项目操作的经验总结,认为其实不然。

因为商业地产项目开发是否成功,并不只是依靠某一两个因素所能决定的。它关系到项目所处的地段、项目的主题定位、项目的业态组合以及项目的后期经营管理等系列的综合体现,才能将一个项目真正做成功。

影响位处商业步街区域的商业地产项目操作成功的主要因素包括:

1. 地理位置

地理位置虽然不是商业地产项目成功的唯一标准，但是它将影响到项目的人流吸纳能力。广州北京路步行街就是一个典型的案例,北京南路的北京大厦冷冷清清,无人问津；但是位于北京北路段的商场却红红火火，广州百货大厦以认购抽签的形式,推出“广百新翼”首期 50 个档位,两天交来“登记诚意金”参加摇珠的买家近 400 位之多,每平方米价格最高的达 6 万多元。有的买家为保证抽到签,一下子拿出 10 万多元订了 20 个档位。因此,虽然位处商业重地,但地理位置还是要很讲究。这是商业步行街上的商业项目成功的首要因素。

2. 业态选择

随着商业地产的飞快发展,业态在商业地产发展中扮演的角色越来越关键。由于很多开发商都喜欢跟风,看着别人的项目做得如此成功,然后就照搬照抄过去,但是最后还是无法成功,追根究底是业态的组合无法突出项目的特色,导致同质化严重,陷入区域的恶性竞争当中,甚至导致最后以失败而告终。

业态的组合是一个商业地产项目成功极其关键的一个环节，不同的业态会吸引到不同的消费者进场消费。由于商业步行街上业态是很丰富的,一般的业态都已经存在。商业步行街上的商业地产项目如何寻求项目业态组合的突破口,在繁杂的业态中脱颖而出,吸引市场的关注与消费者的青睐。

在业态组合上总结有以下几条路走:

(1)业态定位差异化,互补互动,相互促进。

(2)变竞争为竞合,与类似业态相互促进,形成良性竞争,避免陷入恶性竞争中,寻求更适合市场的竞争策略。

（3）业态升级，在原来的基础上，将业态做得更丰富，更有特色，不但可以形成互补，弥补业态上的空白，更可以在原有的基础上打造出更引人关注的消费点。

3. 项目定位

项目定位可以直接影响到项目的生死存亡，定位错了，一切都将付之东流。因此，项目定位要特别慎重。特别是在商业步行街上的商业地产项目，因为不管哪个城市的步行街都将会有不少综合性的购物中心或者大型 Shopping Mall，很多开发商在项目开发的前期没有进行深入的市场调查，在项目的主题定位上严重同质化，导致项目无法从区域的商业项目中得以突破。正所谓“不在沉默中爆发，就在沉默中死亡”。商业步行街上的商业项目不在繁华中创新立意，脱颖而出，就在繁华中被淹没，永远被消费者遗弃。

因此，项目的定位必须要慎重考虑，做好项目立项的前期市场调查工作，寻找出市场的突破口，为项目树立出更适合的主题定位。

为了能让各个商业地产开发商能更好地做好商业步行街上的商业项目，宏一希望通过特别的案例来阐明步行街上的商业地产项目的各个操作细节与事项。

操作平台一：解构商业步街项目运作模式——××·购物中心

纵观整个××商业市场的发展状况，总结为两个字：尴尬。

随着××市这几年城市经济的稳步发展，人们的生活水平大大提高，消费观念也得到了不断的提升，与之相比，商业的发展却一直停滞不前，从商业步行街的彻底失败、到新型商业形态——天工商城的半路折腰，再到购物环境极差的新亚新商城一直统治着××商业十余年，都足以说明目前××商业的发展严重滞后于城市经济的发展，商业环境亟待进一步提升。

此时，洪客隆来了，洪客隆到底能给××商业带来什么？

近10万平方米的超大规模、全新的商业形态、先进的商场管理、极具影响力的洪客隆超市……

洪客隆的到来，不仅改变了整个××的商业格局，更重要的是给当地居民带来了一种全新的生活观念。对于××的商业市场而言，将是一场革命，以往的行业标准将被改写；对于本土的经营者和投资者来说，将是一场商业升级换代的盛宴，将得到前所未有的创富机遇。

洪客隆的到来，将掀起一场市场风波，形成一股巨大的震动。

与此同时，洪客隆可能会遇到并须解决的一系列市场难题：

*作为外地的开发商，如何导入洪客隆的企业品牌，打开市场的局面，并快速建立洪客隆在××市场的品牌形象？

*××市场能否接受项目这种全新的商业形态，如何使市场迅速认知、认同本项目？

*商业步行街的失败给投资者带来的心理阴影，本项目该如何应对？

*面对项目庞大的规模和××有限的市场消化量，如何保证项目持续销售的顺利完成，并最终实现开发商的预期利润？

联系到抚州和丰城两个城市，抚州的商业竞争激烈、市场浮躁不安；丰城的商业比较落后，投资观念需要改变；那么，××的商业需要什么？项目的出路在何方？

带着寻求这些问题地解决之道，宏一在深入研究××市场和项目自身特性的基础上，提出了"提升决定出路"的核心论点。同时，认为这种提升，不仅仅是提升项目自身的品牌，更重要的是通过本项目提升整个××商业环境，这才是本项目的策划根本。

操作平台二：市场背景分析

一、整体市场状况剖析

1. 商业物业的发展水平不能满足现代消费需求，商业市场并不成熟，仍有较大的提升空间

纵观××市商业的发展现状，商业物业的发展水平滞后于城市经济的发展，已经不能满足现代消费者的购物需求，主要表现在商场购物环境差、经营模式落后、业态分布不合理、经营管理水平极其低下等方面。以胜利北路最具代表性和影响力的商业项目——新亚新商城为例，尽管人气很旺，但商场内部环境较差、业态组合极不合理，直接影响商场整体的经营状况，阻碍商场今后的长期发展。从这点来看，××市商业市场并不成熟，仍有较大的提升空间。

2. 新型商业形态的失败，严重挫伤投资者的投资信心

以天工商城为代表的新型商业形态经历前期的热销后，后期发展出现严重的经营问题，商场空置率急剧上升。究其失败的原因，主要是由于开发商只注重前期的销售，而忽视了后期的商场管理。对于大型的商业项目而言，商场做旺需要一段时间的市场培育期，这就需要在开业后实行统一的管理和统一的宣传，提升商场的整体形象和市场知名度，促进商场健康、快速的发展。因此商场经营管理对于商业物业的持续发展具有非常重要的作用。

然而，天工商城这种急功近利的做法，不仅给投资经营者带来了巨大的经济损失，而且严重挫伤了投资者的信心，可能会造成投资者对今后市场上所有出现的新型商业物业产生一定的抗拒心理，直接影响到投资、经营者选择商铺的心态，延长意向买家整个购买过程的决策时间。

3. 全国最流行的商业步行街惨败当地市场，给整个商业市场蒙上巨大的阴影

商业步行街作为一个城市商业发展的标志，对于提升城市形象、促进城市商业发展起着重要的作用，广州的北京路、上海的南京路、沈阳的中街、苏州的观前街……都成为当地老百姓购物休闲的商业旺地。然而，××市的商业步行街却遭受市场的冷遇，经营状况惨不忍睹，给整个商业市场蒙上了巨大的阴影。新型商业形态及商业步行街的失败，使得××商业陷入了无比尴尬的境地。

4. 主题专业卖场逐渐被市场认可并接受，给当地的商业市场注入了新的活力

以国美电器为代表的专业卖场和女人世界为代表的主题商场的出现，给当地的商业市场注入了新的活力。这种主题专业式商场由于其定位清晰、特色鲜明，能够满足市场特定消费群体的需求，逐渐被市场认可和接受，成为××商业市场一支不可忽视的生力军。但是，主题专业式商场由于规模不大，所能提供的服务功能有限，并不能满足现代消费者购物、娱乐、休闲、美食、观光等多元化的消费需求，注定了不可能成为一个城市商业发展的主力。

5. 商业经营档次普遍不高，经营环境有待进一步改善

从××市目前主要商场的经营情况来看，经营档次普遍不高。位于胜利北路繁华地段的新亚新商城号称当地最有影响力的商城，其经营档次属于中等偏下。经营商户有很多是以前的下岗工人转为经营者，经营意识淡薄，加上商场本身就缺乏有效的管理，导致整个商场的经营环境非常之差。纵观整个胜利路商业街，供销大厦、不夜商城等其他商场的经营档次都不高，而经营档次较高的天工商城却因后期管理不善出现严重的经营问题。总而言之，目前的胜利路商圈仍然缺乏一个引领××商业发展的龙头项目，经营环境亟待进一步改善。

6. 城市居民购买力普遍不高，商业消费市场发展较慢，直接制约了当地商业的快速发展

从××市商业市场调研报告中得出：2003 年××城镇居民人均可支配收入 7087 元（来源：《2004××市政府工作报告》），居民家庭月开支主要集中在 800 元—1000 元，城市居民家庭恩格尔系数为 34.1%；所有这些数据都可以看出××市居民整体购买水平并不高，直接导致消费市场发展缓慢，制约了当地商业的快速发展。

二、总结：

××市这几年的城市经济得到了稳步发展，但是商业仍然处在沿海地区九十年代初的发展水平。纵观××市整个商业物业的发展水平，整体的开发理念、产品的规划设计、商业环境的营造、商场的经营管理及业态组合等要素都处在一个相对落后的状态。如新亚新商城恶劣的经营环境、商业步行街单一的业态组合及天工商城缺乏后期必要的经营管理，都使得其难以发展壮大甚至已经濒临死亡。

可以说，××商业仍然缺乏一个真正能够引领现代商业发展方向，代表××全新商业形象的商业核心，这也是××商业迟迟不能快速发展的重要因素之一。××商业这种落后的发展状况不仅不能满足消费者日益增长的消费需求以及投资者、经营者的创富需求，更重要的是严重影响到投资者对当地商业投资的信心。

××商业要发展，就必须从各个方面下功夫，提高商业物业的开发质素。而此时洪客隆的进驻将以其先进的开发理念、领先的产品规划水平及专业的经营管理服务水平，为××商业注入新的活力，满足投资者、经营者的创富欲望，全面提升××的商业环境，成为××商业发展的航标。

操作平台三：项目优、劣势（SWOT）分析

一、项目优势剖析

1. 商业氛围

项目处于××市传统的两大商业街——胜利北路和劳动南路之间区域。该区域具有浓厚的商业氛围，拥有巨大的商业人流，是目前××市商业价值最高的商业区，商业发展前景非常广阔。

2. 总体规模

项目总体规模近10万平方米，是目前胜利商圈沿街一带最大的一幅商业开发地，其“商业旗舰”的规模效应，将给项目带来巨大的品牌、经济效益。同时，规模庞大的项目，将意味着可塑空间更大。

3. 业态组合

本项目集购物、美食、休闲、娱乐、观光、文化多功能于一体，是目前××市业态最丰富、经营内容最全面的大型商业项目，本项目的建成将彻底改变××人传统的消费模式，为××人创造一个节假日全新的生活方式，倡导一种体验式的消费观念。人们在购物的同时，还可以尽情享受休闲、观光所带来的快乐。这种体验式消费的实现根

基于项目业态组合的独特性,功能的多样性,这些才是项目今后立足于市场的核心竞争力。

4. 产品规划设计

从已知的设计理念和初步的设计方案来看，整个项目的产品规划设计水平在当地市场属于绝对的领先地位，无论在整体布局还是商场内外环境的营造上，都代表着××市商业物业设计的最高水平,其产品的综合质素,包括商场的室内设计、外立面设计、商业配套设计、商业步行街的景观设计等方面都远远超过其他竞争商业项目,成为项目今后市场制胜的重要砝码。

5. 商业配套

本项目不仅设置了停车场和两大室外商业广场，还拥有众多的休闲、娱乐设施。停车场的设置满足有车一族的购物需要;商业广场则为消费者在购物之余,提供了休闲活动的空间;而各种类型的休闲、娱乐设施的设置,进一步丰富了项目的服务内容,改变了××传统商业功能单一的落后局面。所有这些商业配套的设置都为项目带来滚滚人流提供了有力保障,大大提高了项目的商业价值,增强了买家的投资信心。

6. 商场管理

商业地产不同于普通的住宅地产,它的成功与否,不仅与开发商的资金实力和开发水平有关,更是与商场后期的经营管理密不可分。先进的商场经营理念和管理模式往往是决定一个大型商业物业今后长盛不衰的有力保证，也是投资买家和经营商户选择商铺的重要考虑因素之一。作为江西有名的零售业巨子——洪客隆集团在这一方面的优势是其他开发商不能比拟的。

7. 主力店

对于大型的商业项目而言,引入主力店是保证商场经营做旺的基本要求,是商业物业人流吸引力的主要来源。而进驻的主力店只有具有强大的经营能力与号召力,才能真正实现主力商户带动经营散户的聚集效应,促进整个商场快速健康的发展。作为洪客隆集团属下的洪客隆超市以其丰富的经营管理经验，成为项目最具影响力的核心主力商户,这种优势将直接促进本项目的销售。

二、项目劣势剖析

1. 地段位置

具体而言，本项目只有主次两个商场真正临街，而商业步行街部分两面都不临街,商业步行街的人流只能由两边的商场进入,其商业氛围需要花大力气营造。

2. 地形状况

项目地块的地形极不规则,这对整个商业设计产生较大的影响,不可避免的出现一些拐角、死角及不规则的商铺,影响后期的销售。

3. 开发时机

从××市目前的商业项目来看,本项目的开发时间较晚,同期同一区域已经有数个规模上万平米的商业项目推出或即将推出,市场形势非常紧迫。

4. 洪客隆品牌

据前期市场调查得知：洪客隆集团在××的品牌知名度远远低于丰城、抚州两地,这也意味着通过开发商品牌树立项目品牌形象的难度,远大于丰城、抚州两地。对于一个大型的商业项目而言,开发商的实力及品牌知名度显得更加重要,洪客隆在××较弱的品牌力,无疑将给项目的持续销售带来一些影响。

三、项目机会剖析

1. 传统百货业和一些新型商业形态的商业物业整体发展水平较低,主要表现商场环境

较差，业态组合过于单一，整个商业市场仍有较大的发展空间。

2. 项目集中了购物、休闲、娱乐、美食、观光、文化等多种功能于一体，而这种大型复合业态的商业物业，正是××商业市场中缺乏的。

3. 当地商业的经营环境普遍较差，而本项目富有前瞻性，高起点、高标准的规划，使得项目在硬件上无论是商场内部设计、环境营造上，都是其他项目无法比拟的，这些综合因素将直接影响投资经营者的购买行为。

4. 商场后期的经营管理在××整个商业中仍处在一个较低的发展水平，亟待进一步提高，这给本项目带来了很好的市场契机。

四、项目威胁剖析

1. 项目规模庞大，开发周期较长，面临的市场不可预测因素较多，整个项目开发风险较大。

2. 受××整体经济水平和城市开发水平的限制，市场总体购买力非常有限，对于本项目而言，有限的市场消化量将是项目未来发展过程中需要面临的最大威胁。

3. 越来越多的直接竞争对手先行入市，不断瓜分仅有的市场蛋糕，竞争日趋激烈，对于销售货量本来就大的本项目而言，面临的销售压力可见一斑。

4. 商业步行街和天工商城的失败，给市场留下了巨大的阴影，严重挫伤投资经营者的投资信心，而本项目作为商业步行街和商场的综合体，将受到投资者这种思维惯性的直接影响，如果项目的开发建设与之前的商业项目没有实质性的改变，很难受到市场的追捧。

五、综述：

本项目拥有近10万平方米的规模，庞大的规模给项目带来巨大经济效应的同时，也带来了很大的销售压力。以目前项目的规模来看，引入洪客隆超市一家主力店显然不足以支撑整个项目的整体做旺，而作为洪客隆的商业联盟——肯德基，已在项目附近开有分店，进驻本项目的可能性不大。因此，在项目的整个推广过程中，应做到招商先行，力求在销售前期积累更多有实力的意向品牌商家进驻本项目，通过品牌商家的影响力带动项目后期的销售。

同时，通过极力宣传和提升洪客隆品牌形象，强势启动××市场，着重强化项目的品牌经营和环境优势，唤起市场对本项目的普遍关注；通过项目视觉系统展示和广告推广，形成极大的市场震撼力，迅速建立项目的品牌知名度，以弥补主力商家不足的缺陷。

本项目拥有百货商场、步行街、主题商场三种商业形态，是××市场上一种全新的商业形态。从前面分析可以看出，这种新型的商业形态要得到××市场的认知和接受具有一定的难度。因此，在项目前期的推广过程中，必须积极整合各种社会资源，并通过各种媒介和推广手段进行宣传，同时加强对项目的包装和宣传力度，扩大市场影响力，攻破××人投资信心不足的心理防线，让××人深刻的了解到这种全新商业形态的核心优势。缩短市场对项目认知并接受的过程，达到迅速占领市场的目的。

操作平台四：项目定位

项目定位是在分析××商业市场现状和发展趋势的前提下，通过深入剖析项目自身的优劣势得出的，决定着项目整体的运作思路和今后的发展方向。

一、市场定位

根据项目前期市场调研及整体商业市场现状及发展趋势分析，结合本项目的特性，将项目的市场定位为：创富产业街区。

创富——重点从项目为经营者与投资者带来利益的角度出发，在深入、鲜明地反映出本项目核心竞争优势的同时，极大地迎合了投资者和经营者的购铺心态，这也是本项目最吸引买家的核心利益点。创富的源泉不仅来自于项目的经营规模优势，还包

括商业环境、经营档次、多业态的经营模式及后期的商场管理，所有诸多因素共同组成“创富”这一项目核心价值的基石。

产业街区——综合商场+商业步行街+主题商场=产业街区

本项目的建筑形态是由主次两个商场和商业步行街共同组成，考虑到项目日后经营上的问题，为了避免业态过于重复，更好实现错位经营，达到项目整体的经营做旺。将主商场定位为综合商场，次商场定位为主题商场，这样就形成了由综合商场、商业步行街和主题商场共同构成的产业街区。

产业是指一个行业的集合体，表现在项目集各类商品及各类经营服务类别于一身，能够提供购物、餐饮、休闲、娱乐、文化、观光等多种功能。街区则反映出项目的规模和专业性，项目总建筑面积近10万平方米，规模庞大，同时，在业态组合上，也充分体现出商业运作的专业性，通过洪客隆主力超市的进驻、家居用品的主题经营及不同业态的同场经营，遵循不同商户组合、各种商品搭配形成错位经营、优势互补的原则，构成项目一站式购物及立体循环消费体系。

二、形象定位

※赣西商业示范空间

大型商业项目历来是每一个城市的标志性建筑，具有一定的象征性，因其规模大、经营手法超前，扮演着当地商业发展过程中的重要角色。本项目作为市中心商业区的核心建筑，是展现城市形象的窗口，也是××乃至赣西经济发展的集中体现。

将项目的形象定位为赣西商业示范空间，旨在将项目打造成为××市标志性的城市商业建筑综合体，彻底改变××市落后而尴尬的商业局面，成为城市新的商业中心，树立起项目在××市乃至赣西区域的商业示范形象和地位，迅速占据市场的制高点。

三、功能定位

本项目由综合商场、商业步行街及主题商场三部分共同组成，总建筑面积近 10 万平方米。结合本项目“赣西商业示范空间”的形象定位，除了重点突出建筑规模所带来的磅礴气势，更多是建立在项目能够为市场提供多元化的产品和服务。

然而，××市目前商业的发展状况，大多数的商场主要以购物为主，功能单一，购物环境差，业态组合重复。无论是新亚新商场、天工商城，从配套设施、商业环境、业态组合等方面均没有达到多功能于一体的大型购物中心的开发标准，不足以满足现代消费者多元化的购物需求。

基于以上分析，再结合项目自身的特征，将本项目整体功能定位为：

※　集购物、休闲、文化、观光、美食、娱乐等。

※　多种功能于一体的大型商业综合体。

这种多种业态组合所形成的多元化经营功能，可以吸纳各类消费购物群体，提供一站式购物消费经营服务，创造最大化的商业价值，提高项目的整体附加值，多个层面体现项目的投资前景和经营前景。

对于“购物、休闲、美食、娱乐”四大功能，重点阐述“文化”、“观光”功能，因为这才是××整个市场最缺乏的、是××市民最需要的，也是本案与其他竞争项目的最大区别。

*** 文化功能**

文化是赋予商业一个内涵，挖掘项目的深度，提升项目的附加值，在现代商业中商业文化犹如人的精神风貌，能够充分体现出项目的特性，容易在人们心中留下深刻的特征印象，从而缩短项目在市民心中的认知过程。

在本项目中，文化还有提升品味、改变生活模式、改变消费观念等作用。文化往往是先进的代名词，标志着目前世界上最流行、最先进的商业模式和消费观念潮流。文化不仅是搞活动，其建筑符号、建筑形式、各种设施、园林小品、整体布局都应体现文化，其目的是吸引更多的人流，不仅使消费者在购物

中休闲，更重要的是，在休闲时购物。将文化功能引入商业经营活动中，就是要通过商业与人之间的互动，营造一种体验式的消费模式，同时改变××市民以往节假日单一、枯燥的休闲方式，让更多的市民感受到洪客隆××购物中心不仅仅是一个大型的综合购物场所，更是一个能带来全新精神享受的文化天地。而这种为商业注入文化内涵的开发理念，将进一步树立项目在市场上的高端形象，构筑其他竞争对手无法逾越的核心竞争力。

*** 观光功能**

与其他竞争项目相比，本项目的最大特点是将景观设计引入商场内部及商业步行街，喷泉广场、水池广场及各种雕塑小品共同形成项目丰富的景点元素，形成项目一道道美丽的风景线。人们在满足购物需求的同时，还可以像旅游观光一样，欣赏到商场内和步行街中多姿多彩的景色，享受一次愉悦的精神之旅。

从××的商业发展状况来看，现有的商业项目普遍购物环境较差，导致消费者缺乏长时间逗留闲逛的动力。而本项目无论是在商场内部还是步行街的环境设计上，都是××以往商业项目无可比拟的。强调项目的观光功能，就是要将项目环境设计的优点淋漓尽致的表现出来。让更多的市民感受到来洪客隆××购物中心不仅仅是为了购物，还是一种平时节假日消遣的休闲方式。

四、经营商品定位

主商场作为本项目地段最好的部分，以经营中档商品为主，高档商品作为辅助，其中高档商品主要分布在一楼。

商业步行街主要为大众消费场所，需要吸引更多的人气，来把商业步行街做旺，经营商品主要以中档偏下为主，在档次与主商场拉开距离，满足不同消费者的需求。

次商场为家居主题商场，消费群体具有一定的特定性，为了与经营家居产品的专业市场区分开，经营商品的档次主要以中档偏上为宜。而四五层的餐饮娱乐部分，也应以中高档为主。

项目的整体形象表现为中高档的优质商业物业。

五、目标消费群定位

对于本项目而言，目标消费群主要分为投资客户和经营客户两大类。

1. 投资客户群体定位

据市场调查发现，有57%的经营者是向私人租得商铺，说明××商业经过这几年的发展，投资者对商业物业的投资意识逐渐加强。与此同时，在市场的不断引导下，投资者对商铺投资方面的专业能力也得到相应的提高，投资心理不断趋于成熟。

(1)投资客户群体特征

* 家庭存款在10万元以上，具有稳定工作与收入。

* 有一定的投资意识，希望将闲散资金投向有前途的物业，获取稳定的投资回报。

* 具有一定的投资商铺的专业知识，对投资的安全要求较高。

* 对胜利路一带区域的商业具有较强的信心。

* 非常看好所购商铺的经营前景。

(2)投资客户群体职业分布

* 有隐性收入的特殊群体。

* 中小型企业主、个体老板、经营商家。

* 新钢企业的中高层管理者、高级技术人员。

* ××周边县市进城的富裕农民。

* ××在外务工回乡投资者。

* 南昌及附近城市的职业投资客。

* 企业退休金购买者。

鉴于本项目规模较大，销售货量巨大，应尽可能扩大投资客的范围，加快项目的

消化速度。因此，隐形收入阶层也是项目不可忽视的目标消费群，关键在于如何将其银行存款变为对项目的投资。

2. 经营客户群体定位

与投资客相比，经营客户更多是从经营的角度出发，希望有一个理想的经营平台，完善的商业服务设施，并通过整体商业的良好形象，达到自身经营档次和形象上的提升。当然，经营客户群体中也有部分是投资客，属于"自主经营"的类型。

经营者定位：追求经营场所的优美环境，希望提升经营形象，以获取更多消费者的亲睐，同时，追求合理化经营成本。

（1）经营客户群体特征

* 对胜利路一带商业经营所带来的旺盛人气充满信心。
* 在商品经营方面具有丰富的经验，对周边区域的商业环境非常看重。
* 希望有主力商家在商场内经营，能够带来源源不断的人流，共享人流资源。
* 对一个良好的经营环境能够提高商品的附加值非常认可。
* 所经营的商品需要具有一个良好的品牌形象。
* 已经经营某种商品多年，希望提升其规模、形象和档次。
* 准备创业，希望拥有一个好的商铺，人气旺，生意有着数。

操作平台五：整体规划设计解码

由于整个项目的初步设计方案已经形成，且该方案是在开发商、规划方、策划公司三方经过前期多次沟通、讨论、修改的基础上完成的。

因此，从市场销售的角度出发，着重从主次商场的外部环境渲染和商业步行街的内部气氛塑造两大方面提出相关的设计建议。

一、主次商场的外部环境渲染

主次商场外部空间主要包括室外广场、建筑外立面、广告位、楼顶等。对其有效的利用，意义在于营造更加浓厚的商业氛围，协调建筑与城市环境的关系，真正体现出作为大型商业综合体的魅力所在。为此，针对效果图进行分析：

* 主商场的建筑外观要体现一种大气磅礴、风骚独领的浩瀚气势，能够充分展现出项目“赣西商业示范空间”的市场形象，整个建筑物应极具现代商业建筑风貌。

* 主商场主入口的上方应预留大型的商业广告位，同时，在其顶部设置探头射灯，增强夜间的广告效果和整个立面的商业气氛。

* 主商场正面应突出主入口的造型，以便吸引更多的路人注意，总体形象应以大气、稳重为主。

* 主商场广场建议应以花坛、雕塑为主，如果要设喷泉，也应在造型上有所突破，最重要的是不能阻挡及影响消费者的视线和进入通道。

* 主商场广场主要起纳客作用，真正的吸客应在商业步行街中央内街的中心广场，所以外广场不设休闲设施。

* 主商场布置了屋顶花园，缀以各式植物绿地、建筑小品，同时，鉴于四楼主要经营儿童用品为主，因此，可考虑附设一些新颖的少年儿童户外游乐设施，吸引人流向上移动。

* 次商场正面、侧面二三层均应考虑大型商业广告位的设计。

* 在次商场主入口上方的飘篷设置大型射灯，增强商业建筑在夜间的灯光效果。

* 次商场为家居主题商场，正门入口要考虑到购物的方便，建议将外广场的地面喷泉改为花坛喷泉。

* 考虑到次商场五楼设为餐饮区，建议在次商场顶层平台设置茶座、咖啡吧等休闲设施，并作花园式处理，在吸纳人气的同时，增加更大的盈利性空间。

* 在主次商场的光环境设计方面，应巧妙地通过照明的手段，如户外的大型射灯、地面霓红路灯、

广告灯箱、广场筒灯等，营造浓厚的商业氛围，增强商业广场吸引顾客的能力。

二、商业步行街的内部气氛营造

由于商业步行街的主体框架和整体规划基本确定，因此，宏一着重从营造内部气氛的角度出发，重点从文化、娱乐方面下功夫，对主要活动空间、休闲设施、娱乐设施的设计要点：

* 考虑到步行街的入口，将有大量的人流由此进出，而又不许机动车辆进入，因此，在东西部入口处可设置花坛或者雕塑（如石狮等）作为步行街的标识。

* 东西主入口均设置了玻璃光棚，因此，在环境营造上，应种植一些矮树种或者考虑用盆栽的花木。

* 整个商业步行街根据不同的建筑形式和造型差异分为不同的商业组团，组团之间架设桥廊连接，部分桥廊可考虑盖以拱顶，由透明防晒的轻质材料制成，起到防风避雨、减轻噪音的作用。

* 步行街为统一的骑楼设计，可在柱位的周边放置邮筒、垃圾桶、磁卡电话或者直饮水（只作提升步行街整体形象之用）等配套设施，同时，也可在柱位上预留灯箱广告位，用于步行街以后的整体宣传。

* 步行街沿街的店铺，应预留店牌的位置，并统一其高度和尺寸，以保持整个步行街的整体形象。

* 整条步行街的地面设计应根据人流动线、休闲走道和销售区域，利用不同材质，色彩图案等进行空间的划分和限定。地面铺设广场砖或大理石条，并装设嵌地筒灯，营造丰富多彩的商业情调。在材料考究上，应达到防滑的效果，并专设无障碍走道，充分体现人性关怀。

* 下沉式喷泉广场是整条步行街最开阔、也是最吸引人的活动空间，除了在喷泉周边设置一些休闲椅、太阳伞等休闲式配套，还要增添一些气垫攀岩、网梯等游乐设施，增加广场的娱乐功能，为人们创造良好的逗留休息和娱乐的场所。

* 喷泉广场周边可巧妙的布置一些具有鲜明

的城市文化特征的精致小品、雕塑及具有传统文化特色的铺地图案等元素，烘托广场的地方城市文化特色，使其广场达到文化性、趣味性、欣赏性、休闲性等多层意义。

* 喷泉广场的绿化可以考虑结合花坛、花钵等形式，同时，将大树作为绿化的重要构成元素，并在大树的周边设置围合式的长凳，供行人休息。除此之外，在 4.5 米二级分阶处，可恰当进行斜坡绿地，扩大实际绿化面积，并借此划分出多层次的领域空间满足多样化的功能需求。

* 水池广场的布置为了与喷泉广场有所变化， 除了常规的布置一些休闲椅、太阳伞和花坛，还可考虑搭建绿色的藤架，并配以休闲长凳，为行人提供赏景小憩之地。

* 除了步行街的两大广场外， 在其他街道的中轴线 3—4 米范围内还应设置休息、交往、停留、观赏等功能空间，并以盆栽的树木、花坛、雕塑及其他街道小品围合出若干岛式空间。

* 为了安全起见，在步行街区内的主要节点设置监控点，并配有监控设备，监控信号引至保安监控中心，由其负责监控，同时，设报警电话、报警信号及监控信号联络。

操作平台六：功能组合划分剖析

一个大型的商业物业实质是一个区域性商业街区的缩影， 也是一个相对独立的个体。如何对其进行科学合理的功能划分直接关系到商业物业今后的生存与发展。根据本项目的功能定位，对功能划分的建议：

一、不同建筑形态的功能组合

本项目近十万平方的规模，由主商场、次商场和商业步行街三部分组成。偌大

的体量如果不给一个清晰的功能定位，极有可能造成业态过于重叠，给日后经营带来不良的影响。因此，本项目的功能划分采用了互补、填充、混合交叉三种方式，对项目进行不同区域的功能分区。通过多种业态的组合，商户之间的错位经营，引导消费者循环消费。

以下对项目的三部分分别进行分析：

＊主商场地处胜利北路，人流比较集中，同时，洪客隆超市也将进驻，整体来看，主商场的商业价值最高，最适合做中高档的综合性商场。

＊次商场靠近劳动南路，与主商场相比，人流相对较少，同时，为了避免业态上与主商场重复，将次商场定位为家居主题商场，既考虑到当地家居市场的现状（市场上目前还未出现家居主题商场），又能够形成与主商场之间的错位经营。

＊作为本项目最大体量的步行街，更需要足够的人流来支撑其发展，这就要求步行街通过引入多种业态，形成相互促进、相互补充的经营格局，满足不同类型、不同层次消费者的需求。

综上所述：本项目的功能划分如下：

形　态	面积（平米）	功能定位	商铺形态
主商场	35000	中高档综合性商场	商场内铺
次商场	22890	家居主题商场	商场内铺
步行街	40164	多种业态并存	街铺、二层铺

二、不同建筑形态的业态分布

1. 主商场的业态分布

主商场位于项目东端，地上共四层，每层建筑面积约 7500 平米。定位中高档的综合性商场，其具体的业态分布如下图：

一楼：

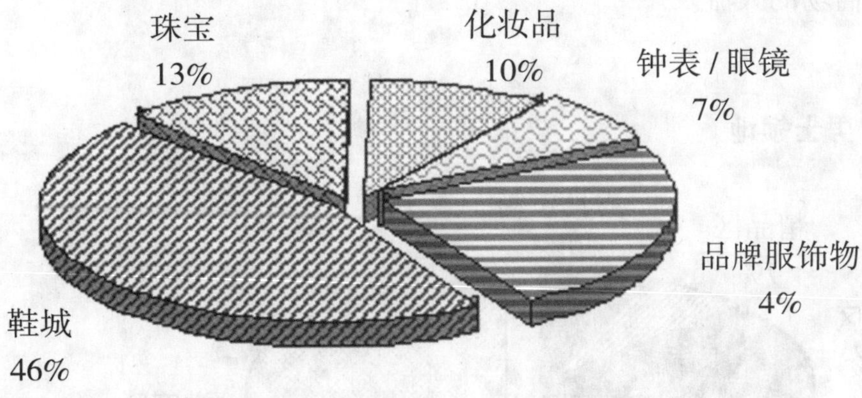

品牌港主要是以经营高档产品、贵重物品为主。

其中包括：珠宝、高档化妆品、高档钟表眼镜，以及如：七匹狼、皮尔·卡丹等著名品牌的服装和鳄鱼、红蜻蜓等高档鞋业。

划分依据：知名品牌商户有助于提高整个商场的档次，提高项目的整体形象。此类商家整体实力强，产品利润高，可以承受较高的租金，同时，商铺需求面积较大，因此，该类商品适合在首层经营。

二楼：霓裳丽影

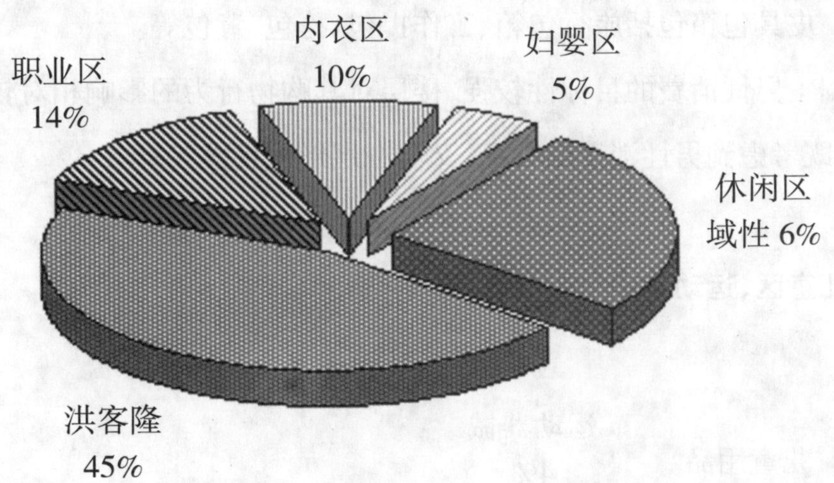

霓裳丽影主要指经营各类女士服饰为主。

其中职业区指经营女职业装、套装等专业服装；内衣区主要经营女式内衣、内裤、睡衣、丝袜等；妇婴区包括婴儿服饰、婴儿日常用品、孕妇服装；休闲区包括女士休闲服装、休闲鞋、皮包等用品。

划分依据：女性是社会的主力消费群体，同时，女性购物的频率和购物时间远远高于男性，且购物行为更具随意性。将二层设置为女士区，更多的是迎合女性的购物特征，保证商场的人流。

三楼：男士领地

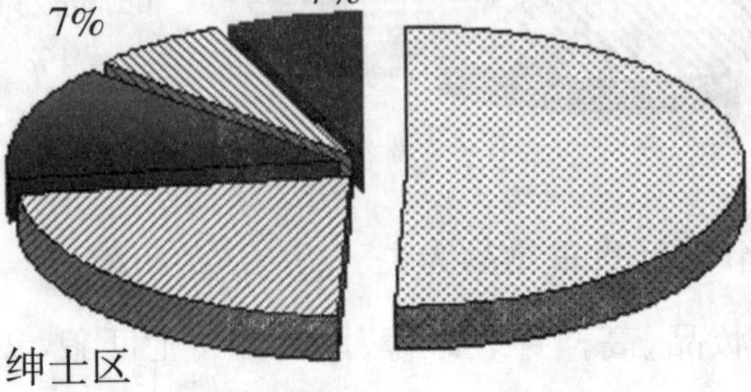

男士领地主要指经营各类男士服饰为主。

其中绅士区指经营能体现绅士风度的服装如：礼服、西服等；休闲区包括男士休闲服装、休闲鞋、皮包等用品；精品区包括领带、领结、服装佩饰、唐装等有特色、高档的服装品牌。皮具包箱包括旅行包箱、工作提包、挎包、背包等。

划分依据：男性消费的目标性较强，楼层对其购物行为的影响相对较弱，把男士区设在三楼，既考虑到男性消费的特征，又与二层形成良性互补。

四楼：儿童区、运动空间

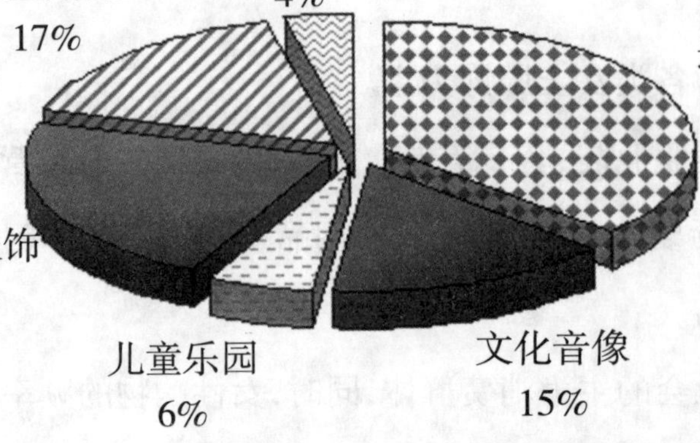

四楼包括儿童区、运动空间两大区域。

其中儿童区包括儿童用品（如：玩具）儿童服装、儿童游乐园三个部分；运动空间由运动器械（如：健身器械、球类等），运动服饰（乔丹、耐克、阿迪达斯等），文化音像（包括各种 CD、VCD 等音乐、影视音像等各种用品）组成。

划分依据：上述商品的经营面积普遍较大，而四楼商铺的单价相对较低，比较适合该类商家。同时，目标消费群主要是以青少年和儿童（儿童一般需要大人陪同购买）为主，高楼层对其影响不大。

2. 次商场的业态分布

次商场位于项目西端，共五层，定位以经营家居产品为主的主题商场，同时与餐饮、娱乐相结合，丰富商场的业态组合。

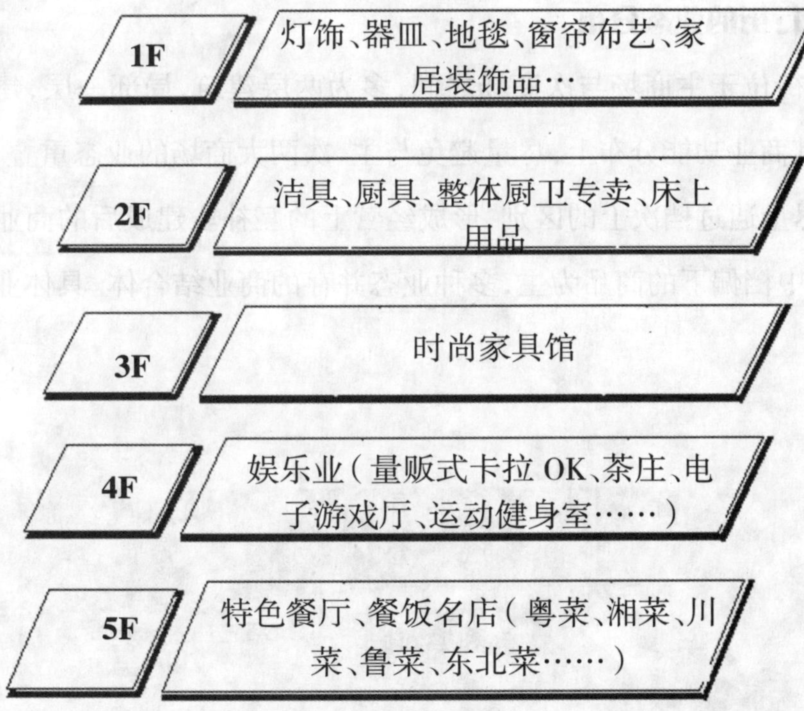

划分依据：

次商场定位为家居主题商场，考虑到当地家居市场的消化能力，只将一、二、三层定为家居区，四、五楼则考虑以娱乐、餐饮为主。

一楼以家居装饰、灯饰、布艺为主，其产品多样化，色彩绚丽，能吸引消费者更多的目光，增加首层的人流量，并以此带动其他楼层的人气。同时，其经营展示面积相对较小，适合放在首层。

二楼以经营整体厨卫、厨具、洁具为主，主要是对首层经营业态的一种补充和延续。因其经营面积相对较大，放置在二楼（二楼的租金要低于首层），可以减轻商家的资金压力。

三楼整层设置为家具区，主要考虑到家具市场的需求量大，同时，家具经营需要更大的展示空间，比较适合放置在租金水平更低的三楼。

四、五楼设置为娱乐区和餐饮区，可以有效的引导人流向上移动，提高其他楼层的人气指数。同时，因其经营面积大，放置在高楼层，既可以减轻商家的资金压力，又满足其经营要求。而将餐饮区设在最顶层，主要考虑到顶层的景观较好，同时，可以尽量避免厨房油烟给其他商家带来不必要的影响。

3. 商业步行街的业态分布

商业步行街位于主商场与次商场之间，多为两层建筑，局部一层，建筑面积 4 万多平方米。在其商业功能分布上，尽量避免与主、次两大商场的业态重叠，在业态出现冲突的时候，尽量通过档次上的区别，形成经营上的互补。建成后的商业步行街部分将成为以经营中档偏下的商品为主，多种业态并存的商业结合体。具体业态分布如下（图）：

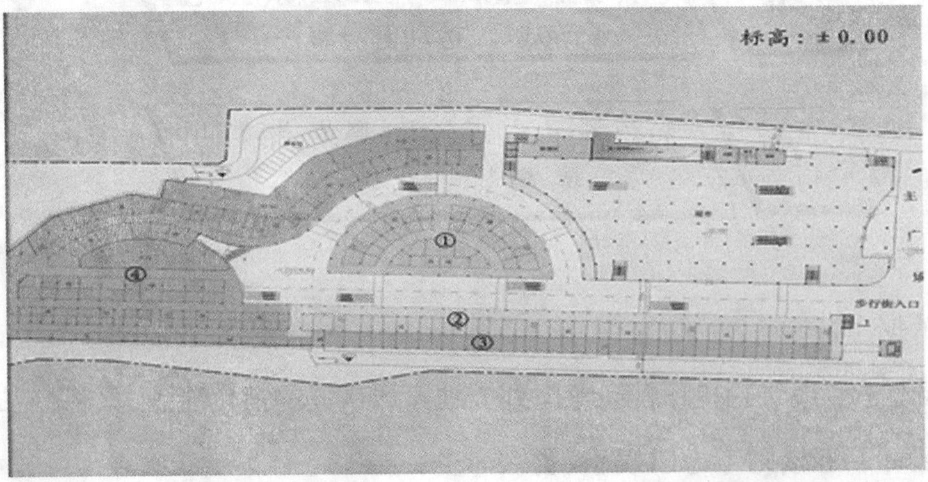

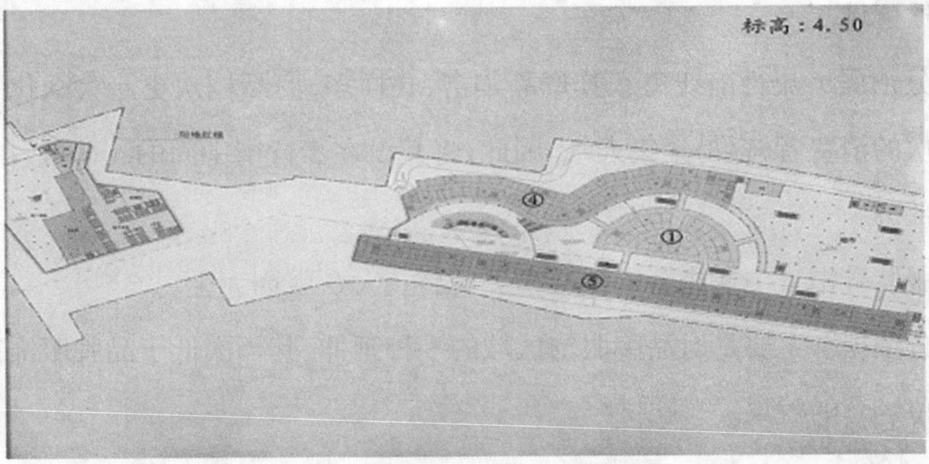

①3C 区　②品牌服饰区　③文化一条街　④流行前线　⑤服饰鞋帽区

＊ 3C：主要包括时尚数码、通讯产品、电脑、音响、家用电器等科技产品及其相关的配套服务。

划分依据：半圆区域的商铺价值较高，选择 3C 入驻，既考虑到其较高的租金承受能力。同时，将其设在一个相对集中的区域，也可以更好的展示形象，方便商户经营和消费者选购。

＊ 品牌服饰：主要指包括以经营国内二线品牌为主，国内一线品牌为辅的男女服装、服饰。（如：报喜鸟、啄木鸟、浩男服饰等）

划分依据：本区域靠近步行街的主入口，商业价值较高，适合具有较高租金承受能力的品牌服饰入驻。同时，通过一些较好的品牌展示，可以吸引更多的客流，并逐步引导客流向步行街内部区域消费。

＊ 文化一条街：主要包括银行、电信营业厅、花店、字画店、工艺品店、花鸟虫鱼专卖等经营场所。

划分依据：该部分商铺的门全部朝外面的规划路，相对独立于步行街，主要考虑以小本经营的小店铺为主，如花店、工艺店等，同时，加入一些综合服务配套设施，如：银行、电信等。

＊ 流行前线：流行前线主要经营针对青少年为主的服装（包括韩、日、香港、台湾精品服饰等）、牛仔世界、头饰、工艺品、时尚商品、个人护理（指以发型形象创作、美容、纹身、化妆、彩妆、护甲等以及护理产品经营为主的商业区域）、小百货等一系列前卫流行的商品。同时本区域将有条理的搭配一些特色小吃、特色餐厅、甜品店等

休闲餐饮区域。

划分依据：流行前线由于其产品丰富，式样多，商品档次更趋大众化，能够吸引不同层次的消费者，容易聚集人气。因此，将其设在步行街中间的④区域，作为步行街的主要部分。

* 服装鞋帽：主要经营中档鞋帽类、箱包、大众服饰为主。

划分依据：主要是对品牌服饰区域的一种延伸，其档次低于品牌服饰区域，达到一种错位经营的效果。

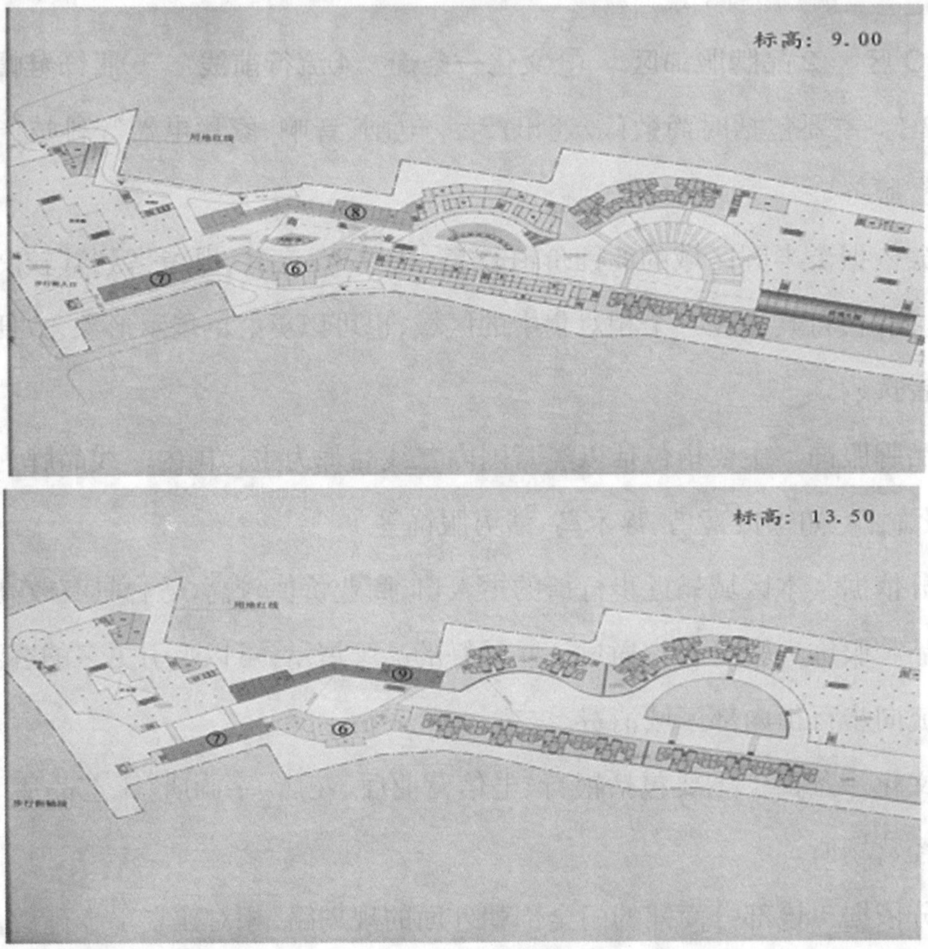

⑥珠宝区、影楼区　⑦零散店铺　⑧ ⑨休闲驿站

* 珠宝区、影楼：主要是指经营珠宝、玉器、眼镜、手表及婚纱摄影、冲晒店为主的商业区域。

划分依据：该区域正对着水池广场，景观环境较好，商铺面积也较大，而这些，正是珠宝区、影楼所需要的。同时，该类产品的利润较高，可以承受该区域商铺的高租金要求。

* 零散店铺：指主要由经营者自行选择业态，不限制经营商品种类的商铺。

划分依据：该区域整体面积较小，且比较靠近劳动南路，能够很容易地吸引到商家入驻，故不做具体的业态划分。

* 休闲驿站：主要是指以音像店、书城、饮品店、咖啡店、蛋糕店、冰吧、交流馆、视听中心为主的休闲场所。

划分依据：将该区域定为休闲驿站，主要是为了避免与其他区域业态上的重复，同时，增加整条步行街休闲的气氛。由于该区域的商铺面积相对较小，比较适合一些经营饮品店、冰吧等带有休闲功能的小型商家。

三、商铺间隔建议

1. 商铺间隔原则

商铺间隔是商业内部空间组织的重要组合内容，必须要针对市场的承受能力、消费者的偏好、商业空间组织等几个方面进行考虑：

*** 科学合理的间隔比例**

通常商铺开间进深的黄金比例为：开间与进深之比为 1：2。在实际操作过程中，开间与进深比例应尽量控制在 1：2—1：4 之间。如果该比例大于 1：2 时，开间应不少于 4 米。

*** 贴近市场承受力**

从前期的××市商业市场调查报告得知，商铺价格控制在 20—60 万元，市场接受程度较高。作为商家而言，商铺的总价，往往是影响其购买决策的重要因素。在充分考虑市场的承受能力，合理控制总价，才能快速的启动市场。

*** 产品多样化**

从××商业市场的调查中发现，大多数的投资者选择商铺的面积在 20—60 平方米，所占比例为 54.45%，是市场的主流面积。但由于本项目的可销售商铺的数量过大，建议在进行商铺间隔时，在满足市场主流面积需求的基础上，尽量地把产品线拉长，间隔出多种面积的商铺，并相应的增加小商铺的数量，有效扩大买家的层面。

* 主力商家“先行”

在一般情况下，主力商家的经营面积较大，且具有一定的知名度，能为项目聚集客流。在对主商场进行商铺间隔时，应先满足洪客隆超市规划上的需求，在此基础上，进行其它散户商铺的间隔。

2. ××主力超市的位置

××超市是南昌零售业的知名品牌，其本土化的品牌效应将在××逐步得到体现，这种品牌力和号召力对商场今后的销售产生有利的影响。遵循商业物业的楼层越高，销售和招商越困难的原则。业态分布时，××超市依然分布在商场的二、三层靠近步行街的纵深区域，具体比例为二层小于二分之一，三层大于二分之一，以减轻高楼层销售的压力。

3. 商铺间隔具体建议

由于本项目存在商场与步行街两种商业形态，故针对不同的商业形态提出不同的商铺间隔建议：

3.1 商场

* 在通常情况下，大多商场采用柱距与最大进深皆为8—9米，根据宏一多年从事商业地产的经验，最佳的柱距与进深为9米。

* 为提高主商场和次商场的内部价值，减少商铺数量，建议在靠入口处、中庭周边的商铺尽量设置大一些，一个柱位至多设计为两个商铺，建筑面积80—120平米，主要出售给主力品牌商家，纵深区域主要规划为小面积商铺。

* 在主商场二、三层的纵深区域可做小商铺设计，以满足中小投资者的需求。

＊在主商场的四楼，考虑到主要以经营儿童用品为主，建议主要规划为小面积的商铺，建筑面积在20平米以下。

＊在每一个楼层，将一些死角、拐角和不好卖的位置间隔成小铺，并将其定义为“创业版商铺”，并作为一个概念，运用于广告推广过程中，在主商场销售的中后期推出市场，作为刺激市场的又一兴奋点，主要吸引小型的“自主经营”的客户。

3.2 商业步行街

＊考虑到商铺弹性间隔的需要，建议商铺采用框架结构，柱位宽度设定在8–9米，以方便间隔出多种面积的商铺。柱位宽度8米，可分间成门面4米的商铺两间，柱位宽度9米，即可分间成门面3米的商铺三间。

＊全部商铺为临街独立产权铺，包含单门面及双门面两种规格，拐角商铺为双门面设计，开间控制在3—5米，进深控制在12米左右，最大不能超过15米。

＊建议针对不同的功能区域，根据不同业态的经营要求，间隔出不同面积大小的商铺。如流行前线单个商铺面积建议在20平方左右。

＊同时，还有必要根据买家的实际需求进行自由组合，形成面积在20—200平方米之间的多种户型组合，灵活的满足各种买家、经营者的需要。

3.3 次商场

＊建议次商场的柱距与进深设为9米。

＊考虑到次商场主要是以经营家居品牌为主，一般家居产品体积大，且经营需要一定的展示功能，因此，商铺的需求面积偏大。次商场的一、二楼主要以经营灯饰、窗帘布艺、地毯、家庭装饰品为主，商铺面积在80—200平米之间比较合适买家要求。

＊在次商场的三、四、五楼，主要是以经营大面积的家具馆、大型娱乐场所、大型餐厅为主，经营者、投资者所要求的面积都很大，所以建议这三层暂时不做划分，可以

根据市场和买家的实际需求进行自由组合，以满足更多卖家、经营者的需求。

操作平台七：项目的营销推广解码

一、核心推广策略

不同的市场、不同的产品，其营销推广方案也不尽相同，在营销方面一向就是："没有最好的策略，只有最合适的策略。"针对××城市商业现状，结合项目的产品特性，经过反复的论证，提出本专案的核心推广策略：占位营销。

所谓占位营销：是指以××集团的专业、实力与优势，通过一系列推广动作，对市场关心的领域和热点话题，建立营造一种舆论氛围，使自己拥有强大的、独有的话语权，制定符合我们利益角度的市场观、投资观、经营观、消费观，去影响投资者、经营者、消费者以我们的观点与视角看问题，从而主导市场、占领市场，实现营销推广目的。

具体操作上，我们将从以下三个方面着手：

1. 广义"定位"

* 对××各商业项目作出定位。

* 对城市商业地位作出定位。

* 对未来发展机遇作出定位。

* 对消费者、经营者、投资者的需求作出定位。

2. 战略"霸位"

* 对项目的市场形象、商业地位进行霸位。

* 对项目的规模、规划进行霸位。

* 对项目的商业模式、业态组合进行霸位。

* 对开发商、主力店的品牌进行霸位。

* 对现代商业的经营管理理念进行霸位。

3. 直接“对位”

* 市场需求与本项目产业模式的直接对位。

* 市场机遇与本项目商业前景的直接对位。

* 市场缺失与本项目优势填补的直接对位。

二、入市三步曲

1. 把脉××商业

为“尴尬”的××商业把脉会诊，树立我们专业的商业形象与行业领袖地位，吸引市场的关注与目标群体的认同，并引导目前各商业项目的经营投资者转投阵营，成为本项目的买家和租客。

A. 新亚新成功：靠的是市长，而不是市场

新亚新商厦是目前××最大规模、最具人气、商品品类最齐全的商场，是多数商家心目中经营状况最好的商场，同时也是我们所看到环境最脏乱、档次最低下、经营最无序的商场。

新亚新是上世纪 90 年代，政府为了帮助农转非户籍人员、下岗职工等社会富余劳动力自谋出路而大力扶持兴建的市政项目。它的崛起，得益于政府的行政干预，带有明显的“计划经济”烙印，而到了今天，“优胜劣汰”的市场经济法则注定了它在短期内衰败的必然。它能够繁华至今，主要有以下原因：

* 经过早期的政策扶持与近 10 年时间沉淀，已吸引了一定的经营商户和消费人群，培育出足够的原始商气。

* ××整体商业状况落后，市场尚未有其他优势项目出现，“山中无老虎，猴子称大王”，消费者别无选择。

* 当地消费者、经营者、投资者各方面的观念、意识均处于“蒙昧”状态，需要进行强有力的引导、启蒙与唤醒。

B. 天工的失败：看得到品位，可不懂定位

这里所说的定位，主要是开发商自身的定位。

在所有人眼中，天工商城无疑是失败的，但我们却很高兴地看到当中积极的一面：对于新亚新地摊式的商品销售，并非所有人都麻木不仁、无动于衷，终于有一个商场将目光瞄向××中高端消费群体；起码有一个商场意识到××需要一个较高雅的商业环境。天工商城开业前的热销，证明了相当数量的经营者、投资者有着同样的渴望与需求。

天工商城的失败，关键在于开发商把商用物业的开发，想得过于简单了，以为只要建一座稍为漂亮的建筑，然后分割出售，就大功告成了。在天工，我们看不到任何有特色的经营理念；看不到任何有利于商场的业态功能划分；看不到任何现代商业的经营管理手段；看不到任何经营出现问题后的有力举措。就像一个盲人在摸着石头过河，失败是早已注定的。

C. 步行街萧条：只知道规划，却无视策划

据不完全统计，大大小小称为步行街的街道在中国共有700多条。其中生意红火、丁财两旺的不到100条，这类步行街以其功能齐全、环境优美，同时满足人们购物、休闲、餐饮、娱乐、旅游、观光等多种需求，而成为一个城市的商业地标。但是，大多数中小城市所建设的步行街，现在都已陷入了经营困境，有街无市、门庭冷落。而这类步行街一般都是盲目跟风、追求政绩等错误决定的产物。

胜利北路商业步行街则是其中的典型代表。建设者只是将一条500多米长的内街进行了原始的规划：将街道两旁的住宅底层划分为面积大致相等的商铺，把街道的地面简单铺装，在两端入口各树一块牌坊、并设置一些路障，不伦不类的"步行街"就开张大吉了。这样的步行街，我们在全国看不到一个成功的案例，其失败的根本在于：整个项目只有最简单的规划，却没有一丁点常识性的策划。

建造一条步行街，我们必须先搞清楚三个问题：

*** 谁来步行**

以××为例，其商业辐射范围有限，消费群体以本地人为主，步行街的业态设计就必须与当地人的消费需求、消费习惯、消费特点、消费水平相一致。

*** 为什么来步行**

人们必须在步行中找到快乐，从而产生反复来步行的向往与热情。例如，对普罗大众日常休闲、娱乐场所的建设，并根据当地的文化特点和节事安排，多组织一些让当地居民共同参与的商业文娱活动。还有，就是对儿童活动、玩乐设施的建造。因为小孩子在步行区域里没有车辆的危险，可以快乐玩耍，多数父母都愿意带孩子来这里休闲玩乐，这对步行街聚集人气非常重要。另外，对于一些流动人口少，甚至"一节淡三墟"的城市，如何策划好步行街的夜间生活和节假日生活，是一个非常重要的问题。

*** 怎么样步行**

这则是科学规划步行区域的问题。不同主题区域的划分、出入口的设计、重要节点和黄金分割点的物态、尤其是高潮区布置、小品的点缀与过渡等，都关系到步行街日后的兴旺。

D. 各在售项目：想到了升级，但没有升华

随着城市商业的不断发展，以及外来策划代理公司、物业管理公司、广告公司的不断介入，××各商业项目的开发、营销水平也在不断提高：女人世界主题定位鲜明、功能分布清晰合理；金马购物广场实行五年返租计划，统一招商、统一经营；圣德时代广场整体规划良好，并引入大型主力商家进驻；时代广场规模庞大、业态多元化，广告诉求到位……各在售项目，都有可圈可点之处。

但因为思维、能力等各方面原因的局限，各项目都存在明显的缺陷：都只是局部的升级，而不是整体的升华；他们的着眼点只是本项目，只是对目前现状的某种改变、改善，而不是站在一个更高的高度进行通盘考虑和全面提升。

2. 深度区位炒作

要提升、引领××商业，首先是要让××人认同和接受我们先进的商业理念，因此前期的炒作和引导尤为重要。在整个推广过程中，除了必要的打压、排挤对手，还必须进行深度的区位炒作，以形成良好的区域环境氛围，培育目标群体的投资热情。在这一点上，我们有两方面可供利用的炒作资源：

*** 城市发展机遇**

××正逐渐由纯粹的“钢城”向现代化、多元化的区域中心城市转型，大力发展旅游、观光等新兴朝阳产业：如两江四岸城市景观的改造、抱石公园“东方迪士尼式乐园”的建造、仙女湖省级旅游景区的开发等。旅游业对商业的促进作用是非常巨大的，而本项目的定位正是紧紧契合观光、旅游在内的休闲商业，商业前景无比看涨。

*** “泛珠三角”东风**

2004年，“泛珠三角经济圈”建立，使沿珠江流域各省份实现产品市场一体化和投资市场自由化。××正好乘风借力、因势利导，敞开大门吸取珠三角经济核心的辐射，一举奠定赣西地区商品大流通格局。而本项目正当其时，成为泛珠三角经济协作的最大受益者。

3. 品牌联动出击

树立强势品牌是项目成功推广的先决条件，但××集团在××的品牌知名度远远不如丰城、抚州，必须打通品牌通路，才能获取最终的成功。在推广上，我们将选择品牌联动战略：不断在外围造势，最后合围××。采取品牌巡回联展的推广形式，以南昌为起点站，经丰城、抚州，再到终点站××。树立江西第一商业巨头联合众多品牌商家，挟其最先进的商业模式、最科学的经营理念、最优秀的管理经验、最雄厚的资金实力，一举空降××的品牌效应。

三、营销推广思路

本项目由综合商场（主商场）、商业步行街、主题商场（次商场）三个部分组成，

整体规模庞大，商业形态复杂，因此在整体推广过程中，要求对项目不同商业形态的三部分进行分期分段的推广，在结合项目工程进度的同时，从以下几个方面考虑：

* 对于大型的综合商业项目而言，首期单位的推出必须保证市场的热销，造成市场的轰动效应，这就决定了位于最繁华商业地段——

胜利北路的主商场是首推部分的最佳选择。

* 商业步行街作为整个项目货量最大的部分，是本项目销售的重点和难点，其推出应充分利用主商场前期销售形成的巨大市场势能，乘胜追击，快速入市，抢占市场份额。同时，商业步行街和主商场属于两种不同的商业形态，所针对的目标客户群有所不同，它的推出能够在不同层面上满足更多客户的需求。

综上所述，宏一认为项目的整体推广步骤为：

主商场——→商业步行街——→次商场

四、推广阶段划分

1. 项目整体导入期 8 月 1 日—8 月 31 日

入市初期，通过对××商业的“尴尬”现状分析、××商业市场区域炒作，引出××商业亟需全面提升的核心主张，并以此为舆论焦点，通过系列的软性广告和市场引导文章，对市场进行预热，引起全城的普遍关注。在此基础上，举行品牌巡回联展，导入开发商强势品牌，并以此作为项目的市场切入点。

【推广主题】

主题 1：××商业 10 年之梦

内容要点：如果说，十年前新亚新是××的骄傲，那么，今天还有什么值得我们炫耀……

主题 2：××商业大变局

内容要点：把握新机遇，××积极融入“泛珠三角”经济大体系，逐步形成钢铁产业、商品流通、旅游观光三位一体的区域中心城市大商业格局。

主题 3：2004××品牌巡回联展

内容要点：江西商业航母的成功引入，为××商业注入强劲的活力。××，一个来自南昌的 NO.1 实力品牌，在江西各大中城市赢尽口碑。誓以专业与实力，打造××商业新地标，以先进的商业运营模式，引领××商业发展新方向，构筑地区经济新的动力引擎。通过全面提升××商业环境，加快地区商业经济的发展速度，从而带动整个城市经济的快速发展。

主题 4：一个时代的来临

内容要点：

＊昨天，广东省东南部城市群率先联手出击，“珠三角经济圈”在中国经济舞台独领风骚。

＊今日，“泛珠三角经济圈”建立，沿珠江流域九省两地资源整合、优势互补、协作发展、共进共荣。

＊昨天，新亚新商城成立，××商业实现“质”的飞跃，成功开创胜利北商圈繁荣局面。

＊今日，××商业街区横空出世，一举引发××人们消费投资观念，甚至生活态度的革命，××商业极速飞驰。

主题 5：开创产业街区形态，一统××商业新版图。

内容要点：

◆ 赣西商业示范空间！

◆ 垄断赣西潮流经济！

◆ 赣西商业动力引擎！

◆ “泛珠三角”，井喷××商机！

◆ “泛珠三角”最大受益者！

◆ 赚“泛珠三角”第一桶金！

注：以上整个推广时间为一个月，采用新闻稿和通稿相结合的形式。主题 4、5 在月末的最后一星期同时推出。

【公关活动】

××在××的品牌影响力不如抚州、丰城两地。因此，在前期导入企业品牌时，应通过一定的公关活动及事后的新闻炒作，扩大××在××地区的影响，让更多的××人的认识、了解××，提高××企业的知名度，为项目后期的推广做好铺垫。

活动一：2004××品牌巡回联展

活动目的：

××品牌巡回联展主要通过对××集团的发展历程、辉煌成就等进行展示，进一步强化××在江西的商业地位，扩大其在××地区的品牌影响力。

活动形式：

活动前期，××将在南昌举行"铿锵××行，豪情满江西——××品牌联展"新闻发布会，在南昌、××、丰城、抚州等地进行巡回展出。

活动时间：8月21—22日（××展出时间）

活动地点：选择在人流比较集中的区域，如：广场、商场大厅。

展示方法：将反映××集团开发理念、开发项目、发展历程、辉煌成就的图片，用展架进行装裱，然后进行展示。

同时，我们将会在展会期间在《××都市报》刊登"××知多少"有奖知识问答，每一位参加者将自己的答案寄到指定的地点，然后统一进行抽奖。

评出一等奖、二等奖、三等奖、优秀奖50名，分别给与相应的物质奖励。

活动二：美在××——××购物中心形象大使评选

活动目的：

通过此次评选活动，扩大××在××地区的知名度，提高项目在当地的影响力，树立项目良好的品牌形象，形成全城皆知的市场效应，为项目的后期销售和经营打下坚实的市场基础。同时，评选出的形象大使可为项目今后举行的一系列活动作形象宣传。

活动内容：

8月份，成立活动组委会，通过××的各大媒体和部分省级媒体发布接受报名申请的消息，同时在各大院校、宾馆、事业单位、团委系统发放申请表格。

对申请参赛者进行甄别和挑选，对符合要求者发放初赛、复赛通知，并会通过为期一周的培训提高参赛选手的参赛水平，未能选出综合素质出众，真正服务于××项目创在坚实的基础。

在比赛中，将邀请来自文化、艺术、旅游等方面的专家进行评判，保证比赛的公平、公正和权威性，提高比赛水平。

总决赛将在××的某大型广场或者公共场所举行，邀请政府官员和共青团、妇联领导参加，将总决赛举办成一台精彩纷呈的时尚盛典。

活动安排：

8月1日—8月20日报名

8月23日—24日初赛

8月27日复赛

8月30日公布12名决赛入选名单

9月1日—8日选手培训

9月10日决赛暨颁奖。

参赛要求：

(1) 男女均可，年龄18—28岁，形象良好。

(2) 有为××购物中心担当形象大使的强烈愿望。

(3) 女性1.62米以上，男性1.72以上。

(4) 高中就读或者以上学历。

(5) 流利的普通话。

宣传配合：

活动前期将通过报纸、电视刊登报名信息；活动中期通过报纸、××报等平面媒介进行适当的刊登报道，总决赛当天将会邀请省级电视台和《××都市报》、《××晚报》、《××日报》、《××广播电视报》及一些时尚媒介进行现场报道和录播。

【推广形式】

新闻通稿、软文炒作。

【媒体组合】

在媒体组合上，选择《××都市报》、《××日报》、《××广播电视报》等主流媒体，并固定版面位置，在一个月内强势启动。《××报》则以××全城派发的形式作为补充。

【效果预测】

通过前期一系列的软文炒作和相应的事件营销，建立××强势的品牌形象，同时使投资者对本项目产生一定的期待心理。

通过前阶段的市场预热，无形中给本项目的正式推出埋下了伏笔，培育了一大批潜在的观望客户。

2. 主商场推广

主商场营销推广阶段共分为：内部认购期、公开发售期、强销期、持续销售期。

2.1 内部认购期 9 月 1 日—9 月 30 日

本阶段是进行重点蓄客的关键阶段，同时，根据内部认购期间的市场反应，及时调整营销策略方向，为项目的开盘热销打好基础。

该阶段，销售中心必须交付使用，现场包装基本完成，各种广告形式（包括户外广告）、宣传物料陆续到位。此阶段重点将项目的核心优势宣传出去，快速建立项目在市场上的认知度，为开盘积累大量的意向客户。

【推广主题】

推广方向	诉求点	广告主题
项目综述	市场定位	◆ 购物天堂·创富之都！
	功能定位	◆ 创富时代——引领××商业发展的新型商业模式！（百货商场＋主题商场＋步行街 ◆ 复合业态，构筑黄金产业经济链—— ·消费无限循环 ·客流交叉互动 ·资本倍数递增

<table>
<tr><td rowspan="5">强势卖点支持</td><td>地段</td><td>◆ 财富的必经之路
◆ 掌控胜利北商业门户
◆ 胜利北路涌金地,天生一个黄金矿</td></tr>
<tr><td>品牌</td><td>◆走,跟着商业巨头买铺去!国际商业巨头赚多少,你就跟着赚多少! ◆上万平方主力店来了,国际连锁机构来了,数百品牌商家也来了……你还等什么? ◆一个八百知名商家共同选择的品牌!一个过千万消费者共同信赖的品牌!一个全省多个城市共同印证的品牌! ◆每日×万客流,财源滚滚而来! 每年×万消费力,无可匹敌的财富金矿</td></tr>
<tr><td>投资</td><td>◆ 做国际品牌的东家,把铺租给商业巨头
◆ 创富产业街区,21世纪最佳投资机遇
◆ 立即行动,对你的资产来个世纪优化
◆ 背靠大树好乘凉,一铺何止富三代</td></tr>
<tr><td>经营管理</td><td>◆专业经营管理,护驾保航40年!(采用缮稿的形式)</td></tr>
<tr><td>商业模式</td><td>◆黄金产业链,第五次百货零售浪潮!(采用缮稿的形式)</td></tr>
</table>

【公关活动】

承接前阶段对市场的炒作,通过从项目着手进一步制造市场热点,提高项目的美誉度和投资可信度,全面煽动目标客户群的购买欲望,为项目打下良好的群众基础。

活动一:"××商业投资黄埔军校特训营"

活动目的:

"特训营",其实就是"培训班"、"分析会"。整个特训营分两期进行,主要针对投资者和经营者,向其讲解投资、经营的技巧,传道解惑。在此过程当中,巧妙融入本项目的介绍和投资分析,提升项目在市场上的认知度。同时,通过事后的新闻炒作,提高项目在市场上的知名度,树立开发商良好的市场形象。

活动时间:9月18日

活动内容：

*** 特训一：商业投资论坛**

特别邀请前期意向客户、商业投资专家、著名大学经济学教授、知名品牌商家代表、开发商代表及媒体记者共同参与，对投资者进行商铺投资的再教育。

通过此次论坛的召开，对目标群进行科学的引导，培育项目一大批忠实的潜在客户。同时，利用专家及媒体权威、公正的正面传播，迅速建立开发商的诚信，实力，专业、可靠的品牌形象。此外，在吸引大众媒体普遍关注的同时，有利于提高项目在媒体上的曝光率，迅速建立项目在市场的知名度，树立项目个性鲜明的市场形象。

*** 特训二："永续经营"营销讲座**

组织各经营商户，举行经营讲座，主要针对目前××商业发展现状和所面临的城市发展机遇，向经营者介绍未来商业的发展趋势，在分析各种商业形态的利与弊的基础上，全面展示项目独特的业态组合、强大的客源整合功能、先进的经营管理理念等核心优势。同时，对经营商户进行营商专业的知识培训，建立经营者对××的品牌忠诚度。

实践证明，在房地产广告投放普遍同质化的年代，通过投资论坛，经营讲座等形成进行市场推广，具有非常显著的效果，往往能够达到广告推广达不到的作用。

宣传配合：

由《××都市报》、《××日报》和××电视台对此次活动进行报道，并对活动的负责人进行采访。

【广告策略】

* 此阶段为本项目在××市场的全面亮相，需采用强势广告策略，平面广告和缮稿炒作相配合。

* 以户外广告（含车身广告）、报纸为宣传核心，通过电视、楼书、海报、单张、DM、投资宝典等形成立体广告轰炸，并采取硬广和软文配合，在一个月内使项目全面向市场展开，成为全城热点，在最短的时间内吸引尽可能多的目标客户群体。

【媒体组合】

《××都市报》、《××日报》、《××广播电视报》纷纷入市，户外广告承前使用，海报、单张、《投资宝典》等综合运用，形成立体广告轰炸。

【宣传物料】

单张：

单张是最基本的销售推广资料，从项目的面市到以后各阶段的推广都需要，同时，随着各个阶段的推广侧重点不同及市场情况的变化，其内容应随时调整。由于单张的单位成本不高，印刷数量与发放范围可以稍大。

折页：

是对单张内容的进一步深化，可全程与单张配合使用，是最基本的销售物料之一，主要应用于销售现场。

楼书：

提供最丰富的项目信息，是项目形象和综合质素的反映。对本项目而言，楼书最能体现出项目的档次，要制作的够精美且信息量足。因其成本较高，只有现场客户才提供楼书。

海报：

作为一种动态的宣传资料，成为售楼部内的“报纸”，以小数量，高频次的宣传印刷方式对项目的详细信息、销售状况、促销措施等最新动态进行营销中心内的传播，能够坚定观望客户的投资购买信心，烘托项目的现场气氛，丰富售楼员的推广话题，具有极强的促销作用。

宣传海报可以一个周期进行一次轮换，在宣传项目形象和核心优势的同时，配合新的市场动态和促销措施出台时机，进行印刷，与新的促销措施保持同步进行，充分发挥其促销效果。

投资宝典：

类似于手册，重点针对投资客。在公开发售期及以后使用，印刷精美，内容丰富全面。

投资宝典在全面介绍项目自身的同时，对投资者进行投资知识的指导，添加一些如何投资商铺、如何选铺、如何认铺的小知识点，综合分析投资政策、投资时机、投资方式、投资回报、投资要点等方方面面，加入一些投资商铺的案例和本项目的操作案例。

现场包装：

现场包装包括建筑物外围包装、售楼部墙体、展板、背景板、吊旗等。现场包装是项目整体格调的一部分，其内容主要是项目的定位、卖点。作用更多的是导入项目VI，以渲染现场气氛，宣传项目卖点，间接作用于销售。

礼品：

在公关活动时，对活动参与者，赠送印有××VI元素和项目信息的礼品。如：水杯、雨伞、手提袋等，既美观又实用，成本不高，又能赢得客户的欢心，是对××品牌的一种长久宣传。

【效果预测】

通过有效的推广诉求与一系列的事件营销，××集团的强势品牌形象已经逐渐形成，同时，本项目核心概念及优势已经在市场上形成了较强的认知度。项目将迅速网络大量的目标客户，公开发售蓄势待发。

(2)公开发售期 10月1日—10月16日

开盘日初步定为10月1日

经过内部认购期的实效推广，已积累了相当部分客户，此时，宣告正式开盘，全面引爆市场，消化前期积累的有效客户，带动持观望态度的潜在客户，掀起第一轮抢铺狂潮，并制造轰动热销效应。

公开发售期，以新闻通稿深度炒作，平面广告和事件营销配合，利用所有媒体资源强势推广。开盘之日不仅要在销售上形成高潮，同时在人气上也将形成一个高潮，开盘当天将在项目现场安排精彩纷呈的活动及表演，以创造火爆的场面，以人气带动财气。

【推广主题】

时间	诉求点	广告主题
9月28日	开盘预告	◆ 明天过后会怎样? ——后天,为赣西时尚剪彩! (借鉴最新美国大片《后天》宣传海报) ◆ 明日起,赣西商业重新排名
10月1日	正式开盘	◆ 创富产业街区,今日全境同步发售 ◆ 创富梦想,今天引爆
10月2日—15日	热销炒作	◆ 数百经营商家集体失踪 ——原来,在××销售中心大集中 ◆ ×分钟卖一间铺,一天售出×间铺 ◆ ×位未能挑到商铺的客户强烈抗议,紧急加推×套单元“以平商愤”
10月7日—15日	品牌	◆ 国内知名品牌组合,主导××消费趋向 ◆ 商业巨头誓言:不惜血本,抢滩×× ◆ ××是商业巨头的“大本营” ◆ ××签约,商业巨头肉搏战开演 ◆ 顶级品牌抢先进驻,携手铸就商业传奇

【开盘活动】

主题活动一:“金秋7日游”抽奖活动

活动目的:

通过抽奖活动的举行,能够促使已经购买商铺的买家不离场,等待抽奖,保证现场旺盛的人气。同时,通过抽奖程序的设计,能够促进买家来现场排队,制造项目热销的盛况。

活动时间:开盘当天

活动对象:下定客户和已成交的客户

活动内容:

* 所有已下定的客户和已成交客户凭收据或发票领取抽奖卡,即可抽奖。

* 抽奖活动时间从上午9:00开始,直到下午5:00,共8个小时,每2小时抽奖一次,共4轮。

* 买家每30个为一组进行现场抽奖活动,第一轮30个买家抽完奖后,剩余29个没有抽中奖的买家自然转入下一轮抽奖。以此类推,上一轮没有抽中奖的客户将自

动转入到下一轮抽奖。因此，越早补足订金的客户，抽奖的机会越多，获奖的可能性也越大。

奖项设置：

抽奖共4轮，每轮设置2个大奖，奖项为：国内7天游，可以携带一名家属，价值约1万元左右。

主题活动二："大胃王"食品大赛

活动目的：

通过此类活动的举行，带动现场气氛，同时也带动持观望态度的潜在客户尽快落定观望。

活动时间：开盘当天。

活动对象：前期意向客户、下定客户及已成交的客户。

活动内容：

* 比赛分为汉堡包组和可乐组。

* 每一个参赛手在规定时间内吃掉最多汉堡包和喝掉最多可乐者为每组冠军得主。

* 每一位冠军得主可以获得组委会提供的奖品或奖金。

奖项设置：

冠军各两位：奖金各1000元；亚军各两位，奖金各500元；季军各两位，奖金各300元。

【广告策略】

本阶段广告主要是向市民宣布项目开盘，传达开盘信息，并对开盘进行炒作。具体分为三个时段：在开盘前几天，主要进行开盘的信息预告及活动宣传，应采取强势的广告轰炸，平面媒体、单张、电视、户外广告等多管齐下；开盘当日主要是形象诉求为主，同时邀请媒体进行炒作。开盘后陆续炒作开盘盛况，催促及早落定。

【效果预测】

通过一系列广告组合掀起热销浪潮，最大限度促使目标客户踊跃成交，尽可能的消化推售单位，并使投资风潮波及全城，对持观望态度的客户群施加影响和压力。

3.1 强销期：10月17日—11月15日

借助前期热销之势，有计划进行推售，借助原来的销售旺势，通过不停的广告轰炸延续一波未平一波又起的销售热潮，同时在强销期的中后期，将针对市场销售状况，推出××创业版商铺，以维持市场新鲜度和销售热度，创造销售业绩，持续制造市场热点，凝聚市场目光，形成良好口碑。

【推广主题】

诉求点	广告主题
品牌	◆ 纯正江西血统，超市零售专家 ◆ 实力品牌，笑傲江湖，信心首选
投资	◆ 回报率8%，将高息提款机抱回家 ◆ 月租变月供，财富永留传 ◆ 投资一次，享受一生 ◆ 把鸡蛋放在可以孵化的地方 ◆ 日人流量××万，日进××桶金 ◆ 选择最值信赖的商家，投资最具钱景的商铺
创业版	◆ 每月××，买断黄金产业链
商业模式	◆ 在财富的国度里，做世界的生意
经营管理	◆ 专业经营管理，××商业切肤之痛 ◆ 商业，必须向经营管理要效益

【公关活动】

活动一：进驻品牌签约发布会

通过前期推广，项目已经积累了一定的客户，但是多少品牌会选择进驻××？这是所有投资经营者最为关注的问题，这不仅关系到项目的持续经营发展，更关系到能否迅速促进持观望态度的准客户提早下定。

建议在强销期针对主商场举行项目首场进驻品牌签约发布会，诚邀各品牌商家共聚××，形成万商云集，商业巨头共同追捧之势。

签约对象除了××超市之外，还包括各大主力品牌商家及商业联盟成员。商业"明星"聚集，本身就是新闻。在签约大局已定后，可向媒体提供进驻品牌名单，增强项目品牌影响力，树立客户的投资信心。

【媒体组合】

软文炒作与平面硬广告有机组合，媒体选择上以《××都市报》、《××广播电视报》、《××报》、宣传单张相配合，继续项目的深度推广与话题炒作。

【效果预测】

本阶段为持续的高强度炒作，持续挖掘项目的卖点，势必吸引大批新客户到场参观下定，大批客户成交，主商场基本销罄。

持续销售期：11 月 16 日—2005 年 4 月

项目的主商场销售进入后期，其间将还是以户外广告为主，低密度的报纸、单张等平面广告为辅，诉求项目的优势，销售盛况，价格优势等，让项目维持一定的销售热度，并同时向市场宣布即将推出商业步行街，并开始蓄客。

在元旦期间，我们将会邀请已经签约的客户举行"客户答谢会"，主要是向客户介绍我们的项目进展情况，我们所推出步行街的产品情况以及发展前景，通过本次答谢会增强客户的信心，加大步行街的传播力度，为后期推广作铺垫。

3. 商业步行街推广

商业步行街的推广分为蓄客期、公开发售期、强销期和持续销售期四个阶段。

前期主要是在所建立的品牌形象及销售基础上再做延续，回顾项目前期的销售盛况，增加目标客户群的投资信心，扭转市民对步行街的恐惧心理，迅速导入商业街的产品内容以及商业优势，展开大量的广告轰炸，使客户尽快接受项目，接受新产品，并伺机购买。而后阶段的推广则以实际卖点诉求进行针对性的宣传，从而宣传力度和广告费用可以相应减少。其间我们将配合相应的公关活动，制造一个个销售热点，保持项目不断的销售热度，同时为后阶段销售作铺垫。

【推广主题】

诉求点	广告主题
前期铺垫	◆ 步行街——财富街区,创业之路 ◆ 只选对的,不选贵的 ——步行街,产业创富中心
形象导入	◆ 告别"不行街" ◆ 步行街五大国际标准 ◆ 一条街区,繁荣一个城市 ◆ 一个地区只有一个商业中心 ——北京有王府井,上海有南京路,广州有北京路,重庆有解放路,××有……
开盘信息	◆ ××只有一条真正意义步行街 ◆ 创富产业街区,明日载誉登场 ◆ 真正意义步行街,今日盛势发售
热销炒作	◆ "出卖"步行街 ◆ "铺王争霸"天价拍售 ◆ ×人抢一铺,创富步行街全线告急 ◆ 赣西第一步行街,抢铺风暴席卷全城
投资引导	◆ "步步为赢",创富时代投资必赢论 ◆ ××商业步行街,百万富翁生产线 ◆ 买商铺是博彩,买××步行街是中彩 ◆ 买商圈是赚钱,买××步行街是捡钱 ◆ 将胜利北路搬进××购物中心 ◆ 前程无忧,财富不尽
业态	◆ 多重消费·连动消费·循环消费,让财富雪球越滚越大 ◆ 娱乐休闲空间,时尚体验百分百 ◆ ××商业"夜明珠",夜间经济领跑者
经营环境	◆ 坡式美景风情街,立体客流互动体系 ◆ 人性化的商业购物环境,聚客旺场的必胜法宝 ◆ 商业庆典滚动上演,天天都是狂欢购物节
购物环境	◆ 购物就像逛公园 ◆ 中国的香榭里大道 ◆ 天堂里没有车来车往

3.2 蓄客期：2004年12月初——2005年4月22日

本阶段包括了商业步行街的导入期和内部认购期,商业步行街导入期是在2004

年12月初至2004年底为止，在这个时间段主要是向社会公布步行街的推出时间、产品内容、产品优势及其商业前景。充分发挥项目的前期销售优势，充分抓住客户对新产品一种期望和渴盼的心理，树立步行街的产品形象，为明年的销售作准备。

导入期的广告密度不会很大，只是适当的进行宣传，以商业步行街的各种优势作为有力支持，对投资者、经营者作出正确引导，引发市场对产品的期望值。

内部认购期从2005年3月中旬至4月22日，本阶段最大的作用在于蓄客，掌握项目的推出时间和炒作时间，保持市场的热度和新鲜度，同时通过内部认购期间的市场反应，对后期营销策略进行适当的调整，使其更加适应市场，促进销售。

此阶段将会打造商业步行街的整体形象，结合主商场为项目整体建立初步的形象认知，通过对前期的销售旺势进行回顾，给新客户树立信心，为开盘积累大量势能。

本阶段的广告主要是以形象诉求为主，平面广告担当主角，在媒体选择上将采用户外广告（含车身广告）、现场包装、各大平面媒体、宣传海报、单张等展开立体式的广告轰炸，强势导入新产品。对能树立市场信心、有销售力度的卖点进行详细阐述，其目的是使步行街入市能产生轰动效应，让意向客户尽早下定。

【公关活动】

活动一：“××希望之心”爱心捐助活动

活动目的：

进一步提升××的品牌知名度和美誉度，让更多的消费者了解和接受××品牌，为项目的后期销售打下良好的市场基础。

活动时间：2005年3月下旬

活动内容：

1. ××发动集团所有员工募捐，募捐金额不限，募捐的资金用于希望工程，资助当地的失学儿童。

2. 选择在××较高档的酒店或广场召开新闻发布会和希望工程捐助仪式，邀请江西著名的媒介记者，××市领导，××希望工程基金会的相关领导参加。

3. 在新闻发布会和捐助仪式后，并举行一个大型文艺会演，演出邀请当地的一些学校学生和资助对象参加。（演出内容与演出单位协调）

宣传配合：

《××都市报》、《××日报》、江西电视台、××电视台对活动进行现场报道，同时在全省报道发行。

【广告策略】

◆ 本阶段采用强势广告策略，平面广告和通稿炒作相配合。

◆ 以户外广告、报纸为宣传核心，通过电视、广播、楼书、海报、DM、投资宝典等形成立体广告轰炸，并采取硬广和软文配合，在这段时间内使项目全面向市场展开，成为全城热点，在最短的时间内吸引尽可能多的目标客户群体。

◆ 特别提示：户外广告的具体位置及发布策略，须等宏一进场后与广告公司协商后再定，故本案不详述。

【媒体组合】

《××都市报》、《××日报》、《××广播电视报》纷纷入市，户外广告承前使用，海报、单张、《投资宝典》等综合运用，形成立体广告轰炸。

（2）公开发售期： 4 月 23 日——5 月 10 日

开盘日定为 4 月 23 日

公开发售期间，将公布市场价格，直接签订正式认购书，消化前期积累的有效客户，掀起第一轮抢购热潮。开盘当日将以公关活动营造销售气氛，造成市场轰动效应。

本阶段传递信息：

（1）将卖点逐渐推向市场，形成对商业步行街的深度认知。

（2）价格出市，对优惠措施给与大力的宣传，促进消费者购买。

（3）商铺面积搭配，满足客户不同需求。

（4）对商业前景、回报率给与分析，增加购买者的信心。

（5）针对火爆场面，进行“××现象”炒作。

【开盘活动】

活动一：全市花车大巡游

活动时间：开盘当天

活动内容：

1. 邀请重量级政府官员出席开盘典礼并发表讲话。

2. 组织××及江西主流媒体到场采访。

3. 联系江西电视台进行现场报导。

4. 组织10辆花车，邀请表演团体，在全市主要商业路段进行花车巡游。

5. 对花车进行精美的包装，配置项目的大型喷画、进驻商家的品牌展示等，每辆花车配置2—5名男女模特，进行服饰展示与歌舞表演。

6. 花车队伍以步行速度巡游。在地面安排舞狮队伍、模仿成各种公众人物、装扮成迪士尼卡通人物的开心杂耍队伍，穿插于车队之间进行表演，派发小礼品于宣传海报。

7. 与商业联盟内众品牌商家联系，每辆花车为一家品牌冠名宣传，营造与众多品牌紧密联合之声势。

【广告配合】

本阶段广告主要是向市民宣布商业步行街公开发售，传达开盘信息，并对开盘进行炒作。具体分为三个时段：在开盘前几天，主要进行开盘的信息预告及活动宣传，应采取强势的广告轰炸，平面媒体、单张、电视、户外广告等多管齐下；开盘当日主要是形象诉求为主，同时邀请媒体进行炒作。开盘后陆续炒作开盘盛况，催促及早落定。

【效果预测】

通过一系列广告组合掀起热销浪潮，最大限度促使目标客户踊跃成交，尽可能的消化推售单位，并使投资风潮波及全城，对持观望态度的客户群施加影响和压力。

3.3 强销期 2005年5月11日——6月30日

借助前期热销之势，有计划进行推售，借助原来的销售旺势，通过不停的广告轰炸延续一波未平一波又起的销售热潮，持续制造市场热点，凝聚市场目光，形成良好口碑。

3.4 持续销售阶段 2005 年 7 月——2005 年 12 月

项目总体的销售进入后期，其间将还是以户外广告为主，报纸、单张等平面广告为辅，诉求项目的优势，销售盛况，价格优势等，让项目维持销售热度，争取在本阶段完成整个项目的销售、清盘。

【公关活动】

主题活动一：今日国内外 10 大品牌签约步行街

此次活动类似于前阶段举行的进驻品牌签约发布会，其目的是进一步增强客户的信心，促进持观望态度的准客户在最后的销售冲刺阶段尽快下定。

此次活动，将诚邀进驻的品牌商家共聚××，形成万商云集，商业巨头共同追捧之势，增强项目的品牌影响力，树立客户的投资信心。

主题活动二：全家福趣味体育竞赛

活动时间：2005 年 10 月 1 日

活动形式：

参赛者以家庭为单位，参赛家庭在指定的时间和地点报名。每一个参赛组必须是由一个家庭的三个人组成，有一儿童参加（儿童必须在 6 岁以上，16 岁以下）。每一个组限报 3 个项目。每一个单项比赛先进行预赛，选取成绩列前的前 6 组进行决赛，决赛中按比赛规则取得最好成绩者将获得本单项比赛的冠军。

活动内容：

如：袋鼠接力跳、夹球比赛、慢车王、南水北调、缚脚跑、踏板接力、夹玻璃球比赛、携物平衡接力跑等。

奖励形式：

冠军：800 元；亚军：500 元；季军：300 元；纪念奖（每一个参赛组都可以获得）

【媒介组合】

本阶段还是以户外广告，宣传单张为主体，公关活动为辅，《××都市报》、《××广播电视报》、电视广告加以配合，有节奏，有次序地进行适当的宣传。

4. 次商场推广

2005年6月份向市场导入项目的次商场，在前期主要是通过商业步行街的销售刺激市场的购买欲望，然后伺机推出次商场，通过媒介的组织和广告的配合，次商场将在商业步行街的持续销售阶段正式向市场销售（其阶段的划分、公关活动、媒介组合在商业步行街推广阶段都有说明，在此不详叙）。

【推广主题】

推广方向	诉求点	广告主题
分主题推广	家居商场	◆ 财富之门，为家居业巨头盛大开启 ◆ 美居中心，就在身边的家居航母 ◆ ×××万家庭，助你财富扩张 ◆ 抢占赣西×亿元财富先机 ◆ 在城市中心，做每年×亿元的生意
	饮食娱乐	◆ 引领赣西娱乐业全速起航 ◆ 醉享娱乐前线，登上财富之巅 ◆ 饮食豪门·财富盛宴·倾城开席
投资引导	市场引导	◆ “赣西数百万家庭”，都是你的顾客 ◆ “泛珠三角”启动，商铺投资正当时 ◆ 大规划·大市场·大流通·大聚集 ◆ 特权商铺投资风暴，与财富干杯
	投资建议	◆ 100%出租，100%收租 ◆ 今日买铺，下月收租 ◆ 五年返租回报，投资信心保证 ◆ “零风险”无忧创业计划 ◆ 前所未有的投资方式，横空出世 ◆ 投资新时代——商铺证券化

操作平台八：销售部分

一、销售目标

1. 总销售面积：

主商场：35000平米（含地下面积）

次商场：22890平米（含地下面积）

步行街：40164平米

合 计：98054平米（含地下面积）

2. 预计整体均价：

主商场：4920元/平米

次商场：4140元/平米

步行街：4860元/平米

整体均价：4713元/平米

3. 总销售金额：

合 计：约4.622亿元

二、推销策略

1. 控制销售数量

控制销售数量是指一个项目特别是大型项目，应做好销售计划安排，推出的单位要注意协调好坏产品的比例，每一个销售阶段都必须控制好推售的数量，保证市场上有充足的货源可供选择。同时，销售一批再补充一批，在市场上营造卖少见少、越早购买越好铺的气氛，避免较差的商铺在后期过度集中，增加后期销售的难度。

对于此项目，采用"精选单位限量发售"的推售方式。精选单位主要是将好铺与差铺搭配推售，既保证每次推出的单位都有好铺，而且越卖越好，而不是越卖越差，又保证价格有上扬空间。限量发售一方面可以有效控制销售节奏，避免货量过多选择空间增大，延缓销售进度；另外可以营造商铺大受欢迎、供不应求的态势，制造出火爆的销售场面和紧张的销售氛围，让投资者对项目有非常热销的感觉。

2. 控制销售进度

对于规模较大的项目，整个销售过程往往分阶段来完成，当前一阶段进展顺利，后面的几期就可以根据市场反应情况适度地提高售价，如果前一期进展不利，那后面几期则可根据前期销售情况调整销售策略，以保证销售进度如期实现。

本项目共有三大组团，9 万多平方米的销售面积，货量非常庞大，并集结于较短的周期内销售，将很大程度造成重叠销售，造成组团间的相互冲击，即推售新组团时必将会对上一组团之销售造成影响。因此，宏一建议：

* 各推售组团设定主要销售周期，在售组团达到货量销售的 60%—75%时为销售控制线，在每一销售组团在主要销售周期内达到销售控制线时，才适宜推售新组团，以此策略预防新组团推售使旧组团销售萎缩，作为平衡各销售组团关系的标准。

* 当在售组团未能在预定的主要销售周期内达至销售控制线时，则制定相关应变策略，以保证新组团的推售不受影响，保证销售计划得到实现。

另外，由于市场存在的不确定因素较多，不可置疑的会有相当数量具有经济实力的观望投资者。因此，本案应该以较具影响力的、市场容易接受的、完成程度较高的组团带动其它组团的销售，促成市场观望者的加快成交，推动项目的销售进程。

3. 控制招商节奏

与丰城、抚州两项目相比，招商对于本案显得尤为重要。为更好地促进项目的销售，建议采取，招商先行、租售并举策略，实现租售联动、以租带售，对经营范围内的商家进行招商，特别是对主力商家的招商。通过招商先行，增强投资者对项目的经营信心，并由经营信心带动投资者的投资信心，吸纳较具实力的经营者、投资者入市，从而带动项目的持续销售。

因此，项目总体招商节奏的控制策略应着重考虑，有必要在确定各组团销售周期前进行制定：

* 项目招商的开展,应确立本项目以销售为主导的战略方针,以招商推动项目销售。

* 各组团的招商工作划分为销售前、销售期间、开业前三个阶段,分别以不同的形式、向不同的目标对象开展招商工作。

* 各销售组团开售前及热销期间要对大型商家务实招商，利于推动各组团销售及带动后期招商。

* 在主要销售期过后正式公开招商，防止同一组团的销售与招商同期开展造成不必要的矛盾,避免影响销售。

* 由于各组团的推售有先后次序,因此须有步骤地、合理地安排招商进度。因为每一组团的招商是否顺利，将直接影响该组团的后期销售与下一组团的销售招商工作,甚至影响项目开业的成效。

三、价格策略

1. 定价策略核心

每一个商业物业从开发建设阶段,到交付使用的过程都有一个相当长的周期,而在这段时间内市场不可测的变数难以预料,随时都会增加项目的投资风险。怎样才能在保证合理利润的前提下,在最短的时间内完成项目的销售,迅速回笼开发资金,降低投资风险,这就取决于价格策略。

价格与地段是影响商业物业销售成交的两大主要因素，而其中地段是一个固定不变的因素,可塑性程度不高,价格则是一个可变因素,在市场竞争中可根据对手的情况进行调整。即使是品牌产品,往往当竞争项目的价格下调 5%时,品牌就会失去往昔光彩。无可否认,价格因素对商铺成交将起决定性作用。

通盘考虑之下,本项目定价策略的核心在于：制定具有竞争优势的价格。

由于商铺买卖不是必需品消费,即使确认商铺极具投资潜力,投资者在做出决策之前,关键还是要看看是否有足够的支付能力,如果缺乏充足的资金支持,再好的商铺也不会有人购买。所以,在制定销售价格时,确定商铺是卖给什么人的?他们能接受这个价格吗?

反观本项目，由于整体销售货量庞大，销售周期较长，这就要求项目的销售价格尤其是入市时期的价格必须有较强的市场竞争力，保证首推单位的热销，并通过项目形象的逐步形成、市场良好口碑的建立，逐步提高后期的销售价格，保证开发商预期的开发利润。

从目前市场的情况来看，部分项目的售价有着不同程度的虚高成份（如圣德时代广场，首层均价达到10000元/平米），而这一点正是本项目的机会所在。正因为价格有竞争力，才使得项目的其它优点得以更加突出，从而脱颖而出，形成有效的市场区隔，牢牢地掌控市场份额。

2. 具体定价方法

房地产价格评估是指以房地产的价值为基础，考虑各种影响价格因素的综合情况，从而使房地产的实物形态得以用货币形态及价格表现出来的过程。对于房地产项目的价格评估有多种方法，如成本定价法、收益还原法、市场比较法等。

现时，内地房地产项目较多采用成本定价法，即：销售价格 = 开发成本 + 开发商目标利润。

从理论上看，这个定价方法能够达成开发商收回投资、赚取利润的开发目的。但以成本来衡量和拟定商铺价格是不科学和不全面的，由于开发成本和目标利润两个方面都是由开发商决定，很容易会造成销售价格与市场需求脱节。

因此，销售价格的确定必须符合当地商业物业的需求状况和租金水平。为此，本项目将采用以成本定价法为参考，市场比较法为主要依据的价格评估方式，以求制定出来的价格更符合市场的需要。

*** 市场比较法**

市场比较法是以条件类似的房地产买卖实例与待估房地产加以对照比较，以求取房地产价格的一种估价方法。由于这种方法是要对同一供需圈内的一般市场上有较多的买卖实例作比较而分析得出待估项目的价格，故这种方法最接近市场，比较能客观地反映出某一阶段的价格情况。

市场比较法的运用，关键是在房地产市场中选择类似程度较高的项目作比较，以增加待估项目价格的精确度，宏一在评估本项目价格时，以同区、同一商圈作为项目的选择条件，以多选择比较项目，增加计算精确度为原则，选出相应的对比项目作比较。

	新亚新新商铺	圣德时代广场	女人世界	金马购物广场
均　价	7000元 / 平米	首层均价：10000元 / 平米 二层均价：5000 元 / 平米	4500元 / 平米	5000元 / 平米
最高价	9700元 / 平米		7800元 / 平米	9000元 / 平米
最低价	4000元 / 平米		3500元 / 平米	3500元 / 平米

注：上述对比项目与本项目同属一个商圈，其售价水平对本项目的定价有较高的参考价值。

在制定本项目价格的同时，除了参考上述对比项目现有的售价水平，还应从以下几个方面加以考虑：

a. 推出的价格必须保证项目开盘的热销，同时营造出一种物超所值的市场氛围。

b. 过高的售价不仅容易造成“有价无市”的销售局面，影响后期的销售，而且过高的售价也意味着商家需要承受更高的租金，不仅加重了自身的经营压力，也影响到商场的整体经营。

c. 整个项目的体量大，销售周期长，这就要求价格在制定初期，不宜定的过高，而应预留一定的提升空间。

*** 项目价格层次**

综合考虑以上因素，初步制定出本项目的销售均价，具体如下：

销售范围		各楼层均价（元/平米）	整体均价（元/平米）
主商场	首层	8000	4920
	二层	4460	
	三层	3860	
	四层	3360	
次商场	首层	7060	4140
	二层	4260	
	三层	3760	
	四层	2960	
	五层	2660	
步行街	待具体划分后再作价格细分		4860

3. 价格公布策略

销售前期的推广是一个不断提升客户心理价格的过程，当客户对项目形成充分的认识，心理价位不断提高时，方可正式公布实际价格。只有这样，才能将前期积蓄的销售势能有效地释放出来。

针对本项目，对价格的公开过程可分为以下几个阶段：

（1）项目导入期，价格尚在最后调整中，不对外公布价格。

（2）优先登记期，对外透露的均价比实际均价高出5%左右。

（3）内部认购期，只针对前期进行登记的客户公布实行内部认购单位的价格。

（4）公开发售前三天公布推出单位的平均售价，但对各单位的价格暂不推出。

（5）直到公开发售当天，全面公布推出单位的销售价格。

四、开盘条件

好的开端就是成功的一半。商业物业因本身产品的特殊性，决定了其在销售上一定要争取一炮而红。本项目的开盘，必须通过一系列的营销手法，将市场的投资欲望、经营欲望充分激发起来，形成项目强势启动的市场态势。

对于本项目开盘条件的成熟与否，主要取决因素在于：

（1）××品牌、本项目品牌、产品品质能否在市场上具有吸引力？

（2）现场硬件是否具备说服力令消费者产生购买欲望？

（3）广告投放是否到位、能否引发消费者关注？

（4）宣传资料、销售道具是否产生有效传达项目、产品信息的作用？

（5）销售组织是否能够推动最后的成交？

基于以上因素的考虑，本项目的开盘必须完成以下条件：

A. 品牌导入：

首先是××企业品牌的导入，其次是本项目的品牌导入。

B. 广告投放：

完成了对企业品牌和前期市场炒作及铺垫，使项目成为市场的关注焦点，培育有效的目标客户群体。

C. 现场硬件：

销售中心装修配置完善可供使用，整体现场包装完成（包括：销售中心包装、工地包装等）。

D. 销售资料：

单张、海报、投资宝典、模型、展板、户型资料、效果图纸、认购须知等制作完成可供使用。

E. 销售组织

各项相关证件（包括规划许可证、施工许可证、预售许可证等）、销售培训、流程组织、管理架构、价格体系等均已筹备完毕或制定妥善。

五、销售阶段划分及销售部署

1. 第一阶段：

项目导入期：2004 年 8 月 1 日—2004 年 8 月 31 日

综合运用各种媒体、户外广告、车身广告、围墙展示、舆论造势、人际传播等渠道形成铺天盖地的推广态势，吸引目标客户群的关注，阻击竞争楼盘的宣传攻势，截流目标客户购买其他项目，等待本项目的推出。同时，加快销售中心的建设进程。

2. 第二阶段：

主商场推售期：2004 年 9 月 1 日—2005 年 4 月

推售思路：

从地理位置、经营定位、商家构成、主力店等方面分析，主商场是本项目商业价值最高的组团。因此，应以君临天下的高姿态推向市场，强势启动整个项目。主商场为地面四层，组团整体性较强，在推售过程中可分别选取不同楼层的部分商铺进行好坏搭配销售，限量给予市场多样化的商铺选择，并以此思路持续主商场的推售。

2.1 优先登记期：2004 年 9 月 1 日—2004 年 9 月 15 日

销售中心装修完成可供使用，销售人员组织全部到位。此时，利用现场销售中心进行早期的展示及接受优先登记，积累首批客户资源。

具体执行内容：

＊意向客户交纳 5000 元诚意金，进行优先登记，填写意向登记确认单，初步确认一个意向商铺、一个备选商铺，对意向商铺享有优先购买权，并在内部认购时获额外 96 折优惠。

＊通过诚意金的缴纳，积蓄一批实在的意向客户，并可清晰地掌握未来实际成交量，真实地了解市场对项目的反馈意见，为下一阶段的销售策略提供准确的市场情报。

此阶段旨在试探市场反应,从中得以了解目标客户对该项目选择楼层、位置的喜好及销售价格等方面的接受程度,以便着手制订下一阶段的铺位推售及价格策略。出于这种考虑,宏一认为在优先登记期间,意向客户可以任意选择商铺位置,但仅收取5000元诚意金,不公布价格、不作出具体承诺。

2.2 内部认购期：2004 年 9 月 16 日—2004 年 9 月 30 日

具体执行内容：

消化部分前期积蓄的意向客户,采用单独通知、暗价销售的方式,即只针对前期进行优先登记的意向客户公开相应推出单位的价格、位置。意向客户须于 9 月 11 日前往销售中心参加优先选铺,选铺后,确定购铺意向的客户补交齐定金 1 万元,签订正式认购书,享受相应的 94 折优惠。

同时,继续进行客户的积蓄,利用现阶段到公开发售前这段时间充分储蓄客源,为开盘当天的全面引爆做好准备。该阶段的登记客户在开盘当日购铺享受 97 折优惠。

2.3 公开发售期：2004 年 10 月 1 日—2004 年 10 月 16 日

开盘日初步定为 10 月 1 日

通过选铺大会的举行,将前期的意向客户进行集中式消化,实现项目短期快速大量的成交。并以此作为事后的炒作热点,建立项目鲜明的市场形象,增强消费者对项目的认同度。

具体执行内容：

选铺大会

* 开盘当天凭意向登记确认单领取认购顺序卡；

* 客户凭认购顺序卡进入认购区选购，每人每卡限购一套（欲购多套的内部处理）。

* 由总控台叫号通知客户进场,每批 30 人,每次限时 20 分钟。

* 如有客户未能在限时内选定单位,可继续留选,下一批进场原则不变。

* 为保证现场人气，之前已选铺的客户参加现场大抽奖。

* 选定单位后交付定金 2 万元。

* 签署认购书后，获纪念品一份。

公开发售期间，除少量精选单位外，所有单位向客户开放，且公布相应的价格。

注：前期进行登记的意向客户所享受的相应折扣均在开盘当日后自动失效；同时，只要在公开发售期间认购的客户均可享受 98 折。

2.4 强销期：2004 年 10 月 17 日—2004 年 11 月 15 日

延续公开发售期的热销效应，配合各方面的宣传炒作与事件营销，加上各种促销措施（如一口价单元、展销会期间额外 99 折等）的推波助澜，作强势推售。

2.5 持续销售期：2004 年 11 月 16 日—2005 年 4 月

为解决预计主商场未能在强销期内充分销售的可能，故设定这 5 个月作为主商场的续销期，而剩余少量货尾留待新组团推售同期逐一消化。

3. 第三阶段：

步行街推售期：2004 年 12 月初—2005 年 12 月

推售思路：

经过前段时间主商场的推广，本项目的市场地位与形象已经确立，在休整一轮后，步行街以全新组团、全新定位推出市场，并建基于项目前期良好销售的基础之上，以真正意义步行街的姿态震撼入市，再度掀起商铺投资热潮。

作为本项目最大货量的销售组团，在推广方式上一定要强化步行街各项功能性、投资性之指标，给予市场，特别是经营商家、持币观望的投资者明确的经营理念、经营模式以及可预见的投资前景，化解原胜利路商业步行街的负面影响，使步行街的推售成为本项目的皇牌销售组团。

3.1 蓄客期：2004 年 12 月初—2005 年 4 月 22 日

步行街计划在 4 月下旬发售，为更好地宣传造势，该组团有必要将宣传期提前，从2004年12月初开始逐步导入，接受意向客户登记（意向客户交纳诚意金5000元）。

2005年3月初（年后）展开强大的宣传攻势，真正进入快速蓄客阶段，为步行街的公开发售做准备。2005年3月31日正式接受内部认购，消化部分前期客户。

3.2 公开发售期：2005年4月23日—2004年5月10日

在步行街正式公开发售的前三天，挑选步行街中最好的数个单位，进行公开拍卖。旨在承接主商场的销售势头，将价格推向高峰，同时，为步行街的推售造势。

操作要点：

* 拍卖单位设底价，作为起拍价。

* 有意向参与拍卖的人士，交纳保证金，初定50000元。

* 销售现场搭建拍卖场，届时在此举办。

* 邀请南昌的拍卖师协助。

* 实行价高者得的原则。

* 对于拍卖成功者，赠送额外奖品。

3.3 强销期：2005年5月11日—2005年6月30日

在公开发售的2个多月内，紧紧把握销售节奏，持续高密度强势推广销售，奠定其核心影响力，树立"舍我其谁"的王者地位。

3.4 持续销售期：2005年7月—2005年12月

在强销期过后，可减弱前期推广力度，逐渐进入持续销售期，以消化前期积累的客户资源，避免不必要的广告支出。

4. 第四阶段：

次商场推售期：2005年6月15日—2005年12月

推售思路：

次商场位于劳动路之上，是独立性较强的销售组团，相对于整个项目而言，具备的炒作空间较有限。为更好有利于该组团的销售，应以招商先行，率先对项目各类型商家进行招商，再全面进行推广销售。通过实现该组团的经营可行性，使投资者得以感受经营信心，从而带动其对该组团的投资信心。

同时，次商场将与步行街重叠推售，界时可借助项目整体之商业优势，带出次商场，并以相对较低的价格去争取市场的认同，实现优质低价的物业形象与口碑。

4.1 蓄客期：2005 年 6 月 15 日—2005 年 8 月 13 日

在步行街强销期内开始导入次商场的宣传推广，借助步行街的热销，带出项目的另一全新组团，以新货上市的姿态，掀起新一轮的销售高潮，并利用差异化的经营定位，吸纳不同层面的客户群体。

4.2 公开发售期：2005 年 8 月 14 日—2005 年 9 月 15 日

次商场在步行街强销期刚刚过后正式推出市场，既避免了两个组团在销售上的相互冲击，又可借市造势，延续市场的热情，与步行街联动强势推售、互利共赢。

4.3 强销期：2005 年 9 月 16 日—2005 年 10 月 15 日

把握房地产市场的主要销售旺季，作为次商场的强销期。整合一切资源，与步行街联动出击，以站在“巨人”肩膀上的组合姿态推出市场，互相借势推广，并可相应节约推广预算。

4.4 清货期：2005 年 10 月 16 日—2005 年 12 月 31 日

这一阶段为整个项目的清货期，此时各方面销售招商工作已有声有色、初显成效，项目工程也接近尾声、开业在即。随着实力商家陆续签约进驻的利好消息不断刺激,以及各种促销手段的配合,必能将前期犹豫不决的投资者尽数消化,顺利完成销售任务。

六、付款方式

考虑到经营者对资金流通的需要，通常不情愿将大笔资金一次性投资在固定资产上,而希望拥有较高的资金流。

同时,鉴于商铺的成交金额较高,在付款方式上,除了实行常规的一次性付款及银行按揭外,采用建筑期按揭,增强投资者的信心,降低投资者的风险,促进项目的销售。

*** 一次性付款：**

客户签订合同时,支付总价款的30%;一个月后,支付总价款的20%;二个月后,支付总价款的20%;三个月内,支付总价款的15%;交铺时付清剩下的15%。

同时,开发商对一次性支付全部购铺款的买家予以5%优惠折扣。

*** 银行按揭贷款：**

客户签订合同时,支付40%首期款,申请办理银行按揭手续,由银行提供60%的按揭贷款,最长还款年限为10年。

*** 建筑期按揭：**

客户签订合同时,只需支付10%首期,即可办理银行按揭手续,由银行提供60%的按揭贷款,最长还款年限为10年。其余30%的首期只需在接到收铺通知书七日内付清即可,此付款方式主要是针对创业型的小老板,大大降低了购铺门槛与首期款压力。

*** 建筑分期付款：**

客户签订合同时,只需支付40%首期;一年内再支付总价款的20%,即每半年支付总价款的10%,剩下的40%无需支付。此方式只适合实行5年返租的投资客,40%的总价款直接作为5年租金一次性返还给客户,开发商取得商铺5年的经营权。

××购物中心付款方式

付款方式	一次性付款	银行按揭	建筑期按揭	建筑分期付款
优惠折扣	97折	98折	————	————
定金	人民币2万元			
签署订购书10天内(扣除2万元定金)	价款的30%，并签署买卖合同	价款的40%，签署买卖合同及办理银行按揭手续	价款的10%，签署买卖合同，办理最长10年银行按揭手续	价款的40%，签署买卖合同；剩余40%无需支付，作为5年返租款直接在售价中扣除
一个月内付	20%	————	————	20%分1年免息分期支付，每半年10%
两个月内付	20%	————	————	
三个月内付	15%		————	
接到收铺通知书七日内付清	15%	————	30%	————

注：受中央新的政策影响，商业按揭可能被停止。因此，银行按揭和建筑期按揭可能无法实行，这对于买家而言，无疑增加了其购铺的资金压力。考虑这一点，开发商可采用建筑分期付款的方式来降低投资客的购铺门槛，以减轻无法进行商业按揭所带来的影响。

七、销售措施及促销建议

在项目销售的不同时期，销售措施和促销策略的侧重点各有不同。对于本项目而言，不同的目标客户的经济实力和其他背景各有不同，采用灵活多样的销售措施和促销策略有助于拓宽客户的层面，刺激客户投资意识，加速销售成交进度。

1. 情景销售：

说明：情景销售是运用动感实景模型和三维模拟动画，配合详尽的销售资料、打动人心的现场包装，为客户模拟出未来商业空间的具体经营情景，以直观的感受增强客户的信心，诱发客户的购买冲动。

作用：该策略能在商场尚未落成开业之时表现商场经营效果，让投资者从中感受商场未来商场结构、商场功能划分以及商业经营模式。可化解投资者对商场未来经营之信心忧虑，强化投资回报可预见性。

2.创业锦囊销售：

说明：无忧创业策略，是为项目不同销售组团引入特许经营品牌商家，并以“铺路搭桥”的角色将特许经营品牌商家与投资者构建关系，让有意向投资创业的商铺投资者增加创业选择面。

作用：运用此销售建议可使组团销售具个性化，让投资者不但可投资，更可创业，一举两得，且创业经营较具保障。同时此策略更可成为组团销售的特色宣传卖点。在江西当地未有先河，而在广州康王商业城、佛山东方广场则通过此策略的宣传炒作，掀起一股商铺投资创业热潮，成功提升项目销售业绩及品牌形象。

3. 商铺超市：

说明：超市广为人们所熟悉，由于超市多以品牌化经营，形象良好，而超市内商品丰富，可选择范围大，并且价格实惠超值，因而深受消费者欢迎。借鉴大型零售行业所流行的超市大卖场的做法，以商铺超市形象作包装，无疑是一种创造性的销售模式。

具体操作：

* 有计划、有针对性地组织购买团，给予 3%—5%的额外折扣让利，提供投资顾问、经营顾问、专业律师免费陪同购房。鼓励批量集体购买。

* 为投资者免费放盘，为经营租户物色合适的商铺，构建投资者、经营者、开发商互利共赢的专业平台。

* 定期推出限时限量特价单位，作为长期有效的促销手法，更可成为各销售组团的清货手段。

作用：运用此销售策略作包装，对客户提供专业的引导和服务，有效扩大客户层面，并在满足客户优惠折扣需求的同时，保持了项目稳健销售形象，更以“暗渡陈仓”之手法将销售组团的尾货进行必要的清货。

4.“搭单”行动：

说明：“搭单”行动即投资者原计划购买1间商铺，享有常规折扣，若该投资者自身或介绍亲友再购买商铺，则可享有更大的折扣，同期所购商铺越多则可享有越大的折扣。“搭单”行动的实施，可充分整和与利用客户资源，促进销售。

作用：“搭单”行动意在扩大原有投资者再成交份额，或由该投资者介绍亲友同期购铺，可有效扩大同期销售份额，加快销售速度，是一种捆绑式的销售策略。

5. 商铺产权证券化：

说明：指将次商场部分平面间隔按10万元一份进行平均分割，将商场产权转化为股权形式，投资者购买商铺就如认购股票一样，按份数购买。并彻底打破商铺最多返租5年的常规，提供20年的返租机会，每年承诺返租回报率7%。20年后，开发商将产权拍卖，将本金归还投资者。

举例：

投资成本：10万元

返租期限： 20年

返租收益率：7%

每年收益：10万元×7%＝7000元

20年返租收益： 7000元/年×20年＝14万元

20年后归还本金： 10万元

投资总收益＝投资期收益＋产权拍卖收益

＝14万元＋10万元

＝24万元

作用：由于商铺面积被划分成细小的面积，令总价偏低，容易被投资者所接受。

市场投资者份额由此再扩大，运用此策略可使商铺销售速度有效加快，利于开发商快速回收资金。

6. 带租约发售

说明：开发商与有意向经营商铺的客户进行洽谈，签订合作意向协定。当有其他买家购买到本商铺时，开发商将前期签订的意向客户介绍给该商铺的买家，进行租赁本商铺的细节洽谈，保证商铺的投资回报，让买家购买到商铺时就可拥有了稳定租约（回报），投资获利更有保障。

7. 5 年返租回报

说明：开发商从业主手中取得 5 年经营权，再进行统一招商经营，付租金给业主。通过返租，由开发商先将商场做旺，减低买家投资风险，保证其信心，促进销售。此举绝非开发商让利，而是以充分保障开发商的利益为前提，把商铺的售价相应调高。

具体操作：建议本项目主商场的二、三、四层和次商场均采用返租 5 年，每年返还购铺款的 8%，共 40%，实行逐季返还租金的方式。

价格调整方面：以年投资回报率 5%计算开发商的预期租金收益（目的是将开发商负担的风险系统降低），则：

返还租金总额 = 价格提升总额 + 开发商租金收益。

假设二层商铺均价 5000 元 / 平米，按“五年返租、共回报 40%”计算，假设价格提升幅度为 Y，则：

$5000(1+Y) \times 40\% = 5000Y + 5000 \times 5\% \times 5$

$2000 + 2000Y = 5000Y + 1250$

$Y = 25\%$

即采用返租 5 年共 40%回报方式，价格提升幅度为 25%。

买家购铺选择返租计划时，在办理签署《商品房买卖合同》的同时，签署《返租协议》；租金回报返还是在商场开业后按季支付；买家选择任何一种付款方式均可采用返租方案。

8. 保租营销

说明：通常购买商铺可按成交总额的五至六成向银行申请按揭贷款，余款四至五成作购铺首期款。保租营销是指投资者在定购商铺时，向银行申请按揭贷款，首期款无需全额支付，只需支付首期款的一部分（通常是一至二成），然后买家将商铺委托开发商代理经营四至五年，开发商应付租金用于抵扣买家余下未付的购铺首期款，委托经营期期满后开发商将商铺交回买家自行经营管理。

实施保租营销，开发商把商场开业后能否旺场的风险与麻烦“承包”起来，先将“生铺”做成旺铺之后才向买家交还商铺，免除了买家怕商场前期经营不旺场的后顾之忧。

保租与返租目的基本相同，一方面是为了便于开发商实施统一经营，有利于尽快把商场做旺，另一方面让投资者感觉有高额回报，刺激成交加速商铺销售实现。

返租与保租之间的区别

	返租	保租
购铺款支付时间	投资者在购铺时需全额付清购铺款项	投资者购铺时不需支付全额购铺款项，可免付保租部分，实质是变相降价促销
租金支付时间	商场开业后由开发商逐期支付，返还租金	租金一次性支付，在投资者购铺时即在成交总额中扣除几年的租金
投资风险	对开发商的诚信要求较高，如果商场经营不善，租金支付比较困难，投资者风险较大	租金在购铺时已付清，不存在开发商的承诺问题，投资者风险较低
优势	通过返租，开发商可进行统一经营和统一管理，待商场整体做旺后，再交还买家，买家则每年享受固定的高额回报率，不必担心商场开业后能否旺场	保租部分直接冲减购铺款，减轻买家的首付压力，投资门槛大大降低

9. 无忧创业计划

A. 10 年免息

说明：10 年免息促销是在项目日后销售的进度难以有突破或想制造更大的销售

效应时候使用的一种促销策略。在组团开售期中或新组团开售时，免去 10 年利息，减轻买家前期付完首期后的负担，增加购买信心，对项目进行促销。

具体操作：将销售价格提高，然后在买家购铺的时候免去 10 年的利息。以一间 20 平米、原售价为 10000 元 / 平米的商铺为例，六成 10 年按揭利息为：

（10000 元 × 20 平米 × 60%）/10000 × 106.26 × 120 月 –（10000 元 × 20 平米 × 60%）= 33014 元（注：10 年按揭，万元月供款为 106.26 元）

因此，在原销售总价基础上加上这部分价格，其总价为 233014 元，单价为：233014/20 = 11651 元 / 平米。

在原价上加的部分价格将在销售时为买家去除，从而吸引买家。而实际的价格不变，但又让买家有"甜头"可尝。

B. 送二年月供

说明：送 2 年月供是在项目日后销售的进度难以有突破或想制造更大的销售效应时候使用的一种促销策略，与十年免息促销策略类似。在组团开售期中或新组团开售时，将销售价格提高，然后在销售时免去买家 2 年月供，减除买家前期付完首期后的负担，以达到促销效果。

具体操作：

将原销售价格提高，以一间面积为 20 平米，单价为 10000 元 / 平米的铺。进行六成 10 年按揭，2 年的总供款为：

10000 元 × 20 平米 × 60% × 106.26 × 24 月 = 30602.88 元

调整后的总价：10000 元 × 20 平米 + 30602.88 元 = 230602.88 元，在销售时为买家减去 2 年的总供款 30602.88 元，实际的价格不变，但又让买家有"甜头"可尝。

10. 买大铺送小铺

说明：买大铺送小铺是针对大面积铺位销售难度比较大的情况而设定的一种促销策略。在组团开售期中或新组团开售时，在买家购买较大的铺时，赠送一间规定小铺，促进大铺的销售速度。

具体操作：当客户购买的面积超过100平米,总价超过80万时,就可获得送出的小铺。建议小铺面积在10平米左右,总价在8万以内。销售时,将此部分的价格加到大铺的价格当中,一个100平米的铺,单价为8000元/平米计算,总价为800000元。即可获赠小铺,面积为10平米,小铺的价格为80000元。则在大铺价格的基础上提高80000/800000×100%=10%。即是大铺的销售价格为8800元/平米,此举达到促销的同时销售价格不降低。

11.以租代售

说明：针对经营商家为主的销售策略，有意购买商铺作经营场地的商家先租用商铺,按月交租金,在一定期间内(通常是1—2年内)如果租用商家决定购买该商铺,开发商按租用时议定的价格出售,之前所交的租金总额可转作支付购铺首期款,办理成交手续和银行按揭贷款手续后,商铺产权归该商家所有。这是在淡市下常用的有效手段。

操作平台九：招商部分

一、招商目标

通过招商工作的顺利开展,继续制造××市"××集团"神话,强化××的品牌形象,进一步增强投资者的信心。

a.力争项目的招商率达到80%以上,全面保证开业旺场。

b.通过招商工作的顺利展开,提高项目在市场上的知名度,建立××集团"地商合一"、商业地产专家的品牌形象,促进项目尾货的销售。

二、招商策略

对于一个近10万平米的大型商业项目来说,整个销售周期较长,这就使得市场很容易出现暂歇性的疲劳,销售进程明显减缓。这时,就需要通过招商的刺激作用,尤其是一些主力商家和知名品牌商家意向进驻的利好消息,来重新唤起市场的注意力,带动项目的销售。

核心策略：整体包围，重点击破

在招商的过程中，前期的工作是全面网罗有意向在××购物中心经营的商家。在这过程中，为项目业态划分的调整提供参考依据。同时，通过大面积的意向登记，从中可以筛选优质商家，为项目的经营旺场提供保证。

对于大客户与主力品牌客户的处理，则通过重点击破的战术，达到多赢的局面。

整个招商工作分为两步进行：

（1）大客户招商和外地招商，确定主要品牌商家和主力店。

（2）一般客户的招商，通过对前期意向客户的调查，确定最后的业态划分，再进行集中式的消化。

三、营销组织

招商工作不同于销售工作，两者面对的目标群体不同，涉及的范围也不尽相同。并且，考虑到招商任务的繁重，工作流程、组织架构等均有必要进行相应调整，建议如下：

* 建议开发商成立专门的招商部，负责全面招商工作。

* 招商部由具有多年招商经验的人专职负责，并给予较大的自主权，在一定权限内可拍板作主。

* 下设资讯部（负责寻找客源）、联络部（负责联系对接）、服务部（负责后期工作），对每一个潜在客户采用专人负责、专司其职。

3.1 具体架构：

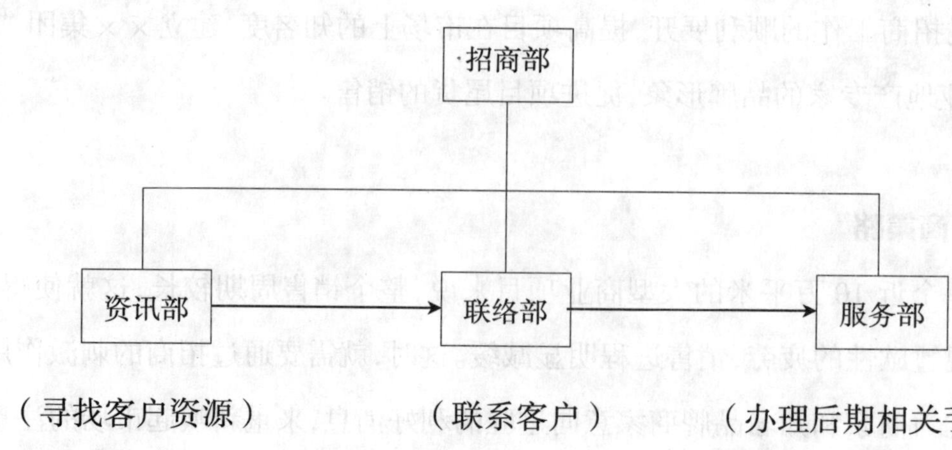

3.2 工作流程：

资讯部收集客户资料并进行筛选——联络部电话联络，初步接触——拜访企业负责人或邮寄相关资料——招商中进行资格审查——派发请柬——邀请至现场——再次向参加者作项目推介——服务部工作人员负责办理后续相关手续。

四、目标商家分类

家居类：

主要包括国内知名家俱、家饰、灯饰、厨卫洁具等。

餐饮类：

主要包括高档中餐厅、主题餐厅、咖啡厅、西餐厅、特色美食等。

娱乐类：

主要包括各类大型娱乐机构、迷你电影院、健身场馆等。

3C类：

主要包括通讯产品、电脑、音响、家用电器、数码产品等。

服饰类：

主要包括国内外一二线品牌服饰、皮具、箱包代理经销商、专卖店等。

装饰类：

主要包括各类珠宝、首饰、眼镜、精品专门店等。

运动类：

主要包括知名运动服、运动鞋、体育用品、运动器材等。

儿童类：

主要包括各类儿童服装、鞋帽、玩具、用品等。

文化类：

主要包括书城、音像制品、艺术画廊、文化用品等。

形象类：

主要包括知名形象设计、SPA、美容美发、婚纱影楼等。

其它类：

主要包括银行、电信营业厅、大中型药店、旅行社营业厅等。

五、招商方式

* 租赁：根据项目的业态分布，可局部租赁也可整体租赁。

* 合作经营：根据双方的合作条件和投资比例，共同经营。

六、招商途径

* 对××的商业联盟成员定向招商。

* 向本项目的准目标客户传递招商信息。

* 向省内知名餐饮店，娱乐机构、家居产品的生产厂家、品牌代理商、经营商家定向招商。

* 向省外商家（温州、广东等地）进行定向招商。

七、具体安排

* 对以上各类型的企业进行名单的搜集和筛选，查询其负责部门、负责人的联系方式，邮寄商业信函给到相关负责人。

* 派专人负责跟踪、沟通，开展面对面、点对点的上门招商工作。

* 通过向以上大客户定向招租，从而促成主力店的入驻，用其品牌效应带动其它铺位的租售。

* 建议给此类知名商家予以一定优惠，如减免一年租金、减免两年物管费、赠送一年广告灯箱、免费使用场地举行展销会、定期为其宣传推广等（具体需针对不同客户予以确定）。

* 充分利用客户数据库，如南昌××的经营商家、商业联盟内的商家、前期积累的客户资源（尤其是之前交过诚意金，却未能买铺的客户）。

* 在销售中心设立租赁接待处，办理散户租赁业务。

八、招商渠道

8.1 走出去，请进来。

目标城市：

＊××周边县市。

＊××市及江西省内各地级市。

＊国内家居、服饰、电器等行业的生产基地及集散地。

方式：

＊以定向招商、定点展示招商与巡回招商相结合。

＊建议在部分重点地区做巡回展示，同时在南昌市定期设置展示洽谈点。

＊由××市商贸局牵头，定期组织商务考察团，进行招商引资。

＊与各地的行业协会、商会联系，拓宽客户来源，共同举办展示活动。

＊邀请江西有影响力的媒体介入此活动，形成社会关注热点，力图在短时间之内取得良好成绩。

8.2 大型招商恳谈会：

目的：

通过此活动，使目标客户对本项目有进一步的认识，并能快速达成招商目的。

方式：

＊以××市商贸局的名义召开，将此活动做成政府行为。

＊邀请政府官员、行业协会领导、商界名人等为嘉宾。

＊邀请前期已有接触的知名品牌厂家及总经销商参加。

＊注重媒体的参与，联手炒作，形成热点讨论。

九、宣传配合

＊以《××都市报》为首选媒体，《××广播电视报》为辅助媒体，《××报》配合宣传。

＊设计制作招商手册，其内容包括：项目概况、市场分析（特别是市场空缺分

析),商流分析、××超市效应分析;对商家的要求、给商家优惠条件、合作的流程等等;

* 利用网络媒体,如招商网,家居、餐饮娱乐业的专业网站,发布招商相关信息的网络广告页。

* 建议同时选择江西卫视作短期电视广告,可选择做5秒标版广告。

※××项目招商推广实战策划方案

招商是商业地产收益的实现形式,一个商业地产项目运作成功与否就看是否能按计划成功完成招商目标。因而,对于商业地产商来说,掌握地产商业的招商特点有利于商业地产项目的运作成功。招商的成败关系到项目的是否可以顺利开业,优质的主力商户是商场长久发展的中流砥柱。随着商业地产的发展,招商将会扮演很重要的角色。我们认为一个商业项目的真正成功并不是销售的完毕,也不是某个概念炒作的成功,而是商场日后持续经营的长久旺盛。统一招商就是为商场以后经营的畅旺奠定坚实的基石。我们积极地为本项目寻求最佳的赢利模式与整体招商实战策略,力争使本项目实现经济效益、品牌效益与社会效益"三赢",以及将项目持续做旺,实现赢利的持久化与最大化。

目前,××的商业地产处于发展的初级阶段,正逐步趋于成熟。在这样一个充满机遇和风险的环境下,本项目必须采用差异化策略,运用与众不同的实战战略与技巧,才能找到最好的出路,在确定与不确定的元素的围杀中才能冲出一条血路,早日达到本项目的招商目标,确保商场的顺利开业。

一、招商目标

(一)××项目的招商目标

1. 通过前期铺垫工作,保证××项目的招商到位,争取达到最大的进场率,保证商场的顺利开业。

2. 通过在××当地市场及跨地区的巡回招商会,进一步提高××项目的知名度,培育市场的美誉度,实行全部招商与招租,奠定项目在××市场的龙头地位。

3. 龙头效应。通过主力商户的进驻,带动小商户的进驻经营,为后续的市场持续走旺带来保障作用，实现高质素的主力商户强势加入，为本项目以后的招商工作提供一个信心的保证。

（二）目标商家的分析

主力商户：因为××城市的规模不大，人口不多，从消费承受力方面考虑，要引进超大型的连锁超市与百货机构的可能性不是很大，所以，我们建议本项目采用合作或加盟的方式与一些大型品牌商家合作，或是引进一些规模不是很大的商户，如：好又多、新一佳、广州百货等。因为这些大中型的商家在大城市与超大型的超市百货竞争，市场的利润空间有限，而且，它们现在都有意向二级城市扩充发展，拓展市场的占有率，所以，本项目要以一些比较优惠的策略去引进这类型的主力商家，确保本项目对中小型商家的招商更有吸引力。目标客户有：

*** 快餐店：肯德基**

*** 超市：家谊（岛内价）超市**

*** 百货：广州百货**

辅助商户：由国内外品牌专卖店与当地少部分的零星商户组成。这部分商家也是本项目很重要的客户群体，同时，他们的加入可以丰富商场的购物要求与乐趣，令商场变得更加多元化。目标客户有：

* 品牌服装：例外、江南布衣、鳄鱼服装、皑如、播、时尚芭莎、天兰、奥雪玛、皮尔卡丹、以纯、黎人坊、蓝豹西服、雷柏高、苹果、CY、彬彬西服、报喜鸟等。

* 皮具、鞋类：高卓皮具、安迪皮具、永峻皮具、科春得、百事流行鞋、皮尔卡丹、老人头、鳄鱼、沿岸在线、阿迪达斯、信步、皮匠世家、百丽、芭迪等。

* 家电、手机类：东泽电器、协享手机城、星之光电器城等。

* 美容化妆品类：雅芳、亮妆等。

* 精品类：顶好饰品、神话精品廊、激潮流饰品、翁氏魔术等。

*珠宝类：六福珠宝、周大福、点石珠宝等。

*娱乐、休闲类：电影院。

*餐饮类：东江海鲜酒家、东海酒楼。

二、招商原则

现代购物中心管理运营的精髓就是要把松散的经营单位和多样的消费形态，统一到一个经营主题和信息平台上。不能统一运营管理的购物中心，会逐渐从“商业管理”蜕变成“物业管理”，直至最终完全丧失自己的商业核心竞争力。

统一运营一般包含四个方面的内容：统一招商管理、统一营销、统一服务监督和统一物管。这其中“统一招商管理”又是后面三个统一工作的基础和起源。这项工作的成败得失不仅决定了开发商前期的规划是否成功，而且决定着后期购物中心商业运营的管理能否成功。

经过经营定位、经营品项、服务功能设计、经营规划布局设计、建筑规划设计、运营管理设计、招商设计这些阶段后，购物中心就可开始统一招商了。这是开业前最重要的工作，也是能否顺利实现前期设计目标的关键工作。项目的招商工作必须根据它的业态规划，灵活安排各类商家。项目的业态分布如下：

楼层	经营业态
负一层（自由港）	品牌连锁超市（主力商户）
首层（品牌港）	品牌服装形象店、化妆品专柜、珠宝玉器、手机电信、连锁快餐、大堂休闲吧（饮品、小食）、银行、商务中心
二层（潮流港）	特色服饰、潮流服饰、皮具、鞋帽、内衣、婚纱摄影、个人用品店、精品首饰、修甲、运动100体育廊、旅行用品店
三层（数码港）	家电、音响、数码产品、高科技展示区、家居、贴纸相、游戏机中心、明星卡区、网吧中心、儿童娱乐城、童装区、玩具城、如品牌雪糕屋

第一原则：把握产业经营比例原则

通过对国际知名与国内成功的大型购物中心的产业经营配比进行深入的研究分析，针对××的市场具体情况，××项目的零售、餐饮、娱乐产业经营比例必须满足

7：1：2，招商要注意维护和管理好这个经营比例（当然不是绝对的）。

第二原则：统一主题与品牌形象原则

购物中心是一种多业态组合的商业组织模式，但它绝不是一个无序的大杂烩，购物中心必须是一个拥有明确经营主题和巨大创造力的品牌形象企业。招商要始终注意维护和管理好已确定的经营主题和品牌形象。必须要有针对性地引进各类商家，切合本项目的主题定位，有利于本项目的持续发展与良好运作。

第三原则：同业差异、异业互补原则

同业差异就是市场有一定承受力，不能盲目招同一品类的店进入。譬如零售业态的核心主力店招商，就不要同时招来两家基本上都是经营食品和日用品的大型超市；核心主力店同质化无差异更是不能想象的。异业互补的目的就是要满足顾客消费的选择权，并能让顾客身心体验变化，提高其消费兴趣与欲望。譬如百货、超市因为经营业种有异，可以互补；让顾客逛得疲劳的零售店与让顾客休息放松的餐饮店可以互补等。

第四原则：经营方式的选择原则

购物中心的经营方式基本有三种：自营、联营和租赁。购物中心毕竟是一个以零售为主的商业组织形式，而零售是一个精细化管理的产业，精细化管理要求管理者加强经营控制力度；另外，相对于非主力零售商户的招商条件，核心主力零售店必须引入知名度高的大商家，故核心主力零售店的招商较困难且招商条件放得较宽，造成核心主力零售店的提成或租金收入偏低。

在条件容许的情况下，核心主力零售店的引进采取加盟或品牌输入的合作方式，尽量自营一部分或全部，这样一可以

加强经营控制力度，有利于购物中心长期经营；其次可增强其他商户与之合作的信心；第三可以提高非主力零售店的提成或租金收入。而招非主力零售商尽量以联营为主、租赁为辅，这样可以增强开发商对购物中心的整体控制力度。

第五原则：核心主力店互动原则

在大型购物中心的招商方面来讲，理论上遵从核心主力店先行，辅助店随后的原则；零售购物项目优先，辅助项目配套的原则。但这并不是一成不变的，可以灵活运用，但必须要遵循业态分布的原则，根据大型购物中心的磁石效应对各类商家进行有机的安排，以保证商场整体经营的均好性。

核心主力店的招商对整个购物中心的运营成败与否，购物中心辅助和配套店的引进都有重大的影响。一个超级连锁店或超级百货公司的入驻，常常能带动整个购物中心的顺利招商与管理。另外核心主力店对于人流也起着关键的作用，其布局直接影响到购物中心的形态。购物中心特别是大型购物中心的核心主力店适合放在经营轴线（或线性步行街）的端点，不宜集中放置在中间，这样才能达到组织人流的效果。

第六原则：特殊商户优惠原则

“以点代面，特色经营”是购物中心特别是超大型综合性购物中心的经营特点。特殊商户是指具有较高文化、艺术、科技含量的经营单位，对它们给予优惠政策，邀请其入场，能够起到增强文化氛围，活跃购物中心气氛之作用。例如深圳华侨城 Mall 购物中心就专门邀请三百砚斋，展示中国的砚文化，提升该购物中心的文体品味。当然特殊商户的经营范围要与购物中心的经营主题及品牌形象相吻合。

第七原则：放水养鱼原则

购物中心经营具有长期性特点，采用合理租金与优质服务，先将整个购物中心造旺，然后根据运营状态，适当稳步地调整租金，让经营商家感到本项目的发展前景是大有空间的。这样，开发商与商户才能一同成长，实现共赢。放水养鱼的原则就是商场“先做人气，再做生意”的战略。

第八原则：核心原则

国内外品牌店是本项目的核心客户群体。为了保证商场的档次与不偏离本项目的主题定位，本项目的招商必须要有一个明确的核心方向。

三、价格策略

在营销组合中，定价是最具挑战性与最危险的策略。基于《××项目专项市场分析报告》与《××项目产品开发策划报告》两份方案，根据开发商的成本预算与当地市场的实际租金水平情况，制定了以下的定价策略：

（一）成本控制的价格方法

本项目的价格定位必须要以开发商的成本为出发点，成本导向定价指按开发成本和人为订立的利润比率确定价格，立足于本项目的开发成本与招商中发生的一切成本费用，再加上预期盈利作为租赁价格。

盈亏平衡法和目标利润法分别从保本不亏和获得预期利润两个层面计算企业所能承受的价格底限。由于它们是以预测的租赁总额为参数，而租赁总额又是价格的函数，互动的两种变量很难把握，以此制定的价格也难以与顾客的要求相适应。

盈亏平衡法（成本定价）的计算方法：

例如：本项目的投资总额为7000万元，预计回收期为10年，则每年可以回收700万，每月可以回收约58万元，则每平方米每月的租价约是16元（不包含其他费用）。

层次	面积（平米）	租金系数	每年各楼层总租金（万元）	每年各楼层平均租金（元/平米）	每月各楼层平均租金（元/平米）
负一层	6000	0.4	92.82	154.70	12.89
首层	7000	1	270.72	386.74	32.23
二层	6000	0.5	116.02	193.37	16.11
三层	6000	0.35	81.22	135.36	11.28
四层	6000	0.3	69.61	116.02	9.67
五层	6000	0.3	69.61	116.02	9.67
合计	37000	2.85	700.00	189.19	15.77

（二）市场比较的价格方法

1. 低开高走定价策略

其目的是以较低的价格入市，通过价格优势，最大程度地提高市场的占有率，并能快速而有效地占据市场的制高点，从而成为当地的明星楼盘。此种定价策略以高市场占有率为最主要目标，营销利润反而退为次要目标。鉴于本项目全部招商的出发点，抢占市场是本项目上市最重要的手段。

2. 市场先进价格策略

结合当地商业物业市场的发展现状与趋势，本项目必须以目前的市场租金水平作为租金制定的准绳，以市场的发展态势为据点，灵活调整，制定出一个迎合市场的浮动策略。

在形形色色的价格策略应用中，利用楼盘本身的条件，结合顾客的心理定价作组合，并根据招商进程的变化巧妙地对租金水平进行调整，这样的价格策略可称之为“心理定价突破法”，是房地产价格策略组合中比较常用而且杀伤力较强的一种方法。同时，在价格方面上，实行优价策略，树立项目高性价比的市场形象。可以以这个标准来衡量一个好产品，租金的制定比目前市

场租金水平高1.2倍，以良好的租金水平衡量本项目的高质素。我们建议采取这个定价策略。

层次	面积（平米）	租金（元/平米·月）	每年各楼层总租金（万元）	每年各楼层平均租金（元/平米）	每月各楼层平均租金（元/平米）
负一层	6000	56	483.84	806.4	67.2
首层	7000	140	1411.2	2016	168
二层	6000	72	373.248	622.08	86.4
三层	6000	49	254.016	423.36	58.8
四层	6000	42	217.728	362.88	50.4
五层	6000	42	217.728	362.88	50.4
合计	37000	401	1714.748	756.6	80.2

（注：以当地商场首场的市场最高价140元/平米·月作基准）

3. 参照市场价格策略

目前的市场价格是本项目定价的准绳，我们必须以目前的市场价格作标准确定本项目的价格。这种策略也许会引起市场的热烈追捧，因为这样就会使本项目的性价比更高，会很大程度地扩大市场的占有率，但对于开发商的租金回收的效果并不是很明显。价格制定如下：

层次	面积（平米）	每月平均租金（元/平米）	每年总租金（万元）	每年平均租金（元/平米）
负一层	6000	56	403.2	672
首层	7000	140	1176	1680
二层	6000	72	518.4	864
三层	6000	49	352.8	588
四层	6000	42	302.4	504
五层	6000	42	302.4	504
合计	37000	66.83	3055.2	802

（注：以当地商场首场的市场最高价140元/平米·月作基准）

4. 优惠措施

*** 首年半租金策略**

在保证开发商基本利润的基础上，将租金水平往上提高一定的幅度，在市面上将首年的租金价格大幅度降低，以一种优惠的方式来引诱各类商家的进驻。

*** 操作方式：**

为了促进各类商家的尽快签约，早日达到本项目的招商目标，形成在短期内引起热租的场面。在公开招商前期，规定一个期限内（视具体情况安排）实行首年半租金优惠策略。事先将租金幅度提高，然后在保证开发商收益的情况下，再进行租金减半的操作方式，表面造成是对各个租客大让利，让各个租客在一个短期内不知不觉地形成抢租的心理。

四、传播、推广策略及费用分配

（一）传播策略

*** 全面撒网，重点捕捉**

利用媒介媒体的大力推广炒作，广撒鱼网，捕捉尽可能多的客户商家，然后，经过筛选，重点选出适合本项目的有效商家，争取早日达到本项目的招商目标。

*** 立体推进，全面覆盖**

通过全国性的电视、电台、报纸等媒介集中传播，营造一种集束性的广告轰炸效应，抢夺各大小商家的眼球，掀起当地或其他地区商家的热烈追捧的热潮，树立本项目的良好形象。

*** 节奏配合，引动市场**

广告是推动项目进程的有力武器，根据本项目招商工作的推进，招商广告活动必须要根据不同的阶段进行安排、调度。不同的阶段要具体安排广告量的密度与范围,争取在短期间内引起最大的轰动效应,引起市场的关注。

（二）品牌推广

一个公司的品牌是企业个性化的标志,也是企业产品抢占市场的一大杀手锏。它不仅代表企业的形象,代表企业的过去发展历程,它还传达着企业的某种信息。对许多企业,品牌甚至就是它们的生命线。

◆品牌经营的核心

成功的大企业,在品牌经营上有着执着的追求和深刻的内涵,广告和形象识别系统等只是其外表形式,创造价值才是其追求的核心。

做品牌是一个复杂的系统工程，要建立并长期维护一个品牌的形象和价值就必须约束企业及其员工的行为、控制产品或服务的质量、持久地维护和创造品牌提供的价值承诺。这是在消费者无所不在的监督下实施长期的承诺。在这个意义上,品牌实在是企业背上的一个“金十字架”,尽管“金”光闪闪,如果没有不断地努力,就很可能会被市场打入“地狱”。

根据本项目的具体情况，针对本项目的品牌推广必须从企业与产品两个方面出发：

* 延续企业品牌,打造地产先锋

当一个品牌被消费者视为一种全方位的经验时，企业的所有行为，包括客户服务、公共关系等各方面都必须整合为一个相互关联,彼此支持的整体来传达一个完整的品牌形象。因此,品牌不仅仅是一个广告形象,它更是公司的一种长远和全面发展的经营策略。

所以,建议在本项目的推广活动中,必须要充分地利用本企业的市场口碑与品牌形象,让商家以及消费者可以更深层地了解××项目就是××集团的实力力作,给予各类商家的经营信心。

* 树立项目口碑,抢占市场制高点

良好的市场口碑是产品在市场中被热烈

追捧的重要筹码，树立××项目在××乃至广西，甚至更广区域的市场形象，良好的市场口碑有利于本项目抢占市场的更大份额。必须要通过前期的广告炒作宣传，为本项目在当地树立一个标新立异的鲜明形象。

（三）广告费用分配

广告是将产品推向市场的最有效工具，但很多开发商都会以为广告量的多少就会决定产品销售量的多少。但我们并不赞同这种想法，我们认为把握准确的市场广告诉求点才是最有力的方法，才能更有效地冲击客户群体的眼球，才能产生最大的广告效应。以最小的广告投入量取得最大的广告效应才是我们需要的效果。

项目广告费用的分配，主要指广告预算项目的细分项目，或不同工作阶段的广告费用分配。这是为了保证广告计划的顺利进行并实施对广告费用使用的阶段控制的重要手段。

广告推广费用包括：

* 媒体刊物费用

电视广告、电台广播、报纸、杂志、其他费用。

* 广告设计制作费用

印刷费、摄制费、工程费、其他费用。

* 促销与公关费用

广告宣传费、户外活动费、场地租赁费。

* 机动费用

邮电费、运输费、差旅费、商务费、劳务费。

五、招商阶段划分与具体执行策略

为了便于更好地顺利开展本项目的招商工作，根据项目的推进并建立了一个标准的招商执行流程，让我们的招商工作可以有步骤地进行。

招商的标准流程：

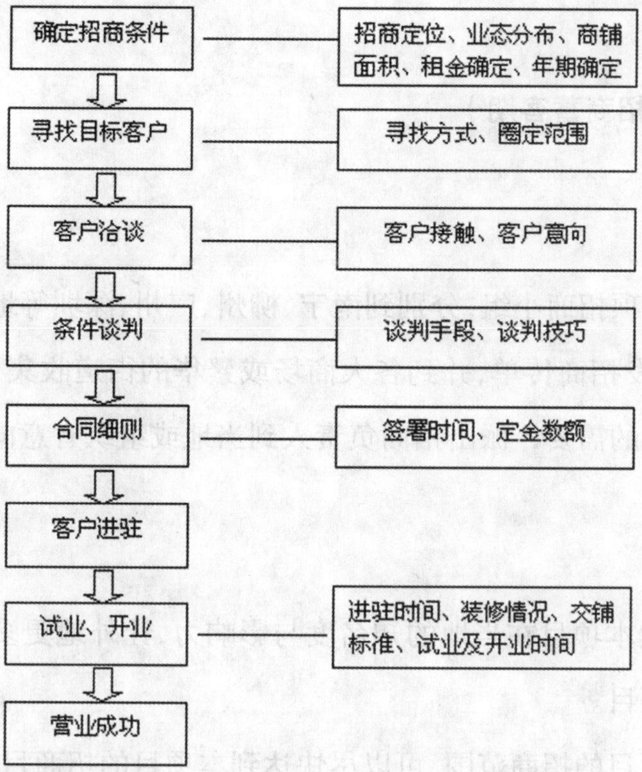

为了有效、快速地促进本项目的招商进度，根据项目招商阶段的推进而具体安排一系列的招商活动，引爆××项目的招商热潮。

*** 招商酒会**

通过电话或其他方式集中有意向的当地商家，邀请当地政府的部分领导、知名的品牌商家与知名的经济人士等汇聚一堂，在某个酒店里举行××商业发展的研讨会，并邀请媒介媒体对此事件进行跟踪报道，增强本项目的市场影响力，提高××项目的知名度。

1. 活动意义

（1）在项目的招商前期举行招商酒会，有利于将当地的品牌商家与开发商进行面对面的交流，让各个商家可以更了解本项目的具体情况与树立开发商的知名度。

（2）通过招商酒会可以更有效地锁定本项目有关的商家，为各类商家提供一个信息交流的平台。

2. 活动安排

邀请当地政府领导、品牌商家、著名的经济人士等目标客户群参加，就××目前的商业发展与未来的发展趋势举办一个财富论坛，并邀请当地媒介对此事件进行跟踪报道。

3. 活动时间（招商蓄客期）

* 巡回招商会

组织项目的专项招商小组，分别到南宁、柳州、广州、深圳等地设立一个××项目联络处，在当地派发招商传单，并到各大商场或繁华的街道收集当地的品牌商家，然后再根据具体情况的需要，派出招商负责人到当地或组织有意向的客户到××进行业务洽谈。

1. 活动意义

（1）为了扩大本项目在当地的知名度与影响力，让外地更多的商家可以更深入的了解××与本项目。

（2）扩大本项目的招商范围，可以尽快达到本项目的招商目标。

（3）有利于树立开发商的知名度与品牌。

2. 活动安排

组织招商小组到预先选定的外地定点城市，举办本项目的招商联络处，并在当地派发本项目的宣传楼书或单张和安排招商人员到当地的一些品牌商家进行拜访。尽可能可以基本确定当地商家的意向。

3. 活动时间（招商蓄客期）

* 招商团

通过举行当地的招商会，集中有意向的经营商家组成一个看铺团体，与旅行社合作，邀请各商家前往××考察××项目与××的商业环境，让有意向在××开拓市场的品牌商家寻求一个更好的市场据点。这样不但有利于建立开发商在各类商家中的知名度与展现开发商雄厚的实力，而且也

有利于建立各类商家的入场信心。

1. 活动意义

××项目针对外地企业进行招商团的举措无疑问是轰动当地的一大新闻事件。招商团事件不仅仅表明了××商业项目倍受外界的关注，而且也开创了××这一方面的先河，通过招商团事件能够为项目的招商增添新的话题，积极推动项目的招商进程。

在招商团事件全过程，联合××甚至整个广西的新闻媒介作全程跟踪采访，将新闻与项目的宣传有机结合，形成持续不断的新闻炒作热点。与此同时，将此新闻事件进行大力宣传，形成异地的宣传与当地宣传互动，为××项目在广州、深圳或其他地方的招商起到积极的推动作用。

2. 活动安排

招商团建议安排二、三个场次（视具体情况而定），广州招商团与深圳招商团、南宁招商团等各一次。同时，广州、深圳的考察团到××后，××项目组织“××商业赢利新模式高峰论谈”，将广州、深圳考察团与××当地的企业进行沟通、交流。同时，也为××项目的招商起到积极促进作用。

3. 活动时间（招商蓄客期）

*** ××商业赢利新模式高峰研讨会**

广州、深圳的招商团到达××对项目进行考察和租赁意向进行沟通后，与当地的品牌商家进行沟通、交流。××项目的出现恰恰为想进驻××市场的外地商家提供了一个广阔的平台。广州、深圳各大商家辛辛苦苦地来到××项目进行考察和租赁洽谈工作，更是一个对××项目经营旺盛十足信心的表现，促使当地企业对项目经营旺盛更奠定信心。

举行“××商业赢利新模式高峰研讨会”主要目的：

（1）××项目品牌建设造势，树立良好形象，扩大项目知名度和影响力。

（2）过政府相关职能部门、当地商业权威专家的演讲，树立项目的权威、专业性，奠定经营商家的信心。

（3）通过邀请本地与外地的商业考察团进行交流，形成良好口碑传播，积极地促进招商。

（4）坚定经营商家的信心，为项目的招商奠定基础。

（5）活动时间（招商蓄客期）

*** 封顶仪式**

为了增强商家的进场信心与建立开发商的信誉度，同时，也有利于商家对工程进度的监督。在封顶的那天，可以举办一个项目的封顶仪式，有利于商家与开发商面对面的交谈，可以强化商家进驻的决心。

1. 活动意义

（1）为了增强各类商家的入驻信心与建立开发商的信誉度。

（2）可以促进各类商家的入驻欲望。

2. 活动安排

在项目封顶的时候，可以举办项目的封顶仪式，邀请有意向的商家参加，让各个商家可以进行一次较深入的面对面的沟通与交流。令各个商家都可以清楚地了解到整个工程的进度，可以让商家监督整个工程的进度，加强商家的入驻信心与建立开发商的信誉度。

3. 活动时间（项目封顶当天）

*** 品牌主力店的签约仪式**

为了吸引中小商家的进驻，与品牌主力店确定进驻意向后，根据招商进度的情况，组织举行开发商与品牌主力店的签约仪式，并邀请当地的媒体参加，进行大力的宣传、报道，扩大本项目的知名度。通过开发商与品牌主力商店的强强联合的组合，给各类商家创造经营信心的保证。

1. 活动意义

通过本项目与品牌主力商家的签约仪式，形成强强联合的组合强势，进一步加强中小型商家的入驻信心。

2. 活动安排

邀请意向已定的品牌主力商家与开发商在项目现场举行入驻签约仪式，让各类中小型商家明确地知道本项目已有了品牌主力商家进驻，加强持有观望心态的中小型商家的进驻欲望与提供信心的保证。

3. 活动时间待定

第三模块：CBD 商业地产项目运作模式

商业地产的运作关键是战略定位，一个新的商业圈从开发到形成大约需要 3 到 5 年的周期，开发商要做好管理与经营的营销结合，这对开发企业的产品定位、设计功能要求都非常高。要成功地开发一个商业地产项目，从最开始就应该从商业经营的角度来考虑。市场环境、竞争对手、消费需求等要素都是商业运作无时不考虑的问题，由此延伸的市场定位以及商业规划才是商业地产的本质。

CBD 的发展模式在国内都没有很成功的经验。所有的 CBD 商业一定是区域商业，作为区域商业一定要对市场进行细分。每一个购物中心前期的定位一定要清晰地确定这个项目今后要“伺候”谁，而不是简单地划分成所谓的中档、高档。

曼哈顿是纽约市的中心区，占地 58 平方公里，人口 150 万。在这里，金融、保险、商业、娱乐、休闲等行业相当齐全，是世界上就业密度最高的地区。

拉德方斯是巴黎的商务中心区，规划占地 750 公顷，前期开发为 250 公顷，目前已建成的商务写字楼 250 万平方米，是法国名牌企业的积聚地。该区域有欧洲最大的商业中心，并拥有容纳 4 万人居住的配套住宅，而且这里环境优美、设施完善，是旅游的好去处。它位于巴黎城市主轴线的西端，因为其强大的发展势头，将会成为巴黎市西北部的“曼哈顿”。

蒙特利尔是加拿大的第一大都市，是经济发展的中心，位于魁北克省，面积3500平方公里，人口400万。这里自1967年经历过世界博览会后，更加驰名于天下，被誉为“美洲巴黎”。蒙特利尔的地下城是世界上著名的国际商业街。

商战永远都是没有硝烟的战场。企业在这瞬息万变的商战风云中，不断攀登，不断超越，最终达到事业的顶峰。

随着经济不断的快速发展，CBD已经成为现代国际化大都市发展的一种必然。当然，相应的商业配套也将让CBD的城市地位日益上升。为了避免CBD一到晚上就变成“空城”或“黑城”，必须要充分考虑把CBD做成以中央商务为主体、以城市功能为主的商务概念，让CBD更加功能化，增加CBD地区的人气，显得更有情趣，更具有生命力，形成以城市为主的区域，以此带动区域经济发展。

第一操作环节：掌握CBD商业地产开发要点

要点1：国际标准的CBD内商业配比规划

CBD内25%的商业配比符合国际上的科学规划，可以满足区域内甚至更多人群的需求。前期规划中针对商业的需求，进行差异化、细化布局的特点，实现配比形态和总量适宜的目的。

要点2：必须要有商业旗舰店

CBD必须要有商业旗舰店，推进整个CBD的购物环境。

富力星光大道在联华超市入驻、‘美食ZONE’一期于15分钟内售罄，最高均价达到45000元/平方米。

※案例1：最具时尚气质的购物中心——深圳·Coco Park成功之道

2005年10月底，中心区新商业坐标星河·Coco Park盛大亮相，招商迅速突破，短短几个月已完成出租率90%。

1. 庞大的人流

Coco Park 位于购物公园站，地下负一层无缝衔接地铁出口。目前，深圳中心区核心消费群已达到 50 万，加之深圳国际会展中心年 750 万商务客流刺激。

2. 超前的规划设计

6000 平方米下沉式露天广场、自然光中庭、国内首创内街，成为片区商业焦点。

3. 构筑“Coco Park 美食联邦”

旗舰级购物中心 Coco Park 集中四大业态，300 多家独立店铺，集餐饮、购物、休闲、娱乐于一体。

王子牛扒城、原味车间、舞鹤日本料理、和民居食屋、金水江山韩国料理等 30 多家国际国内著名餐饮品牌，构筑“Coco Park 美食联邦”。风靡深圳的日韩料理、西式牛排、特色概念餐厅荟萃 Coco Park，必将成为中产人士用餐首选之所。百老汇影院、时尚超市、美食广场无一不成为亮点，Coco Park 将是深圳最具时尚气质的购物中心。

要点 3：强调业态组合丰富

位于北京 CBD 的万达广场业态组合丰富。按照订单式的商业模式，大洋百货、沃尔玛购物中心、时代华纳数码影城、百胜餐饮集团、红星美凯龙家居、上海电影集团等品牌商业、娱乐企业与众多专卖店、专营店的结合，构成了万达广场丰富的商业业态。作为主力店的大洋百货、沃尔玛购物中心有利于聚拢人气，餐饮娱乐设施也是商业地产项目成功的重要砝码。

要点 4：以综合型商业体和项目底商为主，追求高标准定位

目前，CBD 主要以综合型商业体和项目底商为主，体验式消费所能带来的愉悦感在某种程度上超出了定点式消费，但 CBD 受到地价的制约，使得体验式商业的开发几乎不可能。定位及客户都是与 CBD 相关联的，高品质需求区域特别强调商业的个性化经营管理。

CBD 作为商务中心区，无论从品质还是价格的定位上，都并非以超市、普通卖场

等经营业态为主,追求的是项目的高标准定位。

要点5:重质不是重量

CBD商业是为在CBD生活、工作的特定人群服务的,它服务面很窄但很专、很精,不宜发展大人流商业,而其主流商业形态应是高品质、高附加值、个性化的,如会员制服务,通过电子网络、电话购物,推出安静而不张扬的服务。

商务区不同于商业区,商业地产只能是商务区附属价值的必要组成部分,过量开发商业建筑,将带来交通堵塞甚至瘫痪、环境嘈杂甚至噪音,势必恶化商务环境,降低商务效率,导致一些公司外迁。而消费者也会由于交通拥堵困扰而不到CBD购物,最终将可能导致CBD内的商业地产大量闲置。

要点6:定位要顾全局

中心区项目应细分市场,准确定位,有效招商。购物中心成功的关键因素是将顾客吸引过来,锁定顾客非常重要。CBD地区内的商业地产定位基本上都在高端,高强大的消费能力为商业地产发展提供支持,但高端的人群和客户总是有限的。因此,在CBD的商业地产项目定位上,必须充分考虑中高端或者中低端消费者的消费能力。

现在CBD商业定位普遍趋于高端或者顶级,很多项目给出优厚条件争抢顶级客户。很多城市的CBD都是一些大型综合商场占据主导地位,而特色的专业市场非常缺乏,但实际专业市场的增长潜力要远高于综合商场。

第二操作环节:破译CBD商业地产项目营销模式

CBD商业的行销模式呈现多样化,除了单一产权的订单地产外,还有期权交易、带租约出售等。目前CBD商业地产主要有几种模式:

模式1:自主经营的模式

开发商自主开发,自主经营,当前这种模式是比较稀缺的,因为这要求开发商有足够的资金实力。

模式 2：销售模式

主要指的就是卖掉的商业地产，产权分割是这种模式最主要的特征。但是销售的模式往往会造成商业的杂乱无序，既不能形成规模，又达不到商业效应。

这种模式是商业地产最原始的模式，随着商业地产逐渐的火爆，单纯的出售开始不再适应商业地产的发展。由于商业地产具有“总价高、利润率及开发风险较高、投资回收期长”等特点，使有能力全额购买商业地产的投资者实在少而甚少；即使有能力购买，理性的投资者也不愿将大笔资金积压在投资回收期如此漫长的项目上。

在开发商业地产时将会面临两难局面：

（1）开发的商业地产用于整体出售时，难找到买家，开发资金无法回笼。

（2）采取自主经营，必须要承受巨大的资金压力，延长投资回收期。无法尽快回收资金进行滚动开发，影响整体运作。

因此，开发商为了解决自身的困境，不得不采用只租不售或租售并举的方式入市。

案例：帝景五星商街——打造 CBD 核心稀缺的 Shopping Park 体验式购物

旗舰 2.5 帝景五星商街位于北京东三环和东四环之间 CBD 核心区域，周边高档楼盘云集，商业主题鲜明。

珠江帝景入驻西大望路以来，提出做商业要以专业运营商运营，从整个地区的消费力进行项目 5 万平米的商业规划，对整个区域的发展以及消费水平的提高起到了不可替代的促进作用。

***体验式购物商街，自主产权式旺铺**

在商业的经营上，珠江帝景首先提出“Shopping Park”购物公园概念，立足建筑本身的风情景观，营建非纯粹商业的 Shopping Park 体验式购物商街。

灵活组合的户型和不高的价格。投资风险低、投资回报率高、利润稳定是其最大特点。强大的资金支持和全新的经营模式，以全新的经营理念总体规划、整体经营、专业管理、集合推广，整合和集中高端特色店，在保障总体品质的同时，充分发挥高品质商业业态的力量，其匠心独运的建筑特色、清新开放的商业环境、闲雅舒适商业氛围、国际风情的商业风尚，从而以其独有的素质彰显深远的商业价值和消费潜力，以放眼世界的高度，呼吸时尚的风潮，打造 CBD 核心稀缺的 Shopping Park 体验式购物风情。

*** 可灵活分割，成就双层商业价值**

珠江帝景在空间规划设计中，突出人性化的规划理念。采取了大面宽短进深的独立式商铺规划方式，自由空间细节化分割，欧式外廊及廊桥景观，更在表面使用大量石材。在内分配上，亦采用框架式结构，可灵活分割。4.9 米、5.4 米层高，更有双层商业价值，可根据经营者的需求做个性化设计，满足了购物人群的听觉、视觉享受，景观设计和经营做到最大限度结合，减少了环境资源和空间资源的浪费。框架结构设计，商业环境和经营布局结合起来，形成良好的环境经营意识，多样化布局和个性化环境相结合，成就了 CBD 少有的主题经典商业空间。

模式 3：只租不售模式

采用"只租不售，单一业权"的现代化管理租赁模式，单从经营的角度考虑，商业肯定是只租不售更利于经营。因为开发商将大产权分割后发售，产权的主体发生了变化就谈不到整体经营。

"只租不售，单一业权"的模式最大的优势体现在商业物业管理的严谨与规范。作为一间具有雄厚资金实力的开发商在打造大型购物中心的同时当然需要有国际化的管理模式来运营。

"只租不售，单一业权"的模式之所以受到众多知名品牌商家的青睐，除了可以提供规范专业的商业管理与物业管理外，最重要的原因是在于公司在扩展时无须多方接洽，只需直接与单一业权的开发商处理即可，省却了与多个业主商讨的麻烦。

第三操作环节：CBD商业地产项目的业态控制要点

CBD商业地产项目的前期必须做好市场调研，选择好商业业态，避免一旦CBD商业出现饱和，因业态单一造成同质化竞争加剧而使投资收益下降。

常规业态导致商圈危机。超市、电器、家居等常规性业态，虽然满足了中心区居民的急时之需，但如果这类业态规划过量，就会与城市的老城区商业业态简单重复，使中心区商圈半径受到限制；而家居装饰类的业态在区域开发成熟之后，必然面临着业态重新调整。其次街铺大量开发将造成小商业危机。

要点1：业态以展示为主，塑造企业品牌

随着高端消费人群的形成，以及企业的聚集，一种纯粹以展示为目的的商业类型将成为CBD商业未来的发展方向，一些针对高端消费人群的奢侈品，例如名牌汽车、手表、化妆品会租下1层底商作为展示其形象的窗口，达到吸引目标人群的效果。

上海万达商业广场作为地产巨头万达在上海的第一个商业地产项目，运用“订单地产”模式，已有沃尔玛国际大型连锁超市、巴黎春天百货、万达国际影城、台湾HOLA家居、新华书城、上海黄金珠宝城、上海第一食品商店、宝大祥青少年儿童购物中心、大型量贩式歌城等九家主力店与上海万达商业广场达成了合作协议，商业广场85%左右的营业面积的招商既已尘埃落定。4.5万平米的万达城中城在主力店强势入驻的基础上，对一站式购物中心作了业态整合、补充，国际连锁餐饮、特色美食、服装服饰等众多业态共赢。

要点2：业态搭配以商消费商务人士为出发点

CBD商圈以办公写字楼为主体物业，商业主要针对高消费商务工作人群，因此商业物业中的中高档精品店在这一区域中占比例最大，一般中高档精品店业态的比例高达70%左右。同时，中高档餐饮占该区域商业17%，此外，以休闲、健身为主的娱乐业态占13%。CBD商圈目前零售及餐饮比例较高，而娱乐及休闲业比例较低。随着

经济的发展，人们消费观念提高，娱乐及休闲业态比例肯定会逐渐增加。

深圳宝安中心区的商业经营面积将达50万平方米，拥有一至两条有特色的商业街，在业态分布上，有中高档百货店、大型综合超市、大型专业店及各类品牌专卖店，有多种餐饮、文化、娱乐等项目。目前已进驻宝安中心区的主力商家有沃尔玛、华润万家、赛格电子、苏宁电器、欧麦德家居广场等。

第四操作环节：透析中国发达城市CBD商业地产项目操作模式

模式1：北京CBD商业地产项目的操作模式

1. 强有力的政策与消费力支持

政府的支持是CBD商业地产持续升温的主要原因。在北京政府的规划中，CBD是北京三大重点功能区之一，商务环境成熟，配套齐全。世界500强在华总部、各国驻华机构、国内大企业等纷纷落户CBD。CBD区域内强大的消费能力为商业地产发展提供支持。目前，每天约有100万左右的白领阶层在CBD区域内上班、消费、休闲。

2. 国际零售巨头抢滩CBD

国际商业巨头的进入为商业地产的发展带来契机。目前各国零售业巨头纷纷抢滩北京零售业市场，美国沃尔玛、德国麦德龙、法国家乐福、英国百安居、法国欧尚等竞相在京选址，类似产业对商业地产形成很大需求。与此同时，外地餐饮业、大药房等一大批以特许经营和加盟连锁形式进行拓展的商户也对商业地产有很大需求。

3. 向CBD周边发展

CBD地区内的商业地产定位基本上都在高端，高端的人群和客户总是有限的，所以，现有商业地产有往CBD周边发展的趋势。

4. 以综合型商业体和项目底商为主

从经营方式和类别来看，CBD目前主要以综合型商业体和项目底商为主。体验式消费所能带来的愉悦感在某种程度上超出了定点式消费，但CBD受到地价的制约，使得体验式商业的开发几乎不可能，这就给泛CBD区域，如苹果社区、四季华侨城等着重休闲、体验的商业经营项目以很大的市场，它们的定位及客户都是与CBD相关联的。在这一情况下，强调商业的个性化经营管理对CBD这个高品质需求区域而言十分必要。

模式2：深圳CBD商业地产项目操作模式

随着福田中心区开发的不断成熟和商业运营水平的不断提高，中心区CBD商业将成为深圳继东门、华强北之后的又一张商业名片，成为代表深圳城市商业形象的国际化、标志性商圈。

2006年，深圳CBD区域的商业备受关注，从南山商业文化中心区的保利文化广场、海岸城、天利中央广场商城，到宝安中心区的尚都商业城、第五大道，还有福田中心区的怡景中心城、晶岛国际、Coco Park等，商业广场、购物公园、购物中心等现代商业模式层出不穷，CBD商业成为深圳商业市场的绝对主角。

1. 具有无与伦比的商圈优势

福田中心区位于深圳的地理中心，作为深圳“二次创业”的主要功能区，将集金融、商贸、信息、文化及行政于一体，成为深圳城市整体功能的聚焦点。优越的地理位置和超前的规划，使得中心区CBD商业区与其他商圈相比，具有无与伦比的优势。

2. CBD商业成为深圳商业市场的绝对主角

福田中心区商业不仅拥有怡景中心城、晶岛国际、Coco Park、城建购物公园等纯商业建筑，而且大中华国际交易广场、金中环国际商务大厦、卓越时代广场、特美思大厦等几乎每栋写字楼裙楼都有规模不等的商业规划，预计整个中心区商业总量将超过50万平方米。随着CBD商业地产项目的不断涌出,CBD商业成为深圳商业市场的绝对主角。

3. 引进业态单一

由于福田中心区尚处于开发之中,整体商业氛围较淡,已投入使用的商业裙楼除星河广场的天虹旗舰店之外,大都以银行、证券以及酒楼、快餐、文具等可以即时性经营的业态为主。更多的商业裙楼基本都处于空置状态,开发商大多以先期销售写字楼为目标,而商业部分难以找到合适定位,只能被动的针对资源有限的银行、餐饮业招商,或者是整体销售。

10万平方米的怡景中心城已引进家乐福、台湾太百洋集团中心百货、华纳影城等主力店,其美食园林餐饮区规划有异域风情品味区、主题餐饮酒吧街、商务会友休闲廊、亚洲特色美食广场,并凭借生态广场的优势,打造"生态型购物中心"。

4. 中高端消费阶层成就CBD无限商机

从中心区全面大开发的势头来看,商业形势似乎相当乐观,随着会展中心、少年宫、图书馆等一大批重点工程的投入使用,以及写字楼、酒店群雨后春笋般的崛起,各类中高端消费阶层渐渐向中心区汇集,形成一股强劲的消费当量。

*** 拥有40万白领和高尚社区居民**

这里云集着江苏大厦、凤凰大厦、诺德中心、卓越大厦、时代广场等一大批高档写字楼,越来越多的公司总部、跨国公司区域总部、金融机构总部等相继入驻,在这些公司工作的高收入、高学历、高消费的精英人士,必将成为中心区消费的中间力量,再加上中心区星河国际、中海华庭、城中雅苑、天健世纪、黄埔雅苑等大型高尚住宅区的居民,中心区稳定的消费人口达40万。

*** 会展中心、众多五星级酒店带来庞大的商务、旅游人流**

会展经济将真正的改变深圳中心区的人流,会展中心举行的电子、服装、玩具、礼品、文博会等展览会,已成为国际化的展览盛会,会展中心每年带来的参观商数以千万计。与之相呼应的是大中华喜来登、香格里拉、马哥孛罗好日子等一批五星级酒店群的崛起,酒店业带来的商务、旅游人流,同样成为中心区消费有力的支点。

*** 市政配套积聚人气**

中心区市民中心、少年宫、音乐厅、图书馆等六大市政配套工程，将形成深圳最核心的行政、文化资源，积聚来自深圳各区域的人气。据了解，已经开放的少年宫周末人头攒动，球幕电影等科幻场所周末都排起了长龙，日均可接待读者 8000 人次的图书馆开馆后，更是空前爆棚，以至于不得不采取限制性入馆措施。不仅仅六大市政配套，还有莲花山、儿童医院等，无不人头涌涌，车水马龙。中心区高标准的市政配套，将为 CBD 商圈辐射全深圳奠定良好的基础。

*** 中心区一级辐射区人口众多**

中心区商业的第二辐射圈包括西部车公庙办公区的公司白领，以及新洲、彩田、皇岗、景田、梅林、香蜜湖、红树林等大型居住组团的居民。在上述办公区和居住区，尽管不乏超市百货商业设施，但仅仅停留于社区商业的层面，中心区商业凭借大型购物中心和丰富的餐饮休闲娱乐设施，将商圈半径扩张至中心区的一级辐射区。

5. 掌舵深圳 CBD 商业地产项目定位方向

*** 高端百货**

中心区中高端消费群体，需要高端百货满足购物需求。以北京 CBD 为例，目前已有众多的世界著名商业品牌纷纷入驻，如著名的高档百货店西武百货落户万达广场，国际顶级奢侈品牌 LV 的中国旗舰店在国贸商城开张；台湾高端百货品牌新光三越入驻华贸中心，东方表行代理的钟表品牌劳力士签约 LG 双子座大厦等。

*** 金融中心**

作为继蔡屋围之后的福田 CBD 金融中心区，大有后来居上之势，招商银行、兴业银行、浦发银行、东亚银行、新华保险等一批知名金融企业相继进驻。尤其是深交所计划迁至中心区原高交会馆，为中心区引进银行、证券、保险、基金等带来契机。

*** 餐饮休闲娱乐**

人民南片区曾经是深圳的中心区域和标志性区域，在这里办公的有一万多家公司，以及30多家中高档酒店，使得餐饮、休闲、娱乐业十分发达。相比之下，福田中心区在餐饮休闲娱乐业方面有着更大的发挥空间。

*** 旅游购物**

深圳旅游人口规模庞大，宾馆酒店接待的国内外游客每年已达2000万人次。这些游客在深圳主要从事商务活动、旅游观光，其消费支出主要用于住宿、餐饮、旅游和购物。由于商业区的发展缺少足够吸引力，深圳商业失去了不少商机。

模式3：大连CBD商业地产项目的操作模式

大连的CBD建设正在"大大连"战略实施和做强大连辐射周边的区域经济的背景下悄然拉开了帷幕，而为CBD配套的商业改造也正在如火如荼的进行着。与大连其他商圈所不同的是，CBD商业区拥有消费能力最高的社会白领阶层和成功的商务人士，并在引导大连商业消费，提升大连商业品质方面发挥着特殊的功能。

按照大连的商业连锁"十五"规划要求，大连商业应分为三级商圈。一级商业即市级商圈，包括天津街、青泥洼桥和西安路；二级商圈即区级商圈，包括黑石礁、马栏广场和岭前等商业区；三级商圈即社区商业。从目前大连的商业发展格局看，市级商业的业态业种过于密集，而能够满足人们日常生活购物需要的社区商业没有得到根本解决。

1. 控制消费者的购物距离度

多数人逛街的体能限度是1.5公里，超过这一限度，人就会疲劳而就会失去逛街的兴趣。所以，让逛街者习惯于一下子逛完天津街和青泥洼桥一带所有的大商场，是不现实的。

逛街购物是对人体能的一种考验，在老天津街，除了大商场外，很多店铺都是联排的临街店，消费者逛街的动线是平面的。改造后的购物中心多是几层的立体建筑，消费者逛街的动线长度势必加大。

2. 重视交通组织规划

CBD的商业规划，必须做好停车场、停车位、人流动线的规划，并对商业区实施必要的交通管制，使商业区周边的交通条件，以满足CBD人群购物心理、购物行为的个性化变化和他们定向购物的需求。

在天津街改造的规划中已经考虑到这个问题。即普照街实行全封闭，建设普照街广场及普照街步行休闲街；友好路改为南向北行驶的单行道，与天津街交汇处安装交通信号灯；上海路采取人下车上的方式解决人车分流；民生街单行道安装交通信号灯。拟建4个停车场，即海昌名城地下停车场、天植商场地下停车场、上海路立体停车场和普照街立体停车场。另外，改造后的天津街还将设立10个出租车停靠点，为到天津街购物的消费者提供一个安全、便利的交通条件。

3. 遵循商业运营规律

在CBD商业项目的规划、定位和硬件建设满足商业运营要求的同时，在项目推广中还应遵循客观的商业运行规律，这也是保证项目成功的必要条件之一。

商业地产的开发商在项目开发时，很多都是追求可以快速回笼资金，分散开发投资的本息风险。而商业投资者和经营者想通过支付较低的租金实现经营，不愿把有限的商流资金投资买铺，大型主力店更需要以廉价的租金为进驻项目的条件。这就形成商业项目供需双方不可调和的矛盾，而开发商必须正视这样的现实矛盾。

按照国际上购物中心经营的成功经验得出，购物中心应遵循只租不售的原则。根据市场需求的变化，商业业态的调整是商业经营不变的主题。如果将店铺出售，将产权分离，购物中心的统一管理、统一物业、统一宣传、统一促销等将很难实现，必要的业态调整将成为空谈。开发商一味追求眼前的既得利益，不对项目进行培育期和过渡期的经营，甚至违背“只租不售”的商业运行原理和规律，最终遭受损失的将绝不只是商铺投资者。

4. 商业格局不合理

大连目前的商业设施供给已经趋于饱和,但布局并不合理。CBD 商业配套满足的是 CBD 人群个性化购物需要,消费重点是在工作中的商务洽谈,以及业余时间的休闲、娱乐活动。所以,在 CBD 商业的业态选择上,应侧重于休闲、健身、美容、娱乐等业态业种。而 CBD 人群的日常生活购物设施在 CBD 商业区中得到适量解决即可,因为这种购物需求主要靠 CBD 人群居住的区域的社区商业解决。因此,在 CBD 中选择以满足一站式日常购物需求的大型超市为主力店的做法并不可取，也是不客观和不理性的选择。

5. 差异化开发,避免同质化竞争

在大连 CBD 区域中在建的商业项目建筑面积 20 余万平方米，这些项目集中于天津街商业区的改造工程中。面对 CBD 商业区中集中上市的项目开发,准确的市场定位和业态的错位选择是 CBD 商业区建设成功的关键。

在 CBD 商业区中出现业态雷同的现象,将会引起同质化恶性竞争的状况。天津街的改造可以使 CBD 商业区的硬件设施得到提升,能够实现大连商业现代化的质的飞跃,是大连商业发展的大势所趋。

这些商业项目通过政府的调控和开发商深入的市场调研论证后，应当做出准确的市场定位,对目标客户群体进行市场细分,选择差异化、特色化的业态组合,实现商业业态的合理配置。

在 CBD 商业区中业态选择中,应当多选择适度超前的业态业种,这种能够引导消费业态业种是实现 CDB 商业区引导消费功能有效途径。

商业地产项目准确的市场定位必须在前期的项目策划中完成。为了实现错位经营,避免同质化竞争,必须做好项目经营的档次和目标客户群体的细分,要发现和制造市场机会。开发商应在项目中充分发挥 CBD 商业区的展示功能。比如,在大连,国际顶级的服饰店多集中于星级酒店中,在北京、上海和广州确不是这样。在那些城市中,各种国际顶级品牌旗舰店便布城市主要商业区域中。如果能够将更多的国际顶级服饰品牌引入 CBD 商业区中，就可能形成东北地区国际服饰品牌集合的特色商业

区，吸引外地游客前来购物。而随着大连CBD建设的深入，更多的世界500强企业将进驻大连CBD，这样的特色商业区将会满足日益增多的外国高级商务人士的购物需求。

第五操作环节：解构中国CBD商业地产创新操作案例

案例一：深圳·第三空间体验式营销

第三空间是一座高档购物中心，锁定中高档购房业主，迎合他们追求品味、享受的消费心理，大做体验式营销。

在岗厦，相对周边好百年、新一佳等人气旺盛的商业项目，第三空间的推出将倍受追捧。它引领家居消费潮流，除奢华的厨卫产品外，品种繁多、花样别致、设计贴心的灯饰、家饰、家品，将令传统建材市场一扫压抑混浊气息，变身为充满购物乐趣的休闲场所。

第三空间是一座大体验馆，不含负一楼家品超市，共四层。第三空间又名"创意生活馆"，它笼络国际国内顶级的橱柜、卫浴品牌，组建豪华概念店群，以客户体验为中心。

案例二：剖析"内街"式购物中心——深圳·星河SOHO公园操作核心要素

深圳·星河SOHO公园			
项目地址	位于深圳大道与滨海大道之间，距会展中心约150米	开发商	星河地产
占地面积	3万多平方米	建筑面积	8.5万平方米
停车位	2300多个	总投资	6.8亿元
功能定位	集餐饮、购物、娱乐、休闲、广场秀于一体	主题定位	国内第一家"内街"式大型购物中心

作为当前全球范围内罕有的、严格按照规划进行建设并兼具居住和商务功能的城市中心城区，深圳中心区一直被赋予深圳惟一集金融、商贸、行政、文化信息、会展经济于一体的城市中心。中心区在商务写字楼群、高档商务酒店和高档住宅基本形成规模之后，商业配套设施却未同步发展。

核心要素 1：独具特色

1. 应该利用靠近香港的优越地理位置，东西衔接导入东南亚文化，寻找结合点。要区别于香港，要成为香港的休闲中心或者香港的后花园城市，与香港形成互补。

2. 要不同于内地的购物中心，显示出深圳的城市特点。

3. 购物中心作为深圳的 CBD 形象，应该区别于深圳的其它购物中心。

核心要素 2：独创国内第一家"内街"式大型购物中心

坐落在深圳市中心区，作为国内同类有自己独特风格的中心区，深圳 CBD 需要一个能提供良好购物环境的大型购物中心，将建成国内第一家"内街"式大型购物中心。现在的 CBD 提倡的不是"一站式的购物"，应该是"一揽式的消费"。

星河 SOHO 公园是一个创新型的购物中心，它有别于传统意义上的"社区型"或者其它形态的购物中心，体现出情景式、体验式的特点；是一个纯粹的商业地产项目，集餐饮、购物、娱乐、休闲、广场秀于一体。

核心要素 3：折叠式构造围合融为一体

负一层有一个 6000 平方米的"中心广场"，四周全部围着广场去建；每一层都有内回廊，称之为"内街"，这种内街每一层都有。负一楼和一楼整个是一个平面，以场为主，二楼、三楼则以街为主。折叠式的构造围合，形成深圳和全国惟一的内外街购物景观。

主要项目大型美食广场位于负一层。此外还有购物场所、国际连锁餐饮店、时尚数码连锁店等。从一楼开始完全是折叠式的街道，

设计一条特色餐饮酒吧街，这条街将餐饮、酒吧融合起来。二楼的国际影院将引入香港百老汇。三楼是高档中式酒楼、主题餐厅、风味餐厅等。

核心要素4：引入“小城”概念

CBD成熟区域物业可考虑引入“小城”概念。所谓“小城”，即项目不仅要做到是一个“点”，也要尽可能想到成为中心区的一个面，使这个项目在本区域发挥面的作用。CBD通常划分为CBD生活区、CBD商务区、CBD商业区。从区位上考虑，深圳CBD未来可能诞生很多的混合性物业。

案例三：打造体验式园林购物中心——重庆南部CBD·东海长洲Park Mall

东海长洲Park Mall是迄今为止南部CBD首个“景观”式购物中心，是一个集文化、餐饮、购物、娱乐、休闲观光等多主题、多业态的商业模式，是将多功能集于一体的体验式园林情景式购物中心。大大丰富了弹子石区域的消费时尚，为南部CBD创造了一个全新的自由组合式的消费场所。

从规划开始，东海长洲Park Mall项目便强调公园式休闲购物的主题，在吃、购、娱之外充分营造出东南亚风情的街貌，而音乐广场、小桥流水、旱地喷泉、典雅木亭、蜿蜒长廊等则体现出回归自然的浪漫和时尚。

案例四：剖析苏州·时代广场操作要点

苏州·时代广场			
项目地址	位于苏州工业园区金鸡湖东，介于苏州国际博览中心和园区行政中心之间	占地面积	21公顷
总建筑面积	约40万平方米	车位	3000个
总投资额	18亿	功能定位	购物、娱乐、餐饮、健身、休闲、商务办公等
主题定位	苏州首家一站式Shopping Mall		

要点 1：紧跟城市规划

围绕苏州市委、市政府关于"加大发展服务业"及"苏州中心城区发展方向在东部，市域CBD在园区，未来新城在湖东"的发展战略，环金鸡湖地区将发展成为苏州市域CBD，而时代广场将成为CBD中最繁华的现代商业中心。

要点 2：专业的国际化规划设计

在整体规划、商业功能布局、建筑设计等各方面按照国际化的理念进行专业化运作。项目从建筑设计到商业顾问、物业顾问等合作机构均是排名世界前列的一些专业机构。

要点 3：苏州首家一站式 Shopping Mall

时代广场商业群将商业、商务、休闲等充分融合，包括高档办公商务区、城市购物时尚街区、生活休闲区、高档水滨餐饮区以及Shopping Mall购物中心区等五个区域。其中，购物中心规模达10万平米，包含时尚百货、国际影院，真冰溜冰场、超级市场等主力店及众多国际国内品牌旗舰店，形成苏州首家一站式Shopping Mall。

要点 4：休闲娱乐和购物旅游的新概念

时代广场的建成，将全面提升苏州的商业格局，创造出一种崭新的生活方式，充分体现洋苏州的国际化特点，给人们提供休闲娱乐和购物旅游的新概念、新感觉，并最终成为苏州市新CBD最繁华的商业中心和华东地区最知名的品牌街，最具影响力和商业价值的中心街。

案例五：破解沈阳·汇宝国际商业广场操作攻略

沈阳·汇宝国际商业广场			
项目地址	沈阳市沈河区中山路395号	开发商	金廊地产
占地面积	22.5万平方米	购物中心建筑面积	45000平方米
主题定位	位引领时尚，理性创造未来		

攻略1：多功能组合实现对CBD的价值回归和提炼

汇宝打造的产品类型完全符合CBD人群的这种居住需求，沈阳金融商贸开发区作为可持续发展的中枢地带，已经成为投资和创业的策源地。在这里做商业地产可以多种形态优势互补、有机相连、完善和丰富CBD功能的多功能组合实现了对CBD的价值回归和提炼。

攻略2：四通八达的立体化交通优势

汇宝国际商业广场区位优势，交通、资讯网络四通八达，距东北最大的航空客运港—桃仙国际机场仅20分钟车程，周围23条便利的公交线路通往市内各区。

攻略3：消费能力强劲

方圆1.5公里内坐落着25幢高档写字楼，25个高档住宅区，市政府、中级人民法院、电信局、中国工商银行、中国银行等政府、企事业机关和金融机构。数万名从业金领、城市中上阶层集聚于此，消费能力强劲。

攻略4：顶级功能业态

引进国际知名精品百货、家居等主力商家，汇聚了来自世界各地的顶级功能业态：汽车展示、中西餐厅、咖啡吧、主题酒吧、书店、娱乐中心、健身会馆、康体中心、室内高尔夫、网球场等等。传达来自世界最前沿的时尚理念，引领全新生活方式。

攻略 5：融合现代国际商业理念

占据沈阳市规划中的“金色走廊”中央商务带核心地段的汇宝国际商业广场，总建筑面积 22.5 万平方米，地理位置十分优越。集高星级的国际商务酒店、甲级国际公寓、甲级写字楼、高档购物中心及高品质的功能休闲区为一体，秉承“与世界同步，与完美同行，与客户同角度”的企业理念，以超前的眼光，融合现代国际商业理念，汇集多种功能业态，全力打造东北地区品质最高、配套最全、服务功能最完善的现代化国际商业广场。

案例六：挖掘世茂摩尔街·外滩 188 成功要点

成功要点 1：借政策之东风

福州市整体规划的出台，总体规划确定的城市中心逐步南移的战略设想，从解放大桥到鳌峰大桥之间 0.6 平方公里，规划为中央商务区（CBD）；以闽江为依托，规划滨水商业景观带，建设福州的游憩商业中心区（RBD），使以闽江为中心带的“大福州”城市布局日益凸显，也大大提升了江滨在城市商业建设中的重要性。一时间，闽江两岸掀起了建设热潮，闽江两岸的地块，也在顷刻之间成为热土。

根据福州《城市商业网点“十五”建设及 2010 年发展规划》中提出，以“一核一带七区”形成商业零售网点的结构，将福州建设成为东南沿海地区的区域性商贸中心城市。“一个商业核心区”，即鼓台商业核心区。“一个滨水开发带”，即闽江滨水商业景观带。

成功要点 2：绝无仅有的全江景商业旺地

外滩 188 项目整体位于闽江大桥、鳌峰大桥之间，占据江滨两岸的核心地段以及福州罕有的全江景商业旺地，以独特的地理位置领衔福州的滨水商业带。世茂摩尔街·外滩 188，前有江滨大道穿过，后与排尾路接壤。由排尾路商业街、半地下商业街和滨江商业街三部分组成，滨江商业街沿江展开，排尾路商铺与江滨路商铺通过穿越园区的下沉式商业街连通，人流通过下沉式商业街实现排尾路与江滨路之间的流动。

滨江大道与福州市区三条主要的纵向交通干线交会，是福州城市中心区最重要的交通干线和主要的景观大道。

在政府整体规划带来的商机以及独特的滨水景观特色的推动下，外滩188将文化、旅游、休闲、餐饮和购物等产业作为发展重点，全力打造福州市第一个以中高档餐饮为主，精品休闲娱乐为辅的多元业态组合型食尚街区，从而成为了福州城市的新时尚地标和最具魅力的RBD中心区。

从二桥沿江滨大道向东步行3分钟，世茂外滩游艇码头向内30米，世茂摩尔街·外滩188，临江400米滨江商业街便会展现在眼前。

世界上不少闻名遐迩的商业区都邻水而建。无论是法国巴黎，意大利佛罗伦萨，还是美国曼哈顿、德国莱茵河畔，都在历史上闻名已久。而纵观国内，上海外滩、北京后海、澳门渔人码头依托水的优势造就了一片片滨水繁华。据业内人士分析，从商业街区的发展来看，滨水有着得天独厚的优势，宜人的景观不仅吸引了庞大的人流，使消费者在购物的同时还能拥有超值的视觉享受，也为高档餐饮、娱乐休闲场所增添了别样的风情。

因此，外滩188正是抓住了滨水的优势，借鉴塞纳河左岸城市广场的设计灵感，紧邻水景而建，坐镇闽江千米江岸线最前排。整条商业街依托25000平方米的澳洲风情园林景区，前可观浩荡闽江，后坐拥社区园林风情，精品旗舰店林立岸边，与江景相辅相成。人在其中，可以与自然亲密接触，尽享无限风光。

成功要点3：独具特色的建筑规划设计

整条商业街A、B区均为两层条形商铺，南北两派通过连廊相连，并在中间以独特的空间围合形成欧洲风格的长廊与庭院，独具风采，与下沉式广场相得益彰。行走其中，犹如在林阴道中漫步一般惬意而充实，在满足了人们更高层次娱乐消费需求的同时，更契合了高层次的人文文化需求，让整个世茂摩尔街·外滩188更为闲适而优雅。

商铺整体采用大面宽设计，充分保证商铺的商用价值，A、B区适宜布置中小型主题餐厅，咖啡屋、甜品站、名流生活会馆，小型酒吧、时尚家具馆等。C区共分三层，一层北侧与社区绿化及湖面相接，通过玻璃幕墙即可尽享澳洲风情的园林美景；二层在享受明媚阳光的同时饱览秀丽水色，江山美景，坐拥于怀；三层设计有外延的阔达200多平方米的阳光露台，室内外完美连接，形成一个理想的互动空间，在享受佳肴之余，让心灵沉醉于良辰美景之中。

长廊、庭院、玻璃幕墙、下沉式广场，休闲、购物、娱乐，尽得上风上水之天地灵气的外滩188，其独特的空间设计，欧式风格的建筑，独具风采的购物环境，给消费者带来了独具特色的购物体验。拥揽壮阔江景，外滩188在闽江岸边建构起一个集休闲、娱乐为一体的超大规模极品商业基地，挥笔抒写了滨江商业大格局。整条商业街，不仅是一个购物消费的好去处，更成为了滨江一带一道闲适而优雅的风景线。

吸取了世界各大商业街区经营管理的经验，外滩188的商铺全部采用大面宽设计，充分保证商铺的商用价值，以用家为本，适合自主经营；商铺门前拥有开放式的铺前广场，灵活地延伸了店家的经营空间，这在福州市是很罕见的。商业地产项目门前的广场，在传统的中国建筑风水学中被称为“明堂”，具有藏风纳气的作用，外滩188深得规划之精髓，特设下沉式广场，提供了敞开式的城市休闲空间，形成开放的共享空间，汇聚人流，聚集起强盛的消费人气。

成功要点4：多元业态组合，打造强势品牌形象

打造以中高档餐饮为主，精品休闲娱乐为辅的多元业态组合型食尚街区，除了拥有宜人的景观，优雅的格调外，采用何种商业模式经营也显得尤为重要。有了天时地利，更要讲求人和。因此，占据福州城市规划中中央商务区(CBD)和游憩商业中心区（RBD）核心位置的外滩188在商业模式方面下足了功夫。

福州传统商圈中，常常存在规划分散凌乱、无统一布局等弊病，因此造成了商业气氛平淡的现状。而外滩188独树一帜，打造以中高档餐饮为主，精品休闲娱乐为辅的高尚业态。经营者将引入高档品牌旗舰店，打造强势品牌形象，并力求从商品、环境、排列格局、整体氛围以及服务水准等方面，向国际性品牌化发展。摒弃大而杂的传统商业运作模式，形成风格明晰、定位明确的高档消费氛围。

依托高端人群的消费能力，摩尔街·外滩188的出现已经改变了福州的大商业格局，也必将改变滨江区域乃至福州高端人群的消费习惯，成为福州时尚消费的最前沿，这里必将成为福州精品高档商业的新中心。

成功要点5：独占福州的富豪生活区，投资前景无限

打造大型的商业街区，无论规划再时尚、精美，引领潮流，无论拥有再优越的环境，迷人的风景，人们还是会对商业街区的人气以及消费能力产生疑虑。而在摩尔街·外滩188，这种担心就显得格外多余。

在南北江滨沿岸，形成了福州高层最集中的城市住宅形象板块。"高层、高价、高端产品"成为其最明显的特征，富人区，城市精英区，已成为这里的特指名词。以世茂外滩花园为中心的江滨豪宅区，集中了20多个高尚社区以及数个万人住宅区，2006年，还将新增近万户高素质、高消费力的业主入住。

汇聚了福州市50%以上的成功人士，云集了福州最富有、最有消费能力的富豪一族，2万个富豪家庭，5万个名门贵族，滨江两岸成为了福州的富豪生活区。庞大的消费力一再拉升，人气不断增长，为外滩188提供了强大的消费保障。

在福州的市场上，哪里有大开发，哪里就有高成长铺王，而处于福州滨水商业开发初期的商铺，更是具有极高的投资价值。此外，加上政府政策的支持，滨江发展带的商业前景一片光明，必将成为福州新兴的中高档消费热点。

随着滨水区域发展的成熟，市场需求的增长，外滩188依托滨江的水景优势以及集

中的高档住宅带来的高端消费人群，与同样建筑面积但在其他地段的商铺相比，年投资回报率至少高出了1.8个百分点。而这仅仅是处于项目建设的初期，相信随着商户的逐渐进驻，带动消费人气上升，回报率将会越来越高。与福州其他地段较低投资回报率相比，外滩188的投资前景潜力无限。

第五部分：

掌握一路飘红的营销创新手法

商业地产“元年”已过，逐渐步入成熟发展阶段。由于投资者与经营商户对商业地产开发商的要求越来越高，如果再单纯想象商业地产刚起步时，依靠一、两个好的想法或者点子，就想让项目一夜成名并不容易。商业地产以模式演变寻求发展的道路已经走进了一个瓶颈。新的模式在市场的淘汰选择中萌生，新的市场亮点在商业与地产如何有效结合的探索中闪耀。

商场如战场。这是一句永远的名言。无论何时何地，它都具有一样的规律与含义。正所谓“适者生存，不适者淘汰。”在战场上没有永远的胜利，也没有永远的失败。契机就是项目发展的命脉，市场不会专为某一项目而存在。只有项目通过综合各种优势去争取市场的关注度，才会赢得市场的机会。商业地产的项目想求生存，想在困境中得以脱颖而出，就要看项目是否能抓住市场的机会，让项目在恶劣的环境之下得以生存，得以发展。商业地产的营销手法日日新，时有创新的操作手法不断冲击市场，让投资者与经营商户疯狂追捧不已。同时，也有很多扰乱市场的恶性竞争手段层出不穷，影响投资者与经营商户的判断力。无论如何，开发商在开发项目时，必须要将经营商家、投资者与开发商三者的利益捆绑在一起，这样才能体现到开发商的责任心，降低投资者的投资风险，保障经营商家的营业前景，最大程度地提高市场对项目的信心与期望。

宏一经过多年的商业地产运营策划经验，在实践中总结了以下让项目在困境中得以求生，在激烈的竞争中得以脱颖而出的营销创新手法与技巧。以供全国各地的商业地产开发商借鉴与参考。

第一创新手法：极限营销——零库存战略

地产戴尔模式就是地产零库存模式，即用较低的资金去发展。这就要求对公司资产与库存的管理非常精确，发展速度快并不意味着风险就大，关键是看存货的周转性，存货的质量。商业地产的零库存主要是指项目的销售与招商出货速度与程度，主要体现在项目的销售与租赁上。商业地产的零库存即不以“库存”（即在可销售的都销售出去或可租赁的全部都租赁出去，而没有剩余的货量）的形式存在，全部完成销售或招租，最大程度上实现开发商的预期利润值。

对于商业地产项目的零库存营销思想，目前很多开发商都在寻求最佳的突破口。因为它关系到项目的顺利发展和开发商资金的快速回笼，因此，零库存的商业地产营销理念一直是开发商梦寐以求的良方。但是，要想实现这种极限营销——零库存模式并不简单。

宏一认为，商业地产的后期经营管理与极限营销相互间会产生一定的冲突。商业地产项目的最终追求是统一经营管理，让投资者可以有稳定的租金回报；经营商家有一个稳定有序的经营环境，保证良好的经营秩序；消费者有一个优良的购物环境，可以充分享受到购物的乐趣，在商场内可以实现到“在快乐中消费”的一种休闲方式。但极限营销追求的是，要将整个商场的商铺尽量大程度的售出，可以实现快速回笼资金，降低开发商资金运营的压力。这种方式就可能会造成开发商只顾着销售，而无法保证投资者与经营商家的利益。

操作技巧1：解读商业地产的“极限营销”创新模式

解读1：“极限营销”概念

商业地产的极限营销是指在销售过程中,利用各种手法、方式在尽可能短的时间内,以最快的速度最大程度地出售商铺,达到项目销售目标最大化,以求达到快速回笼资金或快速出租商业物业的一种营销手法。

解读2：“极限营销”特点

(a)时间上追求快速销售,快速回笼资金。

(b)销售上追求货量出售最大化,争取实现零库存。

(c)投入少、回报大、快速拉开品牌和销售。

操作技巧2：掌握“极限营销”操作核心技巧

核心技巧1：解密“极限营销”双刃武器

在竞争日益白热化的商业地产市场上,极限营销作为新的营销方式,凝聚了很多营销人的智慧与创新。

* 一方面既要看到其进步性和其所带来的冲击性。

* 另一方面也应防止极端营销过度泛滥,所谓物极必反。

极限营销的成败,双刃剑的好坏最终取决于项目的综合能力,极限营销只是市场博弈中的手段、战术,而不能作为竞争的战略、策略。当企业或者个人把极限营销当成品牌传播、市场推广中无所不能的“倚天剑”时，失败就成了风险中的常客。对企业或个人而言，极限营销就是把双刃剑，善舞者扬名制敌，不善舞者自伤人笑，操作者务必自我评估。

所以在运用“极限营销”这一手法时，应通盘考虑，以免一招不着，全盘皆输。一般极限营销的操作至少必须具备以下条件：

*** 契机**

极限营销不可人为，不可“霸王硬上弓”，应伺机顺势而为。与社会环境、行业动态等大背景紧密相关，不可游离其外。当然操作的个人或企业应有卓越的远见和锐利的观察力，否则机会稍纵即逝。

*** 市场为基础**

采用极限营销企业或个人应具备一定的市场基础和品牌实力，以及一定的抗风险和良好的公关能力。必须要经过深入的市场调查研究，了解目标客户的实际需要。

不要盲目地迷信点子或创意，坐井观天或夜郎自大作出超出自身能力或掌控的举动。再好的方案也是建成立在实力的基础上。只有这样，当事态的走向超出可控范围，企业或个人方能以良好的素质，为大谋而可小忍，并通过其他方式将其向正面转化，达到目的。

*** 人和**

企业营销领军人必需有着非凡的营销激情与智慧和千军万马的胸怀。只有这样的卓越人士方可策划出石破天惊的极限营销的精彩案例，才可能对极限营销的过程和结果有着明淅的判断和掌控。

※案例：华东商业城“魅力之谜”

华东商业城在短短3小时内343套商铺被抢购一空，由于天时、地利、人和三大优势创造了“奇迹”，让华东商业城一夜间成为业界的焦点。

剖析1：市场的契机

从自身条件看，华东商业城先依托商圈自

发形成市场，然后进行规范经营是商业发展的普遍途径。华东商业城所在的区域是一个发展日新月异的区域，物资流通频繁，消费大幅攀升，生产及生活型服务业存在巨大的市场空间。

从中国商业地产发展趋势来看，商业地产发展已进行到由集贸市场或散布专业街向规范化管理的商业中心、大型购物广场转变的阶段。专业市场也面临洗牌式的新旧更替与升级换代，这一切都为商业地产的发展和华东商业城的应运而生提供契机，是为“天时”之利。

剖析2：得天独厚的交通体系

华东商业城是超大型专业市场群，其所在地苏州城南，是继园区湖东、城北相城、新区浒关之后的又一潜力区域，它距上海30公里、浙江30公里，苏嘉杭高速贯穿左右。地处这样一块江、浙、沪两省一市交汇的金三角地区，得天独厚的交通体系造就了华东商业城成功运营的先决条件。

剖析3：华东商业城的“人和”

纵观华东商业城所处的大环境——长三角，这里经济发达，消费能力高。

人均GDP值			
长江三角洲	上海各地区	江苏8市	浙江7市
35417元	55306元	31042元	31363元

由于周边产业集群的发展壮大，逐渐形成了区域内充满活力的商贸人脉和政令之风，从而成为助推这些区域乃至整个中国走上和谐发展之路的“人和”条件。

核心技巧2：解密“刀锋模式”对抗“传统模式”

解密1：传统模式

※低开高走

低开高走指在商业地市场刚复苏的时候，市场的需求会逐渐加大，由于商业地产市场还没有走出低谷，价格相对过去来讲还没有达到历史比较高的水平。大家对未来市场的走势还不确定，甚至还担心，尤其是开发商缺乏信心，在这种情况下，开发商通常会选择“低开高走”的价格竞争手段，也就是先降价促销，经过大大降价以后出现房地产销售明显回升。这样能加速了刚从低谷走向复苏，加快商业地产市场的复苏。

新项目的首次开卖一般会采取“低开高走”的策略，应分时间段制定出不断上升的价格走势，价格控制的原则为“逐步走高，并留有升值空间”。这样比较容易引起投资者的关注，又能吸引消费，同时楼层差价的变化也并非是直线型的成比例变化，而是按心理需求曲线变化，它随着心理需求的变化呈不规则变化。以时间为基础根据不同的时间段如依据工程进度等进行时间控制，确定与之对应的销量和价格，并且围绕该时间段的诉求重点进行营销。

◆以快打慢

先快后慢这种营销手法，也是一些开发商为了提高销售速度，吸引客人的一种手法，在开盘初期，先低价快速出手从而吸引更多的商家来带动市场，当形成一定的消费群时，这样就打“慢”战来提高价，以获得更多的利润。

◆尾货抛卖

采用这一种做法的，一般要注意做好前期的销售工作，只有前期的“货”源售得差不多了，还没有达到盈利额，但又不是差很远。这时一些开发商为了快速获得高利润而采取将尾货以低价抛售。

◆利润沉淀于最后的20%—40%

解密2：刀锋模式

***全过程兑现**

***控制出货节奏**

控制出货节奏，只要是从价格去控制，在前期不要“低开”也不要“高开”；要注意价格的控制，要根据市场的需求来出货，也不要“高开低走”实行尾盘抛售，这些都是不可取的，要根据市场变化而变化。

* 难易搭配

在热销期，有好的商铺和差一点的商铺搭配，前期可以多拿一些好商铺出来，这样可以保证资金回笼，当前期的商铺销得差不多的时候，客多了自然也会带动那些不是很易销的货了。

* 以突破99%销售率为荣

核心技巧3：解密"极限营销"致胜必杀技

在"传统模式"与"刀锋模式"对比中，可以知道极限营销也有它的独门秘诀。

* 创意新奇、大胆、超前。

* 营销策划要周密、系统，目的明确，针对性强。

* 善于运用广告宣传。

* 管理到位。

* 前期工作统筹兼顾，后期做细做活。

第二创新手法：极速营销——最快速度现金回收战略

极速营销，现在很多商业都利用这种营销手段来经营，这是一种快速，低成本，又能保证市场持续稳定增长营销方法。即是以最快速度现金回收战略，主要表现为高速度，低成本的启动速率与效能是传统营销的数倍。这也是商业地产商们屡试不爽运用它的原因。

操作技巧1：解密"极限营销"三大特点

※**速度快**：品牌传播速度快，让消费者在短时间内很接受，同时能在短时间内将

项目完成销售或租赁，可以在最短时间内以最快速度现金回收。把从拿地到销售之间的时间压缩到了最短。

※**成本低**：在短时间内能完成一个项目和销售、租赁等都能在最短时间内完成，能帮助开发商以最低成本，利用各种融资手法或者方式，在各个环节可以很好的控制好投入的成本，可以实现利润的最大化。

※**效能好**：传播时间短、费用小、效果好。

操作技巧2：解密“极速”操盘的核心因素

核心因素1：以快打慢

这种方式的诀窍就是以缩短资金占压期来解决和缓解资金等问题，项目以最快的销售速度来博慢的价格提升幅度；项目销售款项目回得越快，资金回笼就会越快；资金的成本相应会越低，资金的使用效率就会越高。

核心因素2：分销速售

分销就是把楼盘分给几家中介服务公司、代理商销售，多个销售点可以加快销售速度。这样对开发商非常有利。通过分销，开发商可以降低推广的成本，快速回笼资金；另一方面，利用分销的模式，即使一家代理公司业绩不好，还有其他几家代理公司可以弥补，以达到开发商自己的销售目标。

核心因素3：快速推广

一个项目要想在最短时间内销售出去，首先在前期的宣传推广中做足功夫，既要利用各方媒体的宣传又要本公司搞好宣传策划活动，迅速形成一种热销的局面，以最快的速度来打开市场，吸引客户。

操作技巧 3：破译“促销”密码

随着商业竞争越来越激烈，市场越来越细分化。因此，商家们也在想方设法去吸引消费者。商业地产促销的方式也是多种多样的。

密码 1：概念化促销

地产商通过概念传播来吸引消费者的促销活动，正式展示自己概念炒作的一种促销方式，地产商除了用常规的广告方法来推广其楼盘主题外，现在还在开始期专门举办一些概念活动来进行推广，宣传。比如，生态购物中心、体验式 Mall、社区 Mall、内街式购物中心等，这都是商家通过一些新的概念定位来促销。

密码 2：“一口价”促销

在销售初期为了吸引顾客而采取“一口价”的形式，希望通过部分性价比较高的商铺吸引更多的客户前来看铺，而且还充分利用打折的优惠政策进行促销，这也是很多商家的一种“极速营销”手段。

密码 3：节日促销

各种节假日消费都是各行各业商家们大捞一把的大好机会，节日促销也被商家们运用得淋漓尽致。商业地产在节假日的销售也是旺季，因此在节假日做好促销显得尤为重要。节日促销，主要是指地产商将各种促销形式整合，集中到节假日来展开促销，这一促销方式的特点主要表现在集中性。

密码 4：赠送促销

赠送促销也是地产促销常用的方法，赠送的内容也是根据楼盘的目标客户和项目的定位来决定，这样既能吸引“对口”的消费者，又对销售有帮助。

操作技巧 4：科学选址，合理布局

科学的选址是商业成功的前提，选择在商圈、步行街或者是交通方便的位置，使本来就已经旺的消费来带动商业人气，但这样的位置价格会贵，所以在选好位置的时候，要做到里面的合理布局，整齐。项目的物业结构适用性好更是吸引客户的一个只要原因。

第三创新手法：价值营销——开发利润最大化回报战略

商业地产的价值营销，体现在使得商业项目的商业价值和物业价值的最大化。一般从客源最大化，成效最大化，团队效能最大化等几方面来考虑。充分体现价值营销的作用，实行最大开发利润回报战略。

操作技巧 1：解密 CRM 的操作手法

CRM就是借助信息化的手段，获取、保持和增加可获利客户的过程。而在商业地产中价值营销的一个主要手段就是如何去实现客源的最大化。这样就需要 CRM 的操作手段来实现。

密码 1：CMR 价值的核心因素

1. 增加现有客户的支出。

2. 准确挖掘高价值的客户。

3. 使营销的方式更加行之有效。

4. 提升开发商的运营能力。

密码 2：CRM 的核心内容

CRM 主要是通过不断的改善与管理企业销售、营销、客户服务和支持等与客户关系有关的业务流程并提高各个环节的自动化程度，从而缩短销售周期、降低销售成本、扩大销售量、增加收入与盈利、抢占更多市场份额、寻求新的市场机会和销售渠道，最终从根本上提升企业的核心竞争力。

※客源最大化

“客户是上帝”是生意场上听得最多的话，在商业地产中也不例外，客户就是衣食父母，是动力！因此要充分利用 CRM 的价值，既要保证“存量客户”，也要“增加现有客户支出”中的“向上销售”，即不但要保证老客户的支出，也要主动促使老客户越来越往价值高的产品升级换代。要挖掘客户，而且要准确挖掘高价值的客户。

※提升开发商的运营能力

一个成功的商业项目必须有个出色的开发运营队伍，由于某些限制，使得开发商没有手段能够及时地更新客户的信息，使得一些客户流走，而想加建项目也不能，使得运营受到影响。而 CRM 系统借助信息化的手段，能够动态地帮助房地产商收集、整理、更新客户数据，以保证运营的高效。

操作技巧 2：善于发挥效能最大化作用

要使商业项目获得更大的营利空间，就应该在项目建设前的规划设计、项目建设中和建成后的营销策划以及目标商家的确定和引进、保障持续经营的策略，这也是需要一个好的营销策略，价值营销，它是可以使得项目有最大开化回报的战略，这就要团队善于发挥效能作用。

技巧1：把握市场，准确定位

商品的价值体现在消费者对它的需求上，越是有需求，产品的价值越高。这里所说的需求，在商业项目里就包括项目片区消费群的需求、商家的需求以及政府规划的需求等。

因此，商业项目在建设前期，首先对项目片区做详细的市场调研，了解片区辐射的消费人口、现有商业规模、业态分布及片区未来几年的发展规划等，然后将片区的消费需求与商业供给作对比分析，以寻找片区商业的空白点和需求点，最终确定项目的开发方向。

技巧2：量体裁衣

首先要对市场调查研究，再根据结果并结合开发项目的自身条件来进行项目定位，有了基本定位就可以开始逐步筛选能在片区有经营优势的、能出高租金的商家，确定后再进一步深入沟通获得商家确实的合作意向，再为商家度身定做合适他们需求的物业。

技巧3：妙装生花

商品项目的包装有概念上的包装和形象上的包装。概念包装是与定位相结合的，根据定位打造一种新颖的、有前景的经营概念，这对项目价值提升有很大帮助。外在包装则通过靓丽的形象提升品质，通过对形象颜色和画面的把握来营造浓厚商业氛围，从而提升项目价值。项目巧妙的包装，能在外部层面为收益的最大化提供有力支撑。项目到了营销阶段时，整体包装将成为提升营利空间的重要手段。

技巧4：利用品牌效应

商业地产充分利用好品牌效应就要招徕品牌商家进驻，这也是体现效能最大化的一种表现。一些位置相对较差，商圈未成形的项目往往很难有较好销售或招商成效。在操作这类项目时常常会发现，其实这些项目的周边并非没有消费，有些甚至位处较大的居住社区内，只是由于为新开发区域，配套不完善，商业没有形成规模和氛围。这时候，一家或数家有号召力的品牌商家进驻，就能明显改善项目的商业氛围，吸引客流，提升项目商业价值。

操作技巧3：给员工自主发挥的空间

要带领团队并发挥最大的效能，必须要给每一个员工一定的自主空间，大的项目也一定要让员工能参与其中。一个管理制度完善的企业，不但要管理严，而且要管得有道。

第四创新手法：成本营销——最小营销广告投入战略

商业地产中成本营销是指怎样以采取最低成本的宣传，最大限度的节省成本。用成本低廉的人力投入代替大面积的媒体广告投放。商业地产作为商品的另一大特点是目标消费者的局限性。

对于任何一个项目，在经过营销策划后推出市场前，都必须通过有效的宣传渠道和方法来将该项目的相关信息传递给目标消费群。

广告是企业打响的第一个市场信号，商业地产广告最常用的三种广告形式就是网络广告、户外广告和报纸广告。广告只是一种参考,一种吸引人眼球的载体,很难全面的代表整个项目,所以在投放广告时要有一定的技巧性,这样就可以做到小投入大效应。

操作技巧1：剖析不同广告形式特点

传统广告只要是户外广告和报纸、电视广告,户外广告地段性和区域性强,容易给人留下第一印象,针对的人群类型也很广泛,可以涉及到社会所有的相关人群。但其信息量最小,表现形式单一,收费贵;报纸广告受众面最广,有较强的针对性,更新便捷,比较适合地产类这种地域差别明显的广告,能够做到全面反映信息,但缺点在于其价格昂贵,一般受时空和地域的限制较多,信息量有限。电视广告受众面广,形象,但受时段限制,价格贵。

剖析1：不同类型户外广告特点

大型广告牌	
特　点	单面面积大于90平米所在位置一般比较高以独立方式选购及发布
主要功能	建立品牌领导形象引起广大受众对品牌的注意提升广大受众对品牌的认知度
受　众	道路使用者(司机或乘客)和行人
小型广告牌	
特　点	离地面在2—5米间,位于人行道附近
主要功能	覆盖较大的目标地区,配合产品的投放
受　众	行人
交通类广告	
特　点	通常位于交通始发站的主要通道或者公交车身，单面面积一般不大于10平米以独立或套餐方式选购及发布
主要功能	将信息辐射到邻近区域引起广大受众对品牌的注意
受　众	行人

剖析 2：报纸广告特点

报纸是现阶段广告的常用媒体，其优点主要有：时效性强、反应及时；覆盖面广，遍及社会各阶层，读者稳定；发行有一定区域性或行业性，针对性强；形象视觉佳，印象深刻，易于收藏，不会像电视广告那样一闪而过，不会错过有价值的信息；制作灵活，费用低；信息量大，周期短，易于控制。

剖析 3：网络广告的特点

网络广告指运用专业的广告横幅、文本链接、多媒体的方法，在互联网刊登或发布广告，通过网络传递到互联网用户的一种高科技广告运作方式。与传统的四大传播媒体（报纸、杂志、电视、广播）广告及近来备受青睐的户外广告相比，网络广告具有得天独厚的优势，是实施现代营销媒体战略的重要一部分，成为传统四大媒体（电视、广播、报纸、杂志）之后的第五大媒体。

※优 点

图片大而多，不受时空、地域限制；不受版面、时间限制，信息容载量大；形式更灵活，文字、图片、动画、视频多种表现形式于一体；更新快捷、简单，针对性更强；成本更低；目标人群消费能力高。

※缺 点

受众有限，条件有限制，变化快。

操作技巧 2：剖析精确营销传播手法

剖析 1：分众销售

分众营销就是将目标消费群体进行明确细分，锁定特定的目标消费群，然后推出这一群体最需要的产品，并以特定的价格，通过特定的渠道和传播、促销方式进行差异化营销的精确营销手段。

商业地产项目就是通过前期对所有的目标客户进行细分，然后针对不同的客户需要，对有效客户尽量“抓住”。分众销售就是要分类来销售，不要幻想把产品卖给所有的人，且要对目标消费者了如指掌，并让每个目标消费者都感到自己与众不同。

剖析 2：“有的放矢”传播手法

商业地产广告的信息量大而广，对广告的策导要求更高，就要精确制导传播。不能单独依赖一两家媒体，而是针对区域性，时效性来跨媒体搭配。比如，电视和报纸投放的搭配，电台和 DM 的搭配，尽量在开盘初搞些促销的公关活动。这样能做得优势互补，目标明确。

操作技巧 3：立竿见影的广告策略

策略 1：悬念式

树起大型围墙式广告，一方面向目标消费群预告即将推出的商业项目，另一方面又阻止顾客进入，暂不进行销售，这样会给投资者造成悬念，产生迫切期待其投入市场的心理。

策略 2：重点突破

针对细分后的目标消费者，采用人对人的销售方式，这是一种最直接的方法。也可采用邮寄具有说服力，易引起好奇心的印刷品，也可以采用派发 DM 的方式，将他们吸引到现场来参观，然后配之以人员推销。

策略3：强化攻击

采取派发宣传单张、海报的形式。一般选择在项目的商圈周围和人口密集的街区派发。这样就能使更多的目标对象接触这一商业地产广告信息。

策略4：短兵相接

项目现场布置有亲切感的接待中心、精美的说明书和突出耀眼的户外广告，以吸引路过的目标对象，并使参观人潮产生深刻印象。选用能力高、反应快、经验丰富，熟悉市场行情及客户心理的销售人员留守现场，进行产品说明与销售，同时加强追踪访问，形成高效能销售网络。

策略5：立体式轰炸

利用各种广告宣传工具，最大限度地扩大宣传面，延长宣传时间，能在短时间内造成一种声势，塑造产品形象。并运用报纸夹页广告以弥补报纸广告的不足，打破报纸版面的限制，造成全版广告的震撼效果。

策略6：促销活动

选定在节假日，根据项目的定位来组织活动，吸引大量人潮前来参观，加深消费者对该项商业地产的特别印象，促进销售达到高潮。

操作技巧4：解密小投入大产出

广告在日常生活中可谓无孔不入，市场开拓、名牌塑造都要靠广告。因此企业在具体广告运作中，要有长远眼光和整体意识。如今产品“各领风骚三五年”现象非常普遍，产品无论在成长期还是在旺盛期，都必须不断通过广告挖掘现有市场培育未来消费层，巩固拓展所有可能的市场阵地。

密码 1：选择合适的媒体

不同媒介有不同的说服力，电视做广告效果要比报纸广播强，电视从视、听觉方面所能给观众带来的冲击远大于报纸广播。不同媒介成本也一样。电视贵，报纸、广播较便宜。重要的不是绝对成本的差异，而是目标沟通对象的人数构成与成本之间的相对关系。网络广告不受时空限制，信息容量大，形式灵活，更新快捷，但是受众有限，条件限制，变化快，如果是整一个网站的费用高。商业地产多采用宣传单张、海报、杂志、户外广告或者是采用 DM 直邮式。针对不同的定位来选择不同的媒体来宣传是很讲究的。

密码 2：多元化组合的广告投放

组合式广告将广播、电视、报纸、网络、户外等进行搭配，形成多元化的组合。选择组合式广告效果佳，又省钱。

1. “主中次”式组合

在行业内产品多、品牌多的情形下，一般把主要行销资源（60%）投放在主要媒体（如电视、报纸），用于主导产品的推广，次资源（30%）投放在较为低廉实用的媒体（如广播、户外招牌），用于老品牌或成熟品牌的巩固，稍次的资源则投在更为实惠但影响不广的媒体上（如张贴画、墙体广告），用于弱势或已无潜力的品牌，以最大限度回收剩余价值。

2. “长宽高”组合

此组合用于媒体难较优劣、各尽特色的情形下，把资源均等投放；一种是策略式运用组合，即综合运用产品广告战略和形象广告战略。用形象广告策略来指导一组广告，以宣传本定位、理念、形象、功能、配套措施，且把这组广告保持在一定的规模上，持续不断地做下去。另一方面，用信息更为明确的成品广告策略指导各种广告去推销，这样做可能花费高些，但可以收到短期和远期、低层次和高层次的综合效果，比较理想。

密码 3：选择恰当投放时机

任何产品的生命周期分 4 个阶段：投入期、成长期、成熟期、衰退期。相应的，商业地产广告投放时机有 4 个时期。广告投放时机策略实质就是在产品 4 个周期中确定各个时期的广告投放比例，一般来说，投入期、成长期阶段，广告投入应最多。因为投入期项目知名度低，销售增长慢，需要大量广告促销来拉动；成长期虽然产品销量迅速提高，但竞争对手也纷纷进入抢占市场，亦需要广告大量跟进，瓦解对手阵脚，巩固市场树立品牌。投入期广告策略是满足基本需求战略，成长期则是品牌形象广告策略。投放在报纸上的地产广告一般选择在星期四、五投放，电视一般选择在黄金时段。这样使得投放的价值最大。

第五创新手法：泛营销——积极主动，全面出击战略

泛营销也可称为广义地产营销，不局限于“房子、商铺”为核心，是在某一特定概念下营造一种人性化的主题功能商业区，即将狭义的地产与各行业融合起来，形成各种“产业地产”。

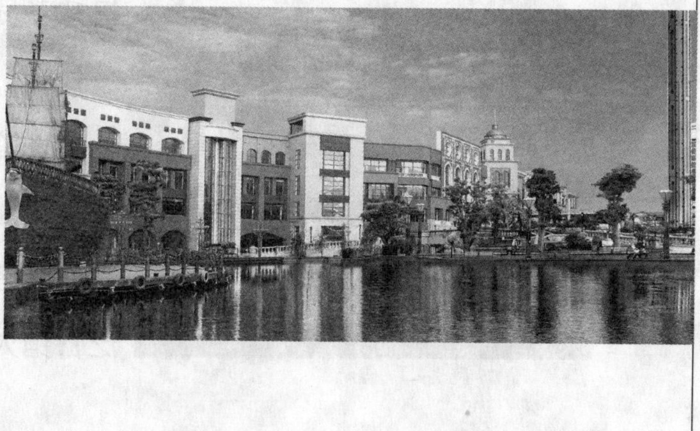

操作技巧1：成功操作五步曲

※第一步曲：生活源自于简单

一切从简单开始，伟大的构思，深奥的概念都源自于简单的道理，思维开拓无需复杂

※第二步曲：品牌是泛营销的奠基石

任何销售过程第一个步骤都是要寻找潜在的顾客。任何一个项目的开发商、运营者，都要根据自己的项目、产品特征来寻找潜在顾客，由此而提出一些相关的条件，再根据这些条件尽最大努力去寻找顾客，去寻找既可以获益于这个产品，又有能力购买这个商品的个人或组织，泛营销人员正是寻找潜在客户恰当人选。

※第三步曲：招聘会现场招揽英才

通过广告和现场招聘会来吸引人才，这样有能引起更多的关注，这也是进行泛营销、加强泛销售人员与顾客之间的社会联系，通过顾客的传播效应来寻找更多的新顾客。

※第四步曲：开设泛销售培训班

"泛营销"模式，是一种多赢的营销模式，它为商业地产营销开创了一种新的营销手段。通过对销售人员进行大规模、系统化的培训，使员工的"泛营销"意识增强，提升了员工的服务意识。

※第五步曲：落到实处，达成交易

泛营销切忌只知道抓住眼前顾客，而忽视存在的顾客，从而使潜在客户流失。具体地说，就是泛营销人员请求现有的顾客介绍有可能成为顾客的朋友之方法，促使现有顾客的朋友转化为准顾客，并使泛营销人员与准顾客建立一家的联系。这有利于商业项目销售的顺利展开。

操作技巧 2：全面出击战略

战略 1：地毯式

地毯式广告策略，指在项目未正式开售时便开始做广告，一浪接一浪，每天铺天盖地式的宣传，为项目的开售做足功夫。在电视、报纸、网站、广播、户外广告牌等各大报章大卖广告，增加其知名度。地毯式宣传打破了传统销售手法，采用的是超常规的形象塑造法。不遗余力地推广品牌、翻新营销活动、提炼并再塑自身的卖点。商业地产项目通过强大的宣传攻势，营造好的销售气氛能帮助开发商达到理想的销售成绩。

战略 2：以旧带新

商业地产中的以旧带新战略，即对推荐新客户的老业主采取优惠措施的策略，以项目中比较好的作为推销样品，以吸引新客户。

战略 3：树上开花

树上开花，即借局布势，力小势大。在开盘初期售楼部人气不够旺，就要借助一些公关活动来带动人气，营销需要营造一种气氛，这种活跃的销售氛围可以有效激发目标客户迅速作出购买决策，缩短从注意——感兴趣——决策——行动的时间，甚至形成冲动消费。营造一种销售部的旺局，这就需要灵活应用表象营销的技巧。从根本上来讲，表象营销主要有以下几个作用：一是制造人气；二是“促使”客户成交；三是迷惑竞争对手。在房地产营销中充分利用销控板等销售工具，给买家“制造购买压力”。

操作技巧3：解密“抛砖引玉”营销手法

抛砖引玉在商业地产中含有“晓之以利”的意思。“砖”是噱头，“玉”是策划者所要实现的目的。在项目销售过程中，一方面通过包装、宣称广告来激发消费者购买的欲望；另一方面可以通过产品的特色与区域发展来分析项目的增值性，如果是投资客户还可以帮他分析投资回报率。要使得抛出的“砖”能够真正引出“玉”来，关键在于针对顾客的心理状况，示之以利，以赠送礼品形式或者是优先选择权等，让其尝到甜头，举例说一般项目二期的价格会比一期高，所以在一期的操作过程中就可以运用“抛砖引玉”的方式，最大限度将可能买家聚焦到项目现场。

第六创新手法：逆市营销——滞销楼盘市场激活战略

如何在市场的逆境中寻找出项目的突破口，找到更适合项目发展的创新模式？

作为开发商相信谁都不愿意自己的项目成为滞销楼盘，然而，滞销未必可怕，只要我们能在“逆境”中保持冷静，深入调研，认真判断，适时做出调整策略，变不利为有利，使项目“起死回生”，或是更上一层楼完全有可能。逆市营销就是滞销楼盘市场激活的最好战略。

操作技巧1：激活滞销楼盘的实战解码

解码1：精心策划，准确定位

市场研究就是要了解项目所处的市场环境和条件。了解有利的和不利的因素，区域内其他项目的情况，竞争对手的情况，以及人们选择楼盘的倾向性等等，通过考察、对比、分析，确定项目的市场定位。

首先对项目的目标客户群定位，对这些人进行全面的分析，找出他们的需求；项目自身的定位，通过对市场的研究，结合项目的背景、先天条件、目标客户及区域内项目间的比较，确定项目的整体形象、文化内涵、项目档次。进而对项目的功能进行定位，以满足客户的需要。

市场定位是相对的而不是绝对的，定位的目的，是使项目的规划设计、项目的销售具有一定的倾向性，吸引目标客户。

解码2：超前规划，设计创新

规划设计和方案的形成，需要由开发商和专业建筑设计师共同进行。建筑设计的要求应当是具体而详细的，应考虑的因素，表现特色、功能定位等，只有项目的开发者心中有数。只有开发商对规划设计的要求明白，设计师才能设计出出色的建筑方案。建筑规划及要求，往往为项目所有的优势打下了伏笔，做好了准备。

解码3：确定项目的投资策略及销售策略

确定项目的投资策略及销售策略要选择个合适的时机，即项目建到什么程度可以开始销售；采取何种资金的滚动方式，需要立即回收的资金是多大比例，对采取何种付款方式，对各种不利因素予以充分考虑，对不同的项目采取不同的合理投资策略，在此基础上结合自身投资实力，确定总体的销售策略。如建立一个高素质的营销队伍，队员的培养，推广方式的选择组合，销售渠道的选择等等。另外合理地选择专业代理商，亦有助于加速销售进度，加速资金回笼。

解码4：把握进度，方案完备

对于项目的营销进度，要有一个明确、系统的计划；对入市的时机和姿态，广告的推出与广告策略的变更，人员的培训与调配，资金回笼的速度与安排等一系列的事项，要心中有数。在项目营销过程有一个清醒、准确的预测，努力把握营销进度的节奏，使各项工作得以有条不紊地展开。

解码 5：入市前调查，全面策划

入市前要对同类市场全面调查，先从目标消费群开始，要调查目标价值客户对竞争对手有哪些印象，目前市场有哪些反应。针对客户对竞争对手的印象意向而作出相应的对策，这时的市场调查应进行具有针对性、策略性、技术性的目标阶段的市场分析，进行全面销售策划。

解码 6：价格定位

在进行全面销售策划后的价格定位是商业地产中比较关键的一个情节。定位过高或过低，直接影响开发商利益及销售成果。一个项目的价格定位可以分阶段进行。第一期的市场反应很好，第二期适当提高销价，这样依市场反应逐期提价，直到达到一个较稳定的销售状态，这样既可使开发商取得最大收益，又不致影响销售过程。但是切忌起价过高，一旦开始销售时起价过高，造成销售不畅，再想把价格降下来很难。如果开盘价与后来的价格形成跌势，就会使买家产生不良印象，所以价格定位应是动态的价格定位和价格策略，尤其对大型项目，有时宁可牺牲一些利益，把价格限制在某个范围内，以保证全盘利益。

解码 7：宣传到位

首先，项目的宣传、推广要有系统周密的策划，利用巧妙的媒体组合、公关组合紧密配合，连续不断、有计划、有节奏、一气呵成的推出项目的形象、气势、以达到最好的效果。

其次，合理的销售方式也是加快项目推广的有效手段，不同的价格组合、付款方式组合、贷款组合，可以更好地吸引买家。同时，在项目推广过程中，要注意对推广成本进行合理的预算与分配，以期达到最优的成效。

解码 8：准确把握入市时机

即利用一个很好的时机，适当的方式，使项目推出受到广泛的关注，给人留下强烈的印象。好的入市时机是项目成功的关键。

解码 9：对干扰因素剖析

开发商要对可能产生的销售干扰因素，包括自身内部因素和外部因素，及其影响做出准确估计，并且提出明确的应对方法，从而排除其不利影响，避免发生意外损失。

地产全方位营销，是一项专业性、科学性很强的综合活动，需要多方面的专业人才共同运作，各类专业的研究机构、咨询机构、代理机构的介入，可以大大增强项目的针对性、可行性，降低运行风险，节约项目成本，提高项目的经济效益。开发商应当充分发挥和利用这些机构的作用，保证项目的实施。

解码 10：提高项目的硬件设施

以独特的概念取胜，全面的功能吸引人。不但要借助周边商圈的潜在价值吸引顾客，更以自身的硬件设施来说服，以一批高素质的营销队伍来与客户面对面交流，这也是最直接的销售方法。

解码 11：对市场细分

分开销售，在开售时不要把所有盘都交给销售部来销，要分开给多家专业代理公司。这样省时，风险又小。细分市场，重新进行项目定位，使项目具有明确的市场基础；使目标清晰明确，使销售操作具有指向性；发掘楼盘能够支持的市场空白点，瞄准新的目标群，重新定位，另辟蹊径；将滞销部分与整体楼盘分割出来，重新定位，单独推广等。

解码 12：借壳上市

寻求有实力有经验的商家合作开发；与国内外知名品牌商业地产公司合作开发；运用区域概念，与同区域优秀楼盘联袂推广或借势推广；利用城市发展规划、城市建设等带动的区域概念激活市场。

操作技巧 2：剖析 S、T、P 战略

剖析 1：S、T、P 战略的核心因素

* S—Segmentation（市场细分）

市场细分，即地产商把市场按照客户需求上的差异划分为具有类似性的若干不同购买群体的过程。开发商进行需求市场细分时采用的细分变量包括地理因素、人文因素、心理因素和行为因素等。

* T—Targeting（目标市场选择）

目标市场选择，即开发商选择一个或几个本企业准备进入的细分市场，开发商的目标市场选择需要与宏观环境、微观环境、企业素质以及企业所拥有的资源相适应。

* P—Positioning（产品定位）

产品定位，即开发商根据目标客户群体的需求特点，使产品在目标客户心目中建立特定位置、公认形象的活动过程。

剖析 2：S、T、P 战略内容和应用

S、T、P 战略是地产营销的核心，它以客户

的表象需求和潜在需求为导向，通过深入细致的市场调研分析，和对市场细分、目标市场选择和产品定位等策略的实施，为地产营销组合 4P's（Product—产品，Price—价格，Place—渠道，Promotion—促销）的顺利执行指明方向。

*** 市场细分策略**

1. 市场细分是根据客户的不同需求的差异性来区分不同客户群体的标准和依据，可以按地理因素划分，按照人口因素划分，按客户心理划分。

2. 市场细分程序。

*** 市场调查阶段**

开发一个项目就要对所开发项目的环境调查清楚，比如，地理位置、商圈、潜力、人们的消费水平，消费趋向，实际购买力，档次等等都要充分掌握资料。

*** 分析阶段**

商业地产公司专业分析人员借助定性和定量的分析手段，如经验曲线分析法、多元回归分析法、判别分析法、因子分析法等，剔除相关性很大的细分变量，然后用集群分析法划分出一些差异最大的细分市场。

*** 细分阶段**

根据客户不同的态度、行为、人口变量、心理变量和一般需求习惯划分出每一个细分群体。如通过单价这个细分变量可将某城市的商业地产市场分为高端、中高端、中端和低端，通过面积和功能细分变量可将购物中心分超大型、大型、中型、小型。一般在针对地产项目进行市场细分时采用方法有主导因素排列法、多因素排列法、多因素矩阵排列法、市场因素分析法等。

*** 目标市场选择策略**

市场细分后，开发商进入 S、T、P 战略的第二阶段，开发商要对选择进入哪些目标市场或为多少个目标市场服务做出决策。现在大型的 Shopping Mall 有体验式 Mall，有社区 Mall，有生态 Mall 等。

案例：华南 mall——体验式购物中心

项目名称	东莞华南 Mall	商业面积	40 万平方米
占地面积	43 万平方米	投资金额	超过 25 亿元人民币
建筑面积	89 万平方米	车　位	8000 个
开发单位	东莞市三元盈晖投资发展有限公司	基本定位	集购物、休闲、娱乐、旅游、餐饮为一体的主题购物公园

华南 Mall 地处东莞城市中心区的组成部分万江区，广深珠高速公路、107 国道贯穿南北，东莞市的四环路、五环路环绕全区，城市水网密布，是中心城区的西大门，具有良好的聚焦辐射条件，华南 Mall 据此定位为集购物、休闲、餐饮、娱乐、旅游、文化、运动等功能于一体的超大型主题式购物公园，消费市场面向珠江三角洲地区。

*** 产品定位策略**

S、T、P 战略第三阶段产品定位是指开发商针对一个或几个目标市场的需求并结合企业所具有、正在追求的差异化优势，在目标客户群体的心目中占有特定位置的过程。物业产品定位的内容包括市场、功能、规划设计和设施等方面。

第七创新手法：立体营销——全面战略资源整合

商业地产的立体营销即把单个的项目销售变成公司旗下整体资源的互动，把简单的让利促销变为开发商和投资者的共赢，这种以资源整合为核心的创新营销手法正在悄然兴起。

操作技巧1：开创第五代商业——主题式商业

第五代商业——主题式商业，是中国商业地产同质化竞争的新出路原因：

商业开发方面	中国商业地产同质化问题严重，Mall、商业街、超大型购物中心遍地开花，导致商业地产开发规模过剩、功能雷同，招商经营存在极大的难度
商户经营方面	各类型购物中心泛滥，以直营形式盲目布点，容易造成商户的资源浪费，增加经营成本，以分成扣点形式进行布点，容易受制于商场的经营者，积压资金，不利于商户的产品组合调整及独立品牌形象的建立
消费者购物方面	中国消费者整体消费水平的提高，基本上已脱离了满足生活需要的，大众性消费层次，对消费场所、消费档次、消费目标，商品品牌文化内涵具有更深层次的要求

剖析1：资本运营+地产+品牌

1. 资本运营：有限资本的有效利用、充分发挥财务杠杆的效应。

2. 地产：地产开发是投资回报率最高的投资行业之一，注重地块位置的选择和开发营销模式的正确选定。

3. 品牌扩张：合理利用开发企业自身的品牌名誉和各种非地产商业经营的资源；以品牌的力量，使开发企业能以最小成本融通资金，获得最佳位置的地块，并建立一种仅在本企业品牌资源下方可实现项目复制的，排它性开发经营模式。

"资本运营+地产+品牌扩张"的地产开发模式，以企业品牌的力量，自营剧院、影院、博物馆的投入赢得最有利的土地出让条件、最好的商业投资位置，再采用合理的营销手段、制定适当销售比例，回收大部份资金投入，形成最有保障的地产开发模式。

剖析2：主题式商业的核心价值要素

要素1：出色的资本运营队伍。

要素2：整合多方资源，完善城市运营功能。

要素3：目标明确的主题定位。

要素4：阐释品牌文化价值。

剖析3：文化营销

文化营销是指将文化融入到整个项目的运营过程中，以体现文化品牌的价值。它传达的正是一种文化和商业相结合的新价值现象；另一方面，还体现当前商业地产新需求的四个方面转变：

1. 是实现了从单一商业经营空间到城市发展空间的转变。

2. 是实现了从单纯的项目开发到全过程整体经营的转变。

3. 是实现了由市场营销定位到城市区域发展定位的转变。

4. 是实现了商业功能到提升城市文化功能的转变。

文化营销可从以下三个层面展开：

产品或服务层面	这一层面上的文化营销就是推出能提高人类生活质量、推动人类物质文明发展的产品或服务，并能引导一种新的、健康的消费观念和消费方式
品牌文化层面	品牌有无竞争力，能否成为名牌，并不主要取决于技术物理差异，而在于品牌是否具有丰富的文化内涵
企业文化层面	即在营销过程中，将企业优秀的理念文化、行为文化、物质文化、制度文化通过整合有效地传达给社会，以塑造良好的企业形象，反过来又有助于各项营销手段与技巧的顺利实施。其中，理念文化是核心，它包括了一个企业的价值观、企业精神、企业道德

"文化营销"是宣传标签还是商业经营属性命题的提出，本身就是文化营销，而不是标签。这个命题的重点在于如何切入、如何进入"文化营销"。文化营销强调的是

其软实力，而增强软实力的三个重要的前提分别是：有准确的定位、有核心的理念、有创新的运营模式。

操作技巧 2：资源整合的专业化

商业地产邂逅文化营销之后，更注重资源整合，向着专业化发展。面对着产业的不断升级，商业地产也在进行着资源的整合问题，做到资源优化配置。在整个商业专业化发展过程中，要注意到几大趋势的变化，一个娱乐化，一个生态化，一个主题化。不但要专业经营，更要专业服务。

从商业资源利用上，如果做到效能最大化，最重要做到地区差异化，经营专业化。做一个社区商业中心也好，做一个大型购物商业中心也好，都需要把握自身独有的特性。

经典案例分析：深圳·保利勇创第五代商业新路

项目名称	保利文化广场	开 发 商	深圳市保利文化广场有限公司
项目地址	南山商业文化中心区	占地面积	54000 平方米
建筑面积	150000 平方米	停 车 位	900 个
功能定位	以文化营销为主导的主题型购物中心，集剧院、影院、商业、餐饮、文化、艺术等多功能于一体		
主题定位	南山商业文化中心区首个“地铁上盖物业”		

剖析1：强大的资源整合优势

保利拥有强有力竞争的资源优势、强有力的品牌价值以及对资源的运用和整合能力。它不仅拥有资源，同时还整合、运用资源，在经营的过程中把整合资源的能力不断转化为商业价值。这就决定保利拥有一种不可替代的资源价值，这种资源价值和传统的地产开发能力相结合，便产生了新商业地产开发模式这种强有力的竞争价值。这些由开发模式带来的，叫做复合型资源开发模式。

剖析2：文化产业+品质地产

保利文化广场，正是保利集团充分利用品牌资源，将保利的文化资源与地产优势有机结合，创造出目前国内独一无二的"文化产业+品质地产"的复合型开发经营模式，将地产开发提升到了一个促进传统文化传承的高度，把文化产业跟地产开发有效地结合为一体，实现了保利集团"以文促商，以商养文"的文化地产开发概念，从而将地产开发模式引入一个新的高度。

剖析3：打造品牌营销战略

1. 商业品牌是一个商业地产的无形资产，保利集团将动用旗下优质品牌及资源、深度介入保利文化广场后期经营及管理，与商家及业主共盈发展、确保项目经营成功。

2. 保利投入品牌只要有商业经营管理中心、保利国际影城、东方神龙、保利物业、保利剧院及管理公司、保利博物馆、保利文化公司。

3. 保利集团将整合、利用集团内各相关资源共同促进项目经营发展及市场造市。

剖析4：文化营销的意义

文化营销的运用，不仅能提高项目运营的文化品味，还能给商家带来单纯销售以外的更深层次的品牌推广，同时能给消费者带来丰盛的文化商业大餐。进而在对商户品牌文化的选择和组合方面，在商业经营管理公司对各行业文化深入认识的程度方面，提出了更高的要求。

第八创新手法：解密数据库营销模式

数据库营销是一套内容涵盖现有顾客和潜在顾客，可以随时扩充更新的动态数据库管理系统。在商业地产中应用于全程销售的过程，比较完善，方便且具有很强的系统性。

密码1：数据库营销功能分析

数据库营销直接的功能就是确认最易打动的顾客及潜在顾客；与常客建立起长期、高品质的良好关系；根据数据库建立先期模型，建立一个长期的顾客链，使现有顾客成为真正客户，潜在顾客也逐渐成为准客户。只要表现在如何几方面：

（a）于适当时机以合适方式将必要的信息传达给适当的顾客。

（b）有效地赢得顾客的欢心。

（c）让营销支出更有效益。

（d）建立品牌忠诚度。

（e）增加利润。

密码 2：如何成功导入数据库营销

1. 市场销售推广

市场销售推广是指企业将自身的新产品、新服务通过广告、活动、信息、通知等以直邮形式传达给市场目标消费者，例如企业大客户、行业客户、细分市场消费群体，以便使得消费者了解企业产品与服务，吸引消费者的兴趣，促进购买消费行为。

2. 公关活动邀请

公关活动邀请是指企业可以利用数据库从中寻找符合条件的高级人士、特定人士、目标客户，并邀请其参与企业特定的市场公关活动、推广活动、促销活动等，用较低成本、较低难度完成人员邀请，并提升相关活动的档次与水平。

3. 营销调研

营销调研是指企业利用数据库资料针对目标客户、潜在用户进行消费需求、竞争状况等调研。通常采用的方式有两种，一种是利用企业名录数据库、客户人员数据库，甄别目标研究对象，通过商业信函形式、电子邮件等形式进行调研。

密码 3：数据库营销实施

1. 目标客户数据库的建设

可以采取购买企业名录、消费者名单；或委托专业名录公司进行名录、名单定制；或自己公司长期收集。公司最好采用专业数据管理软件管理客户数据，如果没有条件可以采用 Excel、Access、等小型数据库软件管理。一定要建立多个字段，详细描述客户的信息。

2. 数据库的利用方式

DM（直邮）、电话销售、传真销售、电子邮件销售。

3. 数据库的维护

根据直邮、电话销售、传真、电子邮件等方式反馈的信息及时更新数据。

密码 4：数据库营销中的 DM 广告运用

D M，直译为“直接邮寄广告”，即通过邮寄、赠送等形式，将宣传品送到消费者手中、家里或公司所在地。亦称为（直投杂志广告）。两者没有本质上的区别，都强调直接投递（邮寄）。因此，DM 是区别于传统的广告刊载媒体：报纸、电视、广播、互联网等的新型广告发布载体。传统广告刊载媒体贩卖的是内容，然后再把发行量二次贩卖给广告主，而 DM 则是贩卖直达目标消费者广告通道。现在商业地产营销中正俏然兴起这种简单又省钱的营销手法。

剖析 1：DM 广告受地产商青睐的原因

日益激烈多变的市场竞争环境，使得开发商、运营商们不但要在项目的硬件设施上下足功夫，更有绞尽脑汁想怎样做到既省钱又能很好宣传项目的“软措施”，这就要通过方方面面的媒体广告啦，而其中 DM 是一种灵活方便的广告媒体，在国外被广泛运用于商品销售、广告文案、创意调查、选举活动、企业公关等多种领域，业绩颇不平凡，被喻为广告轻骑兵。这

也是它受地产商青睐的原因。

* DM 的几个突出优点：

1. 自主性，形状、重量、体积不受限制，邮发的时间、对象、数量完全由广告主自行掌握。

2. 系统性，由于是信函形式，可以在合理推想应如何与收到 DM 的人有效沟通的基础上作系统性安排。

3. 测试性，在系列化的广告中可根据消费者反应渐次改进调整。

4. 效果易于确认，DM 的效果可以用数据简单地表述出来，在此基础上即可分析并回馈消费者的各种反应。

5. 费用安排灵活，版式设计、数量多寡、先后次数都可由广告主自行掌握，广告费用具有高度弹性。

综合上述特点，可以发现，DM 对商业地产来说，应该是一种非常不错的广告媒体。

商业地产作为商品，最大的特点是价值高，消费者不经常购买，而每一次购买 / 租赁都必须投人大量资金，因而在购买 / 租赁前投资者都会投入极大的精力四处收集相关资料，反复比较研究，多方权衡得失利弊。由于商业地产的购买决策行为高度复杂，决策时间相对漫长，因而要求相对应的广告信息不但必须详细、准确、有吸引力，而且应该可重复接触，这也正是商业地产以报纸或户外广告为主的原因之一。

剖析 2：DM 广告与报纸杂志广告比较

DM 是直接寄送给目标消费者的，不仅占有主动性，还可以达到与消费者单独沟通的效果，即有可能在 DM 的主力文案——给消费者的"信"中针对各个不同的对象，量身定做，发出直击每一个消费者个人心灵的广告诉求点，以最简便直接的方式与消费者沟通，从而最大限度地引发他们问询、现场看甚至产生购买租赁冲动的欲望。

与报纸杂志等平面广告相比，DM 不仅同样收藏方便，而且既可以有与售铺书同样翔实完整的内容，同样精美的装帧设计，又可以有报纸广告灵活多样的版面安排，因而也就更加吸引人。

第九创新手法：直复营销

直复营销又称为直接营销，随着商业的个性化，商业地产作为商品也朝着个性品牌化方向发展，只要表现为产品加服务。直复营销是个性化需求的产物，是传播个性化产品和服务的最佳渠道。

操作技巧1：剖析直复营销的元素

剖析1：直复营销特点

1. 目标顾客选择更精确

直复营销的人员可以从顾客名单和数据库中的有关信息中，挑选出有可能成为自己顾客的人做为目标顾客，然后与单个目标顾客或特定的商业用户进行直接的信息交流。从而使目标顾客准确，沟通有针对性。

2. 强调与顾客的关系

直复营销活动中，直复营销人员可根据每一个顾客的不同需求和消费习惯进行有针对性的营销活动。这将形成与顾客间一对一的双向沟通，将与顾客形成并保持良好的关系。

3. 激励顾客立即反应

通过集中全力的激励性广告使接受者立即采取某种特定行动，并为顾客立即反映提供了尽可能的方便和方式,使人性化的直接沟通即刻实现。

4. 营销战略的隐蔽性

直复营销战略不是大张旗鼓的进行的,因此不易被竞争对手察觉,即使竞争对手察觉自己的营销战略也为时已晚,因为直复营销是广告和销售同时进行的。

5. 关注顾客终生价值和长期沟通

直复营销将企业的客户(包括最终客户、分销商和合作伙伴)作为最重要的企业资源,通过完善的客户服务和深入的客户分析来满足客户的需求,关注和帮助顾客实现终生价值。

剖析 2：直复营销的种类

直复营销作为营销活动的一部分,与现代消费者的联系越来越密切。

一方面,现代社会生活节奏不断加快,使消费者用于购物的时间渐趋减少。

另一方面,信息、通讯技术的发展,信用系统的不断健全,对直复营销的发展提供了契机。

直复营销形式主要有：

（1）直接邮寄营销

营销人员把信函、样品或者广告直接寄给目标顾客的营销活动。目标顾客的名单可以租用、购买或者与无竞争关系的其他企业相互交换。使用这些名单的时候,应注意名单的重复,以免同一份邮寄品两次以上寄给同一顾客,引起反感。

（2）目录营销

营销人员给目标顾客邮寄目录，或者备有目录随时供顾客索取。

（3）电话营销

营销人员通过电话向目标顾客进行营销活动。现在许多消费者通过电话询问有关的信息，并进行购买活动。

（4）直接反应印刷媒介

直接反应印刷媒介通常是指在杂志、报纸和其他印刷媒介上做直接反应广告，鼓励目标客户通过电话或回函了解的，从而达到提高销售的目的，并为顾客提供知识等服务。

（5）直接反应电视营销

营销人员通过在电视上介绍项目，或赞助某个推销商品的专题节目，开展营销活动。在我国，电视是最普及的媒体，电视频道也较多，许多企业商家已开始在电视上进行营销活动。

（6）直接反应广播

广播即可以做为直接反应的主导媒体，也可以做为其他媒体配合，使顾客对广播进行反馈。随着广播行业的发展，广播电台的数量越来越多，专业性越来越全，有些电台甚至针对某个特别的或高度的细分小群体，为直复营销者寻求精确目标指向提供了机会。

（7）网络营销

营销人员通过互联网、传真等电子通讯手段开展营销活动。随着网络技术的飞速发展，办公企业对网络的利用日渐广泛。商业地产网络营销也将成为销售的一大趋势。

网络营销对开发商的三大优势：

第一、增加了新销售机会。

第二、品牌得到广度性的提高，品牌是一种无形资产。

第三、可缩短交易时间，加速资金回笼。

网络营销对投资者的三大优势：

第一、可选择性大。

第二、可随时在线查询。

第三、交易速度快。

操作技巧 2：解密网络营销的"上谷商业街模式"

解密：上谷商业街模式网络营销成功因素

项目名称	上谷商业街	开发商	天津容创集团
地　址	位于南开区天塔道	推广宣传	特色品牌餐饮、全球同步娱乐
占地面积	25000 平方米	总建筑面积	56000 平方米
最低价	9000 元 / 平方米	最高价	18000 元 / 平方米
容积率	1.7	市场均价	15000 元 / 平方米
业态构成	商铺 +SOHO 办公区	目标定位	30—45 岁的城市白领阶层
主题定位	集餐饮、娱乐、休闲于一体的主体商业街区	消费观念	消费 = 娱乐 + 美食 + 休闲
商圈优势	"上谷商业街"位于南开区天塔道，西依天津水上公园、环湖高档公寓与高档别墅群，东邻城市绝对地标天塔，南临新城市中心区 2008 年奥运配套区，北挨中环线和八里台立交桥，加上连接着水上公园东路和天津迎宾道，卫津南路，交通四通八达，隶属体北商圈		

成功因素 1：开设项目网站“JOY 上谷”

上谷斥资数十万建立了餐饮娱乐精品网站——“JOY 上谷”网站，并为其成立了一个专业服务管理团队，在上谷加盟商家和消费者之间建立起一座互动的平台。

成功因素 2：注重业务合作

上谷不但在网络上营销，建立一个商家和消费者的互动平台，更注重同各方的业务合作。

成功因素 3：网站和上谷俱乐部开展互动营销

上谷以垄断天津高端消费群为目标，成立了“上谷”俱乐部，发行上谷卡，依靠商家联盟的规模化效应，吸引消费者，为上谷积累了大量客户群。凡上谷卡会员都将享受全国各同盟签约商提供的全部优惠服务和消费专有折扣，同时俱乐部还将定期举行各种大型联谊、培训、旅游等活动，以满足会员的高端交流和信息共享等需要。

第十创新手法：商业地产“分众营销”解密

分众营销，就是在最恰当的地点，用最精确、最经济的方式把产品卖给最需要的目标消费者。最大限度降低成本和杜绝费用的浪费，将营销的效力发挥到极致。

密码 1：市场细分

所谓市场细分，就是通过市场调研，根据消费者需求的异质性，把整体市场划分为若干个由需求相似的消费者群体组成的目标市场，并结合自身优势资源与业务特色,用个性化的服务去满足个性化的市场需求。

密码 2：主题式定位

用精练而概括的语言描述出项目的定位，为项目在消费者的心目中找到一个合适位置。在进行项目推广时,第一件事就是要确定其产品在市场中的位置,唯有正确的位置,才能达促销的效果。

密码 3：分众开发四步曲

第一步：进行市调研究

根据目标消费群体的年龄、性别、收入、职业等类别进行细分,锁定在分众目标,调查了解分众目标消费习惯、消费行为、消费心理。

第二步：提供分众产品

一个好的分众化的商业项目,不但要在地理位置、面积大小、建筑外观等起决定作用的内在因素上表现出色,迎合分众目标消费群体的消费需求;而且还要在目标定位、功能定位、主题定位、硬件设施等因素上,最大限度迎合分众目标消费群体的喜好、达到他们(她们)内心的期望。

第三步：制定价格策略

分众开发的第三步是：制定分众化的价格策略。价格是商业地产全程营销中的一个关键环节，是决定一个消费群体购买力的一个重要指标。由于不同的消费群体，其购买力都会不同，因此，不同的消费群体对价格的敏感程度也不相同。

第四步：进行分众化营销

传统的大众化营销模式针对的是广泛的消费者，不但不能有效区分真正的目标消费者，而且更不能区分细分后的目标消费者。因此，撒大网式的传统大众化营销模式，往往会导致资源的严重浪费。在大众化传播方式效率下降的情况下，分众化营销迅速崛起，分众化策略使广告诉求更加集中。

密码4：市场细分的作用

1. 有利于选择目标市场和制定市场营销策略

市场细分后的子市场比较具体，比较容易了解消费者的需求，企业可以根据自己经营思想、方针及生产技术和营销力量，确定自己的服务对象，即目标市场。针对着较小的目标市场，便于制定特殊的营销策略。同时，在细分的市场上，信息容易了解和反馈，一旦消费者的需求发生变化，企业可迅速改变营销策略，制定相应的对策，以适应市场需求的变化，提高企业的应变能力和竞争力。

2. 有利于发掘市场机会，开拓新市场

通过市场细分，可以对每一个细分市场的购买潜力、满足程度、竞争情况等进行分析对比，探索出有利于本企业的市场机会，使企业及时作出投产、移地销售决策或根据本企业的生产技术条件编制新产品开拓计划，进行必要的产品技术储备，掌握产品更新换代的主动权，开拓新市场，以更好适应市场的需要。

3. 有利于集中人力、物力投入目标市场

任何一个企业的资源、人力、物力、资金都是有限的。通过细分市场，选择了适合自己的目标市场，企业可以集中人、财、物及资源，去争取局部市场上的优势，然后再占领自己的目标市场。

4. 有利于企业提高经济效益

通过市场细分后，企业可以面对自己的目标市场，制定相应的营销措施，使用有效的方法进行销售，做到以最快速度吸引尽可能多的准客户。

第十一创新手法：业态定制掀起商业地产热销狂潮

案例解读：分解明天第一城业态定制成功秘诀

明天商业中心以全新的姿态亮相，推出主题为“整合零散业态，统一招商经营，打造亚奥商业新中心”的定制业态有奖调查活动，以期合理组合商业业态、完善商业配套，弥补立水桥区域商业的缺憾，形成区域内具有较强影响力的特色商业区。

商业业态定制的有效依据：

* 消费人群确定商业特色。

* 区域人流量确定商业总量。

* 消费基础确定商业档次。

成功秘诀 1：基于市场，准确无误

2005 年，明天地产创造了外行开发商在京城地产界快速销售、迅速崛起的奇迹，引起业内的惊叹与研究。明天地产的“以销定产”、“紧抓客户”、“树立品牌”营销策略，可谓独具“明天特色”。

明天商业中心吸取住宅的销售经验，有效规避了商业地产经营过程中常见的盲目性和无序性。通过商业业态定制活动，摸清市场、找准定位、做好产品。在开盘之前就打好基础，运筹帷幄，蓄势待发。

“业态定制”模式主要是以客户反馈的信息作为产品定位的依据。这种与客户平等对话、实实在在满足消费者需求的营销方式非常有效。明天商业中心还未正式亮相之前，就有好多投资商慕名前来咨询和洽谈业务。

成功秘诀 2：定制商业业态，规避销售风险

产品特色与市场需求不一致是房地产业的大忌，定制商业业态就是营销前置的做法。先摸市场，再做产品，极大程度地化解项目的销售风险。

消费者和商家的每个意见都是重要的，都会对明天商业中心的业态定位产生影响。为配合商业业态定制活动，明天商业中心还针对消费者和投资商家的不同需求，精心设计了两类商业定制表：一方面调查消费者的消费能力、消费习惯等，了解消费者对区域商业的需求；另一方面调查投资或自营商家的投资内容、投资面积、投资金额等，了解投资商对商铺的需求。

明天商业中心的前期调研工作做得非常充分，商业中心的整体定位很明确、很有特色，规划了“超级购物港”、“美食名品街”、“热力不夜城”、“蓝调风情街”、“精品休

闲城”、“立水桥市场”等六大主题商业区。与前期调研相比,此次启动的业态定制活动更具深入性和针对性,更加具体而准确地把市场的需求落到了实处,力争实现消费者、投资商、开发商多赢的局面。

明天商业中心推出的“业态定制”,其实就是一种平衡供需、尊重经济规律的营销手段,通过对商业业态的有效整合,力图使商业市场达到“均衡状态”。

成功秘诀3:一切看明天

奥运的东风、双轨道交通的优势、充足的客源、独具特色的产品规划……明天商业中心其实已经具备了成功销售的主要因素,但开发商显然不只是为了成功销售,而目标是打造一个真正意义上的奥北商业新中心,营造一个真正意义上的立水桥新商圈。

成功的商业不是“卖完就走”,而是对商业地产的完善规划和长期运营。有的商业项目尽管销售火爆,但是销售完后,由于没有良好的后期经营及管理,出现日益萧条的局面。明天商业中心推出的商业业态定制,就是要站在“明天”看明天,意图打造成为奥北商业地产的第一品牌。

统一业态,统一招商,统一经营,统一管理,避免商业销售和经营过程中不规范、不专业、无管理等诸多不利因素,使明天商业中心“含金量”更高,成为商业市场的一支“绩优股”。

编著声明

本书在编写过程中，参考并引用了一些报刊及网络的部分内容,由于时间紧迫,未能及时与有关作者联系,敬请原谅。希望有关作者见到本书后及时编者联系(020-87582482),以便支付稿费。

编　者

2006 年 9 月

图书在版编目（CIP）数据

中国商业地产全程营销实战指导／黄沃，刘益彬，郑亚路，吴冠文编著．—广州：广东经济出版社，2006.11

ISBN 7－80728－423－4

Ⅰ．中…　Ⅱ．①黄…②刘…③郑…④吴…

Ⅲ．房地产－市场营销学－中国　Ⅳ．F299.233.5

中国版本图书馆CIP数据核字（2006）第121154号

出版发行	广东经济出版社（广州市环市东路水荫路11号11～12楼）
经销	广东新华发行集团
印刷	广东省农垦总局印刷厂（广州市天河区粤垦路88号）
开本	889毫米×1194毫米　1/16
印张	50.5　22插页
字数	1 000 000字
版次	2006年11月第1版
印次	2006年11月第1次
印数	1～3 000册
书号	ISBN 7－80728－423－4／F・1438
定价	全套上、下册　定价：580.00元

如发现印装质量问题，影响阅读，请与承印厂联系调换。

发行部地址：广州市合群一马路111号省图批107号

电话：〔020〕83780718　83790316　邮政编码：510100

邮购地址：广州市环市东路水荫路11号11楼　邮政编码：510075

（广东经世图书发行中心）电话：（020）37601950

营销网址：**http：//www.gebook.com**

・版权所有　翻印必究・

中国商业地产首部最具执行力的招商、销售、运营的实战指导巨著

中国商业地产全程营销实战指导

A Practical Guidebook on Integrated Marketing of Chinese Commercial Property

主编：广州宏一投资策划咨询有限公司
编著：黄　沃　刘益彬　郑亚路　吴冠文

廣東省出版集團
广东经济出版社

中国热销商业地产全程营销实战指导

编辑委员会

主编：

广州宏一投资策划咨询有限公司

编著：

黄沃 刘益彬 郑亚路 吴冠文

编委：

李东云 李 彪 李炳强 李天明 孙安国 许 庆 刘 军
刘东辉 刘宝华 刘玉峰 闫 锋 朱昕华 宋小勇 何 坚
肖拾来 张林叶 吴雨源 吴蓬生 杨耀成 庞秀萍 郑义荣
卓翠丽 钟 群 梁 岚 梁建娜 凌 丽 黄海霞 黄一文
黎 莉 温仲恒

（排名按姓氏笔划顺序）

执行编委：

庞秀萍 肖拾来

总策划：

广州宏一投资策划咨询有限公司

总支持：

广州市招商协会
广东省产业与区域经济研究会

电脑制作：

朱 夏 晖

法律顾问：

杨 元 红

中国商业地产全程营销实战指导

contents 目录

SK-II
BROADWAY

WAL-MART
王府井百货

前瞻力·创造力·整合力

第六部分：

最具杀伤力的热销商业地产定价模式

无论什么样的产品，价格都是最有说服力的筹码。商业地产项目的价格也是一样，单纯的降价不一定能让项目起死回生，但是价格能够主导着项目销售或者租赁的进程。

如何才能制定出更为适合项目发展的最佳价格均衡点？这是本节最主要诉求的重点。在这里，宏一将参与过的部分商业地产项目的价格实战经验总结整理出来，形成一个价格策略体系，供予各开发商借鉴与参考，希望各开发商能够寻找到项目销售或租赁的最佳切入点与实战战术，实现项目的利润最大化。

操作环节一：解读商业地产项目最具冲击力的定价方法

* 心理定价突破法

在形形色色的价格策略应用中，利用项目本身的条件，结合消费者的心理定价作组合，并根据销售进程的变化巧妙地对价格进行调整，这样的价格策略可称之为“心理定价突破法”，是房地产价格策略组合中比较常用而且杀伤力较强的一种方法。

“势能”原本是物理学中的概念，指物体因处于一定高度而具备的能量。销售势能指消费者对其所购买的商品所感觉到的心理价格与实际价格之间的差距。消费群心理价格比实际价格高得越多，由此引发的销售势能就越大，销售速度与销售数量都会得到很大的提升。

通过实际调查获取项目大致心理定价后，不是急于压低项目的实际销售价，而是通过科学的规划设计、合理的商铺间隔、系统的经营管理等措施，以一种主动的姿态提升项目在投资者的“心理价格”，从而逐渐拉开心理价格与实际售价的差距，积聚起销售势能。

在应用这种价格策略的时候，由于发展商是主动出击，通过一点一滴的前期投入来积聚价格势能，创造销售奇迹，所以在最终利润的攫取和市场主动性的把握上，有更大的控制力度。但这对发展商的实力与耐心，也是一个严峻的考验，毕竟，为提升消费者心理价位所做的努力和资源投入，不是每个开发商都能承担的。

* 成本加成定价法

将产品的成本（含税金）加上预期利润即为商业地产成本加成的定价方法，是一种最基本的定价法，是根据测算或核算的成本加上一定比例的利润率确定的。

成本是开发项目的全部成本，包括开发成本以及经营过程中的支出和税收，基本上可分为可直接计入的成本和分配计入的成本。利润率应当考虑房地产投资的风险情况和整个行业的平均利润综合测算确定。

成本加成订价虽较简单、理论依据充分，但这种方法本身考虑市场对价格的接受能力不够，实际定价时，在此基础上仍必须考虑市场行情及竞争激烈与否，才能定出合理的价格，在市场竞争激烈的情况下，这种定价方法所做的定价可能缺乏竞争力。

定价一般以成本和市场来作为定价依据，在市场和成本有冲突时应以有持续性和经营生命力及所起的带动效应来评估，正确定位。价格行情比成本高出太多时要冷静，要从商家长远经营发展的角度考虑。

*** 市场比较法**

市场比较法是从市场竞争的角度来定价，市场竞争是一种综合实力的竞争，主要考虑相近产品或附近区域竞争对手情况。

要充分考虑现有竞争对手的销售情况及市场接受的价格，根据市场的实际对本项目的销售价格及租金水平进行科学、合理的评估与预算。

市场比较法通常是在市场竞争较为激烈时应当考虑的一种方法。通过此种方法操作的商业地产项目，开发商获取较高利润的途径就是必须降低开发经营成本。

案例解析：

*** 各项影响价格制定的因素评估**

权重系数／项目	地段（20）	交通（15）	市政配套（5）	商业氛围（10）	主题定位（12）	功能定位（13）	建筑形态（10）	开发商品牌（5）	政府政策（10）	综合（100）
A项目	25	18	9	15	10	11	5	3	9	105
B项目	18	13	4	13	10	11	5	3	8	85
C项目	12	10	4	4	7	6	6	2	5	56
D项目	20	15	5	10	12	13	10	5	10	100

* 竞争对手的每层销售价格

项　目	楼　层	每层销售单价（元 / 平方米）	每层租金（元 / 平方米）
A项目	一层	9000	35
	二层	3800	20
	三层	1500	10
B项目	一层	7000	25
	二层	3000	12
	三层	1800	8
	四层	1100	5
C项目	一层	4300	未定
	二层	2500	未定
	三层	1500	未定

由以上各竞争项目的评估，得出 D 项目每一楼层的基本价格：

D 项目一层的销售均价为：

对于 A 项目，D 项目的销售价格为：（9000 ÷ 105）× 100=8571 元 / 平方米

对于 B 项目，D 项目的销售价格为：（7000 ÷ 85）× 100=8235 元 / 平方米

对于 C 项目，D 项目的销售价格为：（4300 ÷ 56）× 100=7678 元 / 平方米

综合以上得出的数据，通过市场比较法得出 D 项目一层的销售均价为：

（8571+8235+7678）÷ 3=8100 元 / 平方米

D 项目二层的销售均价为：

对于 A 项目，D 项目的销售价格为：

（3800 ÷ 105）× 100=3619 元 / 平方米

对于 B 项目，D 项目的销售价格为：

（3000 ÷ 85）× 100=3529 元 / 平方米

对于 C 项目，D 项目的销售价格为：

（2500 ÷ 56）× 100=4464 元 / 平方米

综合以上得出的数据，通过市场比较法得出 D 项目一层的销售均价为：

（3619+3529+4464）÷ 3=3900 元 / 平方米

目前，某市三、四层的商铺整体商业价值不高，为了让 D 项目达到利润的最大化，D 项目的三、四层在四年后再进行销售。希望通过市场的培育，商业价值的递增，实现三、四层的商铺升值再进行销售。因此，通过市场价格的递增及其他因素的影响，以销售价格的 8%逐年递增，4 年后 D 项目三、四层的销售价格初步定为 2800 元 / 平方米与 1700 元 / 平方米。

*** 各楼层的销售均价及租金：**

项目	楼层	每层销售单价（元 / 平米）	每层租金（元 / 平米）
D项目	一层	8100	32
	二层	3900	17
	三层	3600	10
	四层	2500	6

根据目前现有商业项目各项因素进行综合评估，结合本项目自身的特质与优劣势，利用市场比较法初步预算出 D 项目的销售价格与租金水平。然而，结合 D 项目的成本投入与市态的发展，可以作相应适当的调整与修正，最后，得出一个比较合理的市场价格，更好的推进本项目的销售与出租。

*** 加权平均法**

加权平均法通常采用市场比较法，分析拟推出商铺每平方米的单价，再根据面积、交通、视觉范围、楼层差别等而确定不同的定价增减比例，并据以对不同商铺进行定价，称为加权平均法。

楼层、交通及面积等因素对价格的影响受消费习惯、心理经济条件、社会风俗等多种因素制约，很难有一个统一的标准。因此运用该方法时，应当根据调查研究的情况而确定。不过一般遵循下列规律：

交通差价：一般位于主通道上的商铺商业价值较高，定价相对较高。

楼层差价：楼层价位高低，受建筑物高度的影响。特别商业项目，楼层越高商业价值越低，因为人们的消费行为习惯不喜欢往高处去购物消费。因此，楼层越高的商铺的价格应定得更低。而楼层较低的商铺商业价值较高，售价或租金也越高。

视觉范围差价：通透感对于经营商户来说是特别重要的，因为消费者的能见度高就会提高商铺的曝光率，自然而然商机就会更多。因此，位处视觉范围较大的商铺价值也相应较高，定的价格也相应要高。

面积差价：一般情况下，办公经营面积集中且达到一定规模或是住宅单元面积较大时价格可适当提高。

设计差价：商场布局、大小公共设施的配置都会影响商铺价格，布局合理的商铺价格可适当提高。

操作环节二：掌握商业地产项目定价核心因素

虽然按照经济学的理论，开发商在土地成本基础上加上开发成本、相关的税金以及利润就得出销售价格，但实际情况并非如此简单。从商铺投资的角度看，投资者有自己的投资期望，对商铺投资风险、流动性、管理、税收、价值变化等许多因素有自己的考量标准。因此，影响或决定商铺价格的主要因素有以下几方面：

*** 直接因素：城市的综合租金 / 售价水平**

影响商铺价格的定性指标可能有很多，但是定量依据指标只有一个，那就是周边的租金 / 售价水平。投资者 / 经营商家在购买 / 承租商铺时，总会首先调查周边项目的租金 / 售价水平，根据这个城市商铺投资的资本化率（也就投资回报基本水平）决定能支撑什么样的租金 / 销售价格。该方法最适用于针对具体项目参考周边商铺的租金 / 售价水平，由此可直接决定租赁 / 购买商铺的性价比是否合适。

对任何一个城市而言，由于级差地租因素，城市中心商业区和其他区域的商铺租金 / 售价肯定有差距的，关键是差异的大小。对中小型城市而言，中心商业区只有 1—2 个导致商业区与其他区域的租金和售价差距非常大，从而使商铺的租金或销售价格非常高；对大城市来说，不仅有市级商业中心区，还有区域商业中心以及社区商业中心等，相对于小城市而言，其租金或售价的差异不是特别大。因此，开发项目所处位置的租金和售价水平将直接决定项目本身的定价。

*** 关键因素：城市的流通力与第三产业发达程度**

经过著名的经济学家研究表明：城市核心竞争力主要表现为生产力与流通力的乘数。即：竞争力 = 生产力 + 流通力。在生产相对稳定的条件下，流通力成为决定因素。流通力小于 1，不仅本地生产能力无法实现，而且内外交流堵塞，这就大大削弱了城市的竞争力。如果流通力大于 1，不仅可以弥补本地生产能力的不足，而且通过促进内外交流、优势互补、组合配置，可极大提高城市的辐射力和影响力。比如新加坡之所以取得举世瞩目的经济成就，并不在于它的生产优势，而在于强大的流通力；中国香港之所以成为国际大都市，被评为亚洲最佳商业城市，也是因为其第三产业的发达。

而流通力的发达程度和第三产业的发展状况，将直接影响当地商铺租金和销售价格；浙江的温州、义乌、绍兴等地的商铺为什么卖得快、价格高，就是因为当地已经形成的各种规模和市场，不仅影响到全国，而且辐射世界。即使

在同一个城市不同区域，因为流通力的差异，商铺租金的差异也非常大。如北京的雅宝路以吉利大厦、天涯大厦为代表其租金远远高于西单、王府井、国贸，因为该区域是中国对前苏联、东欧国家贸易的窗口；而中关村已经形成的电子市场其市场覆盖华北、东北等市场，所以，小商铺才能卖出 14 万 / 平方米（套内面积）的天价。

所以，开发商在给商铺定价时，必须结合项目的实际情况，即使同一个项目隔一条马路，价格也许会差几倍。

*** 重要因素：投资渠道**

中小城市投资渠道比较单一也是一个很重要的因素，在北京等大城市，人们可以投资股票、期货、邮币卡以及古玩、字画等，但是这类的投资需要更为丰富的专业知识。因此，投资商铺是一个很好的投资工具，投资者可以很直观的判断到项目所在区域的商业前景。

山东东营投资者的期望内部收益率在 4%—5%；而北京，投资者普遍预期是在 8—10 年收回全部投资，期望的内部收益率在 10%—15%。这反映了不同城市商铺投资的资本化率和投资预期问题。

内部收益率（IRR）是指将房地产投资未来现金流贴现为现值作为初始投资所使用的贴现率，也就是指每年投入的一元钱获得的利润百分比。而资本化率是指物业购买价格和营业净收入之间的比率，该值通过市场上的可比物业或市场数据资料来获得。一个城市在商铺的需求和供应相对平衡的状态下，资本化率是投资人购买商铺期望的内部收益率，他通过调查和比较同区域商铺的租金收入或营业净收入和购买商铺价格比率，就可知道资本化率，并将此比率作为期望的投资内部收益率。

操作环节三：驾驭商业地产项目价格控制战术

战术 1：价格公布策略

价格公布的时间，关系到销售势能的积蓄与释放的时机掌握，是销售成功的关键性因素之一。

销售前期的推广，是一个不断提升客户心理价格的过程，在此阶段，客户通过了解项目，结合个人的购铺经验，明确项目在心目中的定位，尤其是价格定位的判断。

当开发商公布价格时，若实际价格低于心理价格时，则形成销售的势能，而且落差愈大，则势能愈强，既形成了销售旺势。反之，则销售将遇到压力，提高销售难度，甚至有可能功亏一篑。

因此，只有当客户对项目形成充分地认识，心理价位不断提高时，方可正式公布实际价格。

战术 2：引爆市场的开盘价格策略

（1）低开高走

低开高走是一种很传统的开售价格策略，由于开发商无法预见到市场的变化，为了降低项目销售的风险，因此，先以较低的价格进入市场，进行试探。再根据市场的反应进行逐渐的调整，以达到市场承受的最佳销售价格幅度。

此种手法比较适合位处相对成熟且竞争激烈的商圈的商业地产项目。同时，要注意的一点就是对成本的控制是极其重要的。

（2）平开高走

平开高走即项目入市的销售价格与市场上的价格基本持平，然后，再通过递增的手法进行升价，以增强市场对于本项目的信心。

此种手法比较适合二、三线城市大规模、高素质的商业地产项目，由于项目规模较大，需要抢占更大的市场份额。因此，此类项目的入市建议采取平开高走的策略。

（3）高开高走

这是一种极具高风险的开盘价格策略，由于关系到项目销售或者出租的速度，将会影响到开发商资金的快速回笼。

此种手法一般比较适合在成熟的商圈内的商业项目，项目各方面的综合质素较高，同时，区域的商业氛围较浓，有着较高的升值潜力。

战术3：价格的直接调控

直接的价格调整就是商铺价格的直接上升或下降。它给客户的信息是最直观明了的，一般来说，价格上调，是说明物有所值，买气旺盛。对于这样的正面消息，开发商是最希望客户尽快了解的，所以往往是进行大张旗鼓的宣传，并由此暗示今后价格上升的趋势，以吸引更多的买家尽快入场。与此相反，价格下调，则说明产品有这样或那样的缺陷，不为买家所看好，或者是经济低迷，整个市场不景气。除非万不得已，商业地产开发商通常是不会直接下调价格，而是通过其他方式间接让客户感受价格下挫的优惠，以维护其正面形象。

直接的价格调整两种方式：

（1）调整基价

基价的调整就是对整个项目的均价进行上调或下降，因为基价是制定所有商铺价格的计算基础，所以，基价的调整便意味着所有商铺的价格都一起被调整。这样的调整，每个商铺的调整方向和调整幅度都一致，是产品对市场总体趋势的统一应对。

（2）调整差价系数

通常是在基价的基础上通过制定不同的差价系数来确定不同商铺的价格，各个商铺的价格则是由商场基价加权所制定的差价系数而计算的。

差价系数的调整就是根据实际销售的具体情况，对原先所设定的差价体系进行修正，将好卖的商铺的差价系数再调高一点，不好卖的商铺的差价系数再调低一点，以均匀各种类型商铺的销售比例，适应市场对不同产品需求的强弱反应。

第七部分：

解构极具吸引力的业态组合模式

传统商业的卖场功能大多是以购物为主，这种单一化的功能定位已经越来越不适应社会发展的需要。业态革命，是针对于传统零售商业的单一化功能很难适应社会发展和消费需求的变革。

从消费者的需求发展来看，有形商品的充分满足，会使需求向无形商品转移，即所谓的“精神层面的享受”倾向。即在人们的消费生活中，休闲、文化娱乐、修养等方面的支出比重会大大增加。

各种新型业态的不断出现，冲击着传统的业态。目前，中国正在爆发一场业态革命，新型零售业态不断被引入，传统零售业态向新型零售业态转型和主导业态大胆尝试和创新。

由于消费者对消费形式的要求越来越高，因此，对业态的组合也是越来越高。如何才能让业态组合更适合消费者的消费习惯？这是目前乃至以后商业地产发展重中之重的核心。

第一模块：解剖业态组合关键要素

零售行业的业态有许多种，从国际的视野来看，包括百货、超市、大卖场、便利店以及刚刚进入国内市场不久的折扣店等。每个业态都是一个特定的细分市场，它们分别针对着不同的目标消费群体。其中，超市以满足日常消费为主，便利店满足的是消费者紧急购买的需要，大卖场以一站式购物的方式满足现代消费者对经济和快捷的追求，低价格的商品。

关键要素一：延长顾客逗留时间

购物中心主力商店的经营特色将构成购物中心主要的魅力之一，而如何评选出能凸显购物中心的差异化，以达到带动人潮、延长顾客逗留时间、提高客单价，进而创造购物中心利润的目标，则是购物中心经营成功的关键。

主力店居购物中心经营的主导地位，不但是商店组合的主要成员，而且是购物中心的特性的突出体现，开发经营者大多慎选具有相当知名度的超大型商业进驻，一来可利用原来拥有的集客能力，为购物中心带来更大商机，也可为购物中心奠定形象基础。

关键要素二：考虑商场的地域特性、流行潮流与目标对象的价值观

考虑购物中心主力商店的组合时，需考虑其业态能否符合商场的地域特性、流行潮流与目标对象的价值观等因素。主要的业态功能分述如下：

生活功能：购物中心有别于其他零售业设施，最大的特色就是能够提供人们宽敞的活动空间与生活服务，让消费者借着购物、饮食、娱乐以及参与种种的文化活动，使购物中心成为消费者生活交流的场所。

休闲功能：由于收入的增加与生活日趋多样化，地区休闲娱乐消费力正大幅增长，预计在未来几年内休闲娱乐市场将步人计划性、正式化的时代，购物中心应能掌握这股潮流。

观光功能：很多城市都比较缺乏像海外许多可以满足观光客的购物游乐场所，因此购物中心若能配合各种环境特性，规划具有特色的游乐休闲设施，将可提高集客力。

流行功能：购物中心创造街道，带来各式各样的商店，每家店从商品到门面的装饰，各有其不同的流行主张，充分满足现代消费者知性化的需求，可考虑引进国际性水平的连锁店，使商场适应国际流行潮流。

关键要素三：集客力强弱

购物中心的业种依其所占面积大小、营业额多少及集客力强弱等因素，可区分为主力店、次主力店及零售店等规划层面，而未来招商时，引进业种的策略因其规划的差异而有所不同。

而各业种层面对购物中心的影响如下：

主力店：购物中心的开发将通过引进主力店以招揽生意或增加集客力，主力店一般都有较大的谈判实力，而且通常已颇具知名度，因此购物中心在租金议谈时所能给予主力店的弹性较大。

次主力店：购物中心与次主力店的租金议谈方式介于主力店与零售店之间，因有些次主力店也具有某种程度的知名度，其商品也多为市场所需，同时也可能是连锁企业。

零售店：对于购物中心而言，与零售店谈判有较大的优势，这是由于购物中心最主要的利润来源并非来自于单一的零售店。

关键要素四：业态招商规划必须顺应消费需求

随着时代的进步，消费者对于消费质量的要求日益提高，尤其消费者已从传统的"需求性购物"转变成为一种新兴的"休闲购物"概念。因此，购物中心的招商规划应满足消费者"一次购足"与"休闲购物"的消费需求。

为满足不同消费者的需求，在招商时，租店户通常可分为四类：国际性的连锁系统、全地区性的连锁店、区域性的连锁店及当地的独立店。国际性的连锁系统及全国性的连锁店可以提升购物中心的形象，并得到顾客的信赖，而区域性的连锁店则赋予购物中心一定的水平及品位，至于当地的独立店则使购物中心突显出与众不同的特色。

因此，购物中心招商时，除了可以引进"一次购足"的百货公司，或单一主题性如家具、家电、信息用品等专业主题商店之外；全国性或地方性的生活百货，如屈臣氏、万宁等，全国性的衣饰如佐丹奴、Hang ten 等，全国知名的连锁快餐店或面包店如麦当劳、肯德基、卡莎米亚等，具有当地特色的饼铺、小吃店等，结合中西式餐厅的结婚宴会广场，也都是招商时的重点业种。

关键要素五：商业形态国际化

商业形态国际化已经成为越来越多开发商业地产项目的开发商共同的选择，朱凌波认为，中国的城市商业业态已经发生了天翻地覆式的变化，从最初的超市，到后来的商业街、品牌店、购物中心以及现在仍在流行的 Shopping Mall，无不引发了消费者观念以及消费方式的革命，而这样的革命在今年仍将继续。事实上，由于商业地产的竞争日益激烈，开发商们几乎都在费尽心思打造创新的商业业态，以增加项目的吸引力。

第二模块：把握商业项目最佳业态组合技巧

技巧1：关联布局

一个综合性的购物中心，其实就是一条竖起来的商业街。商业街主要是为了满足消费者的基本需要，同时也增强消费者逛街的乐趣。但是，购物中心不但要综合满足消费者的各种购物、休闲、娱乐需求，更加讲究业态之间的关联性与互补性。

因为各个业态是互存互补的，如有运动服的地方一般都会相应的配有运动鞋，有西服的地方就有领带一样。如今，购物中心的开发都追求"一站式"的模式来满足消费者的一次购买需求。因此，在业态的布局方面必须充分考虑关联性，以达到消费者的多元化需求。

技巧2：变竞争为竞合

"成行才成市，有竞争才有市场"，各种业态之间都是有一定关联性的，同时也有竞争。根据商业的发展规律，每一个业态都不是单一生存的。

因此，在业态规划时，必须充分意识到差异性的重要性。差异性或者会有更好的出路，但是将差异性转化为互补性，可能会让整个商业项目的业态搭配更合理，更吸引消费者的关注。

同时，通过业态的不断优化组合，商业项目的经营就会越来越完善与满足消费的需求。

技巧3：充分考虑核心顾客需求

一切基于市场。这是各行各业都必须遵守的原始规律。因为只有了解到市场的真正需求，才能更好的把握市场的发展方向与空白。科学业态配合、合理租户组合的目的是制造购物中心内张弛相间的兴奋点，实现顾客尽可能多的消费诉求。

在消费市场中正所谓“物以类聚，人以群分”，同一消费群体的消费行为习惯与消费心理需求相对比较类似，因此，在业态规划与引进时，必须充分考虑项目的主题定位与档次定位。消费者才是商业项目发展的最终端客户，只有全方面满足了目标消费者的需要，经营商户才有收益，项目的发展才会越来越旺盛。

因此，在前期目标消费者的市场调研中，必须进行深入全面的市场调查，充分挖掘到目标消费群的需求。在业态组合方面，必须充分考虑到目标消费者的心理需求，进而引进更合理的业态。

在规划中根据各楼层业种的档次，目标顾客的层次，合理安排相应档次的餐馆店。针对方便购物顾客放松精神状态的零星娱乐、小吃业种，宜规划在购物业种转换接合处。

第三模块：透析业态规划布局要点

要素 1：动静分开

大型和特殊的娱乐业种应该放在购物中心顶部高层或纵深区域，以活跃购物中心立体纵深区域，且易于错时营业和区隔管理。

要素 2：注重布局路线

购物、餐饮、娱乐、运动等业种都应分别引入主力店，分布在购物中心的不同区位或楼层，并在周围聚合一批同业种店铺，形成一个局部购物中心的消费主题。

如：品牌服饰应布局在精华区人流动线入口；品牌快餐店宜布局于购物

中心各区结合部。

要素 3：主力店的规划布局要点

（1）要避开与核心主力店经营同类商品的楼层或商品档次。

（2）要有利于丰富购物中心内业态和业种。

要素 4：业种配比与组合规划要预留调整空间

专门店及普通店业种配比与租户组合规划，以市场调查确认的商圈业种分布统计和消费者需求分析为基础。业种配比和租户组合（指经营商品品种的数量、重叠率、档次组合）除配合核心主力店和主力店的布局外，应预留调整空间。

在规划中要预测商铺分级、入伙的租金底线，并设想怎样使用注资、联营、承包、扣点等招商合作手段。

第四模块：大型 Shopping Mall 的业态控制要点

业种选择是依据市场需求和项目自身定位来进行，并非越大越好，品牌越响越好——“适合的才是最好的”。业态组合是大型商业项目运作中非常重要的内容。如若业态组合定位科学合理，可使项目营销增加有力卖点；反之，如果业态组合定位不符合项目的实际情况，将使项目租售陷入困境，而且，后期运营将难上加难。

Shopping Mall 是一种高级业态形式，作为一种新兴复合型商业零售业态，它是集购物、餐饮、休闲娱乐乃至观光旅游为一体的“一站式”消费场所，具有规模庞大、功能齐全的特征。

操作平台一：把握大型 Shopping Mall 业态组合原则

原则 1：两个以上主力店

由于大型商业项目规模较大，在规划主力店（百货店、超市、专业主题商场等）必须要考虑引进至少两个以上。

由于主力店是大型 Shopping Mall 吸引人流量的重要筹码，具有较强的核心凝聚力。通过主力店的特色与全面，才能吸引更多消费者的关注。

原则 2：功能注重"一站式"

现代商业中，家庭式消费愈显重要，要设置大量不同行业的各类专卖店、儿童及青少年游乐设施、文化广场、餐饮等，以满足不同类别、不同档次顾客的需求，打造"一站式"消费和享受的购物乐园。

原则 3：差异化经营

由于同一种商品往往会在不同商家中出现，因此，定位取向、文化氛围、陈列方式及购物环境等因素的特色化、差异化就显得尤为重要，对顾客的"杀伤力"更突出。

原则 4：避免招商布局资源不足

规划时应对各业种主力店多准备几家招商对象以供选择，避免招商布局规划时资源不足而出现"饥不择食"的盲目性。在多业态组合的购物中心内的主力店，所规划区域可多选几家使用意向差别大的业主，利用整体利益引导、自营铺面置换、租金收益提高等综合手段，务必实现整体规划。

操作平台二：大型 Shopping Mall 业态规划要点

要点1：互联互补

大型商业项目的商业特征更多地体现在主力店，根据主力店的性质选择其相关联的业种，又根据主力、关联业种的需要进行配置补充，形成一个整体的业态组合。

大型商业项目的主力店多是百货店、综合超市及专业主题商场，关联业态有男女服饰、鞋包、餐饮等，补充业态包括娱乐、休闲设施、银行、邮局、美容美发等。

要点2：注重主力店位置

主力店有规模效益，大型 Shopping Mall 在业态规划方面，比较注重主力店的位置摆放。因为主力店将会全面带动整个商场的经营，组织人流的动向。

由于产品细分的档次越来越精，因此，大型 Shopping Mall 就会出现大店和小店业态组合。

要点3：主力店优先，辅助店随后

大型商业项目的主力店能有力的吸引人流，引导消费，其布局直接影响整个项目，故应先确定其位置。通常来讲，大型商业项目主力店应放在线性步行街的端点，不适宜集中布置在中间，这样才能达到组织人流的效果。

要点4：业态多元化

大型 Shopping Mall 的规模较大，在业态组合上，要充分考虑到消费者的“一站式”消费模式，最大程度地满足消费者的多元化需求。但是在招商过程中，要严格按照项目的市场定位进行招商，在业态的把握上要充分慎重考虑对项目的影响力。

要点5：核心主力店的选择

在大型 Shopping Mall 的业态规划中，一般选择大型综合（量贩）超市、大型百货店为核心主力店。

案例：四川·百联购物中心

四川百联购物中心			
项目地址	位于武侯区科华中路与二环路交汇处	占地面积	85亩
建筑面积	15万平方米	总投资额	5.5亿元人民币
功能定位	集购物、休闲、服务、娱乐、办公于一体的西南地区最大的现代化大型 Shopping Mall		
业态布局			
一　楼	友谊百货卖场、社区服务（银行、邮局、电视演播厅）以及必胜客、肯德基等西式快餐		
二　楼	世纪联华超市（2.5万平方米）、友谊百货（2.5万平方米）以及各类品牌专卖店		
三　楼	各类专卖店、专业店等		
四　楼	餐饮娱乐、健身中心		

第五模块：掌握区域型购物中心业态组合秘诀

秘诀1：注意多利用客户价较低的业态

随着大城市商业地产项目开发量暴涨，大城市的商业用地和零售服务业的竞争也日益激烈。因在大城市开发经营商业地产成本的增大，许多商业地产开发商从大城市转入拿地相对容易、商业现状相对落后的中小城市。因而，面积在7万—15万平方米的 Mall 也越来越多出现在一些经济总量相对小些的中小城市，甚至一些县级城市。

由于中小城市的社会零售额和餐馆娱乐消费量相对较少，因而在进行业态组合设计时，要注意多利用客户价较低的业态，以便能支撑 Mall 的生存和发展。

部分开发商以为建 Mall 就应提供中高档商品或服务，其实不然。由于中小城市的高收入群相当有限，而大型 Mall 更需要为大部分中、低等收入消费群服务，只有极小部分面积可以经营中高档商品，这样才能保证 Mall 的生存。

秘诀 2：娱乐业的市场空间较大

游乐园是一种提供快乐、惊险、刺激等体验的服务场所。这一项目多数在大城市才可能出现。而中小城市，特别是小城市的大多数家庭成员较少有机会体验如过山车等惊险的游乐项目。随着这些中小城市人均收入的提高，在各城镇、乡镇，游乐市场应较为乐观。

河南某城市一大型 Mall 进行业态组合设计时，曾采用抽样调查方式调查当地居民对大型游乐园的需求状况。结果显示，有 76.81%被访的家庭表示有较大的兴趣。

秘诀 3：大型电影院

在大城市大 Mall 中，电影院也常常占据一定的面积。虽然现在的家庭影院、网上影院非常普及，但大城市大型 Mall 的电影院也有特定的消费群，这些人可以在其中体验到其它场所无法提供的享受。

由于文化、收入、从事工种、社会环境等因素不同，中小城市中的这些需求相对较少，如在 Mall 中设置电影院，其盈利能力较差。而建筑要求及经营投入相对低得多的多功能影厅则可作为替代项目进入 Mall，多功能影厅可以提供少至 20—30 人，多达 200—300 人的各种不同体验特色的影视体验场所，为中小城市不同需求的消费者提供服务。

案例：安徽某大型 Mall

※城市背景：

当地 GDP：2004 年生产总值约 260 亿元，同比增长约 16%，三次产业比例为

24.90：41.29：33.81；人口数：2004年末，全市总人口约350万人，其中，市区约90万人，县区人口260万人。

Mall面积：16.5万平方米

业态组合：

业　　态	面积（平方米）
百　　货	20000
超　　市	24000
家居广场	40000
数码广场	10000
高级酒店	40000
经济酒店	6000
餐饮娱乐	12000
书　　城	3000
步 行 街	10000

1. 从上述业态设定来看，家居广场占24.24%的面积，可见开发商对当地家居家装市场的乐观程度。

2. 该项目周边还有会展中心、图书馆、40000平方米写字楼等设施，因而设计了一座40000平方米的高级酒店，但明显对目标消费群的消费能力较为乐观，同时也兼顾了旅游市场的主力——设立了经济型酒店，但6000平方米经济型酒店的规划显然偏小。

3. 餐饮娱乐仅占0.73%，估计仅考虑会展及高级酒店的消费群，未考虑本地市场中低档餐饮和娱乐的消费。

4. 24000平方米的超市及20000平方米的百货则难以在本地生存，原因是规模偏大。

5. 10000平方米的数码电器广场和3000平方米的书城较为合适，而10000平方米的步行街规模相对偏小。

6. 项目业态组合选择有合理之处，但其市场目标偏重于第二和第三商圈，而不太重视消费比例应占更大分量的第一商圈（当地城区及周边市场）。

第六模块：把握社区型购物中心业态组合要点

社区商业的价值在于为周边居民提供便利的生活服务，优势在于“便民、利民、为民”。以“便民、利民、为民”作为功能定位，基于社区客群定位和社区体量梳理社区的服务需求，从而确定业态组合，最终以业态组合为参考进行产品设计，这都是住宅底商设计之前必须要明确的问题。

要点一：量贩超市是首选业态

在社区型购物中心的商业规划中，选择连锁百货超市、连锁食品超市、名品专门店、连锁餐饮、娱乐店为主力店，量贩超市是购物中心商业规划首选业态。量贩超市是零售业发展的方向之一，其销售的是大众化生活必需品，面向最广泛的消费群体，对区域分布的限制少，与项目开发中规划的不同规模的购物中心易于结合，带旺地段人流和商圈升值。

要点二：掌握控制租售比例

目前，部分开发商已经通过控制租售比而加强自己的“控制权”。租售比 1 比 1 是一个比较好的比例，一方面，开发商可以把一些面积大的商铺、一半的数量控制在自己手里，这其中哪怕有几家小商铺开不好，对整个社区商业也不会形成很大的冲击。另一方面，也考虑到开发商资金的合理回收。

社区商业新的营销模式开始出现，开发商先期一般会通过低廉租金的方式，把商家吸引过来，积聚人气，其后楼盘的价值、商铺的价值都会得到更好的体现。

南京的金马郦城开发商有意持有约 20000 平方米的商业街，金陵大公馆小区有近 20000 平方米的社区商铺不准备出售。只租不卖，为了是好控制。这样才能更好地体现楼盘品质，考验开发商的实力。

案例1：亲亲家园

1. 限制业态进驻

商铺不考虑租售比例,但那些买了商铺的投资者要跟开发商签订协议,承诺今后出租的业态受一定限制;对入驻的品牌进行监控,同时规定所有的商铺同时间开业,而且对这样的商铺买家进行一些返利。

部分开发商在将商铺卖给投资客以后都会签一个补充协议，而且还会组织招商会,让那些商业品牌与开发商形成很好的互动。

2. 餐饮先入为主

亲亲家园一期的入住率已达60%,但对于商业来说人气还不够旺,自然商业气氛也还不够强。不过大业态商家们一致认为，靠招商来聚拢人气才是良性循环的起点。

餐饮的辐射不仅局限于一个楼盘，优秀餐饮更可能拉拢整个大三墩区域的消费力量，能为今后其他业态的进驻奠定基础。开发商应当建立适合餐饮进入的商业氛围,提供小区内部独立式商铺优先供给餐饮。

3. 就近发展加盟

居民的消费力较强,对生活用品零售业是一个很好的发展平台,社区店也是公司加盟店中经营最稳当的形式。在招商过程中，可以考虑吸引住户在楼底下开店的方式,发展公司的加盟店。

要点三：为了回笼资金而销售

在社区商业开发过程中,由于开发商的资金链受到政策的影响而不足,为追求利益的最大化,开发商一般都将社区商业销售出去,产权转移到投资者手中。而如果出租商铺,由于可替代产品众多,像比较适宜进驻社区的银行、品牌超市等商家都会通过长期(一般为十年)租赁,将租金压到极低的水平,这样要收回投资需要相当长的时间。而要自营商铺，大多数开发企业缺乏这方面的经验与专业人才。几经权衡，大多数开发商都选择销售商铺。

案例 2：领地 OFFICE 赢取市场的主要因素

主要因素 1：准确定位

该项目在北京北苑路西，安立路东，邻近北五环。远离城市中心和商圈，处于新的城市郊区，周边人气严重不足。但该项目充分利用处于亚奥板块边缘这一优势，将项目定位成：领地 OFFIC 亚奥新派商务区。

主要因素 2：塑造高档次的商业

吸纳少量的小型精品店、精品廊，甚至是国际品牌店面。

主要因素 3：整体环境清雅

符合商务阶层人士保持生活的安全性和私密性的要求。

主要因素 4：繁荣都市的享受

新派商务主义居住的人群是以都市中心为生活和工作的核心，充分享受城市完善的配套设施、深厚的文化韵律、全面细致周到的物业管理与服务，和都市的繁华与灿烂。这些都使他们的生活内涵更加丰富，更加精彩。

主要因素 5：完善的配套设施，便利的生活条件

新派商务主义居住模式是充分享受都市建设的成果，分享都市各种市政、交通、能源、通讯、文化、体育、科技、商业等配套设施，使生活的品质更加舒适。

在配套设备设施上，充分考虑到了水、电的预留位置和在功能上的使用，尽可能的满足不同商业业态的需求，减少在销售过程中的压力，从而增速资金的回流速度。

主要因素 6：丰富与适合的业态组合

根据项目的特点，商业业态的组合为：

序　　号	业　　态
1	小型超市
2	健康会所：健身中心等
3	银行
4	小型精品专卖店
5	小型酒吧
6	数码洗印店
7	美容美体
8	音像店和书店
9	其他

主要因素 7：到位的建筑指标

一、二层底商共计 6000 余平方米，全框架结构，8.4 米柱距的大开间，进深为三个 7.8 米柱距组成的 24.2 米的超大尺寸。

主要因素 8："一带二式"的自由组合空间

针对着短开间，超大进深的这一产品特点，对它进行了"一带二式"的商业分割方案，面积从六十平方米到八百平方米可自由组合、可独立经营的空间形式，充分强调了每个空间所适宜的尺度，以及足够的公共空间。

案例 3：明天商业中心

根据区域特点和周边主要人群消费特点，周边消费人群以年轻人为主，对餐饮、娱乐、健身等要求颇高，而整个区域欠缺这类商业。因此，明天商业中心的定位就是集购物、餐饮、娱乐、休闲为主的奥北商业中心。

明天商业中心规划了 10 万平方米的商业，包括超级购物港、美食名品街、热力不夜城、蓝调风情街、精品休闲城、立水桥市场等六大主题商业组团，以餐饮、休闲、娱乐为主，弥补立水桥区域业态缺失的缺憾。

主打热力不夜城以 Disco、KTV 为主，满足年轻人对夜生活的需求；蓝调风情街以咖啡屋、酒吧为主，沿清河岸分布，让人们在森林、绿地、水波中放松身心。

在管理上，实行统一规划、统一管理、统一经营、统一招商的策略。一方面要为投资者带来投资回报，另一方面要为消费者带来便利，把明天商业中心打造成奥北都市白领消费的主场。

第七模块：透析商业街业态组合要点

商业，突出的是购物场所，步行，突出的是休闲理念。一方面逛商业街，购物是目的，步行则是愉悦的手段；另一方面逛商业街，逛就是一种享受，一种休闲，一种形式上的旅游，因为是街，是购物场所的汇聚之处，这又给逛、给休闲以一定的目的或动机。

商业街业态组合给顾客带来的乐趣分为以下六种：走的乐趣，看的乐趣，学的乐趣，吃乐趣，买的乐趣和玩的乐趣。

要点 1：消费观念

一个城市的商业街代表商场的消费主流，而现在城市的消费主流是年轻人，他们的消费观念是“情趣”，根据消费者的消费行为与特点，“时尚”，追求新鲜、刺激的感受，“攀比”，不甘人后。

要点 2：品牌的运营

有好的品牌对应有好的商店，才有好的商业街，商业街上产商品在打折上下功夫，但

要物有所值。

要点3：业态比例的控制

在商业街上，专业店和专营店要占5%；餐饮占25%，综合性商场占15%，10%是综合的娱乐业，商业街能否留住年轻人和儿童，关键在娱乐业。

合肥市的淮河路作为商业最集中的街道，淮河路黄金商圈已成为合肥市商业最繁华的地方。在这条不到1000米长的街道至少具有购物、休闲、餐饮、娱乐、体育、文化、旅游、金融、电信、会展、医疗、代理、服务、修理和交通等15项功能和近40个业种。

百盛和鼓楼成了国际名牌的展台，依立腾服装城和一系列专业店专营成了中国名品名牌展示的窗口，鳞次栉比的专卖店成了省内外成长性品牌的平台。

万友美食广场为你准备了各地风味小吃，三国布衣，李府酒楼让你重温往日情怀，不倒翁、梦城又让你亲朋老友以畅叙人生，必胜客、肯德基、麦当劳让你体验异国风情。

第八模块：业态规划布局实战案例解码

一、业态规划的目的

1. 为项目提供合理的商业组合方案，奠定繁荣持久经营的基石。
2. 指导招商工作的有序进行，明确招商目的和后期经营管理方向。
3. 为销售部提供可以向投资者解释描绘的商业前景，支撑销售工作进行。

二、业态规划的原则

1. 租金贡献率优先原则

入选的商业业态必须能够承受相应的租金压力，为项目销售提供较高的回报率；同时该行业的租金走势要坚挺，经营持久而稳定，为项目提供较长远的发展繁荣基础。

2. 人气贡献率优先原则

入选的商业业态能够为面积庞大的商场吸引一定的客源群体，为其他业态提供消费者支撑和共享，进而为商场的可持续发展提供客源支撑。

3. 高品质优先原则

同行业商家的甄选，品质优先条件优先，主要针对高品质商家招商，通过高端客户向低端客户渗透和带动消费；通过高品质商家表现商场整个项目的高品质定位。

4. 配套的原则

所有业态之间必须能够相互衔接协调，客源相互不冲突并且有共同特质，经过一定的方法能够互动共享；业态的组合要能够满足汉中市民购物休闲等日常和大件消费；必须保留部分业态用以满足本项目住宅、商务公寓、商场从业人员和购物客户的随机性和必备配套服务。

三、商业区域的划分

根据项目的建筑情况，业态规划将按照不同的楼栋划分成若干个小商圈区域，各个区域都独有特点，连接后可以相互衔接协调。总体上将一楼作横向处理，其余按照各自楼栋的楼层着重向处理。

1. 横向关系：一楼的人流动线最为顺畅，势必要成为各个楼栋之间最紧密地联结体。通过一楼的整体业态布局带人流向各个方向分散，为楼上商家提供随机性客源支撑。

2. 纵向关系：因为各楼栋相互独立，二楼以上的人流动线被架空的天井和走廊阻隔，业态定为主要考虑本楼各楼层之间的照应关系，其次再考虑相邻楼栋的之间关系。

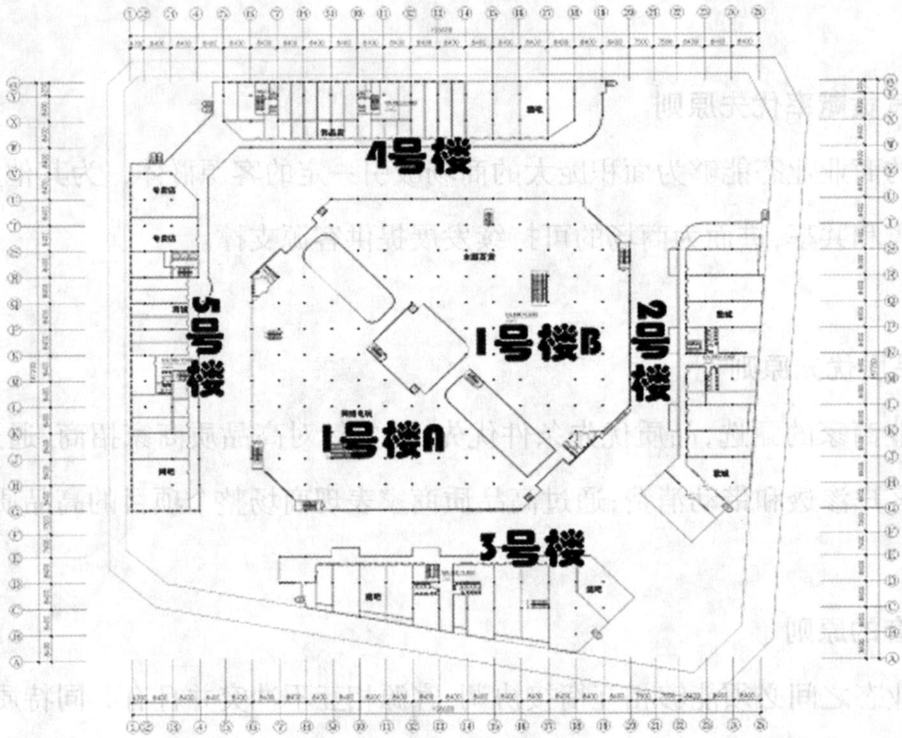

结合纵横关系，将项目的功能划分为：

3. 一楼整层区域：包括 1—5 号楼的一层。主要以服装为主，其次细分层各个类别。

4. 2 号楼区域：包括 2 号楼的 2—4 层。主要以体现高品质的美容婚纱西餐为主要业态。

5. 3 号楼区域：包括 3 号楼的 2—4 层。主要以餐饮为主。

6. 4 号楼区域：包括 4 号楼的 2—4 层，主要以政府机构和健康消费为主题。

7. 5 号楼区域：包括 5 号楼的 2—4 层，主要以私密性消费和社区配套为主。

8. 1号楼A区域：包括1号楼A的2—4层，主要以到达型消费和主题商场为主。

9. 1号楼通道：包括1号楼AB结合走廊的部分，主要以能够聚集人流的小店面为主。

10. 1号楼B区域：主力店。

四、主要业态划分说明

1. 一楼区域

主要业态：服装。

细分业态：品牌服装、休闲服装、体育服装和器材、普通服装、鞋帽、饰品化妆品、箱包皮具。

辅助业态：社区配套、银行、西式快餐、花鸟虫鱼。

定位原因：

* 服装最聚集人气，有利整个商场经营。

* 服装可以承受较高租金，支撑销售。

* 服装经营商家数量足够多，有利招商。

* 形成足够的规模，服装商场才有竞争力。

* 全国各地产权商场，一楼经营服装的居多，本项目比较安全。

* 细分业态说明：

1. 品牌服装：

临主干道方向需要有良好的店面形象和足够的租金承受力，需要实力厂家支持。

临主干道人气却不是最旺，最有利形象展示。品牌店不能够为商场创造人气，只能创造品质。

品牌服装安排在主力百货店两侧，容易

形成良性互动。

此区域可以穿插个别高品质业态,比如珠宝、眼镜等。

以成熟女性和成功男士为主要客户。

类比商家：七匹狼、哥弟、圣大保罗、ITAT、庄吉、Esprit、U2、艾格……

2. 休闲服装

租金承受能力其次，人气聚集能力第一；此区域以具有一定品牌的专卖店为基本。能够衔接品牌服装和体育服装,同时为网吧提供客户。主要以青少年为主要消费对象。

类比商家：真维斯、美特斯邦威、以纯、班尼路……

3. 体育服装

市场需求量不是很大,因而人气不旺,所以安排在项目的最后面；

租金贡献较好,安排在一楼次入口旁；

主要消费者为学生和年轻人,同楼上的网吧客户群体相呼应又可以承接休闲服装的客户继续消费。

类比商家：李宁、双星、耐克、鸿星尔克……

4. 体育用品

体育用品的租金承受力和店面形象支持很好,人气吸引力却很弱,因而放在体育服装的后面,从人流动线来讲此区域将会是未来人气最少的地方之一。希望通过一栋通道能够聚集人气的化妆品和礼品等改善客源状况。

类比商家：巅峰户外、ZIPPO、澳瑞特……

5. 花鸟鱼虫

延承该区域目前自发形成的市场的现状，在此基础上进行升级换代并统一规范经营,打造成为汉中独具特色的专业市场和客户休闲街道,主要的老年消费群体也会有益的补充项目的客户人流。

6. 饰品化妆品玩具礼品

化妆品、饰品、玩具礼品等能够吸引众多年轻时尚的女孩,同时为一楼的普通服装提供客源引导和疏散，解决狭长的走廊的人流聚集，同时为二楼的商家提供补充客源。

此区域配合部分休闲区域和随机性消费的休闲食品店，吸引往来客户停留休息。

类比商家：石头记、晶晶饰品、快三秒、珍珠奶茶……

7. 普通服装鞋帽

中低价位的服装鞋帽产品对于大型商场的人气提升比较重要，鉴于单店面积偏小，因而适合通过外部环境营造后在内部商业街的经营，将会有力的支撑铺面小分割销售。内街经营可以避免该行业过高的更换率带来的不良影响。

8. 社区配套

因本项目有相当体量的住宅和商务公寓，商业配套必须解决掉他们以及商场工作人员和购物人群的必备和随机性消费。

考虑到同周边社区的状况和接近住户的原则，安排在5号楼的一层。

类比业态：干洗店、票务、烟酒干杂、米面粮油、净菜净肉专卖、诊所、药店、中介……

9. 银行金融

大体量的商业项目必须有2个以上的银行作为配套，但是由于银行不能够吸引人流，经常占据主要口岸的金融机构对于商业项目的整体商气又非常大的不良影响。建议将银行放在边角花鸟虫鱼的两侧，可以同其他项目间作一个过渡。同时必须限制银行的租赁面积不能太大，主要入口的转角和临天汉大道和太白路方向绝对不允许银行入驻。

2. 1号楼A区域

主要业态：居家生活广场（家具、床上用品、窗帘布艺）。

辅助业态：文化用品、办公用品、美发厅、个性小店。

细分业态：各市家具、桌椅、厨房成套设备、床上用品、窗帘、居家服、居家饰品。

备选业态：家电卖场、电脑通讯、书城、迪吧、漫摇吧、歌城、洗浴中心。

操作思路：

* 按照居家生活广场为蓝本进行招商统一运营，同各次主力店的谈判依然继续，

最终根据实际情况进行权衡取舍。

* 首选运营居家生活广场、次选专业店租赁、最后选择公司自营家具城等商铺销售完毕后看情况处理。

定位原因：

* 楼层较高展示效果也不太好，随机消费的客户较难到达，必须是目的消费。

* 单体体量较大，分割内街容易形成死角，不利销售。

* 电器卖场、通讯城、书城等谈判困难，租金很低。

* 汉中家具城郊多，分散较广，本项目地处中心，具有地位优势。

* 很多家具城仅仅为家具用品，产品集成化程度较低，不符合行业发展规律。

* 居家生活用品可以吸引家庭消费，对项目人气有一定帮助。

* 自己运营居家生活广场，可以得到较高的租金回报。

类比商家：红苹果、香港皇朝、富安娜、方太、欧芮橱柜、水星家纺、兰花草……

3. 2 号楼区域

主要业态：咖啡西餐、美容婚庆。

细分业态：咖啡、西餐、甜点屋、啤酒馆、医学美容、生活美容、婚纱摄影、婚庆用品。

备选业态：特指四楼，如果招商进展不顺利，可以考虑茶楼、棋牌等、餐饮等同3号楼雷同商家。

商家要求：具有一定的品牌，经营面积单店300平方米以上，店面形象良好，经营者有素养。

定位原因：

* 临天汉大道方向的商家必须展现出良好的品质形象，表现出项目整体的定位；

* 必须有较长的营业时间，尤其晚上的灯光效果对项目形象有极大提升。

* 消费群体最好是中高端人群，以便同一楼的品牌服装相呼应。

＊麦当劳占据一楼入口，楼上须有相应的西化产品相配合，强化时尚的消费潮流。

＊二楼经营餐饮,可以同 3 号楼的中式餐饮相衔接。

＊同百货主力店的天桥有利于分享主力店的人流,保证经营所需的客源。

类比商家：上岛咖啡、良木缘、豪客来、德克士、金夫人、新新娘、古摄影、诗丽堂、自然美、佐登尼斯……

4. 3 号楼区域

主要业态：餐饮。

细分业态：当地小吃、中式快餐、中餐、川菜、火锅、特色餐饮。

商家要求：具有一定的品牌,经营面积单店 300 平方米以上,店面形象良好,经营者有素养。

定位原因：

＊餐饮商家能够为商场创造较多的人气，是众多大型商业项目必选的业态之一。

＊可以为来商场购物的消费者提供饮食服务,同时通过目的性消费可群带动商场经营。

＊临太白路不是快车道，有足够的场地停车。

＊餐饮集中在一起,便于工程设计和改造。

＊餐饮可以带动茶楼保健和健身等的消费。

类比商家：羊肉泡馍、岐山哨子面、永和豆浆、刘一手、老房子、味道江湖、巴西烤肉……

5. 4 号楼区域

主要业态：健身、行政

辅助业态：其他特色店面

细分业态：台球、乒乓球、机械健身等室内运动,瑜伽、跆拳道、球操、舞蹈等技巧性减肥朔身运动。

备选业态：特指 4 楼，保险公司、职业学校、人才市场。

定位原因：

* 本楼栋同 5 号楼类似，但是地理位置要优于 5 号楼，因此在业态选择上首先满足 5 号楼。

* 健身同美容婚庆有一定的关联性，同茶楼按摩等也有一定的客源互享。

* 通过公关的关系，将项目租赁给政府相关部门的服务中心，强制某类高消费人群必须定时到达项目。

* 政府部门的服务中心同一楼的花鸟鱼虫相当于办脱离项目的一个单独商业体。

* 健身商家根据实际面积紧凑安排，剩余三四楼面积为其他板块富裕或者未考虑到的业态作调整空间。

类比商家：区政府行政服务大厅、市工商办证中心、浩沙、冠军之夜、英派斯、美格菲……

6.5 号楼区域

主要业态：网吧、茶楼。

辅助业态：电玩、游戏、培训；保健、浴足、按摩、棋牌。

备选业态：健身活动，当某些业态招商不成功的时候，就将 4 号楼的健身安排到本区域，4 号楼另作计划。

定位原因：

* 5 号楼最偏僻，适合目的性较强的私密型消费业态经营。

* 楼上为住家户，不能够有噪音和油烟等污染因素。

* 茶楼休闲等为 3 号楼的餐饮客户提供了后续消费场所，可以承接客源。

* 网吧同一楼的运动和休闲服装客户关联，也是餐饮后的休闲场所之一，可以相互映衬。

类比商家：星美、北大青鸟、富桥、良子……

五、业态控制和调整

根据招商进展的情况，具体商家的区位选择肯定不会完全按照业态绘画进行配比，就需要对业主、商家和业态进行一定的控制，并进行适度的调整。

业态调整

1. 各个业态区域可以有不超过20%的非规划业态入住，但是这些业态需要符合或接近相邻区域的液态规划，或者符合此区域业态选择的考虑要素。

2. 此区域业态招商商家不足以填充该项目，则入住相邻区域（上下或左右）的业态商家。

3. 此区域业态招商商家超过规划业态，则将排名靠后的该业态商家安排在相邻区域的商铺。

4. 如此区域招商商家不足，附近业态也不足以补充的时候，考虑其它区域的备选业态或者重新定位。

业态控制

1. 品牌越强大的商家越优先选择商铺。

2. 关键节点和所有的转角处不能安排非规划业态商家经营。

3. 不利于项目人气、品质、租金和配套的商家不许入场经营。

4. 对于形象面位置，同购买商铺的业主和商家签订《商铺形象和装修规定》等文件，以较高的店面投入限制部分没有实力的商家入场。

5. 收取购买商铺业主一定的管理保证金，在租赁商家开业6个月后，符合合同约定的业态和形象，则退还保证金。

6. 同业主和商家签订《商业经营管理协议》，并明确规定商家和业主的租赁协议必须有商场管理公司签章备案才能生效，以次掌握对商场的绝对控制权。

六、业态规划示意图

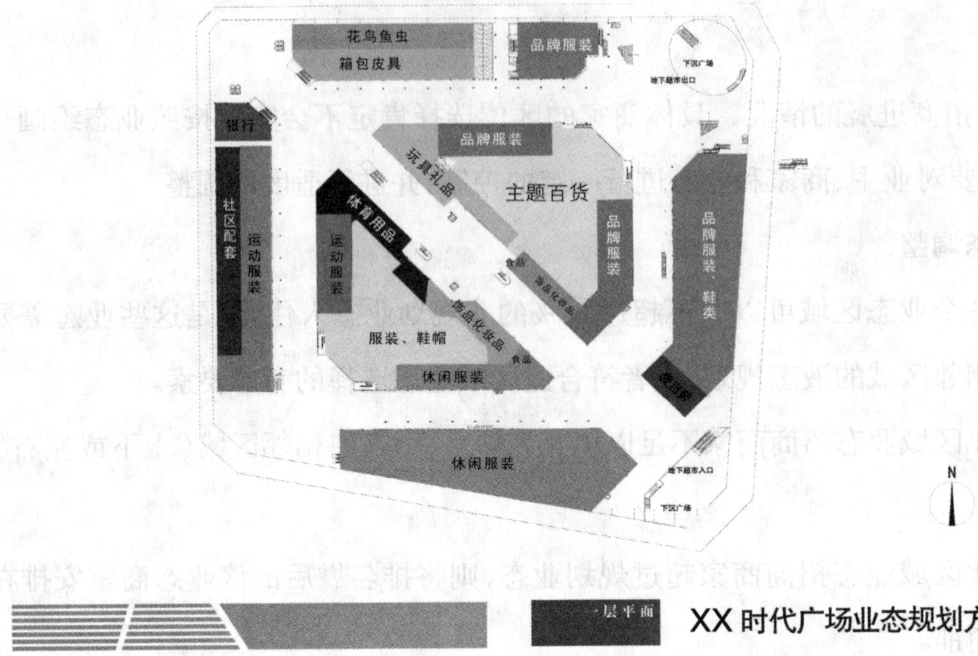

XX时代广场业态规划方案

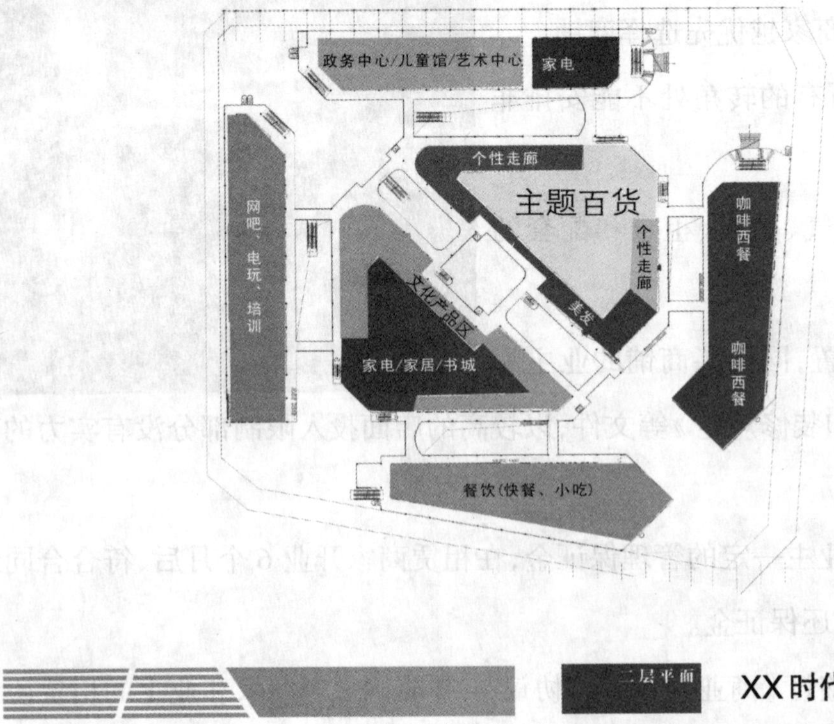

XX时代广场业态规划方案

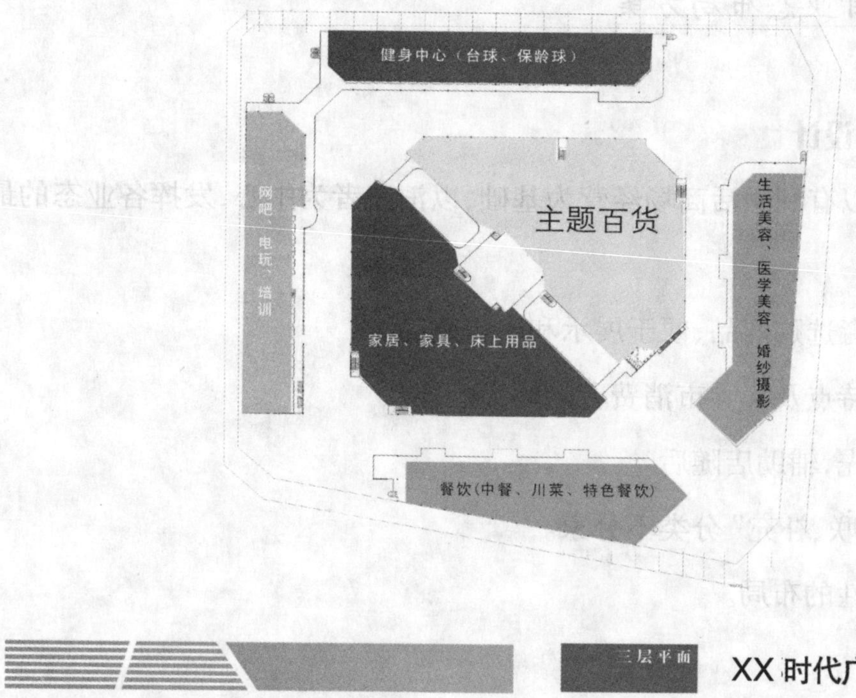

XX时代广场业态规划方案

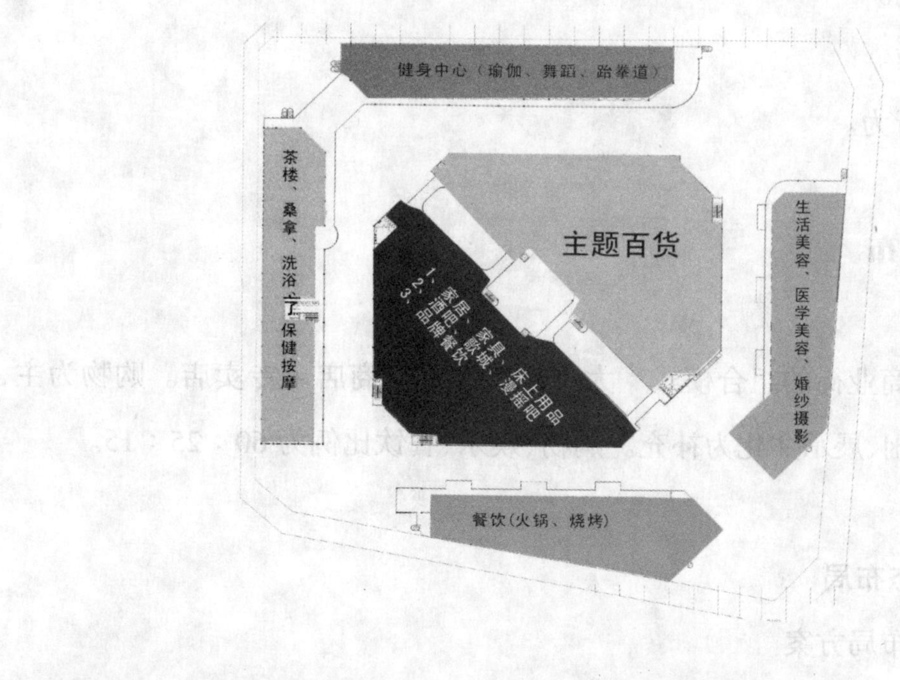

XX时代广场业态规划方案

◆××项目业态布局方案

一、整体布局设计

1. 整体布局以有利激活商场经营为基础,以消费者为中心,发挥各业态的最大效益。

2. 便于消费者选购商品、便于展示和出售商品。

3. 结合业种特点及××市消费者的购买规律。

4. 主力店优先,辅助店随后。

5. "主力、关联、补充"分类不分家。

6. 丰富有弹性的布局。

二、项目主题功能配置

1. 考虑商品的流动性。

2. 考虑经营效益。

3. 考虑业态性质。

4. 考虑消费者行为。

三、楼层业态分布

1. 业态组合

双主力商店+商业街的组合模式:大型超市+百货商店+专卖店。购物为主,娱乐、餐饮为辅,休闲、展示文化为补充。购物、娱乐、餐饮比例为60:25:15。

2. 各楼层的业态布局

(1)一层业态布局方案

大型品牌超市+品牌专卖店+品牌专业店+品牌餐饮+银行+顾客服务中心

(2)二层业态布局方案

大型品牌超市 + 百货公司 + 品牌专卖店 + 专业店 + 美容护理店

(3)三层业态布局方案

百货公司 + 专业店

(4)四层业态布局方案

室内娱乐 + 餐饮店

3. 天台业态建议

"星空会所"：天上人间酒吧（半露天酒吧）、茶吧、西餐厅、健身室、乒乓球等设施。

(一)整体布局设计

1. 整体布局以有利激活商场经营为基础，以消费者为中心，发挥各业态的最大效益

2. 便于消费者选购商品、便于展示和出售商品

消费者的消费欲望分为隐性和显性两类。隐性消费者没有明确目标或目的，因受到外在刺激物的影响而不由自主地对某些商品产生的注意，这对刺激消费者购买行为有很大意义。因此，此项目进行整体布局设计时，有意识地将有关的业种如妇女用品与儿童用品、儿童玩具邻近设置，向消费者发出暗示，引起消费者的无意注意，刺激其产生购买冲动。

出于激发欲望的目的，此项目具体布局时应将以下四种业种聚集在一起，以加强吸引力。

第一类：男鞋、男装、运动用品相对集中布局。

第二类：女装、女鞋、童装、玩具、文具等，便于在购买之前对商品款式、价格和颜色进行比较，同时便于配套购买，增加购物需求。

第三类：食品零售店，包括熟食店、面包

店、生鲜食品类超市。

第四类：配套服务店面，包括银行、便民药店、照片冲印店、干洗店等。这些服务需要靠近停车场和入口，集中布置并与其他商家相对分离，让购物者出入方便，允许它们在购物中心营业时间之外继续营业。因此此项目布局时将此类业种集中布置在酒店式公寓的裙搂商场一层。

3. 结合业种特点及××市消费者的购买规律

频率高、交易零星、选择性不强的业种，应设在消费者最容易感知的位置，以便于他们购买、节省购买时间。花色品种复杂、需要仔细挑选的业种及贵重物品，要针对消费者求实的购买心理，设在售货现场的深处或四层，以利于消费者在较为安静、顾客相对流量较小的环境中认真仔细地挑选。

4. 主力店优先，辅助店随后

对于此项目而言，百货和超市能有利的引导人流，其布局直接影响到整个商场的形态，故位置需先行确定。一般大型商场的主力店适合放在线性步行街的端点，不适宜集中布置在中间，这样才能达到组织人流的效果，因此此项目超市布局在东面，百货布局在西面。

5. “主力、关联、补充”分类不分家

能表现出一个商场特征的就是主力商店 / 主力商品，主力商店 / 主力商品是该商场销售额的主要部分。根据主力商店 / 主力商品的性质选择其相关联的业种，又根据主力、关联业种的需要配置补充商品，从而整合出一个商场的整体业态组合。如百货店和综合超市的关联商家是男女服饰店、鞋包店、食品店、音像店、书店等，补充商家是娱乐设施、银行、邮局、美容美发等。

6. 布局丰富而有弹性

此项目的布局比率大致上可以分为普通商品 60%、观赏商品 10%、利润商品 15%、并列商品 15%，制造丰富有弹性的业态组合。

普通商品指顾客熟悉的、叫得出来的商品，提高顾客的消费欲望，增加商场人气和商气的主力军。

观赏商品使顾客赏心悦目，挑起顾客兴趣、关心的话题性商品、高价位商品、新颖商品,此类业种的入驻,可以提高商场的地位和格调。

利润商品是一种利润率高、纯利大的商品。

并列商品当作主要商品的关联品或补品,可以配置在卖场,这类商家主要为方便顾客而引入。

（二）项目主题功能设计

此项目的楼层共有地上四层主体,相对××市市场楼层较多。业种丰富,因此,必须对项目功能进行细化,以便以消费者能清晰、快捷、准确的达到购物的要求,同时通过功能细化形成项目多点特色,提升项目形象。

项目楼层主题功能配置考虑：

1. 考虑商品的流动性

将流动性强、日常需求较大的连锁超市安排在一层和二层,将服装、鞋冒等安排在一层步行街和二层商场。因此在布局时把超市布局在项目的东北面,主入口两侧布局以品牌店为主的室内步行街。既充分满足市民便捷的购物需求,又通过品牌服装、鞋店等专卖店提升此项目的档次,树立良好的形象。

2. 考虑经营效益

此项目一层和二层租金较高,因此将效益较高的商品如化妆品、首饰、服装、鞋等布局在此项目一二层。

3. 考虑业态性质

主题特色楼层具有较高的辐射力,此项目将特色主题安排在三四层,在消费者完成特定消费行为时往下走顺便完成其它消费,因此,此项目在三层布局数码等相关连的产品。在四层布局娱乐、餐饮的主题特色设置。

4. 考虑消费者行为

逛完低楼层会出现消费疲劳,很难吸引消费者继续望上购物。因此,此项目四楼安排放松、愉悦、补充能量的主题业态。

楼　层	主　题	规划经营范围	形象表现
一层	流行前线	大型连锁超市（主力商户）、品牌服装专卖店、高档化妆品专卖、金银首饰珠宝玉器、眼镜、钟表、连锁快餐店、银行、顾客服务中心处等	1. 引进大型品牌连锁超市，以敞开式的自由选购方式，为消费者营造一个轻松自由的购物环境。2. 大型的首饰金店、名牌化妆品、高档品牌服装等，整体提升此项目的档次
二层	品牌走廊	大型超市（主力商户）、百货公司（主力商户）；特色休闲、潮流服饰、内衣、皮具、鞋类；个人用品店、修甲、纹身等	国内外知名名牌产品、精品的汇聚之地，打造××市高品位时尚走廊，引领××市消费潮流
三层	数码世界	百货公司（主力商户）、家用电器、音响、IT 产品、数码产品、高科技展示区、音像制品、书城、休闲加油站（如雪糕屋）等	荟萃各类高科技数码产品、音像产品、书城、家庭日常用品、健身运动体育产品等，为顾客提供一个质量保证的好去处
四层	欢乐天地	电子游乐天地、儿童卡通城、国际美食走廊等	为××市市民开辟一个真正的休闲消费好去处

（三）楼层业态分布

目前，××市各个商场业态分布普遍都较乱，大大影响到消费者的消费情绪，已跟不上潮流需要。此项目为了保证商场经营的均好性与有效引导消费者消费的良性循环，根据进入店内购物消费的顾客的心理对各楼层的业态进行合理的分布与组合。

1. 业态分布原则

进行业态分布规划时，此项目的业态分布主要从以下方面因素予以重点考虑：

＊有助于提高商场的整体档次。

＊考虑商户类别和商户影响力。

＊尊重商户对平面布局的要求。

＊便于商家经营和商场管理。

＊考虑到客流的合理导向及消费者购物的方便舒

适。

确定各楼层的功能划分时，重点考虑此项目的定位、商品经营需求、商场商业氛围营造、顾客消费习惯等，通过合理的商业布局和商户组合，有效聚集人气、疏导人流，最大限度地提高并实现商铺的商业价值。

2. 业态组合

（1）××外滩商业项目业态组合建议以双主力商店＋商业街的组合模式：大型超市＋百货商店＋专卖店。

（2）业态搭配的比例安排。

a. ××市市民对大型购物中心的功能需求

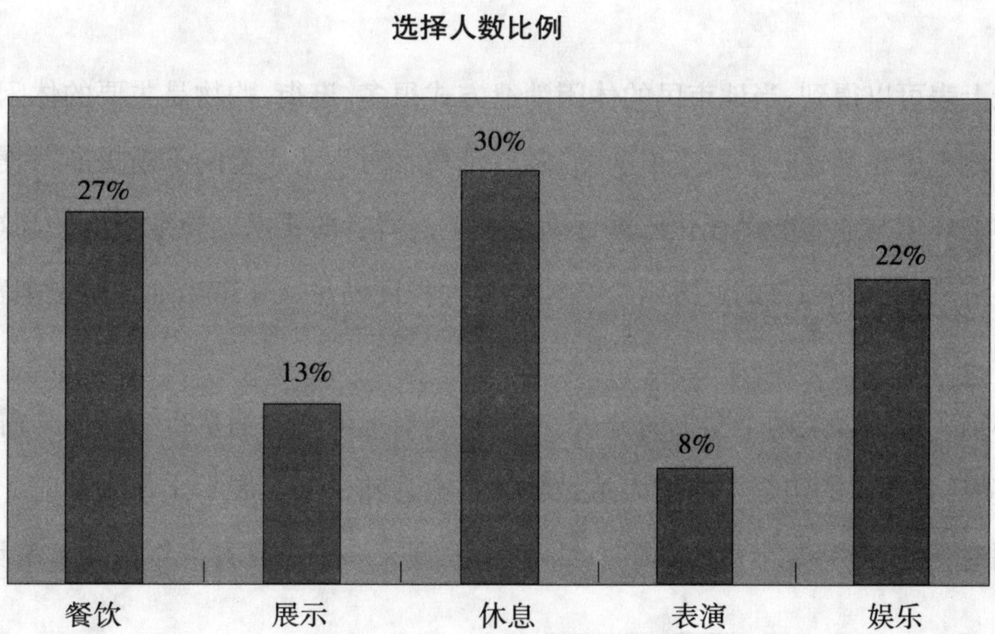

从上图研究分析得到，当地市民希望大型购物中心的相应配套，其中休息的休闲空间、餐饮及娱乐的比例占绝大部分。说明当地市民对大型购物中心的多元化要求较高，此项目的业态组合主要满足市民的多方需求，适当引进餐饮、娱乐等方面的业态，中庭可以用作阶段性产品展示，补充功能满足市场需求。

b. ××市市民主要休闲方式

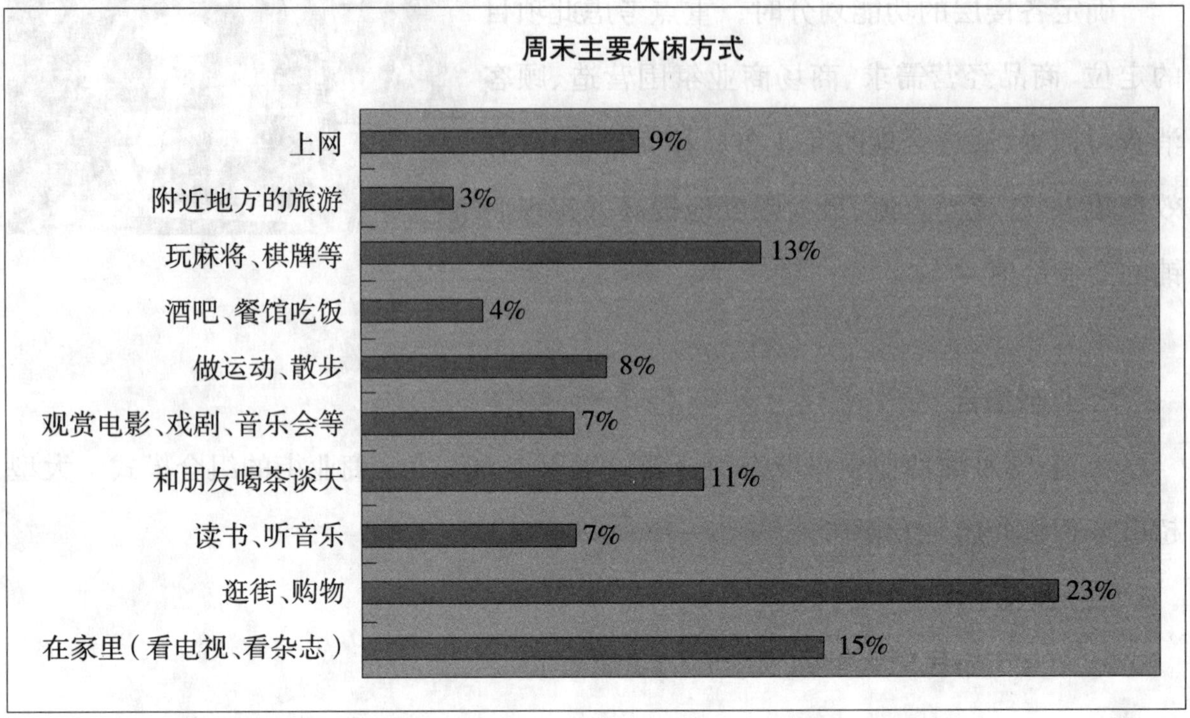

从上表可以得到，当地市民的休闲消遣方式很多。逛街、购物是主要的休闲方式，说明当地市民还是比较喜欢逛街购物。随着消费者对生活质量的不断提高，目前××市的购物环境与业态的多元化已远远满足不了消费者的要求，导致当地的高端客户严重外流。因此，此项目的业态组合必须要最大程度满足××市当地各阶层消费者的需求。

小结：根据以上两个图表的分析，可以得到当地消费的消费行为习惯与需求，因此，此项目各业态的组合：购物为主，娱乐、餐饮为辅，休闲、展示文化为补充。

同时，经过对××市市的娱乐项目调查，发现××市没有青少年与儿童游玩娱乐场。因此，建议此项目在娱乐方面相应加大比例，以吸引更多青少年与儿童的关顾，从而带动大人们的消费。

此项目购物、娱乐、餐饮的比例建议为60：25：15。

另外，结合后期的招商工作需要，根据业态需要逐步调整商户组合比例。

3. 各楼层的业态布局

（1）一层业态布局方案

大型品牌超市 + 品牌专卖店 + 品牌专业店 + 品牌餐饮 + 银行 + 顾客服务中心等

经营类别：超市、男女品牌服饰专卖店、高档化妆品、珠宝首饰店、钟表、眼镜店、连锁快餐等。

支撑理由：

a 大型品牌连锁超市有利于吸引更多消费者进入商场。

b. 大型连锁超市对租金的要求高，营业面积较大。从此项目的收益考虑，超市的位置摆放应尽量安排在人流不是很旺盛的区域。

c. 单层规模受限，必须整合经营，产生规模效应，聚人气。

d. 树立商场的形象、档次、吸引客流。

e. 商铺经营者需承受高租金，追求零售高利润，必须依靠品牌经营。

f. 品牌餐饮能树立良好的项目形象，为项目带来大量人流。

（2）二层业态布局方案

大型品牌超市 + 百货公司 + 品牌专卖店 + 专业店 + 美容护理店等

经营类别：超市、百货公司、男女时尚潮流服饰、内衣、皮具、鞋类、个人用品护理店、修甲、纹身等。

支撑理由：

a. 超市经营规模需求，面积不够。同时，超市和百货公司经营业态的不同，引起互动效应，带动整个商场的人流循环。

b. 楼层相对一楼，商业价值偏低。

c. 对接一级主力店能承受的租金。

d. 提升楼盘的商业附加值，激活相邻楼层（一楼、三楼）。

(3)三层业态布局方案

百货公司＋专业店等。

经营类别：百货公司、家用电器、音响、IT产品、数码产品、高科技展示区、书城、音像制品、休闲加油站(如雪糕屋)等。

支撑理由：

a. 租金相对较低,对接一级主力店能承受的租金。

b. 以经营家用电器、家居产品、书城、高科技产品展示区为主,吸引同阶层的人群。

c. 形成特色主题,最大化吸引客流,联动四层的布局,起到承上启下。

d. 补充此项目的功能,实现从一二层购物到四层娱乐的有效过渡,达到购物一站式。

e. 数码产品对楼层的要求是不上不下,居中最好,符合其业态的要求。

(4)四层业态布局方案

室内娱乐＋餐饮店。

经营类别：电子游戏天地、儿童娱乐世界、特色美食走廊,预留位置与五半层的电影院等。

支撑理由：

a. 强化项目的休闲功能,提升商场的趣味性。

b. 由于娱乐城噪音过大,为了不影响其他商户正常经营。因此,要将娱乐城经营楼层提高。

c. 满足都市休闲人士的时尚消费潮流。

d. 满足多功能商业广场的需要,为都市人提供休闲购物娱乐场所。

e. 行业消费稳定,适用高楼层出租难的经营风险。

f. 由于餐饮的气味较浓,避免各类物品附吸各种气味,影响顾客的购物心情;同时，餐饮的租金要求较低。

上述业态的布局考虑到首层商铺与各层商铺的协调性与互动性，有利于带旺商场的每个楼层，保证整体经营的均好性。同时，根据具体的招商与经营状况，在业态经营的划分上可以灵活调整。

4. 天台业态建议

为了更好地利用天台（四层楼顶平台）的有效区域，尽量增加商场经营面积、不断提升项目的商业价值，应该充分利用天台资源。

在天台开设“星空会所”，会所内容包括：天上人间酒吧（半露天酒吧）、茶吧、西餐厅、健身室、乒乓球等设施。星光会所配以各种适应现代社会生活的休闲和运动设施，把星光会所建设成为××市商务人士、白领一族、休闲人士的一个重要的交际、应酬场所。

5. 关于整合业态的建议

基于以下几方面因素：

* ××市整体的商业市场规模有待进一步开发。

* 创新的经营模式有待××市市民逐步接受并认同。

* 大型商场的成熟期需要两年以上，开业前期经营成本较高。

* 商场经营经验和管理经验有待逐步提高，管理人员有待磨练。

根据当地市场的实际情况考虑，为了降低商场的经营风险，综合分析了部份国内大型商场的开业策略，建议××外滩商业项目实施“分段开业、逐步完善”的开业策略。

“分段开业、逐步完善”，是指××外滩商业项目在开业时，如招商结果不理想，就先分段开业，在商场经营逐渐成熟时，逐步全面开放，整个商场在两

至三年内全面经营。达到全面经营的效果。目前国内的大型购物中心都采用此策略，如广州的天河城广场、正佳广场、上海的恒隆广场、港汇广场等。

第八部分：

撑握商业地产项目营销成功关键因素

项目概念的建立是商业策划的开始，其中项目的定位决定和影响着项目的市场规划设计、物业需求、品牌招商、经营管理、商品定价、形象推广等诸多方面，是一个商业项目运作的前提和保障。

成功营销的首要前提，即让投资者或租户最大限度地提升物业租金。而提升物业租金，除后期销售技巧外，前期规划设计是项目成功营销的根本。

商业规划是商业地产项目开发流程中的重要环节，而业态组合又是商业规划中极为重要的内容。如若业态组合定位科学合理，可使楼盘营销增加靓丽的卖点，有力促进楼盘的销售，反之，如果业态组合定位不符合项目所在城市商业发展现状的实际需要，将导致项目投入运营后必定不能做旺而最终归于失败。

第一模块：创造式的商业定位奠定营销成功基石

项目概念的建立是商业策划的开始，其中项目的定位决定和影响着项目的市场规划设计、物业需求、品牌招商、经营管理、商品定价、形象推广等诸多方面，是一个商业项目运作的前提和保障。

商业项目的定位是一个全面的、综合的过程，它涵盖企业的主题定位、目标市场定位、业态定位、功能定位，客户定位等，这些定位是相互关联、相互作用、相互影响、互为促进的。而项目的主题定位，是一切定位的根本与前提。它需要针对各级商业市场、项目体量的设定、目标消费群的设定等来确定。项目主题定位是一个复杂的系统工程，并因不同的项目而不同。本章将从定位的一般原则入手讲述商业定位，并辅以案例说明，以期为个案的定位作参考。

一、商业主题定位前提

商业项目的开发，只有充分掌握当地的社会经济发展水平、居民消费水平、商业经营状况，才能对整个商圈的消费客群进行市场细分，从而进行目标市场定位，进而确定主题定位方向。

二、商业主题成功定位三大法则

法则 1：项目定位要勇于创新，适当的超前，但要与零售业的发展趋势相符合。

创新可以从项目的特色、功能等方面入手，增加和补充项目的特殊功能，从某一方面突出与其他项目的区别，形成差异化竞争和特色化经营，更大程度上满足客户的观光购物、娱乐休闲的体验。

法则 2：项目的定位应该具备独特性、唯一性和不可复制性。项目的定位不能与同一商圈内的同类项目相同或相似，避免造成恶性竞争。

法则 3：商品组合必须是潮流、时尚的品牌，才能形成吸引力和创造较高的利润空间。

项目定位的差异性与主题的创新相辅相成。如运动主题的 Shopping Mall、科幻主题 Shopping Mall、娱乐主题的 Shopping Mall、文化主题的 Shopping Mall 等，都为项目的定位提供了创新的思路。

商业市场早已进入合理利润的经营阶段，项目要取得成功，必须根据自身的特点，实行“人无我有，人有我精”的突围式定位，充分发挥大型商业项目的综合优势，是进行市场竞争与经营的有力保障。

三、商业定位模式

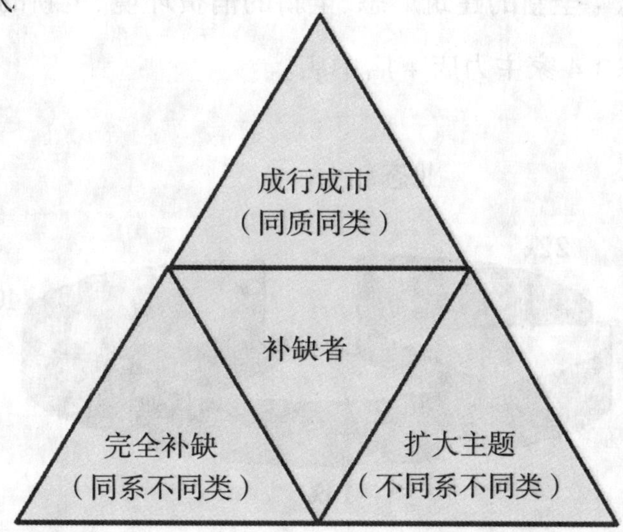

1. 成行成市模式

* 前提条件：需求持续增加，高经营水平。

需要借势周边成熟的商业环境。

吸引周边客户、与竞争对手共享客户、争夺市场客户。

* 适应范围：在成熟商圈周边延展较易实现。

2. 补缺者模式

* 前提条件：此为一种理想模式，即要求市场确实存在空白，而做市场空白的补缺者。

* 模式特点：有一定的风险性。

四、独具匠心的定位策略分析

案例 1：华润万象城

定位借鉴：以创新主题引领市场。

华润万象城：深圳都市文化品位且富有个性的主题购物中心。

* 建筑面积：18.8 万平方米。

* 商业定位：完整及协同的体验，包括购物、休闲、餐饮及娱乐。

* 开发理念：全新的建筑形态、全新的消费环境、全新的业态组合。

* 商业形态：4 家主力店 + 店中店。

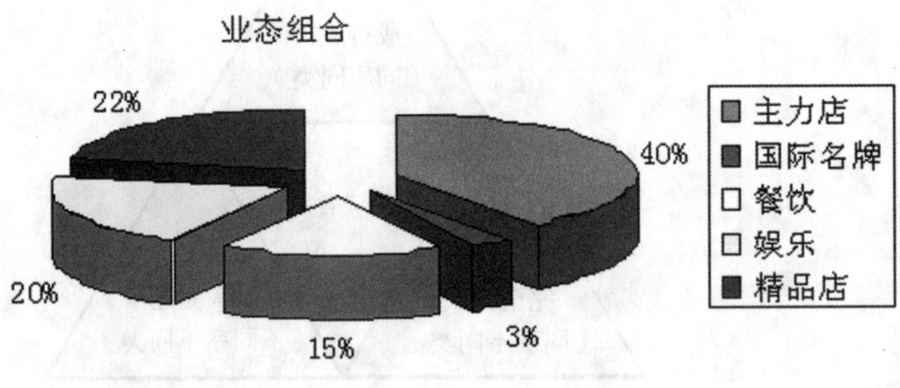

负一层主力店：华润万家超市 City Value 超级广场。

主力店采取错位经营方式，走时尚路线，推特色商品，建设一个以进口商品为特色的新概念超市，避免商品组合与竞争对手同质化。

1—3 层主力店：Réel 时尚生活百货（2 万平方米）。

首次进入中国内地的百货公司，深圳 R é el 百货做到了真正市场细分，开创了个性化女性消费环境。它的购物环境、商品组合和服务极具个性化。

4层主力店：嘉禾电影城、真冰滑冰场。

开创深圳第一个室内真冰场，吸引市场广泛关注。

案例 2：××大型批发市场

定位借鉴：从战略与策略角度提出定位原则与方向。

定位的前提：项目面临的问题解决。

概念：批发市场是指为买卖双方提供经常性地、公开地、规范地进行商品批发交易，并具有信息、结算、运输等配套服务功能的场所。

※特征：

（1）有固定的场所和商品分装、加工、储运配套设施。

（2）陈列大量商品以供看样订货。

（3）为吸引客户进场交易提供便利。

（4）“市场”经营管理机构不参与商品经营。

（5）进场客户有相当经营实力，长期驻场。

※主要功能

（1）集散（商流）功能。

（2）结算功能。

（3）信息中心功能。

（4）价格形成功能。

（5）加工、配送功能。

（6）服务功能。

（7）交易功能。

（8）管理功能。

（9）展销功能。

（10）代理功能。

※作用

（1）衔接产需，指导生产，引导消费。

（2）发挥价值规律的作用，发现商品价格。

（3）维护交易秩序，规范交易行为。

（4）有利创造品牌，促进新产品开发，保证成交质量。

（5）提供规范交易场所。

（6）有利加速资金流转（保证金制度，为购销双方合同担保，避免经济诈骗行为）。

※国内批发市场的主要问题

（1）摊位制为主，档次较低，设施简陋。

（2）交易方式简单、原始，交易行为不规范。

（3）交易功能单一，配套功能差。

（4）以管理为主，管理人员素质低，市场的创新能力极差。

（5）个体户为主、企业和有品牌的产品参与的极小。

（6）资金能力有限。

（7）不注重经营，是房地产开发商，只是租赁摊位，经营能力较差甚至没有经营管理能力。

（8）投资能力不足，注重硬件投入，不注重软件的投入，更不注重配套服务的功能。

（9）缺少批发市场必备的物流、配送、包装等服务。

（10）管理技术落后。

※问题下的主要对策

对策之一：整合资源

（1）与“物流”及电子商务整合，速度制胜

现代物流，被称为是企业的第三利润源泉，是21世纪最大的蛋糕之一。据有关资料介绍，日本著名批发商业企业丸红已经和上海一百正式成立我国第一家合资批发企业，该企业向社会各类零售企业提供物流配送服务。而除大型百货商店、街头各小型非连锁便民店需要物流配送外，即便是沃尔玛这样的国际连锁店也需要社会物流配送服务。因此，我国的批发业与物流业整合势在必行。

在我国，物流运作的真正主体制造商、批发商和零售商物流意识的觉醒才是近两年的事情。绝大多数传统物流企业仍然停留在低水平的服务层面上，将来批发市场要做到一切以满足客户需求、开发客户需求和创造客户价值为基本出发点和终结目标。

（2）批发市场自身整合，做强做大

批发市场放开后，外商带来了先进的技术、管理经验和理念、雄厚的资金，他们可以说是重拳出击。国内批发市场要正视现实，联合起来，壮大自身。也就是一方面国内批发市场自身整合，增强实力，另一方面准备与外商介入的批发市场以股份制或其他形式进行整合。

对策之二：打造品牌

国内大型批发市场要想方设法打造自己的"金"字招牌，就是打造"金品"，走品牌化经营之路。注重提升物业管理品质和服务创新，不断营造良好的交易环境，聚集旺盛的人气，从而塑造卓越的品牌形象。就是以服务树形象，以形象造品牌，再通过品牌延伸和渗透使其品牌深入人心，最终打造出批发市场的"金"字招牌。

（1）招租和培育专业型的批发企业，打造批发市场"航母"

在批发市场上的优秀专业公司，因为经营水平都很高，必然会获得大批客户的认同，为打造批发市场的品牌作用极大。但同时对商业房地产企业提供较高的要求，不能局限于销售商业物业，而要把更多的精力投入到如何进行项目调研、策划、开发、经营服务中去，如何细分市场，如何精确地找到客户群，选择何种媒体进行广告投放，如何满足消费者需要，甚至进行市场创新，引导一种消费潮流等等。

（2）卓越的物业管理，良好的经营水平，是打造品牌的关键

打造品牌的方法固然很多，拥有卓越的物业管理和较高的经营水平是打造优良品牌的关键。批发市场开发之后,要重视市场需求服务,围绕着如何兴市旺市开展各种经营服务。对于服装市场,可以通过举办服装博览会,主题推介会,流行趋势发布会、廉价清仓促销活动等兴市旺市,经营的内涵就是服务的创新。只有在不断创新前提下,才会给入驻商户带来意想不到的方便和好处,而这样的批发市场才有好的口碑,才会征服客户。应该说,以批发市场建设为依托的是房地产业,但要想获得成功,迫切需要卓越的物业管理和经营水平,更需要通过一切手段来打造一种过硬的品牌。

如何提升经营的水平,有两种选择:一是开发的市场交给专业的批发市场经营管理公司,利用该公司"专"的优势极力打造品牌;二是培养自己的经营管理公司。无论前者还是后者,都要求经营管理公司要充分有新的理念和管理方法。这种经营管理不仅仅局限于提高专业批发市场质量,加大打假防假力度,理顺内部管理机制,批发市场内规行划市,培养有影响力的大商户等等较一般的经营管理水平,而是考虑如何管理能够促使批发市场进一步做大做强,如何使批发市场中的产品都是过硬的拳头,如何使"市场商品专而精,市场功能多而优",如何提前介入市场开发,如何培养把众多产权分散的同类经营商户通过一种网络纽带集中起来,采用物流技术及网络信息,统一采购、配送,集中管理等具有深刻服务内涵的举措。

另外,欲打造品牌,还要重视学习世界上最先进的批发管理技术,特别是信息技术的应用,诸如把国外最先进的物流配送技术、供应链模式导入国内,跳跃式地快速构造我国现代批发网络。通过学习他人,提高自己的管理品质,在与外商的学习和协作中前进,在前进中寻求击败对手的策略。

(3)"集群化"发展,品牌打造的重拳

批发市场"集群化"包括两个概念,一个是全国性的连锁,通过同类专业批发市场的连锁,形成辐射式的批发市场的"集群化"发展的概念;另一个是在一个批发市场里,有多个专业批发市场的集聚,形成集聚式的批发市场"集群化"发展的概念。

实现批发市场的"集群化",其目的是通过规模效应向周边地区辐射、渗透。辐射式的批发市场,极类似零售业的连锁经营模式,但需要考虑到不同区域的环境、文化、历史背景不同,要因地制宜;集聚式的批发市场,极类似一站式购物模式的购物中心或 Shopping Mall。创新性地适时建立“集群市场”,并通过批发市场中构建的网络、仓储配送体系,使之相互连接,相互关联、相互促进,形成规模经营。

如果说卓越的经营管理是“打造”品牌,那么批发市场的“集群化”发展就是对品牌的“再打造”。前者使品牌形象塑造出来,而后一种所谓的“集群化”发展策略即是品牌的渗透或延伸。打个比方,第一个批发市场的形成,其品牌吸引更多的是“眼球”,那后来复制的几个批发市场吸引的已不仅仅是“眼球”,更多的是“眼球”后面理性的认知。品牌的影响力显然在“集群化”运作下深入并成倍放大。

对策之三:功能创新

从全国范围看,批发市场处于转折时期,需要调整、规范、创新。批发市场能够长期存在与发展的前提是“功能创新”,传统的小商品批发市场大有被新的交易形式所替代的趋势。因此,国内的批发市场在做好与计算机、网络、物流融合,与各大批发市场进行整合,打造“金”字招牌的同时,还需加强在观念上、管理上、组织上、功能上、机制上、经营方式上等进行方方面面的创新。

(1)多功能、现代化的批发市场将获得更多的利润

入世后,批发业中不适应市场化运作的那部分功能将很快自生自灭,而自身在不断创新的前提下,批发市场的生存空间会拓得更宽,在相当长时期内将保持良好的发展态势。从本质上说,批发市场功能创新或“市场再造”是一个利润再分配的过程,多功能、现代化的批发市场将抢占更多的利润,而原始方式、低水平模式的批发市场的利润将逐渐减少;不能不断创新的批发市场将被挤出主导地位,甚至挤出市场。

(2)批发市场将向纵向一体化延伸

批发市场的功能上进行创新,例如,从原来的流通领域伸向生产领域,走“销—产一体化”、“以销带产”的经营之路;从“一买一卖”模式向现代物流模式过度创新;从交易中心向仓储、加工、包装、配送中心和信息中心转变创新;把批发市场建设为厂家仓储区、产品展示区和营销中心。

对策之四：向零售市场渗透

(1)向零售市场渗透的概念

凡是涉及到产品销售的企业，都争先恐后地将抢滩零售市场提到一种战略的高度，向零售业渗透包含两个方面的概念。一个概念是在批发市场内，增加零售的功能和区域，目前批发市场都具有批零兼营的功能，但没有专业的零售区域，在规划上实际是可以考虑加入这种经营功能，因为这种形态可以增加批发市场的知名度，增加企业产品同客户接触的空间；另一个概念是增加批发市场的功能，辅助批发型的企业向零售业渗透的能力，例如建立××网站，增加信息功能；建立零售商俱乐部，定期向他们发布有关信息；建立物流配送体系，直接为批发企业服务，减少零售商的采购成本，成为配送中心。

(2)批发市场将成为零售网络的中心

根据批发商对市场的控制能力和网络辐射能力，遵循“中心造市，周边取量”的模式，也就是批发商以本地批发市场为终端网络建设的中心大本营，走向周边分兵扩张的道路。使产品在批发市场上获得较高的市场占有率和品牌认同感，从而带动周边市场的消费潮流。这种经营模式将收到事半功倍的效果。

(3)协助设定客户等级

为批发企业开发客户信用管理软件，建立公共客户信息管理中心。一方面可以通过计算机对自己的客户按照规模实力、资金信誉、品种结构、店面大小进行综合分类（如A、B、C类）管理，重点突破，以点带面，努力提高客户掌控力；另一方面，对于没有信用的客户，将在网上公布，减少批发企业因客户信用造成的风险。

终端市场售点数量多，终端管理工作也极其琐碎，建立周密的考核体系可大幅提高终端市场运作效率和专业化程度。

(4)陈列与信息反馈

利用批发市场的展示空间，让产品更生动地展示在客户的面前，可以增加和刺激购买，增加“额外”的销售机会，树立品牌形象，带动产品的整体流速；同时，利用批发市场的信息，可以对产品是否畅销还是滞销有一定的判知，以便批发企业调整产品结构和营销策略。

定位思路——立于战略高度看项目

（一）项目总体理念

中国房地产的竞争发展到今天，不仅是产品卖点的竞争、营销手段的竞争，更是品牌的竞争；不仅是一时一地某个项目的竞争，更是企业的竞争、企业全局的战略思路与经营模式的竞争，归根结底是战略理念和开发策略的竞争。只有立于战略的高度来定位，才能跳出市场。

理念一：做中国商业的门户概念。

理念二：做中国商业的制高点概念。

理念三：做区域板块概念。

理念四：做商业航母的品牌战略概念。

理念五："共繁荣"的经营理念概念。

（二）项目的整体策略

※项目策略的目标

（1）是一个集散面广，容量大，商品多、功能全，交易规范的全国性市场。

（2）建立统一、开放、竞争、有序的全国性市场的组织体系。

（3）建立合理、科学、发达的市场网络和配送体系，提高流通效率，减少流通环节。

（4）建立完善、高效、灵敏、现代化的商业信息系统。

（5）制定公平、完善的交易规范和法规体系。

（6）加强培训流通大军，为市场的稳定和发展奠定人才基础。

（7）建立仓储管理和服务体系。

（8）建立科学、合理的，在银行指导和管理下的市场结算服务体系和信贷体系，减少或杜绝三角债的产生，增加"市场"运作的信誉。

（9）建立质量监控和管理体系，减少假冒、伪劣商品给市场造成的不良影响。

（10）建立专为"市场"目标客户理财服务的会计师事务机构。

（11）建立"市场"的行业协会性质的社团组织，保证行业自律和共同管理。

（12）建立"市场"行情报告制度将相关数据经统计整理后反馈企业，指导企业对市场的把握，引导生产。

（13）成立多方位的综合服务体系。

※具体的策略

（1）策略一：龙头带动

××的规模和规划必将是北京商业房地产的龙头，也是现代型的批发市场龙头，是北京南城区域商业项目的龙头。××的推出，必将改变北京南城区域批发市场传统、低档、假冒伪劣充斥的局面。通过定位于复合型龙头批发商业地产的概念，寻求同一般的批发市场商业物业产生差异化，也同零售业用的商业物业产生差异，避免同质化竞争。

（2）策略二：做新城标

城标的概念，它是一个城市的标志，这种标志可以是一个城市地理意义的标志，也可以是有经济意义的城标、行业领导意义的城标。

××的巨型建筑从城市地理位置上讲，做南部区域的城标当仁不让；做中国现代化批发市场的领导者，必然是经济意义和行业领域的城标性项目，其目的是树立品牌形象，增加大厦的知名度，有助于传播和营销。

（3）策略三：先声夺人

在项目的规划与建设方面，最重要的策略就是形成差异化，只有形成差异化，才能创造市场，才能领导市场。

××通过第一个提出"复合型市场交易中心"、"批发商业航母"的概念，根据这一概念进行功能的策划与规划，并集中精力进行现场的形象展示，做出较好的卖场包装，展开市场推广攻势，从而在北京南部区域板块引起震荡，在中国批发领域引人注目，并波及国外。

先声夺人的概念有两个，一个是项目的独特性；另一个是相对于项目开发，品牌推广应该超前。

（4）策略四：竞合双赢

南部区域是北京的市场板块，××在功能定位、目标市场定位、档次水平等方面寻求的差异化，避免同周边的批发市场形成同构性竞争，实现以竞合（竞争加合作，而非单纯的恶性竞争）的策略取得双赢。

（5）策略五：做性价比

在项目的开发上要严格控制成本，保持价格上相对优势。同时，××要突显性价比的附加价值主要体现在：

* 精益求精的工程质量与卓越的项目品质。

* 营造完善的服务功能。

* 提供多种交易功能。

* 创新的交易空间设计与室内景观营造。

* 时尚休闲商务会所的超级大配套。

* 作为城南新城标给客户带来的特殊心理感受（自豪感、归属感、尊贵感）。

* 一流的物业管理与服务（与名牌物业管理公司合作）。

* 举办多种促销经营活动，增加××的特色与品位。

※战略下的项目定位

（1）战略定位

以××项目为支点，做北京南部的新城标，做中国新型现代化市场的新地标，使之成为一个复合产业、具有完善配套服务功能的，以展示和推介为主题的、经营多种品牌商品的、引入电子商务系统（Internet 网络）的、大型和规范的、现代化和国际化的市场交易中心。

（2）目标市场定位

××是一个复合型的批发市场，而不仅仅是一个批发市场。所以，××的目标客户的非常复杂，具体分析大约分为四大类客户类型：

客户类型	目标客户
批发商业	投资商铺客户、国内外经销商和代理商、厂家销售部门、各地批发市场经营者、国外批售中心（OMM）、C&C 交易模式的批发企业（蓝格赛）
零售商业	食品超级市场企业、行业专营店（国美、）、品牌专卖店、主题商店（汽车用品）、商业街等方面的投资企业
辅助商业	仓储、包装、配送、餐饮、银行、邮局、托运、会展、商务中心、会所、娱乐和休闲项目、拍卖
配套服务	税务、法律、培训、商务、财务、中介、信息、广告、展示

个体经营者：以自己生产加工的产品销售为主（前店后厂或仿制流行款式的时装）。

（3）零售类的客户

综合性超市：综合型超市属于日常消费商业，一般选择在人口聚集区域。区内有足够的居住人口和消费能力，而从××所处的地理位置和商圈特征来看，中型的百货、超市能较好地满足区域商圈内和辐射周边居住区的消费需求，结合项目大体量的物业情况，中型的百货或超市作为整个项目的配套，起到“锦上添花”的作用。与批发商业主体不会形成矛盾。何况目前已经有名牌超市对进入项目有兴趣。

连锁经营店：连锁经营在中国的发展如日中天是不争的事实，无论国内、国外的连锁经营企业都在中国市场上极力扩张，项目的商圈地位对这些企业来说肯定是有具竞争力的。

特许加盟店：特许加盟是“外来的和尚”，在目前的大市背景下“很好念经”。其优质的服务和商业质量保证体系，在项目周边还没有太多的状况下，商圈未来涌动的人群是巨大的市场。正好是项目区位从批发杂乱的环境过度到新兴状态的“润滑剂”。

行业专营店：北京南三环周边本来就是专营店的“基地”，几个行业的专业专营店已开放得如火如荼，项目巨大的体量和木樨园环岛北侧的区域优势给此类商家提供新的商业舞台。

品牌专卖店：作为一个商品集散地，与主体商业形态不发生矛盾或重叠的品牌专卖店是主要的承租户，有的业主直接就是经营者。

主题商店：在体验经济日盛的时代，很多有个性的主题商店吸引着追求时尚的人们的消费。在成本不高，商业氛围很好的情况下，主题店很容易成行成市。

（4）其他的主要目标客户

会展公司：北京市大红门地区属于以服装类产品为主的小商品集散地，通过建设专业服装会展场馆，依托北京市对全国极强的辐射作用，通过会展活动提升商品产品集散地的辐射半径，提升产品集散地的市场聚集程度，形成以服装会展为龙头，其他小商品为辅，带动周边各批零市场和市场中心发展的形态，成为永不落幕的集展览展示、信息发布、商品交易、生产制造等功能于一体的商务平台。

仓储货运：以商品批发为主的商业积聚自然形成巨大的货物流需求。光大红门服装批发市场周边就衍生出十一家快运物流服务中心。

邮政：这是批发市场必定有的服务配套。

金融：巨大的物流系统不可能没有银行的支持。

商务中心：具有信息发布、商品广告、咨询、培训、工商服务、商务会议、新闻发布等功能的商业中心。

商务会所：针对企业家的会员制会所。

餐饮：大面积的快餐、有档次的中西餐饮业。

休闲娱乐：在这个巨大的商业航母中来来往往的商家，需要一个可以缓冲休息的娱乐空间。

拍卖：根据商品的业种，举办各种拍卖活动。

※客户投资行为的特征

（1）对于投资性的客户，资金的回报期望值应该高于银行存款、债券、购置住宅、购买小区商铺和其他批发市场；而投资的风险性则应低于股票和期货；投资心理是稳健型的，有一定的风险意识，但不愿冒太大的风险。

（2）对于经营型的投资客户，关键要体现未来的经营价值，而不是资产增值的价值，对方更关心区位、经营的模式、具体的商业规划、可持续的经营与发展。对物业的投资可行性往往只有模糊性的综合判断，有理性成份，也不排除购买冲动。

（3）对于经营型的租赁客户，关键是在短期内的经营商业价值，而不是未来的、长期的、可持续的经营与发展。

（4）判断投资或租赁主要依据：回报分析、区位、其它人士或项目成败经验、企业承诺、企业实力和口碑、亲友评价和专业人士意见等因素。

（三）主题概念定位

主题概念的本质：商业航母型地产。

（四）总体功能定位

※功能规划的原则

（1）项目的规划依照客户资源共享的原则规划和设计：

市场共享：共同面对同一的市场目标。

资源共享：设定同一市场目标所需的服务功能和设备。

空间共享：造成良好的环境（广场、景观、停车场等）。

（2）完善的、专业设计的商业物业

根据展示交易的要求，委托专业的商业卖场设计师设计，吸取零售、超市和批发市场的优点，使其更符合现代化中心批发市场的需求。

* 合理的卖场动线。

* 完善的商品类别区域规划。

* 专业的展示设计。

* 体现现代商业经营概念的场所。

* 舒适的购物环境和优美得体的造型景观。

（3）高性能的配套设施

供水供电设施，消防安全和保安报警系统、停车场、仓库、计算机网络和21世纪和智能信息系统。

（4）完整的、高品质的服务体系

批发市场内有几千家公司从事经营活动，保证物业管理的优良品质，畅通的配送渠道、专业的展示服务和有效的推介效果，都是至关重要的。

功能的规划：

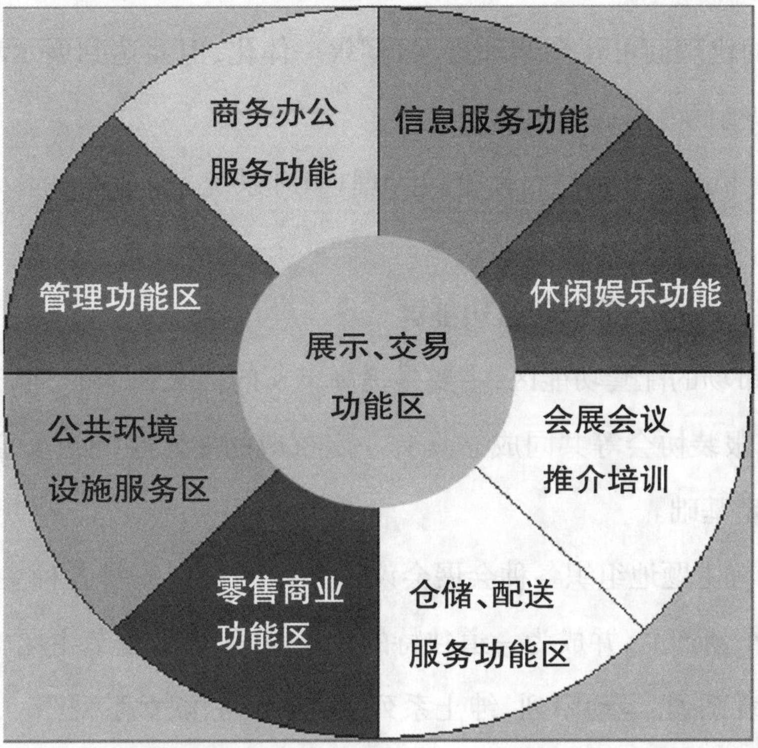

（1）展示、交易功能区

该功能区是××项目的主功能区。展示功能与交易功能区，形成了前“展”后“店”的格局，依托北京对于全国极强的辐射作用，通过动态的展览展示提升本项目的辐射半径，使本项目成为辐射三北地区乃至全国的以服装交易为主导的商品交易中心，成为北京市南部服装交易行业的龙头，展示功能将成为本项目的核心引擎。

同当前批发市场的主要差异表现在：

*集中主题规划，导购便利（吸收零售商业的优点）。

*增加了展示的设计，为交易提供了一个动态的展示平台（有利于展示商品的风采，便于看样定货）。

*经营产品中高档以品牌商品为主导（通过展览展示为品牌企业提供一个推广新品和展示企业的平台，有助于吸引品牌服装企业进入本项目，体现本项目的中档商

品交易中心的定位)。

* 销售形式以开架式销售为主,统一结算,营造了良好的购物环境(良好的购物环境有利于吸引品牌或名牌企业进入、扩大零售和批发交易量;减轻经营人员工作压抑,营造舒适的工作环境)。

* 对于小的代理商可将仓储和批发、零售一体化,但需达到展示功能要求(设计标准模式、类似街面专卖店)。

* 可配计算机,进行客户管理,仓储管理(MIS 系统)。

(2)会展会议、推介培训服务功能区

该区域是市场的配套功能区,主要是提高××的档次和水平。

* 与学院、服装协会等共同成立具有一定权威的专家顾问组委会,为会展会议、推出和培训奠定基础。

* 有计划、有主题地组织各种会展会议。对服装,可以安排各种主题的时装表演,动态地推出各个新产品,并成为一道独特的风景城,例如:季节主题:春、夏、秋、冬;类别主题:时装系列、运动系列、绅士系列、学生系列、淑女系列……动态的、系列的活动,可以增加市场的"热点"和"兴奋点",吸引人流。

* 成为中国时装博览中心和推介中心。

* 定期组织实用性时装大奖赛(设一个基金为好),有专家团评审。

* 组织国际和国内服装、面料、服饰的各种专题交流会议。

* 有目的、有计划地对批发企业的员工和经理人组织系列培训,提高经营人的素质,发展其技能,开发其潜力,变得更有才干。

* 每年举办服装设计类的人才推出大会,集中甄选人才,同时,举办毕业大学生设计作品展示会,加强同专业教师的沟通。

(3)零售功能区

零售功能区主要是拉动市场的人气,但是引入的零售业,不是按照商业中心区的业态引入,而是引入对批发市场经营有益的业态;引入的企业应该是行业的龙头,能够带动其他中小企业和个体进入。

（4）休闲娱乐功能

××项目的经营者既是一个庞大的经营群体，也是一个庞大的消费群体，一定对休闲娱乐功能存在着巨大的需求。一方面，为了业务的需要，接待客户需要一定的休闲娱乐设施；另一方面，批发业务通常在下午3—4点钟结束，需要一个消费的空间。同时，北京南城区域也没有较高档次的休闲娱乐设施和场所，在××内建立一定的休闲娱乐设施，可以填补南城区域相对缺乏休闲娱乐产业的需求。

该区域为配套服务区，以满足本项目经营主体和消费者需求为主导，兼顾南城区域对于休闲娱乐的需求，可以规划批发商会所，设置各种时尚休闲的项目，例如健身房、游泳池、乒乓球室、美容瘦身、壁球室、棋牌室等运动休闲项目；各种文化主题的咖啡厅、餐厅；设置商务娱乐、餐饮和业余时间休闲活动功能等。

（5）仓储物流功能

××批发市场作为亚洲最大、辐射全国的商品交易中心，仓储物流功能是重要组成部分。同样，也是批发市场必须具备的基本功能。结合目前北京市南部批发市场“多批次、小批量”的特点，可以为这种类型的批发交易形式提供小包装，并集中配送；针对未来面向全国的大宗交易，在结合本项目内部短期仓储库房的基础上，在四环外建设仓储物流中心是必要的。

* 仓储可以采用租赁自用和委托管理仓储服务区两种方式。

* 对于加工处理必须设计标准化的包装模式。

* 整个仓储物流服务可以委托第三方物流公司进行经营，引入仓单经营模式，实现物流现代化。

* 主要的功能有仓位租赁、托管、包装、加工服务、配送服务、验收货物、车库、租车。

（6）信息服务功能

信息服务功能区主要是收集、加工和处理各种行情，及时为入驻的企业发布信息，以指导企业生产经营活动，建立21世纪的智能化信息中心、成为行业市场信息发布中心是目标，主要功能为媒体发布行业信息、信息分析和收集、广告展新规划、展示广告设计、建立经济模型供求线、办媒体（杂志、报）、Internet 网络。

* 委托高校或研究所设计市场的经济结构模型，建立相应的供求曲线图，以预测和分析市场前景。

* 有组织的收集相关信息，并实行免费和有偿的服务。

* 创办市场自己的专业杂志和报纸，推介产品和邮购服务，发布推介的活动和企业形象宣传。

* 摊位展示主题设计服务，企业和商品的广告创意和设计服务，提高市场的整体形象水平。

* 负责市场自身的宣传，每年必须有完整的广告计划，广告主题、广告创意、设计方案，保证经营人的共同利益。

* 借 Internet 网络发布各种信息。

（7）商务办公服务功能区

由于××的主要目标客户是企业，而不是个体经营者，在经营过程中，必然有的需要一定的办公空间，同时也存在诸多的商务活动。由于增加人员相对会增加成本，商务功能服务区就是代理商务服务。商务交流中心是写字楼支撑系统最关键的关键部分。

商务洽谈室：设在每层，供小企业按小时租用，这样可以避免由于办公面积较小或没有办公场地造成的商务洽谈的不便利性。伴随着商务洽谈室的租赁，同时提供各种商务服务。

会议室 / 中心：供入驻的中小企业召开各种会议使用。

俱乐部：中小企业家的乐园，一方面有固定的场所，另一方面可以获得许多的优惠和服务。

电子商印务中心：文字处理系统（打字、复印、传真、装帧等），但必须定价服务，以减少经营者的经营成本；各种咨询服务，弥补经营者的某些不足。

秘书服务：是一大特点，处理经营者摊位外的公共事务，包括合同管理，电话、网络订购记录服务，谈判记录等。

理财服务：是代理财务管理（记帐、凭证、报表），真正了解经营的财务状况，并给出经营财务上的指导和提示。

结算服务：是在银行统一指导和管理下，保证资金的安全性和经营过程的可信性。

商务办公区将成为大客户的办公场所和小型客户的交易场所，存在部分的灰色交易，与铺位形成互动。

（8）管理功能

管理是保证交易的正常化的基本保障。

* 组织由政府有关部门、开发主体和经营主体共同参加的市场管理委员会。

* 制定和修改市场的管理规定。

* 解决市场纠纷和分歧。

* 检查、监督产品的质量。

* 决定非营业时间的进出货、防盗、防火。

* 确定商品包装的标准。

* 处理紧急情况的问题。

* 组织有关推介、展示、培训等有利市场的活动。

* 争取政府的优惠政策，创造良好的市场平台环境。

* 成立具有行业特点的中介服务组织，专业商会，行业协会。

（9）公共设施、环境服务区

完善的公共设施，才能保障批发市场能够正常运行。公共环境包括市场内部和外部。外部公共环境是市场的外部形象的直接体现，在建筑外观设计上追求时代气息，配套环境协调一致的主题风格，当然还包括公共停车场、良好景观环境、舒适工作环境、方便的购物工具、快餐吧等；内部环境设计购物动线通畅、清晰，空间利用率高，环境卫生整洁，给人们提供舒适的工作和购物环境，还包括电话、公共网络、供水、电暖设备、保安、报警、防火、餐饮配套等。

(五)形象定位

形象定位:中国商业航母

突出国际化、现代化、创新化、复合型的商业新形象。

第二模块:合理业态规划

商业规划是商业地产项目开发流程中的重要环节,而业态组合又是商业规划中极为重要的内容。如若业态组合定位科学合理,可使楼盘营销增加靓丽的卖点,有力促进楼盘的销售,反之,如果业态组合定位不符合项目所在城市商业发展现状的实际需要,将导致项目投入运营后必定不能做旺而最终归于失败。

业态规划作为商业项目的核心环节,它对营销指导的意义重大。

第一,为销售部提供可以向投资者解释描绘的商业前景,支撑销售工作进行;

第二,指导招商工作的有序进行,明确招商目的和后期经营管理方向;

第三,为项目提供合理的商业组合方案,奠定繁荣持久经营的基石。

所以,对于商业地产营销,业态规划是又一关键环节。

从系统性角度考虑,业态规划分为两大步骤,第一步,根据项目规模、面积、物业现状等,确定项目的业态功能;第二步,根据业态规划、功能组合明确项目今后的经营品类、经营方向、管理方式、商户的投资形式,进而明确未来的招商方向。

一、商业业态分类

对于一个大型的商业地产项目,经营业态包含的内容非常广泛,既包括大型超市、综合百货，还包括餐饮、娱乐等服务性设施，现代大型商业项目管理运营的精髓就是要把松散的经营单位和多样的消费形态，统一到一个经营主题和信息平台上。要进行合理、优化的业态组合，首先要熟识各业态的种类。目前商业地产中业态分类和经营主体的内容主要如下：

业态	经营方式	商品结构	服务功能	选址	商圈	规模	目标顾客	经营实体
百货店	采用开放式柜台销售与自选相结合的合作方式	种类齐全，少批量高毛利，以经营男女服饰、化妆品、珠宝首饰、鞋类、家居和办公用品、礼品为主	定价销售，可以退货，有导购、餐饮、娱乐场所等服务项目和设施，服务功能较齐全	在城市繁华商业区，交通要道	商圈范围大，以目标商圈人口为主要销售对象	商店面积较大，一般在5000平方米以上	以追求时尚，拥有较高消费力人群为主	广百百货、铜锣湾百货、王府井百货、友谊百货
超级市场	自选销售模式，出入口分开，结算在出口的收银机处统一进行	以家庭日常消耗品为主，并经营新鲜食品、冷冻制品	营业时间一般每天11小时左右	居民区、商业区、交通要道	商圈范围较窄，以住宅区居民为主要销售对象	面积在500平方米以上	以居民为主	便价超市、
大型综合超市	自选销售和连锁经营方式	以家庭日常消耗品为主，配搭衣物、鞋类、家庭用品等，同时经营新鲜食品、冷冻制品，商品类较齐全，价格便宜	设有与营业面积相适应的停车场	城乡结合处、住宅区、交通要道	商圈覆盖范围较大	面积一般在5000平方米以上	以居民为主	家乐福、沃尔马、百佳、好又多、新一佳
便利店	以开架自选为主，由收银处统一结账，并采用信息系统化协助进行货物管理，连锁经营	商品结构以快速消费品为主，有小容量、应急性特点	营业时间长，一般在16小时，甚至24小时营业，商品价格较高	选址在居民区、商业区、车站、医院、旅游景点	商圈范围窄小，一般设定在徒步购物5—8分钟内到达的范围	面积在50平方米以上	以较高购买力的居民或学生游客为主	7—11便利店、ok便利店、可的便利店、快客便利店
专业店	定价销售和开架面售，一般采用连锁经营	商品结构体现专业性深度、品种丰富、可供选择余地大，以某类商品为主，并有自营产品	有专业人员指导购买，可以退货	多数设在繁华的商业区、或购物中心内	商圈范围以城市居民为主	面积一般在500平方米以上	满足消费者对某类商品的选择性需求	屈臣氏、万灵个人护理店
专卖店	定价销售和开架面售，一般采用连锁经营和特许加盟方式经营	以企业自营品牌产品为主要商品，注重品牌推广	定价销售，可以退货，注重销售服务	多数设立在繁华的商业街道或进入百货公司、购物中心内	品牌辐射力强，以目标商圈的消费人群为主	面积不定	根据产品属性划分目标消费顾客群体	品牌专卖店
家居中心	以自选形式为主，配以导购人员指导购买，统一结账，开单提货或送货	主要以家私、家居装修和室内装修、摆设品，园艺品、家私洗涤、保养品为主	提供家居物品一站式购足和送货服务，有一定的停车场	设立在城乡结合处、交通便捷的道路；以高档商品为主的选址在购物中心或商业区	以有目标消费的人群为主，商圈辐射范围较大	面积较大，一般在1000平方米以上	根据产品档次划分顾客群体	德国欧倍德、香港宜家家私、英国百安居

文化娱乐设施：大型娱乐城、星级影城、室内儿童乐园、大型书城、健身中心、美容美体中心、婚纱摄影馆、音响音像制品、乐器专卖等。

餐饮类：大型酒楼、主题餐饮、咖啡店、特色美食等。

服务类：干洗店、眼镜和验光店、旅行社、加油站、机票代售等。

机构类：银行、邮局、电信营业厅、公共展厅等。

其他补充类：旅游特色精品、品牌折扣店、宠物用品店等。业态组合，指的是开发商根据项目城市现有业态状况和对未来商业发展趋势的把握，充分利用自身可能整合的各种招商资源，为便于该楼盘作为房地产项目实现销售和该项目作为商业地产日后能够成功运营而对项目各功能分区和各楼层的业态所进行的规划。

二、规模与楼层界定——业态规划的必修课

商业项目规模的大小与经营的成败有极大的关系，规模盲目过大，无论从销售或招商及后期的经营管理，都会大大的加大项目的风险；规模过小，就会影响到项目的整体竞争优势。因此，按照国际大型商业研究机构的研究分析，确定项目规模的确定法包括：商圈饱和度确定法、消费人口及消费能力确定法和未来消费人口及消费能力预测确定法。

1. “量体裁衣”成功制定项目规模的解码

解码 1：商圈饱和度确定法

项目规模的定位，必须根据市场的饱和度，包括已在营业的、在建的及未来 3—5 年内预建的商业项目规模大小，再进行评估本项目的规模优势。

解码 2：人口及消费能力确定法

根据国际大型商业机构研究得到，购物中心的规模服务消费人口标准，15 万平米的大型购物中心，服务的人口约在 800000 人，1 万平米商业面积所必须支持的商业系数为 87114。

根据 2004 年中国购物中心咨讯研究机构调查表明，目前全国各地大型购物中心的经营环境都比较困难，如广州正佳广场的开业率不足 10%，北京金源 Mall 不足 20%。反而，中、小型规模在 2 万—3.5 万平米的购物中心经营状况良好，市场反应非常活跃，租金不断提升。

中国各类型城市购物中心经营状况：

城市类型	购物中心建筑面积	经营状况	租金现状
超级城市	10万—15万平方米	经营良好	租金逐年上升，回收期为5—8年
内地省会城市	6万—8万平方米	经营良好	租金稳定上升，回收期为3—6年
前沿城市	3万—6万平方米	经营良好	租金稳定，回收期为3—6年
三、四级城市	2.5万—3.5万平方米	经营良好	租金稳定，回收期为4—6年

解码3：规模界定技术解码

例：××市在营业的商场面积约1万平米，在建及在售的商业项目的面积约20万平米，未来1—3年预建的商业项目5万平米。

目前××市商场每平方米年营业额为3750元；城镇居民年平均消费额为4500元；城镇人口约220000人。

研究分析如下：

a. 目前平均每平方米商场营业额（年）：3750元/平方米/年；

b. 目前居民平均消费额（年）：　4500元/平方米·年；

c. 目前已有的商业面积：　约290000平方米；

d. 目前××区城镇人口：　约220000人

得到：

IRS＝（C×RE）÷RF

＝（220000×4500）÷290000

＝3413元/平方米/年

其中：

IRS：饱和度指数。

C：　顾客总数。

RE：每一位顾客的平均购买额。

RF：商圈内商场的营业面积。

当IRS＜3750元/平方米/年时，该商圈整体处于不饱和状态。说明该市商业还存在相当大的发展潜力。

同时，从目前××市的商业饱和度分析得到，××市的商业是存在局部的饱和。

通过以上计算确定××市目前所商业面积（RF）空间是：

通过：IRS =（C × RE）÷ RF

得到：RF =（C × RE）÷ IRS

=[220000 ×（3750–3413）] ÷ 3413

= 21722.8 平方米

从商圈的饱和度计算，可以得到目前××市的商业还没有出现饱和的状态，还缺少了 21722.8 平方米左右的商业面积。从商业的整体形态分析得到，××市的商业还是存在很大的市场空白与机会。

①.该项目目前适宜的规模 X：

a. 1 万平方米的商业面积必须支持的服务系数：87114

b. 目前××市城镇居民人均可支配收入：6986 元 / 人 / 年

c. 该项目辐射的消费人口：约 300000 人

按目前××市城镇居民的消费水平及辐射人口，该项目规模为

X =（300000 × 6986）÷ 87114

X = 24058 平方米

通过对项目辐射消费人口及消费能力的计算，该项目规划建筑面积为 24057 平方米。

②.预测未来 5 年，该项目的规划建筑面积为 Y：

预测××市未来 5 年，消费人口与消费能力的不断增长，得到：

（1）1 万平方米的商业面积必须支持的服务系数：87114

（2）预计未来 5 年××市城镇居民人均可支配收入：11209.2 元 / 人 / 年

（3）该项目辐射的消费人口：约 320000 人

Y =（320000 × 11209）÷ 87114

Y = 41174.8 平方米

通过以上科学、精密的测算，结合目前市场需求和未来 5 年××商业市场容量，该项目最终规模定位为：

总商业面积 =（41174.8+（24058+21722.8 ÷ 2）÷ 2

= 32000 平方米

综上所述，在结合该项目投资成本、租金收益率和资金回收期等因素。项目最终规模定位为：商业建筑面积为 32000 平方米。

2. 影响制定楼层数的关键因素

项目楼层在很大程度上决定项目的经营。其不仅对于投资者、经营者和消费者产生巨大影响，也对投资商的最终的项目效益起到决定性的作用。项目楼层层数的规划主要考虑一下因素设定：

因素 1：关于商业价值

项目搂层不但会影响到商铺的商业价值，更会对消费者购物的便利性的造成一定的影响。对于商业项目，最具价值的楼层为第一层、第二层和地下一层，在容积率的硬性指标下，增高楼层则缩减单层建筑面积，也就相对减少第一、二层和地下一层的商业面积，从而降低项目的商业价值。

因素 2：关于商业环境

项目楼层太低则会造成单层面积过大，如果增加了第一二层商业面积，那么将缩减了项目规划外广场的面积，大大影响了项目的商业环境。其实，项目效益最大化是多因素的综合体，购物环境的下降，必定导致商业氛围下降，进而导致单位价值的下降，甚至为项目带来滞销。同时单层面积太大不利于项目的业态布局，容易造成单层的重复经营，导致恶性竞争。

因素 3：关于项目形象

一般来说，项目的定位决定了整体建筑观感，规模较大、现代感强的 Shopping Mall 必须有一定的突出、形象、鲜明，这对项目的建筑形态包括立面、高度、颜色等都提出严格的要求。基于项目的总体发展目标，层高过低就会影响项目的整体形象。

因素4：关于市场的接受程度

投资者与经营者对商铺的楼层要求都十分严格。楼层不但会影响到投资者的投资成本，同时对经营者的经营环境与承受的租金都有较大的制约。

因素5：关于消费者的承受能力

顾客是上帝，人性化的消费是未来中国商业发展的潮流，商场单层面积过小容易给消费者造成一种压迫感，单层面积过大的会给消费者造成视觉疲劳。根据与广东省商业地产专业委员会一项联合调查，结合消费者购物时最大单层心理承受能力和生理承受能力的标准，最理想单层面积7000—12000平方米。

因素6：关于品牌商家的经营要求

目前，海内外的连锁品牌零售商对项目的楼层和单层面积都有严格的要求，根据宏一的多年的商业地产操作经验，零售商和专卖店一般选择的楼层都不会高于四层。

因素7：关于开发成本

基于低成本开发运作原则，开发地下一层的成本将大大高于开发地面楼层的成本。因此，如果楼面主体设计能够从地面得到满足，则尽量减少开发地下层的开发的必要性。

三、商业地产项目业态规划实战解码

1. 业态规划的原则

（1）租金贡献率优先原则

入选的商业业态必须能够承受相应的租金压力，为项目销售提供较高的回报率；同时该行业的租金走势要坚挺，经营持久而稳定，为项目提供较长远的发展繁荣基础。

（2）人气贡献率优先原则

入选的商业业态能够为面积庞大的商场吸引一定的客源群体，为其他业态提供消费者支撑和共享，进而为商场的可持续发展提供客源支撑。

（3）高品质优先原则

同行业商家的甄选，品质优的条件优先，主要针对高品质商家招商，通过高端客户向低端客户渗透和带动消费；通过高品质商家表现商场整个项目的高品质定位。

（4）配套的原则

所有业态之间必须能够相互衔接协调，客源相互不冲突并且有共同特质，经过一定的方法能够互动共享；业态的组合要能够满足项目所在的市民购物休闲等日常和大件消费；必须保留部分业态用以满足商场从业人员和购物客户的随机性和必备配套服务。

2. 提升项目核心竞争力的业态组合法则

法则1：业态比例“黄金分割”

开发商在综合平衡各种关系的基础上，制定各业态合理的功能比例分布，同时制定招商政策，对各业态、业种进行控制。国内外成功的 Shopping Mall 均以 52：18：30 的黄金比例组合零售、餐饮、娱乐的产业经营，因此，Shopping Mall 的业态组合可以参照该比例，根据项目的特点和定位进行细化工作。

法则2：合理布局

每个 Shopping Mall 在规模、地形上有着不可改变的限制。因此，要根据项目自身的特点选择适当的主力商家，进行合理布局。进行业态组合时，首先要考虑的是所选择的业态业种是否能适合在 Shopping Mall 内生存，以及能否有足够的回报；其次，寻找合适的经营主体。

法则3：差异化互补

Shopping Mall 内的业态、业种要能够在功能和形式上同业差异、异业互补。简单地说，同业差异就是市场有一定承受力，不能盲目的招同一品类的店进入。譬如零售业态的核心主力店招商，就不要同时招来两家基本上都是经营食品和日用品的大型超市，核心主力店同质化无差异最终只会导致恶性竞争。异业互补的目的就是要满足顾客消费的选择权，并能让顾客身心体验变化，提高其消费兴趣与光顾的频率。譬如百货、超市因为经营品项不同，可以互补；餐饮机构与娱乐机构相结合等；让顾客逛得疲劳的零售店与让顾客休息放松的餐饮店可以互补等等。

法则 4：人流最大化的商业布局

在经营主体组成确定之后，还需要根据各种经营主体的需求和项目自身的规划进行整合，最后确定它们在项目中的位置。这点非常重要，因为经营主体对于引导人流起着关键作用，其布局直接影响到 Shopping Mall 的形态。总的来说遵循几个原则：核心主力店先行，辅助店随后；零售购物项目优先，辅助项目配套；放水养鱼；先做人气，再做生意。

（1）主力店的位置选取

一般来说，在 Shopping Mall 不同的业态必须选择一个极具代表性的商家作为 Shopping Mall 主题、功能、档次、形象定位的体现，同时在招商中发挥着“领头羊”的作用，可以利用羊群效应吸引到更多的品牌或者经营商户的入驻。因此，在前期的商业规划中，核心主力店的位置需要最先确定，适合放在主入口或线性步行街的端点，不宜集中布置在中间，这样才能达到组织人流的效果。

（2）次主力店的位置选取

次主力店在布局上可以相对集中，因为购物者希望能够像在城市商业区购物一样，方便地进行款式、质量和价格的比较。集中布置有利于扩大商品覆盖范围，提供与城市商业区一样的竞争性和便利性，创造“购物气氛”。有四种主要类型需要互相聚集。第一类是男士用品，男鞋、男装、运动用品应当集中布置。第二类是女士用品和儿童用品，包括女装、女鞋、童装、童鞋和玩具等等，这样便于在购买之前对商品款式、价格和颜色进行比较。第三类是零售食品，包括熟食店、面包店等等，聚集不仅给购物者带来方便，而且还能有效地增加销量。此外，适合聚集的还有个人服务，这些服务设施需要靠近停车场和入口，有可能的话集中布置，并与其他经营主体相对分离，让购物者出入方便，允许他们 24 小时营业。

（3）辅助业态的位置选取

辅助业态适合分散布置，例如，服装和外卖快餐、冷饮应该分开，原因很明显，而且，把服装和食品分开也有利于组织人流，因为在这两种类型的商店中，购物者的步行速度完全不同。珠宝店和音像制品店适合分散布置，这样可以延长购物者“逛”的兴趣。

3. 业态规划要点

（1）现代百货公司和大型综合超市比较适合作为主流业态引进，但二者之间存在竞争关系，要注意它们的错位经营。

（2）首层和二层尽可能采用产权清晰、便于日后管理的内置步行街业态，即使引进现代百货或综超作为核心店，也必须考虑采用适合进行产权分割的办法，将项目化整为零进行销售，确保回笼开发资金。

（3）大型综合超市能够有效地形成商气，对确保项目运营成功有利，但其要求租金相对较低，容易形成“租售”矛盾。

（4）现代百货公司以时尚和女性消费为主，可以承受较高的租金，但该业态必须从首层开始配置，公摊面积最少40%。其与大型综超相似，将在一定程度上导致部分潜在客群不愿投资此类商铺。这是在引进百货公司和大型综超业态时必须注意的。

4. 不同规模下的业态组合方式

业态规划是根据项目总建筑面积的大小和层数商低的不同而设定的。

根据项目总建筑面积的大小和层数的不同，业态可进行不同的组合：

首层面积为4000平方米—5000平方米，层数为4层，总建筑面积在1.6万平方米—2万平方米的项目业态组合方式：

组合（1）：1F+2F+3F为内置步行街，4F为专业卖场。

层　　数	业态规划	规划说明
1F	流行时尚专卖店、精品店、折扣店组成的名店街，并设1—2个方便快餐冷饮店	
2F、3F	以服装步行街为主	将3F、4F临街部分设计为通透立面，用大幅透明落地玻璃配以明亮灯光，使其成为餐饮、咖啡、茶室等对情调和视线要求较高的经营定位，并进行分割销售
4F	引进知名品牌做专业大卖场，如3C卖场（家电、手机、电脑）或家居卖场或电玩、运动、书店、电影城之类专业卖场	

备注：

之所以强调对3F、4F的分割销售，是因为项目总建规模小，可供销售的面积最大

也只有2万平方米，为提高开发商的投资收益，必须尽可能提高分割销售商铺的比例。

※组合分析：

该组合的缺点是缺少核心店，但由于内置步行街将流行时尚和服装专卖集中经营，提供了舒适明亮的购物环境，具有明显的"扎堆"效应，较受经营者和消费者的欢迎。

该组合适合划分小商铺面积，便于控制总价，从而利于推盘销售。

必须强调指出，从定价策略和解决"租售"矛盾、利于开业后运营管理等多角度考虑，这种首层为步行街，并争取尽可能多的楼层为步行街的组合是单体商业地产项目首选和主要的组合模式。

组合（2）：1F+2F2/3为内置步行街，2F1/3+3F为大型综合超市，4F为专业卖场。

此组合的用意在于借大型综超可以有效积聚人气来提升项目的品质。大型综超应成为本组合的核心店。但其必须从2F开始引导人流并输送至3F，否则，将大型综超直接设置在3F有较大经营风险。

组合（3）：1F+2F为现代百货公司，3F为内置步行街，4F为专业卖场。

若项目地处商圈非常成熟，人气特旺，也可考虑将4F设计为部分或全部内置步行街。

三种组合对比分析：

对于组合（2）和组合（3），由于作为内置步行街的可供销售的商铺面积太少，必须明确：

* 大型综超和百货店的面积必须分割列入销售。

* 首层面积一般应不小于4000平方米。

* 与组合（1）类似，将3F、4F的临街部分包装成观景餐饮进行销售。

以上三种组合是针对项目总建筑面积不大的特点而进行的设计。对开发商而言，总建筑面积小，项目整体运作所需投入的资金自然就少。即使在央行实行"121"新政之后，总建在1万余平方米的项目，开发商所需投入的资金依然不是太多，有利于整体运作。但是，对于总建规模太小的项目，如若不能借助现有商业地产形成犄角，错位经营，相互支持，积极巩固原有的中心商圈地位，而项目自身规模又不足于构筑新商圈的，为避免项目开业后的经营风险，建议开发商慎重开发。

首层面积为6000平方米—1万平方米，层数为3—4层的业态组合方式：

组合（1）：1F+2F 的 3/4 为内置步行街，2F 的 1/4+3F 为大型综合超市，4F 为专业大卖场（如家居城），其中，3F、4F 的临街部分为通透明亮的餐饮娱乐景观区。

此组合可提供便于分割销售、三层以下的商铺面积至少近 2 万平方米，且首层面积较大，利于项目推盘销售。当然，大型综超应成为核心店。

组合（2）：1F 为现代百货公司，2F+3F 为内置步行街，4F 为专业大卖场，其中，3F、4F 临街部分为通透明亮的餐饮娱乐景观区。还可根据周边商业物业竞争情况，考虑从 2F 引入生鲜副食洗化超市概念，并连同 3F 的一部开辟为超市。

在首层面积超过 1 万平方米，层数为 3 层，总建筑面积超过 3 万平方米的项目业态组合方式。

因其首层面积和总建筑面积较大，业态组合有较多的选择余地。组合方式主要有两种：

组合（1）：1F 为内置步行街，2F 为大型综超，3F 为专业卖场，其中，将 3F 临街部分作为观景休闲餐饮。

组合（2）：1F 为百货公司，2F 为内置步行街，将 2F 和 3F 的一部分辟为生鲜副食洗化超市，3F 的临街部分作为观景休闲餐饮，其余部分作为专业卖场。

业态组合规划说明：

①各种组合均应在 1F 设立 1—2 个方便快餐、冷饮店以完善功能，但饮食比例不宜太多，以冷食为主。

②各种业态、业种面积占比应根据当地业态现状、竞争烈度和对项目招商、售楼前景的预测进行综合分析确定。

③选择观景休闲餐饮要考虑项目地周边环境是否具有景观价值，所在楼层是否具有良好的视野。

④除在顶层规划专业大卖场外，应根据实际需要在 2—4 层间配置一些其他业种专业店。

当然，商业规划中的业态组合定位还有许多选择。但任何选择都必须考虑大量的细节，比如，内置步行街商铺的开间、进深和购物动线宽度应该多少为宜，商铺面积如何划分才利于销售又利于经营，公摊面积多少方易为业主接受。在什么情况下内置步行街可往3层、4层设置，怎样选择业种组合可使商铺售价最佳，如何处理业主组赁合同和招商合同的关系等等。所有这些细节都必须与项目的业态组合定位"精准"吻合。

全球零售业巨头家乐福CEO贝勒能曾说过：零售业就是关注细节。同样，商业地产项目的实操过程，也要充分关注细节的过程。因为只有细节的完美才最终体现出开发商的睿智和才干。

5. 随机进行业态控制和调整

商业地产，必须信奉：实践是检验真理的唯一标准。和住宅不同的是，商业地产业态定位与组合不可能一劳永逸。因为根据招商进展的情况，具体商家的区位选择肯定不会完全按照业态绘画进行配比，需要对业主、商家和业态进行相应的控制与安排，并进行适度的调整。同时，进入经营状态后，也要有节奏地对商家和业态进行调整，以达到经营的均好性与较高的受欢迎程度。

随机进行业态调整：

（1）各个业态区域可以有不超过20%的非规划业态入住，但是这些业态需要符合或接近相邻区域的业态规划，或者符合本区域业态选择的考虑要素。

（2）本区域业态招商商家不足以填充该项目，则入住相邻区域（上下或左右）的业态商家。

（3）本区域业态招商商家超过规划业态，则将排名靠后的该业态商家安排在相邻区域的商铺。

（4）如本区域招商商家不足，附近业态也不足以补充的时候，必须考虑其他区域的备选业态或者重新定位。

主动进行业态控制：

（1）品牌越强大的商家越优先选择商铺。

（2）关键节点和所有的转角处不能安排非规划业态商家经营。

（3）不利于项目人气、品质、租金和配套的商家不许入场经营。

（4）对于形象面位置，同购买商铺的业主和商家签订《商铺形象和装修规定》等文件，以较高的店面投入限制部分没有实力的商家入场。

（5）收取购买商铺业主一定的管理保证金，在租赁商家开业6个月后，符合合同约定的业态和形象，则退还保证金。

（6）同业主和商家签订《商业经营管理协议》，并明确规定商家和业主的租赁协议必须有商场管理公司签章备案才能生效，以次掌握对商场的绝对控制权。

四、最具借鉴的业态组合方案

商品的组合必须依据一定的规律进行。一般来说：

* 根据楼层功能、主题进行业态分布。

* 娱乐、餐饮会因为行业经营的特殊性要求（噪音、气味的影响）和租金承受力的问题，适宜设置在较高楼层。

* 珠宝首饰店、化妆品、钟表眼镜、皮鞋以及部分品牌性强的服饰店铺，因为形象较好而且租金水平较高，适宜设置在首层或二层。

* 服饰类，根据人们的购买习惯，男女装应该分类组合。同时不同类别、档次、风格的服装店不宜组合在一起，例如以时尚风格、白领女性消费人群为主要销售目标的CK Jeans 就不宜与以休闲风格、青年消费人群为主的班尼路组合在一起。

* 各楼层可以相应设置休闲餐饮区域，以便顾客在疲劳的时候休息。

案例1：香港青衣城

主题定位描述：青衣城是汇聚时尚服饰、精品及食肆，以提供全天候一站式理想购物为宗旨的大型主题商场。商场大胆引入了主题概念，以海洋为装潢主题。

功能定位：购物、娱乐、餐饮、休闲为一体。

目标市场定位：年轻女性及青少年。

业态定位：特色餐饮＋主题餐饮＋电影城＋娱乐广场＋大型超级市场＋家居广场。

档次定位：时尚、中档偏高形的现代综合大型 Shopping Mall。

业态规划：

（1）主力店分布在 LG 层、L2 层、L3 层，以吸引人流，一层有多个人流出入口，人流引导有优势。

（2）各层均设有食肆，每一层都有不同国家风味，让顾客来到这里可以尽情享受各类美食。营造热闹非凡的购物氛围，体会一站式的购物乐趣。

（3）LG/ 地下层由 6 家餐饮及 1 家电影城组成，铺位基本以大面积分割，地下层的客源通道比较少，由餐饮和电影城作为主题可以帮助吸引人流

（4）服饰在 L1/ 一层，集中在楼层的中心位置，其他配套如扒旺之王，大家乐，香港赛马会等分布在商场的外端，给人流以较平均的各个方向引导。

（5）L2/ 二层有两家主力商家：宝惠家居广场和玩具反斗城，也是分布在楼层的两端，同样也是对人流安排的考虑。

（6）L3/ 三层有主力店百佳，敦煌海鲜酒家，同样用餐饮贯穿，地铁站出口经过三楼，人流优势较大。

案例 2：深圳金光华广场

金光华商业广场，位于深圳人民南片区核心位置——原南国影院（南国广场）旧址。占地面积 1.8 万平方米，总投资 15 亿，楼高 45 米，创国内商场层高之最，地下 3 层，地上 8 层，总营业面积达 12 万平方米，包括占地 10000 平方米的罗湖之心文化广场，可谓商业巨无霸。

（1）建筑配套

金光华广场外有 1 万平方米的罗湖之心文化广场，以现代空间造型艺术、林荫廊、人文景观、下沉式露天潮流时尚街等，还有大楼的西面和东北面配置有大型电晶体视屏，用于节日典庆，都是为消费者营造出轻松、愉快、绿色、健康休闲的购物场所。

在金光华广场内，有 19 部“太空穿梭”电梯、80 部自动扶梯，带给人们购物便利。同时，三大轴向主题天井——日光、月光、星光，“心际空间”悬浮在 6、7 层，8 个主题中庭，构成了金光华广场动态魅力的精髓，提供了最精彩的表演舞台，700 个地下停车位，也显示了国际化购物广场的气魄。

另外，在地库二层设计了一个 16 米的超宽出口，与地铁一号线无缝联结。针对每天 10·人左右的直接地铁客流，金光华广场在地铁出口衔接部分都设置有宽达 21 米的消费通道，同时在适合的位置设置扶手电梯疏导人流往地库一层及地面各层。更具创意的是，金光华广场的地铁层设有下沉式中庭，使市民走出地铁站即可享受到新鲜

空气和阳光。

（2）全方位定位

主题定位	大都会 SM
功能定位	购物、观光、娱乐、餐饮、休闲为一体，塑造现代化的深圳缩影
顾客定位（目标市场定位）	深圳中产阶级，港澳及东南亚地区的有闲阶层，珠江三角洲区域及国外来深商务和旅游度假观光的游客。全方位客户定位是地铁效应的支持
档次定位	在商品定位上主要是以中高档商品为主
服务定位	顾客想要的商品、合意的价格、满意的服务，以“顾客是商业最大的财产”为服务宗旨
形象定位	带给顾客一种新的生活方式，让顾客在商场购物，在广场游戏，在悬空的“心际空间”休息，看时装表演，欣赏骑楼建筑，创造金光华广场独特的商业风景

（3）黄金分割组合

金光华广场的业态按中高档百货区、超市、便利店区、潮流商品区、观光休闲区划分，超市便利店占10%，潮流服饰为21%，时尚百货占39%，餐饮休闲娱乐为30%。整个项目组合上购物与餐饮娱乐的比例接近于7∶3。

楼层分布以及商品组合：

楼层	项目分布	商品类别
负二楼	独立商铺超市	中西快餐、饮品、24小时自助银行、便利店、花店、干洗店、药店、茶店、面包屋、商务中心、糖果店、冲印店、彩妆店、个人护理店、家居精品、宠物店、食品、日用品、杂货
负一楼	独立商铺 百货公司	商铺：银行、中西式快餐、饮品；百货：潮流女装、化妆美容、珠宝首饰、时尚表、眼镜、时尚皮具、鞋、包、流行内衣饰品
一楼	独立商铺 百货公司	商铺：国际精品名店服饰、咖啡；百货：化妆品、烟酒、滋补品、名表笔、名贵珠宝、水晶
二楼	百货公司	国际、国内知名男装、商务休闲便服，中高档皮鞋、皮具，国际二线、香港一线女装、高级饰品
三楼	独立商铺电影院 百货公司	商铺：雪糕屋、快食饮品、西式餐厅；百货：国内知名品牌女装、内衣饰品
四楼	独立商铺电影院 百货公司	商铺：电子游戏；百货：运动及休闲服饰、鞋、包；体育及健身用品；童装、玩具、童车床、儿童用品
五楼	百货公司	家居用品、装饰用品；办公设备、软件、办公用品、图书音像制品；电子产品、数码产品、精品家电；书店、文教用品、工艺礼品
六楼	特色餐饮	异国异域风味
七楼	中式酒楼 娱乐健身	酒楼经营潮式、上海、杭州菜系；娱乐健身则经营美容美发、婚纱摄影及健身美体项目；有国际、国内知名专家坐镇

案例3：12个香港典型的 Shopping Mall 的业态商户组合比例参考

我们从总共调查的40个 Shopping Mall 里挑选了12个具有代表性的 Shopping Mall 对业态组合及重复度进行了认真的分析，这12个 Shopping Mall 包括了影响最广泛的5间城市型 Shopping Mall，以及7间社区型 Shopping Mall。

这12个 Shopping Mall 概况列表如下表：

序号	名称	建筑面积（平方米）	层数	位置与交通	发展商	落成年份
1	海港城	约17.6万	4	位于九龙半岛南端尖沙咀中心区/邻近巴士总站、地铁站、码头	九龙仓集团	1966年
2	太古广场	约6.6万	5	位于金钟地铁上盖/地铁、机场快线、巴士、位于金钟地铁上盖/地铁、机场快线、巴士、及电车	太古地产	1988年
3	时代广场	约8.7万	12	位于港岛心脏地带铜锣湾区/地铁、电车、巴士、的士、小巴	九龙仓集团	1994年
4	又一城	约9万	7	位于九龙中心地带/有九龙塘地铁站、九广铁路火车站、巴士总站、的士站	太古地产 中信泰富	1998年
5	太古城中心	约10万	7	位于地铁太古站上盖/有地铁、巴士、电车	太古地产	1986年
6	旺角新世纪	约6.7万	7	位于九龙太子道西/有地铁、巴士	新鸿基地产	
7	荷里活中心	约5万	5	位于香港九龙钻石山地铁站侧/有巴士总站/的士站、公共小巴	九龙仓集团	
8	德福广场	约7.4万	7	位于东九龙区/有巴士总站、地铁、小巴	新世界 地铁公司	1980年
9	青衣城	约4.6万	4	位于青衣岛岸边/有机场快线、地铁站、小巴专线及巴士	地铁公司	1998年
10	新都会广场	约5.6万	5	位于香港葵涌/毗邻青衣地铁站	新鸿基地产	2002年翻新
11	新城市广场	约15万	9	位于沙田市中心/有沙田火车站及大巴总站	新鸿基地产	
12	屯门市广场	约7.9万	5	新界西北区横跨屯门公路/邻近巴士站、轻铁、的士站、屯门码头	信和集团	1988年

注：以上楼层数含一期、二期及地下层；前5个 Shopping Mall 为城市型，后7个为社区型。

我们对香港12个具有代表性的 Shopping Mall 的商户分类进行了认真的比较分析，然后按照尽量合理的原则，进行了统一的分类，各大类下又包含若干小类。见商户分类表。

类别	项目
娱乐 / 休闲（YL）	戏院 YL1
	游戏城 YL2
	溜冰场 YL3
百货 / 超市 / 便利店（BC）	百货 BC1
	超市 BC2
	便利店 BC3
服饰 / 配饰 / 鞋帽（SZ）	男装 SZ1
	女装 SZ2
	便装 SZ3
	皮革用品 / 鞋帽 / 手袋 SZ4
珠宝精品类（ZB）	珠宝 ZB1
	钟表 ZB2
	首饰 ZB3
	配饰 ZB4
	眼镜 ZB5
	礼品 ZB6
	精品 ZB7
	工艺品 ZB8
	艺术品 ZB9
美容美发 / 个人护理（MR）	美容美发 MR1
	化妆品 MR2
	健康产品 MR3
	药品 MR4
	个人护理 MR5
玩具 / 童装（TZ）	玩具 TZ1
	童装 TZ2
运动及用品（YD）	运动及体育用品
家居（JU）	家具用品 JU1
	家具广场 JU2
	家具布置 JU3
	家具设计 JU4
	家私 JU5

类别	项目
美食（MS）	中式快餐 MS1
	西餐 MS2
	洋酒 MS3
	食品 MS4
	咖啡 / 茶艺 MS5
	中式酒楼 MS6
	日本料理及韩泰美食 MS7
各类服务（FW）	香港赛马会 FW1
	银行 FW2
	干洗 FW3
各类服务（FW）	电话 FW4
	地产代理 FW5
	教育 FW6
	旅行社 / 旅行服务 FW7
	修鞋 FW8
	电讯 FW9
	花店 FW10
	雇佣中心 FW11
	宠物 FW12
	制伞 FW13
	摄影冲印 FW14
	驾驶学校 FW15
	煤气服务中心 FW16
	幼儿园 / 托儿所 FW17
	找换店 FW18
书籍光碟（SJ）	书籍 SJ1
	文具 SJ2
	光碟 SJ3
	报纸杂志 SJ4
影音器材（YY）	影音器材 YY1
	电器 YY2
	电脑 YY3
	音像 YY4
	电子用品 YY5
其他（QT）	QT

从上表中可见，凡是与生活有关的商品服务都成为了 Shopping Mall 的组成部分，包括药店、卖彩票的香港赛马会、三级地产代理公司、电话电机、邮局、银行等。由此，我们对 Shopping Mall 的认识可以深化到：Shopping Mall 是人们生活和休闲体验的综合体，生活服务也日趋休闲化。

（1）12 个具代表性的 Shopping Mall 的业态组合比例：

业态的商户数量及比例，包括 12 个具代表性的 Shopping Mall 业态的商户数量及比例、5 个城市型 Shopping Mall 业态商户数量及比例、7 社区型 Shopping Mall 业态商户数量及比例。

分析：通过上面 3 个图表可以看出：

*** 12 个 Shopping Mall 综合比例**

零售业态的服装 / 时装 / 鞋帽类占的比例最大，占商户户数的 34.30%，其次是各类服务、美食类，分别占总户数的 13.43%、12.69%；美容美发 / 个人护理业、珠宝精品类占比也在 7%以上。

*** 5 个城市型 Shopping Mall 综合比例**

服装 / 时装 / 鞋帽业、珠宝精品业、美食类的数量比例在前三位，分别占了 44.07%、2.73%、12.55%，其次是美容美发 / 个人护理业，占了 7.80%，其他品类所占比例均在 5%以下。

*** 7 个社区型 Shopping Mall 综合比例**

服装 / 时装 / 鞋帽业、珠宝精品业、美食类、美容美发 / 个人护理、珠宝精品的数量比例在前三位，分别占了 26%、14.38%、13.48%、12.65%，其次是各类服务，占了 10.10%，其他品类所占比例均在 6%以下。

*** 7 个社区型与 5 个城市型 Shopping Mall 业态商户比较**

前三位品类数量比例的安排上有些类似，都在 13%以上，且都以服装 / 时装 / 鞋帽业、珠宝精品业、美食类作为商户组合的重点。

* 11 个 Shopping Mall 统一分析

在 11 个典型 Shopping Mall 中，占主导地位的始终是服装 / 时装 / 鞋帽业类，其次是美食类与各类服务、珠宝精品类，说明不管是哪种类型的 Shopping Mall，以上几项均是商户组合方面所占数量比重最大的部分。

（2）各 Shopping Mall 各品类商户平均面积比例

说明：统计的 11 个 Shopping Mall 分别为海港城、太古广场、太古城中心、时代广场、旺角新世纪、新都会、青衣城、荷里活中心、德福广场、新城市广场、屯门市广场，其中前面 4 个为城市型 Shopping Mall，后面 7 个为社区型 Shopping Mall。

分析：由上面 3 个图表可知：

* 11 个 Shopping Mall 面积分割比例

美食类的面积平均百分比最高，达到 24.69%，百货类的面积平均百分比排在第二，达到 24.32%，再次是服装鞋帽类，达到 17.86%，其他类、娱乐休闲类分别达到 10.91%、9.76%，剩余各品类面积百分比均在 4.95%以下。

* 4 个城市型 Shopping Mall 面积分割比例

百货类、服装鞋帽类、美食类的面积平均百分比比在前三位，分别占了 38.12%、20.50%、19.43%，其次是娱乐休闲类、珠宝精品类，分别占了 6.38%、4.05%、，剩余各品类面积百分比在 2.47 以下。

* 7 个社区型 Shopping Mall 面积分割比例

美食类、百货类、服装鞋帽类的面积平均百分比在前三位，分别占了 27.69%、16.44%、16.35%，其次是娱乐休闲类，其他类，分别占了 8.91%、7.55%，剩余各品类面积百分比均在 6.36%以下。

* 4 个城市型与 7 个社区型 Shopping Mall 业态面积分割比例

美食类、百货类、服装鞋帽类的面积百分比均排在前三位，其中 4 个区域型 S M

中,百货类的面积平均百分比最高,7 个社区型 S M 中,美食类的面积平均百分比最高。

*** 11 个 Shopping Mall 面积分割比例统一分析**

在 11 个典型 S M 面积百分比占主导得为的始终是美食类、百货类、服装鞋帽类,说明不管是哪种类型的 S M,以上 3 个品类在 S M 中安排的面积都是较大的。

(3)12 个所占 Shopping Mall 百货、超市名录对比分析

表 7:十二个 Shopping Mall 百货、超市的数量

名录	总分类	新城市广场	时代广场	新都会	青衣城	旺角新世纪	屯门市广场	太古城中心	又一城	德福广场	海港城	太古中心	荷里活广场	合计
LCX	BC1										1			1
吉之岛	BC1						1							1
连卡佛	BC1		1								1	1		3
玛莎	BC1	1	1					1	1	1	1	1	1	8
生活创库	BC1							1	1					2
先施百货公司	BC1					1								1
香港西武	BC1											1		1
永安百货	BC1							1	1	1				3
CITY'S UPER	BC2										1			2
百佳超级市场	BC2	1	1	1	1		1		1	1	1		1	9
惠康	BC2	1				1	1			1	1			5
LOG – ON	BC							1	1					2
合计		3	4	1	1	2	3	4	5	4	6	3	2	38

由上表分析可知:

* 12 个 Shopping Mall,每个 Shopping Mall 最少都有 1 家百货 / 超市类主力店,最多的有 6 家主力店。

S M名称	数 量	主力店名录
海港城	6	LCX、连卡佛、玛莎、City'Super、百佳超级市场、惠康
太古广场	3	连卡佛、玛莎、香港西武
时代广场	4	连卡佛、玛莎、City'Super、百佳超级市场
又一城	5	玛莎、生活创库、永安百货、百佳超级市场、LOG—ON
太古城中心	4	玛莎、生活创库、永安百货、LOG—ON
旺角新世纪	2	先施百货公司、惠康
荷里活中心	2	玛莎、百佳超级市场
德福广场	4	玛莎、永安百货、百佳超级市场、惠康
青衣城	1	百佳超级市场
新都会广场	1	百佳超级市场
新城市广场	3	玛莎、百佳超级市场、惠康
屯门市广场	3	吉之岛、百佳超级市场、惠康

* 12 个 Shopping Mall 内，同一主力店出现的次数：

S M名称	数 量	主力店名录
LCX	1	海港城
吉之岛	1	屯门市广场
连卡佛	3	海港城、太古广场、时代广场
玛莎	8	海港城、太古广场、时代广场、又一城、太古城中心、荷里活中心、德福广场、新城市广场、
生活创库	2	又一城、太古城中心
先施百货公司	1	旺角新世纪
香港西武	1	太古广场
永安百货	3	又一城、太古城中心、德福广场
City'Super	2	海港城、时代广场
百佳超级市场	9	海港城、时代广场、又一城、荷里活中心、德福广场、青衣城、新城市广场、新都会广场、屯门市广场
惠康	5	海港城、旺角新世纪、德福广场、新城市广场、屯门市广场
LOG—ON	2	又一城、太古城中心

百佳超级市场是在 12 个 Shopping Mall 中出现次数最大的主力店，共 9 家。7 家社区型 Shopping Mall 中，百佳超级市场就出现了 6 家；5 家城市型 Shopping Mall 中也有 4 家百佳超级市场，说明不管是城市型还是社区型 Shopping Mall，基本上都以百佳超级市场作为主力店；玛莎百货出现的次数仅次于百佳超级市场，共 8 家。其中 5 家城市型购物中心每家都有，社区型中心也有 3 家以玛莎百货作主力店，如新城市广场、德福广场、荷里活广场。

惠康超市共出现了 5 次，其中城市型 Shopping Mall 出现了 1 次，如海港城，社区型 Shopping Mall 出现了 4 次，如新城市广场、旺角新世纪广场、屯门市广场、德福广场。

出现了 3 次是连卡佛和永安百货，连卡佛均出现在城市型 Shopping Mall 中，永安百货分别出现在城市型的太古城中心、又一城中心和社区型的德福广场。

生活创库、City' Super、LOG—ON 均出现了 2 次，均出现在不同的城市型 Shopping Mall。

出现一次的是 LCX、吉之岛、先施百货、香港西武，除先施百货是出现在社区型 Shopping Mall 旺角新世纪广场以外，其他 3 家均出现在城市型 Shopping Mall 中。

综合以上数据得出，无论是城市型还是社区型商业项目，都是以购物、餐饮、休闲大三功能为主进行业态布局的。因此，一个出奇制胜的业态分布应该要以“人无我有、人有我优、人优我精、人精我全”的原则进行。

第三模块：规划角度——合理的室内人流规划设计

成功的营销的首要前提，即让投资者或租户最大限度地提升物业租金。而提升物业租金，除后期销售技巧外，前期规划设计是项目成功营销的根本。本章将从商业地产营销的根本—人流入手，说明如何从规划设计角度达到人流的最大化。

室内人流的有效规划可以在一定程度上提升商铺的租售价格和室内的有效人流

平方为商场带来更大的效益。

在商业地产需要出售独立产权商铺来使资金迅速回收的前提下，商业地产的人流规划不能简单等同于百货商场，其人流系统的规划设计在很大的程度上要服从于商铺的规划设计并且最大限度的提升商铺的租金。这是商业地产项目营销致胜法宝。

一、室内的人流系统的规划必备要素

室内的人流系统的规划必须要满足以下三个方面的因素：

1. 物理因素
2. 租金因素
3. 顾客生理、心理因素

1. 物理因素：符合商场建筑本身结构

人流动线的规划要求要符合项目的本身的建筑结构设计，如楼层垂直系统设计、立柱间距、中庭、大堂设计、应急出口设计等，像柱子就不宜落在店面线上。

（1）合理规划“虎口”吸入人流

能够最大限度的吸入人流的出入口又被称为“虎口”，项目的主次入口一定要分明，而且要有足够的开间。按常规项目主入口的开间设计必须 10 米或以上，次入口的开间可以相应小一点，但也要控制 8 米左右，而且在入口和主通道中间不能夹柱，宽敞的开间不但可以利于吸引顾客，而且也可以展示 SM 的整体形象。

在内部和外街的人流组织上，一方面通过项目的经营特色吸引场外人流进入，另一方面应考虑通过各种设施，如设置户外绿化带休闲餐饮区，将户外大型广场上的人流最大限度地吸引进入场内。

2. 租金因素：提升有效人流平方到达率、拉动商铺租金

可从以下设计上解决人流最大化到达率的问题。

（1）直线动线设计

为了提高更多的商铺租金，人流动线设计以直线为主，成功经验表明：在人流视野范围内的商铺，具有高租金的价值，这与次级过道的铺面比主要过道铺面价格低的道理基本类似。对于直线的人流动线设计，可以规划几个类似于小中厅的前凸或后凹形式，以提升局部商铺的租金。

（2）次级通设计提升道人流率

为了有效拉动次级通道商铺的人流率，可将收银台、卫生间、楼层休息区等部分规律分布在次级通道，以拉升次级通道的人流光顾率，在同时也可降低将其设立在主要通道旁占用黄金铺面的损失。

（3）对角线出入口设计加强人流通透率

如果商场面积过大，必须存在若干主次通道，所在，除了设立若干通道间的正度经纬连接还应该将商铺前后都设立入口，方便顾客快捷的往返于前后通道，有效地缓解了人流的拥堵，提升人流平均到达率。

（4）通道围绕中厅的双环回型结构通道设计

人流通道尽量采用围绕中厅的双环回型结构，这种结构可以增加商场的通透感，最大化的增加顾客视线内的商铺数量，提高顾客的商铺到达率。

（5）通过垂直交通构筑最有效的人流引导

国内外多个商业项目的经营客观规律分析表明：楼层越高，人流则越少。项目的垂直交通规划是规划设计中的重中之重，关系到整个项目的人流输送。其主要可以通过以下几个方面得到引导解决：

*** 扶梯引导**

在有限的中庭空间，扶梯层层叠加常常会激发购物者的欲望。一些有趣的垂直交通设施例如观景玻璃电梯、螺旋自动扶梯也是吸引力的来源。此外，好要注重竖向交通的易达性，市区内繁华地段所征得的黄金地块一般较为狭窄。在这种地块限定的条件下，应强化 2F 与 B1 及其他楼层的交通便利性，将 2F、B1 当作一楼修，引导上行、下行人流。

如：利用 B1 直接连接室外街道的出入口，2F 的直接引向人行道的自动扶梯，与其他商业物业直接相连的人行天桥等，创造临街便捷的多渠道垂直交通。在有高差的坡地地段，设计上可以有意在不同的外地平高度设立入口。如果 Shopping Mall 上层的入口能够直接通向各层，对于组织引导人流非常有利。在多层Shopping Mall中，每层都设立通向停车场的直接通路，将给购物者出入提供很大方面。

*** 中庭空间的造型和空间的交流利用**

加强中庭空间的功能作用，将购物者向上运动变为有目的过程。

对于中庭空间的设计，要做到以下几点：

第一，流畅，明快。

消费者购物图的是一个心情，能让他们最大限度的感受到舒适，激发其购物、浏览的兴奋点是很重要的。

第二，体验式的环境空间。

消费者走进Shopping Mall，就是一种商业消费的体验，中庭空间设计作为大型Shopping Mall的标志，在很大程度上就是让消费者有一个巨大的互不干扰体验氛围。

第三，打造引领消费在的功能。

一个Shopping Mall的消费空间相当大，如何有效地吸引消费者，引领消费者到Shopping Mall各处购物、游玩是设计中很重要的一部分。

*** 加强垂直交通工具的趣味性**

提高电梯的趣味性，如观光电梯，在垂直上升过程中创造活力和动感。同时可考虑为高楼层的娱乐、餐饮项目设置一步到位的自立电梯（如首层到四层），提升高楼层的商业价值。

*** 以电梯形成“循环”人流**

商场内手扶电梯不仅仅能将人流往上提升，更是关系到项目交通组织的重要部分。分设在中庭两侧的手扶电梯所形成的环形人流组织系统，不但延长了消费者的停留时间，更是有利于在购物场所内的人流形成一个“循环”的网络。

（6）以主力店引导人流

以主力店引导人流，有两种做法：

第一，主力店后置。

主力店对顾客的吸引力无疑是相当大的，如果将其设在入口附近，将损失后边的人流到达率，损失商铺的出租价值，但是将主力店放置在商场的中后端，在人流的影响下会极大的拉动前边商铺的租金收益。

第二，主力店抬高设置。

在多层建筑结构的商场，最理想的人流拉动策略是，将主力店设在高层。以3层的商场为例，主力店设在3层，一线品牌专卖店和散铺分布在一、二层，那么到主力店购物的人在上下时会顺道光顾一二层的商铺，到一线品牌专卖店的人流同样会光临散设在其间的散铺，这样人流的良性循环可以在最大程度的提升商铺的租价。

但是一般情况下，主力店会要求选择最好的商铺，这需要开发商（运营商）和主力店通过谈判来协调、把握。

3. 顾客生理、心理因素：缓解顾客购物疲乏感和不适感

为了更多的吸引顾客，提升其商业价值，除了好的商业定位和正确的选址之外，构建吸纳式的空间与环境同样重要。

空间与环境的设计会直接影响到人流情况和消费者购物的心理和生理。通常，开发商为了把出租面积最大化，获取更大的利益，从而往往忽略了其商业空间与环境的设计，使到后期招商的和运营管理的困难。像内地多数大型商业项目的投资者多数是从房地产转型而来，其惯有的房地产操作模式导致商业地产项目先天缺少商业规划，在硬件构造上缺乏通透性与商业用途，比如一些商铺位置、人流动线不好，消费者难以到达，无法组织起有效的商业气氛。

好的商业空间与环境设计，不仅能提高该项目人流量，起到“聚客保客”作用，而且能够提升该项目的整体商业价值，有利于日后店铺租金的增长。更重要的是，好的空间与环境设计给消费者一种舒适和温馨的感觉，让他们享受购物、娱乐带给他们的快乐，让该项目真正服务于消费者，因为人流是商业地产的生命线，我们只有站在消费者的角度去想问题，想他所想，忧其所忧，才能得到消费者的青睐，项目才会立足于不败之地。

缓解顾客购物疲乏感和不适感，可从以下规划设计角度来满足。

（1）简单人流规划

每层楼的人流过道数量，一般1主2辅便可。简单易梳理的人流动线，可以使消费者更加轻松的行进，而不会产生晕头转向，不知身在何处的感觉，丧失了再次光顾的情绪。

（2）玻璃墙体设计

店铺要采用玻璃墙体，以增加商场的通透感，使顾客不产生压抑感和不适，可以在一定程度上增加人流光顾店铺的数量。

（3）为顾客创造休闲区域

在中厅小广场设立休息区域，对不同的顾客进行分流。同样，顾客短暂的休息可以提升人流的店铺光顾数量。

（4）具标志性的导示系统

大型商业项目体积庞大，如果没有明显的购物导向系统，就会令顾客方向感产生迷失的感觉，既不利于顾客购物，还会使顾客对项目留下不好的印象。

所以，项目必须要在各个楼层、功能区域、主要通道，建立明显的导向系统，让顾客可以有目的的、有效的选择消费区域，很容易就能买到自己所需要的物品。

导向系统内容包括楼层、楼层命名、功能分布、经营业态、特色商户、方向标示、洗手间、残疾人通道等。（残疾人通道、垂直通道可选择观光电梯或货梯，可在梯口作特别标识，如“残疾人优先”）

（5）宽敞舒适的通道设计

国际行内机构研究表明，当项目内通道人均空间为4平方米时，每位步行者可以在各个方向自由活动，感觉很舒适；当项目内人均空间减至2平方米时，步行者将会对周围的人持警戒状态，逛街时产生一定的压力；当项目内人均空间减至1.5平方米时，步行者之间就会容易产生逆行的冲突，大大地减少了顾客的购物兴趣。因此，在研究商铺间隔和人流导向策略时要充分考虑到这些因素。

在通道设计中，中心围合的“十字形”放射通道设计是较为合理的设计方法。

十字形：放射通道即通过与中庭广场连接的主通道，每隔一段距离形成放射状通道的处理，使得中庭和店中店成为项目的主体路线。

以店中店通道和中庭区的主通道为主干道，在场内形成分布均匀的、十字形、放射状的次通道，次通道的安排需注意技巧与要领，避免人流导向的失散。

在放射状的规划设计中，步行人流线明确，既能够合理地将人流引入到内部，而且要在内部合理组织人流，让购物者满意，同时有要让经营者获得效益，最大限度让人流经过尽量多的商店门口而又不把距离拉得太长，才能够达到最佳效果。

（6）打造舒适的内部庭院环境

一般大型的商业项目都会设置内庭，作为顾客休闲、观赏，同时以紧密购物空间带来疏散感观空间。内庭的设计，除了要有足够的空间、与内庭小品配合外，还要注意两大要点：

和谐性与均好性

以项目核心主题特色为基点，通过内庭景观、小品的有效组合，与项目主题特色密切联系，保证内庭景观、空间及与主题特色的和谐性与均好性。

与外部广场互动

内庭与广场，一“内”一“外”，其两者具有共性，又各具特性，为人群提供活动空间。而内庭则侧重于保持内部人流的停留时间，广场侧重于外圈的人流集合。如何将广场与内庭通过互动作用，导入人流，应是内庭设计的一个重要因素。

附：外部空间广场规划设计思路

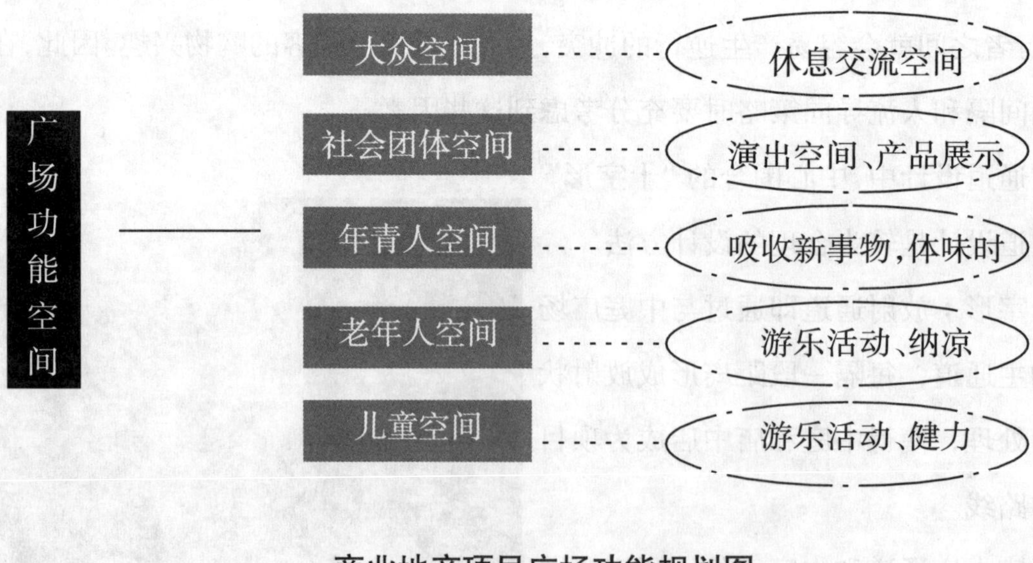

商业地产项目广场功能规划图

商业广场空间设计三大模式

模式	设计特色
线型空间为主结合面型空间考虑	以线型空间为主,把它分为几段,广场作为连接线型街区的元素,会使人们行走在其中,空间富于变化,有张有弛。线型街区适于购物,广场适合休息。城市步行空间中的购物、活动是一种非强迫性行为,游人不可能长时间地保持情绪和体力的投入状态,休憩和放松必须交织在活动流程中。因此,任何一种空间序列都应包含序幕、高潮及松弛阶段,有节奏地组织环境韵律,保持游人的体力购物激情
以庭院或广场为主向外辐射线型空间	以广场或庭院为主,购物或休闲空间在其中进行,或由广场向四周辐射出多个线型购物街区,并通过连廊、环形街等不同形式的外部空间把购物或休闲空间结合起来,构成一个复合式的多样化的、富有情趣的购物场所
下沉式广场为主体的立体空间构成	由平面变化向垂直向多维发展的多功能步行空间是现代城市步行空间设计的又一主要形式

(7)通过步行通道增强舒适购物体验

步行街是大型商业项目的核心组成元素,是组织和联系承租户的纽带,一般来说,步行街大多在室内,也有大型商业项目同时设置室外步行街,它可能包括一条单独的步行街,也可能包括一系列主次步行街,步行街的宽度和高度可能相同,也可能不同,可以是单层,也可以是多层,可以是露天的,也可以是室内的。

对于大型商业项目来说,步行街已经不再是简单的购物者通道,而是演变成了重要的公共活动空间,它通过提供良好的景观和设施,以优美的环境满足购物者逛街漫步、餐饮和交往的需要。由于步行街是一种线状的建筑空间,能更利于消费者的购物、休闲、交流、娱乐,更能感受到繁荣的商业氛围,也利于项目的经营管理,因此,步行街是最受消费者欢迎的空间形式,大型商业地产项目对此必须进行合理、科学的规划,最大效度的吸引人流。

步行街的设计要求长度适宜,避免使购物者感到拥挤与疲惫,同时起到明确导向作用,让购物者易于辨认出入口和主要百货商店的位置。Shopping Mall 在追求宽敞舒适的空间的同时,对实际使用面积率 K(实际使用面积 / 销售面积)也要控制,不能过小。室外步行街的 K 能达到 75—80%,室内 SMK 要小得多,因中庭、过道(街道)、休闲区等等共用面积的不同而不同,一般在 45%—65%之间。在建筑设计时,实际使用面积率 K 是很重要的评价空间形式合理性的指标。

(8)通过建筑环境与布局构筑消费吸引力

Shopping Mall 环境与布局的设计，在一定的程度上可以看出该项目是否追得上潮流,它的格调是否迎合消费者的“口味”,在环境与布局设计上必须花上一番心思,才能受到消费者的青睐。具体内容有：

内部绿化景观设计

丰富的绿化能创造舒适休闲的购物空间和温馨气氛,给购物者购物赏景的感觉。如同其他设计一样,景观绿化设计在项目开始时就要拿出方案来,比如对种植花树的荷载的考虑、与空调出入口的关系、现场植被的维护问题、浇灌系统的设计、避免强光光源的影响等等因素。

商业灯光照明设计

商业灯光照明对创造舒适的购物环境极其重要。如突出商品立体感和质感的重点照明;注重情调表现,用在餐饮、娱乐、休闲等服务区域的装饰照明等等。良好亮度的商业灯光照明还能明显改善空间感。在室内空间感较小的商业空间尤其要采用良好的灯光照明,使室内空间显得宽敞。要达到良好的室内灯光效果,在设计时要处理好照明的色温、照度、显色性与室内装修的质感、色彩的关系,使灯光和装饰相映生辉。

要点1：与区域气候环境相结合

通过结合项目所在区域气候,对灯饰色调选择。如南方气候温暖,灯饰色调一般用简明偏冷色调,而北方气候冷,灯饰色调宜采用暖色调。

要点2：与整体结合

灯饰设置要根据项目档次、风格、形象等予以结合考虑。比如高档商业项目,主要选用高级灯饰。

要点3：与业种结合

灯饰选择还要跟据业种的特点分析,比如食品类与服装类,前者不需特效,而后者则注重灯光所带来的效果。

要点4：与功能结合

不同的功能区,对灯饰要求也不尽相同。比如过道一般选用一种过渡性较好的灯饰,过道和拐角是消费者进入购物空间内部的一个缓冲区,所以,也要特别注意细节上的问题；还要区别指示标志；游玩区，则选色调丰富的灯饰组合。

内部照明设计

项目内的照明设计既要满足展示商品的功能需要，又要满足美学的要求，室外照明设计对塑造项目形象起着至关重要的作用。在灯光的设计方面必须注重室内、外的相结合：

①基础照明

水平照明，由天花板向下照射。

垂直照明，指顶棚、墙壁、地面、及商品展示是照明对象。

基础照明是项目主要的照明体系，对环境照明总体格调具有决定性作用。试想在一个灯光昏暗的 Shopping Mall 里，顾客的购买欲能有多大？这就是我们不管在什么时候到麦当劳，都有灯光通明的感觉的原因。

②重点照明

用于创造特定的购物环境和考虑商业环境中各空间的空间特点，获取商品展示的最佳效果，符合顾客的购物心理，所设置加强性的重点照明。

③装饰照明

装饰照明是整个照明系统不可缺少的组成部份，对美化 Shopping Mall 环境，刺激顾客消费，起着举足轻重的作用。装饰照明重点是对照射方式进行装饰性设计、对环境的特别部位加以侧重或掩饰。

④商品陈列照明

根据不同环境、不同的商品的需求，选择不同特征的照明器具，确定陈列照明方式，注重强调商品美感。

⑤白天和夜间的室内照明设计

室内照明的关键在于处理通道和商店之间的照明关系：

* 无论是白天还是晚上，都要保持通道和中庭有足够的照明度，以明亮的灯光显示出整个 SM 的通透感，并通过光线的变化来增加通道的趣味性。

* 按不同区域配强、弱光，重视营造空间气氛，通道的照明不能够对商店和店面造成不良干扰，影响和妨碍店面和橱窗展示。

* 为了使商品更为醒目，吸引顾客的注意，照明部分应采用亮度较高的灯光，让

整个店铺显得明亮有朝气。

* 中庭周边应配置强度较亮的灯光，应设置一定数量的照明筒灯。

⑥夜间室外照明处理

Shopping Mall 的营业时间有很大的一部分在夜间，建筑物的夜间照明对塑造良好的项目形象非常重要。夜间建筑的照明通过对立面特点的表现和强调，让 Shopping Mall 部分和整体项目在环境中产生强烈的视觉效果。

在建筑物外立面设计彩虹管，并能自动交替变换的照明控制装置，给纯洁的夜空增添一缕亮丽的色彩。可以考虑将外墙上的广告牌做成广告灯箱，晚上打开灯光，显示出项目更浓的商业气息。

附表：大型商业项目的环境、布局设计

项　目	设计要求
建筑节能设计	目的：1. 减少能源损失 2. 提高设备效率 注重保温墙体裁料应用聪明，以减少外界温度对室内的影响；并充分利用自然采光，中庭顶部采用玻璃屋顶，最大限度的利用自然采光
通风设计	目的：为了保证中心内空气清新通畅，冷暖适宜 加强通风系统的建设，通风来源可以分自然通风和机械通风 空调应遵循舒适性原则，冬季应达到温暖而不燥热，夏季应达到凉爽而不骤冷。空气湿度一般参数保持在 40%—50%左右，更适宜在 50%—60%左右，该湿度范围使人感觉比较舒适。但对经营特殊商品的营业场所和库房，则应严格控制环境湿度，严防腐坏情况的发生
音响系统设计	音响系统设计设计中必须考虑到声音的传递与吸收，设计清晰的音响系统，播放著名轻音乐，制造舒缓的购物气氛，调节顾客购物心理。而且，还要因应以后不同促销活动而配备音响系统
污水处理系统设计	(一)处理设施配置 污水处理设施的配置位置应单独位于较隐蔽的场所，避免破坏 SM 商圈的景观及活动。若位于山坡地上等有坡度的基地上，则需配合地形及排水方向将污水处理设施配置于地势较低及基地内的排水管线末端处，有利于完整地处理区内所有的污水。污水处理设施最好配置于一处。其设置可配合 SM 的分期分区发展，分期建设。所使用的处理方法应由专业人员设计并决定

污水处理系统设计	（二）计划污水量，污水量的计算可通过如下步骤进行： 1. 处理对象人口数 根据各使用空间如商店、电影院、餐厅、超级市场等的分类，分别计算各空间内的处理对象人口数，将各空间的人口数相加后汇总即为该全区的处理对象人口数 2. 平均污水量 用各使用空间的每人每日产生的污水量乘上各空间的处理对象人口数，所得的数值即为该空间每日的平均污水量。各空间的平均污水量相加汇总后即为SM每日所产生的平均污水量
	（三）排水设备设置的基本原则 ①排水系统应避免出现终端管，但因清洁口的需要而延长至合适的位置时则不在此限 ②雨水排水管不得与污水处理设备所接续的污水管及杂排水管相接续 ③含有对下水道及污水处理设备有害的油脂、可燃性废水、土砂等排水系统，或含有能再生、再利用物质的排水系统，应设置截留器截留之 ④排水管应设置清洁口或其他清洁方式清洁管内，避免阻塞 ⑤排水系统上应有排水口空间等防护措施以防止排水逆流；特定器具、装置、设施等排水，应行间接排水 ⑥与排水系统接续的器具类，均应具备存水弯 ⑦与排水系统接续之高温排水，原则上应冷却至40度以下后才排放
	（四）排水系统工程的配管 ①排水管接合部应具水密性，避免植物的根或土砂进入 ②污水或杂排水配置，不得使用具有两向或三向承口的接头 ③无论横管或立管，排水管皆不得在下游方向缩小其管径
	（五）存水弯 ①封水深度不得小于50mm，不得大于100mm ②器具存水弯之水封部应容易检查，且在便于清洁处设置清洁口 ③不得设置双重存水弯
	（六）截留器 ①截留器应装设于易于清洁保养的位置 ②截留器应装设通气管 ③营业用大厨房或类似场所应设置足够容量的油脂截留器 ④营业性质的洗涤场，应设置能分离不溶性物质如线头等的截留器
间接排水	需行间接排水的装置分为机械设备及配管、装置的排水以及蒸汽系统、热水系统的排水。在SM内出水口需要使用间接排水的机械设备包括： ①冰箱、冰柜、洗涤槽、蒸汽柜等有关食品储存或加工的设备 ②给水水池及水箱的溢、排水管 ③洗碗机、洗涤机、脱水机 ④饮水机、饮料用冷水器、给茶器等

通气设备	①排水立管上部,应以伸顶通气管向上延长,并向大气开放 ②个别通气方式或回路通气方式应设有通气立管 ③间接排水系统或其它特殊排水系统的通气管,不得与其它通气系统相连接,应单独有效直接地排向大气。若此等排水设施有两套以上系统时,不同种类的排水系统仍应独立排放 ④通气立管不得与雨水立管相连接 ⑤大型油脂截留器应设置通气管 ⑥含有油份等比空气重的蒸汽,为防其冷却凝结成液状而积留在管底,其横向通气管应向上斜,且不得有凹部存在
卸货区于卸货通道的配置	1. 货区设计 由于商场物流量较大,必须事先规划面积适宜的卸货区,卸货区最好设置在地下室与首层商业购物部分的人流主入口互不干扰 2. 货通道的设计 卸货通道的设计应设计在与卸货区相连,并直接或间接通往货梯的位置上,尽量不影响顾客,卸货的时间控制在晚上或其他不影响顾客购物的时间段。而且卸货通道的设计也要视乎货物的体积等情况而定它的长、宽、高等比例,通道内地面设计和灯光等都要考虑进去
后勤区域的配置	后勤区域的配置也是必不可少的一个部分,它为项目物业管理公司的一个办公场所,也为主力店或重要商家的成员提供主要办公的地方。还可以用做茶水间、商家员工的洗手间、更衣室和休息区域等等。它的存在也是很有必要的,它为日后的管理提供了方便
消防设施的配置	原则 1：为了在火灾发生时能很快地扑灭火苗,大面积的空间必须以防火墙、防火天花板、防火门及防火楼板做防火分隔。建筑技术规则第七十九条规定：“防火构造建筑物或防火建筑物,其总楼地板面积在 1500 平方公尺以上者,应按每 1500 平方公尺,以具有一小时防火时效的防火墙、防火楼板及甲种防火门窗区划分隔 原则 2：入口大厅及过道等都必须以耐燃的材料来建筑 原则 3：烟尘的排出需藉由可开启的门窗及机械排烟来处理,可开启的门窗同时也利于消防人员自外部进入救灾。若建筑物采用如帷幕墙等不能开启的墙面,则需设有紧急进口或紧急用升降梯,以利消防人员及其设备进入救灾 原则 4：所有的楼梯都必须能自成一封闭独立空间,且该门需具有 1.5 小时防火时效 原则 5：自动警报设备应与管理中心及工程师办公室连接,同时亦需依法设置自动撒水头。依法在重点位置设置消防队专用出水口。同时亦需注意通风换气的需要,特别是地下室的服务区部分 原则 6：可在各商店单元的店门处设置撒水设备,以形成消防撒水网,阻断火势的蔓延 原则 7：玻璃制品不适用于作为防火区划的墙面
设备区域的配置	设备如中央空调,电配电系统等都要有专门的区域放置,并要求有物业公司派专人管理和维修,这样才能维持整个项目的正常运作

第九部分：

最具现场攻击力的营销组合拳

“眼球经济”对于商业地产来说，还是极其重要的。随着各种各样、规模不一的商业项目不断涌现，纷杂的广告满天飞，如何才能吸引到目标客户的关注？如何才能让项目脱颖而出，而不至于被激烈的恶性竞争淹没，沉沦在茫茫的商海中而一无是处？

单一的宣传推广已不再具备任何优势，商业地产项目的营销推广想创新立意，必须充分考虑多种宣传渠道、手法的组合，玩出一套宣传推广的组合重拳。让市场出其不意，从而获得意外的收获。

第一模块：商业地产营销模式解码

是租还是售，是回笼资金为主还是兼顾商业经营，是商业地产项目营销绕不过的一个坎。同时这似乎是一个营销命题的两个悖论——长期以来，国内众多商业地产项目一直在“一卖就死，一租就乱”中游走钢丝：由于投资巨大，更多的项目开发商习惯在初期就想方设法将其产权销售，以回笼资金并获取地产利润。此举将为未来项目经营留下隐患并背负沉重的成本包袱，但若不采用此举，建设项目的庞大资金从何而来？

租 VS 售——众多开发商正在寻求化蝶之旅。

沙场征战，商业地产那散发着诱人芬芳的利润源泉究竟在哪里？奋斗经年，众多先行者如何完成自身“化蝶”之旅？痛定思痛，如何巧妙规避租售犹走钢丝的万千险象？茫然四顾，如何化解回笼资金与商业经营这对深刻的矛盾？时间行进到2006年，中国商业地产市场依然波谲云诡。

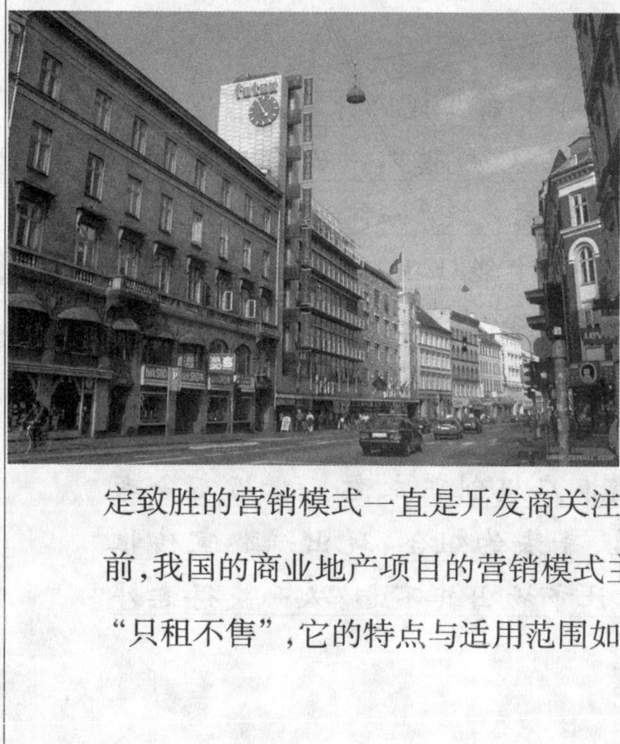

在商业地产开发热火朝天的今天，如何制定致胜的营销模式一直是开发商关注的问题之一，因为它是项目成败的最关键点。目前，我国的商业地产项目的营销模式主要有三种，分别是“分割销售”、“租售结合”、“只租不售”，它的特点与适用范围如下表：

形式分类	操作方式	适用范围	特点及发展趋势
分割销售	开发商把商铺分割销售出去，收取房地产的开发效益，商铺的产权、使用权和经营权三权分离，缺乏对项目开业后的经营管理	适用于中小型的商用物业或商业街以及缺乏专业开发综合实力的团队和资金实力不强的开发商	特点：这种开发模式使开发商只追求短期的开发效益，缺乏专业化操作，最终只会造成投资者的损失，从而令到企业信誉受损 趋势：开发商和经营实体已经意识到缺乏专业开发和经营管理的将会以失败告终，因此该模式已逐渐被淘汰
租售结合	开发商把大部分的商铺面积出租，销售少部分商铺，回笼资金进行再开发建造，解决融资问题，并通过契约形式对项目进行整体的统一运营管理	适用于有一定开发和管理水平的开发商	特点：由于目前我国缺乏商业物业的融资渠道，因此部分资金链吃紧的开发商通过灵活的设定租售比例，销售少部分的商铺，以盘活资金流转，推动项目的良性发展 趋势：目前我国的商业地产开发多数采用该模式，但由于产权分离，投资者对所拥有的物业都以追求利益最大化为首要目的，因此当开发商或经营管理公司不能在预期内现实项目的商业价值的提升，保障投资回报率，将会面临分化的风险
只租不售	开发商拥有整个物业的产权和使用权，通过统一招商把所有商铺面积出租给各种业态的企业经营，同时对项目进行统一的运营管理	适合于具有专业开发能力、开发团队、管理团队，资金实力雄厚的开发商	特点：这种开发模式强调专业化操作实现项目的商业价值和高额利润 趋势：这是国外商业地产普遍采用的形式。通过产权的一体化，能够使开发商或经营管理公司无后顾之忧的对项目进行专业、系统、信息化的运营管理，从而实现项目真正的商业价值，获取高回报的利润，是我国未来商业地产的发展模式

三种营销策略关键点在于租、售之间如何衡量。

一般情况下，项目的租售比例的控制视乎项目资金的利用和回收情况而定，由于本土开发商自身的积累有限，不足以承受动辄上十几亿的投资，项目为了保障资金链不断裂，不少开发商最直接、最传统的做法是选择卖铺，以争取自身所需的资金周转，因此销售是必然的，完全不卖可能并不适合本土公司的现状。关键是要怎么“卖”，才能保持项目的可持续性发展。

模式 1：分割销售、分散经营

分割销售、分散经营的主体利弊分析

*** 开发商**

在分割销售、分散经营的运作模式中，开发商处于相对有利的地位，可以凭借项目本身的优势迅速完成销售回收巨额资金，又不必承担长达 10 余年的返租回报，能够在项目清盘后全身而退。开发商的普遍心理是尽快将商业物业出手，至于出手之后，是否进行商业物业的管理，部分开发商根本没有考虑，部分则是有心无力。因为商铺全部销售之后，所有权与经营权是完全归属业主，开发商无权干涉，最终导致开发商品牌受损失，项目的品质下降。

问题的原因在于：

*** 本身经营权分散，这属于运作模式先天的劣势。**

*** 后期经营定位。**

商业地产与房地产开发是两个不同的行业，开发商懂得房地产开发，却不懂商业经营；做商业的人，只懂商业，不懂房地产开发，造成了信息的不对称。开发商不应盲目地建设开发，应该先招商，让商业经营专家在开发前期介入，在项目定位、人流动线、布局、结构的设计中全程参与，这样项目比较容易获得成功。

*** 开发商的心态和理念：对开发商而言，应该有社会责任感**

如果开发商只为销售回笼资金而进行开发，卖完走人，那将导致投资者纷纷被套牢。同时，没有专业的经营管理公司进行统一经营管理，这将会直接影响到开发商的品牌。

商业地产的运作主要由三个环节组成：开发、出租 / 销售、经营。前两个环节中，开发商当然要讲求投资效益，追求利润最大化，但不能一味提高商铺售价，占据全部的利润空间，到了众多投资者手中，已经没有足够利润空间和增值空间，投资者为了达到起码的投资回报率，租金高居不下，经营户无力承租或者经营成本偏高，造成后期经营管理失败。

*** 投资者**

分割销售、分散经营的运作模式深受投资者的喜爱，原因在于投资者对实物形态产品的真实取得和控制。与投资者必须签订 10 年—15 年的委托经营合同相比较，它更能满足投资者对物业的控制需求。

分割销售、分散经营的运作模式没有零售整租模式长达 10 余年合同约定的稳定回报，产权式独立商铺的不可确定性和动态性更强，这更加考验投资者的眼光。

商铺的价值很大程度上由人流和消费决定，而人流和消费又受交通、人文、历史、区域环境规划、规模、建筑物的特点、招商限制，还有整个商业零售市场商品档次和时尚潮流等等多方面因素影响。在没有分析这些因素的情况下，或者只考虑几个方面，就妄下决定，是有很大风险的。

譬如复合型商业项目，其每个楼层功能业态的分布是不同的，有的部分就只能做餐饮，有的就只能开精品店，而各个行业的品牌客户在做店址选择时，都会有其最高租金标准，一般餐饮的租金较低，而精品店和品牌服装专卖店比较高。投资者在投资购买商铺时，必须分析它能做什么和不能做什么，再分析所选择的租客中，租金会在什么范围内，然后了解其周边商铺情况，得出最可行的租金估价，再算投资回报，不能轻信开发商动辄 15%以上回报率的谎言。

同时由于项目的缺乏整体控制力，而散户自身调节的经营风险很大，出现了后期经营不力的状况，令租金走低，投资者不能获得高额稳定的租金收益，投资受损。

*** 经营者**

对于业态复合程度高的商业项目来讲，由于其经营商品多样性的特点，形成了消费群体的聚集效应，而且人流量的含金量高，人均消费量也较高。而且还有物流、信息、资源的有效共享，能够有效的降低经营成本。

但是由于项目缺乏统一的经营管理，极容易出现三个令经营者为之却步的“硬伤”：

问题一：经营调整乏力

一个大型的购物中心项目含有许多不同的业态，而一种业态也拥有多种商业（或服务）品类，不同的品类具有不同淡、旺季及产品（或服务）的生命周期，因而各种品类在不同时期有不同的销售量。这就要求各级经营者须按商业规律不断调整业态、品类，使整个业态组合更加适应有效商圈的实际需求和竞争变化。调整业态和品类肯定会涉及到不同营业面积的租期、租金、面积重组等方面的调整，这将可能影响到一部分业主的权益，一旦这部分或个别业主不同意调整方面，经营调整将无法进行，项目整体持续良好经营得不到保障，最终可能走向整体失败。

问题二：物业改造没人理

消费者的消费观是不断变化的，其对购物环境的要求亦不是一成不变，消费者总喜欢到价格合理且环境优美的场所购物消费。一个商业物业在经营一段时间之后，为吸引更多的眼球，它可能需要进行翻新、改造等。一般情况下，各租户都比较重视自家营业面积内的形象，而忽视了公共空间的重要性。小业主除了收租外，其余要承担费用的事多数采取不闻不理的手法，这就难倒了管理公司和开发商。对于一个已成功经营的项目来讲，费用的分担可能不是问题，因为不管是租户，还是小业主，其经营收益都比较高，分担一些改造费用问题不大，而对于一个刚刚起步才一、二年的项目则难度较大，往往由于各方的收益情况不尽理想，改造费用也成了多方扯皮的原因。

问题三：整体推广后劲不足

整体推广是成功经营的重要手段之一，特别是在项目的开业前期和各个调整期，整体推广能够起到相当重要的作用。整体推广一般通过媒体、宣传册、VIP卡、明星助兴、公益活动等相关的促销活动宣传项目的服务、销售内容、优惠条件等，以吸引更多的消费者前来消费，这类活动需要大量的费用。一般情况下，项目开业后的前期推广费用由开发商通过管理公司来支付，开发商也已将这部分费用计入项目开发成本当中。然而，在开业后各个时期的推广费用从哪来呢?这个问题如同上述物业改造费用，也成为多方扯皮的问题之一。

分割销售、分散经营虽然在外部环境上顺应了广大中小投资者投资发展的趋势，又能给开发商带来较大的短期收益，长期风险相对较小。但其适应面较窄，主要适用于专业型商业街，并不适用于复合型商业项目。

因为专业型商业街往往集中经营某一类（种）商品，如花鸟鱼虫一条街、灯具一条街、建材商业街、汽车配件商业街等。专业型商业街由于其经营商品统一性的特点，整个商业街的市场成本比较低，不太容易出现因商业街的规划设计不合理影响整个项目运营的现象，经营成功的可能性明显高于复合型物业。

模式2：租售结合模式

租售结合的根本特征是开发商拆零销售产权回收资金，通过设定一定的投资回报年限、利率化的返租回报，将经营权从投资者手中取回，然后委托专业的商业管理公司进行物业的管理和经营，获取租金，回报投资者。

这种模式是现代商业地产较为流行的方式，但政府已下禁令叫停，商业地产的营销又陷入举步维艰的境遇。返租，成为商业地产营销的一条不归路。

基于此背景，本文不再对返租操作作展开分析。但把商铺部分用作销售，仍是中国商业地产界的必然。时下，比较可取的方式是先进行招商并统一经营，待商铺具有一定成熟度并旺场后再对商铺进行销售。不管采取何种租售模式，租售比例的设定都是此类营销模式下成功经营必须掌握的技巧。故此章节将从租售关系上解析租售模式下的商业地产营销技术。

综合实力强的开发商故然有条件能够坚持采用只租不售的开发模式，保持产权的统一，但对于哪些部分零售产权的商业项目该如何合理的设定租售比例，才能够保持项目的良性发展呢？关键是要根据项目的特性，制定最佳租售比例、平衡租金与售价、设定合理的租售区域，只有这样，才能保证项目的可持续性经营发展。

1. 制定最佳的租售比例

前期开发操作强调专业化操作的项目，在经营环境上具有先天的优势，有利于推动后期的招商和经营管理运作，使投资者和经营者可以从投资环境上，分析得出项目具有良好的发展前景。因此，在保障项目的可持续性经营的大前提下，开发商必须基于项目“两个理由，一个原则”的因素下进行分割零售项目的部分产权。

两个理由：

* 销售所得的收益为解决项目的再投入建设，保障项目的持续开发需要。

* 销售所得的收益为偿还开发融资的利息，以解决项目再融资的需要。

一个原则：

* 销售的面积不得超过项目总经营面积的20%，尽量减少产权分散对项目的功

能分布、业态的规划的影响，保障开业后的统一经营管理。

根据必须解决的资金回笼的实际需要，对比市场对售价的接受分析、同类项目的售价分析，考虑项目的利好因素推算出一个平均售价（每平方米的平均售价），根据开发商的预期收益 ÷ 平均售价 = 项目的销售面积。

销售面积 ÷ 建筑面积 × 100% = 销售面积所占的比例，从而计算出出租面积所占的比例。

另一个原则：

一个具有良好发展前景的商业地产项目，最佳的租售比例应该是按照项目的商业价值区域划分。把项目商业价值最大的区域尽量保留，把商业价值较低的区域出租，把商业价值一般的区域用于销售返租经营，从而回收资金，解决开发商的融资问题。

2. 平衡租金与售价

*** 以租金反推算售价的计算方法**

开发商在设定租金的情况下，根据不同的租金回报率，推算出相应的售价。计算方式是：租金单价 × 12 个月 ÷ 回报率 = 售价单价。

例如：设某商铺租金为 100 元 / 平方米 / 月，则在不同的租金回报率的情况下，售价为：

租金回报率	5%	6%	7%	8%	9%	10%	11%	12%
售价（元 / 平方米）	24000	20000	17143	15000	13333	12000	10909	10000

即每平方米 2.4 万元的售价，按 5% 的租金回报率计算，每平方米的租金得益是 1200 元；按 12% 的租金回报率计算，则每平方米的租金得益是 2880 元。

在租金固定的情况下出现不同的回报率？

*** 以售价推算出租金的计算方法**

开发商在设定售价单价的情况下，按照不同的投资回报率，计算出相对应的租金单价，计算方式是：售价单价 × 回报率 ÷ 12 个月 = 租金单价。

例如：设某商铺的售价为 1 万元 / 平方米，则在不同的投资回报率的情况下，月租金分别为：

投资回报率	5%	6%	7%	8%	9%	10%	11%	12%
售价(元/平方米)	42	50	58	67	75	83	92	100

在固定售价的情况下,当投资回报率越高,那么相对应的租金单价就越高。另外关于投资回报年限与投资回报率的计算方法如下:

投资回报年限=预期收益(投资额)÷年租金收益

投资回报率

=年租金收益÷投资回报年限(返租期)÷预期收益(投资额)×100%

3. 租售区域的最优组合

如何进行租售区域的分割,才能实现项目的商业价值最大化?对于一个具有发展前景的项目来说,要尽可能把商业价值最高的区域保留,较好的用于返租销售,低的出租。

要达成预期销售额的回收,除了尽可能的提高售价以外,还必须对项目的销售区域进行科学合理的划分,不能集中销售某一区域,除非集中销售的区域独立性强,否则就会影响管理,从而产生混乱。要保障资金在有效期内顺利的回收,首先要考虑把商业价值较高的商铺出售。销售的区域应该拥有相对的独立性,而且呈垂直分布。

一般来说,一个大型商业地产项目的销售区域可以考虑首层、二层和三层,但要根据各个项目的特点而定。以一级城市为例:

此类城市的商业项目一般会建造地下层,通常负一层会用作商业,并且尽可能为负一层创造条件,例如与地铁站连通,或者设计一个与低下层连接的下沉式广场等,形成次首层的感觉,从而提高负一层的商业价值。该区域的商铺既相对独立,而且商业价值也比较理想,适合用于出售。其中,最成功的案例是广州的正佳广场。正佳广场利用营销推广的手段,把负一层夹层的面积销售,不但顺利达成了开发商回收资金的目的,而且间接的提升了首层的商业价值。

其次首层临街、中庭的铺位对于项目来说是最有价值的区域,但是因为临街商铺体现了项目的形象,因此尽可能保持街铺出租,如果一定要卖,就必须挑选离主要出入口较远的商铺出售。而中庭的商铺,可以根据规划,进行分阶段出售。

二、三楼的商铺表面上看,最高商业价值的是靠近中庭、扶手梯的区域,但是,如果项目的外立面是作透明设计,那么最外围的商铺就兼具了一个广告展示的效益。因此建议把二、三楼中庭的商铺按规划出售,保留外围商铺出租,待商铺升值以后再考虑出售。

三楼以上的商铺基于人流效应比一、二、三层较低,因此建议按照业态布局,规划作餐饮、娱乐、零售的结合,或者以相对优惠的条件吸引大型零售主力店进驻,提高楼层的商业价值,然后按规划出售。

另外,对于商业价值相对较低的商铺,投资者认为利润空间低,那么在销售上就存在一定的困难。但是投资价值低的商铺,对于合适的经营者来说,却有不一样的定义,例如美容美发类业种,它对营业环境的要求就需要一定的独立性以及比较安静的空间,所以该类型商铺适合出租。

对于商业项目的销售,它是一个系统过程,与住宅不同,不仅需要根据客户界定来找准渠道,更需要设定客户的相关利益,吸引其投资或经营购买。

第一步,设定利益。

第二步,通过推广渠道吸引客户上门。

第三步,现场留住客户。

第四步,销售逼定。

只有完成这四步组合,才能解决目标销售问题,实现资金的快速回笼。

第二模块:目标客户利益设定与策略制定

在目前激烈的商业市场竞争中,要想在大浪淘金的市场中赢得先机,先发制人,那么制定全面的立体式营销策略就是实现“三旺”(销售旺、招商旺、经营旺)“三赢”(开发商、投资者和经营者都能盈利)的一招必杀技。

对于销售的项目而言,如何推广,需从目标客户需求入手,解答客户问题,即:

——客户为什么买商铺?

——客户如何作出购买决策？

——客户根据什么判断商铺价值？

只有对目标客户进行准确判定，才能一针见血地利用执行战术打动客户，实现成功销售。

一、目标客户判定

1. 风险——回报

商铺作为投资型物业，其风险和回报显示出一定的正比关系：越是高风险的商铺越伴随着高回报，而高稳定的商铺则往往意味着低回报，如下图所示：

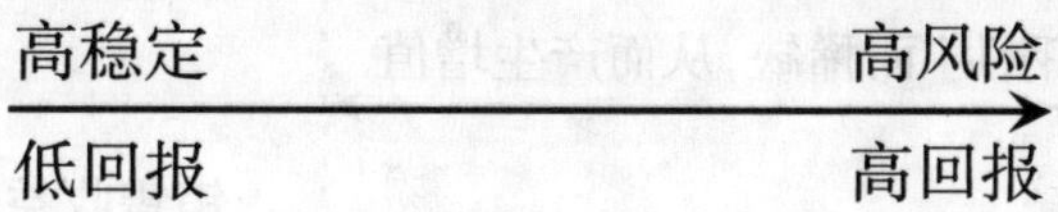

2. 购买力

"购买力"是指客户对商铺总价的"承受力"。通过对投资客的研究发现：

（1）购买力越强的客户越青睐高风险商铺，敢博高回报，"风险逐利"规律体现越明显。

（2）购买力弱的客户更看重投资的稳定性，回报也相对有限。

由于上述特征，我们就可以根据自身商铺的情况，大致判断出目标客户的"水位"：

总价区间（万元）

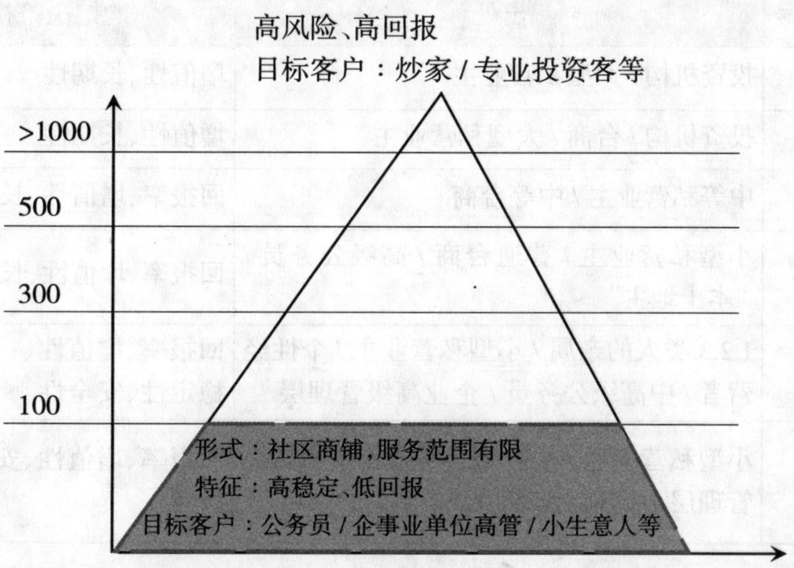

二、了解客户购买动机

1. 客户动机：经济利益

商铺是产生财富的载体，客户购买商铺的最基本目的是为了生财或升财，即追求财富利益。

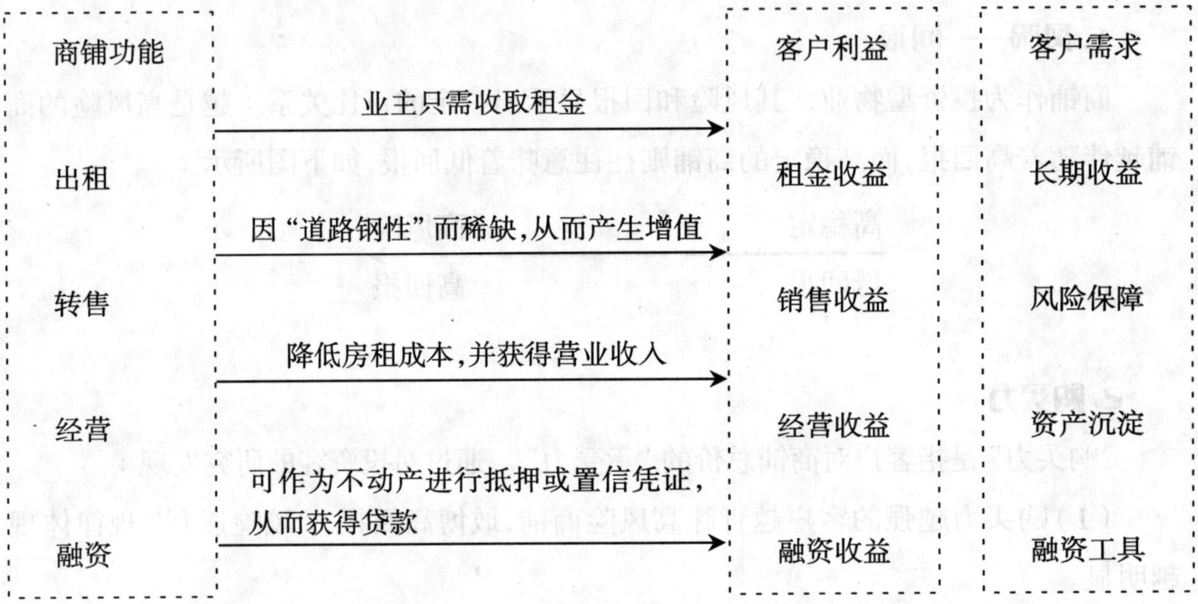

2. 客户决策视角：投资回报

投资与回报是客户购买商铺时最基本的决策动机，其决策角度与其财富或投资能力相关。

投资能力		编号	出处	购铺决策视角
亿万级		1	投资机构 / 大型私营业主	增值性、长期性
千万级		2	投资机构 / 台商 / 大型私营业主	增值性、长期性
百万级	接近千万	3	中等私营业主 / 中等台商	回报率、增值性、长期性
	数百万	4	小型私营业主 / 普通台商 / 高级公务员 / “本土地主”	回报率、增值性、长期性
	刚过百万	5	1.2.3.类人的亲属 / 小型私营业主 / 个性经营者 / 中高级公务员 / 企业高级管理层	回报率、增值性、稳定性、安全性
十万级	接近百万	6	小型私营业主 / 中高级公务员 / 企业高级管理层 / 个体经营者 /1.2.3 类人的亲属	回报率、增值性、安全性、投资门槛

一般而言，财富等级越高，越关注回报的长期性。

财富等级越低，越关注短期快速回报及安全性。

3. 客户判断基础：经营前景

客户最终是根据经营前景来判断投资回报的，其最直观判断因素则是租金和售价。

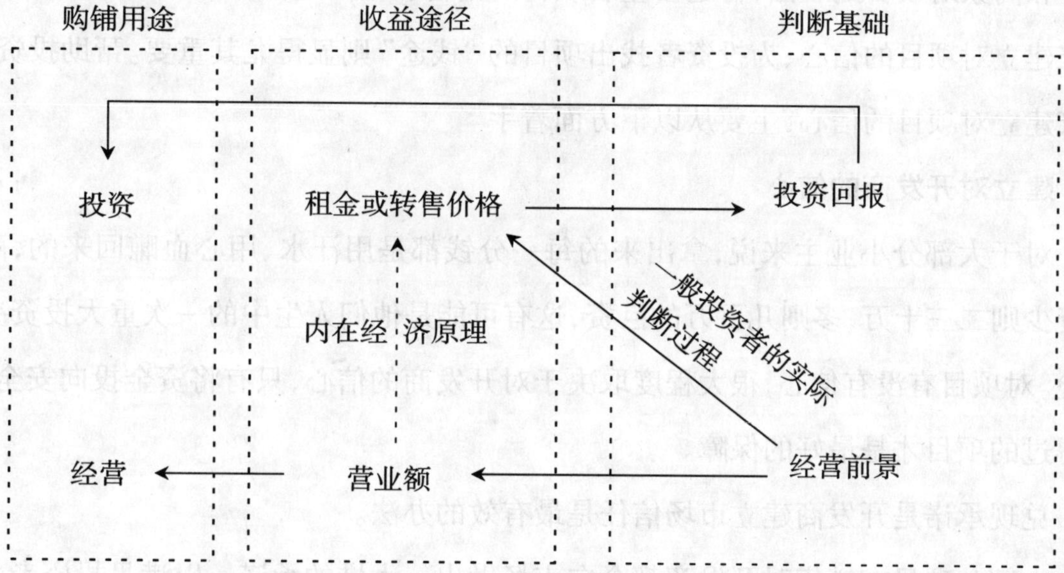

三、利益设定吸引关注

策略1：晓之以景，勾勒美好“钱景”

关键点：描绘钱景，挖掘商业价值。

向客户描绘能提高商业价值的一切关键因素。如：

* 规划前景。

* 区域高消费能力提供。

* 长期产权。

* 高商业附加值。

* 项目的商业规划亮点等。

策略2：建立信心

大部分购买住宅的投资者，是因为有居住需要，买房子做居所。而大部分购买商铺的投资者，都没有经商的需要，买商铺是用于投资，是为了赚钱生财。项目要销售，必须吸引投资者和商家，建立投资者和商家对项目的信心是至关重要的问题。

与股市一样，如果股民对哪个企业的经营前景缺乏信心，肯定不会购买该企业的股票，明知是亏本的生意是没人做的，投资股票与投资物业都是一样的道理。所以，投资者和商家对项目的看法，肯定会左右项目的销售和招商进度，如何帮助投资者以及商家建立对项目的信心、为投资者找出项目的"钱途"则显得尤其重要。帮助投资者、商家建立对项目的信心，主要从以下方面着手：

建立对开发商的信心

对于大部分小业主来说，拿出来的每一分钱都是用汗水、用心血赚回来的，商铺投资少则二三十万，多则几百万的巨资，这有可能是他们人生中的一次重大投资决策经验。对项目有没有信心，很大程度取决于对开发商的信心，只有将资金投向安全的、信得过的项目才是最好的保障。

兑现承诺是开发商建立市场信任是最有效的办法。

大部分项目在销售时开发商都会向市场做出一大堆的承诺，以满足投资者各式各样的要求，问题是开发商所做出的承诺到底能不能得到兑现，或者有多少可以兑现，一个重承诺、讲信用的开发商，其开发的产品也必然是市场信得过，投资者信得过的产品。否则，承诺时信口开河，兑现时不见踪影，是无法取信于民的。

对商业环境的信心

有两个非常显著的例子，中旅商业城（最早推广"地铁物业"概念）和广州北京大厦（北京路步行街物业）在推盘时，除了打出"地段牌"作为主要卖点之外，基本无采用其他卖点，就可将商铺销售一空，广州北京大厦的"卖铺当然是北京路"更成为当时业界知名的广告语，"地段牌"是商业环境的重要卖点之一。

商业环境是商业物业经营赖以生存的空间，缺少必要的营商环境，将无法取得经营上的成功。

* 处于成熟商业环境之中的项目，应突现其优势并深入人心。

* 处于发展阶段商业环境的项目，应尽力挖掘市场的需求增长点和潜在的发展

趋势。

* 如果处于不成熟的商业环境,如目前正逐步走向郊区化的专业市场,为帮助投资者和经营者建立对项目商业环境方面的信心,应将市场细分再细分,针对目标消费群体强化商业环境前景的诉求,以硬件配套作支持,为项目营造新的经营空间。

对项目本身的信心

把商业物业项目的结构、功能配套、商铺间隔、人流导向系统等规划好并真正落到实处,营造好商场自身的硬件配套设施,比纯粹的知名度推广更能有效地传达给投资者,从而建立对项目的信心。地段好,价格好,买不买还是要看项目产品本身的吸引力如何,没有过硬的功能设备,就算外包装如何漂亮,口号如何动听,究竟是没法诱导投资者的购买欲,无论是赫赫有名的大开发商还是新晋的中小开发企业,都应该把自己物业的"内涵"作为发展的重点。

对市场前景的信心

政府官员为什么多次在国际上高姿态地强调,中国政府无意将人民币贬值?这是中国政府为了增强外资对中国宏观市场前景信心所作出的承诺。大到政府行为,小至商业市场,其实,树立对市场前景的信心是保证事物向良好方向发展的重要手段。对于商业物业市场的投资者来讲,何时能收回投资,实现盈利是真正关心的问题,很多时候,投资者能做出购买决策,往往是项目在市场上的前景,谁都希望自己的购买商铺,能在若干年后成为如同北京王府井、广州天河城、上海南京路一样的旺铺,那时就真的是"一铺养三代"了,市场前景越是看好,投资者的信心就更大,前景的诱惑力足够摧毁大部分投资者的心理防线。

对管理商的信心

商业项目的运营管理在我国仍是较新的领域,整体经营管理水平与物业管理相比差距较大,市场已注意到,一些具有良好管理体系的商业项目不断取得商场经营的成功。项目的商业运营管理越来越受到投资者和承租者的关注,向投资者和承租者树立对管理机构的信心,是吸引目标客户的有效手段之一。

相当一部分开发商其实是知道实施整体的商业运营管理对投资者和经营者是具有一定的吸引力,然而仍有一些开发商并没有真正着手建立商业管理体系,只是在广告宣传中吹嘘将为项目提供"统一经营、专业管理",至于开业后如何管理则属下回分解。建立对管理者的信心，管理商有无名气尚在其次，关键是要建立一套实时有效的管理手段、管理模式，设立管理机构，制定管理条例，务求从实际行动上加强投资者和经营者对管理商的信心。

策略3：诱之以利——打造"钱景"保障系统

商业地产有一道"关系链"：开发商——投资者——经营家——消费者。四者的关系以看作是商业物业市场上的"利益互动"关系，这一关系链深刻影响着项目的开发、投资及经营行为，如果开发商不能真正为项目的商业运营管理提供实质性的支持，不能保障项目的经营畅旺，就肯定不能吸引更多投资者或消费者的目光，项目的持续旺销也就难以做到。

在项目销售阶段，商场还没有开业经营，若想吸引更多的投资者认购商铺，须预先让投资者认同这个商场一定会生意兴旺，经营者一定会踊跃认租，从而将带动商铺租金水涨船高，这对投资者的投资收益是最大的保证，因此，项目在销售阶段，就要将开发商为商场经营所作的努力、所提供的支持，针对目标投资客户进行传播，让投资者对经营者在商场的经营前景有充足信心。

项目的兴旺是靠经营者和消费者支持的，正因如此，在商铺销售阶段，开发商一方面举办各种形形色色的营销活动来丰富项目的经营内涵，另一方面不断为商场经营提供具体的支持措施，这些措施看上去为经营商家提供实质性的经营支持，但实际上也可是为商铺业主的投资行为提供回报支持，最终是为商铺销售提供支持。

通过以上策略组合，使项目最终成为一个安全稳定的升值系统。

第三模块：最具磁力效应"商业推广"攻略

商业推广主要是指通过不同的媒体，把项目的各项信息对外传递，以达成某一工作阶段的目标的一种手法。成功的商业推广不但可以塑造项目的品牌知名度，而且还可以提升商业价值,扩大商圈辐射范围和影响力,为企业打造品牌效应。

一、不同阶段商业推广要点

推广必须根据项目的工程进度制定推广计划表，合理的安排项目各阶段的推广工作。该计划表应该包括了每个推广工作的起止时间、目标、内容、方法、工具、具体负责人员等内容。

在商业项目的整个开发过程中,主要有以下阶段需要配合商业推广活动进行,以协助和推动开发工作的顺利开展。

1. 前期推广

项目在取得土地并确定投资开发策划方案后,就应着手项目的全面推广,为后期的招商、销售工作做好铺垫。

在项目动工建设到落成营业的这段时期,有六个重点时段,需要进行项目的推广宣传。具体如下：

推广时段	推广重点
1. 立项阶段	在项目向政府申请审成功批通过后,就应该召开行业新闻发布会,主要邀请政府相关官员以及行业专员、媒体记者到会,发表项目的立案情况,争取社会支持和了解行业状况。这是项目第一次公开面世,必须隆重其事,让社会各界留下一个初步印象
2. 破土动工阶段	项目的“±0”动工是项目全面启动阶段,应及时举办“奠基仪式”向行业及社会各界汇报顺利开发的工作成果,争取更多的支持与关注。按照国外的专业操作,只有当项目顺利进行,成功实现主力店招商的时候,才会进行建筑的深化设计以及破土动工进行基础建设
3. 建筑主体封顶阶段	当建筑主体顺利施工实行封顶的时候,即代表由主力店商家开始进入商场进行内部装修建设,是项目的工程跃进阶段,应适通过媒体时向社会传达项目即将开业的信息,引起瞩目
4. 公开销售 / 招商阶段	这是项目推进的最重要阶段,关系到开发商的资金回笼与品牌商家的进驻,必须通过多种渠道进行广告轰炸,以赢得市场的关注,引爆项目的销售 / 招商

5. 试业阶段	当主力店商家完成内部装修,可以对外营运的时候,即代表项目进行到全面开业的预热阶段,应尽力协助主力店进行开业推广同时借助主力店的品牌号召力进行项目整体开业的推广
6. 全面开业阶段	80%的商户完成收铺和装修工作,就是揭开神秘面纱,全面对外公开营业阶段,应通过开业筹备活动以及一系列的媒体宣传、商场活动等措施,吸引消费者到项目现场,并提升消费者的印象,增加注目率

如果项目有拆迁工程,那么完成拆迁工作是项目重要的工程进度之一,也是项目需要进行推广的重要阶段。一般可以通过规划围墙设置,来达到推广的目的。各阶段的推广需根据实际情况灵活应变,务求事半功倍,直接高效。

2. 销售/招商期推广——"太极拳"

招商是商业项目收益实现的主要形式,一个项目的运作成功与否主要看能否按计划成功完成招商目标。销售是项目开发商进行紧急的资金回收、继续进行项目开发不得不采取的一种方法。因此,必须通过各种营销策略,配合相关的推广策略,使招商与销售能够顺利的达到预期收益的目标,为项目的成功开业,持续做旺打好一个坚实的基础。

策略一:借海行舟——捆绑政府

借其势,与其利,暗扬名,胜无形。项目作为市场的新生事物,在开拓新领域时需要相当长的市场磨合时期,如何快速切入市场,成为市场的焦点成为推广工作的重点。采用"借海行舟"策略,借助政府名义,通过与政府合作进行对项目的宣传,借政府的威信为项目所用,能够有效提升项目的地位与形象,并有助于增强经营者、投资者对项目的信心。

通过公关,与政府合作,让政府成为项目的代言人,结合对各种活动(如城市发展论坛、商业论坛)的新闻报道系列炒作,达到项目宣传目的。从项目形象的树立到商业论坛的举行,与政府的合作中,具体可划分为以下四步走:

第一步:通过公关,让项目成为市政重点工程。

第二步:以政府名义组建管理委员会,充分结合了项目区位的推广概念。

第三步:与政府合作,举办关于"城市商业格局的发展与变迁"的主题会议。

第四步:在商业论坛中,推广城市,推广项目。

策略二：专业操作领先市场

项目的开发以讲求全方位专业化操作领先市场为核心，在建筑形态规划、功能上，为项目宣传推广工作提供了必要的硬件支持，以项目精细的主体定位为卖点，使项目的整体推广必须立于市场最高处，通过媒体的宣传，把贯彻“专业化操作＝国际化＝成功”的观点灌输给投资者、经营者以及消费者心中，营造专业化、国际化的形象。

策略三：外力拓充牵手媒体

外势变，界入，自我超越，以外势带内势，由表及里，通过各媒介对项目进行系统传播。在项目市场公关策划、传播活动中，必须充分认识到外界媒体对项目形象树立与宣传的作用。

媒介是把双刃剑，对项目的形象树立起着关键作用。在项目推广中，与媒体建立良好关系，充分利用各媒体对项目进行全力宣传推广，及时发布对项目有利的各项消息，展示项目形象，使商家对项目保持高度密切的注意，锻就项目的知名度，无形中提升项目的商业价值。

策略四：石破天惊地引爆市场

蓄势待发，箭在弦，触必发，战必胜。蓄势足、瞬间引爆，是产品火热市场的关键。项目在推广过程中，必须利用各种对项目有利因素，结合各种传播媒介，采用逐层深入的推广方式，结合相关的招商、销售政策，利用一招必杀技。例如：限时低价优惠；将优势铺位限量推出市场；或者举办一场现场招商、销售展销会议等等的营销策略，一举突破客户心理防线，集中引爆市场。

策略五：利用品牌构筑无限商机

随着项目的发展和完善，新一轮的竞争是品牌的竞争。投资者和商家在选择投资或经营对象的时候，会对项目的经营发展前景作深入的调查，尤其是知名的品牌企业。因此，引入知名品牌商家，给予他们实行各种优惠，除了利用知名品牌商家的聚客能力外，就是为了利用这些品牌商家的入驻，提升项目的商业价值，增加经营者和投资者对项目的信心，提升中小商铺的租金和售价。

品牌带来的高附加值已逐渐为投资者认识，从发展形势看，物业是基础，市场是关键，品牌是动力，进入品牌消费时代是发展的必然。

商业地产项目可以利用入驻品牌商家的知名度和经营实力，为中小投资者营造“大树下好遮阴乘凉”的良好投资前景。

3. 开业后的经营推广

由于目前商业竞争十分激烈，商家个体的营销活动尽管成本不菲，但效果却差强人意。商业地产的优势在于资源整合效应，不同商户之间存在商品品种的差异性和互补性。因此，可由经营管理公司进行统一策划推广活动，最大程度降低商户独自进行商业推广的成本，并且通过互为互动，大大提高经营推广的效果，提升入驻商家的商业竞争力。

项目的整合推广，首先应进行商户的客源重叠分析和规划。例如，对主题商店的促销活动安排就应予以特别注意，原因是主题商店的销售额较大，往往为其它商铺带来了重叠的客源。

其次要合理划分时段，制定周详的依时段、季节等划分的营销推广计划。并根据每个推广时段制定推广计划，内容包括推广活动的主题、活动形式、参与名单、选择的媒体、广告文档内容、主要负责人、是否有礼品、礼品赞助商等。

再次，商业地产项目的整体促销活动由各商家分摊成本，由商家成立的商户委员会监督管理。一种可能的费用分摊方式是统一的收银管理，对实际发生的费用按照承租户销售额的一定比例进行分摊。另外，开发商在项目运营的前几年也往往要承担一部分营销费用，逐年减少直到正常营业以后停止。

项目在经营过程中应结合商家和自身的需要，定期或不定期做一些商业推广的活动，以增加项目的知名度，吸引更多顾客的目光。特别是一些重要的日子（如圣诞节、春节等），相关主题的活动就更为重要了。促销活动分为娱乐促销、折扣促销、赠送促销、抽奖促销等，需根据特定情况做针对性促销策略。

实战指导之一：广州××购物中心项目不同阶段推广要点

项目认知阶段——以“新、奇、特”带出项目优势，吸引市场注意，在众多商场中脱颖而出，扩大项目知名度。

推广要点——路通财通康王路与步行街

<u>上下九步行街的立体花园式街铺</u>

<u>荔城花道（西关风情现代版）</u>

项目公开招商阶段——用商场规划及经营特色强化经营优势，公开招商，从外部环境导入商场经营优势。

推广要点——“旅游与假日经济”对商业的促进。

最好玩、最好食、最时尚的商场——荔城花道。

以品牌商户优势带动全面招商。

项目持续招商阶段——以特色经营强化商场优势和购物新理念。

推广要点——“地段＋人流＋经营模式”商场致胜元素。

我们不仅出租商铺，而且创造财富。

项目试业开业阶段——以购物环境、消费特点吸引消费者。

推广要点——百万人流，千万商机，亿万财富“旅游特色，购物出色”。

各阶段主要主题炒作中，以事件营销结合公关活动为主，利用各种节假日及庆典活动，对项目主要优势全面推广，促进招商。

实战指导之二：××商业街阶段性市场推广策略

1. 前期推广

前期目标——建立项目知名度、关注度、美誉度。

推广策略——全方位、立体化、跨区域、多渠道媒介整合，以媒介广告为主，公关活动和事件行销为辅，实现人员直销、广告推广及行业内部推广的完好结合。

形象策略——三性塑造鲜明的市场形象。

统一性：统一的标志、统一经营区间、统一宣传口径、统一广告形象。

独特性：建立独特的识别系统，塑造商业街鲜明的、引人注目的形象。

震撼性：强势推出，通过多种途径集中推介，以震撼全城的手法使这个独一无二的社区商业街项目为市场所认知、认同。

2. 招商推广

诉求对象——分阶段、分对象分别诉求。

第一阶段：针对经营者,实现商业街铺面的顺利招商。

第二阶段：针对投资者,在顺利招商的同时吸引投资者实现项目的大部分销售。

※推广手法——分阶段进行

* 前期——形象广告配合直销招商,引进核心主力店和品牌商家。

* 后期——全方位渗透式推广,吸纳小型商家和目标投资者。

* 建立第二营销渠道,充分运用前期已进驻商家、租户和投资者进行口碑传播,促使销售势能不断提升。

3. 推广活动

重点活动1：××步行街公开招商、发售新闻发布会

——暨商铺无底价竞投公开拍卖会

活动目的：

① 大力宣传,首度推出即获市场轰动效应,迅速建立知名度。

② 实现部分商铺直接销售与推广的同时,达到试探市场价格承受力的目的。

具体操作内容：

① 新闻发布会与公开拍卖会

a. 新闻发布会市场炒作

通过组织新闻发布会发布和宣传"××首个健康主题社区商业步行街"即将进行公开招商与发售的市场信息。

b. 拍卖会紧接着新闻发布会同步进行

发布会之前先进行一个阶段的硬性广告宣传和媒介软性报道炒作此次活动,达到市场预热目的,使其成为该段时间当地房地产市场的热点新闻事件。

c. 公开拍卖会推出部分商铺

开发商在此次活动中在拿出一小部分商铺单位进行拍卖，同时委托当地知名拍卖行主持拍卖会。拍卖方式以现场公开和无底价方式进行,价高者得,通过拍卖会的热烈氛围和良好宣传作用,与前来参与拍卖会的部分投资者达成购买意向。然后借此声势,活动结束后将拍卖竞买结果与知名商家名称在媒体上公布,达到良好的市场宣传效果。

d. 剩余商铺无底价暗标竞买活动

e. 市场炒作继续升温，剩余单位暗标竞买

公开拍卖会结束后，将拍卖会上未能卖出的剩余商铺单位继续公布于媒体，进行暗标竞买宣传。吸引其它投资者前来咨询洽商，缴纳认购诚意金（1万元），并在规定竞买时间内（建议两周），以“挂牌价”形式对意向客户进行内部竞买价格登记，最后以规定竞买期间同一单位的最高竞标价成交，并与成交客户签订正式认购协议。另外，竞买期间应通过媒体与销售人员不断进行造势，吸引更多投资者前来竞标，不断提升竞买价格。

f. 举办业主答谢会，再创市场推广高潮

在结束前期商铺无底价公开拍卖会和暗标竞买活动之后，借此声势趁热打铁再度举办一次商铺竞买成功业主答谢会，同样通过媒介宣传将整个商铺竞买活动的市场效应推至顶峰。

重点活动2：品牌商家免租联展招商活动

通过前期的市场活动效应，已建立起项目广泛的市场知名度，接着便可根据前期活动的效果，及时调整市场推广策略。同时，借助前期活动的市场余温，开发商可在适当时机再次推出一个“百家争鸣——××步行街品牌商家免租联展活动”。通过各种主动联系方式，吸引在本地区具有市场影响力的名牌商家以及前期已招入商家前来步行街现场参加本次品牌、产品与服务等方面的综合展示活动，从而极大地带动商业街的知名度和人气，将为商业街的连续销售推广起到极大促进作用。

活动目的：强力提升商业街知名度，带旺人气，寻求合作商家与目标投资者。

活动形式：在活动期内，以免收租金的形式免费提供商业街商铺空间给各类参展商家进行其品牌、产品与服务的展示和市场推广活动，吸引社区居民以至当地社会的关注。

活动要求：

①活动期间的参展对象必须是具有品牌知名度和市场影响力的商家。

②活动前必须做好充分的准备工作，避免由于活动组织不完善而出现负面的市场影响。

4. 销售推广

分期进行招商和销售

根据销售控制原则，分期分批对商铺进行招商和销售，充分运用价格杠杆，使项目的租售开局精彩与轰动，并且在整体推广中做到高潮迭起，亮点不断，保持持续的市场关注度与强势的市场冲击力，实现理想的销售目标。

二、不同阶段推广问题应对策略

1. 广告效应不明显

在广告的推出后，来人与来电若不能达到预期要求，从而影响销售进度。

应对策略：通过市场实际反馈情况改变广告诉求主题，从而达到预期效果。

2. 市场吸纳量问题

在项目销售进入销售持续期期间，若出现销售进度减缓速度明显状况，往往问题出于当地市场对于项目的吸纳量上。

应对策略：注重广告效果普及度及重点加强对××当地市场的目标客户群的直销工作。

3. 产品价格问题

在销售过程中若出现大范围客户群对产品价格出现异议，并且出现承担能力不能支持价格体系时。

应对策略：通过对购房付款方式的调整和投资组合计划的合理运用的方式来降低市场门槛。

4. 投资回报问题

当客户群对项目投资回报率普遍抱怀疑态度，影响其投资信心，从而长时期持币观望时。

应对策略：提前进入项目招商工作，增加消费者对本物业的投资信心。

5. 产品问题

客户对地下物业的误区认识与对人防项目的不了解，影响项目的销售进度。

应对策略：通过软性宣传，加强市场对人防项目的的认识，结合标的项目进行有针对性的侧面推广。

三、商业地产项目全程推广实战解析

※——××商业园推广策略

第一部分 推广对象

1. 传播目标

（1）短期内树立“××商业园”在同类市场的领导品牌形象。

（2）在传播周期内使“××商业园”达到80%的销售目标。

（3）为“××商业公园”确立全新的经营策略，快速打开市场局面，获取项目销售的全面成功。

（4）让“××商业园”之项目概念和独特卖点为目标顾客所认同。

（5）通过广告传播的表现激发目标顾客的购买欲望与动机。

2. 推广对象分析：目标市场定位分析

项目的资源：××步行商业街首、二层铺面

3. 项目目标客户类型

*理智型

社会的发展、经济实力的提高、市场的竞争，无不加剧消费者心态的成熟；加之房产投资数额非小，投资者必会多方考证再行出手。

本项目的目标客户将以理智务实型的占绝大多数。

* 冲动型

有些目标客户属于初始投资，由于本金到手较易，造成消费较为冲动。这类消费者数量较少，但不能忽略。

4. 项目目标客户细分

* 按投资行为可分为：

（1）炒住房、商铺。

（2）炒股票、证券。

（3）炒黄金、外币。

（4）以前没有投资行为，现在正准备投资的。

* 按投资等次可分为：

（1）专业炒家。

（2）周转资金较充足，但不知如何使用的投资者。

（3）周转资金不多，希望通过自身眼光和知识来赚钱的投资者。

5. 项目目标客户分析——群体个性

（1）专业炒家(含专业炒房者、炒铺者)

这部分客户群已经过前期资本积累，属于"先富起来"的一批人，大多文化程度不高，但投资经验丰富，投资心态成熟，理智务实，相信实实在在的、逻辑性强的投资分析，同时由于市场因素等问题，需转向投资以获取更大的经营利润空间。

（2）周转资金较充足，但不知如何使用的投资者

这部分客户群具有充裕的资金实力，希望通过保障性较大的投资，获得稳定的升值与回报但欠缺投资经验，相信专家和朋友的建议，容易受外在因素影响，投资较为冲动。

（3）周转资金不多，希望通过自身眼光和知识来赚钱的投资者

这部分客户群知识结构和综合素质较高，意识观念略为新潮和现实，对新生事物能给予较高关注度，相信自己的眼光和判断，会结合政策等因素对投资目标作详细的考察，出手谨慎。

6. 项目目标客户特征

* 投资需求（关注点）

（1）区位地段

（2）人气

（3）项目本身的特点、优势

（4）发展前景

（5）政策背景

* 购买力

（1）理智型的投资者一旦考察显示有利，即会果断出手或者选择与自身资金实力相匹配的面积进行投资。

（2）冲动型的投资者资金无虞，易犹豫，但受煽动后将会比较冲动。

* 信息来源

受××大市气氛影响，其主要信息来源为：

（1）报纸媒体。

（2）电视媒体。

（3）朋友口碑相传。

7. 目标客户锁定

一级目标：

专业房产炒家（含专业炒房者、专业炒铺者）。

二级目标：

周转资金较充足，但不知如何使用的投资者。

三级目标：

周转资金不多，希望通过自身眼光和知识来赚钱的投资者。

8. 项目定位

立足城南，辐射成都，集各种购物、娱乐、休闲于一体的超大型消费场所。

(1)针对目标客户市场的定位——商业投资功能

铺面的热炒需要口岸、人气、项目特色等等因素作为支撑，这些条件对于本项目而言都已具备，前景可以预见。

(2)针对消费者及竞争对手的定位

——具唯一性的综合消费功能。

本项目集各种购物、娱乐、休闲功能为一体，综合消费能力极强，其“摩”的内容已经充实，且作为填补同类市场空白的项目，其项目功能的唯一性突出。

(3)针对区域的定位

——补充和集中式的消费功能。

本项目的出现，补充了区域消费空间，改变了××的消费结构和消费方式，一种全新的消费模式——一次性集中消费行为将因此产生。

第二部分　××商业园整合传播战略

1. ××商业园品牌的建立及认同

品牌形象	品牌定位	新业态——融生活与购物为一体的超大型综合消费场所
	品牌地位	领导性地位
	品牌个性	独特、创新、现代、高品质且有无限发展潜力
基本认同	配套设施	功能全面，集购物、休闲、娱乐、餐饮、居家、办公为一体
	物业管理	周到、没有后顾之忧
	区　　位	城市副中心、高尚生活社区
	规　　模	超大型
延伸认同	项目属性	全新的消费场所
	方 便 感	全面的配套设施和集中消费方式带来的吸引力
	顾客心理	有钱人和普通人都有满意选择
	人　　气	人气旺盛，客流量大
优点诉求	实用功能方面	配套齐全的购物休闲乃至居家办公的场所
	品牌感觉方面	对消费者来说——令人愉快的购物和休闲的感觉 对投资者来说——可以不断赚钱的感觉

2. 阶段性传播策略

(1)传播阶段划分:

为达成××商业广场整体传播目标,有必要将该项目的传播运动划分为四个阶段:

*第一阶段:形象重塑期。

*第二阶段:开盘试销期。

*第三阶段:强势销售期。

*第四阶段:后续销售期。

(2)具体阶段传播策略:

*** 形象重塑期策略:**

鉴于××商业广场目前状况,十分必要对项目形象进行重新修正和塑造,以保证项目形象在传播过程中的规范性和统一性,进而充实、完善和确立其独特的品牌形象,使××商业公园在整个传播过程中,保持强大的形象力量,以增强其在市场中的竞争优势。具体包括:

a. 重新确立××商业广场的形象概念。

b. 完成项目品牌形象设计。

c. 完成项目品牌个性的设定,挖掘并延伸××商业公园的品牌内涵。

d. 完成项目传播推广企划。

*** 开盘试销期策略:**

利用前期对项目形象的渲染、目标顾客对××项目的认知和了解,进一步加大传播力度,有目的、有意识的直接刺激目标顾客的欲望。具体包括:

a. 售楼现场的氛围营造,以感染到场目标顾客,引发购楼欲望。

b. 利用报纸、DM、路牌等媒介,对外倾诉项目卖点,提升项目形象。

c. 运用公关活动结合新闻炒作与目标顾客进行有效接触,有针对性地刺激其潜在的购买敏感区,使其对××商业公园之品牌形象产生认同及偏好,从而快速产生购买行为。

*** 强势销售期策略:**

借助开盘期的有力铺垫,为目标顾客勾勒××商业园的深度品牌概念,通过系列传播工具加深目标顾客对××商业园之品牌形象的记忆和好感，强烈刺激其购买欲望，引发购买动机。

a. 深入营造现场氛围，包括售楼处和工地，运用公关、促销等手段。

b. 利用媒介的创意表现，树立对××商业园的品牌高度，同时强化项目独特卖点的传播力度。

c. 直效行销、人员推销继续对目标顾客进行跟踪。

d. 组建联合促销体，一方面让项目品牌形象有更强的外围支撑，另一方面增强项目的销售力。

e. 进行公关活动，通过新闻炒作，再次掀起销售高潮。

*** 后续销售期策略：**

强势销售期所创造的强烈冲击波是本阶段项目再销售的良好延伸，借助其惯性，乘胜追击，势必收到满意效果。针对项目中销售难度较大的单位，展开实效性的销售促进，同时配合媒介广告，以全面完成对××商业园的成功销售。

（3）广告阶段运作

第一阶段：形象重塑期。

①预计时间：××年×月×日—××年×月×日

②目的：

* 实现项目前期形象的修正及塑造。

* 实现项目卖点的有效提炼和挖掘。

③工作内容：

* 项目视觉形象的修正与规范。

* 主要广告语的酝酿。

* 企划专案书的完成。

* 原创摄影完成。

* 该阶段（含开盘当天）报版广告文案创意及设计。

* 销售资料的准备，包括售楼书、DM、手提袋以及事务性用品。

* 项目营销策划方案的拟定。

* 公关企划。

＊广告投放进度及频率安排。

＊媒介广告表现。

＊项目开盘筹划。

＊形象展示牌的设计制作。

＊气球、条幅、彩旗的设计制作。

＊路牌、灯箱的创意设计及制作发布。

＊售楼处环境规划与建设。

第二阶段：开盘试销期。

①预计时间：××年×月×日—××年×月×日

项目开盘时间：××年×月×日（暂定）

②目的：

＊确立项目品牌领导性地位。

＊项目卖点推广。

＊达到25%的销售目的。

③工作内容：

＊开盘典礼的实施。

＊公关活动实施。

＊媒体选择及投放，包括新闻炒作。

第三阶段：强势销售期。

①预计时间：××年×月×日—××年×月×日

②目的：

＊配合销售，进行优势分点诉求。

＊强化概念。

＊凸显项目品质。

＊促成消费行为。

＊协助达到70%的销售目的。

③工作内容：

＊媒介广告集中投放。

* 公关活动实施。

* 销售促进实施。

* 联合促销实施。

第四阶段：后续销售期。

①预计时间：××年×月×日—××年×月×日

②目的：

* 进一步强化项目优势。

* 分步解决项目销售中的困难，并完成其全面销售。

* 对项目品牌形象进行维系及延伸。

* 达到80%的销售目的。

③工作内容：

* 有针对性的媒介投放。

* 销售促进实施。

3. 传播诉求策略

（1）诉求对象

* 专业房产炒家及其他专业炒家，如专业炒股者、专业炒币者。

* 目前手中有大批资金，正在寻找投资项目的人士。

* 有投资保值目的的房产投资者。

* 周转资金较充足，有部分闲余资金，可作零散投资的人士。

* 家庭背景富裕者。

* 周转资金不多，但希望通过零星投资来赚钱的投资者。

* 正在寻求铺面的经营者。

（2）诉求重点

根据阶段性传播策略，各个阶段的诉求重点各不相同，但都必须围绕"大世界"核心概念：一个可将购物与生活溶为一体的消费场所，来进行诉求。具体策略：

鉴于项目前期广告主题不统一，形象零乱，缺乏整体统筹性，第一期广告将以震撼力和视觉冲击力强的平面设计风格出现，力图建立一种全新的形象，消除大众对××商业园的疲倦感，进而刺激，引起兴奋。故而，第一期广告将从前卫的平面和务实的文案作为配合，亮相媒体，在以后的广告进行中。

【方案一】

主题：项目形象→项目卖点分述

平面：冲击力＋亲和力

文案：广告语→当期主题卖点

（如果市场反应强烈，我们将一直以这种方案执行下去）

【方案二】

主题：项目形象→“组合投资计划”

平面：震撼力＋亲和力

文案：“组合投资计划”细则

（如果市场反应开始疲软，我们立刻推出方案二，激活市场，促进项目销售）

（3）诉求方法

①感性诉求直接针对消费者，以“消费革命“与消费者取得感情上的共鸣，从而将××商业公园的名称深入人心。

②理性诉求对项目的直接卖点进行分述，面对项目本身的特点，分析其投资价值及市场潜力，对购买者作理性说服。

a. 从目标客户的投资关注点出发，将区位、人气、项目优势、政策优势、发展前景以翔实的数据为事实支持，尽量做深、做透，使其具有强烈的可信度和说服力，力争以理智、务实的诉求来说服和打动客户。

b. 以信息来源看，主要宣传载体将选择报纸，圈定目标客户的传播接受范围，使其时时注意到本项目的情况，留存、巩固、加深、其对本项目的印象。

c. 努力争取进行其他投资行为的客户，将本项目的优势与其他投资行为适当作比，突出本项目优势，吸引这部分客户群的转向投资。

第三部分　××商业公园媒介传播企划

1. 媒体传播目标

* 力求达到90%的覆盖面。

* 力争有效接触率在70%以上。

* 深入传播对××商业园的投资价值。

* 让消费者认知并接受对××商业园的经营特色及服务功能。

* 建立和提升对××商业园的项目品牌形象及知名度。

* 利用不同媒体进行传播组合，并借助新闻炒作、其他公共宣传等活动增大传播力度及覆盖范围。

2. 广告传播对象特征

* 目标群体分布：范围较广，无特定职业及区域限制。

* 媒介信息来源：报纸、电视、同行业介绍。

* 阅读习惯：时事、经济、新闻、娱乐等相关内容。

3. 媒介传播要点

* 加大曝露频度。

* 提高有效接触率。

* 采用高密度、持续式、脉动式相结合的媒体行程策略。

* 采用多种媒体组合策略，扩大覆盖面。

* 新闻炒作、公关活动、平面广告相结合，从不同侧面、角度进行宣传。

4. 媒体策略

针对消费者对做出购买决定的时间较长，属于慎思型购买的特点，主要选择能为读者提供信息量大、易于主动接收信息、有充分空间进行创意表现的媒体——平面媒体。同时，为了加大覆盖面，也将选择电视媒体作为辅助宣传工具。

5. 平面媒体的优点

媒体类别	电视	报纸
传播方式	电波传送,讯号还原播出。受众以看的方式接受信息	纸张印刷,人工传送,受众以阅读方式接收信息
复能力	较高,同一创意信息,可以在短时间内不断重复	较低,重复所需的时间为一天
复能力	声音及活动画面	文字及图片
受众主动性	较低,因受电波传送特性影响,当广告出现时,节目即中止,受众只能以媒体传送信息被动地接收,受众无法控制信息出现的时间	较高,广告与文字同时并存,受众可以依自己意愿主动选择接收内容;可以依自己方便时重复信息的接触
受众接触时的投入度	视情况而定,受众在接触时可能完全投入注意力,也可能分散注意力,未注意信息内容	受众在接触时注意力较集中,通常很少分散注意力
创意承载能力	较适合承载音乐形式、故事形式、比较形式、示范形式及印象形式等创意	较适合说明形式、比较形式且信息量大、较复杂的创意信息

6. 新闻炒作

*炒作目的:

有效配合整体推广宣传计划,在市场推广活动中进行前期舆论造势,并在平面广告提升企业形象的同时,力争在短期内从新闻舆论的角度最大程度覆盖阅读群体,吸引消费者关注。

*炒作方式:

在不同媒体进行系列主题新闻炒作,预计分别为2—3篇,进行多角度、不同侧面的报道。

新闻宣传角度(预计):

(1)××市商机与发展趋势。

(2)目前零售行业、大型休闲娱乐场所的现状与发展。

(3)对××商业园的特色、经营理念、功能等。

(4)对××商业园对××商业带来的影响等。

7. 媒介策略—投放策略

媒体投资选择：持续式、脉动式。

* 持续式：

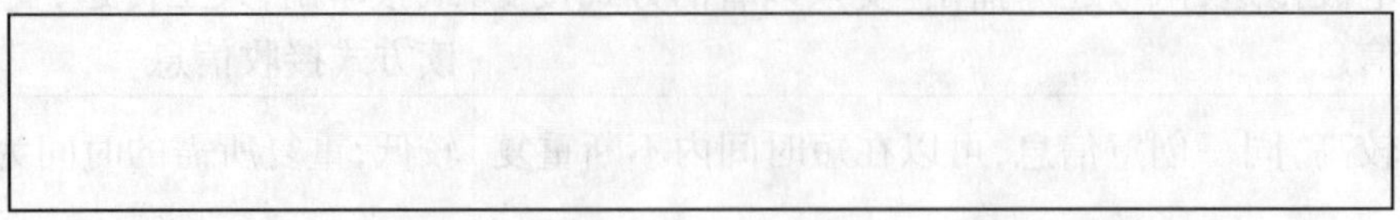

* 脉动式：

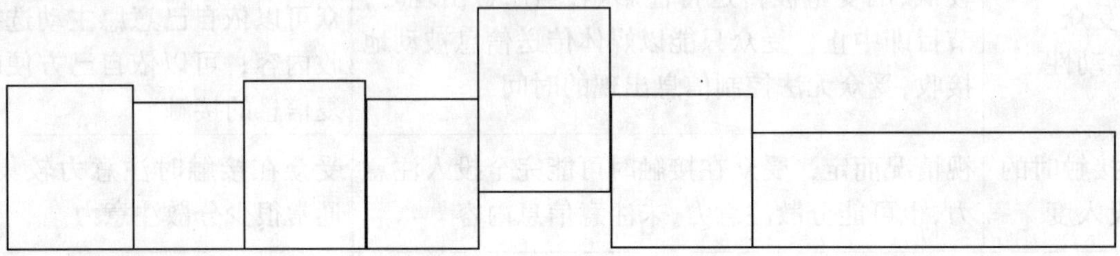

投放说明：

投放模式	优　　点	缺　　点
持续式	* 广告持续地出现在消费者面前 * 不断累积广告效果，防止记忆下滑 * 持续刺激消动机 * 行程涵盖整个购买周期	* 预算的费用在达不到持续露出的要求时，可能造成冲击力不足 * 无法应品牌宣传的需要而调整露出强度
脉动式	* 持续累积广告效果 * 可以依据品牌需要，加强在重点期间露出的强度	* 花费较大量的费用

依据以上投放策略的优缺点：

①建议在整个投放中采用脉动式与持续式相结合的行程模式，进行优势互补。

②在开盘期间及试销期间应采用脉动式传播模式，增大广告冲击力，在其余期间以采用持续式为主，持续累积广告效果，防止记忆下滑。

③在项目前期广告对目标客户群有一定程度影响力后，在 4 月中、下旬安排《××商报》、《××商务早报》各 2—3 次软性炒作，炒作重点侧重于：新战略思想下的商机、对××商业园主要特色、对××商业园与商业发展趋势的高度契合。第二阶段、第三阶段计划采用高密度广告投放，力求在短期内最大程度有效覆盖目标消费群体，有效巩固项目诉求，并提高有效到达率及关注度。

④其余宣传期间采用较为稳定频次的媒体投放安排，以达到重复诉求的目的，加深消费者的有效记忆。

⑤借项目开盘之机，在××市最具影响力媒体《商报》高关注度版位 A4/5 推出的 24cm×35cm 小全版广告。在媒体相同版面的安排上，可有效避免其他小篇幅广告的干扰，消除平面广告的抗性。因版面有一定的热点新闻等文字性资料，可有效避免读者对广告的被动接受，同时达到降低广告干扰度，节省媒介费用，旨在用突破性媒介企划吸引目标广告受众注意力。

⑥项目本期广告采取持续型、脉动式传播模式，广告前期以整版、小全版作宣传铺垫，形成先声夺人之势，后期用其他版面广告衔接，有利于持续稳健树立项目品牌形象。

第四模块：最具吸附力营销执行攻略

第一操作平台：稳定经营的营销绝杀

与住宅地产不同，商业地产的营销归为逆向营销，其思路为：

消费者营销 → 经营者营销 → 投资者营销	正是由于存在着消费关系，商业项目才有存在的价值。经营成功的基础为成功招商。成功招商才能引发投资者信心，进而促进销售，所以，从经营角度解剖营销策略，是商业地产营销的绝杀技

绝杀 1：品牌经营公司统一管理，保障经营

1. 目的：

通过专业经营公司对商业街的统一经营运作，吸引消费者，保证经营前景。

2. 操作关键点：

* 引入知名品牌的经营公司，给客户以信心。

＊明确发展商、经营公司、小业主之间的权责和利益关系。

绝杀2：引进品牌主力店，带旺人气

1. 目的：

通过品牌商家树立项目形象，并给客户及其他商家以信心，产生聚集效应；发挥营销作用。

2. 操作关键点：

＊确定商业街主题。

＊通过商业街经营公司或专业招商机构进行招商。

＊宣传策略——高调、广泛。

＊新闻发布会暨签约仪式。

＊户外广告/软文/会刊/楼书/形象墙/售楼处展板/橱窗。

绝杀3：开发商建立商业推广基金，帮助商家旺场

1. 目的：

帮助商家进行整体宣传和营销，聚集人气，营造商业氛围，促进商业销售。

2. 操作关键点：

＊早期大量投入。

＊辅助并配合商铺销售。

绝杀4：邀请知名品牌商家一起，举办"特许经营"研讨会，为商家提供品牌支持

1. 目的：

＊为项目做形象推广。

＊吸引品牌商家进场，为项目后续招商埋下伏笔。

＊通过互动效应促进成交。

2. 操作关键点：

＊按照项目的工程建设和开发程度，在适合的阶段举行大型的项目推介会、招商会、销售展览等大型活动。

* 具有号召力的连锁品牌商家选定。

* 选定具有代表性的业态品牌店，吸引各类业态进驻。

绝杀5：建立消费者的会员制，保证商场有稳定客源

1. 目的：

提前圈定消费群，为未来商家积累客源，促进招商推广。

2. 操作关键点：

选定具有强大消费力并具有代表性的圈层效应的消费群。

绝杀6：定期举办大型的、主题化的促销活动，不断吸引新客户和建立老客户的美誉度

1. 目的：

提前旺场，吸引消费者关注，树立商家信心，并为未来经营积累客户。

2. 操作关键点：

* 活动具有主题，吸引关注率，引发新闻热点。

* 提前促销，以老带新，滚雪球效应积累客户。

绝杀7：消除投资风险，促成成交

除了向投资者分析项目一切的利好因素外，创新于和银行类金融机构携手合作，让投资者感觉到银行将成为项目管理者的其中一员，给商铺的投资风险添加稳健的一笔，消除中小投资者的风险顾虑。操作亮点在于：

* 提供多元化的服务。如：提供传统的按揭贷款业务、租金收益、产权抵押融资、银行一般业务等等，同时为业主提供金融理财的增值服务，使购铺的按揭贷款资金支出和租金收益的资金收入，在一本存折中体现，全部委托银行全权负责，使投资者既一目了然，又省心省力。

* 由银行扮演检察官的角色。由银行负责监管返还租金的收益，无疑给广大投资者注入一支强心针。有了银行的担保，使资金有了最安全和稳健的去处，一举封杀了投资者的投资顾虑。

该项操作要与实际情况相结合，制定的合作条文避免与相关法律法规造成冲突。

商业项目的营销策略的制定，不仅仅是单一的营销策略就可以成功的，往往需要多种营销策略的组合，整合各方面的营销手段，不断推陈出新，才能取得理想中想要的效果。

第二操作平台：抢夺眼球的现场展示

商业地产项目的商业氛围包装展示是吸引投资者眼球、树立其投资信心，最终促成投资的主要方式。在一切都只能“纸上谈兵”时，投资者更愿意相信“眼见为实”。现场展示，是让客户最后买单的关键性一环。眼见为实，是商业地产营销的杀手锏。

商业地产的现场展示，主要强调一个“商”，即商气。主要包括：

*** 商家展示：已确定商家业态，能给客户信心**

*** 商业氛围展示：增加商气、给客户以信心展示**

*** 卖场展示包括：**

（1）背景音乐。

（2）装修。

（3）广告灯箱。

（4）导示系统。

（5）休闲设施。

（6）设置商品导示牌。

（7）形象墙。

（8）销售中心前广场等的展示，让客户提前体验未来的商气与生活方式。

第三操作平台：轰动全城的营销公关活动

1. 公关活动时间节点：

* 各类节假日庆典活动—项目推广 Show。

例如：六一儿童节、国庆、元旦、圣诞、春节

* 各类经贸及社会盛事。

例如：文化艺术广场的启用；世界杯的举办；国庆假日巡游活动等

* 各类营销节点。

（1）主力店签约仪式。

（2）主力店开店庆典。

（3）项目启动新闻发布会。

（4）投资论坛。

（5）主力店签约仪式暨招商推介会。

（6）铺王拍卖。

* 目的：提升项目形象，形成价值标杆。

* 铺王选择规律：

（1）选择1个外街铺和1个2层大铺。

（2）商铺价值全体现。（昭示性强、人流必经之路）

* 操作关键点：

（1）唯一性。制造高潮的利剑，吸引眼球的法宝。

（2）面积最大，价格极为昂贵，销售价格为整体均价的3—5倍。

2. 公关活动的空间节点

主要表现为将各楼层的主要功能与公关活动作结合。

（1）B1——举行“时代休闲购物新规划”活动＋“青少年活动基地活动”。

（2）F1——举行××选美品牌推介活动。

（3）F3——茶艺表演及旅游工艺品拍卖活动。

（4）F4——举行各类“美食节”等。

3. 公关活动方式

“搭台唱大戏”是公关活动的主流方式。“搭台唱大戏”，即通过活动为项目带来直接客户，聚集人气，为早期商家带来消费者，保证经营旺场。

■“唱大戏”的3大原则

* 主题系列化原则——结合商业街的业态，“大戏”贯串某一主题形成系列化。

* 配合销售原则——重要“大戏”的参与群体尽量能与项目的目标客户群相符。

＊规格档次搭配原则——合理分配推广费用，以少量“大戏”建立影响力，以大量“中、小戏”使客户“习惯性”的来到项目。

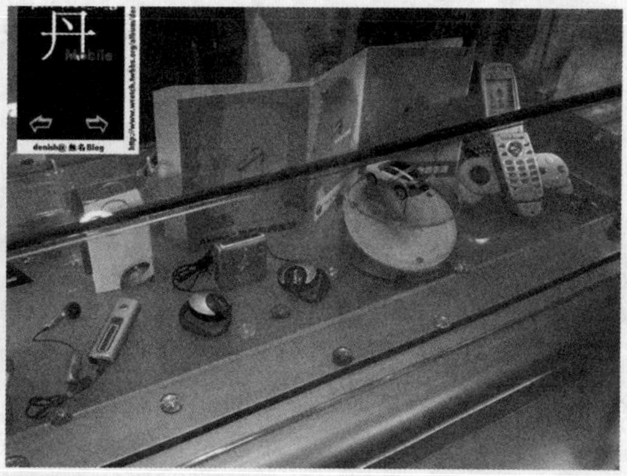

4. 最具吸引力的公关活动方案借鉴

※——××商业中心“新一佳签约仪式”筹备推广方案

新一佳强势进驻××商业中心，是我们主推的卖点之一。因此，新一佳与××商业中心的签约仪式，将是一个很好的宣传契机。它不仅将极大的带动周边乃至××商业中心城区的商业和经济发展，给当地居民带来福音，还给××商业中心的整体推动和销售，带来了极大的推广空间。通过主推新一佳的概念，可以吸引相当一部分客户的关注，进而推动销售工作。

围绕该仪式的进行，我们将进行系列的媒体宣传推广来造足声势，同时加强市场拓展工作，以引起业界和客户群对本项目的关注，进而促进销售，也为今后的大盘整体推广打下良好的基础。

通过本次签约仪式，我们要力求打造出××商业中心的整体形象，在业界赢得较好的口碑，实实在在地给广大客户留下良好的品牌形象，以配合销售计划的进行。

（1）签约仪式场地

项目售楼处及项目中心广场。

(2)签约仪式时间

××年×月×日上午××：××—××：××

(3)前期筹备事项

时间	筹备事项	备注
×月×日	人员确定	确定参与人员(××区、××镇领导、报社、电视台、广播电台记者、相关商业协会领导、新一佳相关领导、接待人员、保安保洁人员等),并开始联系礼仪公司,确定专业礼仪公司,并开始联系沟通
×月前	电视电台	*电视广告宣传:×月前联系及制作,×月×日开始,集中在×:×—×:× *广播电台宣传:×月前联系,×月×日开始制作,×月×日开始播出
×月×日	人员邀请	与××报、××区电视台、××电视台、广播电台等媒体取得联系,确定参加记者名单(各大媒体记者各1名),发邀请函。相关领导邀请事宜由开发商安排
×月×日前	场地准备	*准备好场地 *礼仪公司准备好相关物品及人员安排
×月×日	报纸媒体	*××报:刊出配有图片的软性通讯稿加上一个半版 *××报:刊出配有图片的软性通讯稿加上一个整版 统一主题:新一佳、盛源大地联合进驻××商业中心
×月×日前	其他宣传推广	*大巴巡游宣传:两辆,周六周日沿主干道和人流密集区巡游,免费接送 *广告包装推广:条幅、广告牌等(主推新一佳)

(4)活动操作流程

时间	内容
×:××	××商业中心小组人员、××地产、礼仪公司等相关人员到达售楼处,安排布置和接待
××:××—××:××	主持人致欢迎辞,介绍相关领导,及领导上台入座
××:××—××:××	主持人宣布活动议程
××:××—××:××	主持人介绍相关领导、新一佳代表讲话
××:××—××:××	醒狮表演
××:××—××:××	签字仪式、拍照
××:××—××:××	领导退场、舞台准备及休息
××:××—××:××	有奖问答及其他活动
××:××	退场

（5）后续推广

项　　目	内　　容
媒体配合	×报：配有图片的软性通讯稿加上一个半版在×月××日（周×）刊出 ××报：配有图片的软性通讯稿加上一个整版在×月××日（周×）刊出 统一主题：新一佳、××强强联手
广告包装	户外广告及销售资料内容更新，主打新一佳 DM开始 大巴巡游、接送 电台广播宣传 电视广告发布

（6）费用预算表（共约××万元）

项 目	内容及费用	费用共计
第一阶段 前期准备 （×月×日前）	大巴巡游：××元/部/天×2部×2天=×万元	××万元
	报纸：××报×万+××报×万=×万元	
	电台广播：×万元	
	电视广告：×万元	
	广告牌：×万元	
	条幅：×万元	
	灯杆旗：×万元	
	交通指示牌：×万元	
	销售资料、模型：×万元	
	售楼处布置：×万元	
	请贴：×元	
	备用金：×万元	
第二阶段 签约仪式 （×月×日）	礼仪公司：×万元	×万元
	大巴巡游：××元/部/天×6部×2天=×万元	
	红包：××6=××元	
	礼品：15份××元/份=×元	
	餐费：××元	
	备用金：××万元	

第三阶段 后续推广 （×月×日后 费用截止×月底）	报纸：×××万+×××万=×万元	××万元
	电台：×万元	
	电视：×万元	
	相关资料更新：×万元	
	大巴巡游：××元/部/天×2部×3天=×万元	
	备用金：×万元	

第四操作平台：击溃底线的价格控制策略

商业地产的价格控制,无非满足三方利益：开发商的投资回报、商家的经营回报以及投资者的回报。

为吸引投资者购买商铺,无非是制定极具吸引力的高投资回报。所以,在考虑三方投资利益的前提下为客户制定合理的投资回报分析，无疑是逼定客户成交的杀手锏。以下以××商业项目的商铺投资分析案例为鉴,说明如何利用价格控制达成项目销售目标。

一、案例解读：××商业城商铺投资分析

解读1：可售层商铺情况分析

*** 负一层**

面积：1500平方米

模式：招商租赁

租赁策略：租赁两年,第一年免租半年,第二年以出售价销售。

租金水平：20元/平方米/月

租金结算方式：出租面积×月租金÷销售面积（整合出租面积中所占分块面积的总数）×分块销售面积=购房户应得的租金。

* 一层

铺位分布：三面临街

购铺设想：假设购买一层楼其中 18 个平方米的商铺，商铺的卖价为 2200 元 / 平方米，需投入 3.96 万元左右。按一层经营面积 3500 平方米计算（所有分块销售的面积同时出租），按月租金 25 元 / 平方米计算，每月将收回租金 450 元；年租金 5400 元。依此计算法：3.96 万元的投资 7 年可以收回。

按投资享用 50 年计算，投资 3.96 万元，可赚回 27 万元。

根据 × × 商业城的品牌（国内外知名商业企业入住）无形资产、经营权价值不断增值，出租价格每年将上涨。

<table>
<tr><th>购买方式</th><th>商铺位置</th><th>付款方式</th></tr>
<tr><td rowspan="8">× × 行提供 1–5 年 5 成按揭贷款</td><td rowspan="2">临街其中一面为 A 区</td><td>一次性付款，7200 元 / 平方米</td></tr>
<tr><td>银行按揭，7500 元 / 平方米</td></tr>
<tr><td rowspan="2">临街其中一面为 B 区</td><td>一次性付款，6000 元 / 平方米</td></tr>
<tr><td>银行按揭，6300 元 / 平方米</td></tr>
<tr><td rowspan="2">临街其中一面 C 区</td><td>一次性付款，5600 元 / 平方米</td></tr>
<tr><td>银行按揭，5900 元 / 平方米</td></tr>
<tr><td rowspan="2">另一面为 D 区</td><td>一次性付款，4800 元 / 平方米</td></tr>
<tr><td>银行按揭，5100 元 / 平方米</td></tr>
</table>

解读 2：击溃客户心理底线的投资解析

***一楼投资解析：**

一楼销售总面积 2402.8 平方米，该楼层三面临街有出入口，大约每平米月租金 130 元左右。

一楼经营定位为儿童广场，学生、儿童服饰、学习用品、玩具、大型超级电玩、游戏机、翻门乐等。一楼按 15 至 40 平方米分块销售。假设你购买一楼其中 20 平方米的商铺，商铺的卖价假定为 6000 元 / 平方米，你需投入 12 万元左右。

若一家超级电玩商要租 1000 多平方米，而你的商铺位于其中，租金收取方式为：

按此计算，每年将收取租金 26000 元，4 年左右收回投资。按投资享用 50 年计算，投资 12 万元，可赚回 119.6 万元。集服饰、学习用品、玩具、电玩、游乐为一体，经营位置居大型超市、女人广场之中。其口岸、品牌无形资产、经营权价值会不断增值，出租价格每年还会上涨。投资回报率会更快、更稳。（此算法没有含 12 万元 4 年的利息）

出租招商前景分析：香港、深圳、上海、广州、重庆、成都几个大型电玩中心有意进驻××广场，正在商洽当中。一楼投资回报率分析及预算估计：购 20 平方米 4 年收回投资，50 年赚回 119.6 万元。（不含 50 年增值空间）

*** 二楼投资解析：**

二楼销售面积 2545.52 平方米，该楼层三面临路，属平街层面，是××商业城的客厅，也是人流最大的出入口，每平方米月租金 150 元。

二楼平街经营定位为（A 区）化妆品、美容美发用品、金银首饰；（B 区）皮具、鞋庄、家纺等。

假设购买二楼 20 平方米的商铺，假定商铺卖价 9000 元 / 平方米，需投资 18 万元。按 150 元 / 月 / 平方米租金计算，每月将收回租金 3000 元，一年租金 36000 元。按此推理：5 年收回投资，按投资享用 50 年计算，5 年收回全部投资，18 万元的投资 50 年赚回 162 万元。（没有加增值率）

商铺招租前景分析：项目已面向全国化妆品、美容美发用品、金银首饰、皮具、鞋庄、家纺专卖店招商。××大都会、××商业城、××百货等专卖经营者有意进驻。

二楼投资回报率分析及预算：

估计：购 20 平方米 5 年收回投资，50 年赚回 162 万元。（不含 50 年增值空间）

××行提供 1—5 年 5 成按揭贷款。实际面积按××区房屋测量所出具的“房屋建筑面积测绘计算报告书”为准 A 区一次性付款，8800 元 / 平方米；银行按揭，9100 元 / 平方米。B 区：一次性付款，8300 元 / 平方米；银行按揭，8600 元 / 平方米。

*** 三楼投资解析：**

三楼销售面积 2538.83 平方米，该楼面是××商业城的核心层面，经营的项目为女性各类服饰，是人流量最大的层面之一，每平米月租金 140 元。

假设你购买三楼 20 平方米的商铺，假定商铺卖价 8000 元 / 平方米，需投入 16 万元。按 140 元 / 月 / 平方米租金计算，每月将收取租金 2800 元，一年收回投资 33600 元。按此计算，投入 16 万元 5 年左右收回投资。

按投资享用 50 年，包括 16 万元利息，4 至 5 年收回投资，按当前月租金计算

（不含增值空间）16 万元在未来 50 年内将赚回 151.2 万元。

商铺招租潜力分析：

项目周边经营女性类服饰租金水平为：20 平方米商铺年租金 2 万元至 4 万元不等。由于 × × 女人广场品牌推广的不断深入，成行成市的专业化格局将会对这些分散型零售门面形成强烈冲击。

公司已面向 × × 商业城、× × 女性专卖店、× × 百货女性专卖店招商，这些经营者对进驻 × × 商业城产生了极大兴趣，将有多家品牌连锁店进驻。

三楼投资回报率分析及预算：

估计：购 20 平方米 5 年收回投资，50 年可赚 151.2 万元。（不含 50 年增值空间）

× × 行提供 1—5 年 5 成按揭贷款 A 区：一次性付款，7300 元 / 平方米；银行按揭，7600 元 / 平方米。B 区：一次性付款，7000 元 / 平方米；银行按揭，7300 元 / 平方米。

*** 四楼投资解析：**

四楼销售总面积 2569.55 平方米。大约每平米月租金 120 元左右。

四楼经营定位为女人好吃老街、品牌连锁美食城、酒吧、美容美发、美肤中心、健美中心、婚纱影楼等项目。

根据经营户所需面积整合出租（四楼按 20 至 40 平方米分块销售）租金、结算方式：出租面积 × 月租金 ÷ 销售面积 （整合出租面积所占分块面积的总数）× 分块销售面积 = 购房户应得的租金。

假设你购买四楼其中 20 平方米的商铺，商铺的卖价假定为 6000 元 / 平方米。你需投入 12 万元左右。若有一美食城要租 1000 平方米，而你的商铺位于其中，按回报率公式计算：

按此计算，每年将收回 28800 元，投入 4 年可收回投资。按投资享用 50 年计算，投资 12 万元可赚回 132 万元。根据星河商业城、的口岸、品牌无形资产、经营权价值不断增值，出租价格每年将上涨。投资回报率会更快、更稳。（此算法，没有含 12 万元 4 年的利息）

四楼投资回报率分析及预算：

估计：购 20 平方米 4 年收回投资，50 年赚回 132 万元（不含 50 年增值空间）。

××行提供1—5年5成按揭贷款。A区：一次性付款,6000元/平方米;银行按揭,6300元/平方米。B区：一次性付款,5800元/平方米;银行按揭,6100元/平方米。

第五模块：成功商业项目销售现场执行攻略

■商铺销售攻略：

- 销售准备攻略
- 客户积累攻略
- 商铺认筹攻略
- 公开销售攻略
- 销售管理攻略

攻略一：一步到位前期筹备攻略

1. 目标设定

商业项目销售目标一般为两种：

（1）回缓型：回笼部分资金,减轻前期资金压力。

（2）暴利型：全体出售,快速兑现。作为商业地,此类方式不宜采取。

2. 目标达成前准备工作纲要

选择对象	标　　准	希望达到的标准
自己销售	1. 专业的组织和策划人员 2. 熟练的销售人员 3. 具备完善的客户网络	
代 理 商	1. 公司业绩 2. 公司实力背景 3. 公司智力结构 4. 公司动作方式 5. 公司信誉	

其　他	1. 销售方式 2. 付款方式 3. 先销住宅还是商铺 4. 是整层、整栋出售不审零散发售 5. 是否考虑整盘转让 6. 是否考虑先租后卖或者以租代替 7. 其他可以考虑的	

3. 建立销售体系

4. “极速成长”的培训模式

培训工作要求参考图示

形象培养

市场导向

广告功能

项目现实

特色培养

公关功能

销售推广功能

政策导向

成交培养

攻略二：滚雪球式客户积累攻略

1. 户外广告攻略

大型户外看板以及工地现场广告：以广告设计与文案引发客户关注，引发其投资购买欲。主要包括主力店的进驻、投资回报吸引、区位商机等广告因素。

营销中心、现场展示：包装成极具商业氛围的卖场空间。

2. 推广攻略

* 对预约客户中有希望客户必做直接拜访。

* 配合各种强势媒体宣传，聚集人潮。

* 安排鸡尾酒会或邀请政经名人莅临剪彩，提高客户购买信心等。

3. 活动攻略

包括各种 SP 活动及 PR 活动，以公关活动配合各种促销活动，引起客户关注的同时积累客户，促成成交。

攻略三：暗渡陈仓的商铺认筹攻略

认筹是正式销售的检验环节，是对客户的第一轮摸底，也是开发商最紧张的时刻，认筹效果好，销售成果就好。反之，就有可能功亏一篑。认筹是销售过程中策略性的“特殊产物”，是检验市场的试金石，操纵市场的手段。

第 1 操作环节：认筹的战略功能剖析

认筹除了能在正式开售前早早笼络住一批客户之外，最主要的目的在于烘托整个商业项目的气氛，制造旺盛的人气。筹号达到一定程度时，就可以进行项目发售与统一解筹，以强大的人流制造项目开盘之日热销的大好现象。同时，再结合系列媒体的炒作，将项目的知名度与美誉度一夜之间爆炒起来，提高市场对项目的注目率。

内部认购有以下二种方式：

认购方式	优　　点	缺　　点	自我检验
排　　队	1. 市场影响大，轰动 2. 易形成氛围，促进购买 3. 利于物业短时间售罄	1. 可能引起市场争议 2. 易发生不愉快事件行为发生	
抽　　签	1. 操作上正规，公平 2. 宣传上较易成正面报道	1. 市场气氛较弱 2. 较难形成轰动效应 3. 出现重复不利购买	

* 考虑到两种方式各有优劣，建议在首次推出时通过促销活动抽签赠少量优先购买权和排队认购相结合，当然在宣传上应尽量避免排队的提法，而是多做些很多人

争取要求认购的市场引导，造成些市场紧张氛围，引导市场去排队而不是刻意去排队抽签，给自己留下更多的空间。

第2操作环节：制定内部认筹操作方案

1. 认筹目的

正式发售前的认筹对整个项目的作用不可低估，其目的在于：

* 能从认筹中获取客户，从而更清楚掌握客户的购铺意向及市场需求，包括商铺价格、铺位位置、投资意向等客户信息，以便为公开销售作好策略准备及调整。

* 利用认筹树立项目信心，同时为项目起到初步宣传的作用，为项目造势。是售楼员在培训中一个亲临现场实习的好机会，可以运用所学的知识、方法、技巧去接待客户，回答客户的提问，从而不断锻炼售楼员，提高其业务水平和业务素质，为以后走向正式销售打下坚实的基础。

* 认筹时，以最优惠的价格出售商品房给对我们项目有信心的客户、可令其得到最大收益，同时聚集人气。

1. 内部认购时间

综合工程进度以及经营推广进度，确定认购期。

3. 人员安排

（1）售楼员：负责内部认购期间客户推广、接待及项目介绍，签订认购书，收集楼市住处并及时向上级汇报，记录客户档案等工作。

（2）销售公关：开发客户，跟踪目标客户，整理客户档案，收集内部认购期间销售信息。

（3）其他人员：配合工作，协助售楼部推进销售。

4. 销售场地安排

（1）日常销售场地：××多功能厅

（2）推介会场地：××酒店

5. 销售资料准备

（1）价格表

（2）楼书

攻略四：一炮而红的公开销售攻略

认购后的公开发售，是开发商市场战略的全面展开。

第1操作环节：准备期

为配合项目公开发售正常进行，在公司各部门的共同协作下，经营策划部在广告宣传、营销推广、经营策划等方面做了大量的工作。目前，大部分工作已完成，其余正在进行中。

要点A：已完成的工作

（1）售楼部功能设定。

（2）现场导示系统完成。

（3）销售制度的确立。

（4）售楼部工作流程。

（5）公开发售矛盾的销售操作方案。

（6）销售员招聘、培训。

（7）广告营销选择乙方管理制度。

（8）整体广告方案出台。

（9）项目营销推广方案。

（10）公开发售前市场调查，售楼部人员工作职能及管理方案。

要点B：正在进行的工作

（1）合同等法律文件的编制。

（2）确定外埠销售代理和操作方案。

（3）售楼部空间展示、布局方案。

（4）售楼员服装制作。

（5）销售手册、招商手册的内容设计和印刷制作。

（6）价格表、铺型分割图设计和印刷制作。

（7）公开发售礼品设计制作完成。

（8）沙盘模型的制作。

（9）确定按揭银行。

（10）广告软片创意和制作，报纸广告发布方案及媒体选择，电视目播放安排。

第2操作环节：公开选铺

A：公开选铺应把握几个关键点

关键点1：选铺目的。

关键点2：满足选铺条件。

关键点3：找准选铺形式。

关键点4：制定合理的选铺流程。

关键点5：控制好选铺现场，作好现场销控。

关键点6：现场功能的合理布置。

关键点7：客户提前告知。

关键点8：充分预测现场危机。

B：选铺实战模拟一

※××商业街销售选铺执行方案

*** 选铺目的**

市场形象：创造热销的局面，制造宣传新闻点，赢得传播的口碑。

现场销售：最大化的消化前期积累客户。

*** 选铺条件**

a. 街区包装到位。

b. 样板铺、清水铺到位。

c. 销售物料齐全（销售文件、价格表、优惠措施、宣传折页）。

d. 媒体宣传配合。

e. 选铺流程的确定。

f. 人员的落实与培训。

*** 选铺形式**

选铺日按照客户排队顺序，先到先得。分两种情况来考虑：

a. 排队人多。（客户在样板铺内等候，按排队顺序向每个客户发放进场序列号，指定专人控制客户进入售楼处的时间和顺序，谁先销控铺号归谁）

b. 排队人少。（客户在样板铺内排队等候，选铺时间开始，让所有客户全部进入售楼处开始选铺，谁先销控铺号归谁）

*** 选铺流程（排队人多）**

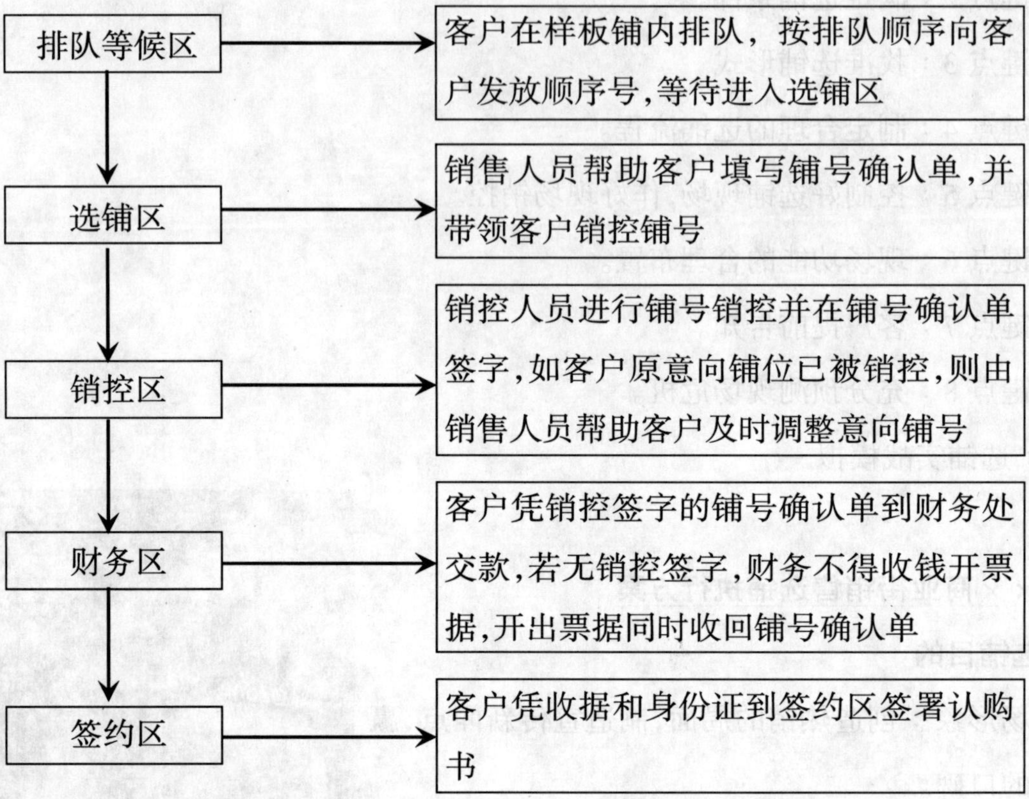

*** 选铺功能区划分**

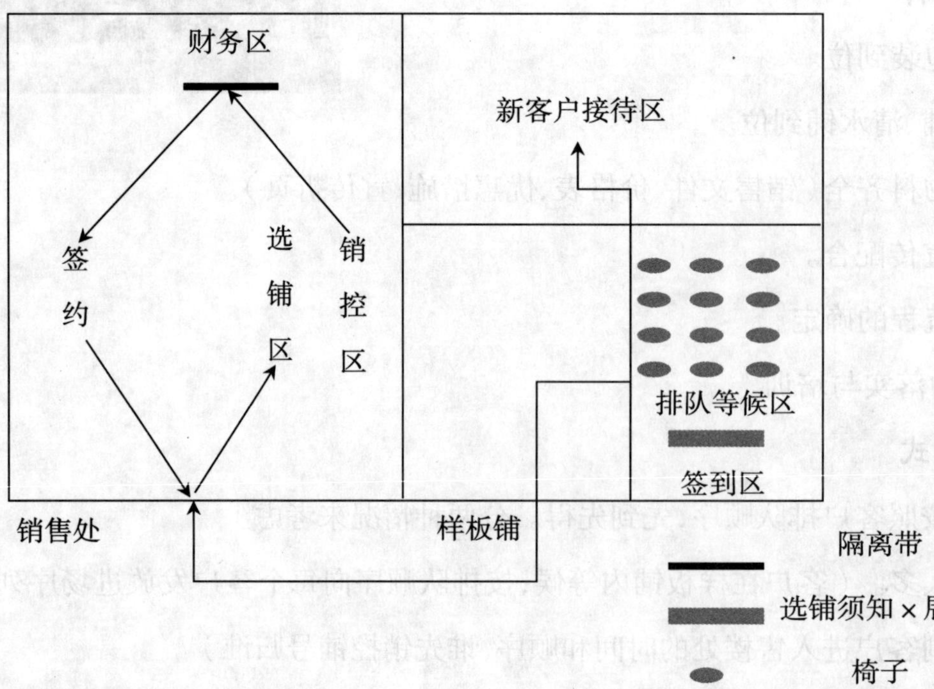

＊选铺须知

选铺时间：××年×月×日上午××：××

a. 选铺地点：××街售楼处

b. 选铺方式：

本次选铺本着公开、公平、公证的原则，严格按照先到者优先享有进场选铺资格得方式进行选铺。

＊请您于××：××准时到达现场准备选房。

＊请您带上身份证。

＊请您带上购房诚意金拾万元（￥100000）。

＊请您按照到场的先后顺序进行排队，等待进入选铺区。

＊客户进入选铺区后以销控的顺序为准，铺号归先销控者所有。

＊客户在选铺区内确定具体铺号，并填写《铺号确认单》。

＊铺号经确认后，客户由专人带领进入销控区，提交《铺号确认单》进行销控，如您的铺号已被销控，请再次进入选房区重新填写《铺号确认单》。

＊铺号一经销控，客户将交足定金拾万元（￥100000），并签定认购协议书。

＊客户在选铺当日成交，将获得额外2%的优惠；其他时间不享受此优惠。

c. 本次活动的最终解释权归投资商××集团公司所有。

＊选房人员及物料安排表

区域	职责	物料安排	人员安排
排队等候区	客户排队等候选房 维持现场秩序 引导客户进入选房区	椅子20把； 选铺须知×展架1个	区域负责人：1人 保安：2个 服务员：2个
选房区	客户算价，填写《铺号确认单》 陪同客户进行销控	洽谈桌3套；价格表8套； 计算器、笔8套	负责人：1人（兼顾销控区） 销售人员：3人
销控区	确认成交铺号，进行总体销控，并在铺号确认单上签字	销控表1份；签字笔1支； 涂改液1支；荧光笔1支； 便签纸若干；贴点若干	区域负责人：1人 贴点人员：1名

财务区	财务人员凭借销控区负责人签字确认的《铺号确认单》进行收款	收据若干;POS 机 1 部,点钞机 1 部	监控人员:1 名 财务人员:1 名 保安:1 名
签约区	凭收款收据、身份证签署认购协议书	派发小礼品 认购书若干;签字笔 3 个 复印机 1 部;礼品若干分	签约人员:1 个(兼派发礼品) 复核人员:1 个
新客接待区	向新客户介绍楼盘,带领客户参观	价格表若干;计算器若干;置业计划若干	销售代表:2 个

第 3 操作环节:正常开展公开发售

要点 A:工作流程及内容

(1)市场调研:收集、整理信息是一个不可间断的工作,公开发售期间继续进行市场调研,继续完善潜在客户档案,掌握潜在客户的整体数量指标。

(2)在市场调查和日常工作中加强人员宣传力度。

(3)通过媒介、广告、DM 等综合宣传诱导投资或经营。

(4)通过开工典礼和推介会,向投资者诉求项目信息,引导投资者的投资欲望。

(5)客户直接上访或潜在客户上访时,热情、详细地向客户介绍项目情况。

(6)巧妙处理客户异议,业务员或销售主管多次协调达成交易。

(7)与客户签订认购协议书,按有关程序收取定金,首期款;对于设定有投资回报的,计算好和各种回报方式,并按策略收取款项。

(8)对已认购业主进行跟踪服务,在他们当中建立良好口碑,以激励其老带新。

(9)为正式销售人为制造人气,为以后的销售阶段打下良好基础。

(10)研究策划新颖、独特的营销方式,更快地推动项目的销售。

要点 B:收款方式

收款过程是销售过程中的最后一个环节,收款的过程可分为以下四种方式:

(1)现金收款:客户带现金购房时需要去指定银行填写现金缴款单,银行收款后填写回执进账单,表示银行已收到这笔款。

(2)支票收款:客户带支票购房时需要去指定银行填写进账单,收款后银行回执进账单表示已收到款。

(3)银行存折:客户带存折购房时需要去指定银行填写取款单,再填转帐单或现金缴款单，收款后银行回执进账单表示银行已收到款。

（4）客户提供账号：客户首先签代收费用协议，如果客户所提供的账号在北窖范围内，先填委托收款单，银行收款后回执进账单，表示已收到这笔款。

在以上四种收款方式中必须确定收款后才开收据给客户，以免引起不必要的经济纠纷。

第 4 操作环节：广告及宣传

有效渠道 A：户外广告

有效渠道 B：电台广告

有效渠道 C：专版报道、软性宣传

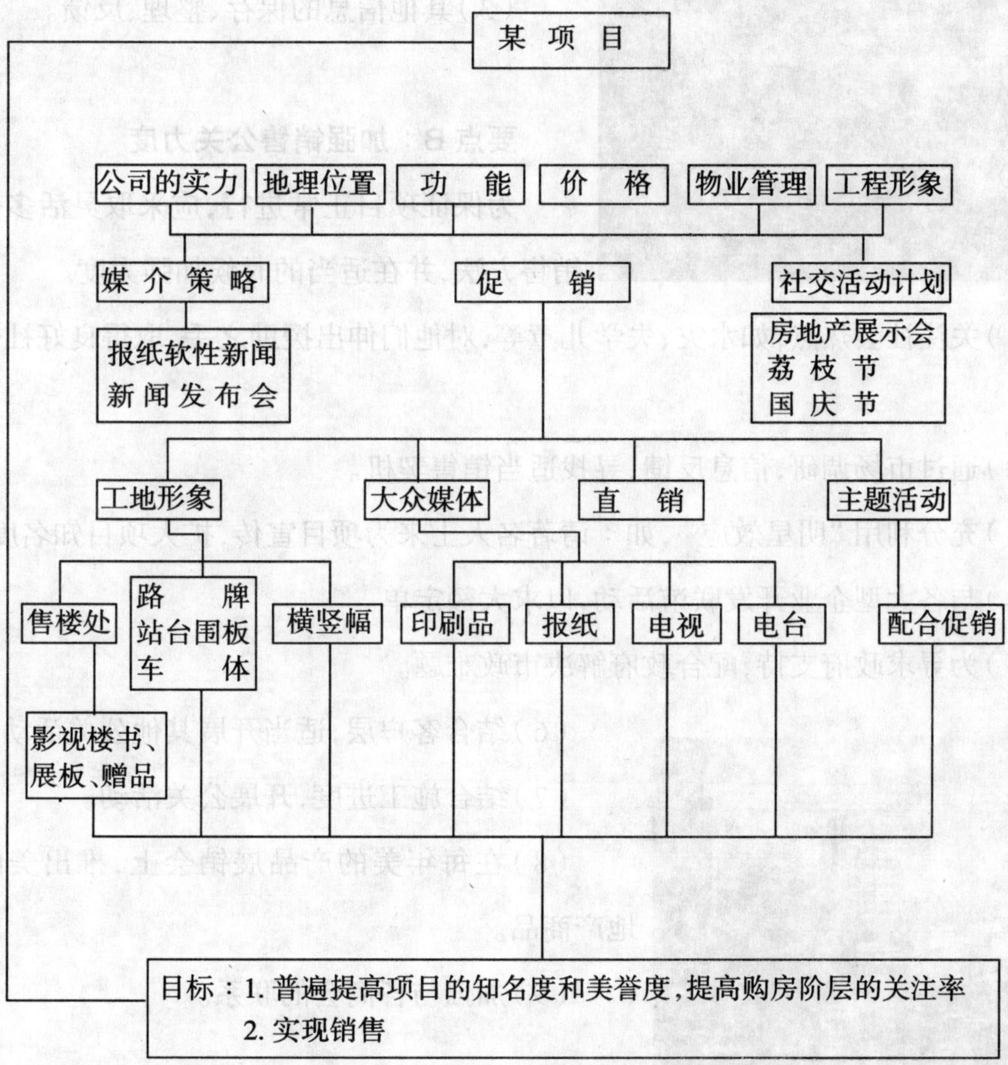

第5操作环节：公开发售的细部处理

要点A：信息管理

公开发售期间，每一个员工都要将获得的有用信息保存、整理，并及时反馈上级。

（1）销售人员在客户推广、客户接待过程中，会获得很多第一手的信息，了解客户心理、客户对项目的具体要求、调查问卷、对项目的反应等等。这些信息对于制定适当的营销策略有正确的指导作用，所以销售人员应及时保存、整理客户信息，及时反馈给销售部负责人。

（2）在市场调研过程中，相关人员获得有关畅销户型、周边竞争对手动向及市场行情等信息也应及时反馈。

（3）其他信息的保存、整理、反馈。

要点B：加强销售公关力度

为保证项目正常进行，应采取灵活多变的销售方法，并在适当的时候加强力度。

（1）关注社会热点，如水灾、失学儿童等，对他们伸出援助之手，取得良好社会效应。

（2）通过市场调研，信息反馈，寻找适当销售契机。

（3）充分利用“明星效应”，如：请著名人士来为项目宣传，扩大项目知名度。

（4）与各大型企业开发联谊活动，以求大额定单。

（5）为寻求政府支持，配合政府解决市政难题。

（6）结合客户层，适当开展其他公关活动。

（7）结合施工进度，开展公关活动。

（8）在每年美的产品展销会上，推出美的房地产商品。

（9）加强与各商会的联系。

要点 C：公开发售效果总结

（1）宏观效果总结

从社会对项目的认同度以及项目对社会的影响等方面，对整个公开发售的宏观效果进行总结。

（2）数量效果总结

对公开发售中销售的数量及其价格进行总结。

（3）过程效果总结

从人员组织、广告效应、工作环节处理等方面对公开发售效果进行总结。

攻略五：销售管理攻略

销售管理体制是对销售人员和销售环节的管理和监控，通过管理制度来要求销售人员的工作内容，是提高销售环节效率最有效的保障。该讲围绕销售管理、营销预算、售楼部管理、销售人员医疗所酬与考评等关键问题，提出了现实有效的解决方案。

销售管理体制是对销售人员和销售环节的管理和监控，通过管理制度来要求销售人员的工作内容，提高销售环节的效率。

第 1 操作环节：销售管理

步骤 A：销售人员的要求

包括职业道德要求，基本素质要求，专业知识要求，综合素质要求，服务规范要求。

步骤 B：销售环节的管理和监控

1. 销售现场的接待

销售现场应当资料齐全、模型整洁、图片突出、光线明亮。

对不同类型顾客（投资者、炒家、用户、同行）要善于判断，并有所侧重地表达，对来电咨询要礼貌热情。

2. 客户档案记录

内容包括记录客户的姓名、地址、电话、职业、喜好的户型、了解售楼的信息渠道及其他关于楼宇的意见。

客户档案记录对于分析初期的目标市场定位是否准确，为下一期的设计和广告策划提供依据。

3. 客户购房心理分析

对商家、投资者、同行，应当采取灵活的有效的营销策略，把重点放在用家和投资者上。

4. 购房情况介绍

有针对地介绍按金情况，突出其特色和公司优势；增加购房者信心，耐心认真解答客户的询问。

5. 认购书签定

认购书是具有一定约束力的协议，客户与销售人员签署认购书，同时交纳规定数额的定金。

6. 正式合同签署

即房地产买卖合同，是由房地产主管部门统一印制，公司法人或其委托授权人代表公司在正式合同上“鳌守”，并加盖公司公章。外销房和银行按揭房应经过公证手续。

7. 办理银行按揭

由财务部按照银行的有关要求和程序办理，涉及到具体业主的情况时，由经营部与财务部协同办理。

8. 收款过程设计

收款过程设计的原则是，销售回笼金应确保工程建设用款和获得预期利润，应视当地市场、项目情况和工程资金的具体情况进行设计。

9. 成交情况汇总

成交情况汇总旨在了解某一阶段的楼盘

销售情况和合同执行情况，一般制表格和用电脑储存。内容包括：客户名称、楼号、面积、楼价、付款方式、签约时间、定金金额、各期付款、拖欠状况。

10. 法律问题咨询

销售人员应当熟悉有关房地产的法律法规（如土地增值、遗产继承法、房产转让法规、房屋租赁法）以满足客户的咨询，在正式合同签订时，销售人员应向顾客详细介绍合同中的法律问题。

11. 销售合同的执行监控

销售合同执行过程是销售的重要环节，销售人员负有督促顾客履行的责任。

12. 与物业管理的交接

销售人员将楼盘表上记载的住户名单移交物业管理公司，并介绍有一定背景的特别住户及其他有关信息。

13. 销售总结

销售资料的整理和保管，建立档案柜和电脑资料库。销售工作总结是销售工作的一个必不可少的环节，总结销售得失，以便进一步提高销售人员的业务水平，同时为以后的项目开发设计、广告策划提供有效的资料。

14. 销售人员的业绩评定

销售人员的业绩评定原则上按年度和项目进行，评定的依据在：

（1）接洽的总客户数

（2）成交量

（3）顾客履约情况

（4）顾客投诉

（5）直接上级的评价

步骤 C:销售代理

充分利用专业销售代理公司的优势,开拓本地区以外市场。

附件：各种销售现场表格

表一：售后流程示意图

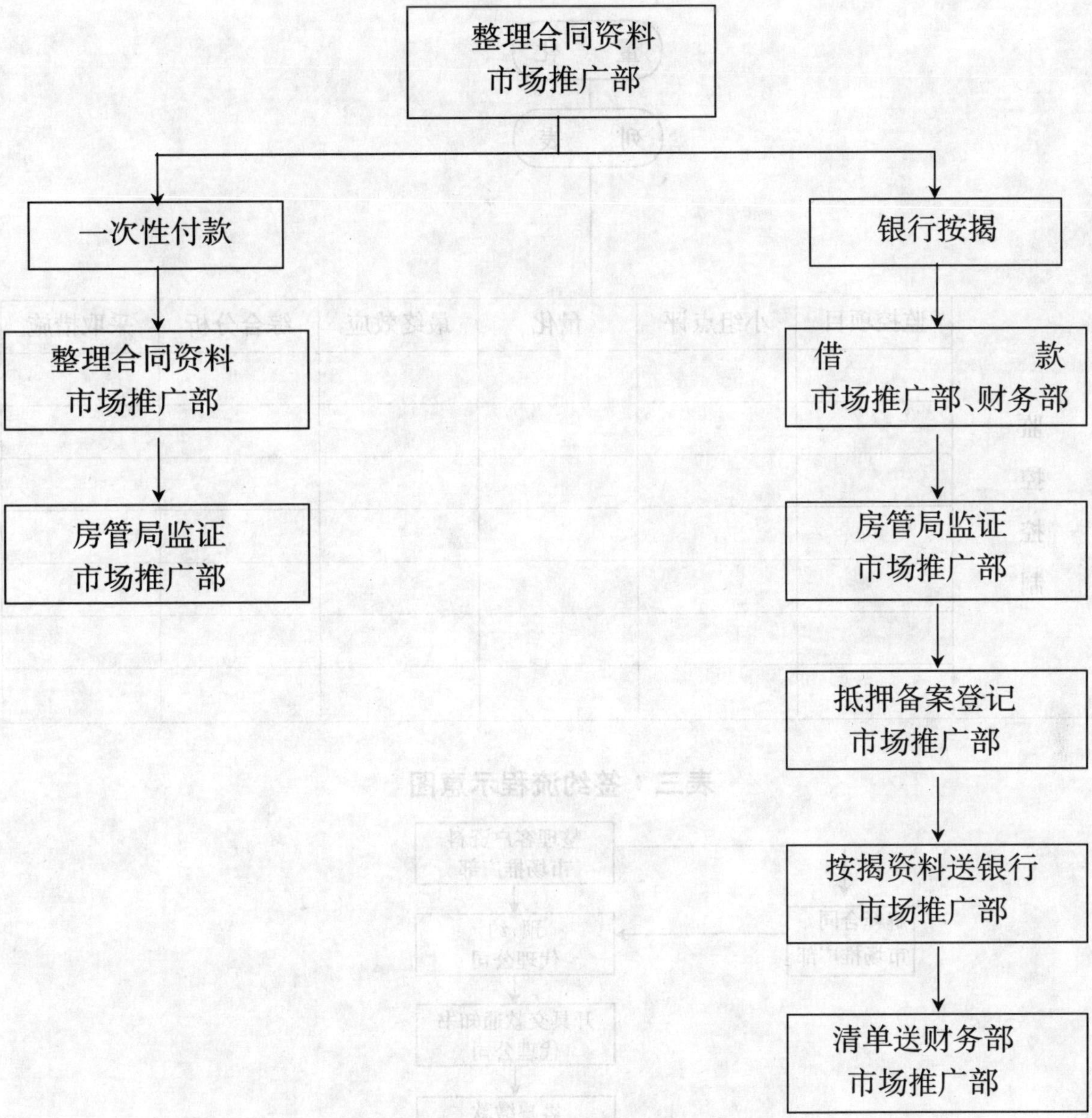

表二：销售现场监控管理表

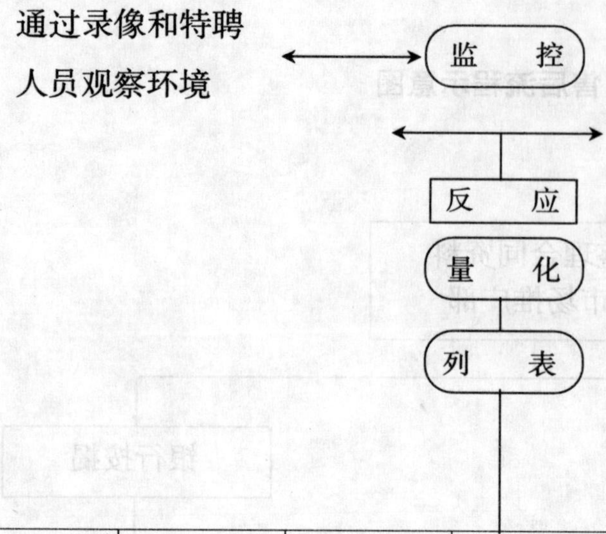

监控控制	监控项目	小组点评	量化	最终效应	综合分析	采取措施

表三：签约流程示意图

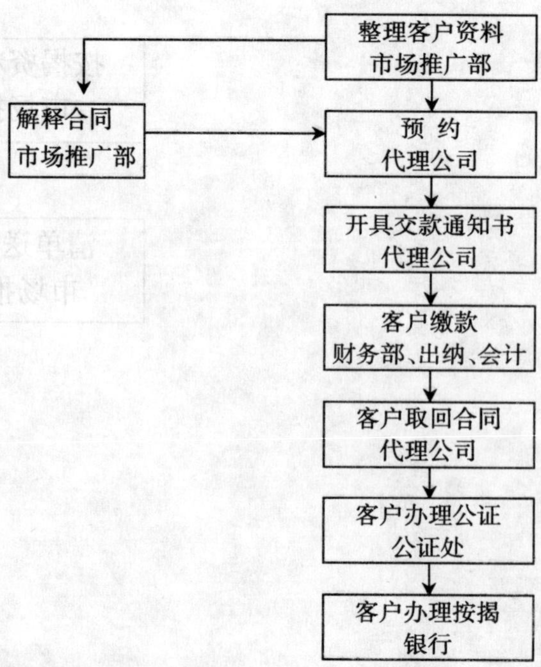

表四：销售准备计划编制参考标准

序	工作内容	执行部门	配合部门	1	2	…	9	10	…	19	20	…	29	30
文件及人员														
1	基价和系数制定													
	审批及确认													
2	销售预算													
	审批及确认													
3	销售提成执行办法													
	审批及确认													
4	广告预算													
	审批及确认													
5	销售权数													
	审批及确认													
6	付款方式和形式													
	审批及确认													
7	促销条款													
	审批及确认													
8	文件制定													
9	文件准备													
10	岗位职责													
11	人员培训													
许可及资质														
12	物管状况													
13	物管流程													
14	物管收费													
15	物管评价													
16	物管与销售交往													
17	收楼													
18	样板房设计及制作													
19	环境美化													

文件及人员														
20	其他													
广告及布置														
21	楼书及展板													
22	广告总策划													
	审批及确认													
23	报纸策划													
24	路牌策划及实施													
25	展示策划及实施													
26	其他媒体策划													
27	CIS标识													
28	现场展示品													
29	销售点现场布置													
30	宣传配套品													
开盘及活动														
31	开盘日促销活动													
32	开盘日活动组织													
33	开盘日活动实施													
35	其他													
许可及资质														
36	25%工作量申请													
37	预售证申请													
38	按揭申请													
39	预售准备相关文件													
40	预售合同													
41	物管资格申请													
42	物管收费审批													
43	其他													

第十部分：

商业地产成功关键战术——招商实战解码

商业地产界有这么一句话“商业地产成不成功看业态”，的确如此。一个商业地产项目开发的成功并不是看销售得如何成功，而是要看项目的招商是否成功。因为商业地产追求的是长远的发展，因此，开发商如何进行招商，在招商过程中如何把握住目标客户（品牌商家）的基本要求是很重要的。

招商的成功就是商业项目运营成功的一半。招商是一门很有学问的学科，业态的组合不是简单的拼凑，而是经过对各个业态、业种的特性进行深入的剖析，必须要充分考虑到业态之间的互补与互动性，保证整个商场营业的均好性与正常运转。

因此，在招商过程中必须要充分了解各个业态对于建筑物各项指标的特定要求，必须要做到知己知彼，百战百胜。手中有筹码，才能更好的谈判。

章节前言

一、招商中的误区

误区一：商铺销售了，商场成功了

商场的成功与开发商、投资者、经营商家、消费者及管理者之间有着千丝万缕的关系，如果商场的销售不与商场的经营挂钩的话，伴随而来的将是大大小小后的遗症。

商铺销售了并不等于项目开发就成功了，销售成功而商场经营陷入瘫痪的例子并不少见，要重视商场的经营规划和经营定位已经是不争的事实。作为发展商，商铺销售与商场经营管理并重才是取胜之道，也是商业物业开发及持续发展的最终出路。

误区二：只要做好物业管理，就可以不要商业管理

物业管理和商业管理完全是两个不同的概念，是两种不同类型、不同权责、不同作用、不同性质、不同专业的管理范畴。

物业管理所负责的工作是针对商业物业的“硬件”进行管理，以维护项目设施、做好环境和安全等方面工作为主的，保证商场内各种设施、设备正常有序运转就行了，讲得通俗一点，就是管家的“份内事”。

商业物业是具有经营性、盈利性的场所，商业管理针对的是商场的“软件”进行管理，重点工作是根据功能定位引进商家，根据市场的变化调整商场整体的经营策略，协调各方面的经营关系、竞争关系、供求关系，以及制定商场的宣传推广策略，这种职责是物业管理的“份外事”，是物业管理所难以胜任的。

物业管理和商业管理都是商业物业正常营运所不可或缺的，物业管理是商业管

理的基础，商业管理是物业管理的延伸，两者相辅相承，相互联系但又相对独立，简单地将商业管理归纳到物业管理中统筹运作是盲目的做法，不利于商场经营持续兴旺。

误区三：以地段优势作为核心优势，忽视定位设计

地段并不是商业物业的通赢之路，商铺销售、租赁和经营已非简单地依附地段优势。一个商场开业后能否真正旺场，将受到诸多因素的影响。从项目周边因素来看，有项目所在区域的商业氛围、人口数量、消费水平、交通便捷程度、竞争对手策略等；从项目本身因素来看，有项目定位、功能定位、商场管理制度、商家的品牌优势、商场的推广宣传手法等因素。

一个好的地段固然对项目短期的营销有很大的帮助，对于一个商场的成功与否，地段因素可能是最重要的因素之一，但如果商业物业没有一个好的定位设计，消费者的消费欲望得不到满足，纵有再好的地段也是枉然，仅有地段优势绝不能独立支撑一个项目的长期发展，必须依靠各种因素的有机整合。

误区四："返租"是最有效的促销手段

受部分通过"返租还本"销售方式取得不俗销售业绩的项目影响，有相当部分发展商在有关部门严禁采用"返租"措施销售后，仍十分迷恋"返租"的魅力，不惧政策高举"返租"旗帜.

但随着市场上许多返租销售的项目开业后陷入经营困境，甚至变成烂尾项目，导致返还租金一拖再拖，发展商的"返租承诺"不能兑现，越来越多投资者对于返租销售方式已经开始出现了保留或动摇的态度，对发展商的信心也日渐消失。

因此，商铺的营销应以市场定位为主，作为一个成熟的发展商，绝不应该把商铺销售的希望寄托在返租或类似返租的促销噱头上，只有勤练内功打好基础，真正把项目的规划、经营、管理做到位了，销售自然就不成问题，商场才能真正持续旺起来。

误区五：先租后卖，租得好就会卖得好

"先租后卖，租得好就会卖得好"，这个观点在市场上具有普遍性。因此，发展商在商铺销售过程中，商铺招商与商铺销售几乎同步进行，甚至招商进度比销售进度还

要快，通过招商锁定租金，锁定租期，然后再出售商铺。因为可以明确告诉项目的目标客户，商铺的租赁价格是多少，投资者需要 8 年或 10 年就可以收回全部投资，然后便可以坐享其成，投资者又何乐而不为呢？

但实际上，买家投资商铺的目的主要在于升值，先租后售却存在这样的弊端：一方面，已经出租的商铺局限了商场的经营范围，商场被定型，可控制的变化空间不大，如果市道好，商场的经营好，租金有保证，客户的信心尚可，但一旦商场经营不好，商铺的市场前景一片暗淡，对于客户吸引力无疑是零，销售就无从谈起；另一方面，已出租的商铺也对租金价格水平定性，局限了商铺的投资回报空间，目标买家只能接受一个较为确定的租金价格。如果该租金价格与投资者的心理价格相差较大，买家对于商铺的价值将不予认同。

误区六：带租约销售，当大租户租用多个业主铺位后，容易产生铺位划分麻烦

带租约销售是指发展商将已与商家签订租约的商铺与租约一起卖给投资者。主要目的无非是希望借助即买即收租的销售手段促进商业物业的销售。

此操作手法在销售过程中常常会出现这样一种现象：当一个大租户租用一个大面积场地后，商铺铺位划分就会变得十分麻烦。比如说，发展商事先与租户签定了 200 平方米经营面积的租约，在商铺销售时，这 200 平方米的商铺，是作为一个商铺出售，还是划分为若干个小商铺销售？如果作为一个整体商铺销售则总售价不低，市场承担能力有限；如果划分若干个小商铺，则小业主众多，租赁合同甲方的转移就会涉及到若干位业主，这样销售程序会变得十分麻烦。

将带租约销售作为促销手段，会产生两个极端：一方面，如果售价太高会吓跑购铺的客户；另一方面，如果出租方涉及太多的业主，就会吓跑商家。这实在是两边不讨好的事情，对于发展商而言上述情况是不可避免发生的，商业的营运者应该重新考虑带租约出售所面临的各种困难，审视一下这样做是否有促销的价值；对于买家，也必须因此而承担更多的风险：首先，签约商家所给的租金可能无法达到买家预期的水平；其次，一旦租约期满，某个业主不再续约则商家将不能继续经营，其他业主还得重新寻找租户，同样不能保证买家能够获得持续稳定的收入。

误区七：主力商户进驻是商业地产的必杀技

以大商家、品牌主力店进驻项目作为商业卖点，已经成为目前商业地产销售、招商的重要传播主题，不少发展商在招商之前，都紧锣密鼓地寻找合适的大型商户作为号召，以求在销售和招商前期打响项目知名度，促进销售和招商工作的开展。

当然不得不承认，这是吸引商家进驻经营及投资者购买商铺的一大卖点。不过，假若以为仅仅以主力商户的进驻作为主要的宣传策略，就能促进商铺销售，那就是对主力商户的促进力估计过大。一个租售两旺的商业物业，除了有大型商家的号召力作支持外，还需要有其他一大批小商户作支持，正所谓“红花虽好，仍需绿叶扶持”，“一枝独放不是春”，仅仅依靠主力商户来带动消费，不足以令整个商场旺场，没有旗舰店，并不代表商场就不能做旺，这在国内都有很多项目可以给我们启示。如果不小心陷入这个误区，轻者会影响中小商户招商工作，重者会令项目定位迷失方向，对整个项目的营销造成不利影响，同时要预计到大型商户的租金价格将是一个较低水平，对发展商的获利水平或投资者的回报期限有直接影响。

主力商户仅仅代表的是商场一部分的经营面积，而其他部分的面积作为商场的完整部分，所起的辅助作用不容忽视。

广州时代广场主力商户是友谊商店，目标消费者是高消费的客户群，而其他经营区域名牌专卖店众多，与友谊商店的客户群相吻合，经营上形成优势互补。如果时代广场仅仅以友谊商店作为重点，而其他经营面积则放任经营任何商品，相信会对整个项目甚至对友谊商店都会产生影响。

香港时代广场的成功众所周知，但它没有一个规模较大的主力店，而是由各具经营特色的店铺共同撑起的一个形象鲜明的购物中心。消费者到此，不会专门冲着某家店而来，只是随意逛逛，却可能在各家店都有所收获。

成不成功看经营，好不好卖看招商。招商是解决销售的必杀技，是实现资金回笼与项目成功运作的致胜前提。

招商作为营销的重要组成部分，靠的不是见招拆招的临阵磨枪，必须打出攻心战术“组合拳”方能以策制险，实现招商营销利益的最大化。

成功招商流程解析：

招商具体工作流程

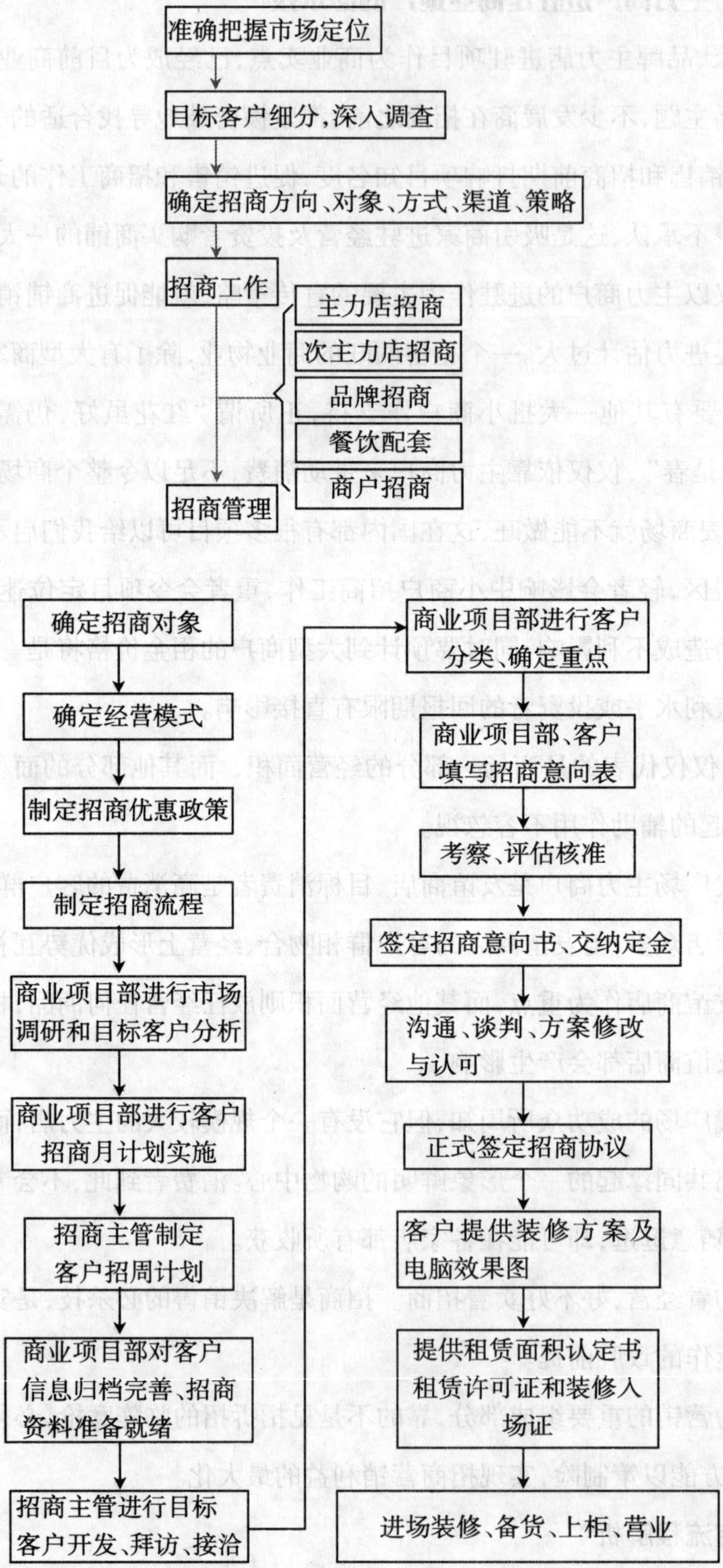
准确把握市场定位
目标客户细分，深入调查
确定招商方向、对象、方式、渠道、策略
招商工作
主力店招商
次主力店招商
品牌招商
餐饮配套
商户招商
招商管理
确定招商对象
确定经营模式
制定招商优惠政策
制定招商流程
商业项目部进行市场调研和目标客户分析
商业项目部进行客户招商月计划实施
招商主管制定客户招周计划
商业项目部对客户信息归档完善、招商资料准备就绪
招商主管进行目标客户开发、拜访、接洽
商业项目部进行客户分类、确定重点
商业项目部、客户填写招商意向表
考察、评估核准
签定招商意向书、交纳定金
沟通、谈判、方案修改与认可
正式签定招商协议
客户提供装修方案及电脑效果图
提供租赁面积认定书租赁许可证和装修入场证
进场装修、备货、上柜、营业

招商是一项系统工程，在实际招商过程中，按流程实施就能基本保证招商工作的完整性，并提高整个招商的工作效率。对于招商，本书不可能每个都作详尽的细节说明，旨在针对招商的一些规定动作及如何从洞悉目标商家的要求入手，为开发商（运营商）提供胜算的把握。

第一模块：洞悉不同业态的选址标准

要做到兵临城下、未战先胜，深刻洞悉不同业态各自不同的选址策略必不可少。要顺利的进行商业项目的招商工作，开发和选择合适项目发展的经营主体，首先要了解不同的业态、业种的企业拓展店铺选址的网点管理工作的方法与守则。

其战略意义在于：使项目准确定位，在建筑设计规划上少走弯路，力求招商和基建的同时进行，形成以商业指导建筑设计，更有效地去争取时间、减少项目的开发成本和避免不必要的浪费，提高物业的使用效率以及缩短投资回报期，同时避免项目的规划设计脱离当地购买力和市场需求，形成曲高和寡的局面，从而导致开业后的经营陷入困局。

各种模式的百货、大型超级市场、大型餐饮店、大型室内娱乐场、电影院、专卖店在经过一段时间的连锁经营发展后，逐渐形成自己的一套独有的选址条件，这些选址的条件进一步升级为选址的标准与制度，作为企业店铺拓展的依据。这些依据包括：

（1）商业条件要求：城市类型、城市设施、交通条件、城市规划、消费者因素、商业属性。

（2）位置条件要求：商业性质、人口数及住户数、竞争店数、客流状况、道路状况、附近店铺的状况、场地条件、法律条件、租金、必要的停车条件、投资的最高金额、员工配置等。

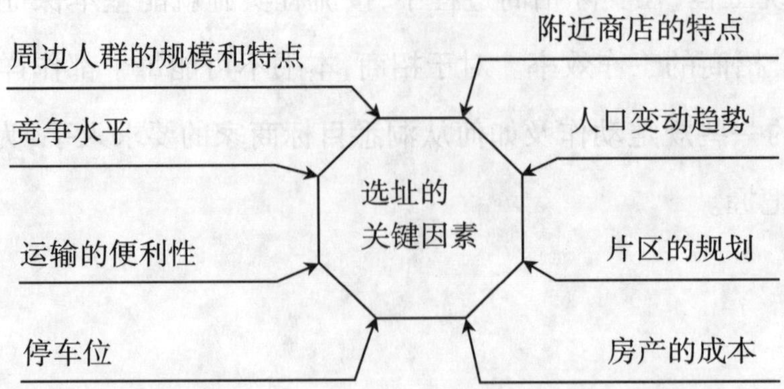

虽然各业态的需求因素相同,但各业态对各要素的具体要求各不相同,以下将针对几种主要业态的选址要求分别予以解析。

第一操作平台:超市类业态选址要求

1. 超级市场店址选择策略

超市的选址是否正确是超级市场经营成败的一个关键，因为店铺开发最重要的问题是设备投资能否在预定的期限之内顺利回收，而店址选择的好坏直接影响到投资的收益,放在首位的工作便是挑选一个合适的店址。

2. 超级市场的店址确定立地条件

*** 城市商业条件**

选址首先应从大处着眼,把握城市商业条件,包括:

(1)城市类型。先看地形、气候等自然条件,继而调查行政、经济、历史、文化等社会条件,从而判断是工业城市还是商业城市?是中心城市还是卫星城市?是历史城市还是新兴城市?

(2)城市设施。学校、图书馆、医院、公园、体育馆、旅游设施、政府机关等公共设施能起到吸引消费者的作用。因此了解城市设施的种类、数目、规模、分布状况等,对选址是很有意义的。

(3)交通条件。在城市条件中,对店铺选址影响最直接的因素是交通条件,包括城市区域间的交通条件、区域内的交通条件等。

（4）城市规划。如街道开发计划、道路拓宽计划、高速公路建设计划、区域开发规划等，都会对未来商业产生巨大的影响，应该及时捕捉、准确把握其发展动态。

（5）消费者因素。包括人口、户数、收入、消费水平及消费习俗等。

（6）城市的商业属性。包括商店数、职工数、营业面积销售额等绝对值，以及由这些绝对数值除以人口所获得的数值，如人均零售额。

*** 店铺位置条件，包括：**

（1）商业性质。规定开店的主要区域以及哪些区域应避免开店。

（2）人口数及住户数。了解一定的商圈范围（例如 1000 米）内现有的住户人数。

（3）竞争店数。了解一定的商圈范围内竞争店的数量。

（4）客流状况。调查估计通过店前的行人最少流量。

（5）道路状况。包括人行道、街道是否有区分，过往车辆的数量及类型，道路宽窄等。

（6）城市的商业属性。包括商店数、职工数、营业面积销售额等绝对值，以及由这些绝对数值除以人口所获得的数值，如人均零售额。

（7）场地条件。包括店铺面积、形状、地基、倾斜度、高低、方位、日照条件、道路衔接状况等。

（8）法律条件。在新建分店或改建旧店时要查明是否符合城市规划及建筑方面的法规，特别要了解各种限制性的规定。

（9）租金。租金对于业态的选择至关重要，由于业态的经营成本不同，收益也在不相同。因此，对租金的要求也大不相同，在选择业态时，要充分考虑到租金因素。

（10）必要的停车条件、顾客停车场地及厂商用进货空间。

（11）投资的最高限额。以预估的营业额或卖场面积为基准来规定。

（12）员工配置。以卖卖面积为基准来规定，如每人服务面积不得低于 20 平方米。

3. 零售连锁企业选址变动因素分析

零售连锁企业的选址标准一旦确定形成后，一般不易随意改动，如有变化必须经过一定的程序进行评估后"特批"。提出改动选址的方案必须有充足的理由,否则一般不予批准。因为企业清楚的意识到标准是成型化管理系统的基石,一旦动摇,或经常"摇动",会破坏连锁企业运行的正常化,乃至破坏它的稳定性和安全性。

但在特殊情况下,企业对以下两个因素可以考虑作为选址标准变动的"特批":

因素一:由于竞争的压力,如某一店址,企业不开,竞争对手就会开,在企业的连锁店网络中打开缺口,这时可考虑进行排他性设店。

因素二:为了扩大企业的市场影响力和知名度,需要利用一些特殊的区域条件进行广告宣传,而不以盈利为目标,也可考虑进行市场影响性设店,即形象店、旗舰店。但一般来说,这种选址为数不多,因为企业是以赢利为首要目标的。

4. 典型大型超市选址解密

*** 沃尔玛选址策略**

沃尔玛于 1996 年 8 月在深圳开设类中国第一家沃尔玛购物广场和第一家山姆会员店,迄今已在深圳、昆明、福州、大连、厦门、汕头、东莞、哈尔滨、长春、沈阳、长沙、北京、南昌、济南泉城共 14 个城市开设了 30 家商店。这家连锁业百强榜首的企业的选址标准值得 Shopping Mall 的开发商参考。

经营业态	特　点
折扣商店	提供的是传统的折扣商品,其大宗商品是为大型市镇社区的商户和居民准备的
购物广场	购物广场侧重为广大市民提供一站式,及质段价廉的大众商品
山姆会员店	创储型的大商场,瞄准的是一些小企业主和其它进行大宗购买的顾客,为会员提供比一般零售商更低的价格及更高的品质保证
社区店	社区店位于小城镇和小社区,离居民点或旅游点很近,它能够提供非常快捷的购物体验

A. 沃尔玛的各种经营业态特点

B. 选址标准因素分析

沃尔玛市场部负责新店选址、新店开业、市场调研。沃尔玛选址一般都会选择客流量大、车流多、停车设施良好、交通便利以及商店的相容性高的地点。

沃尔玛公司把商店位置的选择看成是一个综合决策问题需要考虑许多因素，见下图：对地理位置的要求为：

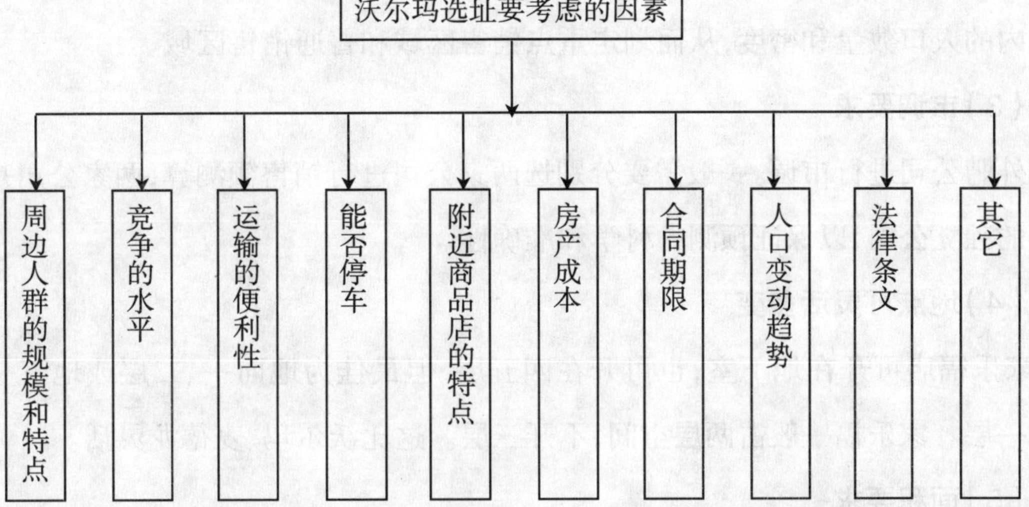

1. 良好的可见度。 2. 理想的方位。 3. 合理的场地大小与形状。

沃尔玛的折扣百货店往往签订 30 年租期，超级中心往往签订租期为 15—20 年的可续签租约。

*** 家乐福的选址标准策略**

1993年进入中国市场，一站式购物，截止至 2002 年 11 月已有 34 家，2002 年后 5 年达到 50 家。

* 由市场部负责新店选址及门店面积的确定。

* 家乐福在北京、上海、深圳、广州等区域大规模开设新店。

* 以家庭主妇为目标顾客。

以上具有战略性的扩张，家乐福进驻每一个城市在选址上又有哪些要求？

A. 家乐福选址要求

（1）位置要求

十字路口成为家乐福选址的第一准则。

（2）商圈要求

3—5 公里商圈半径是家乐福在西方选址的标准。在中国一般标准是公共汽车 8 公里车程，不超过 20 分钟的心理承受力。家乐福在商圈选定时候充分体现了细致入微的理念，它通过5分钟、10分钟的步行距离来测定商圈；用自行车的行驶速度来确定小片、中片和大片。然后对这些区域进行细化，搞清楚某片区内的人口规模和特征，包括年龄分布、文化水平、职业分布以及人均可支配收入等等。同时，还要计算出不同区域内的人口数量和密度，从而划定重点销售区域和普通销售区域。

（3）市调要求

外聘公司进行市调。一般需要分别选两家公司进行销售额测算，两家公司是集团之外的独立公司，以保证预测的科学和准确性。

（4）地点可灵活多变

家乐福店可开在地下室，也可开在四五层，但最佳为地面一、二层或地下一层和地上一层。家乐福一般占两层空间，不开三层。这比沃尔玛、麦德龙灵活。

（5）面积要求

家乐福对大卖场面积要求在2万元左右，层高6米，专用卸货区宽度30米左右。家乐福大卖场对柱距要求8×10或9×9米。

（6）配套要求

家乐福要求配备大型停车场，并且停车场与大卖场之间联系方便。

第二操作平台：百货类业态选址要求

1.百货类商家进场选址策略解密

※吉之岛百货

吉之岛百货是永旺集团在中国总部——永旺（中国）商业有限公司旗下的百货企业。永旺（中国）仍不满足于当前单一的Shopping Mall业态，中型社区Mall和特大型的超级Mall将是其下一步发展的重点。在这种发展态势下，把握吉之岛对于选址扩张的不同要求，开发商不可缺位。

吉之岛2—3万平方米的标准GMS店对物业的要求很严。具体的选址条件包括：

A. 层高要求：装修后的高度要5米左右的净空。

B. 停车场要求：商场必须配备大型停车场，2006年前，每家新开的店起码要有容纳 400—500 个车位的停车场。而一个 3 万平方米左右的 Shopping Mall，至少应配置 1000 个车位的停车场，即一万平方米面积的店铺就要求有 1000 个以上的停车位与之匹配。

C. 柱间距要求：9 米 × 9 米。

D. 层高要求：首层到二层，主体楼层不超过四层。

E. 租期要求：不低于 10 年。

F. 其他设施设备要求：中央空调、手扶电梯、通讯线路、独立货梯和理货区、给排水系统、消防设备、稳定的供电系统等。

第三操作平台：西式快餐类业态选址要求

* 连锁快餐店

连锁快餐业是一种工业化程度比较高的餐饮服务业态，设有中央厨房，其商品销售流程与其他连锁商业有所不同，管理经营难度高于其他连锁业态和传统餐饮业。其与其他连锁业态、传统餐饮的差异情况如下：

连锁快餐店：原料→加工→配送→成品→销售。

其他连锁业态：商品→配送→销售。

传统餐饮业：原料→加工→成品→销售。

1. 商圈选择

客流繁忙之处，如繁华商业街市、车站、空港码头，以及消费水平中等以上的区域型商业街市或特别繁华的社区型街市。

2. 立店障碍

连锁快餐业也属餐饮业，需消防、环保、食品、卫生、治安等行政管理部门会审，离污染源 10 米之内不得立店，相邻居民、企业或其他单位提出立店异议而无法排除，也会形成立店障碍。2002 年起我国部分省市按《大气污染防治法》规定：禁止在居住区或居住建筑内立店。

3. 建筑要求

框架结构，层高不低于4.5米。配套设施：电力不少于20千瓦/100平方米，有充足的自来水供应，有油烟气排放通道，有污水排放、生化处理装置，位置在地下室或一、二、三楼均可，但忌分布数个楼面。

4. 面积要求

200——500平方米。

5. 租金承受

大众化快餐店：2——4元（平方米/天）。

消费型快餐店：6——30元（平方米/天）。

6. 租期

一般不少于5年。

※茶坊、酒吧、咖啡选址要求

1. 商圈选择

消费者进入茶坊、酒吧、咖啡馆的动机是休闲或是非正式的轻松谈话，这与进入其他餐饮业的动机不同。该业态是以文化、情调、特色，以及舒适和愉悦来吸引消费者的，其选址往往是高雅路段，具有清净、优雅的环境，消费对象具有一定的消费能力和文化修养。

2. 立店障碍

开设茶坊、酒吧、咖啡馆须经消防、治安、食品卫生等行政管理部门会审同意方可颁照经营，在噪音较大、邻里投诉时，环保部门也会介入加以管理。酒吧属于高档消费范围，国家课以重税，收取"消费税"，政府管理部门，包括规划、治安、消防等部门加以严格审核。

3. 建筑要求

茶坊、酒吧、咖啡馆的布置和装饰有个性化与艺术化要求，但对建筑结构形式无特殊要求，视投资者创意、设想而异。层高不低于2.8米，电力按每100平方米10千瓦配置，有自来水供应。如与居民相邻，最好设置隔音层。

4. 面积要求

50—400平方米。

5. 租金承受

3—20 元/（平方米/天）。

6. 租期

2 年以上。

第四操作平台：大型连锁餐饮类业态选址要求

1. 大型连锁餐饮选址考虑因素

在餐厅连锁店选址的过程中，会对所选定的潜在地址的相关因素进行详细的分析，影响餐厅连锁企业营业地址选择的因素从宏观上讲包括地理因素、社会因素、文化因素、经济因素和市场因素等，具体包括以下内容：

（1）地区经济

饮食消费是在人们有足够的资金满足日常衣、食、住、行等基本需要之后的可自由支配资金的支付。一个地区人们的收入水平、物价水平都会影响到人们可供消费的金钱数量和他们必须支付的价格。一般地，当人们的收入增加时，人们愿意消费更高价值的产品和服务，尤其在餐饮消费的质量和档次上会有所提高，因此，餐厅连锁企业一般选择在经济繁荣、经济发展速度较快的地区。

（2）区域规划

掌握区域规划后便于根据不同的区域类型，确定不同的经营形式和经营规格等。所以此类商家在区域规划上主要关注点包括：

区域建筑规划：了解和掌握哪些地区被分别规划分为商业区、文化区、旅游区、交通中心、居民区、工业区等资料。

（3）文化环境

文化教育、民族习惯、宗教信仰、社会风尚、社会价值观念和文化氛围等因素构成了一个地区的社会文化环境。这些因素影响了人们的消费行为和消费方式，决定了人们收入的分配方向。一般而言，文化素质高的人，对餐饮消费的环境、档次的要求比文化素质低的人要高。文化环境的不同，影响连锁经营的规格和规模。所以，大型餐饮店会对项目所在区域的文化环境作调研与要求。

(4)消费时尚

一段时期的流行时尚，往往能在很大程度上影响消费者的消费方式和方向。

(5)竞争状况

一个地区餐饮行业的竞争状况可以分成两个不同的部分来考虑。一是直接竞争的评估，即提供同种经营项目，同样规格、档次的餐饮企业可能会导致的竞争，这对餐饮企业来说，是消极的。二是非直接竞争，包括不同的经营内容和品种，或同样品种、不同规格或档次的餐饮企业，这类竞争有时起互补作用，对餐饮企业是有利的。

(6)地点特征

地点特征是指与餐饮经营活动相关的位置特征。如餐饮企业经营所在的区域，如政治中心、购物中心、商业中心、旅游中心以及饮食服务区的距离和方向。连锁餐厅所处的地点直接影响餐厅经营的项目和服务内容。

(7)街道形式

这个因素主要考虑到街道和交通的形式会吸引人们到这个地方来，还是他们因旅游而使人口发生移动。

(8)交通状况

交通状况往往意味着客源，获得本地区车辆流动的数据以及行人的分析资料，以保证餐厅建成以后，有充足的客源。

(9)规模和外观

餐厅的餐厅位置的地面形状以长方形、方形为好，必须有足够大的空间容纳建筑物、停车场和其他必要设施。三角形或多边形的地面除非它非常大，否则是不足取的。同时，在对地点的规模和外观进行评估时也要考虑到未来消费的可能。

(10)餐厅的可见度和形象特征

餐厅的可见度是指餐厅位置的明显程度，也就是说，无论顾客从哪个角度看，都可以获得对餐厅的感知。餐厅可见度是由从各地往来的车辆和徒步旅行的人员的视角来进行评估的，这对于坐落于交通拥挤的高速公路旁的地点是重要的，餐厅的可见度往往会影响到餐厅的吸引力。同时，餐饮企业无论从经营内容、方式、菜品质量、服务、装潢等方面，还是在所选地址上都应具有明显的突出的形象特征。

（11）经济成本

餐厅连锁经营的关键因素之一是经济成本，在选择连锁餐厅时会充分考虑所在地区影响将来经营的成本因素。

以上这些都是餐饮类业态选址考虑的因素。

2. 连锁餐厅选址的原则

连锁餐厅的选址是一项复杂的工作，在考虑上述基本因素的基础上，还会确定具体的经营场所。选择具体的经营场所应遵循下列基本原则：

（1）目标市场原则

任何餐饮企业，都要根据目标市场，选择适当的地点，建立相应的规模，选择相应的设施设备和相应的经营内容和服务档次。连锁餐厅的目标市场一般是高、中档次的工薪收入的阶层，地址宜选择商业中心、居民区域和工薪阶层工作区域，经营方式上可选择快餐、自助餐等。

（2）容易接近原则

连锁餐厅应选择在交通便利的商业区、经济区、文化区，要尽可能的设置规模相当的停车场，方便顾客来往；连锁餐厅应按所在地人们行进、停留的规律选址。总之，餐厅原则上应选择在顾客容易接近的地段和位置，因为顾客是以方便性来决定进入哪家餐饮企业的。

（3）具有可见度原则

连锁餐厅的可见度是指餐厅位置的明显程度，比如说选址的位置无论在街头、街中、巷尾，应让顾客从任何一个角度看，都能获得对餐厅的规模和外观的感知，当然这需要从建筑、装饰等几个方面来完善。一般而言，连锁餐厅宜紧靠某条主要街道，繁华的商业区域或某个公寓区。

（4）投资预期目标原则

连锁餐厅在选址时，除考虑外部因素外，还考虑自身的条件，如经营品种、方式等，要以能实现预期投资目标的地点来衡量地理位置的优越程度。

3. 不同类型连锁餐厅选址因素对比

餐厅类型	普通餐厅	火锅店
商圈选择	普通餐厅分为商务型和大众型两种餐厅类型。商务型的普通餐厅以商务酬宾为销售对象，一般选址在商务区域或繁华街市附近，或其他有知名度的街市；大众餐厅以家庭、个人消费为主，一般选址在社区型或便利型商业街市	火锅店是以大众消费为主的餐饮业态形式，选址于人口不少于5万人的居住区域或社区型、区域型、都市型商圈
立店障碍	开设餐厅须经消防、环保、食品卫生、治安等行政管理部门会审后，方可颁照经营，周边邻居有异议而无法排除的也能成为立店障碍。餐厅必须离开污染源10米以上，对较大餐厅，消防部门会提出设置疏散通道要求。商铺门前有封闭交通隔离栏、高于1.8米的绿化，以及直对大门的电线立杆均为选址所忌	与餐厅相同
面积要求	大众型餐厅80—200平方米，商务型餐厅150—10000平方米均可	框架式建筑，厨房可小于餐厅营业面积的三分之一，其余同餐厅。楼上商铺亦可
建筑要求	因餐厅为个性化装饰、布置，各种建筑结构形式均适合开设餐厅，但剪力墙或承重墙挡门、挡窗除外。餐厅门前须有相应的停车场。餐饮还应具备厨房污水排放的生化处理装置以及油烟气排放的通道	120—500平方米
租金承受	低层为1.50元/(平方米/天)以上，视地段、商圈确定租价。楼上餐厅租金略低	视商圈、路段、位置而定，一般情况下不高于4元/(平方米/天)
租期	一般不少于3年	2年以上

4. 典型中式餐饮业态选址解密

*** 中森饮食集团**

中森饮食集团是一家经营多元化特色风味饮食的餐饮机构，从事餐饮业已有12年历史，具有丰富的餐饮经验，特别是对世界各地的餐饮文化潮流的理解与运作，有着独特的见解。

目前属下主要有中森名菜日本和风料理、澳门街风味餐厅、鱼米之香乡村酒家、豪门夜燕大班燕窝粥品世家、强记鸡粥、大班云南米线、红馆、中森馆等13大品牌。

A. 选址建店策略

(a)核心商圈

核心商圈地段，房地产如此，餐饮业也不例外。做餐饮首选核心商圈，并以位于主要人流必经之地的临街街铺为佳，同时还应考虑地段周边现时及未来的商业气氛。人旺才能地旺，地旺才能财旺，这是商业的不二法则。

(b)集聚效应

强劲的消费市场是餐饮业旺盛的保证。分析周边的居住环境，成熟区域等具有更多固定的消费人群。而核心商圈，大型商业项目等则会带来巨大的人流量和潜在的消费人群。

(c)高增长性

餐饮业应当选择有升值潜力的地段。买铺就是买前景好、成长空间高的街铺。成长空间是关键。成长空间高的街铺，一开始价格并不高，投资额也相对较低，而旺起来以后则是看见的收益。高增长性是投资物业的关键。物业价值增长潜力为投资者提供了一个创造财富的杠杆，因为物业增值的回报远比租金收入大得多。

(d)相应配套

关于物业的租金、售价、停车位、楼层、入口、门面、层高、空调、排污、排烟、消防、水、电、煤气等相关因素都考虑，并希望发展商能对此配套齐全。

(e)合作方式

租赁或买卖物业的方式合作。

※重庆小天鹅进场选址策略

重庆小天鹅餐饮连锁集团是重庆小天鹅投资控股集团专门从事餐饮服务业的子集团，下设饮食文化公司、连锁管理公司及美食文化培训学校等三个直属子公司和若干个职能部门。现有加盟店的经营以火锅为主，截至目前为止，加盟店总数已达到278家，遍及全国大江南北的200多个城市，特别是在山东、河南、山西、重庆、云南、贵州、四川等省区发展得比较好。

A. 经营模式

包括单独的火锅经营、单独的中餐经营及火锅与中餐相结合三种模式。其中火锅的经营模式还包括点菜模式、自助餐模式和歌舞伴餐模式。

B. 企业店铺拓展的详细要点

企业在开店选址方面要求寻找适合自己经营特点的场所，在一个城市要选到符合要求的地点，往往需要1—2个月的时间，有的甚至超过半年。作为特色餐饮，重庆小天鹅在选择经营场所时一般会考虑到地理位置、建筑物的外观及内部结构、设备设施、能源供应等因数。以下是这几方面的具体要求：

①经营地点的要求

经营场所应位于商业中心或副中心周围、餐饮集中地或交通要道，附近应有停车场（最好为独立停车场）；一般在楼房的1—2层，并有独立出入口。

②建筑物外观的要求

建筑物层高要求是梁下3.3米以上，房屋最好是框架结构，且空间比较规整。楼面宽度应在10米以上。附属设施可放在其他区域，如附楼、地下室。

③餐厅面积

一般来说，餐厅面积过低很难产生规模效应，过高又不能保证有足够的客源。根据企业多年来对餐饮连锁店综合状况的总结分析，在不同的区域对餐厅的面积要求是有所区别的。在大城市（省会或规模相当的城市）以800—2000平方米为宜，800—1500平方米为佳；在中等城市（地市级）以600—1000平方米为宜；在小城市（县城或县级市）以500—800平方米为宜。

④顾客消费区域的规划和要求

顾客消费区包括：候餐厅、大厅、包间、洗手间、楼梯、通道等部分。作为经营者要在不同区域为客人营造卫生、清洁、舒适的消费环境。

柱距	大厅的柱距不小于7.2米，梁下净高不少于3.3米，另外顶内设备包括空调管道、消防排烟管道、电缆、桥架等
包间	包间吊顶净高不少于3.0米，梁下净高不小于3.3米。大豪华包间面积在50—100平方米，有条件的在包间内设洗手间；小包间面积一般在20—40平方米较适合
洗手间	面积要根据餐厅面积大小、客流量而定，并与员工专用洗手间分开
电梯、楼梯及通道	消费者适用的电梯、楼梯及通道要与员工专用部分分开
采光	明亮而富有节奏，能令增添菜色的色香卖相
室温控制	需要设置空调、排风系统
内置线路	在餐厅及通道布线时，每隔10—15米距离，距地2.0—2.30米的位置之间预留弱电接线盒，保证日后安装电子系统

⑤厨房及附属设施的规划和要求

厨房	面积占15—20%，排烟设备、上下水管线、隔油设备、三相单相电源、强电、弱电电路设施要齐全，并根据厨房大小、客流量等情况确定和调整上下水管线的粗细和隔油池的大小。隔油池一般不小于80×150厘米，下水管道最好是明沟与暗沟相结合，尽量减少直角，上水管道直径为4厘米，下水管道直径是上水管道的5倍
备餐间及传菜通道	大厅附近需设有便于服务员取菜的备餐间及卫生安全的传菜通道
冷库	冷库面积20—30平方米，一般分冷冻、冷藏两部分
库房	面积30—50平方米，应有相应的防火、防盗设备
货梯	在多层建筑中，货梯应设置在厨房的制作区域，并且直通地下停车场，便于材料的运输。厨房与消费区域不在同一楼层，还应增加小型食品专用升降梯，空间大小在1.5—2.0平方米
配套用房	包括办公区、休息区、卫生间、浴室。可设在附楼或地下室

⑥经营环境要求

消防系统	必须安装温感、喷淋等火灾自动报警装置和自动灭火系统设施
排烟换气系统	采暖、通风和空调调节及其制冷设计方案应根据建筑物或项目的用途、工艺要求和使用要求、室外气象条件以及能源状况等安装设置
竖井烟道	是排烟换气系统的重要组成部分，其作用就是把室内的油烟和污渎空气经过风机排除。火锅经营还需要增加独立排烟换气系统，一般按每小时换气10—12次
补新风	根据餐厅的排气次数，一般按8：10的比例进行补风，在餐厅范围内形成微负压，使室内污渎空气通过排风口及竖井烟道排出
空调系统	要根据餐厅运营时产生的热量来确定空气调节设备的安装，火锅店装空调时还需要加大功率，每平方按400—450W较为适合。其中中式餐厅企业每平方按300—350W即可。而且最好能安装部分控制器，以便根据气候和客流量进行调节。火锅餐饮业不可安装盘管式空调，应安装全空气系统。设备尽量使用同一品牌，便于统一管理和维修
排污系统	餐厅内要有合理的排污构造与设施，最好能设置专门处理厨房污水、污物的制冷机，将油腻的污物凝固处理，符合排放标准后再将其进行排放。
隔音减震系统	餐饮项目作为整栋建筑的一个组成部分，要尽量避免噪音、振动等造成的不良影响，安装相应的隔音、减震设备，做到环保经营

⑦能源要求

餐饮经营场所应达到水、电、气三通，特别是用电量，基本上以150—200W/平方米计算。

第五操作平台：其他业态选址要求

1. 家居类业态进场选址密码

——百安居（B&Q）选址要求

对商圈的要求	1. 项目 5 公里范围内人口达 40 万以上 2. 须临近城市交通主干到或快速干到，至少双向四车道，且无（绿化带、立交桥、河流、山川等）明显隔离为佳 3. 内住宅人口有快速增长的趋势 4. 目周边车流畅旺，道路与项目的衔接性比较顺畅的进出停车场
对物业的要求	1. 物业纵深在 50 米以上；单层面积一万平方米左右 2. 层高不低于 10 米，对于期楼的层高要求不低于 12 米，净层高在 9 米以上（空调排风至地板的距离） 3. 楼板不低于 1500kg/ 平方米以上，对期楼的要求在 2000kg/ 平方米以上 4. 柱间距要求 10—12 米以上 5. 正门至少提供 2 个主出口 6. 每层有电动步道梯连接，地下车库与商场之间有步道连接 7. 商场要有一定面积的广场
对停车场地的要求	1. 至少 1000 个以上地上或地下的顾客免费停车位 2. 必须为供货商提供 20 个以上的免费货车停车位 3. 商场设计时要提供货提供物流专用车辆掉头及转弯的场地，40 尺货柜车转弯半径 18 米
其它要求	1. 市政电源为双回路或环网供电（或其它当地政府批准的供电方式），总电量应满足商场营运及司标广告等设备的用电要求，备用电源应满足应急照明、收银台、监控电脑主机等的用电要求，并提供供商场独立使用的高低压配压配电系统、电表、变压器、备用发电机、强弱电动并及各回路独立开关箱 2. 安装独立的中央空调系统 3. 物业租赁期限一般为 20 或 20 年以上，并提供一定的免租期

2. 大型电器店选址要求

——苏宁电器选址解密

随着苏宁电器在全国的连锁扩张，在全国不同地区和级别的城市均需要符合开设商场条件的商业物业。

（1）区域要求

市场类别

市场类别	要　　求	开店区位	店面规模
副省级以上城市	直辖市、省会城市、副省级城市	核心商圈	5000平方米以上
		区域商圈	4000平方米以上
		大型社区	3000平方米以上
地级城市	市区人口 50 万以上，具有一定的购买能力	商业中心	3000平方米以上
县级市场	江苏、浙江、广东等地的县级市 内陆省份发展较快的县级市（百强县优先） 副省级以上城市的较发达的郊区县	核心商圈 核心位置	3000平方米以上

（2）苏宁电器连锁店选址标准

* 产权：独立、清晰的产权。

* 区位：位于城市或某区域的商业中心，人流量大，交通便利。

* 面积：3000 平方米以上。

* 楼层：从一楼开始，地级市场楼层不超过四楼，县级市场楼层不超过三楼。

* 广场：物业距街道的距离在 6 米以上，有开阔的停车场地和门前广场。

* 设施：合格并正常使用的消防系统、合格并正常使用的供水供电系统，空调系统、扶梯和货梯（两层以上）。

3. 新型业态的选址密码

业态类型	主题餐厅与酒吧类	健美服务会所
概念	主题餐饮业态是以特定喜好（文化、艺术、体育等）为主题融合餐饮文化，形成餐饮企业独特风格、特点的一种业态，其销售对象固定且消费能力较强	包括：保健、美容、减肥、康复、心理咨询等）会得到迅速发展。该业态在为人们提供无形商品（服务）的同时，又向人们销售有形商品，如保健、健美、美容、康复、减肥器具和用品
商圈选择	文化、艺术类主题餐厅可开设在剧院、图书馆、公园、文化艺术故居；体育类主题餐厅，可开设在相关的体育场所附近	社区型、便利型商圈，可泊车
建筑形式	与主题相关	框架结构或无柱宽跨结构建筑，层高 4 米，周边有绿化布置的建筑，也可以选择其他服务种类可以使用的一般商铺或楼层商铺
面积要求	以设计特定对象的人群多少而定	200—300 平方米

4. 化妆品行业选址密码

——顶好化妆品选址要求

* 加盟店条件

（1）专柜面积：15 平方米以上。

（2）加盟店面积：30 平方米以上。

（3）专卖店条件：坐落于商业区，具备到达便利性，商店可见度强，租金适度，租期不少于 1 年，格局是浅方型最佳，面积 40—80 平方米(根据地区不同可以有所调整)门面不少于 3 米宽，且越宽越佳，橱窗位置及宽度；需面向街道，越宽越佳，近期无城建规划。

以上指标均为重点大城市和中大城市要求，县级城市或特别繁华的商圈可具体而定。

* 理想商圈类型

（1）商业气氛浓厚，客流量大，人气旺的高档综合商场附近。

（2）知名度及客流量佳的商业街(客流需满足目标顾客群特征)。

（3）知名度高的店铺附近(如：麦当劳、肯德基附近)。

（4）大规模住宅区附近。

（5）市场配套设施齐备，同行业汇聚业绩佳。

5. 美容美发行业业态选址密码

——京都微微选址要求

* 地段要求：

（1）城市商业消费最集中或经济水平最高的区域。

（2）文化氛围好，环境优雅。

（3）商业中心，大型超市，商场附近，交通方便。

（4）当地美容院比较集中的位置。

（5）人口集中的高级居住社区。

（6）知名写字楼或门面房均可。

* 面积要求：

（1）150—200 平方米。

（2）交通畅通，车位充足，较好的广告位置。

第二模块：为主力店度身定做的建筑规划指标

选址标准是指以卖场面积标准化为核心的一系列选址条件。其面积、建筑规划等是选址的基本条件。商业地产项目的规划从始至终都要考虑未来各主力店的建筑规划要求，再进行项目的规划设计。只有这样，才能保证后期招商的可行性。

一般来说，大型零售业、餐饮、娱乐业的连锁公司一般对某种特定业态的店铺都定有卖场面积标准及卖场结构标准。一方面是为了树立统一的企业形象，另一方面是为了商品的平面布置、立体陈列、设备安置等店铺设计项目套用标准化的模式，以降低设计费用。

一、大型零售业态建筑规划指标

1. 大型仓储式超市的基本场地要求和建设标准

*** 面积要求：**

* 占地面积：约 20000 平方米。

* 卖场面积：单层约 10000 平方米，如达不到，单层不低于 5000 平方米，总经营面积 10000—15000 平方米均可。

* 停车场面积：提供约 10000 平方米配 200 个地上专用免费车位。

* 结构：主体由钢结构或混凝土框架结构建设均可。

* 卖场：卖场临街面与进深（即长宽）标准比例为 7：4，柱距 8—12 米，在当地消防部门及设计允许的情况下尽量减少承重墙，令营业面积最大化。

* 层高：净高不低于 3.5—4 米。

* 地面：铺设象牙白活浅色工业超市专用砖。

* 内墙：粉刷雪白、明快。

* 照明：配知识和大型超市及卖场要求两度的照明设施（具体参考使用方工程

部施工图纸）。

* 手扶梯：卖场多于一层的每层须配置两部自动扶梯(不超过 12 度的)。

* 货梯：两部 3 吨以上的货梯。

* 卸货区：地面一层不少于 500 平米的专用卸货区，商场周边需有环形车道以方便购物车及货车进出。

* 标志招牌：提供商场正面及侧面显著位置或屋顶设置店标志招牌。

* 房屋及场地的建筑配置要求：

建筑配置上,大型仓储式超市要求如下：

* 按超市方设计方案要求和超市方书面确认的施工图纸的设计要求完成结构和卖场的建造工程。

* 建筑主体结构坚实、防水、保温。各类电力、照明、供热、中央空调、给排水、消防、天然气和电讯系统等使用状态良好,且均符合中国和当地的建筑标准、环境保护法的规定和设计要求,施工质量达到优良。

* 照明系统的安装、卫生间的建造等。

* 提供变配电室并配备双路低压电力供给 1400—1600 千伏安（不含空调用电）

* 配备给水供应 150 吨 / 日,完成全部给、排水系统及设施。

* 配置消防系统及设施,包括：防火分区设施、喷淋、监控报警、控制室等。

* 商场的室内设计温度：夏季 27 摄氏度、冬季 16—18 摄氏度,完成可以独立控制的中央空调系统及设施,自控系统等。

* 配备独立的水、电、天然气计量表。

* 配备可不少于 40 条电话线。

* 完全符合设计要求的各类储水池、隔油池、化粪池等。

* 取得当地有关主管部门颁发的建筑结构验收合格证书和各项装修、改造工程验收合格证书。

* 按设计规划完成室外道路和停车场,并已获有关部门批准可投入使用。

* 完成各类室外管线工程。

* 完成路灯和绿化等室外工程。

* 取得室外工程验收合格证书。

2. 大型仓储超市——易初莲花建筑标准指标要求

项　目	建筑技术标准指标
地块	* 地块形状：矩形或梯形 * 临街面至少 80 米；深度宜为 120—250 米 * 地块面积宜为 25000 平方米以上
柱距	* Lotus 专用独立建筑：钢筋混凝土结构，柱距为 10.8 米 × 10.8 米 * 若钢结构，柱距至少为 10.8 米 × 10.8 米 * 若 Lotus 店租用下层，业主在上层，单层店的柱距应保持在 10.8 米 × 10.8 米 * 若 Lotus 租用多层，柱距应保持在 8.4 × 8.4 米
楼层层高	* 平顶建筑：卖场净高不小于 5.3 米 ~5.5 米，后仓净高不小于 6.8 米，不大于 7.5 米 * 斜顶建筑：边部梁下净高 4.5~4.8 米，顶部梁下净高 6 米。后仓净高不小于 6.8 米
墙	外墙为实墙面，抹灰后，可喷涂料或铺瓷砖，尽量减少使用玻璃幕墙
楼板荷载	* 卖场：800kg/ 平方米 * 后仓与冷库：1000~1200kg/ 平方米 * 钢筋砼地库：200 厚 C30 内配 Φ12@150 双向双层，卖场区及出租区耐磨粉 3kg/ 平方米，后仓区耐磨粉 5kg/ 平方米，平整度要求为 6 米 ±2 毫米 * 钢筋砼楼面：70 厚 C30 内配 Φ6@150 双向，含耐磨面层，卖场区及出租区耐磨粉 3kg/ 平方米，后仓区耐磨粉 5kg/ 平方米，平整度要求为 6 米 ± 2 毫米 * 地板表面：仓库及生鲜后仓通道硬化耐磨，卖场及出租区内铺 PVC 地板，办公区及设备用房铺瓷砖，生鲜加工间铺瓷砖
卸货区	考虑 2 或 3 辆 40 □ 35 吨集卡和 4 辆小卡车满载重量及回车空间，集卡旋转半径 15 米
停车面积（数量）	* 400—600 车位（上海，北京，广州） * 150—300 车位（上海，北京，广州以外） * 每个车位约需 22 平方米 * 600—1000 自行车位 * 每个自行车位约需 1.8 平方米
货梯	* 两层：2 部 5 吨货梯 * 三层：2 部 5 吨货梯，1 部 3 吨货梯 * 如果有地下室，必须有一部货梯直达地下室
自动人行步道	坡斜度 11°。二层：2 部，三层：4—6 部（如有地下室或楼面停车场，则必须有上下的自动人行步道）
供水	200（小店）—250（大店）吨 / 天
供气	通常 320 米 / 小时，320 米 / 小时不包括空调用气）
排水	配有化粪池、隔油池、排油烟装置等，并符合国家及当地标准，并能最终通过当地验收
消防	满足易初莲花的营运要求，同时符合国家及当地标准，并能最终通过当地验收（由业主负责），要求设置煤气报警与联动装置
空调通风	管道式分体空调（60KW）还是中央式空调要根据当地情况确定 卖场正气压，卖场和出租区的新风，排烟要符合消防要求 温度要求：夏天 2 4 度；冬天 18 度
电话	100对通话电缆到交换机房，并开通 36 门直线，2 条数据线，其中中继线 16 条，交换机容量 128 门

环保	符合国家及当地标准,并能最终通过当地验收(由业主负责)	
绿化	符合国家及当地标准及易初莲花的要求,并能最终通过当地验收	
店招	免费广告牌位置分配：高炮占用 2 个位置;门头占用 2 个位置	
出租区域	7000 平方米	4000 平方米
后仓	* 上海、北京、广州：800–1000 平方米 * 其它城市：1000–1200 平方米	
噪音	General > 45dB(A) @1 meter radium utility area > 75dB(A) @1 meter radium(max)	
供电方式及变压器	2 of 2500KVA 干式变压器,10/0.4kv Dyn11 50hz 双电源双回路供电	2 of 1250KVA 干式变压器,10/0.4kv Dyn11 50hz 双电源双回路供电
发电机容量	1000kw 油罐容量可持续 1.5 天或 6 吨,业主需提供油罐位置	800kw 油罐容量可持续 1.5 天或 6 吨业主需提供油罐位置
室外场地	重载路面(承重 35 吨)、停车场、绿化树种、景观等须按照易初莲花的要求或提供的图纸施工	
人防要求	符合国家及当地标准及易初莲花的要求,并能最终通过当地验收	
建设用地规划文件	须由业主负责在租赁协议签约前提供	

3. 大型超市——百佳超市建筑参数分析

项　目	建筑技术参数
面积	8000平方米以上
楼层	低楼层
层高	4.8 米以上
楼面负荷	500kg/平方米,局部厨房加工区需 700kg/ 平方米
招牌	提供外楼以及楼顶设置室外招牌
通讯	30对左右电话线路,需设有线电视干线以及干线放大器
自动步道	如卖场设两层,需要设置自动步道
货梯	2部(载重 2 吨)
卸货区	不少于 300 平方米
冷藏库散热器	提供 50 平方米面积安装中央冷藏以及陈列冷柜的散热机组
垃圾房	50平方米
停车位	100个专用停车位
供电	1000kva(不含空调制冷用电),后备发电机为 500kva。电费自付
供水	70毫米市政给水管碰口 100 立方生活备用水箱
排污	200毫米污水排放口配备 4 级过污井
煤气	提供排烟管道
中央空调	由场地提供,分支接口自行改造。制冷机组不少于 350 冷吨,并提供 1.5 米 × 1.0 米油烟排放管
消防设施	完成一次消防交付
租约	10年以上,需要一定免租期
租金递增	第三年起,每年递增 2% – 3%

二、餐饮——西式快餐业态建筑规划指标要求

1. 必胜客经营面积的选择

必胜客保证能够赢利的合理营业面积要求为：

占据一个楼层的面积要求：450—480 平方米。

占据两个楼层的面积要求：500 平方米以上，但不大于 600 平方米。

2. 必胜客对场地硬件设施的技术指标参数

项　　目	内　　容
给排水	供水需要 2 分管。排水需要 4 分管。水压 2.5—3.5 公斤，保证每天 20 吨
供电	250千瓦
供气	不详
通风	留有排烟出口，可放通风机
上下排污	排污需要 4 分管，并有 3—4 立方米的隔污池
暖通	需安装 8 台十匹机，有放置外机的地方
环保要求	满足正常的环保条件
宽带接入	需要
商业形象要求	没有
其他硬件要求	承重楼板大于 450 公斤 / 平方米

3. 肯德基建筑规划条件

项　　目	技术指标参数
面积	首层 350 平方米（使用面积），门面 12 米
高度	楼板到梁底高度，不得低于 3 米
楼板承重	乙方厨房区楼板负荷为 450kg/ 平方米，餐厅区活荷载为 250kg/ 平方米
供电	甲方提供空调及 200KW 的用电量，并提供一条 185 铜芯电缆于甲方配电室引至乙方指定位置，乙方自设配电盘，并独立安装电表
供水	甲方提供 25 吨水 / 天，供水管径为 2.5/3.0 英寸，水压不小于 2.5KG/ 平方厘米，并具有相应的用水指标
排水	甲方提供相应的排水管线位置，排水管径不小于 6 英寸

隔油池	在餐厅附近区域应提供适宜位置，供餐厅制作隔油池，该位置将不导致争议或影响相邻关系
化粪池	甲方提供与化粪池相连的管道至乙方租赁区域
排烟	提供室外相应的排放油烟管道位置，该位置将不导致争议或相邻关系。排烟管道的截面积为500毫米×700毫米
招牌	在门脸上方提供招牌安装位置
空调	甲方提供冷暖空调应保证使用时间自早8：00至晚11：00，其制冷量厨房应不小于450卡/平方米/小时，用餐区应不小于350卡/平方米/小时。餐厅温度冬天应不低于15度，夏天不高于25度，春秋季应在20—25度之间（如KFC自设甲方提供室外机位置）
设备总重	冷库、排油烟机、汽水机、制冰机的室外机全部放置楼顶，设备总重3吨，下设槽钢可将设备均匀摆放，使楼顶均匀受力
卸货车位	甲方提供临时卸货车位
装修	乙方按照肯德基统一标准对餐厅内部及外部进行装修
消防系统	乙方自设消防系统并与甲方连通
电话	甲方提供两条电话线路

注：其中的甲方指提供场地的开发商（运营商），乙方指肯德基。

第三模块：目标主力店的租金要求

知己知彼，百战百胜。对于商业地产，主力店的招商决定综合型商业物业的成败。品牌的知名度给投资者信心，带来大量的人流，且主力店的进驻对项目的销售价格、销售进度都是有力的保障。了解主力店的租金要求，并与之达成共识，是招商成败的关键节点。

一、主力店引入意义及原则

1. 引入主力店的四大优势

优势一：利于稳定项目的整体经营

主力店群一般占有整个项目1/3或1/2的营业面积，主力店的确定，能够减少后期招商的压力。另外，知名度较高、有良好业绩记录的主力店可使项目更加稳定，且有利于项目的可持续发展。

优势二：吸引投资客的眼球，促进招商工作的顺利开展

一个超级连锁店或超级百货公司的入驻，常常能带动整个项目的顺利招商与管理，同时避免开业冷场的情况出现。知名主力店群的入驻，在某种程度上会给一些投资者带来稳定"军心"的作用。许多主力店意向一旦达成，开发商都会立即拿出来做宣传，往往能够起到刺激铺位销售或影响中小店群的入驻。

优势三：发挥聚客能力，增加顾客流量

主力店群各自拥有一定忠诚度的消费群体，这一优点可以帮助项目在日后的营运中，能在保持一定量客流的基础上发挥更大的效用。

优势四：影响中小店的租金水平，提高项目整体租金收入

先确定主力店群，然后再按业态组合设计招入中小店群，除了以满足项目商圈内不同层次、不同需求的消费群的购物或消费需求外，利用主力店的品牌效应，带动中小店的铺位的租金提升。中小店铺的租金往往是主力店的4—10倍，有的甚至更多，其租金总和是项目的主要利润来源。

2. 正确筛选主力店的原则

主力店由大型商店组成，包括有良好经营业绩的超市、百货，其他主力店包括超市、娱乐、休闲、餐饮和家具、家居这样的主力店。但由于这些店铺的消费人群都指向性消费特征比较明显，消费者一般产生需要才会有光顾的意愿。因此，百货店成为Mall型商业物业首选的主力店，因为百货店不仅可以吸引定向人流，还可以吸引常规人流。

引入合适的主力店不仅是招商成功的基础，同时也关系到后期的经营管理是否顺利。因此，在主力店的选择上，要遵从四个基本原则。

原则一：定位一致原则

按照初步的商品组合方案，选择与项目概念定位、经营特点、档次相一致的商家。如果不能选择到合适的商家，则要对方案进行调整，最好能够准备两套或以上的方案，以便应对市场的转变。

原则二：利好原则

主力店的商家，必须具有一定实力和品牌效应。主力店的经营面积占据了项目总经营面积1/2以上，如果主力店的商家实力不足，进场后不能持续经营，将会给项目带来极大的负面影响。有实力的主力店商家，能够保证项目的租金收入，为项目带来明显的人气和销售额，而且更加注重品牌的推广。

原则三：同业种错位经营原则

项目需要两个以上的主力店，则同业种的主力店目标客群要有一定的区别。如果在一个项目内引入两个同类形的百货店，或超级市场，就只会导致恶性竞争的局面，不利于项目的经营发展。因此两个或以上主力店的引入，必须要实行错位经营。而且两个不同业种的主力店，能够为项目在人气及销售额方面带来乘数效应。

原则四：同业种面积小优先考虑原则

符合以上条件相同业种的商家，对面积要求小的优先考虑。因为不论是大型的百货店或者是大型的超级市场，它们所给的租金相对较低。如果规划给主力店太大的面积，则不利于成本回收。

二、各类型主力店租金要求

各行业商户租金水平及承租面积基本规律

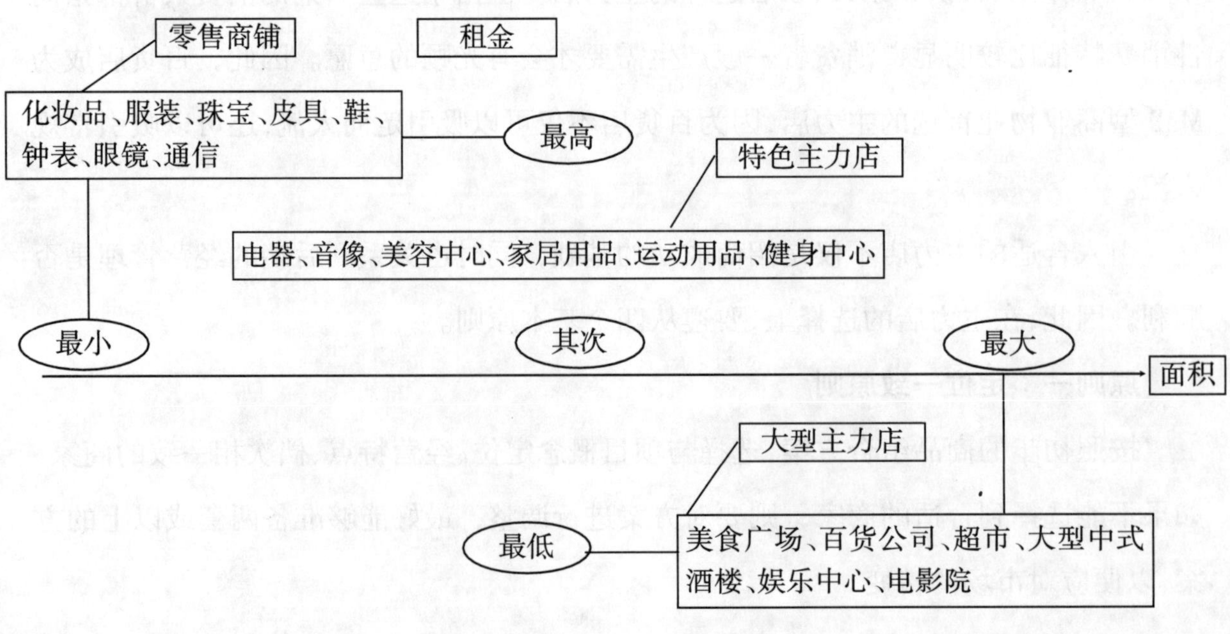

1. 大型主力店租金水平及承租面积规律

主力店类型	作用与地位	所在楼层	承租面积	单位租金率	签约期
大型超市	带动人气，汇聚人流	购物中心的负一层(以带动人气，将人流往高楼层引导)或承租社区商住楼的整个裙楼	一般至少在5000平方米以上，甚至万余平方米	承租能力较低	一般为10—15年,从第三年起开始递增,幅度不超过5%;一般采取纯租金形式,较少采用抽成的形式
百货公司	体现项目档次和特色	一般贯通商场首层—4、5层	大型综合性百要求面积一般超过10000平方米,精品百货面积要求较灵活,一般在3000平方米或以上	大型综合性百货通常在60—140元之间,精品百货略高,主要视乎承租面积而定,可达200元	一般为10—15年,从第三年起开始递增,幅度不超过5%;一般采取纯租金形式,较少采用抽成的形式
大型中式酒楼	大型主力店	通常设置在商场最高楼层或设在商住楼的裙楼部分	承租面积大，一般在3000平方米以上	承受租金范围通常在50—70元	酒楼签约年期一般为9年;递增幅度通常不超过10%
娱乐中心、美食广场、电影院	大型主力店	购物中心最高层或贯通商场的较高楼层	一般至少在1000平方米以上	娱乐中心和美食广场经营模式以营业额抽成为主；电影院行业在国内发展尚未成熟，发展商设立电影院主要是配合商场提供消费者多一种娱乐，经营模式以合资及自营为主	

*** 大型主力店承租特征总结**

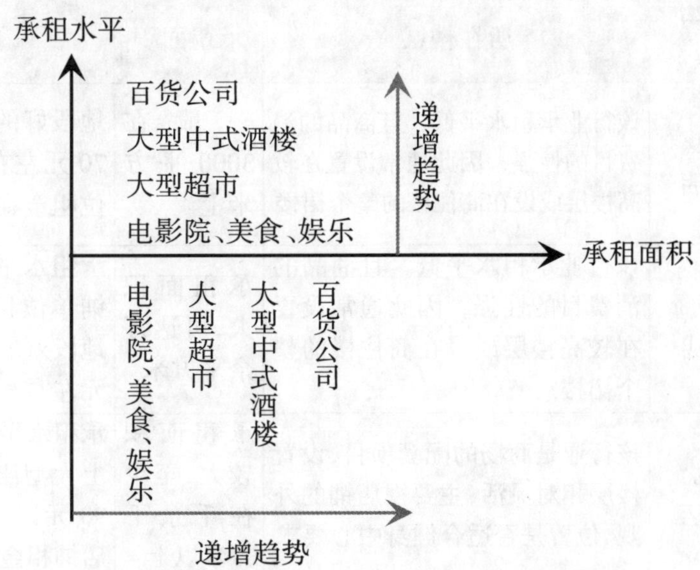

*百货公司——承租面积最大,承租水平最高,放在商场最佳位置。

*超市——承租面积大,承租水平低,放至地下既可满足面积需求,又可聚集人流,向上辐射。

*娱乐、美食、电影院——承租能力最低,但能聚集人流,设置在商场高楼层,既能满足面积需求,又可将人流引导上来,同时提升周边商铺价值。

*大型中式酒楼——承租水平低,要求面积大,但可提供消费者休憩、餐饮场所,是购物中心必要因素,一般放至最高楼层。

层级	主力承租商	承租特点
五层	大型中式酒楼	承租面积较大,通常在3000平方米以上 一般设置在商场顶层,提供休憩、餐饮场所 承受租金多在50—70元
四层/五层	娱乐、美食、电影院	承租能力最低,通常为营业额抽成形式或自营形式,放至较高楼层 提供娱乐、休闲功能,能聚人气,将人引导至高楼层 承租面积相对较小,但至少在千余平方米以上
三层 二层 首层	百货公司	据最佳位置,体现项目档次和特色 承租面积最大,通常上万平方米以上,可贯穿于商场首层—4、5F 租金承受水平相对较低,大型综合性百货单位租金在60—140左右
地下层、首层	大型超市	放至底层以汇聚人流,使人流辐射至其它楼层 承租面积大,通常在5000平方米以上,仅次于百货公司 租金承受水平较低,单位租金通常在35—90元

2. 特色主力店租金水平及承租面积规律

主力店类型	作用与地位	所在楼层	承租面积	单位租金率
电器城	特色主力店	该行业承租水平低,且商品的消费目的性强,因此通常设置在较高楼层或设在商住楼的整个裙楼	一般在3000平方米上	地段好的店铺单位租金可达70元左右,地段差的店铺单位租金在50元左右
大型家居用品专门店	特色主力店	该行业承租水平低,且商品的消费目的性强,因此通常设置在较高楼层或设在商住楼的整个裙楼	承租面积大,可达万余平方米	承租水平较低,地段好的店铺单位租金可达70元左右,地段差的店铺单位租金在40元左右
健身中心	特色主力店	该行业是商场的配套项目,设置楼层相对灵活,主要视店铺的外观、位置是否适合健身中心要求	承租面积较大,至少在千余平方米以上	承租水平较低,3000平方米以上大型店铺单位租金通常在90元以下,1000平方米左右店铺租金可达到170元左右

大型体育运动用品专门店	特色主力店	设置楼层要根据商场整体商户组合布局而定，即该行业需与所在商场楼层的其它业态组合相契合	承租面积较为灵活，大的千余平方米，小的几百平方米	租金承受水平与承租面积直接相关，单位租金范围从80—400元不等
美容院及发廊	特色主力店	该行业是商场、写字楼的配套项目，通常设置在二层或以上	承租面积灵活，通常小到二百平方米，大到三千平方米均可	承租水平相对较低，地段好的店铺单位租金可达360元左右，地段差的店铺单位租金在60元左右

*** 特色主力店承租特征总结**

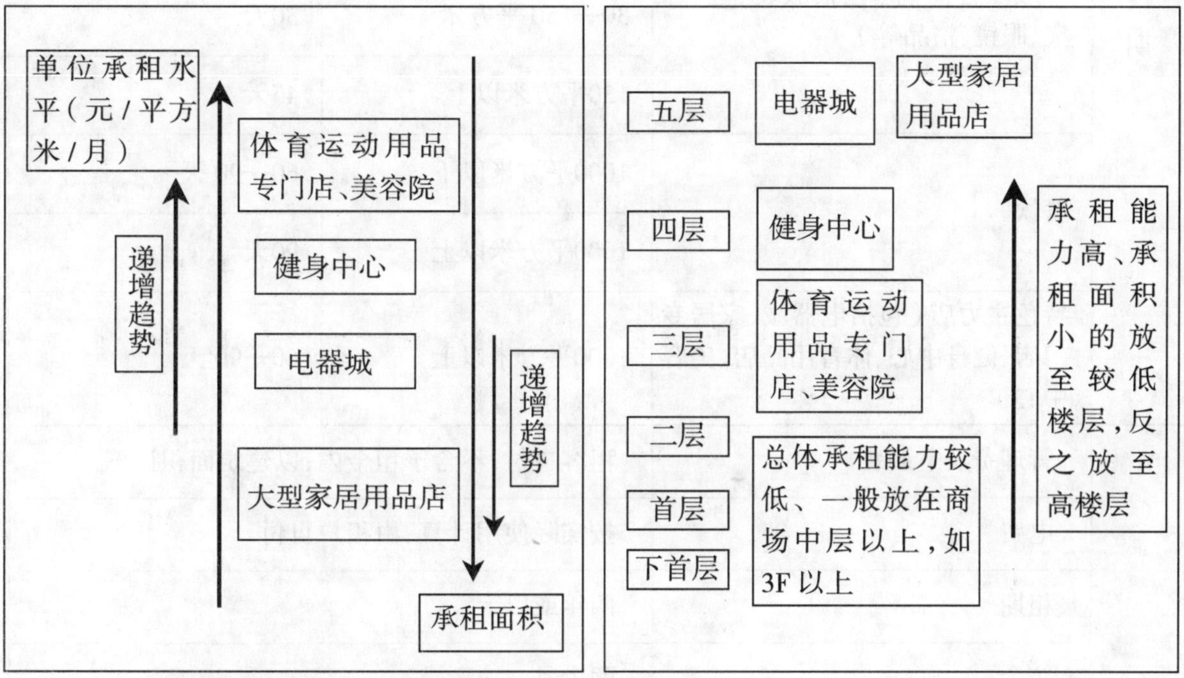

3. 各类型主力店租赁条件细节分析

<table>
<tr><th></th><th colspan="2">业　态</th><th>面　积</th><th>租　期</th></tr>
<tr><td rowspan="9">租约期</td><td rowspan="3">大型主力店</td><td>大型超市</td><td>5000平方米以上</td><td>十年或以上（首三年后调整租金）</td></tr>
<tr><td>百货公司</td><td>10000平方米以上</td><td>十年或以上（首三年后调整租金）</td></tr>
<tr><td>娱乐中心</td><td>1000平方米以上</td><td>三年或以上（首三年后调整租金）</td></tr>
<tr><td colspan="2" rowspan="3">一般零售商铺（包括服装、鞋、珠宝、眼镜、精品等）</td><td>30平方米以下</td><td>两年</td></tr>
<tr><td>30—150平方米</td><td>三年</td></tr>
<tr><td>150平方米以上</td><td>五年（首三年后调整租金）</td></tr>
<tr><td colspan="2">餐饮</td><td>500平方米以上</td><td>六年或以上（首三年后调整租金）</td></tr>
<tr><td colspan="2">特色主力店（包括电器城、家居专门店、健身中心、体育用品店、美容中心）</td><td>1000平方米以上</td><td>六年或以上（首三年后调整租金）</td></tr>
</table>

<table>
<tr><th></th><th colspan="2">业　态</th><th>面　积</th><th>免租装修期</th></tr>
<tr><td rowspan="9">装修期</td><td rowspan="3">大型主力店</td><td>大型超市</td><td>5000平方米以上</td><td>90天</td></tr>
<tr><td>百货公司</td><td>10000平方米以上</td><td>90—120天</td></tr>
<tr><td>娱乐中心</td><td>11000平方米以上</td><td>60—90天</td></tr>
<tr><td colspan="2" rowspan="3">一般零售商铺（包括服装、鞋、珠宝、眼镜、精品等）</td><td>30平方米以下</td><td>20天</td></tr>
<tr><td>30—150平方米</td><td>30天</td></tr>
<tr><td>150平方米以上</td><td>45天</td></tr>
<tr><td colspan="2" rowspan="2">餐饮</td><td>1000平方米以下</td><td>60—90天</td></tr>
<tr><td>1000平方米以上</td><td>90天</td></tr>
<tr><td colspan="2">特色主力店（包括电器城、家居专门店、健身中心、体育用品店、美容中心）</td><td>1000平方米以上</td><td>60—90天</td></tr>
<tr><td rowspan="10">其他租约条款</td><td colspan="2">管理费及空调费</td><td colspan="2">租客自付，不含于租金内，以建筑面积计算</td></tr>
<tr><td colspan="2">电费</td><td colspan="2">按实际使用计算，由租户自付</td></tr>
<tr><td colspan="2">租期</td><td colspan="2">两年或以上</td></tr>
<tr><td colspan="2">按金</td><td colspan="2">两个月</td></tr>
<tr><td colspan="2">装修期</td><td colspan="2">由20天起（根据租用面积大小及行业而定）</td></tr>
<tr><td colspan="2">法律费用</td><td colspan="2">租赁双方各自承担</td></tr>
<tr><td colspan="2">公证费</td><td colspan="2">双方分担</td></tr>
<tr><td colspan="2">审图费</td><td colspan="2">由物业管理公司收取，作为协调图纸审批的行政费用</td></tr>
<tr><td colspan="2">税项</td><td colspan="2">租客承担因经营运作而产生的所有税费，业主负责营业税</td></tr>
<tr><td colspan="2">保险</td><td colspan="2">租客承担店内所有财物保险责任，业主只买房屋结构的水、火险，管理费内已含公共部分保险</td></tr>
</table>

第四模块：品牌商家招商要点

商业地产项目要想实现永续旺场经营，除了不可或缺的硬件设施、购物环境及优质的经营管理外，更需要有符合目标客户群的商品来赢得顾客的惠顾，最终取得保证商场永续经营所需要的生存血液。因此，商业地产项目建立的关键是必须具有大批符合目标消费者的商品。没有这些商品的保证，商场的永续经营只能是纸上谈兵。

引进好的品牌是一项非常复杂的工作，需要具备很多必要的条件，不是单纯依靠个人的实力或者商场的硬件，而是要综合多方面的资源整合，才能将一家好的品牌店引进商场，丰富商场的购物乐趣与业态的可选购性。

宏一公司通过多年对于品牌商家的招商经验，总结出一套较为完整的招商策略，以供商业地产开发商借鉴与参考。

要点一：定位量体裁衣

根据商场的市场定位，结合公司未来的发展框架，制定出符合自己商场定位的业态引进计划，确定需要引进的目标品牌。

商业项目的经营靠的就是品牌的资源，但并不是所有的项目都需要引进品牌商家，这是根据项目的定位来决定。

如商业项目的业态定位是时尚百货，购物环境也是一流的，那就需要引进更多的一、二线的品牌；而如走的是传统百货路线，就要结合目标消费者的心理承受价格水平，不用考虑太多的知名品牌。

如商业项目地处繁华的商圈中，经营定位又是中高档的时尚百货，就应引进较多的知名品牌，使定位和品牌处于同一水平。

要点二：知己知彼

对于品牌商家招商，不仅要了解所要引进的品牌商户，更要先明确招商的目标，即行动与目标挂钩，不是为招商而招商，而是有强目标性的招商。

1. 了解招商目的

招商人员要明白该品牌在该商业项目定位中所占的比重，必须了解清楚该品牌的重要性、赢利前景以及影响力。

对于品牌的招商必须充分考虑以下因素：

(1)必要引进的品牌，必须洽谈多几家，租金给予优惠的程度大。

(2)辅助品牌是作为主力品牌的补充与陪衬，但也不能忽视其在整个项目运营中的作用。因此，在洽谈方面应寻找尽量多的类似品牌，以便挑选。

作为招商人员必须清楚项目的主题定位、档次定位以及优惠政策，尽量多方面了解相应品牌的具体经营情况与市场开拓情况，以便公司高层作进一步的洽谈容易把握住品牌的发展方向。

2. 了解对手

和其他商家一样，品牌商家更需要对其进行深入研究了解，充分了解需要引进的目标商品品牌的详细情况和目标品牌经营者的情况。具体包括：

* 目标品牌在全国市场的销售情况，市场占有的份额以及社会影响力。

* 品牌的发展趋势，目前处于何种状态，品牌的成熟度；是强势的品牌还是已经进入弱势的品牌。

* 品牌追求的风格、目标客户、覆盖面的幅度以及款式，是否符合商场的主题定位等。

* 了解清楚进店经营的是厂家自己、省级的代理、市级的代理或是一般的代理商。因为经营者不同，未来的经营方针和策略也不同，进货的渠道也会有很大的差别，对未来的经营影响不尽相同。

如果是厂家进柜，未来的宣传和促销支持力度会很大，省级和市级较差，一般代理商就无法提供更多的宣传支持。

在招商计划中必须要确定该商业项目日后的运营模式，是完全租赁、保底分成还是经营提点分成，这要取决于开发商对自己项目的信心，也关系到品牌商家对进驻项目的把握。

如项目各方面的条件都比较好，而开发商又不急着回笼资金，能与经营商户一起承担经营的风险，建议开发商可以采取保底分成或经营提点分成的方式。这种模式可以让开发商拥有商业物业的所有权之外，更可以与各个商家一起分享未来经营的成果。其中，保底分成模式更可以为开发商进一步降低风险，可以保证到租金的稳定收入，只是经营提成的收入较少一点。因此，采取这两种经营模式，也可以为经营商户带来入场经营的信心保证。

要点三：坚定品牌定位，宁缺毋滥

在品牌一旦确认后，就不可以随意的更改，特别是遇到招商困难时，更不可以为了应付开业，就随意的改变公司的商品品牌定位，胡乱引进一些不符合公司经营定位的商品品牌来滥竽充数。否则，将会为项目以后的经营带来灭顶之灾。

××商场位于二线城市，地处繁华商圈，周边商业配套较好，项目的规划设计很到位，整体购物环境较好，手扶梯、中庭等各方面的硬件配套也较完善。项目的最初定位为时尚百货，意在打造成为当地的商业地标，领航当地商业的发展。

由于受到资金不到位等各种不利因素的制约，在招商过程中，公司没有实现自己最初设立的招商计划，也没有引进到目标品牌进驻。最后为了应付开业，就引进了很多不符合项目主题定位的杂牌，使得商场的经营环境变得不伦不类。由于资金的周转不灵，商场不得不改变经营方向。最后，导致投资者与经营商家都分别受到了不同程度的损失。

因此，通过以上的例子可以看到，品牌定位具有极其重要的地位。要想商业项目的经营进入一个良性的开端，对品牌的引进一定要遵循宁缺毋滥的原则，不能滥竽充数。

要点四：准确把握20：80的黄金法则

在品牌引进过程中，可能会遇到这样的困境：市场可供经营的品牌看似很多，但一旦进入选择,却又变的很难,想要的进不来,不想要得却非要进来。这对于品牌的选择者来说确是一件很痛苦的事情,如果选择失误,不但浪费时间、浪费成本,甚至会给公司的未来经营带来负面的影响。所以,品牌的选择者一定要把握好自己的底线,让步是成功的一部分,但不是必须。

对待不同的品牌要掌握不同的原则,各个击破,达到自己预想的效果。同时,善于掌握重点,善于发现羊群效应。因为可能引进其中的一个品牌,其他的品牌会跟着进来。关键是要发现哪一个是领头羊,擒贼先擒王。这是招商过程中的一个技巧。

要点五:高瞻远瞩,放水养鱼

品牌引进者的预见性是发掘一些竞争力品牌的重要途径,对一些新生代的品牌,特别是一些公司独有的商品品牌,更需要引进者的胆识和远见。虽然说这些品牌可能都在一个层面上,但因为在本地可能是一个陌生后来者,但如果选择得当的话,这些品牌会成为公司业绩的增长点,更会成为公司形象提升的代言者。如何把握这些品牌,确实需要引进者做大量的工作,给他们适当的支持,可以采取放水养鱼的办法来培养此类品牌。

第五模块:招商策略实战指导

一、微观经营主体的选择

商业地产的类型和特点在很大程度上取决于微观经营主体的组成。不同的商业地产的微观商业经营主体组成千变万化,这不是偶然,也不是由市场自由决定的,而是开发商有意识选择的结果。在制定招商计划时,已经确定了各种微观商业经营主体的组成,数量、占整个可出租面积的比例以及在商业项目中的位置。

1. 微观经营主体的构成

确定微观商业经营主体的构成需要考虑零售业的特点：

(1)经营组织形式(连锁经营、合作经营还是特许经营)。

(2)销售方式(自助服务、自选主力店还是百货主力店)。

(3)经营规模(大百货还是小商铺)。

(4)经营范围(食品还是非食品、日用品还是耐用品、比较购物还是方便购物)。

(5)经营商品档次(是高价还是流行商品还是低价冲动性购买商品)。

(6)商品本身特点(是否生产垃圾和气味、是否需要特别安全保卫措施)。

开发商在综合平衡各种关系的基础上制定招商政策，对微观商业经营主体进行控制,最基本的目标是微观商业经营主体在商业上能够生存,有足够的回报,让整个商业地产开发能够获得效益。

2. 微观经营主体的分布

在微观经营主体组成确定之后，还需要根据各种微观经营主体的需求和商业地产自身的需求,确定它们在商业地产的位置,以促进共同繁荣,给商业地产带来最佳效益。

核心微观经营主体对引导人流起着关键作用,直接影响到商业地产的形态。核心微观经营主体的位置需要最先确定，大型商业地产的主力店适合放在线性步行街的端点,不易集中分布在中间,这样才能达到组织人流的效果。

普通微观经营主体的位置。微观经营主体的适当组合能够在一定程度上提高销售额。对于一些大型商业地产项目微观经营主体布局需要统一规划和布置。各种微观经营主体之间的亲和力不同。可以互动的主力店组成群体有助于加强吸引力,相互排斥的主力店需要避开。

主力店之间的位置关系受承租政策的影响，主力店销售额和经过主力店的人流数量有一定的比例关系。这个结果常常用于确定微观经营主体的布置,一个基本规则就是微观经营主体的布置必须能够加强主力店之间的交流。

在大型商业地产项目,四种类型的主力店需要互相聚集。

第一类是男士用品,男鞋、男装、运动用品应当集中分布。

第二类是女士用品和儿童用品,包括女装、女鞋、童装、童鞋和玩具等,这样便于在购买之前对商品款式、价格和颜色进行比较。

第三类是食品零售店,包括肉店、鱼店、熟食店、面包店等,聚集不仅能给购物者带来方便而且还能有效地增加销量。

第四类是个人服务点。这些服务设施需要靠近停车场和出入口,有可能的话集中布置,并与其他微观经营主体相对分离,让购物者出入方便,允许他们在商业项目营业时间之外继续营业。

3. 业种的组合

例如服装和外卖快餐、冷饮等分开,服装和食品分开有利于组织人流。因为在这两种类型的商店中,购物者的步行速度完全不同。超市需要能够方便进出的停车场,最好设置单独的出口;珠宝和音像制品分散布置,可以延长消费者的兴趣。

规模较大的商业项目,必须考虑大型百货店的进驻。百货店往往成为大型商业地产的核心,但租金较低,且随着面积的增加而递减。

小型百货店往往成为大型商业地产项目的次级核心经营主体(次主力店)。小型百货店可以与大型百货店互补,增加业种的种类,提高消费者的购物乐趣与可选择性。

超市是商业地产的重要补充,是全国性或竞争力很强的地方连锁店。它有很好的信誉,能够交纳足够的租金。超市提供的是方便购物,吸引人流的作用非常大。因此,对于大型商业地产项目,超市必不可少。除了超市外,还有风味食品、面包房、熟食店、等食品店,他们的面积为50—200平方米,并且有较好的销售额。

家居家具店对位置的要求不高,但是由于这种专业店对仓库和展示空间面积大,主要位于地下室,要求有比较大的展示空间。

餐饮设施一般可以分为三类:快餐、自助餐厅和高级餐厅。快餐为员工和购物者提供餐饮;高级餐厅能够吸引汽车交通,所以,最好放在靠近停车场和道路的独立建筑中,同时又不能脱离主要步行人流。

礼品店、珠宝店、收藏品店、运动用品店、箱包店、音像制品点和照相器材店通常由地方经营者经营，包括一些信誉好的全国性珠宝连锁店。他们能够有效地增加商业项目的吸引力，其销售收入也很高，收取的租金也相对高一些。

服务设施包括美容美发，减肥沙龙等社会功能的服务设施，在商业地产项目中所占比例很小不超过2%。由于面积小，故抵押保证金比较低。

二、专业把脉招商节奏

准确的把握招商的节奏，可以缩短项目的开发时间，节约成本。

规模较大的商业项目，招商时间较长，应从业态组合确定开始至项目全面营业，分为主力店群和中小店群二个招商阶段。

阶段1：主力店群的招商——集中在项目业态组合之后、规划之前

由于主力店群决定项目产品的形式，在产品形成之前，发展商需确定主力店群，并按其要求设计、建造相适应的产品——商业设施。

阶段2：中小店群的招商——分散于整个项目的建设期间

中小店群则对形成后的商业设施改造要求不大，因而中小店群的招商可使主力店确定之后才正式进行，当然项目建设期间可进行各类中小店的招商咨询登记工作。

三、业态招商的主次安排

招商的主次一般遵行以下两个原则：

原则1：核心主力店先行，次主力店随后

核心主力店从整体布局上有利于人流进入主力店，同时也便于从主力店向其它区域回旋，方便人流的回旋。核心主力店的选择要充分考虑业态之间的关联性。

主力店处于经营的主导地位，不但是商店组合的主要成员，而且是购物中心的特性的突出体现，开发经营者大多慎选具有相当知名度的超大型商业进驻，一来可利用原来拥有的集客能力，为购物中心带来更大商机，也可为购物中心奠定形象基础。因此，在购物中心的招商租赁过程中，确定主力店便成为重点工作，主力店要适应此项任务，必须具备下列条件：

①人员素质：具有上乘的人员素质，较能接受新的服务技能训练与理念提升。

②创意：创意是创新的根源，一个具有创意的事业体，必能适应多变的社会发展状况，尤其在流通革命时代，必须注重创意。

③策略思考：由于购物中心在中国发展尚处于起步阶段，新的问题发生，必须有适当的策略，因此，需由具有策略思考能力的团队面对问题，循序解决。

④管理制度：主力店优良的管理制度，往往可成为购物中心整体管理制度的楷模，相得益彰的效果得以呈现出来。

⑤业务增长：主力店必须拥有高业务增长的条件，较高的业务增长率足以推论该事业单位拥有优良的经营管理能力或特殊优点，同时具备较强的竞争优势。这些特色将成为购物中心经营发展的稳定力量，同时增加聚客力。

随着时代的进步，消费者对于消费质量的要求日益提高，尤其消费者已从传统的“需求性购物”，转变成为一种新兴的“休闲购物”概念。因此，购物中心的招商规划应满足消费者“一次购足”与“休闲购物”的消费需求。

为满足不同消费者的需求，在招商时，租店户通常可分为四类：国际性的连锁系统、全地区性的连锁店、区域性的连锁店及当地的独立店。国际性的连锁系统及全国性的连锁店可以提升购物中心的形象，并得到顾客的信赖，而区域性的连锁店则赋予购物中心一定的水平及品位，至于当地的独立店则使购物中心突显出与众不同的特色。

因此，购物中心招商时，除了可以引进“一次购足”的百货公司，或单一主题性如家具、家电、信息用品等专业主题商店之外；全国性或地方性的生活百货，如屈臣氏、万宁等，全国性的衣饰如佐丹奴、Hang—ten 等，全国知名的连锁快餐店或面包店如麦当劳、肯德基、卡莎米亚等，具有当地特色的饼铺、小吃店等，结合中西式餐厅的结婚宴会广场，也都是招商时的重点业种。

引进核心主力店后，再引入辅助店，并以主力店吸引辅助店进驻，形成良性互促。

次主力店引进步骤：

第一步：重视次主力店市场定位和业态定位等设计前的商业策划，并将其作为招商工作的指导性文件；掌握正确的招商程序，并在规划设计前完成次主力店租赁工作。具体的程序如下：

商圈分析→市场定位→业态定位→主力店租赁→次主力店租赁→规划设计→建造。

次主力店部分可在项目的条件下按次主力店的要求进行设计和建造。

第二步：按拟定的市场定位和业态定位确定初步主力店条件后，根据规划设计方案确定次主力店。通过相关网站、展览会、研讨会等各种渠道接触、了解符合条件的零售商或其他服务商，并掌握其拓新店的计划，最后再确定次主力店目标名单，并将其设立成三层目标群。

第三步：召开主力店招商恳谈会，邀请前期已掌握的相关目标群所有的客户参加，恳谈会的内容主要是征求他们对项目主力店合作的条件、可能性及其他方面的建议，而这些建议均可用于制订合理的招商条件和政策。召开恳谈会时，可邀请当地政府相关领导或职能局的领导参加，并请他们在会上介绍当地的投资情况和表示支持的态度。当然，最好能邀请当地有影响的媒体派记者参加恳谈会。

第四步：视招商恳谈会的情况，在会后逐个向分层次的目标群进一步介绍项目情况及合作条件，采用每隔2—3天沟通一次的跟踪办法专人跟进。而且，要重点对第一层目标群的各个管理层进行充分的沟通，加快其投资决策的步伐。

原则2：吸引人气较多业态先行，零售购物优先，辅助业种配套

商场经营，人气为上。在招商中，要充分把握这一点，引进能吸引人气的零售业态进驻，待其一定程度上的旺场后，再利用其旺场效应引入其他业态，促进整体招商的完成。

但这两个原则并不是一成不变的，它可以灵活变动，但必须遵循项目的功能划分、业态的布局。为了保证商场整体经营的均好性，各类业态的布局与业种的搭配必须满足消费者的购物行为习惯。

四、把握经营档次，确保项目整体形象

结合项目的主题与中、高档次定位，必须要有针对性地引进各类商家，并对各类商家进行优化筛选，确保本项目的整体经营档次与形象，有利于本项目的持续发展与良好运作。

五、同业竞争，优化经营结构；异业互补，丰富经营业态

大型商业项目必定是多业态组合的商业模式，其中将会引进多种档次、质量相类似的品牌。为了优化经营结构，可以通过同业竞争，对本项目的整体经营结构进行优胜劣汰的调整，促进同场经营的活力，有利优化整体经营结构与环境。

异业互补是为了满足顾客对消费多元化的需求，让顾客可以随时得到更多的满足，提高消费的欲望。譬如百货、超市经营业种有异，可以互补；纯属购物的零售店与休息放松的餐饮店可以互补等。

六、不同商户，区别对待

1. 知名商家优惠引进

知名商家要给一定比例的优惠条件，将其引进项目。虽然短期内的租金收益会受到影响，但知名商家往往会在知名度、客流方面有着良好的带动，且大商家签订合同期限比较长，一般在10年以上，可以减轻项目的经营负担。

2. 特殊商户，招商优惠

“以点代面，特色经营”是大型商业地产的经营特点。特殊商户是指具有较高文

化、艺术、科技含量的经营单位，对它们给予优惠政策，邀请其入场，能够起到增强文化氛围，活跃气氛的作用。

3. 利用政府扶持商家的促进作用

根据地方政府对项目的扶持政策确定可以给予招商对象的优惠措施，对于一些新兴的没有天然地理、人文等资源的商业地产项目来说，这一优惠措施对吸引人气有莫大的帮助。

七、审时度势，规避招商风险

对于大型商业项目来说，其招商时间较长，同时所面对的业态、商户众多，能否吸引到合适的商家进驻经营，直接影响到项目能否顺利开业并持续性经营。通过与众多开发商进行交流，一般项目的招商工作主要存在四方面的风险：

★风险 1

因为项目的建设期较长，主力店群对项目业态变化趋势把握不住，不容易与开发商结成合作联盟。

★规避方法：

首先要了解目标主力店商家未来 5 年内的发展计划，其次在硬件规划设计上要能够符合商家开店的建筑要求。在以上两项基础上，保持与目标商家进行沟通与交流，解决商家对开发经营的疑问，以诚意建立合作的基础。

★风险 2

装修进度影响中小店群的入驻。虽然有项目装饰效果图，但中小店主的担忧是有一定道理的，毕竟他们也需要在适合的场地发展新的分店。

★规避方法：

建立专门的装修管理队伍和工作程序，统一对商家进行装修管理，包括安排不同商家进场装修的时间，验收时间等。

★风险 3

功能分区的招商进度影响了各类店的进驻决策。按照合理的功能分区计划，顺利入驻相应的商店或服务机构可使各类店的经营互动起来，对于项目和各店经营大大帮助，而一旦某一类商店或服务机构招不进来，则整个项目服务功能可能不尽理想，特别是能够吸引人气的各类主力店或同类店中知名店（特色店）没法进来时，更是影响了整体的经营。在进驻决策过程中，各类店除考虑区域布局外，这一点也是考虑的重点。

★规避方法：

制定两个以上适合本项目的招商方案，在一方案实施不顺利的时候，迅速转换另一方案，避免拖延工程的进展以及后期工作的开展。

★风险 4

缺乏商业网络资源。大多数开发商或营运商对商业项目开发是“大姑娘上轿”头一回，对商业运营不熟悉，缺乏商业网络的资源，使招商难度进一步提高。

★规避方法：

进行不同形式的项目的推广，同时注意建立商业品牌资料库。如果开发商确实缺乏招商资源，可以与专业的商业地产策划顾问公司或招商代理公司合作，共同进行招商工作。

招商不是一个开业前就完结的工作，实际上招商是一个无限循环的工作，开业前是大规模招商，开业后根据销售情况进行调整招商，这都需要信息系统的分析支持，更需要基于专业技能的辅助决策。

附 1：商业街成功招商借鉴

××商业街招商策略解码

该方案策略目标在于充分利用项目竣工的有利时机，进行宣传推广，配合公关活动和新闻炒作，促进销售；同期进行大规模的招商推广，使市场招商率达到 60%以上。具体操作策略如下：

1. 招商原则

采取先大户，后小户；先品牌商户，后一般商户的原则。

2. 招商区域

其中招商面积区域：为××商业步行街 D、H、I、J、K、L 区剩余商铺，其中 K、J、H 区一层已经列入销售面积的商铺不在计入招商面积。

3. 招商区域商业形态定位

——D 区商业形态定位是大型超市，建议整体引进一家超市品牌大户。

——L 区与 D 区相连，可考虑互补经营定位，主要引进散户经营。

——J、K 区位于广场中心，人气带动效应明显，建议规划成数码通讯广场，带动整个商业园的人气，引进电信、移动、联通等品牌大户进驻，同时与手机卖场大户合作，或利用这些品牌大户的品牌和供货渠道进行招商。

——I 区自成一体，建议规划成黄金珠宝店，引进一家大户经营。

——H 区建议规划成化妆品、休闲配饰精品街，主要引进散户经营。

4. 招商政策

——大户

卖场面积在 400 平米以上，带动市场人流作用显著，且对散户进驻具有较强感召力的，可一次性免租两年。

——品牌户

卖场面积在 120—400 平米之间，对散户进驻具有较强感召力的，在一次性签订三年租赁合同时，免租两年。

——散户

卖场面积在 120 平米以下，一次性签订租赁合同在两年以时，免租一年。

5. 招商区域

——大户、品牌户的招商以国际二线品牌直营单位为主，国内一线品牌为辅。

——散户招商以品牌加盟店主，配套店为辅。

6. 招商方法

——大户、品牌户招商主要采用直复式营销模式。

目标客户收集—准客户确定——招商顾问拜访——进行项目推介——现场看铺——合作洽谈——达成合作意向（未合作处理）——签订合作合同书。

——散户招商采用常规推广模式：

目标客户确定——派发招商手册和宣传页——确定准客户——准客户回访——达成合作意向（未合作处理）——进行商户资格审查——与合格商户签订租赁合同。

招商人员在全国范围内进行同步展开招商。

7. 招商宣传

为避免大规模招商对项目销售带来不利的冲击，招商宣传仅在小范围内展开，具体策略：

——采用招商手册、宣传页派发和人员推广的方法扩大宣传面。

——招商手册的派发仅针对目标经营户展开，不得对其他商户派发招商手册。

——充分利用销售推广和宣传，来提高招商的影响力。

附 2：成功专业市场招商策略

东莞××玩具市场招商策略解码

【概念篇】非常目标非常道

单纯的理解，××城的经营任务不外乎"场子做旺"——"销售回笼"——"成功上岸"的过程，并且尽可能缩短每个中间环节的时间成本与经营成本，搏回更多的商业经营利润。但是，在实际的操作中，由于××城所处特殊的环境位置、物业开发程度、专业市场建设以及期望实现的效益，属于非常规层面的商业地产项目的经营策略，形势要严谨的多。

第一，××城作为铁路口岸物业，其商业价值和市场期待都比较高，不论是业主还是经商户，都希望通过参与经营××城收获更多的投资回报，经营的压力也大。

第二，××城属于调整性经营项目，已形成的市场负面坚冰需要尽快打破。

第三，经营玩具礼品类专业市场所倚重的行业资深人才的严重匮缺。

第四，玩具礼品类专业批发市场的常规建设周期，一般要 18—24 个月时间，广州国际玩具城历时 2 年有余方为市场接受，深圳京华开业一年半以来还没有多大起色，以此时间周期来建设××城，显然不是我们能接受的。××城的专业市场建设时间，从零基础到业界普遍认同，满打满算只有一年时间，否则，“销售回笼”的经营目标将面临更加严谨的市场竞争压力和成本压力。

第五、玩具礼品类专业市场的经商户目标群分布散，招商渗透面窄，自然增长率低，要完成××城商铺的招商，工作量和难度非常大。

对于××城，相对理想的经营周期的编排，控制市场的预热期在 6—8 个月之间，到××年夏季，××城的商铺开张率需要达到 90%以上，到秋季，要初步进入商场经商户的第一次自然筛选，把一些不适应进场的商户清理出去，提高整个场子的商户质量。到年底，××城商户的更新率维持在 5%—8%之间，确保××城的物业价值基本得到体现。

显然，常规层面的招商经营策略并不是××城所需要的，××城的经营成功需要布棋，一盘步步为营、环环相扣、指东打西的精妙棋局。

把××城按照投资者和经商户期待的样式做起来，做得更漂亮。照顾各方面的利益，扮演“有利有节”的新商人角色，领跑区域内商贸经营模式。

【策略篇】

策略一：有效分离，多种经营

6万平方米的××城，单一的开发玩具礼品文具批发，很难在短时间内汇聚人气，制造畅旺的市场影响，经营风险太大，不利于后续“销售回笼”的启动。理想的做法是对整个××城根据建筑规划和市场需求进行分离，包括在物业持有态度层面上的分离（需要保留长期经营的物业、快速销售回笼的物业、需要进一步评估市场而暂时保留的物业），和各部分物业经营定位上的分离（专业批发市场、综合商贸市场、商务酒店等）。

1. 首、二层物业

以玩具、礼品、文具专业批发市场定位进行建设，并最终实现物业的全部对外销售。条件允许的情况下，以此为舞台建设发展上等级的商业物业经营管理团队，以及玩具礼品行业专业商贸机构，为开发商的发展探索更多的市场机会点。

2. ××城三层物业

在开发商全体员工上下集中精力开展专业市场建设，和××商贸市场前景需要进一步明朗的情况下,三层物业以租赁经营的模式进行开发是最合适的,并且在经营类别的定位上考虑与专业批发市场之间的互补和与××经济环境发展之间的吻合程度。该部分物业最终是否销售,视市场建设成果而后定。

把三层万余平方米物业开设成CEPA香港日用百货类商品零关税之窗（批零场)是一个值得论证的定位方向。

3. ××城酒店

商务酒店的经营定位既能满足玩具批发市场的潜在需求，又可以填补××酒店业的相对空白,且进入门槛低,竞争压力小。同时在经营方式定位上可考虑与专业酒店合作经营,积极寻求拓展经营渠道的机会,可以很好的展现“开发商扎根××参与建设”的发展蓝图以赢得更广泛的政府支持,进可攻,退可守,一举多得。

4. 首层士多物业

需要尽快与业主达成共识，整编其经营管理，统一玩具礼品专业市场的门面文章。

策略二：做大规划,写小文章

××城的定位是行业国际采购交易中心，南中国最大的交易互动平台，定位高远,具有很大的后续发展空间。同时也揭示了建设完善是一个相对漫长的过程,其资源投入同样庞大。所以,在具体运作上,有必要分而化之,逐步推进,更应该让社会和目标市场看到整个规划及各阶段建设进度。

做大规划：市场身份的快速全面的确立,这也是××城走向成功地关键。××城作为行业专业市场,最大的优势是东莞制造产品的高端性,与高品质生产企业的密集性,采购商也好、经销商也好、国际大型连锁机构也好,进入东莞来到××城必定有他们需要的“商品”,或产品或生产或研发或加工合作。因此,接下来的一年,××城的最大卖点就是充满竞争力的高端产品(荟萃全球知名品牌)和独步天下的制造能力(行业全球最大企业、生产全球80%以上品牌产品,产量占全中国的40%多)。若干时间后,××城的主力商品可有玩具而发展出文具来,双翼共振,扩大经营规模。为求后续发力和剩余15万平方米建筑规划面积的消化。东莞的文具制造业在国内有比较突出的优势，行业协会也已经筹办，以此作为××城的后续发力点，市场的可信度非常高（礼品、赠品、促销品市场主要集中在深圳，不适合在××城做大）。

写小文章：早期强调经商户市场的认同，采购市场的启动，其开发力度、前后关系、商户和采购市场的数量质量关系等无不需要技巧的、前瞻的规划，环环相扣，步步为营。该阶段工作重中之重乃是在发展商户数量的同时提高其质量，迅速建立××城行业高端商品交易平台的卖场环境，巩固采购市场。落实到具体工作中，包括招商和推广，重心是吸纳更多的高质量商户和商品进场，完成整个卖场营销环境的建设。国际的、海外的采购市场的推广反而暂时无需落墨太多。

若是经营执行工作开展顺利，进入××城招商推广良性发展时期，卖场环境初具规模，采购市场逐步启动，经销商市场普遍认同了××城的市场地位和发展前景。

该阶段的工作重点主要有三项：

第一，快速完成××城二层铺位的招租及开张经营。

第二，有针对性地发展各类新进商户，透过适当的进场门槛应用，创造旺市现象。

第三，完善经营管理服务体系的建设，使之成为××城行业专业市场建设的核心卖点之一。

【战术篇】

战术一：场子补起来，影响造出来，招商跟上来

（1）完善××城卖场环境建设

◎遵守分区规划，引导招商，逐步调整，自然筛选

一直以来，为追求招商效果，招商部相对低姿态的任由商户挑选铺位，原有的平面和垂直分区没能取到任何作用。尽管市场的分类聚散有其自然规律，但是作为一个高起点经营的专业市场，在今天竞争激烈的环境里，必要的分区引导必不可少，而且也为未来的市场竞争提供后备能源。建议重新回归××城首、二层的商品类别分区，以招商控制与自办商贸相结合的方式将部分位置较好的商铺保留起来，既可以向着力招来的品牌企业示好，也可以保障每个区域都有主力商家进驻，带旺人气。

◎做马与发展商贸

所谓的做马是针对现阶段品牌企业进场热度不高，而××城的市场形象建设又亟需东莞品牌产品和企业的支持，建议开发商组织专人（直属总经理领导的秘密小分队，与玩具协会合作），以无偿提供场地、装修与销售人员的优惠服务方式开展代销（若事后品牌企业要求进驻，装修可转让），主动邀请和吸纳东莞乃至珠三角主要产品进驻，以提高××城的供货能力，把现有首层未租商铺经营起来。在短时间之内补充××城商品种类与规格的不足，同时也可相对缓解现有商户随意开关铺位对场子声誉带来的压力。

现有商贸部可考虑对内部员工进行变相经营管理承包（内部招标，经营类别、业绩均制定相应奖罚办法），发动全员工作积极性，为公司服务。

◎**开设“保姆服务”，教育培养商户**

现已进场的商户中，除小部分有行业经验，及有一定的资金实力外，相当部分既缺乏行业专业经验，资金储备也相对不足，进货渠道、商户网络十分有限，严重影响××城市场环境建设。在过去一段时间，招商部专门提供了生产厂商名录，也带领部分商户下到厂家拿货，然而，收效甚微。据对部分商户及东莞生产厂商实地走访调查，要真正解决现有商户的经营困难，除了资金与供应企业资讯问题外，成本、工艺、商品适销、市场拓展、营销管理等都需要改善，显然不是一朝一夕的事情。建议在成立商户协会基础上由公司抽调招商部、商贸部部分成员（3—4 名），在三、四月内联合玩具协会专职工作人员，组建临时商贸服务中心（可与秘密小分队对接，或以商务中心班底开展工作），根据商品类别（毛绒、电动、塑料）为小商户提供贴身服务，包括联络货源、拓展市场、店铺经营、教育培训等。这样做的目的就是：巩固小商户，成就大市场。

◎**主力品牌的引进**

与以往联络的品牌厂商，因缺乏后续跟进而没有能够尽早服务××城的招商。建议指派有一定拍板权限的中层领导，再配备一名招商人员，天天盯紧招商负责人去联络发展主力品牌厂商，公司在铺位租金、管理费、广告宣传等方面给予实质性优惠，争取在×月中旬前引进十来家主力品牌进场。

◎**现场气氛建设**

§主入口及××公路侧景观改造。

§类似“和生”的活泼而统一的导示系统。

§黑公话的杜绝和实打实的周边安全护卫措施。

◎促销与活动

作为启动××及周边镇区直接消费市场的一个手段，从三月份开始，可持续二个月，由策划部筹划，招商部、物业部协助，在每周六、日发动××城场内商户举办各类新品演示、低价促销或限时购物优惠、玩具比赛等青少年朋友喜闻乐见的活动，逐步把××城办成一个玩具礼品直接消费群体节假日休息天玩耍的好去处，汇聚人气，活跃市场。

(2)招商发展与策略

××城的市场核心交易点是统一的，即具有市场竞争优势的东莞制造的高端玩具礼品（商品采购）和技术领先品质保证价格低廉的生产加工基地之资讯（订单加工）。但是，铁打的营盘流水的兵，××城的商户却会随着××城地标式专业市场建设完善而逐步调整，所以，各阶段的招商方向和策略有必要根据市场变化而进行调整。

目标客源：

① 东莞重点镇区之大中型品牌企业。

② 广州、深圳、澄海等地区专业经销商。

③ ××及周边镇区小商户，行业生产企业中层技术管理人员。

招商策略：

① 主力商户邀请进场，专人跟进提供服务。

② 自办商贸引导畅旺经营环境和控制旺铺流向。

③ 定向定点指派专人联络发展广州、深圳、澄海专业经销商，一定目标商户储备后由公司组织，借二地行业协会关系召集举办当地的专场推介会，以度身定做的优惠策略、详尽的××城市场建设介绍和理性的投资、发展、风险、利润分析鼓动经销商组团进驻××城。

④ 提高招商员的专业素养，和对广州、深圳、澄海专业市场经营情况的认知，以客观、深入、专业的数据分析和逻辑、合理、适当的差异性描述，让目标商户看到××城的实在利益前景。

⑤ 在广州、深圳、澄海、义乌等地区发展招商业务联络点，以具有一定影响力的××城商户设在当地的经销点为窗口，专人跟进，利益共享，联络发展高质量经销商。

（3）宣传推广策略

推广工作是为迅速完成××城商户、商品质量的建设服务，其目的是让目标商户群全面、广泛的认知××城的发展优势和交通区位等独特的利益点，并且在推广面的覆盖上有一定的广度。

策略：点面结合，强调点的渗透，追求面的覆盖，引起行业关注，迅速占领市场。

* 在广州一德路、深圳笋岗京华、澄海塑料城等行业专业市场发布户外广告，迅速传递××城相关招商信息，引起行业的普遍关注。

* 铁路是行业人士最普遍使用的交通工具，在××火车站进行适当的广告宣传，提高××城信息传递力度。

* 以户外广告和公交车身广告形式，在东莞各重点镇区强化××城的宣传力度，最短时间内让东莞的行业厂商认知了解××城。

* 远悦近来，由近及远，积极参与社会活动，特别是针对玩具礼品文具直接购买使用者的社会活动，以市场口碑汇聚人气。

* 制造行业新闻热点，以服务东莞制造产品流通和生产技术展示，建造生产与市场的对接为兴奋点，把东莞行业制作企业的进场积极性调动起来。

* 积极参加行业内的各类展会，高调推广南中国最大的行业交易平台，在进行市场知名度覆盖的同时，争取从外围震动东莞制造企业和经销商进场设点。

战术二：以商促商，大干快上

若是经营执行工作开展顺利，夏季可以说是××城良性发展的正式开始，卖场环境初具规模，采购市场逐步启动，经销商市场普遍认同了××城的市场地位和发展前景。但是，高速发展必然泥沙俱下，把少量缺乏行业经验和资金实力相对不足的商户招徕进场，成为××城商贸品质和稳定发展的不和谐音符。这个时期，一方面是透过招商员的努力保持目标客源储备，另一方面设置经营门槛，对一些经营种类少、商品滞销、缺少资金渠道的小商户，进行劝退或者其他方式的清场，确保××城的市场高度，和保障广大商户的普遍利益。这也是××城物业销售的一个卖点。

这个时期工作重点主要有三项：第一，快速完成××城二层铺位的招租及开张经营；第二，有针对性地发展各类新进商户，透过适当的进场门槛应用，创造旺市现象；第三，完善经营管理服务体系的建设，使之成为××城行业专业市场建设的核心买点之一。

（1）完善业主—管理机构—商户三者关系，以长期经营的物业管理机构的定位进行规划，稳定和巩固市场成果，为物业销售铺平道路

如何让业主看到稳定的、增长的、客观的投资回报，和经商户期待畅旺的、低风险的、持续的商贸环境，实际上关乎业主—管理机构—商户三者利益关系的商业行为的执行技巧，需要经得起推敲的经营策略和经营表象。

（2）×站广场方向士多店铺位经营形式的限定

从现阶段××城的招商进度和卖场环境看，要限定这些士多的经营还不是时候，但是，到×月份，整个专业市场全面启动起来以后，若不能将这些遗留“伤疤”手术掉，必然严重阻碍市场的建设和管理。建议开发商尽快制定士多铺位之业主利益保障计划（如何实质性保障业主在停止士多经营后的投资利润保持不变，甚至更高），在结束前把士多店铺80%以上经营品牌玩具、礼品，整合××城的卖场环境优势。

（3）商铺销售的市场调查，锁定目标投资市场，制定相应销售价格策略

仲夏初秋正是物业投资的市场旺季，××城的商业价值也随着专业市场卖场环境的不断完善而明朗起来，必然会引起投资市场的关注。在确定了基本的入市时机后，以怎样的态势出现，直接关系到××城物业销售的成果。市场在哪里？核心客群的属性？动态的市场发展预测？市场认同的价格？物业利润的有效控制？销售方式如何编排？等等需确定的事项，在这个阶段应该明确下来。

（4）招商宣传逐渐收窄，着手商铺销售的市场培育

第一，春季展会已经过去，外围的广告依然传递着××城的信息，而招商工作正如火如荼的展开。这阶段的宣传将在保持一定频率的面的覆盖以外（少量行业期刊、路牌、电台、区域电视等大众媒体），重点强调××城现场的经营氛围，即以各种形式的现场活动（新品发布、促销促购）消化早先对外围市场的招商信息（包括直销推广）成果，把考察参观者争取过来。

第二，以软性炒作的形式向目标投资市场传递"××城值得投资"信息，逐渐展开商铺销售市场的培育。

（5）完善国际采购中心经营管理体系的软性配置

作为一个高标准上等级的专业市场，其管理体系应该是最具原动力的发展核心，××城在具备了商户量的积累后，需要高端管理体系来"分解"其价值，如知名物管顾问，规范的管理规章，专业化的经营发展规划，电子商务管理系统的构想，工作团队饱满的精神面貌，等等，把管理服务体系建设成为××城市场建设和物业销售的核心利益点之一。

（6）利用外围成熟商铺销售网络，短时间内大范围推售

项目周边地区的物业中介机构联系起来（包括网络），在其经营场所张贴风格统一的宣传广告（条件好的地方可播放声像广告），以委托销售的形式全面铺设销售网点，把××城带租约销售的"高获利旺铺银行"概念立体化传递出去，实现最短时间的销售回笼。

第六模块：成功招商谈判三步曲

谈判是双方智慧的较量，怎样抓住对方的弱点，最大限度地发挥自己的优势，让对手心悦诚服?本章节将带你进入谈判的艺术殿堂，帮助你掌握谈判的技巧，使你在谈判中挥洒自如，在谈判中获得双赢，达成双方最理想的结果。

一、明确谈判目标

招商谈判的目的就是招商洽谈的主要目标，或招商洽谈的主题。在整个招商洽谈活动中，招商洽谈者的各项工作都要围绕招商洽谈的目的而分阶段展开。

招商的目的是为了吸引知名商家，出租经营场所的使用权，更好地提高项目整体市场吸引力。因此，招商目标的选择要根据市场需求和项目定位情况来确定，具体应考虑以下因素：

* 因素一：项目自身的市场定位。
* 因素二：项目所在地的消费水平。
* 因素三：开发商的自身资金。
* 因素四：拟引进商家的市场定位、发展战略。

二、作好招商准备：各种方案的确定

为了让招商谈判顺利进行，必须进行充分的准备工作，包括招商资料、招商组织、招商人员的准备。针对主力店的招商工作，在招商资料上主要包括了项目的初步设计方案、租金方案、商品组合方案和招商方案。

（一）制定初步建筑设计方案

开发商必须根据市场调研的数据分析和定位分析以及一些主力店商家对场地的用地要求等数据资料，初步制定建筑设计的方案。初步的建筑设计又称为概念设计，主要是规划出外立面、外广场设计、楼层形态、层数、层高、中庭、电梯、观光梯、手扶电梯、停车场的规划以及结合项目的功能、业态布局，规划出各楼层大面积商家的店铺位置、大约面积。

（二）制定租金方案

租金方案的制定是在保障商业价值的产出的基础上，充分考虑行业的租金承受力、市场的竞争情况、项目的利好因素和发展前景、铺位的楼层分布、位置、面积的大小、面宽等因素确定的。招商工作就是要围绕实现租金效益最大化展开。

（三）制定商品组合方案

商品组合方案是在初步建筑设计方案的基础上，根据项目的定位和楼层功能、业态布局形成的，主要是根据规划，设定各楼层的经营主体（租户）类别。同时列出具有代表性的目标商家。

（四）制定招商方案

根据商品组合方案和租金方案，制定各级的招商方案，以及确定实施后备招商方案的条件。避免在某一主力店招商不顺利时，拖延了整个开发进度，影响建筑进行深化设计。

招商方案要点内容：

*** 目标商家的确定**

在进行主要店铺招商过程中，在租户表达了入驻的意向之后，招商小租有必要对每个目标商家进行调查和评估，预测他们的经营前景，作为项目招商的指导。特别是主力店的调查和评估。

主力店的评估的内容包括资金实力、经营业绩、经营特色、注册资本金、管理层的管理能力、营业额及其增长率、财务状况、合作意愿程度等项目，并按一定标准进行量化评估，为选择租户决策提供科学的数据及报告。

其次，一般租户进行选择参考的因素主要有：

* 承租户的选择确保租金的来源。

* 需要保证 Shopping Mall 的商品种类的完整性。

* 需要保证 Shopping Mall 经营项目的多样性与综合性。

* 制定招商顺序和时间。

一般来说，Shopping Mall 的招商是核心主力店先行，次主力店随后，然后是进行品牌旗舰店的招商。

在前期主力店群招商工作基本完成后，Shopping Mall 的招商任务应该完成了70%—80%，在 Shopping Mall 开业前的 5 个月，将加强招商推广效应，启动全面招商工作。

另外，相同的经营类别必须要同时与多个合适的目标商家进行洽商，尽量提高招商的成功率，保证项目的开发顺利进行。

*** 制定招商政策和方法**

对主力店商家、承租大面积的商家、品牌商家、特殊业态的商家要制定相对的优惠政策，特殊的租金、合作形式、谈判方式等手段，吸引具有知名的品牌商家的入驻，增加项目的利好因素，促进招商、销售的业绩。

*** 体现商品组合规划**

按照商品组合规划的内容，确定不同的招商区域的商家类型，招商工作以最大限度现实商品组合方案开展。

*** 招商手册是招商成功的先导**

招商手册是招商开展的重要工具，同时也是招商的基本宣传资料，关系到企业的形象。招商手册的内容除了体现初步建筑设计的要点和商品组合方案以外，还应该突出如下关键点：

关键点 1：通过钻石地段选择项目选址的正确性，树立基本点核心地段的商业物业。

关键点 2：通过事实列举项目建设规划的优良性，商品组合的优异性等，突出其在项目的优势所在。

关键点 3：政府的支持、商业价值的潜力。

（五）准备谈判的依据

（1）明确谈判目标，包括最优期望目标、实际需求目标、可接受目标、最低目标等。

（2）规定谈判策略，包括了解谈判对象的状况，谈判的焦点、谈判可能出现的问

题及对策。

(3)选定谈判方式。

(4)确定谈判期限。

(六)组织谈判小组

(1)挑选谈判小组的成员。

(2)制定谈判计划。

(3)确定谈判小组的领导人员。

三、招商谈判必杀技

必杀技1.制定招商洽谈策略

制定招商洽谈的策略，其意义是选择能够达到或实现招商洽谈目的的基本途径及方法。招商洽谈策略的制定是基于对谈判各方实力、影响其实力的各种因素的细致认真研究分析的基础上的。

招商洽谈的策略主要分以下三方面：

策略一：

*调查了解合作方在招商洽谈中的目的是什么?

*对方的组织结构是什么的?

*对方的项目的合作程序?

*对方谈判人员的基本情况,在组织中的位置?

*为实现其目标对方最有利的条件是什么？要实现其目标对方最不利的因素是什么?

*对方竞争对手的企业状况、动向

如果招商队伍能够正确地了解掌握这些信息，那么在整个招商洽谈中就能掌握谈判的主动权,就能有针对性地确定出我方的各级招商洽谈的目标,就可以很好地把握招商洽谈中的利益界限,让对方做出更大的让步,就可以扬我方之长,避我方之短,从而达到招商洽谈的最高利益目标。

策略二：

在以上工作的基础上，制定相应的对策，也就是能否接受招商洽谈对方所提出的交换条件。如不接受如何摆脱对方在这方面的纠缠；如接受，是全部接受还是部分接受；如是部分接受，又如何满足对方的条件。

策略三：对招商洽谈对方可能提出的各种要求和问题应有所准备，这样就可以避免仓促应战局面的出现。

必杀技 2. 明确谈判程序

谈判程序也称谈判议程，通常是指所谈事项的先后次序及主要方法。谈判程序确定得好，招商洽谈的效率就高；谈判程序确定得不够科学，就会影响招商洽谈的效率。

招商洽谈需要一个过程，其基本程序是：开局、摸底、报价、磋商、达成协议和签约六个阶段。

* 开局——即确立开局的谈判目标，创造一种适宜的谈判气氛。

* 摸底——即谈判双方逐渐熟悉，分别讲述自己及对方的观点和立场，相互了解各自的期望。

* 报价——即双方提出具体的报价和交易条件。

* 磋商——即谈判双方对报价和交易条件进行反复协商，双方各自做些让步，并获得一些利益。

* 成交——即双方就谈判的实质问题达成协议，业务成交。

* 签约——即以书面文件(经济合同)的形式签订正式协议书，谈判双方必须依照协议内容履行协议，合同一经签订就具有了法律效力。

必杀技 3. 打造招商铁骑队伍

打造一支业务能力强、能吃苦、讲奉献、思想品质好的招商团队，是商业地产招商工作顺利进行的重要保证。商业地产招商工作是一项专业性和时效性很强的工作，它要求招商人员具备良好的基本素质和专业素质，以适应各种压力挑战。

*** 招商人员必须具备的基本素质**

（1）良好的心理素质

优秀的招商人员的心理素质表现好：临危不惧，胜不骄，败不馁。具体表现为要具备：

崇高的事业心

包括很强的敬业精神，创业精神，勇于进取，勇于创新，具有执著的奉献精神。

强烈的责任感

是对工作的高度负责精神，在面对重大责任或紧急关头，应敢于刚毅果断，勇于权限内的决策；敢于承担责任，做到秉公办事，不徇私情，坚持公正的立场，充分发挥综合能力。

坚韧顽强的意志力

意志品质坚强，稳健持重的招商人员，才能去认真克服困难，并不为小恩小惠诱惑。商业地产招商不仅是双方智力、技能和实力的比较，也是意志、耐性和毅力的争斗。

良好的自控能力

招商的双方都是围绕各利益，心理上处于对立状态，出现僵持甚至不欢而散的现象亦为常见。

（2）具备相关经济知识、社交能力和语言表达能力

经济知识

商业地产招商涉及到经济学、零售学、房地产开发经营、心理学、社会学、会计与税收等相关学科，以及最新的相关法律法规知识，而且新知识、新技能不断涌现，招商人员必须掌握这些基本知识，适时学习充电，才能更好做好招商。

社交能力

商业地产招商对象的行为是一个投资行为，而这行为需要多个管理层的分析到最高层的决策，这就是要求招商人员须充分地分别与各管理层人员进行多次沟通，因而交际工作十分必要且有效。

语言表达能力

招商信息主要是通过文字形式传递出去的，而招商谈判则主要是通过语言来沟通的。招商人员语言表达须正确规范，使用有效的语法、修辞和逻辑，使表达更具吸引

力、说服力和感染力。

（3）具备良好的现象判断能力和灵活应变能力

现象判断能力

敏锐的观察力通过察言观色可捕捉对放的投资意图和实力，通过对手的语言表达姿势和动作观察、分析；进而做出准确的判断，是获取信息，了解对手的有效方法和手段之一。

灵活的应变能力

应变能力指招商人员能够根据招商形势的千变万化、审时度势，争取相应灵活的对策，使判断向有利已方的方向发展。因此，招商人员除必须掌握招商项目的具体情况和市场行情外，还须做到积极进取、勇于开拓，谈判时做到机智、幽默、轻松，应付自如。

*** 招商人员的特殊素质**

热爱招商工作

招商人员必须要热爱商业地产的招商工作，对招商具有特有的兴趣。兴趣可为招商人员加快对问题的观察、探索、追求和创新；并在招商过程中增强自信心和对工作的激情。

局势控制能力

主要表现在对招商准备工作，了解自身项目的优缺点，了解对方的招展实情，并在时间上、心理优势占据主动权。

较佳的团队精神

招商是整体运作的，虽然整体项目按商品或服务项目的大类或中类分至每位招商人员，但各个功能区的招商成功与否影响到整体项目招商是否成功。

外语知识

我国已在2004年底对外全面开放零售服务业，大量的外商将进入我国各地拓展业务，因而具备各种外语应用能力的招商人员更有助于招商工作。

*** 招商人员的培训**

招商人才并非天生就有的，他们是通过选拔、培训并在实践中锻炼出来的。绩效考核和激励机制在招商实践中对人才的培养起到重大的作用。

培训就是通过理论和案例的学习，并参与实践，使其达到知识广博、经验更丰富，能够胜任招商工作。

（1）首先要建立招商人员培训的工作机制，既要全面规划，又要切合实际的教学计划，更要建立严格的规章制度。

（2）其次是培训内容要多样化。招商人员要对项目熟悉，才能根据项目的定位以及招商方案开展招商工作。基本掌握的内容包括：

※掌握项目的核心商圈内经济数据

包括：人口密度、消费力、消费习惯、人流量、车流量、主要业态构成、同行经营状况、同行租金水平。

※了解项目的实质设施内容、特色

包括下列所述各项：

a. 项目的地块形状、占地面积、建筑面积、楼层可出租层面积、楼层载荷。

b. 户外广场面积、主要出入口设置、楼层通道设置。

c. 停车场规划设置，包括车位数量、客车、货车出入口、层高、货梯位置、商场直达电梯位置。

d. 规划路配置情况。

e. 楼层的功能、业态布局、店铺的面积、主力店所在位置。

f. 消防设施基本布局、各种线路布置（空调、供水、供电、下水道、排污等）。

g. 卸货区域、后勤区域的规划。

※了解各楼层店铺的租金、管理费的定价和形成依据

加强招商实战

特别是新项目的非主力店群的招商工作，可多安排招商人员积极参加与租户的沟通，每天由招商主管召开总结会，讲解招商技巧和手段。

招商人员的考评

绩效考核是对招商人员在一定时期内新做的招商行为及工作效果进行评定和测量。他

可以为下一步的招商工作起修正作用，同时对成绩突出的招商行为或人员进行表扬或推广其有效的招商技巧及办法。

绩效考核的内容有品质项目：如忠诚、可靠、主动、有创造性、团队精神、自信心等，这些主观性较强，但可进行量化，而且不同商品大类的最高及最低分均可进行平衡调整。

制订绩效考评的实施方案可考虑采用德才测评和模拟测试二种方法。

* 德才测评是把招商人员的多类基本素质分解为若干要素作为测评项目，由人力资源部进行评定，最后汇总，综合分析出结果；

* 模拟测试则指将不同的有一定深度或棘手的问题，由其进行现场模拟处理，评委可从其表现中评分。

考评的结果鉴定应坚持在公正、客观的原则下进行，以保证其公平性、合理性、科学性和可靠性。

招商人员的激励

招商人员的激励是指激发、引导招商人员主动、积极、创造性地完成上级下达的某一预期目标，争取达到更佳的招商效果。激励分为物质激励和精神激励。物质激励指工资、奖金、津贴等的提高或发放；精神激励则指表扬、表彰、晋升职务、评定更高一级的职称等。

激励方式主要有几种：

a. 目标激励

招商机构通过设置一定的工作目标鼓励招商人员努力去实现目标。实现后可得到应得的承诺。比如成功招商按比例提成等。

b. 奖励激励

招商机构及时对成功的招商行为给予肯定和表彰，使其继续发扬。

c. 榜样激励

是指树立一个真实的良好的榜样，是其他招商人员学习方向，赶向目的。从而激励招商人员的积极性。

d. 竞争激励

它是指围绕招商目标使招商人员展开竞争，提高招商效果。但这种方式需公正、合理，避免恶性竞争，否则适得其反。

第七模块：招商形式与渠道的选择

一、打造高效招商方法

商业物业项目招商的方式主要有两种，即：

1. 委托专业招商机构招商

对于商业房地产项目来说，将国际知名零售商请进来有利于整个项目的招商，通常国际招商咨询机构更了解国际知名零售商的需求。因此，委托国际专业咨询机构进行商业房地产项目的前期招商更能有效促进项目的进展。

2. 自主招商

在目前中国不成熟的招商环境下，许多开发商因为找不到合适的招商合作公司或考虑到招商成本而选择自行组织招商。对于自行组织招商，找到商家资源的招商业务人员以及对招商人员的专业深度培训是这一方式需完成的两大挑战。

二、打造高效招商渠道

招商渠道与营销渠道不同的是：由于诉求的对象不同、诉求对象存在方式的不同，其渠道与营销渠道有着天壤之别。因为商家具有隐蔽性特征，招商更强调主动出击。有效的招商渠道主要有：

1. 项目洽谈会

项目洽谈会是招商最为常见的一种形式。它是由招商单位携拟与合资、合作或引进的项目,有针对性地与商家洽谈。

特点:

* 针对性强,易于吸引有兴趣的客商。

* 影响大,实效性好,主办者可以派遣技术专家与客商直接进行接洽。

2. 项目发布会

项目发布会是招商经常采用的方式。它是由主办者在一定的场合公布拟引进合资、合作的项目,阐述招商项目的特点和技术、资金要求,以期吸引客商。

3. 经济技术合作交流会

经济技术合作交流会是一种层次较高、范围较大的招商引资方式。

特点:

* 层次较高,范围较大。

* 可以是多种行业的招商。

4. 投资研讨会

投资研讨会是一种较小型、时间较短的招商形式。它通常是由政府部门、经济研究机构举行的区域性投资战略、政策、现状和发展趋势的研究讨论会。

特点:灵活,即是务虚,又重务实,主办单位可以公布一些项目进行招商,可以介绍本地区的投资环境和利用外资的政策,达到宣传的效果。

5. 登门拜访

登门拜访是招商效果明显的辅助性活动。招商单位专门派出招商小分队或在国内外举办集会式招商活动之余,拜访跨国公司、投资咨询顾问公司、会计师行及其他中介机构,宣传投资环境,具体介绍投资项目,探讨佳作事宜。

特点:机动灵活,针对性强,气氛融洽,容易引起被访者的兴趣。

三、招商道具配备

成功招商除渠道选择外，道具必不可少。一般来说，专业的招商道具主要为招商手册。

招商手册是招商开展的重要工具，同时也是招商的基本宣传资料，关系到企业的形象。招商手册的内容除了体现初步建筑设计的要点和商品组合方案以外，还应该突出如下关键点：

关键点 1：通过钻石地段选择项目选址的正确性，树立基本点核心地段的商业物业。

关键点 2：通过事实列举项目建设规划的优良性，商品组合的优异性等，突出其在项目的优势所在。

关键点 3：政府的支持、商业价值的潜力

招商手册示意

示例一：《××商业步行街招商手册》

一、招商目的

×××商业步行街是以休闲娱乐为主，即餐饮、娱乐、休闲、购物的体验式动感主题街区。由×××市××房地产开发有限公司开发建设，200# 年 # 月 # 日开业。为了确保×××商业步行街建成后顺利运营和开业，使×××商业步行街事业得以可持续发展。招商工作是 200# 年的中心任务。目前，公司正在用全新的运作模式和经营理念，分阶段分步骤地全面推进招商工作，通过各种渠道和形式在全国重点区域城市开展有针对性的卓有成效的招商，一方面要走出×××现有的商圈，在突破传统的商业形态上做文章，突出个性化、差异化的经营特色，另一方面着力于×××商业步行街的品牌构建和推广，整合有利于自身发展的社全优势资源，最终形成×××商业步行街长效发展的核心竞争力，以推动×××步行街步人良性的发展轨道。

二、项目介绍

×××商业步行街为×××市重点工程，东临火车站，西临城市主干道××大街,处于×××市黄金商圈中心,位置极其优越,交通极为便利,该区域为×××市商业发源地之一,极具开发价值。项目总占地面积63万平方米,总建筑面积达到14万平方米,东西步行街长约800米。以4层商用建筑为主,配以三栋高层商用公寓,功能分布合理、人流车流畅通、城市配套齐全,规划有550个车位的大型停车场和4个总面积为4000多平方米的休闲广场，构造一个公园式的开放街区，错落分布餐饮、休闲、娱乐、购物等多种业态,最终实现项目“一站式休闲娱乐”、“休闲中购物”。

三、项目定位

功能定位：以餐饮、娱乐、休闲为主,购物为辅,打造特色时尚动感主题街区。

市场定位：本市所有人群的特定消费,以规模和特色取胜,重点突出15—35岁年轻消费群体,与桥西其他商业业态形成鼎足之势,互补互动。

1. 餐饮在档次上以中档餐饮为主,突出特色餐饮、休闲餐饮。

2. 娱乐以时尚娱乐为主,体现年轻人的新奇、新潮、刺激。

3. 休闲以本地市场认可的业态为主。如网吧、茶楼、咖啡厅。

4. 购物以时尚服饰、运动服饰、饰品为主,便利店为辅。

四、项目优势

1. 位置优势

“×××商业文化街”东临火车站,西接××市场,北望××购物中心,南到××路金融商务区,处于东部商圈的中心,位置极其优越,交通极为便利。

2. 设备优势

（1）国内知名品牌“迅达”扶梯八部,室内六部,室外两部。

（2）国际知名品牌“奥的斯”直梯九部,其中两部为观光梯。

（3）宽带网直接接入高层公寓,采用光纤接入,让每位用户畅游在高速的网络世界里,同时酒吧、咖啡厅可按商家要求接入宽带端口,以满足不同人士的需求。

（4）根据人流分为四个小型广场,可供商家举办促销活动,顾客休息、娱乐。

（5）配备火灾自动报警及联动系统、有线电视系统、安全防范系统、综合布线系统及停车场记费管理系统。

（6）供电指标：

低压电电压为380/22V

总设备容量：3508KW

总计算容量：2769KW

（7）中央空调指标：空调冷负荷为Q冷=5008K/W

冷指标：167W/平方米

热负荷：Q热=3060KW

热指标：85W/平方米

（8）环保：设备采用低噪声，设备基础采用隔震处理，管道与设备接口采用软接口，并根据需要安装消声装置。

（9）消防：耐火等级：高级公寓、商店、地下车库等耐火等级均为一级。

（10）节能：在建筑设计中加强、改善了建筑物周围的绿化。

3. 管理优势："×××城市广场有限公司"入驻本案，负责统一经营管理

4. 政策优势：该项目为×××市桥××重点扶持项目

五、平面效果图（略）

六、招商原则

实行"二个重点四个优先"的原则

1. 二个重点

＊重点引进国内外有影响、有实力的商业机构加盟合作。

＊对名家、名品、名企、重点招商。

2. 四个优先

＊厂家优先：厂家直接合作优先签约。

＊名优品牌优先：国内外著名品牌优先引进。

* 独家经营优先：品牌在本区域独家经营的优先引进。

* 特色项目优先：拥有特色经营项目的商业机构优先引进。

七、招商对象

1. 国内外名优品牌生产厂家。

2. 国内外有较强的经营实力,大经营规模的商业机构。

3. 有丰富营销经验的地区级品牌代理商。

4. 有一定实力的研发机构或生产厂家。

八、招商要求

1. 各厂商必须持有工商部门颁发的营业执照、税务登记证、生产许可证、产品合格证及其它相关证件,并符合国家有关规定;

2. 经营范围中有涉及国家法律、行政法规规定的,须提交有关部门的批准文件;

3. 实行商品保真经营,严禁假冒伪劣商品入场;

4. 所有业主经营户或经营机构均须按招商流程顺序入场。

九、优惠政策(略)

十、合作方式

1. 买断经营：一次性买断产权的方式。

2. 租赁经营：交纳租金和相应的物业管理费,招商经营自主,内部自行管理,外部由物管公司统一管理,公用部分使用按×××步行街经营管理规定执行。

3. 保底经营：以保底租金确定合作经营的方式。

* 以租赁总价确定保底租金。

* 根据销售额测算分或比例。

十一、招商流程

市场调研和目标客户分析(招商部)——客户信息归档完善、招商资料准备就绪

（行政部）——目标客户开发，拜访、接洽（招商主管（——客户分类、确定重点客户（招商部）——填写招商意向表（招商部、客户）——客户资格考察、评估核准（招商部（确定合作对象、签定招商意向书、交纳定金（招商部、则务部、客户（——与客户沟通、谈判、方案修改与认可（招商主管、对口部门）——招商协议正式签定（招商部、总经理室、客户）——提供装修方案及电脑效果图（客户）——提供租赁面积认定书、租赁许可证和装修入场证（总经理室、物业中心）——进行装修、备货、上柜、营业（客户）

示例二：《芜湖宝文国际广场招商手册》

前言：

芜湖，位于长江之畔，是安徽省最大的旅游城市，也是国务院批准的沿江重点开放城市。2003 年，芜湖作为南京 1 小时都市圈的西部重镇，城市竞争力已升至全国第 31 位，人均生产总值 12941 元，居民个人社会商品零售消费 5000 余元，综合增长率排名全国第五。

在迅猛发展现代经济的同时，素有“江南小上海”之称的芜湖，也在不断发扬光大自己的口岸文化特色，因此，当您来到芜湖，便会立即感受到密布全城的餐饮、娱乐、洗浴、购物生意的异常火爆，数十家歌舞厅、近百家大浴场、上千家餐饮店，极具魅力地吸引着来自南京、合肥、马鞍山、宣城、巢湖、铜陵等周边地区的消费人群，吸引着江、浙、京、粤众多的服务业商家前来兴业。

如果您正准备扩展您的事业，或正为投资理财选择项目，那就请您关注芜湖，关注正在招商中的“芜湖宝文国际休闲娱乐广场”。

1. 广场业态分析

芜湖宝文广场是目前安徽省最大的综合性休闲娱乐购物商城。广场设置有如下经营项目：

a. 大型购物广场、大型连锁餐饮美食 / 茶吧 / 酒吧、客房式桑拿水疗

b. 演艺场 / 量贩式 KTV、健身中心 / 游戏大世界、保龄球 / 棋牌沙龙 / 网吧

c. 名女美容馆 / 尊贵会员俱乐部

广场特别欢迎全国各休闲娱乐购物之名牌商家,以连锁店形式隆重加盟。

2. 广场区位分析

芜湖宝文广场位于芜湖南北主干道——银湖路北段，是外来和过境客商必经之地。这里,距繁华闹市 2000 米,距芜湖长江大桥 500 米,距沿江高速、芜杭高速、芜宁高速出入口处 1500 米。

在广场周围 1200 米区域内,除有国家级的芜湖经济技术开发区(区内有奇瑞汽车、美的空调、荣事达家电、日立电器、海螺建材、正大饲料、香港华强等国内知名企业)之外,还有香格里拉花园、艺江南水景别墅、云龙阳光地带花园等高档住宅小区,是目前芜湖大型生产企业和新建小区最集中的区域。

3. 广场物业分析

芜湖宝文广场总建筑面积 62000 平方米。

广场为三层全框架现浇结构。其中,一层层高 7 米,二层高 6 米,三层高 5 米。广场还拥有停车场 8000 平方米,可同时泊车百余台。

广场配有中央空调、自动消防喷淋系统、自动电子预警系统、6 部客货运电梯和宽带网络。广场实行 24 小时全方位封闭式物业管理。

广场主体建筑 2004 年 6 月 18 日已经封顶,目前正全面进行外立面装修。

4. 广场租赁分析

芜湖宝文广场商铺面向全国招租。

芜湖宝文广场租赁合同一签 3 年或 3 年以上,租金一年一交。

租赁期内,租赁者对承租的商铺拥有转租权、优先购买权和优先续租权。

商户一次租赁 2000 平米以上、租期达 4 年者,广场另有可观优惠支持。

5. 广场售卖分析

芜湖宝文广场商铺面向全国定向销售。

对于部分商铺投资者,广场提供为期三年的“委托经营服务”,由广场统一对外招租，年委托回报率为商铺购价的8%。

购买者在提供有效资信证明后，广场可办理六成10年银行按揭。

6. 广场环境分析

芜湖宝文广场是政府主持建设的“大桥商贸商务、旅游休闲娱乐园区”中的重要工程（见2004年元月1日《芜湖日报》）。广场将会同工商、税务、公安等部门成立广场管理委员会，对广场实行封闭式管理，未经管委会许可，任何单位、个人都不得擅自进入广场干扰商户的正常经营活动。

7. 广场发展分析

芜湖宝文广场体量超大，物业条件优越，是充分满足当今休闲购物娱乐业向大体量、综合性、高档次发展的良好平台。各地业内名家通过共同携手，项目互动，必将在“依托规模上管理，强强聚合求扩张”的战略发展过程中，打造出对芜湖及其周边地区极具吸引力的休闲娱乐强势品牌。

8. 广场实力分析

芜湖宝文广场由港资独资“香港宝文置业（安徽）有限公司”投资开发建设。宝文公司1997年以来，已在安徽先后开发建设了宝文国际装璜广场、合肥新站区综合储运中心、好美佳大型装饰卖场、宝文国际花园等大型项目，开发面积已超过20万平方米。宝文公司现有员工百余名，总资产三亿五千万元人民币。

第八模块：直接有效的招商管理方法

招商并不难，难的是如何招商以及对商户如何管理。所以，设计一个合理的、符合实际的招商管理基本原则，又是“统一招商管理”成功与否的关键。

一、招商管理的战略意义与管理特点

1. 招商管理——成也萧何,败也萧何

统一运营一般包含四个方面的内容：统一招商管理、统一营销、统一服务监督和统一物业管理。

其中“统一招商管理”又是后面三个统一工作的基础和起源。这项工作的成败得失不仅决定了开发商前期的规划是否成功,而且,决定着后期购物中心商业运营的管理能否成功。

购物中心通过“统一招商管理”与所有合作商户开始建立并保持一种既对立又融洽和谐统一的关系，这种关系是购物中心这种大型商业项目长期成功的保证。所以,统一招商管理的成败是购物中心统一运营成功与否的一个关键。

2. 商业地产项目的管理特点

统一招商管理：指按照制定的招商准则,购物中心的商业管理公司严格审核、统一招商,并对所有招来的商户进行统一管理。

商业地产项目的本质特征体现在是否满足消费者一站式购物的需求以及统一管理和分散经营的经营管理方式的实行。

统一管理是一种先进的商业地产管理模式。新兴商业地产项目的管理是一群集现代化商业物业管理与现代化先进经营业态的商业企业管理的集成者。通过对商业地产项目所在地区市场调研、预测、分析研究来统一确定项目的规划、建设、开发、运营和管理,对商业地产项目的日常运营、保安、保洁、维修保养、整合营销推广等进行统一组织管理,给所有的商家和顾客提供良好的营业环境和购物环境。

经营者不参与商业地产项目的管理,独立经营,定期向管理者交纳管理费,而所有者和管理者都不参与日常经营,租金、管理费和商家的经营状况无直接关系。这种管理方式不同于百货、超市,也不同于商业街和批发市场,可以概括地说是一种为广大顾客提供精心设计的商品和服务，为广大商家设计创造一个良好的经营环境的双

赢的现代生活之城。

3. 商业地产项目的管理模式

商业地产项目不论以何种方式管理，都要因地制宜，应该多从企业自身资源状况出发，选择适合的管理模式。

遵照商业行业经营规律运营，成功地把众多经营者组织协调到一起，为广大消费者提供优质的商业和服务，让消费者满意。

通过宏一公司对全国商业物业经营管理模式的研究得到，目前国内商业地产项目的主要管理模式有：

模式 1：地产投资商自行设计商业公司管理。

模式 2：专业顾问管理机构参与合作管理。

模式 3：委托物业公司的管理，委托专业的商业顾问公司管理。

模式 4：主要投资商承租经营。

二、招商管理的 10 项原则

第 1 原则：把握业态组合最佳比例

各类商业物业，都有其成功经营的业态配比。购物中心类的业态配比为零售：餐饮：娱乐 =52：18：30 是经营黄金比例。此比例特别适用于超大型综合性的购物中心 Shopping Mall。招商时要充分考虑业态组合的比例，这关系到项目日后经营的永久旺场。

第 2 原则：维护统一主题形象，统一品牌形象

大型综合商业物业是一种多业态组合的商业组织模式，但它决不是一个无序的大杂烩，它必须是一个拥有明确经营主题和巨大创造力的品牌形象企业。招商要始终注意维护和管理好已确定的经营主题和品牌形象。

第3原则：在功能和形式上同业差异，异业互补

同业差异就是市场有一定承受力，不能盲目招同一品类的店。譬如零售业态的核心主力店招商，就不用同时引进两家基本上都是经营食品和日用品的大型超市；避免核心主力店严重同质化。

异业互补的目的就是满足顾客的选择权，并能让顾客心身体验变化，提高其消费兴趣。譬如百货、超市因为经营品项不同，可以互补；让顾客逛购疲劳的零售店与让顾客休息放松的餐饮店可以互补等。比较成功的购物中心有香港的太古广场、广州的天河城广场等。

购物中心互动业态组合的成功借鉴模式		
主要项目	级别划分	业　　态
零售设施	核心主力店	百货、综合超市等
	辅助主力店	时装、电器、家居、书店、音像店等各类专业店
	配套辅助店	不同地区商品特色店
文化娱乐设施	核心主力店	动感影院、科技展览等
	辅助主力店	儿童乐园等
	配套辅助店	艺术摄影、旅行社、网吧等
餐饮设施	核心主力店	中餐、咖啡西餐、美食广场、酒吧等
	辅助主力店	快餐类、风味小吃类等
	配套服务设施	宾馆、写字楼、银行、邮局、诊所、美容美发、停车场等

第4原则：增加自营比例

购物中心的经营方式基本有三种：自营、联营和租赁。

购物中心作为以零售为主的商业组织形式，精细化管理要求管理者加强经营控制力度。另外，相对于非主力零售商户的招商条件，核心主力零售店必须引入知名度高的大商家，故核心主力零售店的招商较困难且招商条件放得较宽，造成核心主力零售店的提成或租金收入偏低。

因此，购物中心类物业的开发商在条件容许的情况下，核心主力零售店尽量自营一部分或全部。主要是为了以下三点：

（1）可以加强经营控制力度，有利于购物中心长期经营。

（2）可增强其他商户与之合作的信心。

（3）可以提高非主力零售店的提成或租金收入。

而招非主力零售商尽量以联营为主、租赁为辅，这样可以增强开发商对购物中心的整体控制。

这种原则比较适合符合购物中心长期经营性的特点，更能帮助开发商打造出购物中心的品牌。

第5原则：把握主、次的先后

核心主力店先行，辅助店随后的原则；零售购物项目优先，辅助项目配套的原则。

第6原则：核心主力店的位置安排

核心主力店的招商对整个购物中心的运营成败，购物中心辅助和配套店的引进都有重大的影响。

一个超级连锁店或超级百货公司的入驻，常常能带动整个购物中心的顺利招商与管理。另外，核心主力店对于人流也起着关键的作用，其布局直接影响到购物中心日后的经营。

第7原则：特殊商户特殊照顾

"以点代面，特色经营"是购物中心特别是超大型综合性购物中心 Shopping Mall 的经营特点。特殊商户是指具有较高文化、艺术、科技含量的经营单位，对此类商家给予优惠政策，邀请其入场，能够起到增强文化氛围，活跃购物中心气氛之作用。例如深圳华侨城 Mall 购物中心就专门邀请三百砚斋，展示中国的砚文化。当然特殊商户的经营范围要与购物中心的经营主题及品牌形象相吻合。

第8原则：先做人气，再做生意

购物中心经营具有长期性特点，适合采取合理租金与优质服务做法，将整个购物中心做旺，然后根据运营状态，适当稳步地调整租金。

"先做人气，再做生意"。这是很多购物中心运营的原则。租赁经营可先采用这种放水养鱼的原则，开发商与商户才能一同成长。在招商前期如租金定得太高，结果无异于杀鸡取卵。

第9原则：统一服务

统一服务包含统一的商户结算、统一的营销服务、统一的信息系统支持服务、统一的培训服务、统一的卖场布置指导服务、统一的行政事务管理服务、统一的物业管理服务等。

“统一服务”必须要充分体现在思想上、在招商合约中，更要体现到后期的管理行动中，要塑造出购物中心的品牌与特色。

第10原则：建立完善的信息系统

购物中心要具备完善的信息系统，为购物中心管理者、广大签约商户和顾客都提供便利（包括管理便利、财务核算便利、营销便利、经营决策便利、结算便利、消费便利等）。

购物中心有必要建立完善的信息系统，以便在招商时就能够承诺对顾客与商户提供信息技术支持服务，最终为顾客与商户都能够提供便利。

在购物中心发达的国家和地区，发展商对购物中心的信息系统建设都非常重视；但国内购物中心在建立统一的信息平台方面还做得远远不够。购物中心作为一个以零售为主的商业组织形式，更需要精细化管理，当然餐饮、娱乐经营也需要精细化管理；而精细化管理需要数字说话；统一的信息系统就能提供决策者、管理者想要的数字以及用数字数据为顾客与商户服务。

建立统一的信息平台，进行精细化的管理，不但能够为顾客提供统一收银、消费一卡通等便利的服务；还能为广大签约商户提供丰富准确的顾客信息和市场信息，甚至于提供更详细的经营信息，譬如零售商品单品进销存信息等等；更能为购物中心自身提供布局疏密度、品项搭配、人员配置、场地坪效、商户业绩等经营信息，便于购物中心分析后对经营场地

（稀缺资源）进行无限再分配。招商不是一个开业前就完结的工作，实际上购物中心的招商是一个无限循环的工作，这都需要信息系统的分析支持。

不同类型商业项目具体的招商管理还是要根据各自不同的地域、不同的商圈、不同的经营主题、不同的品牌形象、不同的特点等来做各自不同的调整。

当关键的"统一招商管理"开业前期工作完成后，购物中心就步入了一个"统一服务"的新的工作阶段。开业前统一招商工作完成后，后续的工作就特别强调服务意识。

后期工作主要有：统一商户管理、统一营销、统一服务监督和统一物业管理。如何继续保持项目本身的内、外形象，保持与所有签约商户的既对立又融洽和谐统一的关系，并注意与购物中心的经营定位、目标市场多数顾客群体保持吻合协调，既是开业后经营管理的新难题，又是对顾客和商户提供优质服务的新开始。

三、招商管理内容

招商管理包括：

* 招商现场管理
* 招商人员管理
* 招商项目的质量管理
* 招商项目的风险管理
* 招商项目的进度管理等

1. 招商现场管理

招商现场主要指招商接待中心。它是企业对外的一个窗口，可以体现一定的营销理念和市场意识，表现项目特色，给顾客营造一种良好、别致的环境，对树立企业形象、推介产品有促进作用。通过招商部的一些设施、模型、资料等，可以体现项目的品质。

（1）招商现场选址原则

宜靠近项目所在地，交通便利，视野宽广的地方，使客户很容易找到。如果项目在远离市区的地方，可在市区繁荣地段分设接待中心承担聚集客户，然后，用专用车辆带客户到项目现场参观。

（2）现场展示到位

招商接待中心的内外空间要尽可能通透，尽量多用玻璃材料；内部空间按实际层高尽量做高；室内灯光要明亮，重点的地方要有灯光配合作为强调，如展板、灯箱、背景板等；要配合楼盘性质营造氛围，本项目要体现文化、景观；主卖点展示要明显，如展板、大型喷绘图片及模型展示；展示区要与洽谈区相临或溶为一体；在必要的地方布置小饰品和绿植，并播放背景音乐。电视可播放电视广告和多媒体宣传片。

项目招商接待中心外观设计应干净、明快；招商处大厅玻璃应随时清洁，建筑外立面窗户安装到位。

2. 招商人员管理

（1）人员编制及规模确定

* 根据企业经营的规模、业态、功能和不同的工作阶段确定人员编制规模。

* 招商经理、助理及业务员可根据业种的分类、楼层及经营规模大小来设定不同楼层或业种的人员编制。

* 招商人员编制可根据企业的筹备期、运营期、调整期适时调整人员编制及规模。

（2）业务招商部职责范围

* 负责卖场的卖区规划、楼面布局、品牌布局。

* 负责公司市场调查与市场分析，建立公司业务信息库。

* 负责后备品牌的储备、引进。

* 负责收集市场信息，对其经营状况进行分析预测，为做好品牌、品牌商的优化管理提供科学的依据。

* 负责公司合同文本的制定。

* 负责制定公司的招商政策、合作方式。

* 负责制订公司业务谈判程序及组织实施。

*负责各项业务合同的保管、查询、建立合同档案。

*定期检查合同执行情况,完善合同基本条款。

*负责各项业务合同的签订、变更、执行、终止。

*负责公司经营指标的制定、分解及考核。

*负责大型促销活动方案和措施的落实和协调。

*协助品牌商货款的结算。

(3)招商工作的职业特点

***招商工作直接面向市场**

虽然招商招的是各种各样的商品,但招商人员直接接触和面对的是拥有各类商品所有权及销售权的生产厂家、代理商、经销商等品牌商,是与各种各样的商人打交道。

***招商工作代表公司形象**

招商工作是一种开放式的工作,代表公司直接与诸多品牌商开展业务活动,招商工作人员的业务行为代表公司行为,招商工作人员的形象、素质、业务、能力等都代表着公司的对外形象。

***招商工作代表公司利益**

招商工作人员与品牌商所谈判的利润、费用、促销、广告、运输、售后服务等各种合作条件,都直接涉及到公司利益,招商工作就是招商人员代表公司利益与品牌商进行谈判的工作。

***招商工作是公司业务工作的核心和基础**

商品是零售商品企业经营的基本要素,商品是必须通过招商才能取得的。适销对路的商品更是必须通过成功的招商才能获得的。因此招商工作是每个零售企业的第一步工作,是企业经营管理的基础。没有招商,就没有商品,没有商品,一切都无从谈起。

企业的一切经营管理活动的目的是提升销售业绩,获取利润。为了达到这个目的,零售商业企业必须不断地调整商品的品类和品种,不断引进新、奇、特商品,引进适销的商品以适应市场的需求,而这些工作均需要通过招商工作来完成,招商工作是整个公司业务活动的核心工作。

***招商工作是宣传自身优势的重要途径**

招商工作直接面对品牌商,招商工作人员在招商过程中,必须具体介绍本商场的各种情况,向品牌商宣传本公司的所具有的各种优势及特点,使品牌商对本商场的发展前景看好。因此,招商的过程就是对自身优势进行宣传的过程,招商是宣传自身优势绝好机会和窗口。

*** 招商工作是招商政策得以实施的途径**

任何一家零售商业企业在招商之前,均制定了一系列招商政策,包括计划、指标、费用、各种优惠条件等,计划、目标的实现及各种指标的完成都必须通过招商工作来实施,各种优惠政策、合作条件也必须通过招商工作落实给品牌商。

*** 招商工作具有一定的灵活性**

招商工作有组织、有计划、有目标、有既定的方针和政策,同时也具有一定的灵活性,具体表现为:

①商品布局有一定的灵活性。

②商品品牌有一定的灵活性。

③品牌厂商有一定的灵活性。

④优惠政策有一定的灵活性。

⑤计划指标有一定的灵活性。

⑥合作条件有一定的灵活性。

⑦招商人员工作时间、工作方式有一定的灵活性。

总之,在招商工作过程中,要针对不同的品牌商、不同的品牌、不同的商品,根据招商的实际情况不断地对既定的方针、政策、进行调整和修正,灵活处理招商过程所发生的各种问题,以保证招商的成功。

(4)招商人员的职业道德规范

招商工作是一项比较特殊的工作,具有自身的特点。因此,从事招商工作的招商人员必须具备适应招商工作的品质和能力,对他们的思想品质、职业道德、基本素质、业务能力等都提出了更高的要求。招商人员的职业道德规范要求如下:

* 有强烈的责任感和事业心。

* 具有良好的职业道德。

* 遵纪守法、廉洁奉公。

* 机敏、多谋、善于交际，富有想象力。

* 具有一定的谈判知识与技能，有良好的沟通协调能力和说服能力。

* 有进取精神和自身推动力。

* 有市场预测知识和直觉判断能力。

* 有较深厚的商品知识，熟悉商品的品牌、产地、质量、价格等特征，掌握商品的产销规律。

* 有一定的经济核算知识，具备商品成本、结算、利润的核算能力。

* 懂政策法规，具备合同签订知识与技巧及预防失约失误造成损失的能力。

3. 招商文件管理

招商文件管理主要是卖场规划图纸和品牌布局图的管理。

（1）卖场规划图纸和品牌布局图由业务招商部合同管理员负责统一保管。

（2）各楼层、卖场规划图、品牌布局图均由合同管理员进行登记、分类、保管、并建立图纸管理档案。

（3）业务招商人员使用规划图、品牌布局图时需到合同管理员处借阅，并办理借阅手续，到期后应如期返还，如不能按时返还给合同管理员说明，并办理延期手续。

（4）卖场规划图和品牌布局图原则上不予借阅其他人员。如因公司整体规划调整需要借阅的，必须填写卖场规划，品牌布局图纸借阅申请，经业务招商部经理批准后方可借阅。

（5）所有人员必须保证卖场规划图、品牌布局图的安全，不得丢失，不得随意复印，更不得泄露给竞争对手。

（6）因公司经营调整卖场规划和品牌布局发生变化时，应将改动后的规划，品牌布局图纸及时送合同管理员处存档。

4. 合同管理

（1）合同管理员岗位职责和规范

岗位职责

* 负责审查各类经济合同的证照齐全。

* 负责审查各类经济合同的条款符合公司规定。

* 负责公司合同专用章的保管。

* 负责公司合同信息输入电脑的工作，实行信息化管理。

* 负责汇总合同签订、执行情况，提交合同签订、执行情况报告。

* 负责管理公司合同文本，建立合同台账及合同档案。

* 负责公司合同的查询工作。

岗职规范

①审查各类经济合同：

a. 证照齐全。

b. 签章完备。

c. 条款符合公司规定。

②合同审查必须在 2 个工作日内完成。

③合同登记要在 3 个工作日内完成。合同台帐要能清楚地反映出合同签订情况（签订单位、面积、区位、扣率、保底额、费用、结算方式、品牌资料、品牌商资信等）和合同签订前后所发生的信函、电报、长途电话等情况。

④保管好公司合同的专用章，严格按照公司规定使用。

⑤公司合同信息输入工作必须及时、准确。

⑥妥善保管公司合同档案，不得丢失。

a. 以部门（楼面）为单位，合同文体按档案管理规定要求进行装订成册。

b. 年终对各部门（楼面）的装订成册的合同进行一次全面整理，按一部一档的要求装订入《档案薄》，立卷归档备查。

c. 装订归档的合同编号、目录要清楚，查阅方便。

⑦每月填写一份《合同执行情况表》，反映各部门（楼面）本月合同签订数量、履行数量，其数据要准确。

⑧年终汇总公司合同执行情况，填写公司

全年的合同签订数量、履行数量、履行率、对比增长率、分析合同执行情况，为进行业务活动提供准确的信息。

⑨公司各种经营合同到期前45天，通知相关部门（楼面）招商经理（招商主管），根据合同执行情况和品牌的经营状况是否续签或终止合同。

（2）合同的管理

合同管理的原则

* 统一领导、统一管理。由业务招商部合同管理员负责合同的管理工作。

* 合同的签订、执行、注销、变更、终止、查询、借阅等工作实行手工管理和电脑信息化相结合的原则。

* 空白合同的管理

* 公司统一印制格式的标准合同文本，由业务招商部合同管理员专职负责空白合同的保管、发放工作。

* 业务招商人员在签订合同时，只许领取空白合同文本，不许领取加盖公司合同专用章的空白合同文本。

* 业务招商人员外出原则上只准携带未加盖公司合同专用章的空白合同，特殊情况须报业务招商部经理、业务副总（业务总监）、总经理批准、授权，合同管理员凭《授权书》，给当事人办理申领手续。业务招商人员外出签订合同返回三日内，申领人必须将所领用的盖章合同核销、归档。

* 当事人对自己所新领用的合同负完全责任。

* 生效合同是指正在执行的各类经济合同。

生效合同的管理

①合同登记：包括手工登记合同台账和信息录入。

a. 合同台帐的设置要反映出签约单位的基本情况、合同基本条款、合同执行进程中的系列业务往来情况。合同台账包括三个表格：《往来单位基本情况表》、《合同执行情况表》、《档内目录登记表》。

b. 合同台帐按签约品牌商登记，一个品牌商一本合同台账。

c. 合同的登记和信息录入在合同审核后三日内完成。

②合同的执行情况反映

a. 合同管理员每月 5 日前填写《合同执行情况表》，以商品部（楼面）为单位，反映合同执行的基本情况，报公司业务招商部，发各商品部（楼面）1 份。

b. 年终以各商品部（楼面）为单位汇总合同执行情况，填写公司全年的合同签订数量、履行数量、履行率、对比增长率，报公司业务招商部，发各商品部（楼面）1 份。

③合同的检查

业务招商部每月对全公司合同台帐进行一次检查。

a. 前期未执行的合同需继续执行的，催促各商品部（楼面）落实执行。

b. 合同需变更或解除终止的，督促各商品部（楼面）按公司规定办理。

e. 合同检查工作在每月 5 日前检查完毕。

作废合同的管理

* 作废合同管理的原则：维护公司利益，统一管理。

* 作废合同包括：签约后未执行的合同、有效期终止的合同、有效期执行完毕的合同（到期合同）。

未执行合同的管理

①根据公司经营状况需执行的合同，督促商品部（楼面）限期催促品牌商执行，在限期内作为有效合同保管。

②因品牌商原因无法执行的合同，在合同上加盖“作废”或“未执行印章”，分类存档，公司对品牌商违约所应承担的经济责任予以确认，合同保存至品牌商对自己违约所应承担的经济责任执行完毕后销毁。

③因公司经营发展状况需要不执行的合同，在合同上加盖“作废”或“未执行印章”，分类存档，保存至与品牌商协商处理完毕相关经济责任后销毁。

有效期内终止的合同的管理

* 因品牌商原因需对正在执行的合同终止时，在品牌商按公司规定办理合同终止手续后，在合同上加盖“终止执行”或“合同注销”印章，分类存档，公司对品牌商因合同终止所应承担的经济责任予以确认，合同保存至品牌

商要求合同终止所应承担的经济责任执行完毕后销毁。

* 因公司经营发展状况需要对正在执行的合同终止时，按公司规定和原因的相关条款要求与品牌商协商终止合同事宜，并在合同上加盖"终止执行"或"合同注销"印章，分类存档，保存至与品牌商协商处理完毕相关经济责任后销毁。

有效期执行完毕的合同（到期合同）的管理

有效期执行完毕的合同（到期合同），加盖"合同注销"印章，分类存档，保存至双方经济责任执行完毕后销毁。

合同的保管

合同的建档

① 业务招商部合同管理员负责合同的建档工作。

a. 有效合同按各商品部（楼面）为单位，按合同编号顺序以 20 份一册为标准，按档案管理要求进行装订。

b. 作废合同以分类标准为单位，按档案管理要求进行装订。

② 年终合同管理员对公司已装订成册的合同进行一次全面整理，按一部一档的要求装订入《档案簿》，立卷归档备查。

③ 已装订归档的合同的编号、目录要清楚，方便查阅。

④ 合同档案妥善保管，不得丢失。

合同的销毁

对已失去效用的需要销毁的作废合同，合同管理员造册登记，并填写《文献资料销毁单》，呈报业务招商部经理、业务副总（总监）、总经理审批，并按公司文献资料管理的规定，指派专人监销。

合同的借阅

①合同借阅查询的原则是统一管理，授权查询。

②经审核、登录的有效合同文本、资料、数据原则上其它部门、个人（除业务副总（总监）、总经理外）不能借阅，保守公司商业机密不得泄露。

③其它部门确属工作需要查阅相关合同资料的，经上报总经理审批签字后，方可借阅。其程序图如下：

借阅查询者填写《借阅查询申请表》

↓

部门经理审批

↓

业务招商部经理审批

↓

业务副意（总监）审批

↓

总经理审批

↓

合同管理员办理借阅查询手续

④借阅或电脑查询的地点只限业务招商部合同档案室，不得将合同文本私自带出、抄写、复印、打印、拷贝。

⑤借阅查询者必须自觉遵守公司保密制度，严格执行《公司文献资料管理规定》，保守公司合同秘密、保证合同文本的完好性。否则，公司依照《公司文献资料管理规定》对借阅查询者进行处罚。

5. 经营商家的质量管理

在商业地产招商过程中，对有意向的合作商经营稳定性要进行一定的调查分析，优先选择经营稳健、管理有序、行业信誉好的经营商作为合作伙伴，避免盲目招商带来的隐性风险。

在商业地产项目中，对招商商家的质量选择应把握两个原则：

原则 1：保证租金的来源

商业地产的店面招商与租金关系密切。开发商的目的是选择合适的零售商，获取足够的租金，最大限度的出租营业面积，获得最大的利润来源。但是，很多情况下，获得长期稳定的商业经营主体和短期高回报是有矛盾的，在某些情况下难以两全其美。开发商把面积大量出租给信誉好的零售商可以保证租金来源的稳定性，但是这些微观商业经营主体可能达不到预期的销售额，所以难以让业主和金融机构满意，由此面临协调长期收益和迅速收回投资的问题，反映在微观商业经营主体的选择上就是选择高信誉度的知名商家和全国连锁店，还是选择本地的愿意支付较高租金的普通零售商。

原则 2：经营款式多样化与布局集中化

在微观商业主体的布局上，应该考虑选择一些微观商业主体集中布置。由于购物者对商业地产只有一家主力店出售某种商品不会满意，希望能够像在城市商业区购物一样，方便地进行款式、质量和价格的比较。集中布置有利于扩大商品覆盖范围，提供与城市商业区一样的竞争性和便利性，创造“购物气氛”。

6. 经营商家租金管理

招商租金的制定应该依据商业地产项目的投资计划计算分析单位面积物业成本、经营管理成本，参照当地市场商业物业租金水平，并综合考虑项目经营策略制定切实可行的招租条件。按照惯例招商招租条件可以分为 A、B、C 三类，用以区别不同情况下对分类项目的招租。招商招租条件对同一项目要稳定，对薄利配套项目要有一定的灵活性。此外，店面租金与商业地产的规模和档次有关，大型或高档次的商业地产租金高，小型商业地产租金相对较低。此外，位置不同，租金也有所差别，即使在同一商业地产项目内部，位置较好的店面往往能够获得比较过的租金。

由于经营主体经营商品的种类和利润不同，并非都能够承受同样的租金。收取的租金一般分为两个部分：

一部分按面积收取基本租金，成为抵押保证金或抵押租金；

另一部分按销售额以一定的比例抽取，成为百分比租金（联营保底）。

7. 营销管理

商业地产虽然不直接进行零售业或服务业的经营，但是提供整体营销策划。营销重点是吸引更多的购物者光顾，促使更多的购物者购买商品和消费，进而促进招商。在广告宣传方面，通过选择适当的营销方案吸引购物者，提高购物中心的竞争力。广告促销费用按照百分比从微观经营主体的营业额中抽取。

8. 招商过程的物业管理

大型商业地产项目的物业管理内容,主要包括7大内容:

(1)维护管理

* 清洁维护管理:维持项目基地范围内附属场地干净清洁。

* 机电维护:包括电路、电气设施维护、机械器具维护、空调设备维护、照明设备维护等。

* 环境卫生维护:包括花园景观、草地、道路、水沟、建筑外观、内饰、广告灯箱、促销饰品灯的清理与维护。

* 资讯系统的维护:包括报警系统、监控系统、电脑系统、作业系统及收银系统等。

(2)安全管理

* 保安勤务管理

* 中控室管理

* 消防安全管理

* 一般安全管理

* 危机处理:遇到紧急情况时,应急处理及疏散计划等。

* 紧急事故处理:包括停电、交通事故、人员伤亡、火灾、地震等重大事故造成的财产损失、营业中断等的处理。

* 风险保险:对涉及要保险的风险因素。

(3)市场管理

* 广告行销:各种有关的广告技推广计划及管理。

* 市场企划:拟定市场运作策略及促销活动企划。

* 租户服务:为租户提供各种市场服务计划及其它沟通内容。

* 内部装修:内部装修的管理计划,包括租户的装修管理及控制,租户装修准则及施工单位管理等。

* 公共关系:对外的公关策划,包括顾客满意度调查、社区公关活动、刊物发行、主管机关的关系维护、项目形象维护。

(4)业务管理

* 商家管理:包括租金与抽成等制度的建立,租户资料库与变动资料。

* 招商工作：招商策略拟定以及招商工作执行。

* 商家合约：与各商家之间的合约管理。

* 商家关系：维护与各商家之间的关系，包含租户满意度调查、租户联谊及交流手册等。

（5）人事管理

* 人员培训。

* 组织设置：工作分析、组织结构搭建及责任权力划分。

* 人力配置：人力需求、人员配置。

* 薪酬制度。

* 人员绩效考核。

* 劳资关系。

（6）一般管理

* 财务会计管理。

* 财务出纳管理。

* 收银管理：日常收银，包括收取租金及管理费用。

* 资产管理。

* 财务管理：资金计划、资金调度。

* 行政管理。

* 货物运输装卸管理：货物运送管理和装卸管理，包含卸货区以及货梯管理等。

* 后勤管理：包含员工管理，作息管理。

* 法律事务：处理可能发生的纠纷。

（7）停车管理

* 交通规则：交通进出口以及路线的规划布局等。

* 指挥调度。

* 收费管理：停车收费的管理。

* 交通安全的管理等。

附：商业街招商管理制度

一、机构设置与管理权限

1.在总经理领导下，由市场经营部主管，各职能部室、商店按管理权限分工负责商场招商工作。

2.商场进货管理委员会负责审批被招商企业的进场资格，市场经营部负责定期或不定期组织有关部室对被招商企业商品质量、经营品种和销售情况进行考核，对物价、计量、商标、陈列卫生进行检查。

3.劳动人事部负责对来场信息员进行面试、审查体检表和岗前培训。经考试合格，方可发上岗合格证。负责定期或不定期会同有关部室对信息员服务规范、劳动纪律、商容风纪等进行检查考核。

4.安全保卫负责对商场信息员验证（身份证、工作证、健康证、暂住证）工作，并将审核情况登记入册，与被招商企业签订安全责任书，负责定期或不定期会同有关部室，以被招商企业进行安全检查，特别是防火、防盗、防汛检查。

5.行政部负责来商场信息员的工服发给，收取食堂、医疗、美发、淋浴等项目服务的管理费和借用财产管理等工作。

6.各商场商店明确一名经理负责被招商企业日常管理工作。并负责向市场经营部提供被招商企业执照副本，招商审批表，联销协议，商品样品，价格目录及来场信息员的各种证件。

二、招商标准（条件）

1.被招商企业选派的信息员，必须是道德品质好，责任心强，热情大方，会讲普通话。男身高、女身高等都符合招商要求的本场（公司）正式职工。信息员受双重企业管理，享受其所在企业（工厂、公司）待遇。

2.商场招商工作实行动态管理。被招商企业要认真遵守商场各项管理制度，积极配合商场开展各种促销活动，努力完成销售计划。对 3 个月完不成销售计划，又无季节影响或违反商场管理制度的，企业市场经营部有权提出终止协议。

3.被招商企业必须是具有法人资格，并已在当地工商行政管理部门注册登记的国营、集体、三资和私营企业或有外贸进出口权的代理商。

4.被招商企业所经营的商品必须是商场所属商店经营范围内的名特优新或世界

驰名商品；国内商品必须是符合各级计量、质检、卫生标准，实行三包（包修、包退、包换）的本厂产品，坚决杜绝经营其他厂家的产品及滞销、假冒、伪劣商品。

5. 招商联营期限，一般为3个月至半年，有发展前途的可订1—2年，到期后根据销售计划完成情况和市场供求情况决定是否续签合同。

三、招商审批程序

1. 招商工作要贯彻商场“以经营高档为导向，中档为基础，突出名牌、优质新潮系列和进口三资企业产品”的经营方针，择优招商。

2. 各商店要按照不重复招商和申报在先的原则进行严格筛选。

3. 凡符合招商标准的企业，须向商场商店提出书面申请，与商场商店签订协议书，由商场商店将被招商企业的营业执照副本、审批表（一式四份）、样品、价格目录、质量认证书、税务登记证、生产许可证、卫生许可证以及商店商场审批意见，一并报市场经营部由商场进货管理委员会审批后，再到商场劳动人事部办理其他手续。

4. 劳动人事部根据经营部的审批表（第二联）及信息员的彩色照片、体检表进行面试。并负责组织学习商场规章制度、服务规范，进行岗前培训，经考试合格上岗，未经培训考核不得上岗。被招商企业不得擅自更换信息员。

5. 安全保卫部根据市场经营部的审批表（第三联）来审查商场信息员的身份证、工作证、健康证，并登记入册与其签订安全责任书，进行安全教育并负责发放信息员胸卡。

6. 行政部根据市场经营部审批表（第四联）。负责办理来场信息员的工服发放、就餐、借用财产等手续。

7. 各商场商店在市场经营部、劳动人事部、安全保卫部备案后，方可办理进店经营事宜。

8. 对符合招商标准的私营企业，各商店要经双人实地考察，特别是食品加工企业，要考察其是否符合国家颁布的卫生标准，是否有生产许可证、卫生许可证，服装加工业要了解其生产规模，并向市场经营部出具实地照片。

9. 对不按照招商审批程序办理，擅自进店销售的企业，要追究商场商店主管经理的责任，并给予一定的经济处罚，责令其厂家立即撤出。

四、物价、计量、统计、保险及财务管理

1. 被招商企业的商品销售价格，必须经商店商场专职物价员看样定价，并上报市场经营部审批，招商企业要向物价员提供成本单（发货单）、价格目录，遇特殊情况经主管经理批准，可用供货合同单，暂定临时价格，正式发票一到，马上走正常手续。

2. 被招商企业进销均纳入商场商店进销账目。商场统一建立《招商企业销售月报表》，内容包括：单位名称、品种、销售额等，由各商场商店统计员填写，每月向市场经营部报送。

3. 各商场商店要建立被招商企业进、销、存登记，单独设账，做到账面清楚、整洁，每月 5 日前将其经营情况上报市场经营部。

4. 被招商企业如需使用计量器具（尺、秤、验光仪）的，须事先向市场经营部审报，经（计量）技术检定，履行登记备案手续后，方可使用。

5. 被招商企业进场前应到当地保险公司办理人身财产保险，未办理保险的，在商场发生人身伤亡、商品及财产损失的，由招商企业自行负担。

6. 被招商企业的销货款必须由商场商店统一收款，按时上交银行，货款结算一律通过银行，结算前要与记账员核对，销多少结多少，不能多结，同时要按《招商细则》规定扣除所聘售货员费用和营业税款后再做结算。

7. 被招商企业在商场商店周转仓库储存商品的，必须按财务部门制定的有关费用标准缴纳仓储保管费用。

五、招商监督与处罚

1. 商场各职能部室要按照本制度要求对被招商企业进行监督管理，凡无营业执照或不按规定的经营范围、经营方式经营，出现扰乱商场正常秩序等情况的坚决予以取缔，并追究有关商场商店责任，没收厂方非法所得，对厂家处以 5000 元以下的罚款，对个人处以 500 元以下的罚款。

2. 必须以物美价廉为宗旨，经商场物价审批定价，明码标价，才可出售被招商厂家商品。要坚持文明经商，如有违反供应政策，损害消费者利益的，视情节轻重分别给予批评、罚款、终止协议的处罚。

3. 厂家对借用商场的财产要注意爱护，妥善保管，如有损害照价赔偿。

4. 厂方信息员（含商场先派售货员）如违反商场有关规定，分别由各职能部室向厂家提出批评、罚款，责令当事人下岗培训或调换人员，厂家必须按各职能部室要求逐项落实，拒绝接受批评和罚款的给予终止协议处理。

5. 商场各职能部室要根据各自分工，认真检查、严格管理。如因管理不善或放弃对厂家监督管理，出现问题后不认真解决，造成一定影响的要追究有关部门、商店商场领导责任。

6. 市场经营部在对被招商企业经营范围、经营品种、商品质量、销售情况、服务规范、物价计量进行检查中，对销售不佳，以次充好、坑骗顾客、损害消费者权益的，有权作出撤换或终止协议的决定。

7. 劳动人事部定期对信息员进行岗位考核，对不符合规范，不执行规章制度的给予经济处罚，并追究所在商场商店主管经理的责任。

8. 上岗信息员要统一着装，佩载胸卡，严禁佩戴实习生或其他胸卡，一经查出要追究其所在商店商场经理的责任，并给予罚款处理，信息员立即下岗。

9. 一经查出被招商企业使用未经检验计量器具的，立即将器具没收，造成重大影响的清除出场。

10. 一经发现被招商企业，出现私下交易、场外交易、代留货款的，立即终止协议。

第九模块：极具实战力的招商培训

招商是决定着一个商业项目运营的成败，因此，招商工作的开展很重要。招商过程中，招商人员起着决定性的因素。但是还有很多开发商都没有自己的招商团队，同时，极具招商经验的专业招商公司少之又少，更无法形成系统的商业地产品牌招商培训体系。

宏一公司通过总结多年的招商实战经验，形成了一套的招商团队培训体系，以供各开发商借鉴与参考。

一、招商人员的培训

培训就是通过理论和案例的学习，并参与实践，使招商人员达到知识广博、经验更丰富，能够胜任招商工作。

首先，要建立招商人员培训的工作机制，既要全面规划，又要切合实际的教学计划，更要建立严格的规章制度。

其次是培训要多样化。师资力量既可考虑商学院等学院派的教授，又可考虑高学历的实践派的职业经理人，面授、网上教授均可采用。

再者就是加强招商实战。特别是新项目的非主力店群的招商工作，可多安排招商人员积极参加与租户的沟通，每天由招商主管召开总结会，讲解招商技巧和手段。

二、招商人员的考评

绩效考核是对招商人员在一定时期内新做的招商行为及工作效果进行评定和测量。他可以为下一步的招商工作起修正作用，同时对成绩突出的招商行为或人员进行表扬或推广其有效的招商技巧及办法。

绩效考核的内容有品质项目：如忠诚、可靠、主动、有创造性、团队精神、自信心等，这些主观性较强，但可进行量化，而且不同商品大类的最高及最低分均可进行平衡调整。

制订绩效考评的实施方案可考虑采用德才测评和模拟测试二种方法。德才测评是把招商人员的多类基本素质分解为若干要素作为测评项目，由人力资源部进行评定，最后汇总，综合分析出结果；模拟测试则指将不同的有一定深度或棘手的问题，由其进行现场模拟处理，评委可从其表现中评分。

考评的结果鉴定应坚持在公正、客观的原则下进行,以保证其公平性、合理性、科学性和可靠性。

三、招商人员的激励

招商人员的激励是指激发、引导招商人员主动、积极、创造性地完成上级下达的某一预期目标,争取达到更佳的招商效果。激励分为物质激励和精神激励。物质激励指工资、奖金、津贴等的提高或发放;精神激励则指表扬、表彰、晋升职务、评定更高一级的职称等。

激励方式主要有几种：一是目标激励。招商机构通过设置一定的工作目标鼓励招商人员努力去实现目标。实现后可得到应得的承诺。比如成功招商按比例提成等。

二是奖励激励。招商机构及时对成功的招商行为给予肯定和表彰，使其继续发扬。

三是榜样激励。是指树立一个真实的良好的榜样,是其他招商人员学习方向,赶向目的。从而激励招商人员的积极性。

四是竞争激励。它是指围绕招商目标使招商人员展开竞争,提高招商效果。但这种方式需公正、合理,避免恶性竞争,否则适得其反。

四、商业谈判的几个障碍

障碍之一：没有调控好自己的情绪和态度。人受感情支配,在交涉过程中一旦受到拒绝,常常会产生不满或采用反击的态度,结果导致争论。而态度过于软弱,又会导致原则和利益的丧失。因此,在交涉前,必须调控好自己的情绪,做到不卑不亢。

障碍之二：对对方抱着消极的感情,即不信、敌意、怀疑、攻击、诱使、压迫、愤怒等隐藏的感情,导致双方的距离拉大。

障碍之三：自己“固守”，忽视交涉双方的共同需求。

障碍之四：出于面子的心理需要，对妥协和必要的让步进行抵抗。

障碍之五：把交涉和谈判看成是一种“胜负”或“你死我活的战争”。

以上五种障碍能够被突破和解决，是谈判和交涉成功的关键，也是建立良好的人际关系与妥善进行社交活动的一门艺术。在交涉、谈判的过程中，不管是怎样的谈判对手，要让他不说“不”，或从说“不”到说“是”，有五条心理学对策：

第一、控制自身的情绪和态度，不为对方偏激的情绪，语言所左右，要有冷静的高瞻远瞩的气概。

第二、让交涉对方的情绪保持冷静，消除双方之间的不信任、警戒和敌意感，这是交涉成功的必要条件。

第三、多与交涉对方寻找共同点，致力于解决双方共同面临的问题。

第四、在交涉、谈判过程中，让对方保住面子，让对方积极地从“交涉成功”的角度去思考，形成心理定势。

第五、让交涉对方理解“相互协调，相互合作”是成功的最高、最善之策。在交涉过程中让对方领悟到这一点，需要花费一定的精力。

以上五条心理学对策中，最重要的是第一条“调控你自身的情绪和态度”。

这五条对策，可以运用于各种社会活动和人际交涉过程中，如情绪急躁的上级，性格任性的孩子，难以合作的同事，难以理喻的买卖交易，回避战争危机的外交活动，法庭上的金钱纠纷官司，避免离婚危机的夫妇等，使你在谈判和交涉时有一个良好的心理基础。

五、谈判的原则和技巧

通常，在一般谈判时都会想到要讲究一些原则技巧。在买卖双方达成一笔买卖交易时，通常我们会看到，双方都会竭尽全力维护自己的报价。通常的谈判也最容易将谈判的焦点集中在价格上。例如，一位精明的卖主会把自己的产品讲的天花乱坠，尽量抬高自己产品的身价，报价要尽量高；而另一位出手不凡的买主也会在鸡蛋里挑骨头，从不同的角度指出产品的不足之出，从而将还价至少压低到对方出价的一半。最后双方都会讲出无数条理由来支持自己的报价，最后谈判在无奈情况下成为僵局。如果不是僵局，那么通常是一方作出了一定的让步，或双方经过漫长的多个回合，各自都进行了让步，从而达成的是一个中间价。这样的谈判方式，我们在商务活动中是非常常见的。

上述谈判方式，在谈判学上称之为“立场争辩式谈判”。立场争辩式谈判的特点是，谈判每一方都在为自己的既定立场争辩，欲通过一系列的让步而达成协议。立场争辩式的谈判属于最普通的传统谈判方式。许多介绍的谈判技巧也都是从这个出发点来谈的。如果在商业活动中，大家都遵循这样的谈判原则与技巧，往往会使谈判陷入一种误区。我们从实践中得到的经验是，这种谈判方式有时最后谈判各方会不欢而散，甚至会破坏了双方今后的进一步合作机会。因此，我们在这里就提出一个谈判要达到什么目的和遵循什么标准的问题。从商务角度来看，谈判应使得双方都得到商务发展的机会。为此，我们遵循的谈判原则与技巧至少应满足以下三个标准：

（1）谈判要达成一个明智的协议

明智协议的核心特点就是双赢，谈判的结果应满足谈判各方的合法利益，能够公平地解决谈判各方的利益冲突，而且还要考虑到符合公众利益。考察立场争辩式谈判，宏一公司认为，立场争辩式谈判方式使谈判内容和立场局限在一个方面，双方只重视各自的立场，而往往忽视了满足谈判双方的实际潜在的需要。

（2）谈判的方式必须有效率

谈判的方式之所以应有助于提供谈判效率，是因为谈判达成协议的效率也应该是双方都追求的双赢的内容之一。效率高的谈判使双方都有更多的精力拓展商业机会。而立场争辩式谈判往往局限了双方更多的选择方案，有时简直是无谓地消耗时间，从而给谈判各方带来压力，增加谈判不成功的风险。

（3）谈判应该可以改进或至少不会伤害谈判各方的关系

谈判的结果是要取得利益，然而，利益的取得却不能以破坏或伤害谈判各方的关系为代价。从发展的眼光看，商务上的合作关系会给你带来更多的商业机会。然而，立场争辩式谈判往往却忽视了保持商业关系的重要性，往往使谈判变成了各方意愿的较量，看谁在谈判中更执着或更容易让步。这样的谈判往往会使谈判者在心理产生不良的反应,容易伤害“脸面”,从而破坏谈判各方的续存关系。

六、如何把握谈判对手的心理变化

1. “生意不成,仁义在”说明了什么问题

在商务谈判中,人的因素有时在谈判中起到相当大的作用。因为,谈判者不是一方抽象的代表,谈判是由人组成的。人的因素涉及多方面,如首先应该承认人是具有情感的;有既定的价值观;不同的人具有不同的文化和教育背景、不同的观点,从而导致其行为有时的确会深不可测。因此,在商务谈判中首先要解决人的问题。

对于任何的商务谈判,如果将人的问题解决好了,人的因素将会在很大程度上促进谈判的达成;如果解决不好,那么可能会使谈判一败涂地。我们经常听到有些谈判者会讲“生意不成,仁义在”,足以看出谈判者对人的因素的重视程度。

2. 我是否对人的因素给予了足够的重视

按照前面我们所论述的成功谈判的基本原则, 我们希望人的因素在谈判中能起到这样的作用,即在相互信任、相互理解、相互尊重、保持友好的基础上保持长久的合作关系。使谈判顺利进行,而且有效。我们不希望人的因素在谈判中出现下列情况:如,双方存在认识问题的极大差距;谈判一方极度生气,态度消极低沉,甚至出现恐惧或敌对情绪,或感觉象受到侵犯;我们也不希望在谈判中,对方曲解你的意思,或双方产生误解,甚至相互指责。人的因素在谈判中自始至终是一个无法回避的问题:你在谈判中始终应该问自己,“我是否对人的因素给予了足够的重视?”

3. 人的因素在谈判中能否解决

谈判者在谈判的整个过程中,应时刻注意人的因素在谈判中是否在起积极作用,是否带来了消极作用,如何避免消极作用,使谈判走向成功。我们认为,采取一定的方法是可以解决人的问题的。人的问题在我们的谈判原则框架下也是第一个要解决的问题。

首先遵循的一个基本原则就是将人的问题与谈判的实质利益区分开。这是任何谈判都要遵循的一个基本原则。这也是解决人的问题的一个基本前提条件。我们知道,每个谈判者所追求的利益都是具有双重性的,即实质利益与关系两个方面的利益。而关系指的就是人的问题。好的谈判者注重双重利益的结合,但是其结合并既不是将人的问题与实质利益问题混为一谈,也不是将实质利益与关系对立起来。前者的极端例子是有些人在谈判时对人进行"人身攻击",或者将某些评论与谈判者"对号入座";而后者的极端情况就是"要关系,还是要利益"。在有些情况下,关系比任何谈判结果更重要:如长期商业伙伴、同事、与政府的关系、外交关系等。为了有利于处理人的问题,我们建议谈判者一定要将人的问题与实质利益问题区分开来对待。

七、商务谈判礼仪

(一)谈判准备

谈判代表要有良好的综合素质,谈判前应整理好自己的仪容仪表,穿着要整洁正式、庄重。男士应刮净胡须,穿西服必须打领带。女士穿着不宜太性感,不宜穿细高跟鞋,应化淡妆。布置好谈判会场,采用长方形或椭圆形的谈判桌,门右手座位或对面座位为尊,应让给客方。谈判前应对谈判主题、内容、议程作好充分准备,制定好计划、目标及谈判策略。

(二)谈判之初

谈判之初,谈判双方接触的第一印象十分重要,言谈举止要尽可能创造出友好、轻松的良好谈判气氛。

作自我介绍时要自然大方,不可露傲慢之意。应微笑示意,可以礼貌地道:"幸会"、"请多关照"之类。询问对方要客气,如"请教尊姓大名"等。如有名片,要双手接递。介绍完毕,可选择双方共同感兴趣的话题进行交谈。稍作寒暄,以沟通感情,创造温和气氛。

谈判之初的姿态动作也对把握谈判气氛起着重大作用，应目光注视对方时，目光应停留于对方双眼至前额的三角区域正方，这样使对方感到被关注，觉得你诚恳严肃。手心冲上比冲下好，手势自然，不宜乱打手势，以免造成轻浮之感。切忌双臂在胸前交叉，那样显得十分傲慢无礼。谈判之初的重要任务是摸清对方的底细，因此要认真听对方谈话，细心观察对方举止表情，并适当给予回应，这样既可了解对方意图，又可表现出尊重与礼貌。

（三）谈判之中

这是谈判的实质性阶段，主要是报价、查询、磋商、解决矛盾、处理冷场。

报价：要明确无误，恪守信用，不欺蒙对方。在谈判中报价不得变换不定，对方一旦接受价格，即不再更改。

查询：事先要准备好有关问题，选择气氛和谐时提出，态度要开诚布公。切忌气氛比较冷淡或紧张时查询，言辞不可过激或追问不休，以免引起对方反感甚至恼怒。但对原则性问题应当力争不让。对方回答查问时不宜随意打断，答完时要向解答者表示谢意。

磋商：讨价还价事关双方利益，容易因情急而失礼，因此更要注意保持风度，应心平气和，求大同，容许存小异。发言措词应文明礼貌。解决矛盾——要就事论事，保持耐心、冷静，不可因发生矛盾就怒气冲冲，甚至进行人身攻击或侮辱对方。

处理冷场：此时主方要灵活处理，可以暂时转移话题，稍作松弛。如果确实已无话可说，则应当机立断，暂时中止谈判，稍作休息后再重新进行。主方要主动提出话题，不要让冷场持续过长。

（四）谈后签约

签约仪式时打开文本，用手指明签字位置。双方代表各在己方的文本上签字，然后由助签人员互相交换，代表再在对方文本上签字。签字完毕后，双方应同时起立，交换文本，并相互握手，祝贺合作成功。其他随行人员则应该以热烈的掌声表示喜悦和祝贺。

八、在谈判中旗开得胜

谈判就像下棋，开局就要占据有利位置或战略性位置。谈判的目的是要达成双赢方案。然而在现实生活中，一个要榨橘子汁，而另一个要用橘子皮烤蛋糕的情况毕竟少见。你坐在一个买家面前，你们心中都抱着同样的目的。这儿没有魔术般的双赢解决方案。他/她想要的是最低价，你想要的是最高价。你想从她的口袋里掏出钱来，放进你的腰包里。

强力销售谈判（Power Sales Negotiating）则完全不同。它教你如何在谈判桌上获胜，同时让对方觉得他也赢了。实际上，正是这种本领决定了一个人能否成为强力招商或销售谈判高手。跟下棋一样，运用强力谈判技巧必须遵守一套规则。谈判和下棋最大的区别在于，谈判时对方不知道这些规则，只能预测你的棋路。棋手将象棋中的这几步战略性走棋称为"棋局"。开局时要让棋盘上的局势有利于你。中局要保持你的优势。进入残局时利用你的优势，将死对方，用在销售上就是要买方下单。

1. 开局：为成功布局

报价要高过她所预期的底牌，为你的谈判留有周旋的余地。谈判过程中，你很难降低价格，但决不可能抬高价格。因此，你应当要求最佳报价价位（Maximum Plausible Position，简称 MPP），即你所要的报价对你最有利，同时买方仍能看到交易对自己有益。你对对方了解越少，开价就应越高，理由有两个：首先，你对对方的假设可能会有差错。如果你对对方的需求了解不深，或许他愿意出的价格比你想的要高；第二，如果你们是第一次做买卖，若你能做很大的让步，就显得更有合作诚意。你对对方及其需求了解越多，就越能调整你的报价。

这种做法的不利之处：如果对方不了解你，你最初的报价就可能令对方望而生畏；如果你的报价超过最佳报价价位，就暗示一下你的价格尚有灵活性；如果对方觉得你的报价过高，而你的态度又是"买就买，不买拉倒"，那么谈判还未开始结局就已注定。你可以通过如下方式，避免开出令对方生畏的高价。

2. 中局：保持优势

当谈判进入中期后，要谈的问题变得更加明晰。这时谈判不能出现对抗性情绪，这点很重要。因为此时，对方会迅速感觉到你是在争取双赢方案，还是持强硬态度事事欲占尽上风。如果双方的立场南辕北辙，你千万不要力争，力争只会促使对方证明自己立场是正确的。最好是开始时赞同对方观点，然后运用"觉得，原来觉得和最后发现"（Feel，Felt And Found）这种先退后进的方法扭转局面。对方出乎意料地对你产生敌意时，这种先进后退的方式能给你留出思考的时间。

例如，如果对方对项目提出质疑或不满时，你听了之后不要与他争论，那样只能会让他怀疑你的客观性。此时，你可以先附和对方的观点，然后再举例来消除对方的疑虑。

在中局占优的另一招是交易法。任何时候对方在谈判中要求你做出让步时，你也应主动提出相应的要求，但建议用交易法。强调这一点能阻止对方的"软磨硬泡"。如果对方知道他们每次提出要求，你都要求相应的回报，就能防止他们没完没了地提更多要求。

3. 终局：赢得忠诚

步步为营（Nibbling）是一种重要方法。可以达到两个目的：一是能给对方一点甜头；二是能以此使对方赞同早些时候不赞同的事。赢得终局圆满的另一招是最后时刻做出一点小让步。强力销售谈判高手深知，让对方乐于接受交易的最好办法是在最后时刻做出小小的让步。尽管这种让步可能小得可笑，但这招还是很灵验的，因为重要的并不是你让步多少，而是让步的时机。此时对方不会觉得自己在谈判中输给你，反会觉得这是公平交易。为什么不能一开始就直接给予买方最低报价？让对方容易接受交易是其中缘由之一。如果你在谈判结束之前就全盘让步，最后时刻你手中就没有调动对方的砝码了。交易的最后时刻可能会改变一切。作为一名深谙谈判技巧的强力型销售谈判人员，应能自如地控制整个谈判过程，直到最后一刻。

4. 销售谈判的主要原则

谈判不要限于一个问题。如果你解决了其他所有问题，最后只剩下价格谈判，那么结果只能是一输一赢。如果谈判桌上多留几个问题，你总能找到交换条件达成公平交易。谈判目的各有不同，销售人员的最大误区就是认为价格是谈判中的主导问题。很明显，许多其他因素对买方也很重要，例如产品或服务的质量，铺位优势和优惠条件。不能得寸进尺，过于贪婪。在谈判中不要捞尽所有好处。要留点好处给对方，让他也有谈判取胜的感觉。

九、如何攻克客户的购买

1. 在谈判过程中尽量列举一些产品的核心优点，并说一些与同行相比略高的特点，尽量避免说一些大众化的功能。

2. 在适当的时候可以与比自己的报价低的产品相比较，可以从以下几方面考虑：

(1)客户的使用情况(要非常了解对手的客户使用情况，知其知彼)。

(2)列举一些自己和竞争对手在为取得同一个项目，并同时展示产品和价格时，公司的客户的反映情况(当然，这些情况全都是对公司有利的)。

3. 列举一些公司的产品在参加各种各样的会议或博览会时专家、学者、或有威望的人员对公司的产品的高度专业评语。

4. 列举一些公司产品获得的系列荣誉等。

十、三维谈判法

在谈判时，每当利益或观念相异，各方要

互相依靠才有结果时，谈判的需求就出现了。三维谈判法就是让对方为了他们自己的原因按你的方法行事的艺术。为了解决共同的问题，要采用三维的做法。一维的谈判是最熟悉的景象：人际过程，包括诱劝、文化敏感性、研究报价等。二维谈判从人际过程前进到创造价值的实质：设计能创造持续的价值的协议框架。但是这两者都有局限：当有关各方面对面地在一个定下来的日程下讨价还价时，模具的大部分已经铸就。

最佳的谈判者采用三维的方法。他们的做法就像创业者。他们往往在谈判桌外预见到了最有前景的结构和行动，而且付诸行动。他们把最合适的各方带到谈判桌边，以适当的次序谈判适当的问题，在适当的时刻通过适当的过程，直面适当的最佳替换方案。三维谈判者不只是按照规定的方法来做游戏，他们是建立游戏的大师，并且改变规则，以求最优结果。三维谈判法的几个要点：

要点1：要画一张图

包括所有潜在的会使问题复杂的各方，如经营前景和经营中会出现的有利因素及该避免的不利因素。考虑一桩交易的全面经济性是必要的，但还不够。不要忘记画出内部有不同利益的小集团，他们的影响不可忽视。

要点2：评估利益

最佳谈判者对自己的和他方的最终利益非常清楚。他们也清楚可作为交换的稍次一点的利益。在手法方面异常灵活，富有创造性。谈判一般谈的是有形的因素，如价格、时间和计划书。但大多数的买卖达成的要素，50%是感情上的，50%是经济方面的。决定性的利益往往是无形的，主观的，如谈判中的感受，对方的信誉，沟通理解的程度等。

要点3：评价预想中的协议的最佳替换物

就是如果提出的协议行不通，你将会采取的行动。这包括从散伙、转向另一个对手直至更严厉的任何手段。

要点4：解决双方共有的问题

找出差别同样可以打破僵局。其实解决方案还附带灵活的后续措施，实际上保证了事后有一个更高的价格。

总之，把谈判视作一个三维问题，会提醒你解决他方的问题就是解决你自己的问题。在画出一个买卖关系图，全面评估各方利益并决定最佳替代方案后，你的战略就是判断他方是如何看待他们的基本问题的，然后他们为了他们的原因选择了你要的东西。目标是创造并获取可持续的价值。

十一、招商人员必须具备的基本素质

1. 良好的心理素质

优秀的招商人员的心理素质表现好：临危不惧，胜不骄，败不馁。具体表现为要具备：

事业心：包括很强的敬业精神，创业精神，勇于进取，勇于创新，具有执著的奉献精神。

责任感：是对工作的高度负责精神，在面对重大责任或紧急关头，应敢于刚毅果断，勇于权限内的决策；敢于承担责任，做到秉公办事，不徇私情，坚持公正的立场，充分发挥综合能力。

意志力：意志品质坚强，稳健持重的招商人员，才能去认真克服困难，并不为小恩小惠诱惑。商业地产招商不仅是双方智力、技能和实力的比较，也是意志、耐性和毅力的争斗。

自控能力：招商的双方都是围绕各利益，心理上处于对立状态，出现僵持甚至不欢而散的现象亦为常见。

2. 具备相关经济知识、社交能力和语言表达能力

（1）商业地产招商涉及到经济学、零售学、房地产开发经营、心理学、社会学、会计与税收等相关学科，以及最新的相关法律法规知识，而且新知识、新技能不断涌

现，招商人员必须掌握这些基本知识，适时学习充电，才能更好做好招商。

（2）商业地产招商对象的行为是一个投资行为，而这行为需要多个管理层的分析到最高层的决策，这就是要求招商人员须充分地分别与各管理层人员进行多次沟通，因而交际工作十分必要且有效。

（3）招商信息主要是通过文字形式传递出去的，而招商谈判则主要是通过语言来沟通的。招商人员语言表达须正确规范，使用有效的语法、修辞和逻辑，使表达更具吸引力、说服力和感染力。

3. 具备良好的现象判断能力和灵活应变能力

（1）敏锐的观察力通过察言观色可捕捉对放的投资意图和实力，通过对手的语言表达姿势和动作观察、分析；进而做出准确的判断，是获取信息，了解对手的有效方法和手段之一。

（2）应变能力指招商人员能够根据招商形势的千变万化、审时度势，争取相应灵活的对策，使判断向有利已方的方向发展。因此，招商人员除必须掌握招商项目的具体情况和市场行情外，还须做到积极进取、勇于开拓，谈判时做到机智、幽默、轻松，应付自如。

十二、招商人员的特殊素质

1. 热爱商业地产的招商工作，对招商具有特有的兴趣。兴趣可为招商人员加快对问题的观察、探索、追求和创新；并在招商过程中增强自信心和对工作的激情。

2. 具有局势控制能力，主要表现在对招商准备工作，了解自身项目的优缺点，了解对方的招展实情，并在时间上、心理优势占据主动权。

3. 较佳的团队精神，招商是整体运作的，虽然整体项目按商品或服务项目的大类或中类分至每位招商人员，但各个功能区的招商成功与否影响到整体项目招商是否成功。招商人才并非天生就有的，他们是通过选拔、培训并在实践中锻炼出来的。绩效考核和激励机制在招商实践中对人才的培养起到重大的作用。

第十模块：最具参考价值的招商实战方案

经验来自于实战，只有通过实战才能更好的把握住招商的技巧与细节。在这里，宏一针对部分精彩案例进行回放，以供开发商可以根据自己项目的特点制定准确、有力的招商方案，在最短的时间实现项目招商的最大化。

实战精典解码一：大型综合性购物中心招商实战解码

※××购物中心营运及招商方案

一、市场调研分析

（一）商业市场背景

1. 米泉商业发展经历了初级阶段，现正进入快速成长期，商业形态也在同步升级，从历史情况来看，2002 年以前，米泉商业形态以集贸市场为代表（部分商场物业也采用市场型的经营形式，从经营模式上我们称为市场型物业），商品构成主要集中在市民日用品方面，包括食品、副食品、低档服装、日用百货等，中高档商品和非生活耐用品销售规模有限。

2. 2002 年后，米泉商业发展进入快速成长阶段，快速成长阶段的典型特征是商业规模的扩张和商业形态的升级，2002 年以来，米泉市民收入水平不断提高，消费理念超前，消费规模同步提升。从商业形态而言，米泉一批新的商业卖场投入市场运营，以品牌专卖和大型超市为主力的业态开始出现，并成为市场消费的主体，这种情形标志着米泉商业发展进入快速成长期。

3. 米泉商业发展已经经历了以市场型商业为主体的初级发展阶段，现正进入以超市、专卖店、商场、集贸市场多业态并举的发展阶段，商业形态升级和商业竞争加剧成为这一时期的主要特征。

（二）商业市场现状

1. 典型的二级城市商业分布体系——二级商业分布体系，由一个核心商业区和社区商业组成的商业体系。商业分布十分集中，商业主要集中在以古牧地中路为核心的区域，该区域集中了市场型商场、集贸市场、大型超市、家电超市、专卖店、地下街等多种商业形态。

2. 以古牧地中路为核心，新华路集中了大量日用百货批发零售商业，主要经营日用百货、食品、副食品、烟酒、建材、五金等商品。文化路商业相对匮乏，主要依托爱家超市和亿家百货，主要经营日用百货、食品、副食品、服装等商品。稻乡路近几年商业发展迅速，逐步形成以品牌专卖和家电超市为主的业态，主要经营电器、皮鞋、休闲服饰等。

3. 随着城市经济发展和居民收入水平提升，日用百货等生活必需品虽然仍是当地商业经营和消费的主力商品，但品牌服饰、高档饰品、家用电器、家居装饰等中高档耐用消费品消费规模不断增长，在市场中已经占有相当份额。

（三）商业市场发展趋势预测

1. 随着城市经济发展和大面积商业开发，以商城和大型综合市场为代表的商业物业开始供应市场。当地商业形态由传统商业向现代商业转型，但由于商业消费市场增长和消费水平提升有限，商业过剩导致市场竞争加剧，经营户的盈利能力逐步下降。

2. 从商业发展趋势判断，当地商业区域进一步向古牧地路集聚，依托原有的商业环境，古牧地路将建成一批中高档定位的商场，促进当地商业形态升级。尤其以百富购物中心为代表的大型购物中心，必将彻底改变当地商业格局和竞争形式。

3. 伴随当地商铺租金的一路上涨，商铺销售价格也水涨船高，但从商业经营水平来看，商业的经营规模和单品利润并未同步提升，尤其是单品利润反而呈下降趋势，商业经营效益普遍下滑，从而抑制商铺租赁和销售价格进一步走高，伴随大量商铺的开发和交付使用，商业租赁和销售价格在登顶后必将出现逐步走低趋势，直到市场供需从新达到平衡。

4. 从市场发育程度而言，商业竞争层次较低，主要集中在低水平的重复定位和价格竞争上，时常缺乏有效的管理和规范，使广大经营户经营受到损失，市场迫切需要专业化、规范化管理的现代商业卖场。商业竞争逐步从硬件竞争转向软硬件并举的竞争格局。

主力业态	集贸市场	超市、专卖店、商场	专业卖场、大型购物中心	商业结构调整，卖场空洞化
商品结构	低档日用品	中低档商品、服装百货	高中低档商品、耐用消费品	中低档商品、日用品
竞争形式	有限竞争	完全竞争	垄断竞争	有限竞争
赢利模式	利润高，波动大	利润低，波动大	利润适中、波动小	利润下降、波动大

■商业发展周期图解

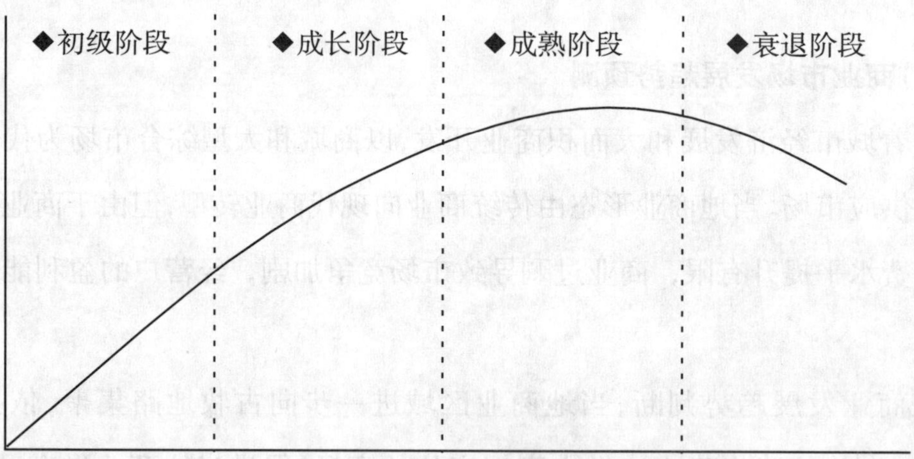

5. 从上述发展趋势图可以看出，米泉商业发展已经进入成长期，成长期的典型特征是消费规模的急剧扩张和竞争的残酷性。受市场发展利好的刺激，大量商业卖场开始营业，商业规模急剧扩张，必然导致商业竞争的加剧，商业利润水平下降，市场波动加剧。我们目前所处的环境与上述情况完全相似，因此必须作好充分竞争的准备。

6. 伴随着市场激烈的竞争，定位失误和经营管理水平低下的商业将会被淘汰出市场，而消费者在竞争过程中，消费理念也日趋成熟，从现阶段以价格导向消费（消费不理性的典型，高收入阶层认为价格是评判品牌和品质的唯一标准，低收入以价格低为购买目标）向价格、品质和品牌多维度评价商品价值的方向转变。消费开始趋于理性，消费目标性明显，消费者倾向于到自己认可的商场购物，消费适合自己的品牌。

（四）消费者状况

1. 中低档商品仍是市场消费的主体，伴随居民收入水平提高和购物理念更新，中高挡商品消费规模逐步提升，品牌消费意识成为消费的主流意识。

2. 日用品等生活必需品是消费的主流商品，主要从当地购买。服装等耐用消费品，主要在乌鲁木齐购买。伴随着当地商业形态的升级，尤其是米东新区的大乌鲁木齐战略的实施，以中高档服装百货为主营商品定位的现代商业进驻，当地居民购物将改变主要依赖乌鲁木齐的现状，向着本地化消费调整。

3. 区域经济发展和人口增长，城市化进程和消费理念升级，必然带来消费规模的扩张和消费层次的升级，区域消费出现融合，大型购物中心等现代主力业态成为市民购物和休闲的主要去处。

（五）竞争对手状况

名称	地址	业态定位	业种规划	经营方式	租赁价格（元 / 平米 / 天）	配套设施	备注
丰源商场	古牧地路	市场型商业	1F：家电、化装品、百货、珠宝、小商品、文化用品、五金 2F：服装、皮鞋、床上用品 3F：服装、床上用品 4F：童装	租赁	1F：360 元 / 月 / 节（柜台） 2F：3.0–3.8 3F：1.7–2.2 4F：1.6	上行扶梯	商品齐全，整体经营情况较好，租金水平最高

鸿翔商场	古牧地路	市场型商业	1F：家电、珠宝、通讯 2F：服装、皮鞋 3F：服装	租赁	1F：1.3 2F：0.6 3F：0.38	上行扶梯	经营情况一般，二、三楼惨淡经营
地下街	古牧地路	商业街	服装、皮鞋、佩饰	租赁	2.2—2.6	上行扶梯	经营情况较好，汇聚米泉主要服装品牌
金泉商场	古牧地路	市场型商业	1F：小家电、超市、化装品、百货 2F：服装、床上用品、针织、百货	租赁	1F：1.8—2.2 2F：1—1.9	上行扶梯	经营情况一般
专卖店	古牧地路	品牌专卖	服装、皮鞋	租赁	2.7—3.8		经营情况较好，以品牌专卖为主

（六）商圈分析及商圈特征

1. 该区域是米泉传统的行政办公区域，商务氛围浓郁，周边环境优势明显。但受传统办公区域影响，该区域商业氛围欠缺，缺乏相应的商业配套。

2. 该区域是米泉的中心区，周边聚集了大量的居民区，其中主要的高收入群体均居住在该区域，对商圈形成良好的消费支撑。

3. 该区域交通便利，与文化路相临，主要公交线路经过该区域，现场进出十分便利，人流动线规划合理，物流配送方便快捷，配备有足够数量的停车场。

4. 该区域属于竞争有限而集客力强的区域，门口人流量 600（平峰）—3000 人/小时（高峰），日人流量高达 15000 人，与人流量最大的丰原商场等区域相比，仍有较大差距（一半左右）。

5. 该区域商业发展潜力巨大，伴随着城市开发和区域环境改造，片区商业形象逐步改善，发展潜力巨大。而传统的商业区，如丰源市场等区域，受改造限制，未来商业发展空间受限与商业形态的升级。

6. 商圈特征属于典型的商务区商圈特征，适合主力百货和大型卖场的经营，必须依赖自身条件改变区域商业氛围较弱的不利点。

7. 该片区商业机能不断完善，正形成涵盖多种业态、商品经营品类齐全、满足多层次消费需求的，相对独立又自成体系独立商圈。

8. 周边休闲和娱乐设施的建设，将强化该区域的休闲氛围，环境改善对人流集聚的效应更趋显著。

二、项目分析

（一）项目 SWOT 分析

1. 优势和机会点

（1）商业背景优势，地处成熟的商业区。

（2）地段优势，古牧地中路交通主动脉，辐射能力强。

（3）竞争优势，强调定位的创新和专业管理运营。

（4）规模优势，总开发面积接近 3.1 万平米，便于形成集聚效应。

（5）商业形态升级和消费规模扩张，为项目发展奠定良好基础。

（6）宏观和区域经济发展机会，使米东新区发展潜力巨大，为商业经营创造了巨大的市场机遇。

2. 问题与威胁点

（1）项目规模大，市场商业容量有限，市场容量瓶颈无法实现有效突破。

（2）项目地理位置略偏，与成熟商业圈先天环境无法类比。

（3）卖场过大，无论从招商和经营管理方面，都存在诸多压力。

（4）商业开发量过大，已经超过市场可承受的容量，市场竞争形势严峻。

（5）商业从初级阶段进度成长阶段，必然面临激烈的市场竞争和利润下滑的现实。

（6）消费得不到满足和消费的不理性，使商业定位面临诸多变数，商业经营波动和多变，导致商业经营风险巨大。

（二）区域市场对本案定位的可行性分析

1. 从区域经济发展情况看

“大乌鲁木齐”建成后，乌昌都市区基本形成，乌昌都市区被规划为南北区和昌吉、米泉两个新城区。现在的乌鲁木齐老城区为南区，其目标是全面提升产业结构，大力发展具有强大区域组织功能的生产性服务业，提高区域的核心竞争力。正在发展中的乌鲁木齐北部几个区为都市北区，省级行政中心牵到北区，结合乌鲁木齐经济技术开发区等形成新的城市构架；通过快速交通网络，沟通都市区的多个发展单元。米泉新城区将建成大型的现代物流中心和制造业基地，同时发展成城市旅游度假基地。

米东新区作为乌鲁木齐新经济中心的地位已经奠定，伴随工业园区和大量企业的入住，区域经济实力和不断增强，人口不断增长。区域经济和人口的增长必然促进区域商业增长和业态升级，从商业现阶段发展概况、米东新区未来商业发展规划和商圈辐射能力看，本项目无疑顺应了经济发展大的趋势和商业形态升级的需求，因此具有巨大的发展潜力。

2. 从当地市场规模看

截止 2002 年底（缺乏最新统计数据），米泉全市实现消费品零售总额 7 亿元，同比增长 10.37%，进入快速发展阶段，其中批发零售业实现零售总额 3.33 亿元，按可比增长计算，2005 年，米泉的批发零售业预计实现销售总额 4.4 亿元。

按本商场预估的零售额 5500 万计算，只占整个市场规模的 12.5%，根据 12.5% 的市场占有率评估，从规模而言完全可以达到这个市场容量。但从 4.4 亿零售总额中 40%的中高档消费需求量计算，我们的市场份额占到整个市场份额的 31%左右，从这个市场份额而言，我们面临一定的市场压力，如果实现这一目标，我们将处于相对垄断市场的地位，未来的竞争优势不言而喻。

3. 从当地商业形态现状和升级情况看

米泉当地商业形态严重落后于经济发展水平和居民消费需求，导致消费外流严重，虽然近两年商业形态有所升级，一些大型超市和专卖店等商业形态发展情势良好，但从整体环境评价，仍显落后。

区域商业形态落后和居民消费需求之间

的矛盾。迫切需要新兴主力业态进驻来改变这种现状，从商业发展趋势和项目定位而言，我们认为找到了很好的对接点，符合市场发展趋势和消费需求。

4. 从消费理念和消费趋势看

米东新区成立，米泉已经进入城市化时代，工业化和第三产业的发展，必然带动消费理念升级，居民消费能力增强，消费趋于品牌化和多样性，在这种消费趋势的促进下，传统的市场显然无法满足居民消费的需求，大型超市、专卖店、百货商场和购物中心等多业态组合成为未来的发展方向，尤其是大型购物中心，必将成为大城市区域商圈的核心主力。

（三）项目规划设计评价及分析

1. 业态定位分析

六大主力业态——大型超市、精品百货、家用电器、家居用品、数码影院、餐饮娱乐，集聚区域主要商业形态，强调以规模制胜，大型超市、精品百货、家用电器、家居用品、数码影院、餐饮娱乐等多业态互为补充，相互促进经营。全面满足区域居民综合消费需求，从日用品到精品百货，从运动休闲到品牌服装，从针织用品到童装系列，从化妆系列到黄金珠宝，从家用电器到家居用品，从食品副食品到生鲜蔬菜，从特色餐饮到空中餐吧，从数码影院到商场演艺休闲吧。符合地区购物中心的规划理念，具有较强的生命力和延展性。

2. 人流动线设计分析

水平人流动线设计合理，大开间 9 米柱距设计，保证水平人流通畅，无视觉障碍。每层两部扶梯保证密集人流输送，通过楼顶娱乐性、休闲性、景观性项目规划，吸引人流上行，四层的购物空间，一层的娱乐空间和楼顶的休闲空间，保证人在 2 小时购物（根据评估，每层楼时间购物时间在 30 分钟左右）疲劳后可以适度娱乐和休闲。

该项目设计上最大的缺陷是商场位置和入口的设计，CBD（中央商务区）商业模式无法适应米泉商务功能的匮乏，因此，必须从入口和中空休闲广场进行改善，让人流进出更加自然便利，使中空休闲广场成为室内结构，让入口直接与沿街面连接，保证人流直接进入。

3. 商业配套设施分析

商业配套设施是该项目最大的优势，可以说是商业配套设施齐全，从中空休闲广场到室内休闲空间；从12部自动扶梯到大吨位货梯；从中央空调到排烟系统；从消防

喷淋到安全监控；从双回路供电到自备发电机组；从玻璃幕墙到地面、顶面的高档次装修；从数码影院到餐饮广场……全方位满足商场高定位需求。

三、商场经营业态定位

（一）整体经营业态定位

科学合理的业态布局划分将会使经营商家的经营利润得以充分的体现，使商场的形象更为鲜明，层次更为丰富，同时也将会使消费者的消费行为及过程显得更加顺畅和轻松愉快。

所以商场业态划分的合理与否，不仅要能够体现开业后本项目商品组合的丰富多样，还必须考虑到经营商家的实用性与合理性，同时更要兼顾到独立商铺与整体商铺的协调性与互动性。好的业态功能划分方式，可以提升商业物业的销售力和凝聚力，便于聚集人气，有利于提高商场的品位。

不同零售经营通路模式的商品经营特征

经营形式	产品组合的特征
专卖店	产品组合线较狭小，专一品牌经营。专卖等
百货公司	产品线非常多元化，以服装、百货为经营主题
超级市场	以快速消费品位主的商品定位
便利商店	产品周转速度较高，但产品线比较狭窄，数量较低
量贩店	多种组合的日用品（包含食物及其他日化用品），并附加商品附加价值的服务
连锁专卖店	连锁形式，通常以独立品牌为专卖，产品线具有丰富的组合
购物中心	更大规模，多种业态组合，强调综合消费功能

1. 业态定位的原则

(1)同业差异、异业互补

同业差异简单地说，就是市场有一定承受力，不能盲目招同一品类的店。譬如零售业态的核心主力店招商，就不要同时招来两家基本上都是经营食品和日用品的大型超市；核心主力店同质化无差异更是不能想象的。

异业互补目的就是要满足顾客消费的选择权，并能让顾客心身体验变化，提高其消费兴趣。譬如百货、超市因为经营品项不同，可以互补；让顾客逛购疲劳的零售店与让顾客休息放松的餐饮店可以互补等。

(2)一站式全体验消费空间

六大主力业态，集聚区域主要商业形态，强调以规模制胜，大型超市、精品百货、家用电器、家居用品、数码影院、餐饮娱乐等多业态互为补充，相互促进经营。全面满足区域居民综合消费需求，从日用品到精品百货，从运动休闲到品牌服装，从针织用品到童装系列，从化妆系列到黄金珠宝，从家用电器到家居用品，从食品副食品到生鲜蔬菜，从特色餐饮到空中餐吧，从数码影院到商场演艺休闲吧·····强调一站式购物理念。

(3)合理配比各主力业态

Mall 的综合定位和业态配比，体现多层次购物需求和多形式体验消费，实现从购物到娱乐到餐饮的消费过程，不同的业态搭配。从大类上我们业态定位主要分为以下三类——零售设施满足购物需求；文化娱乐设施满足娱乐和休闲需求；餐饮设施满足就餐需求。

2. 战略定位：地区购物中心

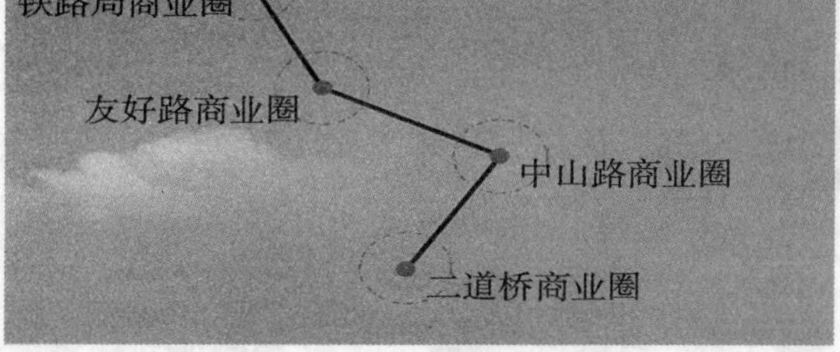

新经济圈诞生新的商业中心，按照国际大都市的发展规律，当城市发展到一定程度，受商圈辐射能力影响，在大城市周边的卫星城（新区），将诞生一批以满足区域消费需求和消费升级的Regional Mall（地区购物中心），也就是地区购物中心或区域商圈。从上海浦东新区的发展，可以看出Regional Mall的发展趋势，从区域经济发展中收益，从而促进区域商业的发展和业态升级。

乌鲁木齐铁路局商圈的发展，可以清晰的看出以上发展趋势，随着新市区的发展，铁路局商圈从传统的集贸市场业态发展为超市业态，最终形成现在的综合百货和大型超市结合的主力业态，城市商业发展的脉络清晰可见。浦东新区和铁路局商圈的过去，和今天米东新区的概念不谋而合；浦东新区和铁路局商圈的的发展，清晰勾勒出新经济区商业发展的脉络；浦东新区和铁路局商圈的今天，印证了米东新区未来的发展，一个新的地区购物中心（Regional Mall）正在诞生，米东人今后不再有消费的烦恼，多业态、多层次消费组合的××购物中心，将满足区域人民消费的多元化需求。

3. 商品布局和功能分区

依据Mall的定位主题，进行相应的商品布局和功能分区，商品布局遵循不同业态的配比原则：以零售设施为主，其面积规划占整个卖场面积的70%左右；以文化娱乐设施为配比业态，占整个卖场面积的20%左右；以配套商业为附属业态，占整个卖场面积的10%左右。具体分布如下：

（1）零售设施

核心主力店：百货、综合超市等

辅助主力店：电器、家居、书店、音像店等各类专业店。

配套辅助店：不同地区特色商品店。

（2）文化娱乐设施

核心主力店：动感影院、休闲广场等。

辅助主力店：儿童乐园等。

配套辅助店：艺术摄影、DIY（自助类项目）等。

（3）配套设施

核心主力店：空中餐饮广场、咖啡西餐等。

辅助主力店：快餐类、风味小吃类等。

配套服务设施：写字楼、银行、邮局、诊所、美容美发、停车场等。

4. 水平人流和垂直人流设计

人流设计遵循购物和行走习惯进行设计。

（1）水平人流设计，遵循由动到静、由商品吸引到品牌吸引、由随意消费到目标消费的原则，如中岛属于闹区，人流量比较大，因此主要安排大众、随意性消费商品，以商品吸引促进销售。边厅处于静区，人流量相对小，主要安排一些品牌个高档次商品，以品牌和目标消费促进销售。

主通道设计 2.8 米，形成 O 型的水平环行人流，保证购物距离最短，商品展示区域最大。辅助通道设计 1.9 米，呈 S 型分布于中岛区域，保证人流畅通。

（2）垂直人流设计，遵循人气对流和疲劳指数进行规划，人气对流指项目顶层和底层规划商品吸引力业态，如负一层的超市和五层的数码影院、楼顶的休闲广场，引导人流上下运动，形成对流。中间层规划品牌吸引力业态，如精品百货业态，通过品牌吸引客户消费。根据人体疲劳指数，四层以上规划为休闲和娱乐性消费项目，满足消费人群在 2 小时购物疲后休憩和就餐。

（3）详细的水平人流设计见楼层平面布局图（略），垂直人流设计见楼层业态定位（略）。

5. 楼层功能定位和商品布局

楼层	主题功能	主营商品
楼顶	空中餐吧	特色餐饮、夜市、休闲
5F	数码影院、餐饮	数码影院、特色餐饮
4F	家居生活馆	家用电器、家居用品、文体办公、针织、童装、儿童娱乐场
3F	仕女名品馆	名媛女装、职业装、淑女装、青春装、女士内衣、美容美体

2F	时尚休闲馆	男士正装、休闲服饰、休闲配饰、衬衣、单品、咖啡厅
1F	都市流行馆	珠宝玉器、钟表眼镜、化装品、装饰品、皮鞋
B1	大型超市、无公害农产品超市	食品、副食品、生鲜、无公害农产品

6. 商品定位

（1）商品比例

在营业中，主力商品一般占到营业额的70%，主要是季节性主题商品，如服装、皮鞋等；基本商品占到营业额的20%，主要是衬衣等非季节性商品；附属商品一般占到营业额的10%，主要是装饰类商品。

商品比例图示：

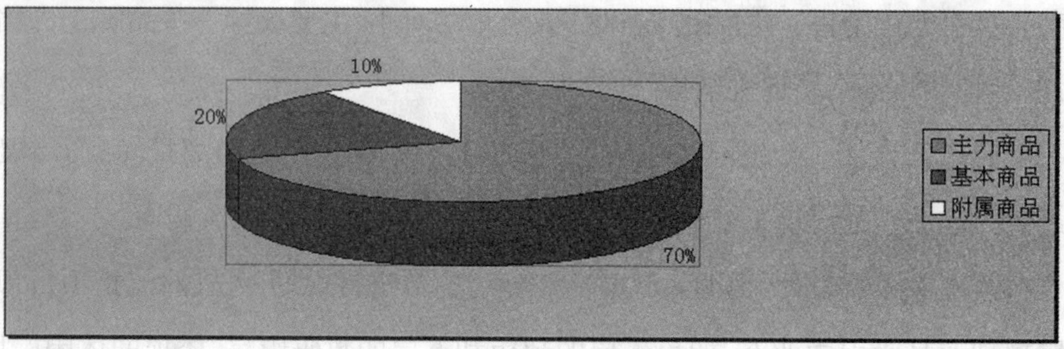

（2）档次配比

根据区域消费水平和购物中心的综合定位，建议以中档产品为主力定位，合理的配比比例分别是高档占10%，起提升商场形象的作用；中档占70%，是购物中心销售的主力商品，起到提升销售业绩的作用；低档占20%，起到烘托售卖气氛的作用。

档次配比图示：

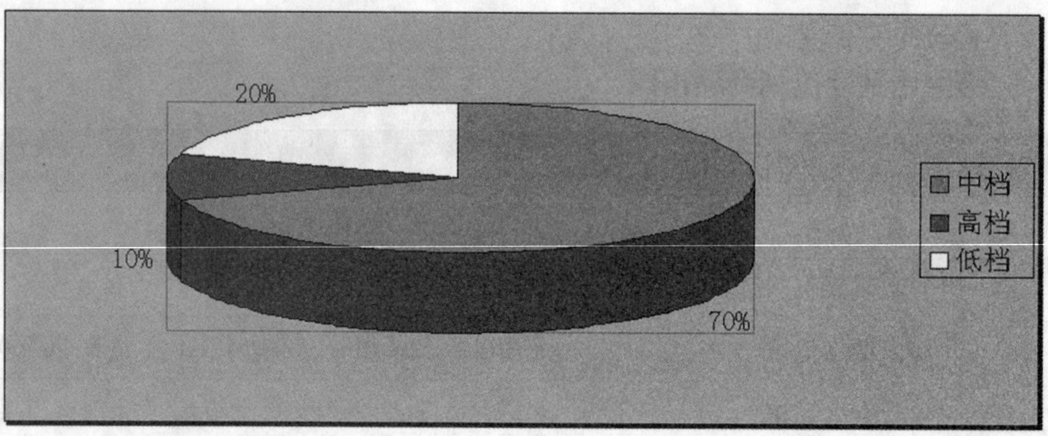

7. 目标客户群定位

（1）区域市场定位

根据大型购物广场商业辐射能力，500 米：辐射核心区域；500—2000 米：辐射次区域；2000—5000 米：辐射边缘区域。

项目的区域市场定位在：以项目为中轴，涵盖米泉、石化等，距离项目 5 公里内的区域。

（2）目标客户定位

按照该项目商圈辐射区域来看，商圈有常住人口 28 万左右。从消费结构而言，以中高收入群体为主，其中中收入阶层是项目的主力客户。从年龄层次而言，涵盖老年、中年、青年少年和儿童等个年龄群体。

（3）客户消费心理

方便 / 低价 / 品类齐全 / 一站消费 / 休闲 / 购物无拘束是我们着力满足目标客户的消费心理，针对不同类型品种服务型、亲善型顾客和理性顾客，又要有不同的商品和理念定位，如此才能满足 ×× 购物中心多层次客户群体的需求。

客户消费心理分析示意

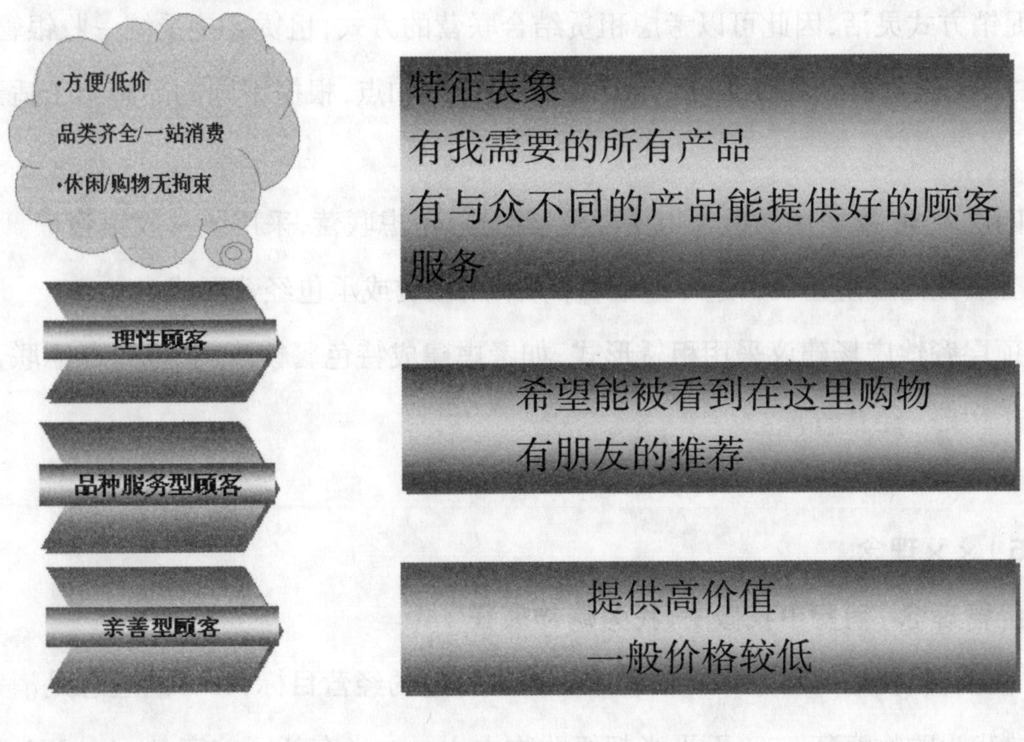

(4)经营模式

购物中心的经营方式基本有三种：自营、联营和租赁。宏一认为，购物中心毕竟是一个以零售为主的商业组织形式，而零售是一个精细化管理的产业，精细化管理要求管理者加强经营控制力度；另外，相对于非主力零售商户的招商条件，核心主力零售店必须引入知名度高的大商家，故核心主力零售店的招商较困难且招商条件放得较宽，造成核心主力零售店的提成或租金收入偏低。

因此，在条件容许的情况下，核心主力零售店尽量自营一部分或全部，这样一可以加强经营控制力度，有利于购物中心长期经营，其次可增强其他商户与之合作的信心，第三可以提高非主力零售店的提成或租金收入；而招非主力零售商尽量以联营为主、租赁为辅，这样也可以增强发展商对购物中心的整体控制力度。

这种选择原则不但是零售精细化管理的要求，也符合购物中心长期经营性的特点，更能帮助发展商创出购物中心的品牌来。根据以上原则，制定出××购物中心的经营模式：

* 负一层大型超市：以自营或引进大型主力店为主，引进主力店应充分考虑主力店综合竞争能力，确保超市具有强大的竞争力，否则建议以自营为宜。

* 一层都市流行馆，主要以柜台和散架经营为主，经营商品种类多、销售毛利差距大、促销方式灵活，因此可以考虑租赁结合联营的方式，租赁区接受统一收银管理。

* 二、三层主要经营服装，适合联营，采用标准扣点，根据不同的品牌给予适当的优惠。

* 四层家电、家居用品适合租赁经营，部分可考虑联营，采用统一收银管理。

* 五层数码影院建议引进专业运营商，采用租赁或承包经营形式。

* 顶层餐饮广场建议采用租赁形式，如考虑建成特色餐饮广场，也可考虑联营方式，招商后统一经营管理。

(5)××理念

【经营理念】消费由我做主，我为购物疯狂

方便消费、就近购物是××购物中心着力打造的经营目标，××的理念是消费由你做主，我为购物疯狂。3.1万平米超级购物中心——米东新区首家Regional Mall，集大型超市、精品百货、家用电器、家居用品、数码影院、餐饮娱乐六大主力业态于一体，引进乌鲁木齐主要品牌商户进驻经营，汇聚名品名牌、综合多级消费，不仅吸纳米泉28万市民在此消费，更吸引石化、新矿、工业园等近十万高收入人群来此消费，成为米东新区最具辐射力的核心商圈。购物不必再去中山路、铁路局，今天起，米泉就是乌鲁木齐。

【企业宗旨】与客户共创价值

客户分为内部客户和外部客户，在这里，我们的客户主要指外部客户，包括我们的消费者、供应商和进驻商户。我们的价值来源于客户，尊重客户，理解客户，持续提供超越客户期望的服务。在客户眼中，我们每一位员工都代表××。我们1%的失误，对于客户而言，就是100%的损失。衡量我们成功与否的最重要的标准，是我们让客户满意的程度。与客户一起成长，让我们成长的一小步成为客户发展的一大步。

【商品定位】多业态组合、多层次需求，一站式消费（Regional Mall）

这是一个商业整合的时代，这是一个规模制胜的时代，这是一个强调规模集聚和专业定位的时代，××购物中心充分把握米东新区商业发展脉络，利用区域经济融合的大好时机，在米东新区政府和职能部门的大力支持下，顺应当地居民消费需求，打造米东首座 Regional Mall，整合区域商业版图，成就区域大商业格局。

六大主力业态，集聚区域主要商业形态，强调以规模制胜，大型超市、精品百货、家用电器、家居用品、数码影院、餐饮娱乐等多业态互为补充，相互促进经营。全面满足区域居民综合消费需求，从日用品到精品百货，从运动休闲到品牌服装，从针织用品到童装系列，从化妆系列到黄金珠宝，从家用电器到家居用品，从食品副食品到生鲜蔬菜，从特色餐饮到空中餐吧，从数码影院到商场演艺休闲吧……

【管理理念】品牌管理创造品牌效益

这是一个弱肉强食的时代，市场残酷的竞争要求必须以专业化的管理应对各种挑战。

这是一个强调品牌消费的时代，消费者对你的认可，不仅取决于你提供的商品，更取决于你的品牌赋予商品的价值和内涵。

这是一个综合竞争力的时代，商业形态的快速升级要求运营商必须以超前的眼光应对未来的挑战。

这是一个管理出效益的年代,没有专业的管理就没有核心竞争力。

品牌管理是前提,品牌效益是目标,品牌合作是永恒的主题。

【服务理念】以客为尊,量身定制的人性化服务

什么是客户服务?在新世纪的今天,客户服务的理念和思想已经发生了很大的变化,在追求让客户满意的同时,保证顾客利益最大化成为我们这个时代客户服务的准则。

为客户服务强调永不满足于让客户满意和提供有限的价值,让客户获得超价值的服务和附加值,是我们服务追求的目标。

在当今日趋激烈的市场竞争中,服务作为一种竞争手段所得到重视的程度在不断提高,在竞争中的应用也越来越广泛。不但企业在竞争中获胜要依靠服务,而且员工的就业或提高工作水平也要依靠服务的本领。因为,为顾客服务几乎无处不在。

在顾客所遇到的服务中,如果要对成功的各种因素加以陈述的话,那就是细节、个性和针对性。让客户满意已不局限于暂时的或物质上的满足,而更加强调长期的和精神上的满足。

四、商场管理系统建立

1. 商场组织架构图

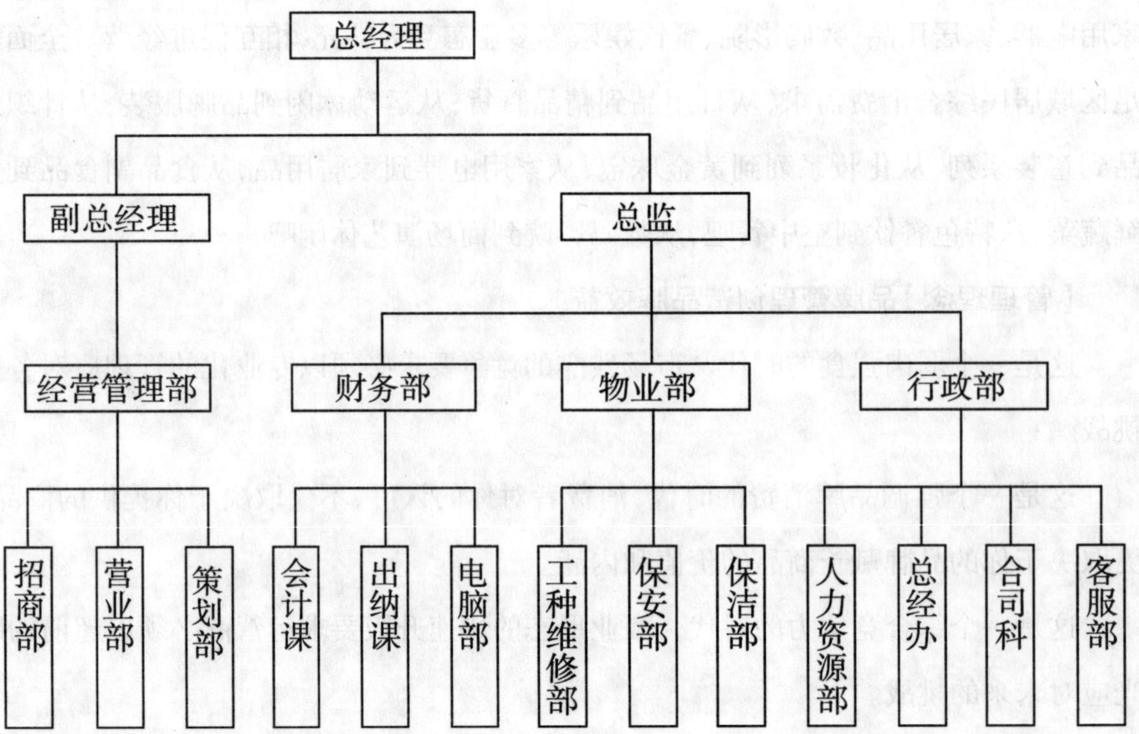

2. 管理模式

××购物中心在具体的管理模式方面，遵循“统一管理、协助经营、部分自营、整合市场、完善政策、合理回报”的24字经营方针。

（1）统一管理：除沿街门店和部分柜台外，为统一形象，提升服务品质，商场对所有商户进行统一管理，统一楼层商品、统一商品档次、统一店面形象、统一服务标准、统一视觉设计、统一售后服务、统一广告宣传、统一促销推广。

全面导入CI形象识别系统，统一市场形象，塑造市场品牌。具体包括：

* 商场标志、名称和旗帜的标准应用。

* 大厅背景板、接待台、门牌、室外标识灯箱规范应用。

* 大厅服务目录牌、室内导向牌规范应用

* 营业区平面图、楼层信息牌规范应用。

* 标识指示系统规范应用。

* 收银台、业务台、咨询台规范。

* 展览、展示系统、展板规范。

* 公用设施标识、休息区标识规范。

* 进驻商户门头、门厅、店堂、专柜、展示、服务规范。

（2）协助经营：协作经营的模式，剔除独门独户、单兵作战的散乱，由经营公司进行市场的整体推介，协助进驻商户经营。具体包括：

* 强势广告支持，形成强大的宣传攻势，让米东人民都来此消费。

* 每年一度的服装服饰节，促进商贸交流，提升市场形象。

* 每年一度的文化艺术节，提高商场的文化及艺术魅力。

* 定期邀请知名演艺明星，现场献艺，提升形象、促进消费。

* 利用门前广场和室内休闲广场，进行文艺演出、歌舞表演、时装秀等活动，聚拢人气，引领购物时尚。

* 打造米东旅游购物新形象，推出首家无公害农产品销售展示中心，促进旅游休闲和乌鲁木齐消费。

* 利用商业管理公司强大的行销网，为商户提供商品信息、品牌引进、物流配送

等一系列服务。

* 统一商业形象,为经营户免费提供装修、商品陈列、形象推广等服务,依托整合形象,形成合力,共同做大市场。

* 全方位贴心服务,给购物者一个享乐的购物天堂。

* 定期促销推介,形成滚滚人流,带来巨大消费。

(3)部分自营:对商场形象提升的高档商品,经营户担心有风险而不愿介入的商品,利润水平低但对人气带动作用巨大的商品,以及适当的公益性项目,将由管理公司自行经营。

(4)整合市场:整合市场功能,多业态综合购物于一体;整合市场空间,进行合理商品布局和楼层功能定位;整合推广,避免单兵作战,整个市场由经营方进行统一的广告、促销推广。

(5)完善政策:完善的商业物业的管理和服务功能,提升市场软环境的竞争力;强化托管和统管措施,提高管理水平和能力;建立健全的管理流程和管理制度,保障客户和商户利益。

(6)合理回报:保证市场和经营户合理的收益,实现共赢;通过市场整体机能的完善,提升商场品牌形象,使市场经营者、管理者和物业所有者均能获得良好的回报。

3. 经营管理

(1)与政府及各职能部门保持良好的关系,通过共管提升购物中心形象。

(2)监督并定期核查进驻商户,保障商品品质和经营信誉。

(3)定期为经营商户提供市场信息和调研报告,供商户经营决策。

(4)引进新品牌供已进驻或欲进驻商户选择。

(5)通过商场,提高代理商地位,降低进货和存货成本。

(6)策划举办各种促销活动,提升业绩。

(7)强化客户服务,定期征询客户意见和建议。

(8)与异业结成合作关系,增加收益。

(9)进行商品乘列规范,使卖场销售环境更趋利好。

（10）定期对商户和店员进行业务和专业培训，提高人员素质和服务水平。

（11）配合进驻商户进行新品引进、商品代理、庆祝、促销等事宜。

（12）辅导经营不佳的商户改善经营方式，提升经营业绩。

（13）协助商户进行帐务处理。

（14）支持商户获得银行融资贷款。

（15）按月度、季度和年度对优秀经营商户进行物质和精神奖励。

（16）协助商户采用电脑进行商品销售、服务的管理，提高商户和市场的经营管理水平。

（17）与厂家、代理商、市场经营户组成联合督察小组，规范市场经营行为，打击违法经营和窜货行为，保证市场良好的经营环境和对外形象。

（18）××购物中心牵头，与商户以及服装服饰经营户成立"服装服饰商会"，支持和配合商户展开各种经营活动。

4. 商户管理制度

*** 商户进场和撤离管理制度**

（1）客户通知

* 告之客户开业时间和与营业部的具体联系。

* 客户资格审查意见、联营合同、经营商品和相关手续由招商部移交营业部。

（2）客户接洽

* 交代进场等诸项事宜。

*《商户守则》、《店铺设备和设施清单》等材料交与客户。

* 与客户相关的重要文件、制度汇编发至客户。

* 引荐工程部与客户联系有关装修事宜。

（3）店铺装修

* 工程部对装修施工方案进行审核，发放装修施工通知单。

* 施工单位和施工人员验证登记。

* 施工过程中工程部、营业部进行施工监管，确保按照时间、要求完成施工。

* 客户遇到特殊的装修要求，应同工程部商讨，确定施工方案。

(4)验收

* 工程部、营业部配合客户进行装修工程验收。

* 验收达标,符合消防安全和营业要求,由工程部签署验收合格单,交营业部准许客户进场营业。

* 通知客户去营业部办理开业申请手续。

(5)开业

* 营业部签署客户开业申请表后,客户依据开业时间进行铺货和开业。

* 营业部协同各相关部门,开始提供开业的各项服务。

* 向商户发放商场有关管理规定和办理商户营业员的资料存档、制作及发放胸卡。

(6)撤场

* 客服部根据营业部(同意撤离)的书面通知,开出联系单要求:

①工程部——协同客服部根据租约及相关资料一起和商户验收店铺(包括收回电话线路及有关财产等)。

②办公室——协同客服部对有关财产办理退返手续。

③物业部——跟进商户财产出门监管及保安、清洁相关事宜。

④财务部——办理相关财务手续及电脑户口终止。

(7)撤场后

* 各有关部门五天内将撤场客户的本部门应收费用明细,汇总客服部处理。

* 招商部给营业部书面确认有关商户全部撤出和要求跟进有关事宜。

* 客服部将客户的欠费明细总汇等相关资料上报财务部处理。

招商流程和审核制度

(1)商户的登记和审核

* 商户填写资格审查表。

* 交纳 2000 元押金,建立登记档案。

* 对登记的经营商户按经营大类进行分类,划定经营区域。

* 招商部、营业部、市场部对经营商户进行初选,选出首批合格商户。

* 与首批合格商户签定联营合同, 铺位选择根据首批商户登记的先后顺序享有

优先选择权。

＊对初选不合格商户进行复审。

＊与复审合格商户签定联营合同，铺位选择根据商户登记的先后顺序享有优先选择权。

＊不符合经营要求的商户另行规划（不合格商户退还押金）。

（2）商户资格审查

＊审查经营类型。

＊审查经济实力。

＊审查经营能力。

＊审查品牌优势。

＊审查商品风格。

＊审查商品价位。

＊审查市场反映。

＊审查销售业绩。

进驻商户初审登记表

以下由商户填写：

商户基本资料		商户姓名	
联系电话		店铺名称	
店铺地址		经营商品	
经营品牌		品牌知名度	
店铺规模（平方米）		有无分店	
年营业额		商铺产权	
计划经营资料		商户姓名	
计划经营商品		计划经营品牌（包括附加品牌）	
品牌产地		品牌风格：（价位、档次）	
适应年龄段		计划经营规模（平方米）	
计划经营方式	联营　租赁	可承受的价格	
其它信息		从何得知本案	
您最看中本商场的因素	位置 规划 定位管理 品牌 前景	您对本商场最不满意的地方	
您还计划进入哪家商场		为什么选择进入这家商场	

提供证件：1. 代理证书 2. 授权书 3. 工商税务副本 4. 检验合格证 5. 其它

提供发票：1. 增值税发票 2. 普通发票 3. 无发票

需要场地面积：（ 层 号柜位）以平面图所示为准

预计完成的营业额： 万元 / 月

以下由招商部填写：

综合分析：

* 价位分析：

* 市场分析：（包括品牌是否适合我购物中心）

* 进入新疆时间及影响力：

* 品牌销售预测：

* 业绩考察：

* 备注：

与商户签订合同

* 交纳租金或保证金。

* 签定正式合同（联营或租赁等）。

（3）押金、保证金收取制度

* 押金针对登记商户收取，每户收取 2000 元。

* 登记商户经过资格审查合格的，签订联营合同，押金转为保证金。

* 登记商户资格审查不合格的，押金全额退还（不计取利息）。

* 商户签订联营合同时，必须向 × × 购物中心交纳 × × 元 / 平方米的保证金。

* 保证金用来约束商户的经营行为，联营合同期满，商户未出现违约现象，保证金全额退还（不计取利息）。

5. 决策及管理流程

（1）管理流程

××购物中心采用垂直管理系统，强调责任到人和决策的快速、有效执行。决策系统采用由下而上的逐级汇报体制，根据汇报形成最终决议，下发各部门执行。管理决策采用由上而下的逐级任务分解，落实到个人解决。

（2）管理岗位和职责

*商城各科室人员配置

*××商城总公司设总经理、总监一名。

*商场总监由甲方委派，下设三大机构：财务部、物业部、行政部。财务部、物业部、行政部三大部门由甲方委派负责人全面管理。

*乙方委派副总经理一名，主抓经营管理部经营、管理和策划工作．下设三个部门：营业部、策划部、招商部。

*财务部：甲方委派财务总监一名，下设三大科室：会计课、出纳课、电脑部。

*物业部：下设工程维护部、安保部、保洁部。

*行政办：下设总经办、人力资源部、合同科、客服部。

*商城人员明细

*公司设总经理一名。

*经营管理部

*行政部：办公室主任一名，文员1名，档案兼人事1名，客服部科员3名，客服部长1名，播音员1名。

*财务部：财务总监1名，会计2名，出纳1名，核算员2名，收银员16名。

*物业部：物业部长1名，水、电、暖工程维护各1名，保洁员 6 名、安保7名、消防员2名。

*各部门工作安排及工作范围

财务部：

*完善财务制度及收银制度。

*协调好财务部与经营管理部的工作（制定结款制度），协调好营业员与收银员的票据交接工作。

*确定代扣代发营业员工资标准及时间。

*做好工商税务等部门的协作关系，便于商户

营业执照和税收的办理(联营和租赁两大块税收)。

* 收银员的基本业务知识培训。

行政部:行政办公室、人力资源部、合同科。

* 各部门办公用品的配置及发送,负责完成各类票据(销货凭证、销售汇总表、内部交款单、入库单、出库单、调拨单、盘点表、考勤表、业主结存一览表及标价签、塑料袋等的印刷)低值易耗品、合同等物品的计划、申请、采购、保管(库管制度)调拨、管理、核算。

* 商场各类文件合同管理、日常公文的起草和收发。

* 在职人员员工工装、工卡的制定、发放、管理工作。

* 商场内各类执照的办理、检查(卫生许可证、营业执照、税务登记证、场地租许可证、烟草专卖证)与财务科相配合。

* 负责对外相关职能部门的联系,协调工作,及时对外各种日常的接洽工作。

* 广播室及播音员的安排。

* 人事档案的建立健全,在职人员登记、存档、办证(员工上岗、健康证及人员招聘、培训、考核、调配)。

客服部:

* 各类奖罚条例、管理制度的建立(包括考勤制度、优服制度、办公制度、员工守则、楼层经理职责、上货制度、针对业主经营的行为规范及管理条例)。

* 制定营业员的培训计划、培训期限为××天(暂定)。

* 配合行政部与各职能部门建立良好的关系(包括物价局、质量检疫局、消费者协会、卫生防疫站、进出口商品检查局等)。

* 配合各楼层营业部经理做好商品价格及质量检查工作。

物业部:

* 保证按照约定的施工进度展开工作,确保按期实现项目初装(地面、吊顶、墙面和柱体)、设备安装调试完毕。

* 水、电、暖、电梯的正常运行,工程维护、维修、

排烟、排水设施及增加用电。

* 各楼层更衣室、更衣柜的设置，公共设施（顶面、墙面、休闲椅、花卉、柱体的处理）、公共设施的制作。

* 配合营业部监督商场商户装修、配合消防验收。

* 进行安排维护和清洁工作制定卫生员制度。

* 制定安保制度，协助保卫科与商场营业部上班交接工作，制定清场、规定进场时间。

* 安全消防工作、消防知识培训。

经营管理部：

* 招商部：

* 制定招商政策及方案并实施，招商工作分段汇总，完成 80%招商工作时，方可筹备开业。

* 各部掌握各楼层合同签订情况，掌握前期租金及保证金交纳情况。

* 限定各楼层商户最迟进场装修的时间，同时下发装修制度。

* 确定上货时间，制定上货制度，同时检查各商户的营业执照的办理情况。

* 做好与财务科的协调工作（包括返款、对账的时间）。

* 做好与物业部保卫科的协调工作（进场、清场程序及消防安全问题）。

* 做好与物业部水电暖维护的工作（包括商户的二次用电、接电等）。

* 做好与公司策划部的协调工作（广告制作及发布、开业庆典、招商开盘）。

* 做好与人力资源处的协调工作（招聘、培训、统计营业员的人数）。

* 做好与销售部的协调工作。

* 策划部：报纸广告、宣传报道、印刷品、室内外广告位的安置与使用。

* 商场内指示系统、宣传系统、内装饰、店外装饰、室内外装饰设计、柜台设计、货架设计、促销道具的设计（指营业场内外的包装、门头、户外、广告牌及营业厅内柱体广告、墙面广告、开业布标广告、室内指示牌、导示牌、禁令标识牌、收银台、总台）。

* 企业形象的树立（标识、企业色、企业口号）设计商场形象手提袋、开业前期宣传彩页、POP 挂旗、开业气氛贴、刀旗、物价牌、打折牌等。

* 开业前庆典筹备活动计划，开业前商场内的整体气氛布置。

＊各媒体的宣传和商品的定位宣传、开业宣传、开业后期计划（包括电台、电视台各、报纸、户外）。

＊定期广播内容的拟稿。

五、商场包装

（一）VI系统建立

1. VI基础部分

商场经营理念及标识、标准字、标准色、标准组合，在×月×日前提交设计方案。

2. VI应用部分

＊宣传应用系统：招商部包装、招商手册设计×月×日前提交，其它媒体发布根据进度设计。

＊销售应用系统：××月××日前完成交付使用。

＊办公应用系统：××月××日前完成交付使用。

＊采购应用系统：××月××日前完成交付使用。

＊交通应用系统：××月××日前完成交付使用。

（二）商场形象包装

＊商场形象包装：××月××日前完成设计，开业前3天完成所有包装。

＊周边环境包装：××月××日前完成设计，开业前3天完成所有包装。

＊室内环境包装：××月××日前完成设计，开业前3天完成所有包装。

＊专卖店、货架包装：××月××日前完成设计，开业前3天完成所有包装。

＊商品展示形象包装：××月××日前完成设计，开业前3天完成所有包装。

＊营业员形象包装：××月××日前完成设计，开业前30天完成所有包装。

六、人员培训

人员招聘到位后进行为期1个月的培训，培训完成后到专卖店或商场进行15天的实习，开业前10天进现场进行模拟演练。

1. 专业知识培训

* 米泉商业市场发展概况和趋势。

* 现代商业经营理念和策略。

* 商场管理和服务。

* 商品采购和配送。

* 卖场规划和商品布局。

2. 商场经营理念和模式培训

3. 商业管理和礼仪培训

* 本商场经营和管理模式。

* 本商场组织架构设计。

* 本商场管理制度和员工行为守则。

* 营业员销售管理和行为统一说辞。

七、商场招商计划

（一）招商指导原则

1. 符合整个项目战略定位的原则，集大型超市、精品百货、家用电器、家居用品、数码影院、餐饮娱乐六大业态于一体，商品的布局必须从满足以上定位需求的角度出发。

2. 尊重市场需求和选择的原则，经营布局的规划必须为招商服务，最终格局取决于招商的结果。

3. 合理有效使用空间的原则，在体现商品形象、合理规划休闲空间的基础上，实现无浪费经营。

4. 经济效益原则，应充分考虑商户的经营利益，达成商户与经营者双赢的局面。

5. 大客户和知名品牌优先原则，大客户和知名品牌对提升商场品牌，带动中小商户的进驻，以及带动消费起着至关重要的作用，对这类客户要优先考虑。

6. 充分考虑经营户愿望和要求的原则，考虑了经营户愿望和要求，才能充分吸引经营户进驻，并提高经营户的经营激情，从而促进市场快速形成。

7. 方便顾客消费的原则，在商品布局及业态分布方面，体现了两个原则，其一是充分享受一站式消费的乐趣，其二是先购物、后休闲观光，符合人消费的习惯。

8. 差异化营销原则，强调商业形态的差异性和招商策略的突破性，商业形态的差异体现在商业定位、运营模式和进驻商户的优越性，招商策略的突破体现在经营模式的多样性和可实现性。

（二）招商流程

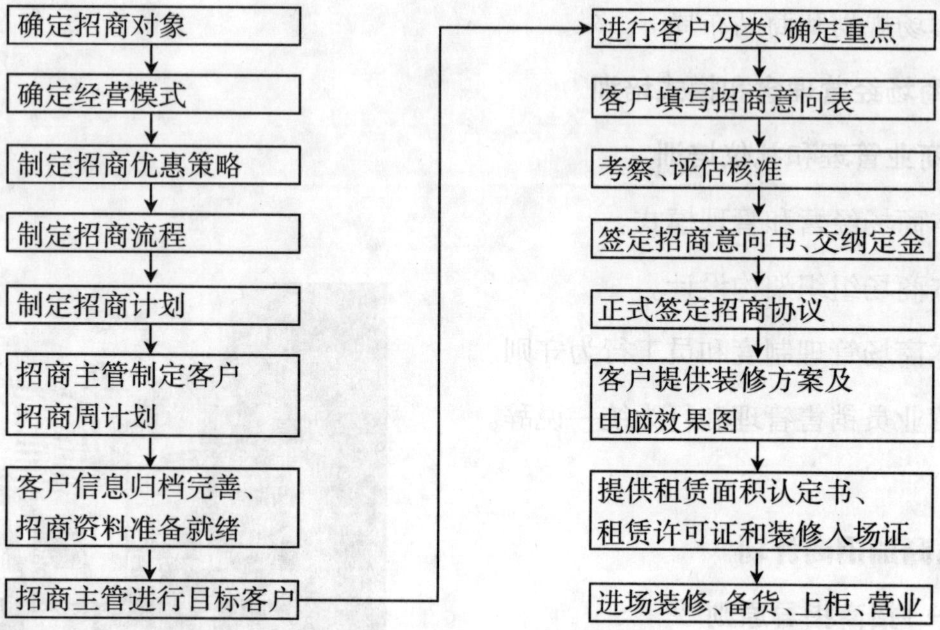

（三）招商计划

1. 确立市场经营模式

经营模式决定了市场经营的方式，经营模式确立，方可确定招商的政策，经营模式详见经营策略。

2. 制定具体的招商政策

* 招商的目标和原则。

在项目交付两个月内实现80%的招商目标，确保商场按期开业。

* 招商工作的各项规章制度。

* 制定不同商户（规模和经营商品等）的招商政策。

* 制定不同商户的准入条件。

根据商户资格审查条件，确定最终签约客户，保证进驻商户符合商场定位。

确定招商合同样本。

* 确定优惠幅度和条件

大客户和首批签约商户享受一定优惠，优惠幅度根据洽谈情况而定。

超市和家电商户的洽谈。

3. 招商区域和目标客户确定

招商区域以米泉和乌鲁木齐为主，大客户和品牌客户的招商区域以乌鲁木齐为主。男装以本地资源和乌鲁木齐资源为主，女装以乌鲁木齐资源为主。

4. 大客户及品牌商户的招商

（1）招商策略采用以大带小，以品牌带动一般商户的策略，以此提高市场招商效果，因此针对大客户及品牌商户的招商工作应提前展开

（2）收集大客户及品牌商户的招商的资料，采用发函、邮寄招商手册、电话洽谈、招商顾问拜访等推介程序展开招商。

（3）由经营公司抽调专业人才，成立大客户及品牌商户的招商招商小组，负责客户的招商和合作谈判。

5. 市场招商的全面展开

该阶段工作在×月×日前全面展开。

（1）针对大客户及品牌商户的招商工作启动后，面向中小商户的招商工作全面启动。

（2）针对中小商户招商，主要利用各种媒体发布招商信息，向社会广泛告之，配合招商人员展开人员推介。

6. 商户的登记和初选

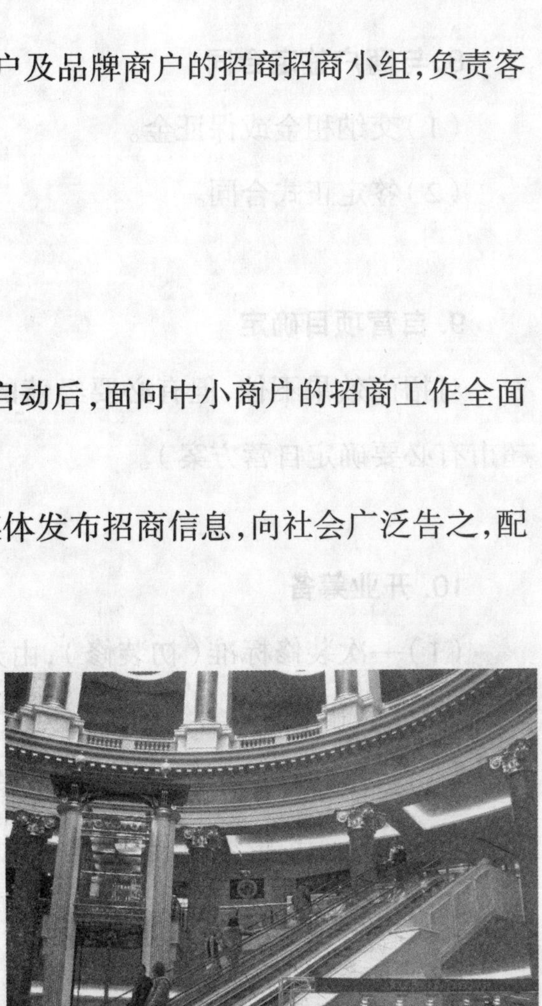

（1）制定商户登记表（主要包括经营风格和面积等）。

（2）已经制定，并已开始使用。

（3）所有意向商户均应填表登记，交纳

定金,建立预定档案。

(4)对登记的经营商户按经营大类进行分类,划定经营区域。

(5)对经营商户进行初选,对不符和经营要求的商户另行规划。

7. 商户资格审查

(1)审查经营类型。

(2)审查经济实力。

(3)审查经营能力。

(4)审查品牌优势。

(5)优先商户和淘汰商户确定。

(6)确定首批进驻商户。

(7)其余商户视招商情况决定是否入场。

8. 与商户签定合同

(1)交纳租金或保证金。

(2)签定正式合同。

9. 自营项目确定

对招商效果不佳,但有必要经营的项目,确定自营的范围和规模,展开筹备(如超市有必要确定自营方案)。

10. 开业筹备

(1)一次装修标准(初装修),由开发商业进行统一装修,一次装修以地面的铺装、墙面处理和水暖等管线的美化为主。

(2)二次装修(精装修),由商户自己装修。

(3)统一卖场形象包装,进行室内外环境美化。

(4)组织和督促商户装修、开业。

(5)进行开业活动的筹备。

（6）开业。

（四）招商政策

1. 联营：根据市场调研、客户可承受标准和商业经营评效确定。具体扣点在乌鲁木齐商户摸底完成后提交联营政策。

2. 租赁：主力店租赁主要采用谈判方式解决，根据楼层评效和行业租金水平制定相应标准。其它中、散户（一层和四层部分区域）租金标准参照行业和竞争对手标准确定。

3. 遇到同一商铺几家商户竞争时，应综合考虑租赁（联营）价格、商户的信誉度、知名度、业态、管理能力等诸多因素。选择商户不可光看价格。

4. 要优先安排信誉度、知名度高的优良商户签约，并给予政策上的一些优惠。

5. 租金（扣点）年递增比例，根据发展情况来定。

（五）媒体策略

1. 印刷品

（1）招商手册：突出项目概念，印制力求精致，体现项目整体形象，注重浓厚的商业气氛。

（2）DM：以快讯的形式进行目标投递，将项目最新的消息以最快的速度送到目标客户的手中。

（3）商户资格审查表：标准文本，体现专业形象。用于来访商户资料的登记，以便针对性的筛选符合项目的品牌或者商户。

2. 报纸

（1）《都市消费晨报》：招商期间配合投放，进一步扩大项目的知名度与影响力，为项目带来更多的目标客户。

（2）当地派送广告。

3. 宣传单张

利用宣传单张在繁华闹市或者竞争对手进行派发，通过此种方式可能可以拉到目标客户。

4. 影视广告片

形象广告：制作 15 秒形象广告，在米泉电视台投放，提升商场形象，提高项目的知名度；制作 30 秒促销广告，在项目开业前投放，营造消费氛围，吸引更多的消费人群，为项目带来更多的商机。

5. 户外

（1）大型户外广告牌：主要道路、人流聚集区域设置广告牌，以便引起当地市民的关注，增强项目的市场注目率。

（2）公交车体：利用流动的公交汽车，经过商场和繁华路段，进一步宣传项目的信息与形象。

（3）营销中心广告牌：主要设置在项目现场以及招商中心，以此来增强项目的商业氛围，吸引更多品牌商户的关注。

（六）促销活动

为迅速提高项目形象，促进招商启动，建议以主题活动作为营销的主要手段，即以活动为核心，配合广告和促销政策，实现项目的信息发布突破。

1. 活动主题：××购物中心经营管理研讨会——暨招商推介会

2. 活动时间：××年××月××日左右

具体根据意向达成客户数量，以 30%左右的意向客户达成量作为活动的决定因素。

3. 活动地点：米泉××酒店

4. 活动目标

（1）借经营管理研讨会，全面阐释××购物中心独特的定位和经营理念，提升商户对项目的信心。

（2）加强与经营商户间的沟通，获取大量准客户资料，促进招商。

（3）以政府官员、管理专家的口吻对项目作专项推介，增强权威性及可信性。引起社会广泛关注，提高传播效果。

（4）邀请各媒体参与，进行新闻炒作。

5. 活动内容

（1）由××购物中心领导做商场介绍的主旨发言。

（2）邀请当地主要领导讲话并参与座谈，畅谈米东区域经济发展大势。

（3）经营管理公司对项目定位和经营管理进行分析。

（4）邀请乌鲁木齐商业同行做促进发言。

（5）邀请部分意向客户作进驻理由评析。

（6）发请柬邀请意向客户及已签约商户参加研讨会。

（7）以广告形式邀请所有商户参加。

结束语：

根据对市场初步的摸底和客户分析，提出本案，基本涉及该项目经营和招商的主要工作。由于招商是动态工作，需要随时对策略进行调整，尤其是招商政策和主题活动的调整。

项目的招商工作必须从市场层面出发，本着务实的态度，制定出合理的招商政策和进度计划，如此方能确保招商获得成功，切不可因一己之念，以眼前成果为重，影响整个项目，防止出现功亏一篑。

实战精典解码二：精品购物中心招商实战解码

※××广场招商经营策划方案

一、项目背景

◇两大商圈争霸，演义新商业格局

站在成都春熙路向东大街的尽头蓝光大厦之巅，以战略的高度可以看到：成都城市改造的加快以春熙路为核心的春熙路商圈与以天府广场为核心盐市口商圈竞争加剧,新商业格局的演义正在进行中。

以天府广场改造为契机在盐市口商圈将新增近30万平方米的商业建筑,大型精品百货商业群将兴起;地下铁修建、天府广场的改造为盐市中商圈的人流物流组织创造了前所未有的条件,盐市口商圈欲争第一商圈霸主之位。

春熙路已经历了大的改造,存量土地有限,传统项目逐渐没落,在后发优势上难以与盐市口商圈相比,由此"春熙路"开始突围,在红星路步行街改造完成后,春熙路悄然打开了向东、向北延伸的触角。

在红星路以东,东大街以北的"蓝光·香槟广场"担负着这场"新商业格局演义"的重要角色。

二、项目定位

◇引领"后春熙时代",打造新东大街商业旗舰

1. 商圈分析

形式后面是内容,现象后面是本质。对蓝光·香槟广场的认识应从它本身所处商圈开始,于是还是回到两大商圈的对峙。

(1)盐市口商圈的主要商业形态——大型百货

具有代表性的为:百货大楼、摩尔百盛、仁和春天、人民商场、北京华联、大业百货。盐市口商圈的主要商业形态决定了其商业地产产品是大宗的商业楼,投资者为大型企业客户。

(2)春熙路商圈的主要商业形态——大型百货+商业步行街+服装批发

大型百货主要有王府井百货、太平洋、伊腾洋华堂等;商业步行街为春熙路商业步行街,科甲巷商业步行街、红星路商业步行街;服装批发主要为泰华服装批发城,九龙服装批发城、万紫服装批发城等。春熙路商圈的商业形态具有较强的包容性和多元性,其商业形态决定了其商业地产产品为大宗商业楼+独立式商铺,投资者为大型企业和社会个体。

在春熙路商圈以步行街和服装批发为主的商业形态构成了它的核心竞争优势,这两种商业形态的背后便是独立式的商铺。前者以步行街区为特色,后者以专业化集群为特色。

2. 项目功能定位

参照春熙路商圈多元化的特色商业形态，对香槟广场的功能定位：一层的步行街区式独立商铺，二、三层休闲小广场为中心的独立式商铺。

3. 项目经营定位

精品零售和服装批发是春熙路商圈传统优势项目。特别是2002年10月春熙路经过改造后焕然一新，汇集了成都众多知名品牌，成为了成都精品购物一条街。一般成都女孩说在城里边逛街就特指“春熙路”，显然在成都没有第二条商业步行街或是精品购物广场的项目可以与春熙路相竞争，相反做春熙路的补充和延续倒是大有市场。“后春熙时代”是新商格局下的必然。

服装批发项目在春熙路商圈已经走过20多个年头，成都的服装批发市场是整个西南服装市场的中心，担负着向川内各地、重庆、云南、贵州、陕西甚至西藏等地几百个市县分销纺织服装商品的任务。

成都青年路服装批发市场兴起于20世纪80年代，最初仅有十几家在此摆地摊儿卖广州丝袜和皮鞋，20世纪80年代后期提升为 “铁架经营”（类似以前春熙路夜市）。20世纪90年代中期，青年路发展成著名的个体服装一条街，影响力辐射到整个四川乃至西南。1998年成都青年路大改造，泰华服装城正式开业，1999年九龙专门的服装批发市场开业，吸入原青年路80%的商户，被誉为“西部服装第一城”；2000年，万紫、金开服装城开业，青年路新商圈正式成型。但从目前的经营状况看，万紫、金开、泰华等服装城由于配套设施、交通条件都十分恶劣，难以吸引客户，商家的经营十分困难，但除了九龙之外别无选择，九龙的高租金给了商家巨大的经营压力。

综上所述并结合蓝光·香槟广场的项目设计，对蓝光·香槟广场的定位分别为：

* 战略定位：

春熙路精品购物的延续，青年路服装批发的补缺，“后春熙时代”的领跑者。

* 经营业态定位：

都市精华商业购物中心，以精品服饰零售，代理商展示、新品发布为主，兼营高档化妆品、皮具、饰品类等，拒绝低档产品及大路货等于项目形象不相符的经营业态。

* 宣传推广案名：“粤港名城”（暂定名）

* 目标客户群定位：

广东、香港、欧美品牌服饰西南代理商；春熙路步行街的精品名店客户；泰华、万紫、金开等流行精品服装代理商；盐市口商圈零售客户等。

4. 项目优劣势分析

优势：

（1）项目西邻红星路步行街，项目可在此聚集人气。

（2）与盐市口、青年路、春熙路一衣带水，相互呼应。

（3）东大街拓宽改造后，交通畅达。

（4）开发商具有良好的品牌优势。

劣势：

（1）虽然与春熙路相距不远，但地段稍差，位置稍偏。

（2）东大街拓宽改造后形成了快速通道，传统商气消失。

三、招商构思

1. 招商目标

总体目标：项目交吉之日起5个月内招商率达85%，开业率达75%，10个月内开业率达90%。

目标客户：广东、香港、欧美品牌服饰西南代理商；春熙路步行街的精品名店客户；泰华、万紫、金开等精品服装代理商客户；盐市口商圈零售客户等。

2. 难点及对策分析

难点一：地段位置将成为客户考虑的重要因素。

对策：需要大力推广宣传项目交通优势、产品优势等，以及“后春熙时代”等推广主题语，引导客户正确认识项目价值。

难点二：能否短期将春熙路的商气延续至香槟广场。

对策：需要策划系列以服装为主题的专题活动，以及一场具有影响力的大型攻关活动进行造势，吸引大量人气并迅速形成商气。

3. 招商策略

（1）优秀的经营管理方案打动客户："双时段经营、鱼和熊掌皆得"经营方案，此方案将提高商户的经营时间和商铺业主的收益，并创造两个购物消费高峰。

（2）优惠招商，以点代面，重点招募主力商家和商圈影响力较大的商家，带动散户经营；与商家共同宣传策划，共同造市，先做人气，再做生意。

（3）强化项目规划、与区位后发优势，良好的交通物流组织优势。

4. 招商服务与支撑

（1）物业管理为承租店铺经营者和顾客提供一个舒适安全的环境，包括卖场的环境、设备的保护、安全保卫、管理等。

（2）租户管理造就优良的店铺，包括对租户的教育辅导、经营分析、店铺调整、调节管理等

（3）营销管理提升商城的客流量和销售额，包括对各店铺进行营销支援，并举办统一的广告宣传和促销活动。

（4）成立专门的招商服务机构，致力于整个商业气氛的营造，商场品牌形象的树立与推广。

（5）协调各租户与工商税务、公安、卫生等管理机构的关系，争取政府政策支持。

5. 招商操作程序

（1）熟悉本招商项目的相关内容，客户问询的准备。

（2）收行业的相关资料，进行分类、分区整理。

（3）通过各种新闻、广告、杂志、媒体或展会发布信息，对招商进行前期渗透。

（4）充分认识自身优势，做好一份吸引人的招商手册及相关宣传资料。

（5）建立一个良好的招商支持系统，各方面协调支持招商工作。

（6）策划一些主题活动或大型公关活动，扩大影响，提高商场知名度。

（7）建立目标客户数据库，对招商员的招商工作，包括电话联系、走访、跟进、签约等，实时做好记录。

（8）招商员每周上报招商情况，分析、总结、交流、招商经验和心得，处理客户反馈信息，适时调整招商策略。

6. 招商制度及职责

（1）客户资料的收集和筛选。市场调研和竞争对手研究、目标、潜力。客户的琐定，客户资料的分类管理。

（2）电话拜访和面访。电话拜访约见的要点，面访前准备，面访的过程控制和记录，面访的技巧、潜力、重点、成交客户的面访区别。

（3）数据报表的填写，拜访记录填写；招商周报，日报及总结；重点客户的会谈纪要报告；预签协议客户操纵要求及通报

（4）客户的维护和跟进：协议的签订；客户争议的处理、收款的协助。

（5）内部沟通：招商部内部联系沟通；其它有关部门的工作协调与联系。

7.招商后期管理

（1）客户足以影响商场的发展，要让客户持续在商场经营，商场必须努力经营，获取客户的信赖。

（2）维护老客户，对于商场在营运、财力、管理、品质上有莫大的影响，应当加强与老客户的联系，及时解决其所提出的问题。

（3）商场每年都可能会丧失若干就客户，因此要采取计划性客户储备与拓展。

（4）培养忠诚客户，使其产生持续入租行为，并帮助商场向外宣传，建立口碑。

（5）对客户做未来分析，包括客户数量，类别等情况的未来发展趋势，争取客户的手段等。

四、招商进度

序号	项目	时间进度								
		2004年				2005年				2006年
		9/15	9/30	10/5	10/8	1/1	4/1	8/1	12/30	06/12/30
1	签订招商合同	★								
2	甲方审核通过招商 / 经营方案		★							
3	招商各项目筹备就绪			★						
4	招商正式启动				★					
5	招商率达 30%					★				
6	招商率达 60%						★			
7	招商率 / 开摊率达 85%/75%							★		
8	招商率 / 开摊率达 90%								★	
9	招商率巩固达 90%									★

实战案例：大连××购物中心招商方案

一、前言

招商的成败关系到商业项目的顺利开业，随着商业地产的发展，招商将会扮演很重要的角色。我们认为一个商业项目的真正成功并不是销售的完毕，而是日后持续经营的长久旺盛。统一招商就是为商场以后经营的畅旺奠定坚实的基石。我们积极地为本项目寻求最佳的赢利模式与整体招商实战策略，力争使本项目实现经济效益、品牌效益与社会效益“三赢”，以及将项目持续做旺，实现赢利的持久化与最大化。

目前，大连的商业地产正处于一种水深火热的境地，根据一些专业公司搜集回来的第一手市场资料分析得知：目前大连人均 1 平方米商铺。这个数据反映出了一些什么呢?这数据说明了大连的商业地产已严重出现了泡沫现象。在这样一个危机重重的环境下，本项目必须要走一条差异化之路，运用与众不同的策略，才能谋求最好的出路，在众多项目的围杀中冲出一条血路，早日达到本项目的招商目标。

二、项目的基本概况

××项目位于大连上海路天津街，雄踞最繁华的商业中心，商业步行街的龙头位置，浓厚的商业气氛是众多项目无可复制的。××项目的总建筑面积约6500平方米，营业面积约为4600平方米，商场首层与负一层的商铺总数共有30个左右。首层占地面积约为900平方米，其他每层面积平均为约为900平方米，商场共分为七层，地下两层，地上五层。首层与负一层定位为国外品牌服装直销点，全部引进国外品牌服装，构筑国外品牌服装中国旗舰店的平台，为大连市民打造一个高贵、高档、高消费的好去处，为有钱一族创造一个休闲购物、显示身份的新天地。

*** 差异化的定位，填补市场的空白**

目前，大连的商业地产已严重过剩，投资者的盲目性与发展商的跟风都严重的影响了整个商业地产市场的发展。××项目的定位运用了求异的手法，为大连的商业地产开辟一块新领域，填补了大连商业地产市场的空白。通过对大连的消费水平与购买力深入研究分析，我们发现在商业地产严重过剩的情况下，还是存在一定的利润空间。商业地产发展的恶性循环，是因为项目的类同性过强，没有主题性的突破与创新。××项目毅然走高档路线，将商场的定位为：国外品牌服装中国直销店。即项目所面对的招租对象主要是国外品牌的服装，国内品牌一律免进，将整个商场从总体上提升它的价值与档次，让消费者完全有一种逛在国外的商场里一样的感觉，放眼之处全是国外的进口货。

三、招商原则

1. 国外品牌为主原则

为了保证××项目负一层与首层的主题定位不变，让消费者真正感受到在国外购物的情趣，为了保证××项目整体的高贵及高档，首层与负一层应该以国外品牌服装为主，最大程度上保证本商场的经营特色。

2. 招商与销售同步原则

为了令商场日后的经营管理工作更好开展，项目应该采取售租的“二八”定律，只出售20%的商铺，80%商铺为租赁，开发商拥有最大的经营管理主动权。开发商作为项目的最大股东承担最大的风险，给予各商家进场经营的信心。招商与销售同步的原则，引进主力的品牌服装店，有利于提升本项目的档次与吸引更多的人流。

四、招商前期阶段（×月中旬——×月下旬）

根据××项目的特殊定位，为了能更好地开展本项目的招商执行工作，争取在最短的时间内快速完成本项目的招商工作，达到项目的招商最终目标。将项目的招商工作大致分为三个操作阶段：一是招商前期阶段，二是招商中期操作阶段，三是招商后期阶段。

为了保证××项目的招商工作可以顺利开展及可以尽早达到开发商的招商目标，根据项目的工程进度实际情况，在招商的前期已为项目的招商工作做好以下的前期准备工作，以便利于可以更好地开展下一步的招商工作。

1. 定租金的整体策略

租金是商户进场的最敏感因素，是否可以将国外知名品牌服装引进本商场，租金就是招商操作中最重要的筹码。××项目分为地下两层与地上五层，共有七层。我们根据本项目的定位与具体情况，将本项目的商铺分为商场内铺与临街铺两类。根据商场租金定位的原则，首先将首层的租金水平定为100%，再根据其他楼层的不同因素制定不同的浮动幅度，就可以得到各层商铺不同的价格。根据当地商业地产市场的发展现状以及××项目的具体情况，××项目的租金浮动定为：

（1）临街铺的租金制定比商场内铺高

从消费的人流量与消费者购物的便利性及商业业态组合的自由性，从各种因素上，临街铺的优势都相对大于商场内铺，所以，临街铺的租金比商场内铺高。

（2）负一层的租金是首层的60%

负一层的建筑面积约为800平方米，负一层约有25个左右的商铺。商场负一层与首层的交通联系并不多，人流引导并没有首层理想，负一层的商家营业业绩在很大程度上比不上首层的经营商家。而且，要将首层庞大的消费人流引到负一层有一定的难度，负一层的消费人流量与商业气氛都比不上首层。所以，以首层租金为标准，负一层的租金定位应该是首层租金的60%。

（3）二层的租金是一层的50%

二层的营业面积约为787平方米，按照初步的商铺面积分割，每间为70—80平方米/个，大概有10间左右的商铺。商场的楼层越高，在正常的情况下，商铺的租金肯定是越来越低的。要把人流更好地吸引上更高的楼层，则在业态分布与业种组合上要有一个深入的研究，要将商场内的业态分布与业种搭配与周围商圈的业态与业种搭配错开，才能吸引到消费群体。

（4）三—五层的租金相对于一层更低

2. 获取客户联络电话

根据项目的定位，首先对广州、深圳、上海、北京、大连等地的国外品牌服装的总代理进行调查分析，搜集一部分目标客户的电话及其他联系方式，并整理成备用资料，有利于下一步招商工作的开展。

（1）客户分类

根据本项目的具体定位，必须先将项目的目标商家进行分类，将国外的品牌服装进行等级的划分或分类。根据品牌服装的档次，必须先将商场的功能区域进行适当的划分，业态的有机组合，以便将各商家按经营类型或等级更好的安排其进场的位置。

（2）据分类列出相关品牌客户名称

根据本项目的主题定位，先将相关的品牌客户名称分类列出，例如：BOSS、华伦天奴、巴黎世家、卡地亚、施华诺世奇等品牌，以便招商人员进一步展开与目标客户联系，令到招商人员对项目所需要的客户具有目的性、明确性，确保招商人员可以更好地掌握相关客户的资料。

（3）找联络方法

商场的招商最重要是先要找到项目的目标客户群，寻找目标客户可以有多种联系方式。如：

a. 通过黄页。

b. 电话查询。

c. 到商场咨询。

d. 商场管理处查询。

e. 个人的社会资源。

f. 上网查询。

g. 其他途径等。

h. 整理客户资料。

将收集回来的客户资料进行分类整理，列出客户清单、包括公司名称、所经营品牌名称、联络人、联络电话等，有利于明确目标客户的联系方式与把握本项目的有效准客户。

3. 各类招商渠道的操作

（1）电话约访

电话约访是招商工作中很重要的一种渠道，而且也是使用最多的一种方式。电话约访需要很多沟通的技巧，招商人员必须知道，利用电话约访的最终目的是要与见面客户。电话约访的时间不宜过长，在时间上要有一定的把握。

（2）陌生拜访

通过掌握的客户资料，按照客户的地址，招商人员携带本项目的资料直接到客户的公司进行陌生拜访，争取得到进一步的见面洽谈，与客户达成租赁意向。

（3）现场直接招商

这是通过项目的招商广告、客户的转介绍或其他方式得知本项目的招商信息而自己亲自来到项目现场的。这类客户是最有效的客户群体，招商人员必须要很好地把握这份客户资源，招商人员必须要积极跟进这类客户，争取在现场运用各种技巧令到客户落定或签约。

4. 各类招商手法的确定

为了扩大××项目的知名度，提升本项目的形象，争取在最短的时间内快速完成本项目的招商工作。根据本项目的具体情况，采取了三种招商方式：

（1）现场招商

项目的现场是项目对外的直接窗口，可以让慕名而来的客户更详细地了解本项目。通过广告的宣传推广，扩大项目的知名度，利用广告吸引客户到项目现场参观，更加增强客户的入驻信心。这类是目标客户之中最有效的客户，招商人员必须积极跟进这类客户，与其保持紧密的联系，争取在现场落定或签订该类客户。

（2）巡回招商会

为了能尽快完成本项目的招商目标，可以在上海、北京、大连甚至到韩国、日本去举行巡回招商会，为本项目招到真正符合条件的商家。到外地举行巡回招商会能让商家尽快且详细地了解本项目的招商对象，为真正的国外品牌服装商家找到一个真正符合品牌服装品味的场所及展示的形象店。

（3）一对一的直接招商手法

××项目的面积不大，商铺的数量不多，不过要招到优质的商家也不是很容易的事。采取一对一的直接招商手法有利于更好地把握有效的商家，可以详细地了解商家的真正需要，容易促成有效商家的落定或签约。

5. 筛选客户

根据项目的主题定位，招商部门必须将前期锁定的客户群进行统一筛选、分类，选出符合本商场的目标客户群。

6. 锁定客户

通过所掌握的客户资源以及其他手法，招商部的同事事先与广州、深圳、北京、上海、大连等大城市的国外品牌服装代销点取得联系，利用电话约访或其他方式事先与本项目的目标客户取得联系，为本项目储蓄一批准客户，以致到招商工作真正执行的时候，可以有一种水到渠成的效果，在最短的时间内快速达到本项目的招商目标，有利于商场的顺利开业。

7. 招商推广的策划及安排

根据本项目的具体需要组建招商广告推广专案小组，协助现场招商广告推广的整体把控，有利于项目招商工作的顺利推进。

8. 招商部门的组织架构及人员安排

根据项目的需要，派驻经验丰富的招商经理到项目现场进行招商人员的招聘，组建项目的专案招商部及招商人员的工作安排。

9. 招商人员系统的培训

为了令招商人员更加熟悉本项目的基本概况，提高招商人员的招商技巧，快速达到本项目的招商目标。根据项目与招商人员的需要制定系列的培训课程，例如：房地产基本知识的培训、项目基本概况、招商流程、招商技巧的培训及各类招商应用文件的应用说明等。系统的培训模拟训练，可以尽快提升招商队伍的实战能力，以求在最短的时间内完成开发商的预期招商目标。

10. 各类应用文件的确定

在招商工作开始之前，必须确定各类相关的应用文件，例如：招商排号通知单、商铺认租须知、商铺认租书、商铺认租意向书及商铺租赁合同等文件。便于招商工作的更好展开，避免在招商工作遇到不必要的相关麻烦，给客户留下不良的印象。

五、招商中期操作阶段（×月下旬——×月上旬）

根据项目的要求，派出经验丰富的招商同事入驻现场，希望通过现场的操作与远程的总体操控及督导，达到良好的配合，为项目的招商工作达到最大化的消化力。招商中期操作阶段是已进入项目招商工作的实际实施阶段，争取在此阶段完成招商目标的85%，以利于项目的正常开业，招商人员必须明确签约是这个阶段的最终目的。

为了更好地筛选、引进国外品牌服装，特地为本项目制定了以下的招商步骤，利于招商工作的有序开展。

1. 通过打电话方式简单介绍项目，争取约见、递送资料（电话交谈内容的最终目的是为了争取见面送资料）

在项目的招商前期工作中，必须事先收集或锁定了一批目标客户。在具体的招商工作开展之中，必须是数管齐下，一是利用广告吸引部分商家，二是利用已有的客户资源通过打电话方式约访，三是通过陌生拜访，四是客户的转介绍等方式来为本项目争取客户。招商人员通过打电话约见客户，最终的目的是要与客户见面，争取在见面的时候才给客户递送资料，保证客户的有效性。所以，通过打电话方式约访客户时间不宜过长，以免影响客户的工作或其他事项，避免引起客户的不耐烦。

2. 客户公司拜访，送资料（集中客户的统一时间与发展商开见面会议）

与客户电话约定拜访时间后，必须要在约定的时间准时拜访客户。

3. 参与各类商家的洽谈

确定目标商家后，必须举行相关的招商公关活动，吸引目标商家入驻本项目。派出专门的招商经理会参与各类商家的洽谈工作，以利于促成商家的谈判。

4. 填写意向书

填写意向书对招商工作是很重要的一环，因为可以通过意向书搜集到目标客户更详细的资料与意向程度，进一步确定客户的有效性。不论是客户亲自到项目现场租赁或者是招商人员第一次上门拜访客户，都必须争取在第一时间让客户填写租赁意向书，以取得客户资料，以便实行更进一步的跟进与约访、洽谈。

5. 统一与发展商见面开会，作本项目的汇报

将目标客户集中起来，统一一个时间、地点与发展商召开见面会，进行面对面的交流沟通，由发展商就项目的基本概况作详细的介绍，向客户汇报项目的具体工程进度与正式交付使用的时间，建立目标客户的入驻信心。

6. 租赁条款商洽

与客户落定认租意向后，招商人员应极力邀请客户到招商现场对租赁条款进行详细的洽谈。

7. 陪同客户签订临时租赁协议

为了落定客户，进一步强化商家的入驻信心，招商人员必须趁热打铁，促成客户在现场洽谈的时候签订临时租赁协议。

8. 确定具体的租赁条件，交付定金

与客户进行商讨，确定具体的租赁条件，并利用各种诱导的方式促使客户交付定金（诚意金），签订认租金书，进一步锁定成本项目的准客户，利于促进下一步的签约租赁协议。

9. 签订正式的租赁协议

签订了认租书后，招商人员必须积极跟进联系或引导客户，争取促成客户在现场当场簦定正式的租赁协议。让客户明确了解租赁条件，在平等且双方同意的条件下，按有关的程序和规定，签订正式的租赁协议。争取早日完成本项目的招商目标。

六、招商后期阶段（××月下旬）

××月下旬已进入了项目的招商后期阶段，尽可能在此阶段将商铺全部招租完毕。商场是否可以正常开业，就要看商场的商家进场程度。

1. 商户进场的装修

完成了商户的招商签约工作后，着手就是要跟进行招商的后续服务。根据商户的有关要求，与商户的特色确定装修设计方案，安排装修队伍入场进行装修，以标准的装修质量满足商户的要求。

2. 制定商场管理规定

××项目的主题定位：国外品牌服装中国直销店。为了保证本商场的高贵及高档，让消费者可以真正的体现自身的高贵。消费者不但在××项目可以买到世界各地的品牌服装、皮具及精品，还要让消费者感受到国际级的尊贵服务。要确保本项目在质的原则上没改变，对商场的管理必须要有一套严格的管理规定，以国外品牌

为主。严格保证商场的主题定位不变味，让消费者真正地享受到在国外购物的乐趣与休闲。

协助开发商建立一套标准的商场管理规定，便于项目的统一经营管理。

3. 确定经营管理公司

商场经营是否畅旺，经营秩序是否正常，这些都与专业的经营管理公司的经营管理水平有关。定期与不定期的旺场促销活动对商场人流的畅旺有很大的影响。

根据××项目的主题定位，此项目必须要确定一个资质较高的经营管理公司参与经营管理。

七、开业

经过以上的招商阶段，基本完成了项目的招商工作，为了确保正常开业，在开业前完成85%以上的招商目标。

实战精典解码三：大型商业步行街招商方案

※××商业街整体招商方案

一、招商的启动时间

如按2005年5月1日开业计划，按一般同规模的商业项目，至少应提前8个月进行招商，×××商业街因种种原因，现距开业之日仅剩下×个月时间，因此招商时间建议最迟××月初开始启动。

二、招商人员人数

商业街铺位864个，现出售的1—4区铺位较小且分散，如此以来增加了招商的难度和强度。对此招商人员定为10名较为合适。具体工作分配如下：

＊经理（××）：负责统管全局，制定招商方案和进度，安排招商人员的日常工

作。

* 招商人员（九名）：由经理安排具体招商工作。

* 其中：1—3 区由 3 名招商人员负责招商工作。

* 4—6 区由 5 名招商人员负责招商工作。

* 招商文秘 1 名。

三、招商办公地点

因整个招商需和销售配合，建议在营销中心附近开展招商工作

1. 在营销中心旁建造一间约 80 平米的招商办公室。建议在××月底建成，前期暂时在营销中心内办公。

2. 在项目现场附近租赁一套写字楼或公寓作为招商办公室，并同时在营销中心内设立招商咨询点，双边配合进行。

四、项目整体招商的原则和目标

1. 保证在 2005 年 3 月底前项目整体招商完成 80%；××年×月×日项目开业前整体招商完成 90%，以保障项目能如期顺利开业。

距第二年项目开业只剩下半年时间（××年××月×日—××年×月××日），除去春节一个月的时间，实际剩下的时间只有×个月，因此对完成 90%的招商计划有一定的难度和压力，但由于前期积累了一定客户资源，加之对项目比较了解，通过后期的招商更进工作和招商广告的配合，对完成这个任务有一定的信心。

2. 在招商过程中确保按既定的功能分区进行招商，以保障整个商业街商业经营井然有序。

由于整个招商滞后于销售，且在前期的定位中将商业街定位于自营性商业街，因此要保证功能分区具体到每一个铺位，难度势必很大，因此按功能分区进行招商只能是保障每个区经营的商品性质大体一致，如经营服装的区也可以经营皮具、化妆品之类，而不能经营小吃、电玩等。

3. 在招商工作中确保业主第一年的投资回报达到 8%以上，以稳定业主的投资信心。

通过对项目周边商铺租赁价格的调查分析和商业行业基准收益率，测算保证业主第一年的投资回报达到8%以上问题不大，较高的投资回报对增强投资者信心和保障商业街的永续经营至关重要。

4. 确保整个商业街形象统一和经营稳定。

对1—4区将按现行功能分区进行零散招商，对5—6区采取统一招商，来保证整个商业街整体定位符合××商圈需求，来保证商业街长远经营稳定。

五、××商业街投资者、自营业主和开发商三方风险分析

1. 投资者风险分析

* 商铺不能及时租赁出去。

* 商铺租赁的价格比较低。

* 商铺升值潜力有限，不能转手或难于转手。

2. 自营业主（租赁户）风险分析

* 项目招商在开业前不能完成85%以上或装修未完成，项目不能如期开业或开业时间无限期拖延。

* 由于招商工作的疏漏，导致商业街内经营无序、鱼龙混杂。

* 没有统一的物业管理公司或物业管理费用比较高。

* 生意不是很理想或经营惨淡。

* 开发商卖完后走人。

3. 开发商风险分析

* 投入大量招商推广费用后，招商效果不明显或收效甚微。

* 开发商自己没有专业的招商人员，需聘请专业的招商公司，费用开支加大。

* 5—6区“只租不卖”或“先租后卖”，若招商不理想，今后的经营或销售会很困难。

* 项目不能如期开业,业主闹事。

* 项目日后经营不是很理想或经营惨淡,则不利于开发商的品牌树立。

* 项目不能获得稳定的投资回报,业主闹事。

六、招商中存在的主要问题及规避方法

问题一:招商时间紧迫、任务量较大

如前面所述,项目的整个招商时间只剩下约×个月左右的时间,总共有约 20000 平方米、800 多个铺位需要招商,因此时间非常紧迫,任务巨大。

规避方法:尽快确定整体招商执行方案,引入专业的招商机构开始工作,并组织专门的部门监督管理。

问题二:已买商铺的业主要求自营或自行转租,可先前没有交保证金,签订相关协议,对其难以制约

规避方法:建议提前召开临时业主大会,成立临时业主委员会,协助开发商做好业主方面的种种工作,以保证项目能如期开业。

问题三:引入大型租赁户后,可能导致租金达不到 8%,业主不同意

引入大型主力店、知名品牌客户,由于面积较大,其租金相对会降低,但引入大型租赁户一次性可以租赁较大面积,另外大型品牌的进驻会形成示范效用,吸引中小客户进驻,从而缩短整个招商周期,保证如期开业。

规避方法:开发商适当的给予一定租金补贴。

问题四:自营铺位与大客户租赁铺位重叠

规避方法:

1. 谈大型包租客的同时,尽量给投资业主商铺面积占比比较多的商铺群给其选择。

2. 对大型包租客包租商铺中的自营业主,可帮其调整到位置相对较好的委托出租商铺中经营,期间发生的租金差额可酌情给予补偿。

问题五：××年×月×日前招商任务完不成 90%，影响开业

规避方法：在目前的形式下，必须对招商工作进行科学、合理的评估，认真分析招商工作中的问题和困难，正确预见并确定项目的开业时间。或者届时制定相关的广告宣传活动，如大学生免费创业 90 天、自营业主经营比赛等活动，由开发商免费提供开业时适量未租出商铺，保证开业率达 90%以上。

七、××商业街计划招商方式

××商业街共有商铺 864 个，现阶段已售商铺 288 个(截止××年××月××日)，但真正意义上的整体招商仍未规划和启动，如按以前招商设想：1—4 区招散户，5—6 区统一招商，如按××年×月×日开业计划，招商率达 90%以上将有较大困难。

1. 时间已来不及。从××月初开始计算，到明年×月底，仅仅剩下个 6 个月的时间，之间还有春节将延误一个月时间，加上招商组织必须进一步扩大，具体方案的确定，人员的招聘或磨合，招商广告的策划等等，至少将需要 15—20 天时间。也就是说四个月的时间要招满 864×90%（开业率）×（1—20%自营客户）=622 个商铺，平均每月要招出 138 户，每天要招出 138÷30=4.6 户，将非常困难，以往××市任何地方都没有类似速度，所以从时间上来来说已远远不够。

2. 严格按功能分区招商，那么三、四区的招商将有非常大的困难。

按目前功能分区，三区做男士用品、动动休闲产品，四区做儿童用品、文化用品，要招商有相当大的困难，作为地下商业街，大品牌或有名品牌的选择性不大，根据以往招商了解，男士服饰、儿童用品的客户资源比起女装类产品要少很大一部分比例，招商有很大一部分难度，加上相比一、二区位置，三、四区缺乏优势，如三、四区按目前功能分区经营，将有很大困难。

3. 一般商业项目，如考虑到以后的商业街形象和稳定，招商工作都会策划先行。及工程开始动工时就有功能定位设想，然后根据策划要求进行施工和招商，一般启动时间略早于销售或与销售同步，就目前××商业街来说，因招商启动时间较晚，没有事先策划，加上已有 288 个商铺的自主权掌握在一大群业主手中，招商过程中可能出

现的困难或工作的不可操作性，将随时影响招商工作的效果，影响商业街的整体形象和开业时间，如盲目启动，到时将进退两难。

针对以上种种情况分析，如果要保证××年×月商业街整体90%以上开业，且功能分区不混乱，经营类别的包括购物、休闲、娱乐、餐饮等要素，建议目前启动招商时，采取以下办法：

（1）在目前销售的1—4区中1—3区招租散户。

（2）4—6区统一招租大型商业项目（目前销售的只有4区）。

◆1—3区招商方案

一、功能定位及招商对象

（一）功能定位

1. 因××周边的商业企业中：友谊商城装修后经营定位为中高档，××百货经营定位为高档，××旁的交易大楼、××服饰广场经营定位均是低档，考虑到差异化经营，××商业街经营定位应该是中档偏低。

2. 目前××的市场行情而言，散户经营女装的市场份额大大的占据着主导地位，其中还带动着美甲、内衣、精品饰品的消费，业内人常说：女人的钱是最好赚的。所以，在项目中，规划出一个区域的位置进行经营女性服装、服饰。也是为了保障经营户的利益，从而确保商家的稳定性和市场的长期稳步发展的前景。相对的，男装和童装在市场的份额中就显得比例小很多，所以，他们所占的本项目面积并不是很大，全部集中在三区。

3. 就地下商业街在××经营的历史来讲，××民众已经习惯将她定位为中档偏下的消费场所。所以，较高档的品牌进驻××的地下商业街的可行性不是很大。故设一个区引进一些二、三线服饰及相关品牌。

（二）招商对象

1区：品牌服饰（男、女品牌服饰、品牌内衣、品牌布艺及时尚包类等）

2区：女性用品（时尚女装、美容美甲、精美饰品等）

3区：男士用品（男士服饰、休闲品牌、运动服饰、儿童用品等）

二、招商人数

在××月××日至××月××日已进行了初步委托租赁招商工作，从工作情况来看，建议由3名招商人员进行招商比较合适。

1—3区招商具体操作方法：

（1）召开临时业主委员会，聘请专业公司在业主与租赁户之间搭建招商信息平台，让其自行商定相关细节，开发商负责协调和监督。

（2）5—6区由于目前没有销售出去，不存在产权与经营权分离，招商难度相对较小，建议主要吸引大客户进驻，一方面可以加快招商速度，另一方面可以吸引广大中小租赁户进驻。由于大客户租赁时间相对较长、租赁面积相对较大，可能其租赁的价格会低于散户租赁的价格，开发商会损失部分租金，但从长远来看这有利于整个商业街的经营，有利于5—6区商铺今后的销售或租赁。

（3）1—4区由于目前销售已经过半，采用返租等方式目前操作起来可能比较困难。因此按以下办法：

1—4区的招商比较复杂，主要分成两块——已售出商铺的招商和迄今未售出商铺的招商。

因为它们两者的特点不一样，下面分别进行阐述：

*** 已售出商铺的招商**

到××年××月××日为止，××商业街目前已销售铺位285个，占1—4区总铺位数的47.1%。这其中客户主要分成自行招租、委托招租、自营三种。

对于这些客户，由于前期没有交纳保证金，目前对其难以限制，工作会有一定的难度，为此制定以下方案：

（1）以上客户在××月××前可自行选择自营、委托租赁还是自行租赁。

（2）××月底以前购买商铺选择自营、自行招租的业主，在××月××日前到开发商处交纳2000元自营保证金，签订经营公约和自营意向书，才能享受政府给予的优惠税收政策，如果能和整个商业街统一开业，届时将退还2000元保证金。

（3）××月底以前购买商铺选择委托租赁的业主在××月××日前可选择由开发商指定的公司委托租赁，交纳保证金，并签订委托租赁协议。

（4）××月××日后所有剩下的铺位无条件交由开发商指定的公司整体代为租赁，且按现行价格年回报的8%的租金标准进行统一招商。

这种方式简单、明了，但实际操作起来可能会有一定的难度，因为要业主交纳2000元保证金其主动权在业主手中，开发商难以制约，如果操作不好可能会遭到业主抵制，而导致整个招商工作被耽搁下来。

鉴于此种方案的缺点，建议采取以下措施，鼓励客户快速与公司签订相关协议：

（1）对于××年××月××日前购铺的客户在××年××月××日前与开发商指定的公司分别签订自营意向书、自行招租意向书或委托租赁协议的，第一年后返物管费40%。

（2）对于××年××月××日前购铺的客户在××年××月××日前与开发商指定的公司分别签订自营意向书、自行招租意向书或委托租赁协议的，第一年后返物管费20%。

（3）对于××年××月××日后××月××日以前购铺的客户在签订购铺正式合同后5日内与开发商指定的公司分别签订自营协议、自行招租协议或委托租赁协议的，第一年后返物管费40%。

（4）对于××年××月××日后××月××日以前购铺的客户在签订购铺正式合同后××日内与开发商指定的公司分别签订自营协议、自行招租协议或委托租赁协议的，第一年后返物管费40%。超出以上时间的，则不给予任何奖励政策。

*** 未售出商铺的招商**

××月××日后，如未出售的商铺，一律交由开发商指定的招商公司代为租赁。11月30日后购买商铺的业主，无条件选择委托租赁。在签订正式合同的同时签订委托租赁协议，其中：

（1）××月××日后购买商铺的客户在签订正式合同的同时签订委托租赁协议的，第一年后返物管费40%。

（2）对于在签订正式合同后5日内签订委托租赁协议的，第一年后返物管费30%。

（3）对于在签订正式合同后10日内签订委托租赁协议的，第一年后返物管费20%。

（4）××月××日后购买商铺的业主，仍需自营的，如该商铺购买时已出租，将无条件选择委托出租，租赁期限满后，方可自营。如该商铺购买时未出租，需交纳2000元保证金，签订经营公约和自营意向书，保证和商业街同步开业后，才可自营，同时，第一年后返物管费20%。

三、具体招商细则

1. 1—3区委托租赁机构因长××房地产顾问有限公司一直在营销一线，有丰富的客户资源、了解业主和租赁户的心理，建议业主直接委托其负责操作。

2. 委托租赁具体操作流程

业主购买商铺：填写经营意向调查表——确认自营、委托出租——协助业主和承租人签订租赁——公司收集承租客户——投资业主签订业主代租合同，并收取租赁中介佣金——信息、进行谈判——协议，交纳履约保证金——装修、开业。

◆4—6区统一招商方案

一、基本原则

（一）定位原则

目前，随着沃尔玛、步步高、家润多、国美、通程电器、友谊精品商城、通程精品商城等国内外知名商业巨头聚首××商圈，××的整体商业氛围日益渐浓，作为名气不大，没有品牌知名度的×××商业街，特别是第四—六区统一招商项目的定位，应遵守以下几个原则：

1. 引进的项目必须能提升整个商业街的形象，带动人气，增强业主和经营户的投资信心，因此，应该是××商圈其他卖场缺乏的项目，或者是将来在××更具竞争优势的项目。

2. 引进的项目必须考虑到商业街周边企事业单位、居民区、学校等群体的购物习惯和消费需求，能培育稳定的消费群体，有非常明确的针对性。

3. 可以引进国内外大型知名商业机构。

4、项目定位的覆盖面，基本能辐射达到项目周边 3 公里以内。

（二）租金价位定价原则

1. 租金基准定价，应全面权衡经营户和开发商的投资成本，目前，参照市场上按投资回报 7—8%左右的价位，业主和经营户基本能接受，因此，第五、六区租金定价月基价应为：售价×8%÷12 个月。

2. 因引进的项目有知名度大小不同、影响力不同、规模大小不同，因此，在考虑基准定价的基础上，应该考虑以下两个着重点：

①如引进的项目知名度大，确实能提升商业街整体形象，带动人流，其租金标准应参照市场行情，适当略低于租金基准定价，但租赁期应至少达 3 年以上，且每年租金价格要保证 5%左右的递增。

②如引进的项目，只有一般知名度或影响力，对整个商业街的帮助不大，则可以按租金基准定价作为参考定价。

③因大型商业项目装修较一般商铺复杂，往往需要 1—3 个月的装修期，如××商业街在明年 2005 年 3 月底客户才能进场装修的情况下，建议给予免

1—3 个月装修期的租金优惠政策。

二、招商对象以及目标顾客、租金预测

1. 文化类品牌店

以教科书、综合书刊、音像店、电脑配件店等为主，该群体以连锁店经营为主，一般要求铺位面积 200—1000平方米（使用），其经营实力、经验比较强，有很稳定的消费群体，有较高的品牌影响力和号召力。

目标顾客：

（1）× ×沿韶山南路至井湾子止，沿线一公里范围内的四十几个中高等院校（不包括小学）。

（2）× ×商业街沿线一公里范围内的科研单位、技术单位、广告信息公司以及有关文化爱好者。

租金预测：

根据市场该群体的投资实例，预测租金 60 元 / 平方米左右（建筑面积）。

2. 餐饮、娱乐、休闲品牌店

以餐饮酒楼或餐饮美食广场、电玩俱乐部、美容美体馆、健身馆、酒吧等为主，该类群体一般要求铺位面积 200—2000 平方米（使用），其经营项目能做到与购物互补，有一定的规模和市场竞争力，能充分聚集人气。

目标顾客：

（1）× ×商圈讲究生活品质和品位的消费人士。

（2）× ×商圈喜爱时尚，追求潮流的时尚男女。

（3）× ×商圈热爱生命、热爱运动的都市青年以及大中学生。

（4）来× ×商业街购物后需其他消费的顾客。

（5）× ×周边喜爱休闲娱乐的广大爱好者。

租金预测：

根据对前期市场调查了解，租金预测可达40—70元/平方米（建筑面积）。

3. 大型知名商业连锁机构

该类机构以国内外知名商业品牌商场为主，一般要求面积达5000平方米（建筑面积）以上，有其特定的消费群体，有广泛的品牌知名度，有较高的商业信誉和超强的吸引力，能提升整个商业街整体定位，带动人气，增强业主和经营户的投资信心。

目标顾客：

××商圈乃至整个天心区、雨花区整个范围内的需家庭消费、生活所需开支的居民区、企事业单位、大中专院校以及来商业街购物的所有顾客。

租金预测：

因该类商业机构有其相当大的知名度，根据其以往的投资习惯和投资成本，租金预测在25—50元/平方米（建筑面积）。

注：因4区是先售后租，建议整个4区按售价年回报的8%进行“带租约销售”，不允许自营，已签商铺买卖合同的业主要求自营的业主，有开发商同意后帮其换至3区，然后由开发商指定专业招商机构统一招商大型商业项目。一方面保证按原计划销售1—4区，另一方面以4、5、6区的整体招商租金收益支付4区返租费用之后（因大型商业项目的租金可能略低于售价年回报的8%，故与返租租金有一定差额），开发商仍将有很大的租金收益。

九、××商业街整体招商程序

序　号	工作内容		日　期
1	进行全市商业业态及招商、租赁市场调研		×月×日—××月×日
2	确定功能分区，确定招商平面图及面积		××月×日之前
3	确定本项目的招商形式及条件	租　赁	××月×日之前
		合作经营	
4	招商工作中工商税务费用的确定		××月×日之前

5	制定具体的招商项目明细	项目分类	××月×日之前
		目标客户的定位	
		招商区域地点	
6	制定各种招商项目的租金费用、收益预算、编制租金表		××月×日之前
7	制定宣传推广计划及开支预算		
	招商工具		××月××日之前
	招商地点及办公用品		××月××日之前
	确定物管及介入经营管理队伍		××月××日之前
	印制宣传单、书刊、价目表		××月××日之前
	招商文本		
	招商手册		××月××日之前
	租赁合同		××月×日之前
	合作经营合同		××月×日之前
	物管文本		××月××日之前
	装修要求		××月××日之前
	商业管理文本		××月××日之前
	传播及媒体		
	制定详尽的广告创意、策略、诉求及执行、控制方案		××月××日之前
	确定媒体及发布计划		××月××日之前
	确定新闻媒体操控方案		××月××日之前
	整体形象推广方案		××月××日之前
8	全面开展招商工作		××月×日起

9	整体形象推广执行	××月××日起
10	制定整体的以招商带动销售的计划	××月××日前
11	招商结束	××年×月××日
12	试业及开业推广	××年×月××日
13	开业	××年×月×日

十、整个商业街招商计划

时间	完成招商率
××年××月××日前	40%
××年××月××日前	50%
××年××月××日前	60–65%
××年××月××日前	70%
××年××月××日	80%
××年××月××日	90%

1. 计划完成保障

* 目前已在营销一线积累了 300 多个意向很强的客户。

* 由于前期长时间跟进,了解业主和租赁户的意见。

* 目前已经联系了 30 多个大型租赁户。

* 进行了充分的市场调查,了解项目周边商铺的租赁情况及价格。

* 拥有专业的招商团队,具备餐饮、休闲、娱乐、百货等方面专业人才,了解××市场有关商业情况。

2. 违约处理办法

十一、整体方案中的费用承担

* 开发商

1. 招商推广费用

项　　目	费用预算（元）	备　　注
招商手册制作	30000（5000册×6元/册）	
招商推介活动	70000	2—3次
报纸、电视广告	200000	
开业庆典	200000	
合计	500000	

2. 大型租赁客户租金补贴

按实际发生计算。

3. 5—6区招商佣金及1—4区未出售商铺招商佣金

按出租商铺一个月的租金作为招商佣金给委托招商机构，具体奖罚条款和相关费用须制定相关的委托招商合同。

业主：

如须委托××市××房地产顾问有限公司代为租赁，须支付委托租赁商铺一个月的租金给××市××房地产顾问有限公司作为佣金，同时交纳100元/宗的资料费。

××房地产顾问有限公司：

1. 所有招商人员工资及提成

2. 所有招商人员的交通、通讯等招商有关费用

3. 所有招商合同工本费、办公用品费等

实战精典解码四：大型专业市场

※景德镇国贸广场招商方案（一）

一、城市背景分析

景德镇市是中外著名的瓷都，制瓷历史悠久，文化底蕴深厚。陶瓷业的发展贯穿其历史发展过程中，成为其历史发展的一条主线。

1. 从历史的发展来看，景德镇市是一个以陶瓷为资源的资源型移民城市。由于景德镇陶瓷业的兴盛，带动了周边地区乃至全国人口向景德镇市的集聚。史书记载景德镇市"集全国名窑之大成，汇各地良工之精华"。也就是说早在古代景德镇市的人口就是以外来移民为主，随着陶瓷业的不断发展，分工越来越细，陶瓷业的专业技术越来越专门化，进一步增大了景德镇市地区的劳动力在数量和品种上的供不应求。流入景德镇市的人口不断增加。同时，随着陶瓷市场的不断完善，来往的商贾也越来越多，景德镇市的人口数量就随着陶瓷业的兴旺而增长，成为当时的"四大名镇"之一。

2. 解放后，景德镇市成为一个以陶瓷业为主的单一型轻工业城市，主要贸易也以经营陶瓷为主。由于数千年一成不变的传统陶瓷业主宰着景德镇市的工业发展，从业人口已经接近饱和。由于景德镇陶瓷产业的小而散的分布状况，使其在生态环境、耕地资源和经济效益上付出巨大代价。据有关研究表明：由于乡镇企业过于分散，用地规模增加了1/3，能源利用率降低40%，基础设施投资增加20%—30%，行政管理费用增加80%，人力资源增加1—2%，最终表现为资金利润率比相对集中降低20%左右，并对规模经济和集镇建设造成空间上的困难。非农业产业不同于农业的根本性特点是：农业可以分散，非农产业、特别是现代非农产业必须要集中，空间上的集中会产生规模经济和集聚效益，非农产业和人口向一定的空间范围的集中就形成了城镇化。然而，城镇化水平达到了一定规模的景德镇市却在陶瓷业为主的工业生产中远没有达到与之相匹配的规模经济集聚效应。陶瓷产业的单一性以及缺乏发展生产过程中及产前、产后的社会分工，形成了一种自给不经济的落后状态，于是在陶瓷产业的市场中，景德镇日渐势微。城市失去积聚作用，城市规模扩张也就此停滞不前。

3. 改革开放后，随着相关制造业的兴起，部分农民投入工业生产活动中，城市规模开始稳步增长，而同时私营的陶瓷业发展很快。近20年来，整个景德镇市的产业结构和布局发生了变化，引入了汽车、家电、化纤、飞机等新的工业行业，重工业有很大的发展，轻工业逐渐衰退，陶瓷业的地位相对下降。国有陶瓷产业的发展进一步恶化，相反私陶作坊的出现愈演愈烈。到2001年，景德镇市已经成为江西省的重工业基地，产业结构发生了巨大的变化。从现状的产业结构来看，重工业的发展远超过轻工业的发展。以瓷立市是景德镇长远发展的根本所在，关键在于如何利用瓷都品牌。传统的陶瓷生产工业景德镇已经不具备优势，要继续发挥陶瓷业的优势，陶瓷生产方面应该以工艺瓷制造为主，这才是景德镇陶瓷生产的强势所在。对于陶瓷的品牌使用，应该转向陶瓷文化旅游的重点上来。未来工艺陶瓷业和陶瓷文化旅游将成为景德镇的两大支柱产业。

二、挖掘景德镇商业及商业地产的市场空白点

随着21世纪的到来，在国家中西部大开发的宏观经济背景下，作为长三角、珠三角以及福建省的经济共同腹地的江西省的国民经济开始步入良性快速发展轨道，景德镇的国民经济也进入了一个发展的黄金时期。未来几年，在国家开发银行贷款的支持下，随着景德镇现代城市大框架的构建和景婺黄高速公路和景婺常高速公路建成通车，旨在成为区域性中心城市的景德镇的商贸流通业面临着巨大的历史发展机遇，与之相匹配的商业地产业面临的相同的历史发展机遇。但竞争将是激烈的，现阶段的景德镇商业发展状况总体上处于起步的初级阶段，具有如下特点：

1. 陶瓷贸易在整个商贸流通业中占有相当大的比重，地位较为突出。

2. 商业地产市场初步细分（如里村已经形成的工具机电市场），专业市场局部发展超前、甚至过剩。比如豪德建材市场已经能够满足景德镇市未来三到五年内对于建材专业市场的需求。中国陶瓷城、锦绣昌南、新都民营陶瓷工业园、国贸广场以及为数不少的临界铺面在陶瓷流通领域展开了激烈的基本上是同质化的竞争，这为数众多的面对陶瓷的商业地产如不能在多种层面上进行创新和细分结果将是相当的惨烈。

3. 珠山中路作为景德镇当前最为繁华的商业中心，其功能存在缺陷（在汽车已经进入普通家庭的时代，无法提供足够的停车位），商业业态相对单一，基本上以单体营业面积较小的专卖店为主构成，缺乏上规模、上档次的现代商业龙头商业主力店如：大卖场（如好又多、沃尔玛、家乐福）、现代百货店（如太平洋百货）、电器大卖场

（如国美、苏宁、灿坤 3C 店）。这是景德镇商业地产的未来最大商机。但是此类商业地产规模大、购物环境舒适、业态构成综合、完整，对于开发商的资金、运营综合实力的要求极高。

4. 商业网点的分布不够合理，商住不合理的混合情况普遍，油烟、噪声扰民的情况比较严重。比如作为居民区地层上铺的店铺用来经营餐馆、经营歌厅。在举国上下倡导"与时俱进、关心民生、以人为本、生态环保"的经济可持续发展理念的宏观背景下，随着景德镇城市建设发展水平的提升，景德镇的餐饮业、娱乐业急需有序的提升发展，与之相适应的商业地产业面临着巨大商机。

5. 景德镇的休闲业（如足浴、量贩式 KTV、休闲咖啡馆）单店规模小、服务经营水平低。一个地区的人均国民生产总值超过经 1000 美元时，旅游、休闲逐步成为居民消费的必然内容，景德镇作为一个旅游城市已经步入了这个阶段，它的休闲行业却相对落后，这也是景德镇商业地产的发展的方向。

6. 2001 年以来，景德镇的房地产步入了快速发展的黄金时期，2004 年景德镇市的房地产市场商品房年销售面积预计将达到 100 万平方米，为房地产开发配套的建材市场已经得到超前的发展（豪德建材市场），但是为新房入住服务，提升购房者生活品质的家居市场却是一个空白点。

三、国贸广场的地理位置分析

国贸广场为纯商业物业，地处景德镇市市中心核心商业圈。东靠广场南路、北临人民广场、南临世纪大道、西林规划路，人气旺盛、交通便利、停车方便。营商环境极为优越。

四、国贸广场的商业定位

根据景德镇市的国民经济发展现状和未来 15 年的发展规划，在了解景德镇市城市发展规划、调查分析景德镇市商业、旅游地产的发展现状和未来走向的基础上，结合国贸广场的本身物业的地段、规划建设等实际条件。

建议国贸广场的具体商业定位调整为"国贸广场·名店之城"。立足于"一瓷二茶三吃"的旅游市场、休闲和家居两个朝阳行业。

五、国贸广场的功能布局

面对中高端消费市场，提供中高档名牌商品和优质服务，具体经营格局上：一楼维持小面积单店经营、二三楼化零为整、规模经营。每栋局部或全部打通，单店经营面积300-1000平方米，具体经营分布如下：

1. 工艺美术陶瓷城

2. "浮梁茶"文化城

（1）主要引进经营"浮梁茶"的商家，适当引进其它茶系的经营商家，化零为整，形成专业茶市场。

（2）重点招商区域或对象：本地。

3. 美食文化城

（1）主要引进具有地方特色的小吃、酒楼。

（2）重点招商区域或对象：南昌、金华、本地。

（3）以上三个方面经营内容主要面对旅游外销市场。

4. 健康休闲城

包括以下具体经营内容：

（1）商务茶馆重点招商区域或对象：本地、南昌、成都。

（2）休闲咖啡馆，重点招商区域或对象：上岛咖啡、名典咖啡。

（3）美容中心，重点招商区域或对象：台湾自然美、南昌金碟、本地。

（4）瘦身中心，重点招商区域或对象：南昌、厦门都市风。

（5）足浴城，重点招商区域或对象：重庆富侨、厦门老房子、本地。

（6）量贩式歌城，重点招商区域或对象：南昌。

5. 精品家居城

包括具体经营：

（1）卫厨电器橱柜、重点招商区域或对象：南昌批发市场、本地。

（2）卫浴洁具、水暖五金；重点招商区域或对象：南昌批发市场、本地。

（3）家具、重点招商区域或对象：南昌批发市场、本地。

（4）窗帘、重点招商区域或对象：南昌批发市场、本地。

（5）灯饰、重点招商区域或对象：南昌批发市场、本地。

（6）床上用品。重点招商区域或对象：南昌批发市场、本地。

六、招商方案的实施计划

由于国贸广场已经建成的一、二期20栋楼中，除了17、18、19、20号楼的二楼基本未售出，产权归开发商所有外，其余的近千家店铺经售出，产权分散。因此，国贸广场的商业定位调整后，业态的调整需要分布实施，先易后难，边操作边引导。具体的操作先从开发商手中的17、18、19、20号楼的二楼开始。从定向私招开始，等定向私招基本成功，时机成熟时再转入大规模公开招商。具体实施步骤如下：

1. ×月××—×月××日，制作印制招商书，对国贸广场经营的明确功能定位、商品经营布局、招商政策、相关的优惠、商业管理及物业管理保障措施、繁荣前景详加介绍。

2. ×月××—×月××日，定向私招，招商条件特惠。向省内外招商对象为商家进行招商书投递、电话、邮件联系、重点商家上门招商推介。

3. ×月×日，国贸广场健康休闲城开业，举行为期两周（具体时间为×月××—××月××日）的开业庆典统一宣传，宣传广告费约20万，由开发商承担。

4. ×月×日起，在私招成功的基础上，配合三期的盛大的招商销售宣传攻势转入全面公开招募阶段，具体方案再行商讨确定。

七、招商、经营、销售成功的保证措施

国贸广场三期相加的经营面积达到8万平方米之巨，相对于景德镇市的经济容量已经是个商业地产超大盘。要取得开发的预期经济效益和社会效益，必须得到以下几个方面的有力支持和配合：

1. 准确的功能定位、科学的商品经营布局。

2. 开发商对项目软件、硬件设施的到位。

3. 政府的税收优惠和行政资源的支持。

4. 投资业主、经营商家的配合支持。

5. 高水平的专业招商和商业管理。

为了招商方案的顺利实施，取得预期的效果，需要开发商提供的招商支持政策具体如下：

1. 租金价格适当优惠、三年不变，第一年装修筹建免租期 3 个月（客户入住前签订租赁合同并按合同缴纳一个月的押金和一个季度的租金同时办理相关入住手续，入住后的第二租金免交）；第二年租金返还 3 个月（客户租赁的第二个完整年度的第四季度租金面交），第三年租金返还 2 个月（客户如注的第三个完整年度的第四季度租金只须交一个月租金即可）。

2. 现有隔墙的打掉由开发商负责、时间保证。

3. 上、下水、排污、用电量按商家要求到位。

4. 取得政府对入场经营商家经营税费的减免优惠。

5. 提供 17、18、19、20 等四栋楼二楼的平面图。

八、国贸广场的经营管理措施

1. 设立国贸广场客户服务中心，对招商入住的商家进行跟踪，并提供后续的优质服务。服务包括以下具体内容：

（1）租赁中介、代办营业执照、相关营业证件。

（2）制定国贸广场管理章程，规范经营方向。

（3）统一开业计划。装修计划，开业时间、试业及开业日程计划。

（4）组织实施宣传推广活动计划。

（5）建立和维护国贸广场的商业品牌。

（6）维护商户关系，制止恶性竞争。

（7）维持商业秩序，杜绝假冒伪劣商品。

（8）设立投诉专线、处理客户购物投诉。

2. 每逢节假日，商业管理公司应联合相关部门，引入社会资源，利用国贸广场的场地，举办精心组织的现场活动，增强人气，营造国贸广场的商业气氛。

（1）1 月份："庆元旦、贺新年"。元旦节系列促销活动。

（2）2 月份："风情广场，浪漫情人"。情人节系列促销活动。

（3）3 月份：

* 举办"三八妇女节庆祝活动"及女人街优惠促销。

* 举办"消费者权益日"咨询活动。

（4）4 月份：举办"青年志愿者义卖义修"活动。

（5）5 月份："保护母亲河，共建文明市"主题广场朗诵比赛。

（6）6 月份："亲子嘉年华活动周"，六一儿童节系列活动。

（7）7 月份：夏日消费大激赏系列活动。

（8）8 月份："百年好歌，馈赠亲人"。八一建军节系列文艺、促销活动。

（9）9 月份："中秋佳节，博饼赏月"。景德镇青年广场大型晚会。

（10）10 月份："普天同庆，欢度国庆"。国庆节系列促销活动。

（11）11 月份："爱在深秋、集体婚礼"。广场集体婚礼活动。

（12）12 月份："圣诞一百，国贸有礼"平安夜游街活动。

3. 不定期举行广场名牌商品特价拍卖。

4. 不定期举行名牌广场现场促销会：如可口可乐、百事可乐，美的空调。

※ ××财富陶瓷城招商执行方案（二）

一、××财富陶瓷城招商目标

（一）通过前期铺垫工作，保证××财富陶瓷城招商到位，进场率达到95%以上。

（二）通过在××当地市场及跨省招商，进一步提高××财富陶瓷城知名度，培育美誉度，以租代售，招商与销售同步进行，奠定项目在××陶瓷市场龙头地位。

（三）、通过陶瓷业实力大户的进驻，带动小户的进驻经营，为后续的市场持续旺销带来保障作用,实现高质素入场经营,为××财富陶瓷城招商提供一大利益点,为后期的项目销售打下良好的客户基础。

二、××财富陶瓷城招商策略

××财富陶瓷城的招商工作是一个长期的过程,但就项目一期的招商情况而言,需要在较短的时间内进行招商工作的启动。同时，利用招商工作的开展积极推动销售,给予市场充足的信心。项目一期商铺的招商将直接关系到项目二、三期间的热销举行。因此,项目一期商铺的招商在短时间内整合广告、公关活动、销售三为一体,集中优势的宣传攻势,保持媒体的相当热点,形成持续性宣传高潮;同时配合创新的招商举措,保证商铺的招商进行。

整体策略设计：普遍撒网,重点捕鱼。通过前期宣传,招商培育一大群忠诚度高的客户群体;通过招商宣传,吸引一大批意向经营商户,从中选择优质客户,实现品牌店经营、无假货经营,树立××财富陶瓷城的专业形象。具体为：

1. 以陶瓷企业为立足点,实行专项洽谈

××陶瓷企业是项目招商工作的重点,只有引入了大型陶瓷企业进驻,才能够形成规模效应。因此,招商工作针对企业进行宣传促进陶瓷企业的率先进驻。

2. 走出去,引进来

在针对××陶瓷企业进行招商工作的同时,必须到广东佛山、福建等省份进行招商宣传活动,积极引入外地的陶瓷企业进驻××财富陶瓷城。通过外地陶瓷企业大户的引进,积极带动当地自营商家的进驻,形成外地与本地双赢的局面。

3. 推动项目品牌建立

通过项目招商工作的进行,树立项目良好的品牌形象。使项目后期的广告投入能有效的积累。在宣传过程中建立良好品牌的一致性,为项目的后期推广奠定基础的同时建立市场对××财富陶瓷城的信任和信心。

三、××财富陶瓷城招商工作时间段划分

*招商蓄客期：×月××日—×月××日

×月××日开始收取招租诚意金1000元,具备招商大会当天的竞标资格。

* 招商大会:×月××日(星期日)

(一)×月份工作:重点客户招商,业态区位大致分布划分,全面进入招商阶段。

×月×日至×日,周边相关区域(××建材城、××服装城)地毯式搜索。

×月×日初步完成确认意向经营商家资料。

×月××日—×月××日,××财富陶瓷城招商开始报名,收取诚意金。

×月×日—×月中旬,刊登招商广告。

×月××日—×月××日,大客户招商及广东佛山、福建厦门客户招商。

×月×日—×月×日,收集整理客户资料,业态定位确定。

×月××日完成商家登记工作。

×月××日—×月底,大客户与外地商户开始进场装修。

(二)×月份工作:招商宣传开始,确定业态区分,招商抽签大会召开,签订租赁合约,招商率达到90%。

×月×日起,王府井招商部对登记客户进行分类,打分。

×月×日客户分类完成,具备抽签能力的客户确定。

×月××日召开抽签大会,进行签约商谈并签订正式的租赁合同,退还诚意金。

×月中旬,商家开始进场装修。同期整个项目亮化工程方案确定、设计、施工。

(三)×月份工作:商家装修完成,××财富陶瓷城正式开业,招商率95%以上。

×月初至×月中旬,商场开业前的装修布置,开业前的筹备工作。

×月×日,活动筹备小组的成立以及责、权、利落实到人。

×月×日—×月××日,开业现场包装,各项活动组织、实施,各项活动实时监督,各项应变措施的准备,及开业现场的管理确定(人流控制、管理、车辆控制、管理,)。

×月×日—×月××日,新闻媒介的准备(新闻媒介的确定、通气会、现场新闻媒介的接待,开业广告投放)。

×月××日,××财富陶瓷城的全新包装完成。

×月××日,顺利开业及开业典礼。

四、招商的范围及方式

1. 招商的范围

××财富陶瓷城的后期推广不仅仅是需要保证招商的火爆,更重要的是,招商工作的启动对项目后期的销售将起到至关重要的作用。项目招商工作的全面启动前,必须是项目首期销售商铺正式签约后,明确买家的投资、自营性质。因此,××财富陶瓷城的招商工作开展首要问题必须确定招商商铺的范围:

(1)项目首期成交的客户必须界定投资客户和自营客户,即发展商与投资客户签订返租合同,通过返租形式将商铺用于招商。

(2) 项目二期的商铺则必须划分投资商铺区域(返租商铺)和自营商铺区域,以方便进行招商工作进行。

(3)对于陶瓷企业大户的租赁商铺需要事先划定,以避免与后期的招商工作冲突。陶瓷企业大户将不参与项目招商的“无底价竞标”。

2. ××财富陶瓷城招商方式

××财富陶瓷城首期的招商工作必须是在短时间内完成,其关键因素为,招商价格的制定是在一个能够被市场买家接受的范围内,同时又能够保证发展商的利益。

*** 无底价竞标**

××财富陶瓷城商铺的招商采用无底价竞标方式。所有用于招商的商铺都没有明确的商铺租金的定价。有意向来××财富陶瓷城租赁商铺的客户先进行意向登记,但不选定铺位,只具有选铺的权利。

经过招商的客户积蓄期后集中进行商铺进行无底价竞标进行选铺活动，价高者可以获得优先自由选择商铺的权利。

通过无底价进行竞标，能够保证将所有的商铺进行招租；同时，由于竞标的价格完全由市场经营商家来进行决定，因此，对于招商的租金将能够完全适合市场经营商家的心理期望值，能够促成经营商家的快速成交；同时，意向的买家之间进行商铺竞争，越早选择获得的商铺位置越好，但也意味着将可能比其他人付出的租金会多。买家之间的竞争，保证了发展商的利益。

具体操作：

（1）有意向租赁的经营商家进行交纳诚意金1000元，进行意向登记，不选定商铺。

（2）××财富陶瓷城招商大会上，所有用于招商的商铺将实行无底价竞标。商铺没有进行租金价格（元/平方米/月）的制定，现场进行竞拍。

（3）主持人宣布竞拍开始后，已经交纳诚意金意向买家（具备参加竞标资格）可以自由出价，由价高者自由选铺。

（4）前一轮竞标价高者选铺完成后，进行下一轮的竞标。方法同上。

五、招商各阶段具体执行方法

***包机买商铺（招商团）**

××财富陶瓷城与佛山、福建的陶瓷协会联系邀请陶瓷企业到××财富陶瓷城进行观摩考察工作，同时进行项目招商入驻××财富陶瓷城进行沟通洽谈。××财富陶瓷城与当地的旅行社建立联系，将佛山、福建等地的招商团组成团直接包飞机到山东项目现场进行洽谈。

1. 活动意义

××财富陶瓷城针对外地企业招商进行包机招商团的举措无疑问是一个新闻事件。包机招商团事件不仅仅表明了项目倍受陶瓷界的关注，而且通过包机招商团事件能够为项目的销售与招商增添新的话题，积极推动销售与招商。

在包机招商团事件全过程，联合××新闻媒介作全程跟踪采访，将新闻与项目的宣传有机结合，形成持续不断的新闻炒作热点。与此同时，借助当地陶瓷协会的权威性，将此新闻事件进行宣传，形成××宣传与当地宣传互动，为××财富陶瓷城在佛山、福建当地的招商起到积极的推动作用。

2. 活动安排

包机招商团安排两个场次，佛山招商团与福建招商团各一次。同时，佛山、福建的考察团到××后，××财富陶瓷城组织"陶瓷业赢利新模式高峰论谈"，将佛山、福建考察团与××当地的企业进行沟通、交流。同时，也为××财富陶瓷城的招商、销售起到积极促进作用。

3. 活动时间：×月××日左右

★××财富陶瓷城"陶瓷业赢利新模式高峰论坛"

佛山、福建的包机考察团达到××财富陶瓷城对项目进行考察和租赁意向进行沟通后，与当地的陶瓷企业大户进行沟通、交流。××财富陶瓷城的出现恰恰为佛山、福建陶瓷企业进军江北瓷都提供了一个广阔的平台。佛山、福建陶瓷企业不远千里来到××财富陶瓷城进行考察和租赁洽谈工作，更是一个对××财富陶瓷城经营旺盛十足信心的表现，促使当地企业对项目经营旺盛更奠定信心。

举行"陶瓷业赢利新模式高峰论坛"主要目的：

（1）××财富陶瓷城品牌建设造势，树立良好形象，扩大项目知名度和影响力。

（2）通过政府相关职能部门、陶瓷行业权威专家的演讲，树立项目的权威、专业性，奠定投资者的信心。

（3）通过邀请本地陶瓷企业与佛山、福建等地的考察团进行交流，形成良好口碑传播，积极地促进销售。

（4）坚定买家与投资者的信心，为项目的招商与后期销售奠定基础。

＊活动时间：×月××日左右。

＊××饭店会议大厅（暂定）

＊联合举办单位

××区政府。

××建材城管理委员会。

××财富陶瓷城。

××××永丰建设发展有限公司。

《××晨报》、《××晚报》、《××日报》。

佛山、福建陶瓷行业协会。

＊活动内容

（1）××财富陶瓷城项目介绍与通报。

（2）南北陶瓷行业的专家结合××财富陶瓷城本身特征，剖析××财富陶瓷城对××陶瓷行业发展与交易带来的影响。

＊与会对象

1. 专家、学者

＊广东著名品牌陶瓷企业的领导/专家。

＊××本地的陶瓷企业的领导/专家。

2. 政府职能部门领导

＊××政府常务副市长。

＊××区区长。

＊××建材市场管理委员会负责人。

3. 新闻媒介单位

＊《××晨报》社社长。

＊《××晚报》、《××日报》的主管负责人以及记者各两名。

＊《××电视台》记者3名。

＊其他媒介人员约3名。

五、××财富陶瓷城正式招商阶段

××财富陶瓷城招商分为两步进行。

第一步是大客户招商和外地招商，确定主要品牌商家和主力店，确定大致的业态定位，招商率达到45%—60%。

第二步是一般客户意向调查，完全确定业态分布，招商通过抽签大会完成，招商率达到95%以上，完成后正式开业。

1. 大客户洽谈确定与外地招商

（1）外地招商对象要求不仅要大而且要求精，必须是在陶瓷业界很好的知名度和美誉度，属于国内知名品牌或者国际知名品牌。

（2）成立三个专门的服务工作组，每组两人，分别进行本地大客户和佛山、厦门两地招商工作，同时宣传××财富陶瓷城。

（3）大客户洽谈和外地知名品牌招商，在与物业管理公司签订租赁合同后，不需要参加抽签大会，先于本地的小型客户进场装修；但要兼顾小客户利益，抽签大会上可以采用经营实力等级分制度，大客户和外地知名品牌等级分高，可以享有优先权，实行名义上的抽签。

（4）大客户和外地知名品牌的经营必须考虑符合业态经营的原则，所选取的铺位和经营种类必须附和已经初步预定的功能布局和经营范畴。

（5）首先确定位置、面积，其所选定区域不再加入抽签大会，但该品牌需要名义上参加。

（6）外地招商需要投放一定量的广告。

2. 前期购铺客户洽谈与甄别

（1）自营型购铺客户

a. 进行数量统计，明确其经营种类、营业面积、所经营品牌，并制定详细的区域分布图，加以标识。

b. 对其经营能力、经营实力、经营品牌的支持力度进行分析，制定综合实力等级分制度，在将来的业态划分和经营当中，尽量满足综合实力高的投资自营客户经营（综合实力等级分制度表格见附表三）。

c. 对于有能力自营的购铺客户，满足其个性化要求，如其经营类型与××财富陶瓷城的整体经营业态有重大出入，必须劝说其同意与物业管理公司调整铺位位置,进行经营业态的调整。

d. 为保证经营实力和防止投机,品牌商自营时,必须进入行业3年以上,同时提供营业执照复印件和相关证明才可以进入自营。

(2)纯投资客户

a. 确定数量,制定区域分布图。

b. 与××建设公司签订5年委托租赁合同,委托合同由××建设提供。

c. 尽快发放返租租金,由××建设进行统一的招商招租,严禁私自出租。

3. 中小型经营面积客户需求意向和租金确定

(1)在进行经营客户正式洽谈之前,必须交纳订铺诚意金10000元。

(2)在缴纳订铺诚意金后,意向经营户于当天向商务运营公司提交《商铺经营意向表》。《商铺经营意向表》应包括:

①客户所经营种类。

②经营品牌情况介绍,包括品牌生产地、××地区销售前两年销售情况、品牌广告支持预算。

③提交所需经营铺位的位置、面积、能够承受的合理租金。

(3)在3周内完成经营客户意向登记,完成经营品种分类,明确同类型经营户的数量,以及意向客户当中的面积总额,确定抽签顺序。

①在同一类型的商品种类中,统计有意向进场经营的客户总量和经营面积。

②意向客户分类,根据目前已经初步确定的区域规划范围的品种进行类别区分。

③明确各功能分区,形成业态分布的初步结构,确定各楼层之间的商品种类的业态分布类型,各栋的经营种类、铺位数量、铺位面积。

④根据客户数量和所需总体经营面积在总体经营面积中的比例确定该种类商品的实际业态分布面积,两者比例应该大致相同,同时也符合现有商场的整体布局现状。

4. 抽签大会抽签顺序的确定

(1)根据已经统计出的综合经营实力对经营者进行数据排序,在同类型品牌当中,综合实力高的排名靠前,实力低的排名靠后。

（2）每一个交纳诚意金的客户都可加入抽签商家名单，抽签铺位位置属于已经划分好的业态分布范围之内。

（3）按照缴纳诚意金的先后安排经营客户的抽签顺序，实力差不多考虑先交先抽签。

（4）在同等经营实力条件下，同意进行铺位调整的商户享有优先选铺权利。

5. 实行高低保证金制度

高低保证金制度，在签订租赁合同时，由物业管理公司规定缴纳保证金最低金额的基础上，不限定保证金最高额，经营商户自由选择保证金额度，但是保证金缴纳越多，在租赁期限内，租金越低。

6. 经营业态分类的初步建议

在经营的业态的划分中，主要是根据前期的意向经营商家进行最后的经营业态的划分，进行合理分布，原则上避免同品类的经营户过于聚集。

7. 招商选铺抽签大会召开

（1）商家选铺资格确定

①外地品牌商的确定（已于前期完成）。

②大客户的确定（已于前期完成）。

③一般经营商户的资格审查。

（2）选铺大会现场的印刷品制作和现场布置

①招商手册、招商海报、招商条件说明单张。

②展板三张（××财富陶瓷城介绍、招商介绍）、现场铭牌、背景板。

（3）各种经营业态之间的抽签顺序

①各种不同经营种类分期错开，也就是说，抽签只在同类型经营客户之间进行。

②为保持秩序，在抽签现场只能有相关经营类型招商经营户和工作人员到场。其它经营商户在场地外边等候抽签。

（4）抽签选铺

①依照先难后易原则，首先对前期竞争比较激烈的经营部分进行抽签决定，然后依顺序进行。

②对已经抽到的商家签订合同，确定。

③未抽到商家当场集体退还诚意金，并致以歉意。

六、××财富陶瓷城经营商家进场装修

1. 对于早期预定，知名品牌，要求其先入场装修，可以起到表率和指导作用。

2. 必须注意早期客户的经营选择，要形成时间上的延续性，造成连续不断的炒作话题。

3. 物业公司与装修同期进驻管理，维持秩序，保证装修期间的秩序，维护市场形象。

4. 开业前的筹备工作

（1）活动筹备小组的成立以及责、权、利落实到人。

（2）现场的全新包装完成。

（3）各项活动组织、实施。

（4）各项活动实时监督。

（5）各项应变措施的准备。

（6）现场的管理（人流控制、管理、车辆控制、管理，）。

（7）新闻媒介的准备（新闻媒介的确定、通气会、现场新闻媒介的接待）。

（8）现场接待人员配备以及管理。

七、××财富陶瓷城招商宣传准备

1. 招商手册的设计、印刷

已定稿，即将印刷，在招商正式开始前到位。

2. 招商手册的发放

在正式招商开始前，招商手册选择若干目标经营商家进行有目的试探性发放。招商正式开始后，针对重点商家进行投放。

3. 招商单张的发放

* 在正式招商开始前，招商手册选择若干目标经营商家集中的区域进行有目的

试探性发放。

* 招商正式开始后，随机投放。

4. ××财富陶瓷城招商宣传

（1）宣传媒体的选择

在××市，以《××晨报》为招商宣传主力媒体，《××日报》为辅助媒体。在佛山，以《佛山日报××陶瓷周刊》为首选媒体；在厦门，以《××日报》为首选媒体。

（2）宣传媒体方案

①以××地区为主要媒体投放区域，每周报纸投放招商广告 3—4 则，软文 2—4 篇；外地招商中佛山和厦门地区，每周投放招商广告 2—3 则。

②与××人民广播电台合作，冠名一档在当地收听率最高的经济类节目，暂定半年合作期限，在招商期间进行招商宣传及项目的形象宣传。

八、××财富陶瓷城招商工作具体时间安排

工作内容及要求	责任人	开始时间	完成时间
××财富陶瓷城招商工作方案沟通、调整	/	/	/
1. ××财富陶瓷城的招商手册设计 （1）招商手册初步设计 （2）招商手册设计定稿 （3）招商手册的印刷	/	/	/
2. 招商场地选定	/	/	/
3. 招商的现场负责人员的分组、确定	/	/	/
4. 招商现场的统一布置品的采购	/	/	/
（1）招商现场的展架购买（租赁）	/	/	/
（2）招商现场的展示说明展版的设计、制作	/	/	/
5. 招商现场负责人统一的上岗前培训	/	/	/
6. 招商经营商户联系	/	/	/
7. 广告宣传	/	/	/
8. 联系确定相关新闻媒介，进行××财富陶瓷城招商炒作的通报会，并确定新闻媒介进行炒作的配合方案	/	/	/
9. 软文与硬广制作设计	/	/	/
10. 济南青岛的招商工作	/	/	/
11. 广东佛山、福建厦门同时投放广告	/	/	/
12. 专人负责进行佛山、厦门招商工作	/	/	/
13. 意向商家的意向登记工作	/	/	/
（1）意向商家的资料分类整理 （2）大型客户与外地商家签约 （3）客户调查表的制定 （4）业态定位完成 （5）商家和约的制定	/	/	/
14. 招商系列广告发布	/	/	/
15. 登记客户进行分类，打分，确定抽签客户	/	/	/
16. 召开抽签大会，进行签约商谈并签订正式的租赁合同，退还诚意金	/	/	/
17. 商家开始进场装修	/	/	/
18. 物业管理公司进驻	/	/	/
19. 同期广场亮化工程方案确定、设计、施工	/	/	/
20. 广告的效果监测	/	/	/
21. 正式开街	/	/	/
22. 广告发布	/	/	/

附件一：媒体炒作主要纲要

* 江北瓷都集散地——××财富陶瓷城拥有年 60 亿消费额。

* ××财富陶瓷城全部售罄后全部回租，投资回报的绝对保障。

* ××财富陶瓷城，就是高增长、高收益、高稳定的保证。

* 做这样的经营者很幸福——滚滚财源、专业经营、实力开发商，三大要素支撑商业经营。

* 机会难得，不容错过——招商进度、黄金地段、商业运营模式三合一，招商再次火爆。

* 如此经营，岂能不火——开发、销售、招商过程全扫描。

附件二：××财富陶瓷城招商报纸媒介计划

	日　期	《××日报》	《××晨报》
第一次招商（重点客户）	4月 10 日	硬全版	
	4月 11 日	软文（专栏）+ 硬全版	硬全版
	××财富陶瓷城重点招商对象信息广告		
第二次招商（一般客户招商）	4月 15 日（周二）	软文(专栏)+ 硬全版	
	4月 16 日（周三）	软文(专栏)+ 硬全版	
	4月 17 日（周四）	软文(专栏)+ 硬全版	硬全版
	4月 18 日（周五）	软文(专栏)+ 硬全版	
	××财富陶瓷城一般商户招商发布。		
		××日报	××日报
外地招商	4月 16 日（周四）	硬半版	硬半版
	4月 17 日（周五）	硬半版	硬半版
	招商信息发布		

附件三：综合实力等级分比较表

等级分比例 / 基本评比要素	高等级（5分）	中等级（3分）	低等级（2分）	无等级（零分）
1. 经营品牌	强势	弱势	不知名	无品牌
2. 前两年销售增长额度	20%以上	10—20%	0—10%	负增长
3. 淄博地区品牌支持力度	全方位支持	少量广告与公关活动	只有广告或其他推广	无支持
4. 品牌形象是否与××财富陶瓷城定位相符合	完全一致	基本一致	有较大偏差	相背离，有冲突
5. 愿意服从业态管理分配	愿意	有保留支持	有较大的改动意见	不愿意
6. 经营商家的资金实力	雄厚，有厂家支持	自给，可有限度融资	保持正常流通	经常资金短缺
7. 商家经营年限	10年以上	5—10年	2—5年	0—2年
8. 诚意金缴纳顺序	总体前5位	本经营类项前5位	未参与排名顺序	未缴纳

说明：

1. 本表与《商铺经营意向表》配合使用，由内部专人填写，对经营户保密。

2. 本表中1、2、4、5、7、8项中，选择无等级的，不可参加选铺抽签大会。

3. 等级分总分靠前者，抽签大会顺序靠前。

附件四：《商铺经营意向表》

经营商家姓名		诚意金缴纳编号	
品牌名称		所要求经营铺位编号	
调查基本要素		内　容	
经营种类			
品牌生产地			
2002年销售金额			
最近三年销售增长率			
品牌广告支持预算（广告与推广活动）			
商家在淄博经营年限			
所需经营铺位的面积			
能够承受的合理租金（元/年/平方米）			
是否有购铺意向			

公司简介

广州宏一投资策划咨询有限公司成立于1993年，是一家综合性的商业地产策划及运营服务机构，现有正式职员逾300人。

十多年来，宏一致力于打造中国商业地产策划机构第一品牌。公司拥有完善的市场调研、整合推广、营销代理、品牌招商、全程策划服务的运作模式，凭借多年商业地产策划招商及操盘经验，为各类客户提供优质而专业的服务，包括项目的市场调查及可行性研究、整体定位报告、项目发展战略研究、商业及业态规划、概念方案设计、广告品牌推广、营销策划及实施监控、销售及招商代理、商业项目运营管理等。我们擅长的项目类型包括大型购物中心、主题商场、商业步行街、专业交易市场、高星级酒店、高档写字楼、商业展馆、物流园、旅游区等等。

宏一立足珠三角，面向全中国。公司拥有一批在海外和内地商业地产领域驰骋多年、对商业地产具有丰富实操经验的专业人才，熟悉国际先进的商业运作理念，了解中国市场。通过整合资源优势，汇聚行业精英，公司已形成了专业化、规范化、全程化的高效运作体系，是国内最具影响力的大型商业策划服务机构之一。

我们的主要业务：

商业地产项目的前期策划

我们为客户提供的服务内容包括：

* 投资可行性研究报告
* 项目市场调研报告
* 项目整体定位报告
* 项目发展战略研究报告
* 商业计划书
* 商业（业态）规划方案设计
* 规划及建筑概念方案设计
* 开发方案和营销策略顾问
* 投资规划及效益评估
* 专项顾问服务

商业地产项目的销售代理

我们为客户提供的服务内容包括：

* 销售代理服务
* 开盘策略的制定及实施
* 定价策略研究
* 促销策略
* 租售策略
* 付款方式策略研究
* 现场包装策略
* 项目全年营销策划
* 公关活动方案制定、组织

商业地产项目的招商代理

我们为客户提供的服务内容包括：

* 独家招商代理服务
* 招商方案制定
* 项目前期主力店招商洽谈
* 招商活动的策划
* 招商计划制订及实施
* 招商队伍组建及人员培训

商业地产项目的经营与管理

我们为客户提供的经营与管理服务包括：

* 协助建立商业运营管理机构
* 商业项目经营开业策划
* 项目经营管理制度建立
* 商业经营管理团队架构的建立
* 商业经营管理团队的专业培训
* 商业项目的运营管理顾问
* 新商户的招商代理
* 协助建立商用物业管理公司
* 商用物业管理制度的建立
* 商用物业管理团队架构的建立
* 商用物业管理团队的专业培训
* 商用物业管理运营顾问

商业地产项目的广告策划

我们为客户提供的广告策划服务包括：

* 项目命名/各组团命名
* 项目整体形象设计及包装（标准系统及应用系统）
* 项目主题广告语
* 项目主要卖点提纯
* 售楼部内外包装建议
* 项目现场包装建议
* 施工环境及样板房包装建议
* 项目全年广告策划方案/阶段性广告策划方案
* 各类销售资料的设计（包括：楼书、单张、展板、销售资料、合同、置业手册、招商手册、礼品等）
* 媒体组合、投放频率、投放预算、投放计划的执行和编制
* 平面广告创意设计（报纸、夹报、海报）
* 电台广告创意
* 户外广告创意（路牌、车身、灯箱、指示牌等）
* 公关活动创意
* 企业形象及品牌建立计划
* 其它专项服务

公司地址：广州市天河龙口东路36号光机电中心北楼4,5楼　　联系电话：020—87582482　87570692

手　机：13002001581　13711140882　　联系人：刘先生　吴先生　　网　址：www.wangyee.com

编著声明

本书在编写过程中，参考并引用了一些报刊及网络的部分内容,由于时间紧迫,未能及时与有关作者联系,敬请原谅。希望有关作者见到本书后及时编者联系(020-87582482),以便支付稿费。

编　者

2006 年 9 月

图书在版编目（CIP）数据

中国商业地产全程营销实战指导 / 黄沃，刘益彬，郑亚路，吴冠文编著. —广州：广东经济出版社，2006.11
ISBN 7-80728-423-4

Ⅰ. 中 ...　Ⅱ. ①黄 ...②刘 ...③郑 ...④吴 ..
Ⅲ. 房地产-市场营销学-中国　Ⅳ. F299.233.5

中国版本图书馆 CIP 数据核字（2006）第 121154 号

出版发行	广东经济出版社（广州市环市东路水荫路 11 号 11～12 楼）
经销	广东新华发行集团
印刷	广东省农垦总局印刷厂（广州市天河区粤垦路 88 号）
开本	889 毫米×1194 毫米　1/16
印张	50.5　22 插页
字数	1 000 000 字
版次	2006 年 11 月第 1 版
印次	2006 年 11 月第 1 次
印数	1～3 000 册
书号	ISBN 7-80728-423-4 / F · 1438
定价	全套上、下册　定价：580.00 元

如发现印装质量问题，影响阅读，请与承印厂联系调换。
发行部地址：广州市合群一马路 111 号省图批 107 号
电话：〔020〕83780718　83790316　邮政编码：510100
邮购地址：广州市环市东路水荫路 11 号 11 楼　邮政编码：510075
（广东经世图书发行中心）电话：（020）37601950
营销网址：**http：//www.gebook.com**
·版权所有　翻印必究·